织里镇志编纂委员会 编

织里镇志

徐世尧 沈林江 执行主编

陈勇杰 主编

中

中国农业出版社

北京

大港印染有限公司

万邦德医药控股（栋梁铝业）

珍贝羊绒展示厅

贝盛光伏股份有限公司

米皇羊绒公司车间

振兴阿祥集团有限公司

帕罗羊绒制品有限公司

金洁实业有限公司

格林电梯科技有限公司

永昌控股集团公司

织里城投集团

2018年织里镇"三大会战"誓师大会项目集中开工仪式

第四届"爱我织里"优秀企业家颁奖典礼

骥村小麦田

杨溇村大棚番茄

伍浦村食用菌栽培基地

曹家簖村大棚蔬菜

旧馆村草莓园

伍浦村哈密瓜种植

香圩墩村花卉种植

春　耕

剪桑枝

渔大哥鱼苗孵化

许溇村枇杷园

2020年湖羊文化节

太湖开捕

濮娄水闸

幻娄水闸

汤娄水闸

上林村太嘉河工程水闸

钱溇水闸

轧村港大堤

机　埠

20世纪60年代的排水渠道

20世纪50年代织里村建造的机埠机坑遗址

乔溇塘板闸

吴兴织里港

织里联托运服务中心

棉布城

四季淘宝城

浙北大厦

欧德福超市

新世界农贸市场

漾西农贸市场

茵特拉根酒店

梦圆大酒店

中昊明都酒店

快递小哥

送外卖

2021年织里镇召开第十九届人代会第一次会议

代表候选人与选民见面

2019年镇领导为党员服务队授旗

2019年7月1日，庆祝中国共产党成立98周年大会

2018年举办织里论坛

湖州第一批中共党员温永之

1993年6月19日，轧村撤乡建镇庆典

1994年12月8日，漾西撤乡建镇庆典

伍浦村办公楼

轧村社区居委会

织里社会治理主体功能区

漾西社会治理工作站

南太湖社会治理研究院

法治公园

织里消防大队挂牌仪式

20世纪70年代茧站消防桶

环卫车

利济公园公厕

平安大姐团队

2019年8月16日，"五美知礼人"评选活动启动

织里镇工商联（总商会）第一次会员大会

爱家柏景湾

碧桂园

上品学府

轧村织锦园

秧宅新村

义皋小区

珍贝翰林

中昂·朗郡

"说节气"活动

游　泳

城镇生活

品　茶

旗袍秀

乡村游

老年人联欢

老年活动

社会福利中心

联　欢

全家福

民族舞蹈

2018年秦家港村"我们的村晚"

遛　狗

放风筝

目　录

第五卷　政　治

第六卷　社　会

第七卷 教科文卫

第八卷　人文历史

第四卷

DISIJUAN JINGJI

经　济

第一章　农经体制

新中国成立之前，镇域农民的土地及生产资料为私有制。1950—1951 年，开展土地改革运动，丈量土地，划分评定农村阶级成分。1952—1958 年，实行农业合作化体制，有互助组、农业生产合作社等组织形式。1958—1984 年，实行人民公社化体制，"各尽所能，按劳分配"是农村主要分配形式。1984 年后，实行农业联产承包责任制。2000 年前后，农村实行多种经营形式，种粮大户、水产养殖专业户、蔬菜基地及各类农场相继出现。2017 年，全镇第一产业总产值 31 959 万元，2018 年 32 956 万元。各种农业经济合作社遍布镇域。

第一节　土地改革

一、土地占有概况

1951 年，镇域有织里、织东、大河、云村、轧村、骥村、漾西、常乐、义皋、东桥 10 个乡镇，69 个行政村，农业人口 14 934 户、57 506 人，田地总面积 132 785 亩。土地改革前，镇域农民的土地占有比例极不均衡，少数人占有了较多的土地和生产资料。

1950 年 10 月至 1951 年夏，镇域全面开展土地改革运动。调查土地现状，根据国家的土改政策，开展农村阶级成分划分和评定工作。按土地改革时期相关政策规定，对各农户划分评定家庭成分。

地主　家庭拥有一定数量土地，长年雇工或土地出租，自家不参加劳动，评定为地主成分。土改时地主分"开明地主""一般地主""不法地主"和"恶霸地主"4 个等级。织里区土改工作报告记载，镇域共评定地主成分 232 户。土改前地主拥有土地 17 965 亩，占全镇总土地面积 13.53%，每户平均土地 77 亩。

富农　家庭拥有土地、生产工具和活动资本，有部分土地出租收取租金，雇工劳动的，虽然自己也参加劳动，但收入的大部分由剥削得来。土改运动中，有

321 户被评为富农成分，占总农户数的 2.1%。

中农（自耕农）　经济地位介于贫农与富农之间的农民。在织里农村，中农拥有一定数量土地和生产工具，本人及家庭成员参加农业劳动，但不出卖劳动力。与富农之间的主要区别在于自己参加劳动，基本上不雇工。

土改时，镇域有 2404 户被评为中农成分，占总农户的 16.1%。中农成分又分为上、中、下三个等级。吴兴县土改时中农成分每户平均拥有土地约 10 亩。

贫农（半自耕农、佃农）　自家有少量土地，须租赁别人田地才能维持生活，或出卖部分劳动力以弥补生活。吴兴县土改时贫农成分户均土地 4.5 亩。根据历史资料和调查数据汇总，镇域贫农成分农户 11 660 户，占总农户的 78.1%，为农村中的大多数。

土地改革运动中，镇域（全区）有农户 7733 户分得土地，占总户数一半以上。

雇农　农村中的无产阶级，没有或仅有极少量土地和生产工具，主要依靠出卖劳动力养家糊口。吴兴县土改时统计，雇农户均占有土地 0.6 亩及以下。据统计，镇域雇农有 317 户，占总农户 2.1%。

二、土地制度改革

土改工作　1950 年 11 月，织里区组成土改工作队，由吴兴县派工作队员、区政府干部、乡干部、积极分子 93 人混合编制组成。通过小型教育和土改政策知识培训，到乡村开展政策宣传和诉苦教育，发动农民参加土地改革运动。同时成立乡农民协会，调整村级民兵队、妇女会、青年团等各种组织，开展土改工作。其间，9~11 天分组到各乡调查，5~7 天划分农村阶级成分，2~7 天为没收、征收工作期。征粮及工作总结时间为 4 天。土改与征粮两大任务历时约 40 天完成。1951 年上半年结束土改工作。据曾参加过土改的老干部回忆，织里区先在各乡村挑选田地测量人员，经培训，与区乡干部到各村按统一标准丈量田亩，得出村土地总数和户均数。根据田地数量和划分阶级成分标准，评定地主、富农、中农、贫农和雇农成分。评为地主成分如兼营商业或兴办工厂，即评为地主兼工商业成分，凡工厂资产和商业资金额大于田产，则评为工商业兼地主成分。

划分农村阶级成分　在土地改革运动中，工作组和区、乡、村干部发动群众按土改政策评定农村阶级成分。以村为单位进行，划定后张榜公布，并报上级审批。有不同意见，可在公布后 15 天内向织里区人民法庭提出申诉。土改运动中，镇域评出地主成分 232 户、富农成分 321 户、中农成分 2404 户、贫农 12 692 户、雇农 317 户。

土改成果 镇域 10 个乡共没收地主土地 16 928.782 亩，征收土地 3202.186 亩。没收农具 5478 件、蚕具 2309 件、耕牛 1 头、多余房屋 1209.5 间并随屋家具 4597 件。7733 农户分得土地，占总户数 53%强。得地人口 28 883 人，占总人口 52%强。有 3063 农户分得房屋与农具。土改前地主占总土地数的 13.53%，人均 10.43 亩；土改后地主占总土地的 1.4%，人均 1.64 亩。土改前贫雇农占总土地的 32.22%，人均 0.6 亩；土改后贫雇农占总土地的 40.24%，人均 1.9 亩。地主拥有土地几与贫雇农相等。土改期间，同时对各集镇和乡村零星工商业户进行改造。到合作化运动时，镇域改造公私合营商户 57 家。详见本卷第五章第一节。土改运动中对 59 个地主分子和恶霸分子开展诉苦说理斗争，参加群众 10 706 人。人民法庭开庭 4 次，判决枪毙恶霸地主和土匪 9 人，判处有期徒刑 2 人，扣押不法地主和一贯道头子 24 人。

表 4-1-1 土地改革运动中成分划分以及工商业改造资料统计

乡镇	评为地主成分（户）	评为富农成分（户）	评为中农成分（户）	评为贫农成分（户）	评为雇农成分（户）	公私合营商户	乡村郎中入诊所	竹木铁匠手工业入社（人数）
织里		35	478	2537	69	14	3	98
晟舍		29	350	1869	66	5	3	106
轧村		84	443	3047	58	22	17	269
漾西		89	615	1968	18	7	6	130
太湖		84	518	3271	106	9	11	125
合计	232	321	2404	12 692	317	57	40	728

数据来源：《织里区土改工作综合报告》《〈织里镇志〉村级资料调查表》。

土改后继工作 土改工作初步结束后，各乡人民政府主要领导负责写出工作报告，总结经验教训。并经上级检查验收，根据政策及时纠正已经发生的差误。土改结束后，根据浙江省人民政府《关于颁发土地房屋所有权证的指示》，区政府为镇域内居民颁发土地房屋所有权证，法律上确认农民土地所有权。

土地改革运动中，境域各乡村曾发生工作上和政策执行上的偏差，个别乡村超出没收政策范围，有的乡干部随便打人、抓人，大河乡曾发生批斗会上打死人的事件。

各村民兵负责管制或监督地主分子。1951 年春季，镇域各乡村地主分子与农民一样参加春耕，自挑粪肥浇油菜、捻河泥浇桑地。织里村狮子桥自然村地主分子郑某某，种田养蚕，春播秋收，按规定向国家缴纳公粮、出售自己家中多余粮食，向自食其力农民迈出第一步。郑港村地子分子傅某某，自觉遵守国家土改政策和法律，房产与土地服从人民政府划分。土改之后，虽然已上年岁，也自觉参加力所能及的体力劳动，受到好评。

第二节　农业合作化

一、互助组

组织互助组概况　镇域农业合作化集体组织始于 1951 年冬季。土地改革结束后，农民拥有土地，生产以家庭为单位，可以自由支配家庭成员劳动时间和生产。同时，劳力少、弱家庭的季节性紧要农活力不从心，而凭一家一户之力难以完成洪涝车水、修筑圩埂堤坝等重大农活和工程，少数因患病而缺乏劳动力的农户重新返贫，又出现土地买卖、高利贷、雇工等情况。于是，在政府引导下，互助组这种合作模式开始出现。初期互助组是本村农户之间开展相互帮工，餐食由主家负责供应，收工后主家记录好做工者姓名和劳动时间，日后根据对方需要逐一还工。镇域共有各类互助组 643 个，8685 农户参加。

第一个互助组　镇域最早的互助组是"郑六平互助组"，全称为织里乡第九村西村互助组第一小组，1951 年冬季成立。组长郑六平，民国 7 年（1918）出生，织里街西市人，幼时读过私塾，土改时评为贫农成分。互助组成员均为街坊邻居和本家族成员，共 10 户，农田 50 余亩。组内设置账册，有专人记录互助人姓名、工种、做工时间、地点等（见账册图片）。

与"郑六平互助组"同年成立的还有常乐乡东阁兜村（鲤鱼兜）"徐才林互助组"，由本村 10 余农户自愿组成，农田 70 余亩。

典型互助组　1952 年，郑六平互助组和徐才林互助组被作为先进典型，在吴兴县范围宣传介绍。1954 年 10 月至年底，吴兴县属各乡开展总结农村互助组生产经验，其中织里村闵家福互助组的总结由织里区区长焉立江亲自调查撰写。焉立江撰写的总结以及《轧村乡六村徐火林互助组生产经验总结》《大河乡第五村陶海金互助组总结》《施林宝互助组总结》《织东乡七村金桂田互助组生产总结》

等典型文稿，至今保存在湖州市档案馆。

二、初级农业生产合作社（简称初级社）

组织初级社概况 1953 年，农村互助组已在各乡村推开。互助组大多是家族式、亲友关系。一些病残、鳏寡孤独无劳力无互助条件的家庭，被排斥在互助组外，因此出现农田荒芜，甚至把土改中分得的土地卖掉的状况。这些农户得不到翻身，反需政府救助。初级农业生产合作社（以下简称"初级社"）应运而生，解决了这些难题。初级社规模比互助组大许多，一般以自然村组社。农户土地折成股份入社，劳动力开始实行评工记分制度，年终按所投入土地股份和劳动工分分配。由农民申请自愿入社，同时规定地主、富农成分的农户不能入社。至 1954 年，初级农业生产合作社在织里区全面推开。镇域共建立初级社 270 个，入社11 854 户。

第一个初级社 织里乡镇西初级农业生产合作社是在郑六平互助组基础上成立的，为吴兴县最早成立的初级社之一，有农户 20 余户，正副社长分别为郑六平、郑桂林，顾树军担任会计。常乐乡东阁兜村徐才林初级社，也是镇域较早成立的初级社之一。初级农业生产合作社分配原则是，按入社土地（田亩）和投入劳动力（劳动工分）分配。镇西初级社社员的劳动工分采取评定底分和自报公议相结合的办法，整劳动力每天 10 工分，体力稍弱者 9 工分、8 工分不等。妇女整劳力一般为 7 工分一天，总体上在 5 工分至 8 工分之间。

闹社、砸打合作社风波 1954 年夏，织里乡杨湾初级社发生部分农民因田地评定等级不公平而发生"退社""闹社"风波，砸打会计室等。有的乡村因大型农具折价入社后，长时间无法兑现而产生矛盾。

三、高级农业生产合作社（简称高级社）

组织农业高级社 1954 年春夏季，湖州地区遭受历史上罕见洪涝灾害，太湖南岸许多堤埂冲毁，大批农田受灾，庄稼被淹，农民开展抗灾自救。已成立的初级社相比散户更显示集体力量优势。浙江省派出工作组到织里区调查研究。由于在排涝抗洪中感受到合作社力量的优势，一些原先坚持单干的散户主动申请入社。许多初级社很快扩展规模，成立高级农业生产合作社。高级社由几个初级社合并，人口、田地数量规模扩大。义皋乡金溇高级社由 10 个初级社合并，设正副社长主持社务和统筹全社农业生产。农民土地全部入社，耕牛、水车、农船等大型农具折价造表，分期归还，分配政策与初级社类似。此时，镇域共有高级农业合作社 96 个，入社 14 905 户。至 1956 年底，镇域全面成立高级农业生产合作社，地主富农可申请入社，基本无散户。

1958 年，镇域高级农业生产合作社全部合并入太湖人民公社。

第一个高级社 镇域最早的高级社是织里乡第一高级农业生产合作社，1955 年秋筹建，1956 年春正式成立，由织里村镇西、南街、睦嘉桥等初级社组成。社长郑志高，副社长闵嘉福、潘春山。随后有秋家塘、吴家塘、姚才缝等自然村也加入第一高级农业合作社。总户数近 300 户，人口数约 1500 人。农田全部并入高级社，农船、水车等大型农具折价入社。高级社设立会计和账册，办公室设在织里街西市顾宅，顾树军、闵大春任高级社会计。高级社实行按劳分配，取消田亩入股分配。社员的工分评定形式似初级社，同时采取自报公议办法。

高级社命名 一般以所在村地名或其他吉祥名称冠名。大港村有"灯塔高级社""元通高级社""同心高级社""太平高级社"，秧宅村有"中心高级社"等。"郑港""联漾""曙光""大溇"等高级社名称，被后来生产大队和行政村沿用至今。

闹社、砸打风波 1957 年，织里乡同心高级社由于水田评级差异引起纷争，部分村民以春季分红不公正，引发闹社并打砸设在强家兜的高级社会计室。联漾村也发生闹打高级社会计室事件。织里杨湾自然村有一嵇姓村民因家中男劳动力少而坚持不肯入社，被开除"村籍"，后在人民公社化时加入邻村织里大队郑打古生产队。

单干户（散户） 因为互助组是新生事物，有相当一部分农民持观望态度，有农户干脆说宁做"单干户"不吃"大家饭"，上级有规定地主、富农成分不允许入互助组。其间，单干户大约占总农户数 50%。

初级社时，农户因各种原因不肯入社或不能入社。此时，有 25%～30% 的农户为单干户。

高级社期间，单干户（散户）大约占总农户的 2%。织里乡组建第一高级社时，也有个别农民不愿入社。

表 4-1-2　农业合作化组织机构资料

乡镇	互助组		初级社		高级社	
	个数	户数	个数	户数	个数	户数
织里	145	1989	61	2557	26	3145
晟舍	101	1350	34	1864	17	2212
轧村	126	1659	40	2134	19	3806
漾西	62	1158	21	1998	13	2058
太湖	209	2529	114	3301	21	3684
合计	643	8685	270	11 854	96	14 905

第三节　人民公社化时期

一、公社所有制

太湖人民公社建置　1956年春夏，织里区10个小乡调整为织里、轧村、义皋三乡。1958年10月1日，中共吴兴县委在晟舍召开干部大会，宣告太湖人民公社成立，由织里、轧村、义皋三乡组建，下辖织里、织东、大河、云村、轧村、骥村、义皋、东桥、漾西、常乐10个生产大队。1959年3月，10个生产大队改称管理区。公社机关驻地织里街。

公社组织机构　太湖公社设中共党委会，书记先后由吕金浩、李长平担任。同时设立太湖公社管理委员会，设正副社长，首任社长刘长吉，副社长先后多人担任。1961年调整缩小公社规模后，习惯称其为"大公社"。下属各管理区设总支部委员会，由公社党委任命书记、副书记等领导干部。太湖公社党委、管理委员会委任各管理区主任、副主任若干人，负责辖区政务和农业生产。大公社有民兵、妇联、共青团、治保、文化馆、教育管理、广播站、医疗卫生、贫下中农协会等群团组织和管理部门。

"大跃进"和"五风"　国家于1958—1960年开展"大跃进"运动，提出"鼓足干劲，力争上游，多快好省地建设社会主义"总路线。随之"五风"（共产风、浮夸风、干部特殊化风、强迫命令风、生产瞎指挥风）盛行。太湖公社在晟舍建土高炉大炼钢铁，抽调大量农村劳动力，收集农民家中旧铜铁器，拆毁庙宇，砍伐村民私家树木，日夜烧炉炼铁，结果仅炼出几坨铁疙瘩。据调查统计，镇域1953名青壮年参加湖州杨家埠钢铁厂炼铁、参加吴兴县属石矿开矿石，

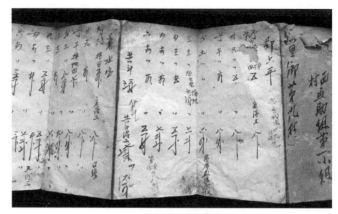

1954年灯塔农业合作社分户账　　　　　织里乡第九村互助组记账本

晟舍利济禅寺僧人也被抽调去挑运矿石。其间，从公社到生产队一度实行"营、连、排"的军事编制。部分干部作风粗暴，搞特殊化，强迫命令，甚至有打人骂人现象。干部中出现浮夸风气，各管理区积肥数量和粮食产量被虚报，时称"数据放卫星"，用砻糠充当稻谷欺骗上级检查，许多生产队社员因此被扣除口粮而饿肚皮。不久，中央下发文件反对盲目冒进纠正"五风"后，一批农村"五风"干部被撤职。农村军事化编制随之撤销。

公共食堂　1959年，太湖公社共办起395个公共食堂，提出"放开肚皮吃饭，社员吃饭不用钱"的口号。此前，上级派出多批工作组下到各村，强制拆毁农家灶台10 860个。公共大食堂浪费严重，影响农户各自的喜好和饮食习惯，社员用餐不自由，群众意见大。几个月后，上级发出指示，公共大食堂基本停办。据史料和有关人士回忆，太湖公社公共大食堂最早开办和办得较好是大河管理区太湖农场与织里管理区联漾生产队。

三年困难时期　1959—1961年，自然灾害加上"五风"造成农业连续歉收，城镇部分职工精简下放到农村。太湖公社严重缺粮，大多数农民天天吃稀饭，豆腐渣、糠圆子、蚕豆叶、水酱板、榆树叶子均为充饥食物。少数农民出门讨饭，也有人因饥饿而患浮肿病。与织里、晟舍、轧村等纯农业生产公社相比，太湖边上农民较多种植百合、黄麻、萝卜、香瓜、西瓜等类经济作物，受饥饿程度较小。

公社核算与分配　大公社初期曾推行"一大二公""一平二调"政策，管理区和生产队之间物资、粮食、大型农具方面平调（无偿调拨），多处庙宇、老宅（如五湖书院、白龙庙等）、石牌坊（义皋陈氏节孝牌坊）被拆除，材料用于建造机埠、养蚕用房及大队办公室、小学等公共用房。不久，中央下文件禁止公社平调，予以纠正和退赔。

工资制、供给制 人民公社化期间，公社机关干部、学校教师、企事业单位员工实行工资制。物资实行计划分配制度，粮食有定额，每月凭粮卡或粮票供应，棉布、食油、猪肉、豆制品、香烟、糖类等有关物资凭票供应。还有上海牌手表、品牌缝纫机、自行车、收音机也在凭票供应范畴。

表4-1-3 "大跃进"时期有关资料统计

乡镇	拆掉土灶台（个）	公共大食堂（个）	参加大炼钢铁（人）	支援宁夏（人）
织里	2498	64	231	57
晟舍	1742	72	467	35
轧村	2142	85	585	51
漾西	1260	104	144	53
太湖	3218	70	526	49
合计	10 860	395	1953	245

二、大队、生产队所有制

调整规模、划分小公社 1961年5月，太湖人民公社调整为织里、晟舍、轧村、太湖、漾西五个人民公社。实行公社、生产大队、生产队"三级所有，队为基础"体制，生产队为基本核算单位。1965年11月起，依农村惯用简略写法，晟舍公社改用"仁舍"，漾西公社改用"洋西"。至1984年公社改乡，复名"晟舍""漾西"。社员实行工分制，年初根据性别、年龄、身体状况评定底分，男性整劳力每天10工分，女性整劳力每天7工分左右，其他劳力视年龄、体力情况由社员大会评定。社员猪羊肥料报酬按等级评定，年初商定每担（50公斤）稻谷、柴草、工分（称肥料报酬）标准，一般羊肥高于猪肥，均由生产队社员大会讨论决定。其中，织里公社红旗大队（现李家坝行政村）、姚家田大队（织里行政村），依然保持二级所有制，到1970年冬大队合并后改为三级所有制。

生产队分配 生产队一般每年3次收益分配。春季在春茧出售后，夏季在"双抢"结束后，称预算方案，冬季为年终决算方案。生产队收益分配在全年总收入中，扣除生产成本、上缴大队款项后，再进行国家（公粮农业税）、集体（提留公共积累、储备粮）、社员（劳动工分报酬、肥料报酬）三者关系分配。农民口粮实行按劳分配加照顾，基本口粮与劳动工分相结合分配政策，对劳动力少的困难户予以适当照顾。大队干部实行误工制度，即按实际工作日记工（基层干部参加劳动日，上级有具体规定，每年必须参加集体生产劳动的天数），年终参加生产队收益分配。

储备粮 根据毛泽东主席关于"备战备荒为人民"的指示，20世纪70年代初，镇域农村生产队就开始建造简易储粮仓库，进行粮食储备。公社规定完成国家公余粮任务、分配好社员口粮和肥料粮以后尚有多余的，要求每年提留一定数量储备粮。基本标准为每人25～40公斤。简易储粮仓库建在农户集中、向阳有光处。用木架、芦苇秆围成圆形，用石灰纸筋粉饰，仓底铺设柏油纸浇灌上水泥，顶上用油毛毡铺盖严实，以防漏雨。底端留一小孔，便于取粮，装上铁锁，防止偷盗。储备粮由专人管理，出入仓库登记账簿，开仓有审批手续，一是推陈出新，二是救济困难户。由生产队申请，大队批准同意，方可开仓。到20世纪70年代末，一般生产队均有1万～1.5万公斤储备粮。1980年代初农村实行联产承包责任制后，生产队储备粮按累计工分及人头分给农户。

表 4-1-4 1965—1975 年织里区各公社储备粮提存明细表 单位：担（50公斤）

年份\公社	1965	1966	1967	1968	1969	1970	1971	1972	1973	1974	1975
织里	1097	2803	1194	1695	13 349	11 997	7761	12 012	15 901	14 292	179
晟舍	1824	2482	1226	996	9953	6446	4420	5983	10 249	55 160	64
轧村	1372	4536	1430	2242	2034	8098	1898	5220	9053	3825	
漾西	947	3234	553	1909	1272	6262	674	3956	1736	1922	
太湖	95	161	53	96	7692	6835	6805	7794	11 248	7644	492
戴山	2628	3618	2656	2454	8369	7668	5984	9144	9906	10 609	45
合计	7963	16 834	7112	9392	42 669	47 306	27 542	44 109	58 093	93 452	780

数据来源：吴兴区档案馆。

自留地 人民公社化期间，允许农民有少量自留地。规定社员自留地按生产队土地总面积提留，镇域提留比例6%左右，社员人均约0.08亩。人少地多的队超过0.1亩，最高为0.12亩。其中太湖公社人均不足0.08亩。社员自留地可自主种植。

有极少数生产队未严格遵守规定，私下里扩大自留地数量，约定对外界保密。这种状况被人们称为"土政策"。

家庭副业 允许农户饲养猪羊鸡鸭等家禽，农闲时允许社员经营传统特色副业。镇域有换糖货郎担（晓河、清水兜村）、腌制售卖黄莲头（秧宅村）、自酿售卖米酒、高粱酒（庙兜村）及制作售卖家用竹器（秦家港村）、缚草囤、织渔网

（东湾兜村）、腌制售卖香大头菜（郑港村）等副业。太湖边农民有百合、山药、红萝卜、白菜等经济作物到城镇交易，还有编织麻布制品等副业，生活水平略高于其他乡村。"文化大革命"中，镇域农民自留地一度受到限制，人均面积减少，种植品种也有硬性规定，仅准许种植粮食作物。农户门前屋后树木、竹子作"资本主义尾巴"砍伐。家禽规定每人饲养1只，到集镇卖鸡蛋之类被视为资本主义尾巴，召开社员大会批判。

　　农业学大寨运动　1963年毛泽东主席发出"工业学大庆，农业学大寨，全国学人民解放军"的号召。1964年2月《人民日报》刊登新华社记者《大寨之路》的文章并发表社论，此后，全国农村兴起了"农业学大寨"运动。镇域各公社每年召开学大寨会议，办学习班，在村庄和田头书写红色标语。大寨精神集中体现在整理河道等兴修水利、挖平田埂地墩、填平污潭鱼荡造田等，其中农田基本建设是农业学大寨主要内容。大港村仁堂圩就填平鱼荡80多口（处），300亩水面积的沈家漾被抽干后改为农田，1973—1974年开挖一条人工河道投入劳力2万余工，上架4座水泥钢筋桥梁。东方红大队（1984年改为林圩行政村）先在农田中间建造水泥桥梁，再开挖河港，后工程中止，桥梁就一直留在农田中。农业学大寨还体现在评工记分方面要学习大寨精神和风格，社员工分和口粮自报公议。1978年12月十一届三中全会之后，农业学大寨运动结束。

表4-1-5　1963—1970年织里公社生产情况

年份	1963	1964	1965	1966	1967	1968	1969	1970
水稻产量（百斤）	4122	4473	4460	4450	4500	4623	4785	4935
人口（人）	15 681	17 578	17 915	18 274	18 553	18 839	19 568	19 745
桑地面积（亩）	3737	3725	3725	3725	4190	4190	4190	4190
蚕种饲养（张）	2154	2257	2922	4318	4966	5679	6883	8130
茧子产量（担）	806	761	1527	2185	2216	3319	3754	3843
猪存栏（头）	3531	4107	5572	7169	6831	4190	4270	5620
羊存栏（只）	3931	5149	6787	7866	7980	8121	7653	8863
农田面积（亩）	20 918	20 923	20 685	20 611	20 305	20 305	20 305	20 174
总产量（百斤）	125 772	136 335	150 062	175 530	179 921	165 445	193 520	202 996
单产量（斤）	560	648	726	852	886	786	917	1006
备注				1000斤以上队6个	1000斤以上队20个			

数据来源：《国鸿祺传》。国鸿祺时任织里公社党委书记。

表 4-1-6 1969—1971 年晟舍公社粮食产量

年份	1969	1970	1971	年份	1969	1970	1971
合计面积（亩）	17 372	17 372	17 372	早稻面积（亩）	12 124	13 278	13 885
总产量（百斤）	158 583	160 923	165 301	早稻单产（斤）	615	559	515
平均亩产（斤）	913	926	951.5	早稻总产（百斤）	64 125	74 277	71 546
春粮面积（亩）	3958	4171	6480	晚稻面积（亩）	17 372	17 372	17 372
春粮单产（斤）	147	193	216	晚稻单产（斤）	497	448	445
春粮总产（百斤）	5812	8061	14 000	晚稻总产（百斤）	87 532	77 875	79 085
				其他总产（百斤）	1114	710	670

数据来源：《国鸿祺传》。

表 4-1-7 1979 年织里各公社耕地总面积及社员自留地情况

公社名称	户数	人口	耕地面积（亩）	自留地（亩）	其中花白桑地（亩）
织里	5182	20 312	22 300	1433	465
晟舍	3356	13 305	17 882	1046	620
轧村	5251	19 187	22 739	1421	366
漾西	3719	14 727	18 710	1241	164
太湖	4213	21 646	20 496	1509	
合计	23 064	89 175	102 125	6650	1615

数据来源：织里区年报表。

第四节 农业联产承包责任制

一、联产承包

小段包工和划分"小小队" 1980 年织里公社有生产队搞"小段包工"，即大部分农活（插秧、耕田管理）按底分（每个劳动力基本工分值）划分到户，给予固定工分，但不承包农田产量，秋冬仍由生产队集体收割。还有生产队划分"小小队"，把原来生产队划分为更小的小队，以提高社员劳动工效。小小队作为独立基本核算单位，自主组织生产和分配，自行完成国家粮食征购任务。

最早实行联产承包的公社 轧村公社"联产承包"工作略早于其他公社。1981 年底，太湖公社派出干部到塘南公社三田漾大队和轧村公社考察，即制定相关政策并下发文件，全面开展农田、桑地、白地、鱼塘承包。1982 年，太湖公社基本完成土地"联产承包"，将水田、桑地、白地、鱼塘按人口、劳动力划分到农户，同时适当照顾单身汉和劳力偏少户头，制定"五包户"照顾政策。公社、生产大队与农户签订"联产承包合同"，各生产队留下部分"机动田"，作为人员户口迁入或迁出时机动使用，一般每年调整一次。

双田制　1995—1996 年，镇域部分生产队实行"双田制"。即按责任田和口粮田划分农田，比例为三七开。国家任务（公粮、余粮）由责任田部分承担，口粮田不负担国家粮食定购任务，"双田制"于 1997 年停止。

联产承包责任制　1982 年 8 月，织里公社发出《关于同意经营联产责任制的规定》，经两年探索，1984 年 9 月 7 日，镇党委、镇政府（公社已改为乡镇）发出《关于完善农业联产承包责任制的规定》，对"承包形式""承包期限""管理办法""承包方法"等方面作出具体规定。镇域其他公社（乡）也分别作出农业联产承包责任制细致规定，土地联产承包责任制全面推开。生产队仓库、农船、拖拉机、畜牧场、养蚕场全部折价售卖，储备粮按人头和劳动工分分配给农户。

表 4-1-8　1982 年镇域各公社基本情况

公社名称	驻地	大队数	户数	人口	自然村
织里公社	织里	16	5115	20 287	107
轧村公社	轧村	22	4991	19 301	113
晟舍公社	晟舍	17	3318	13 257	82
漾西公社	陆家湾	15	3743	14 806	60
太湖公社	幻溇	19	5374	21 628	69
合　计		89	22 541	87 297	431

二、规模经营

土地流转　20 世纪 90 年代初，拥有土地承包经营权农户将土地经营权（使用权）转让给其他农户或经济组织，即保留承包权、转让使用权。2005 年，镇域家庭承包经营农户 1.9 万户、家庭承包经营耕地 5.95 万亩，颁发土地承包经营权证书 36 000 份，户均 1.89 份。土地流出农户数 0.75 万户，土地流转面积 1.14 万亩，签订土地流转合同农户数为 0.72 万户，涉及面积 1.10 万亩。2018 年，土地承包经营权确权登记颁证入库数显示，确权村 18 个（村民小组 449 个），涉及 9777 户、地块 33 027 块，实测家庭承包耕地面积 32 301 亩，原承包合同面积 32 266 亩。

种粮大户 1990年，国家允许土地流转后，开始出现种植、养殖大户。镇域最早的种粮大户是长兴雉城镇人沈培康，1993年与妻子在大港村潘河港承包103亩农田，开始成片种植水稻。以后，购置农业机械逐年扩大承包面积。2005年，沈培康又联合8家种粮大户，发起成立"湖州织里大潘兜水稻农机服务专业合作社"，一举承包农田3000余亩。同年6月2日，时任浙江省委书记习近平视察织里种粮大户沈培康等。2000年前后，外地各类种粮大户和专业户，陆续进驻织里、晟舍、轧村、太湖、漾西乡村，承包大量农田。2006年底，粮油种植大户承包10~20亩的有17户、20~100亩的有197户、100~200亩的有59户、200~300亩的有8户、300亩以上的有1户。

联户经营 实行农业联产承包责任制后，镇域相继出现种植业、童装业、畜牧业、建筑业、渔业、工业、运输业、商业等各类联户经营。童装业联户制作工场遍布织里乡村，逐步形成童装产业链。

各类专业户 1984年后，镇域出现机耕、插秧、收割脱粒等各类农业专业户。自行购置农机设备和培训专业技术人员，一般按农田数量或使用时间收取费用。同时出现养鱼、养蜂、养蚕、种瓜等各类专业户。

镇域最早的农场 织里镇最早的农场1958年创办，是太湖公社下属"红专农场"，地处大河村"三千亩"圩内。农场有50余亩农田，为土改前织里地主兼工商业主所购置，土改中被没收充公。1962年，太湖公社调整规模后，红专农场所有农田由人民解放军某部屯耕，权属归织里大队。"文化大革命"中由吴兴四中（织里中学）接收，作为师生"学农基地"，历届中学生在此插秧施肥、春耕秋收，历时数年。此后又由织里公社水产大队渔民耕种。20世纪70年代中期，织里大队收回后改为大队良种场。

1976年，卫东大队（2019年为高新区大港村）在所属周家荡圩创办种子场，农田50亩，人员36人。挑选有经验农民负责良种选购和培育，经过实验后把优良水稻种提供给生产队。之后种子场内创办水泥预制厂。

农村专业合作组织 改革开放后，镇域乡村先后成立各类农村专业合作组织为农民服务，有绣品经营服务部、童装联营服务公司、农机维修服务部等。2000年后，织里镇各行政村均成立股份经济合作社，负责全村土地征用、流转、租赁、承包等业务和各项经济账目往来。村级经济合作社属股份制企业性质，全体村民为经济合作社股东，合作社设立董事会和监事会。

三、集体经济

村级集体经济　人民公社化时期，实行"三级所有，队为基础"的分配原则，生产队在集体经济中安排好国家、集体、社员三者关系，坚持"民主理财"制度。1984年撤队建村后，镇域各行政村之间集体经济差距较大。原来队办企业基础较好的行政村（织里村等），经济上能保持良好运转状态。大多数行政村无队办企业经济基础，村级集体经济薄弱，行政办公开支、村级干部和民办教师工资等费用，须按田亩及人口比例向生产队摊派收取"管理费"或"上交（缴）款"。

1986年1月，镇域正式设立乡级财政，设财务专职干部管理指导行政村财务工作。1990年后，各行政村成立经济合作社，本村村民皆为股东，设股东监事会，制定财务收支制度，重大收支、村级工程建设项目、民生福利事项等，由村民会讨论决定，定期公布村级财务。2000年后，村级经济账目改由镇政府管理，实行报账制度。2010年后，村干部工资改由镇政府财政发放。

第五节　农业生产技术服务机构

织里区农技站　1954年9月，周恩来总理在第一届全国人民代表大会第一次会议上所作的《政府工作报告》中首次提出建设"现代化的农业"这个概念。次年，织里区成立了农技站。1983年10月至1993年10月，沈永康任织里区农技站站长，重点抓蚕桑技术推广。副站长依次是吴治民、王官友、沈斌、周文明、朱维祥。织里区撤销后，并入城区农技站。农技站工作方针是围绕毛主席的农业"八字宪法"（即土、肥、水、种、密、保、管、工），工作重点为蹲点搞试点——丰产方，改善土壤、改良种子。

农技服务中心　1963年，织里、晟舍、轧村、漾西、太湖等五个乡镇分别成立农机水电管理站；1984年，农机水电管理站因电力系统分出，改名为水利农技站。1971年，织里、晟舍、轧村、漾西、太湖等五个乡镇分别成立农业技术推广站。1984年，改名为农业公司。1986年，改名为农业服务站。每个农技推广站1～2人，农户化肥到农技推广站购买，生产大队设立大队植保员。五个乡镇都有区派辅导员：渔政1人、蚕桑2人、林业1人、农业2人。

1984 年 9 月，湖州郊区畜牧兽医联站织里分站站长为孙提纲、副站长舒水根。织里镇镇站长李伟烈，晟舍乡乡站长吴阿庆，太湖乡乡站长崔阿毛，轧村乡乡站长吴三娜，漾西乡乡站长钱阿根。各片区各有蚕桑技术人员 1～2 人。1994 年，农技人员转为事业编制。2002 年 9 月 3 日，五个乡镇合并，农业服务站与畜牧兽医站、水利农技站一并合并，综合设置农业技术推广服务中心。服务内容为农业、蚕桑、副业、多种经营以及航管站。合并后站长分别是干应林、汤雪东。

织里镇合并前（2002 年 9 月）各片区服务站负责人名单

织里片区

服务站：沈根法

兽医站：朱金奎、李惠烈

水机站：郑六平、郑佰林、谢仁权、朱林宝、邱阿连

晟舍片区

服务站：姚金法

兽医站：吴阿庆、曹寒宝

水机站：闵金桥、沈永寿、陶赛秀

太湖片区

服务站：潘松林、何松江、许海江、徐兴发、朱欣芳、蒋银庭

兽医站：崔士元、沈桂如、徐小木、泮颂华、舒水根

水机站：王阿狗、董武贝、干应林、王建新、费金财、邵建群

轧村片区

服务站：王兴宝、陈阿团、俞丽琴、严水田、蔡林根、罗佰群

兽医站：吴三囡、吴明亮

水机站：李雨泉、吴月松、朱一民、潘法根、宋雪丽、陈泉根、张世贤

漾西片区

服务站：陈永生、沈三毛、钱小青

兽医站：沈其庆、钱阿根

水机站：陆箭欣、陶阿毛、叶宝根、陆福山、陆诗煮、吴志方

（注：1993 年晟舍并入织里镇；1999 年轧村、漾西、太湖并入织里镇。）

织里区蚕茧收烘站 工作人员 1～2 人，办公地点设在织里茧站内。1972—

2001 年，收烘小组组长为张如民。职责范围包括蚕茧质量、蚕茧执行价格；蚕茧处理，包括鲜茧、半干茧、全干茧处理，干茧临时保管，干茧运输。蚕茧大战期间，收烘站工作还包括鲜茧、半干茧临时调度。平时（非蚕季）对茧站进行维护管理工作，包括维修、改建、新建、拆建、烘茧灶乘等，提高烘率。蚕茧收烘期间由织里区委、供销社派出有关领导成立织里区蚕茧收烘领导小组，参与蚕茧收购小组工作，管理各个茧站蚕茧收烘。

织里区渔政站 1984 年 10 月，成立分区渔政管理站，站长董涵中，职员共 4 人，地点在织里老街。主要职责是维护织里区 4 个水产村渔民运输、销售秩序，并为渔民提供技术支持。1993 年，渔政管理站随原织里区撤销而撤销。

附表：

附表 1　1965—1975 年织里区各公社提供国家商品粮明细　单位：担（50 公斤）

公社＼年份	1965	1966	1967	1968	1969	1970	1971	1972	1973	1974	1975
织里	45 030	47 830	50 555	53 697	51 569	57 380	68 368	64 573	76 660	73 471	62 425
晟舍	41 112	48 143	47 115	47 225	47 471	50 651	50 725	55 797	65 715	62 466	51 177
轧村	55 436	64 980	60 337	62 219	64 334	72 852	69 824	76 325	84 637	83 514	70 480
漾西	29 726	32 457	32 457	32 457	32 457	32 457	38 929	41 504	49 946	48 726	43 216
太湖	15 660	14 653	13 508	12 445	12 902	13 413	14 194	14 995	22 222	23 210	19 593
戴山	54 150	56 401	47 304	53 360	61 457	67 465	63 300	72 522	83 826	82 377	69 564
合计	241 114	264 464	251 276	261 403	270 190	294 218	305 340	325 716	383 006	373 764	316 455

附表 2　1965—1975 年织里区各公社肥料粮明细　单位：担（50 公斤）

公社＼年份	1965	1966	1967	1968	1969	1970	1971	1972	1973	1974	1975
织里	12 530	21 771	23 005	15 440	10 820	14 800	21 626	29 091	31 317	33 451	32 656
晟舍	13 273	20 250	21 882	13 679	16 337	7271	16 356	25 149	28 720	29 001	22 834
轧村	15 716	24 742	29 164	20 862	17 413	25 796	31 613	36 562	37 860	36 517	27 932
漾西	14 523	22 416	16 910	9138	4238	8773	11 298	26 317	22 466	23 586	21 162
太湖	6874	10 078	9531	8689	2525	6364	12 024	21 390	26 011	28 414	26 319
戴山	14 027	22 027	18 474	14 697	13 907	17 818	25 138	22 315	26 318	29 703	28 853
合计	76 943	121 284	118 966	82 505	65 240	80 822	118 055	160 824	172 692	180 672	159 756

附表3 1965—1975年织里区各公社年终生猪存栏情况 单位：头

公社＼年份	1965	1966	1967	1968	1969	1970	1971	1972	1973	1974	1975	其中集体饲养（1975）
织里	5572	7169	6831	4190	4270	5620	8387	9216	9109	9690	8158	2218
晟舍	5030	6592	5480	4404	4874	6229	8887	7754	7857	8108	8240	1802
轧村	7873	9648	8994	6317	6597	9016	13 273	14 290	14 306	13 094	14 373	4850
漾西	5287	5313	4776	3784	4247	7300	8873	8771	7429	8447	8771	3050
太湖	6250	7459	6512	5555	6915	9810	11 902	11 468	10 872	11 388	11 377	2329
戴山	5500	7730	7142	6003	6812	7943	10 240	9699	8199	8497	9307	958

附表4 1965—1975年织里区各公社粮食总产量 单位：担（50公斤）

公社＼年份	1965	1966	1967	1968	1969	1970	1971	1972	1973	1974	1975
织里	150 062	175 530	179 921	165 445	193 520	202 996	209 949	233 765	263 601	258 368	218 853
晟舍	124 648	141 070	142 424	137 127	158 582	161 407	165 467	177 112	198 155	189 515	161 994
轧村	170 977	195 903	190 240	182 722	215 436	225 772	223 593	256 426	274 071	265 578	227 393
漾西	120 412	133 349	123 703	122 988	142 999	146 352	154 109	148 916	176 686	178 319	164 220
太湖	103 968	112 808	106 811	119 736	147 249	149 150	163 083	174 618	188 272	189 957	172 378
戴山	155 976	165 364	170 184	154 000	188 542	200 868	204 025	222 730	236 643	239 329	208 705
合计	826 043	924 019	913 483	882 018	1 046 328	1 086 545	1 120 226	1 213 567	1 337 428	1 321 066	1 153 543

数据来源：织里区年报表。

第二章 农 田

　　镇域农业自然条件优良，经先民数千年开垦种植及综合开发利用，适宜多类别、多品种作物的种植、生长。钱山漾出土的种子、丝织物及生产工具，标志着镇域良渚文化时期的农业生产已进入犁耕农业。据《湖州农业经济》记载，镇域自吴历晋至南朝，历代王朝屯田军垦不止，以种植水稻为中心的农田耕作制逐步发展，至唐、五代又有发展。安史之乱后，唐王朝为了解决财政来源，注重江南的开发，而太湖流域是重点开发地区。唐代宗广德年间（763—764），太湖地区实行大规模屯田军垦，建成"七里一纵浦""十里一横塘"的溇港圩田，开垦出一片蓄泄有时、不畏旱涝的稳产高产粮田。五代吴越国时期，溇港圩田体系得到进一步完善发展。唐至北宋，镇域水稻有粳、籼、糯和早、中、晚稻之分，栽培方式由直播改为育秧移栽。明代徐光启在《农政全书》中评价："钱氏有国，田连阡陌，位位相承，悉为膏腴之产。"明起，商品性农业发展，农田水利建设得到进一步发展，二熟制进一步扩大，冬作物有蚕豆、豌豆、油菜等多种作物。清代至民国，水利失修，灾害频繁，战乱不断，人口锐减。农民主要精力用于发展蚕桑，对农田生产投工、投本减少，因此春花面积减少，基本回复一年一熟耕作制，粮食生产渐至衰落。在生产工具使用方面，铁制农具历代沿用与发展，直至20世纪20年代，才有极少量内燃机及配套水泵、加工机械等在农业生产中运用。

　　新中国成立后，镇域兴修水利，推广先进农业技术，有计划地提高复种面积，改革农田耕作制度，全面调整农作物布局、品种、施肥和耕作管理，耕作制由二熟制向三熟制、多熟制方向发展，传统农业也逐步向现代化农业转变。50年代中期，小型机械排灌设施兴办起来。60—70年代，镇域以农田基本建设、兴修水利为主，重抓土壤治理，改善农业生产条件。1986年起，开展土地规模化经营并进行农机化配套试点。90年代，实施基本农田保护圩区建设。进入21世纪以后，镇域进行大规模土地整治。2018年7月，吴兴区人民政府批准常乐村等三村高标准基本农田建设项目（提升类）816亩，乔溇村、木圩高标准基本农田建设项目（建设类）105 亩。至 2018 年末，镇域永久基本农田有 41 569 亩，永久基本农田示范区有 16 587 亩。

第一节 耕 地

一、耕地质量

农田基本建设 镇域农田基本建设重点是疏通田间沟渠，筑起田埂，强化河道治理；以丰产方形式完善灌溉排水体系，对溇港圩田进行维修加固、改造或改建，对淤积严重的河段进行清淤开卡，对险工险段堤防、道路进行治理、硬化。1978 年，镇域 86 个生产大队，共建设完成可耕地面积 102 101 亩，其中水田 87 093 亩。

标准农田 1999 年 3 月，织里镇人民政府颁布《现代农业园区和标准农田建设实施办法》。镇域标准农田建设以平整土地、完善渠路配置、灌排配套为主，以期旱涝保收。2002 年，织里镇人民政府被评为湖州市土地整理暨标准农田建设先进单位。2018 年，镇域强化固体废物（含危险废物）环境安全属地监管，控制化肥、农药施用总量，规模化整治畜禽养殖污染。同年，镇域建设标准农田 16 586.85 亩，畜禽养殖场（小区）粪污综合利用率达到 98.8%。2019 年，镇域化肥减量 42 吨，农药减量 3.2 吨，永久基本农田有 41 568.72 亩，永久基本农田示范区有 16 586.85 亩。

商品粮基地 镇域地处湖州市东北部水网平原粮、油、桑、畜区，地势低平，可耕地面积大，土层深厚，土壤肥沃；气候温湿，年平均气温 15～16℃；降水量适中，水源丰富，宜发展粮、油两熟制和三熟制。1991 年 3 月 6 日，镇域被国家列为"八五"期间第一批商品粮基地之一。2017 年，织里镇人民政府制定耕地保护制度和粮食安全行政首长负责制。当年，镇域粮食播种面积 5.47 万亩，总产 2.6 万吨，改造粮食生产功能区 4000 亩，推广新型农作制度面积 1.7 万亩。

表 4-2-1 2000—2018 年织里镇耕地面积　　　　　单位：平方公里

年份	耕地面积	年份	耕地面积	年份	耕地面积
2000	63.0	2007	61.8	2014	43.6
2001	62.7	2008	61.1	2015	43.4
2002	62.7	2009	60.7	2016	43.4

（续）

年份	耕地面积	年份	耕地面积	年份	耕地面积
2003	65.9	2010	60.7	2017	43.4
2004	64.7	2011	60.5	2018	43.4
2005	62.6	2012	60.5	2019	43.4
2006	61.8	2013	43.8		

数据来源：织里镇统计办公室《国民经济和社会发展统计资料》。

注：此表不包括划入高新区的12个行政村。

表 4-2-2　2001 年织里镇各片区年末耕地面积　　　　　单位：亩

片区	村名	耕地总面积	水田	旱地
织里片 （21 个村）	大港	6003	5237	766
	李家坝	2019	1867	152
	大邾	2063	1928	135
	王母兜	1252	1252	0
	晓河	954	954	0
	清水兜	268	268	0
	东湾兜	0	0	0
	织里	755	619	136
	郑港	1494	1494	0
	凌家汇	1466	1466	0
	秧宅	748	707	41
	联漾	1727	1532	195
	旧馆	3492	3427	65
	东兜	1111	1111	0
	云村	950	950	0
	晟舍	272	272	0
	河西	2636	2636	0
	朱湾	123	123	0
	秦家港	1979	1979	0
	大河	3908	3908	0
	织里水产	0	0	0
轧村片 （10 个村）	石头港	3156	3003	153
	轧村	2428	2270	158
	港西	1649	1639	10
	香圩墩	2265	2251	14

（续）

片区	村名	耕地总面积	水田	旱地
轧村片 （10 个村）	骥村	2806	2805	1
	增圩	1477	1394	83
	孟乡港	1522	1511	11
	潘塘桥	1470	1386	84
	曹家簖	2900	2735	165
	上林村	3299	3197	102
漾西片 （5 个村）	乔溇	2317	1656	661
	汤溇	4278	2481	1797
	常乐	4903	3954	949
	陆家湾	3086	2648	438
	曙光	3755	3520	235
太湖片 （10 个村）	伍浦	1735	1168	567
	义皋	1428	979	449
	庙兜	2368	1771	597
	杨溇	2181	1372	809
	许溇	2260	1386	874
	幻溇	2105	1588	517
	元通桥	1029	774	255
	大溇	2085	1297	788
	东乔	2458	1556	902
	沈溇	1943	1080	863

数据来源：织里镇统计办公室《国民经济和社会发展统计资料》。

注：部分村已被土地征用，统计数字为"0"。

表 4-2-3 2018 年织里镇各片区年末耕地面积

单位：亩

片区	村名	耕地总面积	水田	旱地
织里片 （16 个村）	李家坝	2050	1850	200
	大邾	1343	1200	143
	王母兜	1149	1084	65
	晓河	704	582	122
	清水兜	0	0	0
	东湾兜	0	0	0
	织里	250	250	0
	秧宅	507	427	80

（续）

片区	村名	耕地总面积	水田	旱地
织里片 （16个村）	旧馆	2872	2807	65
	东兜	30	0	30
	云村	0	0	0
	晟舍	0	0	0
	河西	860	650	210
	朱湾	0	0	0
	秦家港	0	0	0
	大河	2786	2422	364
轧村片 （10个村）	石头港	3404	3138.5	265.5
	轧村	1938	1820	118
	港西	3198	1403	1795
	香圩墩	1765	1751	14
	骥村	2427	2426	1
	增圩	1197	200	997
	孟乡港	1582	1354	228
	潘塘桥	1512	1325	187
	曹家籪	3240	3075	165
	上林村	3313	3211	102
漾西片 （5个村）	乔溇	3194	1925	1269
	汤溇	3056	1913	1143
	常乐	3123	2653	470
	陆家湾	3587	3135	452
	曙光	3755	3520	235
太湖片 （3个村）	伍浦	1940	1260	680
	义皋	1400	868	532
	庙兜	2011	1747	264

数据来源：织里镇统计办公室《国民经济和社会发展统计资料》。

注：此表不包括划入高新区的12个行政村。

二、种植结构

耕地作物结构　六朝时，随着圩区建立、湖田增多，以种植水稻为中心的农田耕作制逐步发展。唐、五代至宋，镇域圩田体系渐至完备，粮食种植条件优越，品种增多，成为粮食重要产区。新中国成立后种植业发展迅速。21世纪初，镇域进行大规模土地整治，重新规划水田、桑园和池塘种养区，农业生产向集约化发展。耕地作物从以粮食为主转向粮经并重，粮略低于经。1999年，镇域农作物播种面积为196 507亩，其中包括粮食作物面积143 513亩（含谷物120 473亩、豆类15 441亩、薯类7599亩），油料作物面积27 473亩，蔬菜（含菜用瓜）23 881亩，果用瓜1630亩，草莓10亩。到2011年，镇域农作物播种面积为144 935亩，其中包括粮食作物面积81 159亩（含谷物70 371亩、豆类7802亩、薯类2986亩），油料作物面积18 292亩，蔬菜（含菜用瓜）41 220亩，果用瓜2507亩，花卉苗木1145亩，药材612亩。

稻田养殖　镇域传统的稻田养殖为稻-鱼型，进入21世纪以后，养殖模式逐渐丰富多样，有稻-蟹型、稻-虾型、稻-鳝型等。为提高产品市场适应能力，镇域稻田养殖多种水生动物的同时，还开展了稻田种植茭白、茨菇等水生植物与水产养殖结合的新模式。稻田养殖由单品种种养向多品种混养发展，由种养常规品种向种养名特优新品种发展，由传统混养向立体农业、生态农业和综合农业方向发展。2020年，浙江枫霖生态农业科技有限公司引进鱼-虾-蟹-鳖-稻立体生态混养模式，集除草、除虫、驱虫、肥田等多种功能优势，实现有机、无公害的优质农产品生产。

观赏园区　2001年始，镇域依托生态优势、田野风情、乡村文化等条件，建设观光农业园，发展农业旅游项目，传统农业向农业现代化、城乡园林化发展。2018年，湖州新绿叶生态农业科技有限公司、湖州织里宝港水产养殖专业合作社等，已发展为有机农产品产销、有机生态农庄开发、乡村度假旅游开发为一体的新型生态农业企业。

第二节　农田耕作制

一、经济作物和粮食作物熟制

二熟制　镇域土质较肥沃，水利条件较好，施肥水平较高。据《湖州市志》记载，唐至北宋，湖州境内水稻有粳、籼、糯和早、中、晚稻之分，"刈麦种禾，一岁再熟"。明至清中期，二熟制进一步扩大，冬作物有蚕豆、豌豆、油菜、花草等多种作物。春花麦、油菜、豆安排合理，相互轮作，以保护地力。至民国21年（1932），春花面积大幅度减少，基本回复一熟制。镇域大抵如此。

三熟制、多熟制　新中国成立后，政府把增产粮食、恢复和发展农业生产作为中心任务，有步骤地扩大复种面积，将单季稻改为双季稻，即"春花作物－早稻－晚稻"耕作制。1968年，部分大队始试种麦（或油菜）－稻－稻三熟制。20世纪70年代后，水利条件改善，农作物按类型、成熟期成片种植，为三熟制的发展创造条件。而三熟面积得以迅速扩大还包含以下因素：耕作推广、拖拉机的使用，缓和扩种多熟制劳力、季节矛盾；扩种花草、绿萍，发展养猪，增加新肥源；推广大批适应三熟制需要的稻、麦、油菜良种，推广小苗带土育秧和迟栽稳产连作晚稻两段育秧技术，推广综合防治病虫等配套技术。20世纪80年代，农村实行联产承包责任制后，农田耕作制又向粮、油、经、饲、菜复合耕作制发展。20世纪90年代，镇域早稻种植面积逐年减少。以轧村片为例，1988年早稻播种面积17 596亩，到1998年面积降至1280亩，1999年仅为20亩。而其他片区在1999年均未种植早稻。至此由双季稻所构成的油菜（大麦、绿肥）－稻－稻三熟制退出水田耕作制度。进入21世纪以后，镇域推广分带轮作、间作套种立体种植技术，"春马铃薯/春玉米－稻""菜/西瓜－稻"等高效三熟制迅速发展。

二、免耕直播与机械作业

免耕直播　20世纪80年代中期，镇域开始推广"稻板麦"（大麦、小麦免耕），后推广"稻板油菜"等。同时，移栽水稻和"湿直播水稻"开始采用手拖旋耕。2005年，单季晚粳稻实施免耕、直播。

机械作业　与免耕、直播等农艺配套，机械开沟作畦覆土作业、机械收割面积扩大。2003年，镇域实行机械开沟，机械收割面积61 150亩。2005年，部分农户受惠于"以奖代补"政策，购置与秸秆运用、化肥设施、节约灌溉、播种收割等方面相关的大中型农业机械。同年，大潘兜村被命名为省级粮油生产全程机械化产业基地。2017年，镇域水稻机械化栽植面积1.8万亩。

第三节　农田水利

一、圩垾区建设

织里圩（垾）区的历史　据《吴兴溇港文化史》记载，东汉末年，三国争雄，为强兵足食，各国开展了以"兵屯"为主的大规模的屯田活动。吴、蜀、魏均设置了专职的屯田官员。汉末至唐中叶，镇域开发圩田，兴建大量河坽堤塘。到了五代吴越国时期（923—978），钱镠及其后人专设"都水营田使"，统管"治水营田"事业，建涵闸、坽门来调节水位，以时启闭，控制蓄泄，圩田格局臻于完善、巩固，溇港圩田系统得到进一步完善，实现了"高阜地区，浦塘深阔""纵浦横塘，位位相接"，确保了圩田的"贼水不入，久无患"。北宋塘浦大圩解体后，沿用小圩体系。宋、元、明、清期间，圩区治理时兴时殆。19世纪40年代至20世纪20年代，对圩区治理投入极少。抗日战争时期，圩区水利遭严重破坏。新中国成立后，政府每年发动、组织民工培修、加固圩堤，疏浚河道、修建涵闸，有计划拆并、调整圩区，整理水网，建设机电排灌设施。

中小圩区建设　20世纪50年代中后期，镇域改变小圩体系，推行联圩并坽，以巩固圩、堤防，缩短防洪战线。60年代，联圩并坽随电力排灌建设发展而发展。至80年代，镇域推行中格局、小格局治理，并持续加固圩、坽堤岸。1988年，全境圩区114个，面积105.63平方公里，防洪堤长815.32公里。2019年，南北横塘区域综合整治（太湖片一期、镇区片一期）项目、利济圩区工程建设完工验收。利济圩区东临幻溇港，南至荻塘，西以罗溇港为界，北靠南横塘，圩区

幻溇港挡墙

卵石加植草型生态护坡

环河大堤

20世纪90年代建造的三面光渠道

圩坽区建设

总面积 3.05 万亩。新建防洪堤总长约 5.74 公里；新建闸站 2 座，闸孔总净宽 14 米，总装机 330 千瓦；新建水闸 2 座、涵闸 2 座，闸孔总净宽 18 米；沟通水系约 0.87 公里，均为新开河道。

沿湖水闸 1982 年，镇域共建有水闸 26 处，分别是濮溇、诸溇、沈溇、安溇、罗溇、大溇、金溇、潘溇、幻溇、西泾溇、东泾溇、许溇、杨溇、谢溇、义皋、陈溇、伍浦、蒋溇、钱溇、新浦、石桥浦、汤溇、晟溇、宋溇、乔溇、胡溇，孔数为 34。

河道整治 新中国成立后，镇域重视水利事业。1969 年 9 月拓浚整治织里市河，拆除阻水桥 6 座（复建 4 座），拆除房屋、水阁 160 余间，砌石护岸 1700 米。拓浚后，底宽 11～12 米，底高程 0.5 米，面宽 16 米。2019 年，镇域开展秦家港河、栖梧港、芳莲河等河道清淤工程，共计约 35 公里，投入资金约 500 万。截至 2020 年 6 月，镇域连同高新区太湖区域的自然圩区共计 435 个，总面积 180 669 亩。其中水田 83 462 亩，桑地 20 299 亩，白地 16 796 亩，鱼塘 5259 亩，村庄用地 26 179 亩，河道河漾 16 540 亩，其他用地 10 829 亩。

二、农田排灌

机电排灌 20 世纪 60 年代后，镇域电力排灌迅速发展。1966 年，电力排灌从建设转入调整、补点、配套，提高农田抗灾能力。20 世纪 80—90 年代农业机械化排灌设备渐趋完备。以晟舍乡为例，1962 年晟舍乡排灌机械动力中柴油机有 7 台，94 马力；电动机 25 台，251 千瓦；水泵 25 台。到 1991 年，晟舍乡排灌机械电动机共 122 台，883 千瓦；农用水泵 133 台。同年，晟舍乡有水田 1.6275 万亩，全部由固定机电站电力排灌作业。2017 年，镇域大力推进农业设施装备建

20 世纪 70 年代建造的宋溇水闸（左）、田溪角机埠

设，农业园区智能化标准型微灌工程面积 400 亩。

表 4-2-4 1985 年织里镇农田排灌设施分类情况

| 乡名 | 电力排灌 | | | | | | 非灌区面积 |
| | 排灌面积（亩） | 灌区（个） | 机埠（座） | 装机容量 | | 水泵（台） | 平原（亩） |
				变压器（台）/千伏安	电动机（台）/千瓦		
织里	20 994	43	58	45/1350	77/852	77	77
晟舍	17 328	23	33	32/1190	60/693	60	44
太湖	12 575	48	55	31/930	90/792.5	91	30
轧村	21 376	40	41	38/1330	72/854	72	297
漾西	14 285	33	41	28/1060	56/581.5	59	—
合计	86 558	187	228	—	—	359	448

数据来源：湖州市城郊区水资源调查组《水资源调查及水利区划报告》。

表 4-2-5 2018 年织里镇排灌机埠基本情况调查

片区	行政村	机埠数
轧村片	孟乡港村、香圩墩村、增圩村、上林村、石头港村、骥村村、潘塘桥村、港西村、轧村村、曹家簖村	93
漾西片	乔溇村、曙光村、汤溇村、陆家湾村、常乐村、义皋村、庙兜村、伍浦村	94
织里片	织里村、清水兜村、晓河村、王母兜村、李家坝村、大邾村、秧宅村、旧馆村、东兜村、大河村、河西村	41
合计		228

数据来源：织里镇农业服务中心办公室。

第四节 农业技术和农机具

一、农用动力

畜力 耕牛为中型农具动力牵引，镇域饲养量少。1961 年晟舍公社有耕牛 69 头。

内燃机 内燃机最早用于排灌作业。1919 年，部分农民开始租用苏南地区移动式机船，用于提水或碾米。此后，部分粮食加工商购置进口内燃机（以柴油机为主），马力小、油耗大。20 世纪 60 年代，国产内燃机供各种机械配套动力选择：小马力柴油机与拔秧机、插秧机、植保机械、割脱机械、简易农用运输车等配套使用；以汽油为燃料的小型汽油机，一般与机动喷雾机配套使用。

电动机 20 世纪 50 年代兴起，60 年代后电动机迅速发展。以织里乡为例，

1974 年有电动机动力 1027 千瓦，1980 年有电动机动力 2023 千瓦，1992 年有电动机动力 4113 千瓦。

二、耕作类

1.耕作用具

犁 犁起源于耒耜，用人力牵引，主要用于耕翻或掘松土层。耕牛兴起后，耒耜渐为犁取代。犁的构造为铁、木扶犁架，三角状铁犁头，长度 0.3～0.35 米，宽头约有 0.2 米，犁头尖。20 世纪 50 年代，犁梁改为铁件而称铁犁。60 年代初停止使用。

耖 耖有铁耖、木耖两种。主要用于进一步碎土、捣匀、整平水田中泥块，耖起草根，便于插秧。木耖与铁耖形状相同，耖齿长 0.1～0.2 米。铁齿稍长，齿为方形，齿尖锋利长约 0.01 米。木耖齿尖较平，长约 0.02 米。20 世纪 90 年代末停止使用。

耙 耙有平耙、滚耙两种，主要用于平土、碎土。平耙由长方形木框组成，一般长 1.8 米，宽 0.6 米。在长框边各装 15～20 只互相错开的铁齿或耙刀，以切碎土块。滚耙是在木框中间与两长边平行装一木滚轴，轴上等距离穿约 20 只竹片，竹片外露 0.1～0.2 米。水田在平耙作业后，用滚耙碎土。耙可用牛牵引，操作者立于耙上，20 世纪 90 年代末停止使用。

铁耙 铁耙由古代二齿镢发展而来。有两齿、四齿两种。两齿铁耙均为尖齿，四齿铁耙有阔齿、凿齿、尖齿之分。现仍使用。

锄 锄有鲥鲅形、三角形。一般用于旱地中耕除草、培土、挖穴以及开垦荒地。锄长 0.2～0.3 米，宽 0.1～0.2 米，装配长 1.5～1.8 米的竹柄。也有小号锄

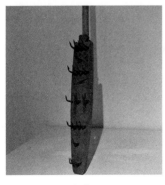
钉耙

锄头

垦田铁耙

头，装有竹、木短柄，专锄百合、麻类、大蒜等密植作物中的杂草及松土之用。现仍使用。

铁铲 铁铲主要用于铲除田边地角杂草，修补田埂，开沟排水，挖掘芋艿、山药等。20世纪60年代由宽改窄，以适应田间开深沟阔畦。铲宽0.13～0.15米，长0.4～0.45米，下口锋利，装配有1.5～1.8米的木柄。现仍使用。

铁撬 铁撬有洋撬、深沟撬等。洋撬长0.2～0.3米，宽0.15～0.2米，供撬杂物使用，现仍使用。深沟撬两边半月形，卷边，下口锋利，长0.3～0.4米，宽0.08～0.1米，现很少使用。

2.耕作机械

电动犁 电动犁起源于牵引犁。据《湖州市志》记载，1965年吴兴县引进新设计电动犁6套。配套农具为双向犁及星形耙，每天工效15亩以上。20世纪70年代，电犁配鼠道犁（炮弹犁）在春花田开暗沟。后因电动犁电力得不到保证，以及手扶拖拉机的大量使用，电动犁逐渐停用。

拖拉机及配套犁、耖、耙 柴油内燃机带动犁刀、耖、耙耕作水田。20世纪60年代末开始，镇域从外地租用拖拉机代为耕作，主要用于农田基本建设。70年代中期，各生产队逐步购入手扶拖拉机，基本代替了人力在水田中的耕作劳动。

机耕船 1973年引进嘉善拖拉机厂所产机耕船（船形拖拉机），用于深烂田地耕作。

三、栽培类

1.栽培用具

秧凳 木制农具，用于拔秧时乘坐。座底是一块长方形木板，一头略尖微翘，长0.3～0.4米，宽0.1～0.15米，上面木架座位高0.1～0.15米。现少见使用。

耙耥 耙耥也称精耙，有木制、铁制两种。用于水稻田中耕除草。耙耥有6～8只铁钉方齿，齿长0.1～0.15米，钉在一根

秧凳

长0.4～0.5米的横木上，直榫装有一木柄，长1.5～1.8米。20世纪60年代后期，

水稻密植程度提高，耙耥无法放入水稻行间，改用手耙松泥土和清除杂草。后不再使用。

耥田马、面罩 竹或木制，用线穿成。耥田马绑在两大腿股间，面罩戴在头上，水稻拔节时耥田所用。1970年代后停用。

2.种植机械

机动拔秧机 1972年，引进嘉兴地区农机研究所研制小钳密夹式机动拔秧机和上海产梳式拔秧机试用。1973年后，水稻小苗带土移植，拔秧机停止使用。

手动插秧机 1958年，木制插秧机推广，但大都未使用。1960年，引进浙江1号人力插秧机。后多次引进各种型号插秧机，均因使用不便而停止。

机动插秧机 1971年，镇域开始推广使用。主要有湖南-2型往复直插式、东风-2型、上海-1型等。1974年，开始引进浙江-3型机动插秧机。后停止使用。

四、排灌类

1.排灌用具

戽斗（绷桶） 20世纪50年代前，大部分农户使用戽桶提水灌溉。用绳索拴系于桶口及桶底，二人对站，用手握绳，协调操作，将河水戽进田中，或将田中的水戽出。部分农户也在戽荡捕鱼时使用。

水车 水车按动力可分为人力、水转、畜力、风力等四种。人力、水力又名"龙骨水车"，有手摇、脚踏两种。手摇水车又称拔车，形状较小，结构与脚踏水车相同；脚踏水车有立车与坐车之分，其主体结构相同。畜力、风力水车主体与人力水车相似，传动部分与人力水车不同，转动轴经立、卧两齿轮传动，带动水车板叶运水。1962年漾西公社有水车320架。

2.机械排灌

抽水机站 1958年，普遍建立抽水机站。20世纪60年代后，电力排灌迅速发展。

水泵 20世纪50年代，镇域排灌机埠以离心泵为主。小型手提式或座式水泵在田间、池荡移动使用。

喷灌 1987年镇域开始使用50型移动式喷灌机。后停止使用。

五、植保类

1.植保器具

新中国成立前，农村没有植保器具。20 世纪 50 年代中期，部分农户开始使用一些简单半机械化植保工具。

手动喷粉器　20 世纪 50 年代中期，镇域推广并使用 552 丙型压缩喷雾器。60 年代，部分农户大量使用单管喷雾器，还有少量 EY-5 型手动喷粉器。60 年代末不断更新，使用背负式喷雾器，以工农-16 型为主要型号。

三面快　三面快主要用于挖掘稻根、杀灭越冬螟虫。构造为长 0.2 米左右匙形小刀，刀尖及两侧有锋刃，上装小木柄。使用时将三面快插入稻丛根部，沿根部旋转将稻根整体掘出烧毁。20 世纪 60 年代停用。

治虫灯　夜间利用灯光诱杀害虫及飞蛾。灯下放置水盆，盆中滴放少量废油，使虫、蛾落入水盆死亡。20 世纪 60 年代使用白炽灯，70 年代改用黑光灯，后使用过电热丝。现较少使用。

2.植保机械

手提式喷雾器　用 1 号电池驱动微型电动机，将农药原液喷成极细微颗粒撒于作物上。后因用药量较少，使用效果不佳，镇域未推广。

机动高压喷雾器　20 世纪 60 年代初，镇域有少量上海产高压机动喷雾机，配套动力为小型汽油机。70 年代后，有少量东方红-18 背包式喷雾机和蜻蜓-18 型弥雾喷雾机。1990 年后较少使用。

六、收获类

1.收获（脱粒、打场）用具

镰刀　镰有稻镰、镰刀之分。稻镰由刻有锯齿的刀片和木柄组成。镰刀刃口无锯齿，木柄比稻镰长些。2000 年以前是主要的收割工具之一。

快速收割器　20 世纪 50—90 年代，镇域普遍推广水稻快速收割器。主体为木框架，内侧两边装有锯齿形割刀，框上方装有简单扶稻器和丁字形长木柄。70 年代后引进铁制收割器，有装、分禾装置。进入 21 世纪后，很少使用。

榻车、乔杆　榻车、乔杆用于积水较多低洼田，稻割下后置于榻车上，移至田边挂在乔杆上晒干。乔杆为 3 根小竹，搭成的三角架。20 世纪 50 年代末，农户一改过去做法，将收割后的稻置于田中搁干，便不再用榻车、乔杆。

掼稻床 又称稻床，系竹木结构。主体为长1米、宽0.8米左右木框。中间安装竹筋，竹筋间留2～3厘米间隙。将稻在上面甩打，使谷粒脱下；还可配稻桶或菱桶在田间操作。20世纪50年代打稻机出现后，掼稻床淘汰。

掼稻桶（谷桶） 掼稻桶由3厘米左右厚木板做成上口大、下口小的方桶。用于稻、麦等作物脱粒。打稻机普及后，稻桶不再使用。

谷桶

人力脚踏打稻机 人力脚踏打稻机属于半机械农具之一。分单人、双人打稻机两种，结构基本相同。1952年引进脚踏打稻机，使用效果良好，工效比稻桶提高1倍以上。此后改革稻桶，装上脱粒滚筒及齿轮、连杆等，改装成打稻机。

连枷 连枷主要用于扑打晒干作物秸秆（如黄豆、蚕豆等），使籽粒脱下。连枷是用数根0.6～0.8米长木条或竹条用绳编成板状，再用一可旋转环轴装在长柄顶端而成。21世纪很少使用。

风谷车（扇车） 又称扇车。用于稻麦脱粒后清理杂物。形似圆鼓形大木箱，内装有4～6片薄木板制成的风扇轮，后有粮食杂物出口，顶部有盛谷斗。谷物放入盛谷斗，从底部狭缝中徐徐漏入风车中，手摇风扇轮产生风力，将杂物从后部出口处吹出；谷粒落入车外盛器。1960年代出现铁皮风谷车。现很少使用。

谷筛 谷筛主要用于谷物清理，它是用竹篾编成的圆形筛子，筛孔直径0.6厘米左右。现很少使用。

翻谷、摊谷、集谷板 均为翻晒谷物工具。

谷物盛器 谷物盛器主要有谷箩、笆斗、栲栳、麻袋、圈条、米囤、畚斗、晾匾等传统工具。谷箩用竹篾编成，上圆下方，口径约0.53米，底0.3米见方，系4根绳便于挑运；栲栳、笆斗均用柳条编成；圈条用竹篾编成，宽0.2～0.4米，带状，有7米、10米、33米长不等，主要用于圈存稻谷；晾匾无孔，直径1.2米左右。大晾匾放置较平坦地面，圈条在匾内缘展开，稻谷倒在圈条内，随着稻谷堆高，圈条螺旋状展开升高。

2. 收获、脱粒、烘干机械

机动脱粒机 机动脱粒机又称电动打稻机，分电动、小马力内燃机动和全自动喂入式脱粒机等三种。这种脱粒机是在1961年由农民将脚踏打稻机安装电动机改成的。

全自动脱粒机 1966年，长兴农机修理制造厂生产JZ-360型稻麦两用全自动脱粒机，采用半喂入式并带有清洗装置，脱粒后茎秆完整、谷物清洁、浪费少，很受农户欢迎。

100-3割晒机 1970年，镇域推广使用嘉兴丰收农具厂产100-3割晒机。配套动力为165F柴油机，割后稻麦铺放在田中，每小时工效1亩。后很少使用。

联合收割机 1975年，试用湖州联合收割机厂产100-12型稻麦两用联合收割机。稻麦半喂入脱粒，茎秆较完整，可集束，配套动力为S195柴油机。1981年后，购入桂林II型稻麦两用全喂入式联合收割机和上海50型拖拉机配套的全喂入式联合收割机。

谷物烘干机 早稻收割季节常遇连续阴雨或台风过境，往往引起稻谷霉变。1966年，引进宁波红卫1型谷物烘干机。1981年，安吉粮机厂生产HS-3型双筒体谷物烘干机，因使用率不高，推广不开。

七、积、施肥类

1.积肥、施肥用具

罱夹、千箅 罱夹、千箅均为传统农具。罱夹亦称泥夹、泥箅，由两片篾编罱夹组成蚌壳形。两片罱夹交错各装长竹竿（称罱竹杆）。夹起淤泥置于船舱中，俗称原地撑篙。泥罱满舱后运到岸边，用千箅（泥勺）将泥甩上岸，千箅用木头凿成如畚箕形直口勺，装有竹柄。现很少使用。

粪桶、粪勺 粪桶、粪勺主要用于水田、旱地施肥，挑河泥及泼浇农药的木质桶具。粪桶高0.4～0.6米，上口直径0.3～0.4米，圆形，留有二只耳洞。料勺留有一只耳洞，均用杉木板箍成。现仍广泛使用的均为塑料材质。

2.积肥、施肥机械

人力吸泥船 有手揿与脚踏两种。1958年，开始引进人力驱动皮膜式吸泥泵，安装在农船上，靠皮膜产生负压，将河泥吸入船中。工效不高，未能推广。

机动吸泥船 吸泥船装单泵（吸泥泵）配套S195发动机。1975年，吴兴县农机局在戴山农机厂研制成功并成批生产。

八、加工类

1.加工工具

木砻　木砻用全木制成，用于除去稻谷外壳。它主要由上下两个木盘、横担、砻心轴、砻耳、间隙调节杆、篾箍、砻拐、砻凳部件组成。上下盘由内到外凿斜齿槽，上下盘啮合、旋转。现很少使用。

臼　臼为圆形，上口大，下底小。大多由石匠用花岗岩块石凿制而成，主要用于脱去糠层，加工糙米；春节时打制年糕。臼有木臼与石臼，以石臼居多。石臼容量3～6斗（每斗约8.5公斤）；另有砧子配套。木臼有臼架，脚踩横木，踏下时砧子上升，脚放时砧子落下。现少有使用。

磨　磨与木砻结构基本相同，只是材质不同。石磨盘由石匠锻凿而成，上下两磨盘啮合面凿有方向不同斜形磨齿。磨盘为圆形，上盘进料口较小，体积也小，但很沉重。下盘较薄，按放在磨床上，整盘直径约0.5米。主要用于加工米粉、麦粉、豆浆等。小石磨由1人操作，或称单人磨；大石磨由2人操作，或称双人磨。20世纪70年代以后很少有使用。

石臼

石磨

米筛、粉筛　米筛、粉筛均用毛竹篾丝编制而成。米筛是木砻碾米的配套工具，筛出尚未脱壳的稻谷，再次放入木砻碾磨。米筛形状为圆形，直径在0.6米左右，边圈0.04米左右，筛孔比脱壳米粒稍小。粉筛用于农家做米糕等食品时筛粉时用。它是在圆形竹框或木框底部绷一层小孔眼丝或麻织物制作而成。现均很少使用。

扫帚　扫帚也称笤帚，有竹制、高粱穗扎制、笤帚草扎制，也有棕毛、塑料丝扎制，用于收拾谷物、清理场地，是家家户户必用之物。

2.加工机械

砻谷机 砻谷机利用皮轮碾米,碎米率低,质量好。镇域以 14 寸砻谷机为主。因不便于加工零星稻谷,20 世纪 60 年代中期后很少使用。

碾米机 20 世纪 50 年代末,镇域推广使用立式碾米机。60 年代,镇域推广使用卧式碾米机,将其安装在农村机埠。卧式碾米机的型号有浙碾 2 号、浙碾 3 号两种,镇域以 2 号为主,配套动力 7 千瓦,每小时碾米五六百公斤。

磨粉机 20 世纪 50 年代,镇域开始推广使用磨粉机,以 250 型磨粉机为主,配套动力 4.5 千瓦,每小时磨粉 125 公斤。此外尚有 F4425 型、F6411 型,配套动力 4.5 千瓦,每小时磨粉 100～125 公斤;MK18—20 对辊式,配套动力 4.5 千瓦,每小时磨粉 250 公斤。

饲料粉碎机 饲料粉碎机是在 20 世纪 50 年代从日本引进而来。1958 年,湖州铁工厂仿造 60 台。60 年代,饲料粉碎机型号有 400 型,配套动力 7～10 千瓦,每小时粉碎 100～200 公斤;450 型配套动力 10 千瓦,每小时粉碎 250 公斤;670 型饲料粉碎机,配套电机 17 千瓦,每小时粉碎六七百公斤。

油车、榨油机 20 世纪 50 年代以前,多用木制油车,以牛为动力;也有以人工挥锤打进木楔,在榨床内挤压菜籽饼而榨油。60 年代后,渐由榨油机代替。型号主要为东阳产 585 型,配套电动机 2.8 千瓦,日产 0.5 吨;绍兴产 95 型,配套电动机 7～10 千瓦,日产 5 吨。

其他加工机械 有青饲料打浆机、制面机、制豆浆机等。

九、运载类

1.运载用具

扁担与钩绳 扁担与钩绳是农村传统运输工具之一,有竹和木两种。镇域农村主要使用竹制扁担。扁担可分长扁担、宽扁担、窄扁担、两翅扁担(俗称羊角扁担),也有硬扁担和软扁担之分。钩绳是一头结木制钩,与扁担配合使用,用来捆稻把、稻麦草等。现部分农户仍使用。

土箕、草篰、箩筐等 均以竹编为主,也有少量以芦苇制成,为传统农用工具。现部分农户仍常用。

菱桶 菱桶是传统水上运输、劳动工具之一,为木制,有圆形、椭圆形。形状小巧,用于采摘菱角、修理水车、放养水草、捕鱼等。圆形菱桶直径 1.2～1.5

米，用铁箍或竹篾箍成，高 0.2～0.3 米。现部分农户仍使用。

农船　农船是传统水上运载工具之一。20 世纪 50 年代均为木制船，以木橹摇为动力。60 年代后，镇域农户开始使用水泥船和少量铁皮农用船。现部分农户仍使用。

2. 运载机械

挂桨机动船　1971 年起，镇域开始使用挂桨机动船，常用的是 NG-73 型 12 马力（1 马力约为 0.735 千瓦）农用挂桨船，后相继使用东风-3 型、GJ-75 型，配套动力为 165 与 175 柴油机。吨位大者安装 2 台。2006 年停止使用。

运输拖拉机　运输拖拉机用于短途运输，是由手扶拖拉机配 7C-1 型 1 吨挂车。20 世纪 70 年代，农民曾自行改装撞击式自卸挂车，安全事故较多。80 年代，逐步改成机械式自卸挂车。尔后，大部分中型拖拉机挂车也被改装成配有汽车制动装置的自卸式挂车。1985 年，镇域开始引进方向盘式手扶拖拉机。

农用运输车　镇域农用运输车以柴油机为动力，功率 12～15 马力，由人力启动。后引进 290、295 及 485 柴油机农用运输车，取代 12～15 马力柴油车。

农用汽车　农用汽车主要有跃进牌和解放牌，用于装载运输货物。

十、其他类

斧　斧有单面刃与双面刃两种，单面用以砍树，双面用于劈柴。现仍使用。

桩锄　又称笋锄，有大小两种，主要用于挖笋。锄狭长壁厚，刃口两边稍长。

蓑衣、斗笠　蓑衣一般由棕编织而成，用以遮雨。棕片不透水也不透风，制成上衣与下裙两块，穿在身上与斗笠配合使用。20 世纪 70 年代，因化纤产品的出现而结束使用。斗笠又名笠帽、箬笠，有尖顶和圆顶两种形制，用于挡雨遮阳。斗笠一般是用竹篾夹油纸或竹叶、棕丝等编织而成，有很宽的边沿。现部分农户仍使用。

棕蓑衣

另有蚕具类、渔具类等。详见本卷第四章《养殖》。

表 4-2-6 1978 年织里镇耕作机械统计

		织里	晟舍	轧村	漾西	太湖	合计
农用拖拉机 （20 马力以上）	混合（台）		15	6	2	3	26
	功率（马力）		373	136	44	69	622
机引农具（台）	机引犁		8	3	3	3	17
	机引耙		7	1	1	3	12
	机引播种机		－	－	－	－	－
	机引旋耕机		10	6		5	21
手扶拖拉机	数量（台）	90	42	86	49	53	230
	功率（马力）	1076	498	1024	588	634	2744
手扶拖拉机机引农具（台）			14	14	5	22	55
机耕船	数量（艘）	4	2	4	9	5	24
	功率（马力）	48	24	48	108	60	288
电犁	数量（套）	15	10	2	2	2	31
	功率（马力）	163	76	16	11	22	288
机动插秧机	数量（台）					1	1
	功率（马力）					3	3

表 4-2-7 1978 年织里镇收获机械统计

		织里	晟舍	轧村	漾西	太湖	合计
机动收割机	数量（台）		4	3			7
	功率（马力）		39	27			66
机动打稻机	数量（台）	275	217	180	124	217	1013
	功率（千瓦）	583	442	441	278	434	2179
全自动 脱粒机	数量（台）		6	3	40	39	88
	功率（千瓦）		18	8	308	161	495

表 4-2-8 1978 年织里镇排灌机械统计

		织里	晟舍	轧村	漾西	太湖	合计
柴油机	数量（台）	8	4	4	15	17	48
	功率（马力）	112	37	59	175	183	566
电动机	数量（台）	62	72	63	78	66	341
	功率（千瓦）	682	580	645	626	582	3114
农用水泵（台）		74	61	61	67	158	421
喷灌机械（套）			2		14	6	22

表 4-2-9　1978 年织里镇农产品加工及队办工业机械统计

		织里	晟舍	轧村	漾西	太湖	合计
柴油机	数量（台）	2	2		1	9	14
	功率（马力）	15	24		12	120	171
电动机	数量（台）	16	27	34	26	68	171
	功率（千瓦）	227	135	307	249	631	1548
粮食加工机械（台）	碾米机	31	24	28	19	26	128
	磨粉机	23	14	16	15	20	88
	砻谷机				2	2	4
饲料加工机械（台）	饲料粉碎机	30	22	27	20	28	127
	青饲料打浆机	30	23		7	4	64
	淀粉机	1		1	1	9	12

表 4-2-10　1978 年织里镇运输机械统计

		织里	晟舍	轧村	漾西	太湖	合计
农用拖斗	拖拉机、汽车牵引（辆）		2	3			5
	手扶拖拉机牵引（辆）	6	14	6		2	28
机动农用船（包括渔业及社员私有）	数量（艘）	35	7	13	40	51	146
	总吨位	204	41	79	207	337	868
	功率（马力）	276	94	140	496	633	1639
非机动农用船	水泥船（只）	233	139	178	187	192	929
	木帆船（只）	413	284	398	217	428	1740

表 4-2-11　2020 年织里镇农机具动力统计　　　　　　　单位：千瓦

农机具动力总动力	其中								
	耕作机械动力	种植机械动力	排灌机械动力	植保机械动力	收获机械动力	农产品初加工机械动力	水产机械动力	农田基本建设机械动力	其他农业机械动力
17 133	6311	106	6353	994	1301	859	873	156	180

数据来源：织里镇农业办公室统计资料。

第五节　农业龙头企业选介

一、农业龙头企业

1.市级农业龙头企业

截至 2018 年，湖州织里杨溇菜篮子服务中心、湖州吴氏生态农业有限公司、湖州雷龙农业科技有限公司、浙江三生农业科技有限公司、湖州好运来食品有限公司、湖州莼鲈生态农业发展有限公司等 6 家公司先后被评为湖州市重点农业龙头企业。

2.织里镇农业龙头企业选介

湖州庙港人水产有限公司　地址在南太湖高新技术产业园区工业路 18 号 -96，负责人卢瀛峰，2015 年 4 月创办，面积 1200 亩，注册资本 1200 万元、企业用祖母的名字"杨桂珍"注册品牌名。经营范围是太湖蟹生态养殖、科研、蟹文化的推广。公司有自营门店 20 多家，与多家 B 端客户合作，包括杭州大厦、传化集团、喜来登酒店、开元酒店、宁波万豪酒店等。公司在湖州市的水产养殖、实业发展、传统产业转型升级等方面起到了表率带动作用。卢瀛峰创建了农合联，并任农合联理事长，采取"龙头企业 + 合作社 + 基地 + 农民"的经营模式带动周边农户就业增收，以实现效益共赢。2015—2019 年，公司每年举办千蟹宴。2020 年 11 月，举办万蟹宴。2019 年"杨桂珍"太湖蟹总销售额为 7300 万元。2015—2020 年，庙港人旗下的"杨桂珍"太湖蟹连续 6 年代表太湖蟹参加上海海洋大学举办的"王宝和杯"全国河蟹大赛，获得"优质蟹奖"或"金蟹奖"等荣誉。负责人卢瀛峰先后被评为最美湖州人、湖州市十大优秀青年、新锐湖商、全国农村青年致富带头人、农业企业领军人才。2020 年 12 月，湖州庙港人水产有限公司被评为市级重点农业龙头企业。

湖州新绿叶生态农业科技有限公司　地址在南太湖高新区许溇村，负责人潘建方，2003 年 8 月创建，可种植面积 500 亩，是一家集有机农产品产销、有机生态农庄开发、农业观光、乡村度假旅游开发为一体的新型生态农业科技企业。前身为浙江绿叶生态农业发展有限公司。现经营模式为"公司 + 基地 + 品牌"，形成以蔬菜基地为主、以生态果园和农业休闲观光园为辅的立体生态循环系统。公司内建有南太湖吴兴生态农业科技园，是国家级节水灌溉示范区、现代农业示范园和浙江省循环经济示范点。园区配套建有 6000 平方米加工配送中心，有 1000 平方米冷藏库，并配有农产品冷链运输专用车，以保证产品安全、高效、及时地储藏及配送。产品主要面向中高端消费市场，销售网络已覆盖华东地区主要的大中城市。2019 年，蔬菜产量 160 万公斤，水果产量 5 万公斤，销售额 6800 万元。"绿叶"牌有机蔬菜先后被认定为"浙江省著名商标""浙江省名牌产品""浙江省名牌农产品""湖州市政府农产品质量奖"

湖州新绿叶生态农业科技有限公司（原为浙江绿叶生态农业发展有限公司）

等称号。公司在 2005 年 12 月被评为"浙江省科技农业企业"，2006 年 12 月被评为"湖州市农业龙头企业"；同月，被商务部评为"双百市场工程"示范企业。

湖州莼鲈生态农业发展有限公司　地址在阿祥路 1388 号金丰源 5 号楼，由沈玲玲、吴震、徐桂英、沈小泉等人于 2017 年 3 月共同创办。董事长沈玲玲兼任吴兴区蔬菜农合联理事长。公司注册资金 3500 万元，员工有 105 人，种植养殖基地面积 950 亩。该公司是一家从事农业种植、技术研发、生鲜食材配送、电商服务和餐饮管理的综合性企业。公司着力于管理体系的建设和品牌的打造，注册"莼鲈""小菜 e 站""忆莼鲈"等商标，均已完成 ISO22000 食品安全管理体系、ISO9001 质量管理体系、ISO14001 环境管理体系、OHSAS18001 职业健康安全管理体系的认证。公司建立起一整套产品质量、安全标准和食材溯源体系，产品通过了无公害认证和绿色食品认证。2019 年 12 月 B 端客户达到 185 家，2017—2020 年销售额年均增长超过 60%。2020 年 3 月服务 C 端客户的电商平台"小菜 e 站"正式上线运营，单月会员突破 5000 人。2019 年，主要种植樱桃、番茄、茄子、青椒等绿色食品及白菜、小番茄等无公害食品。同年，公司总销售额 6000 万元。2019 年 11 月，公司被评为湖州市重点农业龙头企业；2020 年 7 月被评为吴兴区蔬菜农合联理事单位；2020 年 9 月，被评为浙江省 AA 级"守合同、重信用"企业。

湖州吴兴康强牧业有限公司 地址在杨溇村,负责人陈志强,2010年10月创办,面积360亩。公司生产模式是"猪-沼-藕-鱼"种养结合,在养殖地周围种植莲藕,套养泥鳅,鲢鱼。此外,还经营生猪饲养、销售,鲜猪肉和初级食用农产品销售,太阳能光伏发电等。公司内建有大型粪便处理沼气池。2019年,生猪储栏8000多头,总销售额3000万元。2015年12月,公司被评为湖州市标准化示范农场;2016年11月,被评为浙江省美丽牧场。

湖州美果汇食品有限公司 地址在万谦漾路199号,由湖州太德汇印刷器材有限公司陈海绪、郭伟群、王泽帆三人于2012年9月创办,面积59亩,总投资1.5亿元。公司是国内蜜饯行业食品安全较好、设备设施齐全、生产环境优美的花园式企业,致力于食品生产、技术研发及销售,经营范围包含青梅、李子、芒果、山楂、杨梅、西梅等水果的初加工及深加工。2019年,公司总销售额3000万元左右。2019年2月,公司被评为新时代文明实践基地。

湖州吴氏生态农业有限公司 地址在上林村杨家阡16号,负责人吴荣峰,2011年3月创办,面积420亩,其中池塘生态养殖基地400亩。公司建有工厂化养殖车间1800平方米,池塘内循环流水养殖槽5条,设施化育苗大棚2000平方米,保温大棚80多亩及产卵孵化池等配套繁育设施。此外,还建有育苗配套的双主机水质除菌超滤系统一套。经营范围为特种鳜鱼养殖和鳜鱼、加州鲈鱼苗种繁育。企业与浙江省淡水水产研究所、湖州师范学院和湖州市水产技

渔大哥鳜鱼精品园

术推广站等单位建立了稳定的技术合作关系。公司独创的"一年两茬"鳜鱼生态养殖技术属省内首创。2019年，鳜鱼产量12.5万公斤，产值700万元；鳜鱼苗、鲈鱼苗产量4亿尾，产值800万。2011年11月，公司被评为浙江省无公害基地；同年12月，被评为浙江省农业标准化养殖推广示范基地；2012年1月，被评为浙江省现代渔业精品园；12月，被评为浙江省残疾人扶贫基地；2013年7月，被评为农业部健康养殖示范场；同年12月，被评为浙江省农业科技型企业、浙江省省级水产规模化育苗基地；2014年12月，被评为浙江省农业科技研发中心；2017年1月，被评为湖州市农业龙头企业。此外，2012年12月，"渔大哥"鳜鱼产品被评为湖州市名牌产品。

湖州织里恒鑫水产养殖专业合作社 地址在汤溇村，负责人沈云杰，2007年11月创办。创建初，5个股东共出资20万元。2020年企业改造提升，建成1088亩现代高效河蟹产业园。企业现有社员39户，养殖面积6787亩，配备简易水质分析仪和显微镜等设备。合作社主要从事太湖蟹养殖、组织采购，供应成员养殖所需的饲料，引进新品种、新技术，组织技术培训、咨询服务等。2019年，企业出产"淼鑫"太湖蟹10.5万公斤，产值1100万元；青虾6万公斤，产值350万元。2010年4月，公司注册"淼鑫"牌太湖蟹商标。2013年1月，"淼鑫"商标获得湖州市著名商标和名牌产品称号。2013年12月，"淼鑫"牌太湖蟹被评为湖州名牌产品；2019年11月，获得湖州首届湖蟹大赛"蟹王奖"。2010年12月，公司被评为浙江省健康养殖示范场和浙江省示范性渔业专业合作社；2011年7月，被评为湖州市示范性专业合作社；2018年1月，被评为湖州市美丽渔场；2019年11月，被评为湖州市太湖蟹生态养殖精品园。2009年2月，负责人沈云杰被评为首批"湖州市农民专家"。

湖州好运来休闲食品有限公司 地址在梦华蕾路418号，负责人周国旗，1995年6月创办，面积2400平方米。公司是一家以生产"好运来"系列蜜饯为主的湖州市重点农业龙头企业，拥有先进的生产流水线3条，国内首创阳光晾晒房4000多平方米。车间生产环境良好，基础设施设备完善，检测功能齐全。产品有陈皮、话梅、杨梅、李子、桃子、橄榄、胡萝卜等，分别有枕式、散装、瓶装、牛皮纸袋装、礼盒等包装形式。品质符合国家标准GB/T 10782-2006《蜜饯通则》。主打产品为好运来陈皮系列：老陈皮、丁香老陈皮、黑糖老陈皮、古香陈皮、盐津陈条、甘草陈皮、吃不厌陈皮。2019年，销售产品38.6万公斤，

湖州好运来休闲食品有限公司

总销售额达 900 万元。2006 年 10 月，公司被评为湖州市重点农业龙头企业。2006—2016 年，"好运来"商标连续被评为湖州市著名商标、湖州市名牌产品、浙江省著名商标。2015—2019 年，"好运来"休闲食品连年获得浙江农博会优质奖或金奖。

湖州织里和建水产专业合作社　地址在庙兜村大塘兜村，负责人丁建强，2009 年创办。丁建强开塘办养殖的同时，也带动了周边一批水产养殖户。2015 年，丁建强联合周边多家水产养殖户共同注册成立合作社，养殖面积 600 亩。合作社成员有丁建强、闵和宝（和宝家庭农场）、陈夫林、费永江、俞建荣、高先勇、王财法。合作社以养殖青虾为主，附带养殖太湖蟹、散养鸡，同时还种植菱角、油菜、黄豆及各类瓜果等经济作物。合作社成员互帮互助，集中商议优良苗种的引进、药品的采购、销售的渠道等问题。合作社秉承绿色、健康、可持续发展的理念，组织成员参加新型职业农民培训。培训内容包括推动水产养殖用药规范化、尾水处理达标化、饲料用料安全化等。合作社经营产品丰富，远销各大城市。2019 年养殖青虾亩产 75 公斤，年产值约 420 万元。2020 年 5 月，公司被评为湖州市美丽渔场；同年 12 月，被评为浙江省渔业健康养殖示范场。

湖州织里常青蔬菜种植专业合作社　地址在石头港村白付兜 6 号，负责人叶明华，2014 年 1 月创办，种植面积 280 亩。合作社经营范围是蔬菜、瓜果、树木等经济作物与苗木的种植与销售。合作社主要从事组织采购，以供应成员所需的农业生产资料，同时为成员引进种植新技术、新品种，并开展相关的技术培训、技术交流和咨询服务。2019 年，奶油草莓产量 10 万公斤，甜瓜、西瓜产量 15 万公斤，无公害蔬菜产量 12 万公斤，总销售额 400 万元。2019 年 12 月，被评为湖州市示范性农民专业合作社。2016 年 11 月，负责人叶明华被评为浙江省现代青年农场主；2019 年 4 月，被评为湖州市新型职业农民农村经纪人。

湖州市织里兴达生猪养殖专业合作社　地址在庙兜村，负责人陆新浩，2008年 6 月创办，面积 170 亩。合作社前身是 20 世纪 70 年代的良种场。合作社的经营理念是绿色环保循环经济，以生猪养殖为主线，兼种无公害蔬菜，以及枇杷、橘子、火龙果、小番茄、日本甜瓜等瓜果。2019 年 12 月，企业被评为浙江省美丽牧场。2019 年，生猪储栏 1200 头，蔬菜类、瓜果类产量 3 万公斤，总销售额400 万元。

湖州伟祥生态农业发展有限公司　地址在伍浦村，负责人宋凤祥，2006 年10 月创办，注册资金 1080 万元，可种植面积 428 亩。公司现有职工 40 余人，其中管理人员 8 人、销售人员 5 人、专业技术人员 8 人，各类资产近千万元。公司因地制宜，注重新技术开发。企业所在地的伍浦村土质为潮土，土层深厚，土壤中微量元素含量丰富，适合灵芝等各类食用菌的栽培。2019 年，该企业在食用菌栽培基质选料方面，通过试验，成功利用太湖南岸芦苇秸秆粉碎发酵技术，取得实用技术发明专利。既解决芦苇秸秆处理环保难题，又开拓了菌菇栽培基质的新来源，还将产菇后基质棒用于还田增肥，实现可循环利用。2017 年，企业注册品牌"太湖黑旋风"。2019 年，企业生产赤芝 1 号 0.2 万公斤，其他各类食用菌 40万公斤，总销售额 300 万元。2009 年，公司被评为浙江省无公害农产品示范基地；2016 年，被评为湖州市农村科技示范户；2018 年，被评为浙江省科技示范基地；2020 年，被评为湖州市农业龙头企业。公司负责人宋凤祥积极示范，发挥农业龙头企业引导作用，带动菌农实现农业生产销售产业化升级。2019 年 7 月，自费赴四川青川观音店乡了解当地灵芝及菌菇种植情况。8 月，多批次接待四川青川观音店乡对口帮扶人员，向有种植需求的农户提供无偿指导。同时，通过实地面授、基地传授等方式带动周边农户销售增收 100 余万元。2019 年，宋凤祥被评为省级先进个人。

湖州织里利琴家庭农场　地址在常乐村邵漾里，负责人吴文卫，2012 年 12月创办，面积 250 亩。农场主要种植太湖茭白，品种有早茭、中茭、晚茭。企业通过适时适量添加优质有机肥、复合肥等技术，出产的茭白个大、嫩白、甘甜、质优赢得了市场。2019 年起，销售市场由省内延伸至全国。2019 年，茭白产量

700万公斤，总销售额280万元。

湖州织里金旭生态农业发展有限公司 地址在幻溇村巨三圩，负责人金立新，2010年10月创办，注册资本108万元，流转土地面积305亩。公司以种植绿色、健康主导品种为主，水产养殖为辅。种植范围包括蔬菜、瓜果、谷物、树木等，其中瓜果有小番茄、小黄瓜、甜瓜、葡萄、黄桃、水蜜桃、火龙果和脆柿等。养殖类产品有罗氏沼虾（太湖1号）、太湖精品大闸蟹。企业与浙江大学长期合作，基地全部施用有机肥料，通过无公害双认证。2019年，公司出产小番茄2.5万公斤、小黄瓜0.75万公斤、甜瓜2.25万公斤、枇杷1.6万公斤、火龙果0.8万公斤、脆柿0.4万公斤，总销售额217.88万元。2017年1月，"恬源"商标被评为湖州市著名商标，恬源牌黄瓜、恬源牌番茄、恬源牌甜瓜等获得国家级绿色食品证书。2013年2月，公司被评为吴兴区十佳农民专业合作社；2014年2月，被评为吴兴区十佳农业科技示范家庭农场；2017年，被评为湖州市十佳家庭农场、吴兴区模范集体、浙江省家庭农场；2020年12月，被评为浙江省渔业健康养殖示范场。

湖州织里金旭生态农业发展有限公司

湖州织里旭勤家庭农场 地址在伍浦村西灌区小其圩，负责人章强，农场法定代表人为章百结，2015年3月创建，面积65亩。农场以章强母亲之名"旭勤"作农场名，以父之名"章百结"注册品牌名。农场以长短结合、以短养长的生产方针，在养殖螃蟹、虾等周期相对长的水产品同时，放养少量土鸡，以获得短期经济收益。2019年，公司生产"章百结"太湖蟹0.85万公斤、青虾0.5万公斤，总销售额 160 万元。2017 年，公司先后被评为浙江省无公害水产品养殖基地、湖州市渔业科技示范户；2018 年 12 月，被评为浙江省家庭农场；2020 年 10 月，被评为湖州市健康养殖示范户。2017 年 12 月，农场负责人章强被评为新型职业农民。

湖州织里创盈家庭农场　地址在常乐村，负责人郑步华，2013 年 6 月创办，养殖面积 200 亩。2016 年，农场开发稻田养殖。2019 年螃蟹产量 1.8 万公斤，总销售额 150 万元。2015 年 12 月，农场被评为湖州市十佳家庭农场、全国渔业技术推广示范基地；2016 年 10 月，被评为湖州市示范性家庭农场；2017 年 11 月，被评为浙江省无公害基地；同年 12 月，被评为浙江省示范性家庭农场；2020 年 12 月，被评为浙江省创盈美丽渔场、浙江省渔业健康养殖示范场。

湖州织里创盈家庭农场

果味多家庭农场　地址在庙兜村，负责人张智良，2003 年创办，种植面积有 52 亩，其中大棚面积 15 亩。农场以种植绿色、健康主导品种为主，以养殖为辅，是一座种养复合模式的多元化家庭农场。种植类产品有葡萄、枇杷、樱桃、柿、桃、梨等水果，品种丰富，且产期覆盖 1—12 月，可实现整年不间断供给，年产量近 5 万公斤。所有水果均采用黄板纸物理除虫。此外，园内每年投放"杭州叫花鸡"品种鸡苗 2000 只。鸡以果园为栖息地，活动范围大，且大量采食园区杂草、害虫。农场的这种种养结合型生态农业循环经济模式，提高了资源的利用效率。2019 年，企业生产葡萄 1.5 万公斤、橘子 1 万公斤、梨 0.5 万公斤、桃 1.5 万公斤，其他水果 0.5 万公斤，总销售额 60 万元。2020 年 10 月，农场被评为吴兴区示范农场。

　　湖州织里顺峰粮油植保专业合作社　地址在孟乡港村，负责人叶荣，2016年1月创办，面积360亩。合作社管理决策公平民主，分工明确。合作社以种植水稻、小麦、油菜等农产品为主。企业凭借人均水浇地面积多、地类好以及成员种植经验丰富等条件，产品品质优良，赢得了市场。2019年，水稻产量21.6万公斤，总销售额43万元。

第三章　种　植

　　镇域农业自然条件优越,气候与土壤条件均适合发展种植业。经过先民的开垦种植及综合开发利用,镇域适合有多类、多品种粮食作物、经济作物种植、生长。其中,水稻种植是先民延续了千年的主要产业。历代的皇粮、租粮、公粮、余粮及村民的口粮,皆以稻米来承赋及结算。六朝时,随着圩区建立,以种植水稻为中心的农田耕作制逐步发展。据嘉泰《吴兴志》记载,南朝梁时吴兴太守周敏令郡人种桑艺麦,百姓以此为赖。此后,镇域除水稻外,兼植麦、粟、菽等杂粮,至南朝宋时,镇域农户普遍采用稻麦二轮作、稻与豆/粟轮作等耕作制,生产也由粗放经营逐渐转入精耕细作。宋时,太湖地区被称为"国之仓廪"。清代至民国,灾害频繁,战乱不断,水利失修,粮食生产渐至衰落。民国21年(1932),种田1亩亏本2银圆,抗战后亩产仅百余公斤。

　　明徐献忠《吴兴掌故集》记载:"湖俗务本,诸利俱集,春时看蚕,一月之劳,而得厚利。其他麦、麻、苎、木棉、菱、藕、萝蓁(摩)、姜、芋,多随土宜,以济缺乏,逐末者与之推移转徙……故荒歉之年,不过减其分数,不致大困。"在漫长的经济特产发展过程中,镇域逐渐开发出油料作物、蔬瓜、菌类、药材、果木等多种类别的作物。其中一些产品已名扬国内外,如太湖百合、太湖姜、太湖葱、太湖萝卜等。新中国成立后,政府发动农民兴修水利,增积自然肥料,推广先进农业技术,改革耕作制度,传统农业逐步向现代化农业转变。21世纪以来,镇域进一步推进农业现代化

20世纪70年代,织里农民在插秧

建设，加快种植业全面转型升级，推进种植业高质量发展，提高农业绿色发展水平。2006 年，镇域农户粮油种植 20 亩以上的有 197 家，其中 100 亩以上的有 59 家，200 亩以上的有 8 家。2020 年，镇域粮食作物种植面积 32 200 亩，经济作物种植面积 9563 亩。

第一节 水 稻

一、品种

传统品种 据著名农史学家游修龄检索，中国古代文献中，大约有 13 处关于野生稻的记载，其中 4 处涉及杭嘉湖平原。南北朝梁大同三年（537），"秋，吴兴野生稻，饥者利焉"。从野生稻过渡到人为选种种植要有以下条件：有适宜稻谷生长的良好环境；操作方便的农耕工具；有村落定居的生活条件。镇域自然条件适宜，先人精心选育适合镇域的稻种。五代至宋，圩田体系渐至完备，条件优越，品种增多，出现早、中、晚熟各类品种。这些品种，经长期选择，又培育出许多新品种。

新品种 新中国成立后，镇域大力推广良种，分别为矮脚老来青、矮脚落霜青、青粳晚铁秆青、温州籼等品种。20 世纪 60 年代初，镇域推广适应双季栽培、耐肥高产的矮秆品种早稻矮脚南特号和晚粳农垦 58。70 年代初，早、中稻以广陆矮 4 号、早熟品种二九青、籼稻汕优 6 号为主；晚稻品种以农虎 6 号、嘉湖 4 号为主。80 年代，早稻以广陆矮 4 号、原丰早、浙辐 802、二九丰以及籼稻汕优 6 号为主；晚稻以农虎 6 号、农虎 3-2 号、秀水 48、双糯 4 号、秀水 115、糯稻祥湖 47 为主。这些品种米质较佳、抗病性好。90 年代，早、中稻以早莲 31、加育 948、加早 35，以及籼稻协优 46 为主；晚稻以秀水 63、秀水 42、秀水 11、糯稻祥湖 84 为主。1999—2019 年，晚稻以秀水 110 为主。

二、栽种

种子处理 一是晒种。播种前选择晴天晒种 1～2 个小时，以破除稻种休眠状态，增强种子发芽势头，提高种子发芽率及秧苗的抗逆能力。二是筛选精种、浸种。按一定比例用浸种灵乳油加水浸种。浸种时间，依气温而定，一般浸种 48 个小时为宜。三是淘滤，去掉杂质。四是催芽，一般分增温催芽、适温长根长芽、降温晾芽三个阶段。破胸温度掌握在 35～38℃。防止持续高温烧芽，通气催根。保温催芽，25℃适温长根长芽。降温晾芽，芽长至半粒谷长即可。

育秧　育秧分两个方面。一是选秧田。一般选择避风向阳、地势高燥、灌排方便、杂草较少、肥力较高的田块作为秧田。秧田管理主要是管水、控长、施肥、防病、治虫、除草。二是育秧方法。从密播水秧改进为半旱秧田，逐步发展成中苗带土秧（适用于早稻二熟制）、早稻尼龙与地膜育秧（适用于早稻三熟制）、稀插水育秧（适宜迟种田连作晚粳稻）三秧配套。用适当扩大秧田面积、降低播种量、降低水田用种量、适当降低插秧本数（简称"三降一扩大"）的办法改善秧苗生长条件。20 世纪 70 年代，一度推广秧套稻、拔秧留苗和两段育种等育秧方式。以种植连作稻为主地区，自 1982 年开始，从"单本插"繁育良种受启示，推广连作晚稻秧田"超稀播"育秧，秧田播种量从每亩 30～75 公斤降为 16～30 公斤，最低播种 10 公斤以下。秧苗粗壮，秧田带蘖率随播种量降低而增加，增产效果显著。

密植　新中国成立前，农民种植单季稻，采取大株稀植发大棵。《沈氏农书》记载插秧之法，"行（行距）欲稀，须间七寸；段（株距）欲密，容荡足矣"，按此推算每亩 2 万余丛。20 世纪 50 年代推广小株密植，增丛减株扩大叶面积系数，依靠多穗增产。发展多熟制后，早、晚稻采取插足基本苗、扩大光合面，在足苗、多穗基础上增粒、增重，使穗、粒、种协调发展，获得高产。80 年代后推广稀、少、平，促高光效栽培方法，在"超稀播"条件下培育带蘖壮秧，单本密植，插足基本苗数，提高群体质量，优化属体结构，水稻增产潜力得到发挥。

施肥　《沈氏农书》强调看苗施胎肥，"下接力须在处暑后，苗作胎时，便在苗色正黄时，如苗色不黄，断不可下接力；到底不黄，到底不可下也。若苗茂密，度其力短，俟抽穗之后，每亩下饼三斗，自足接其力"。新中国成立后，田间管理在多熟制条件下，根据不同品种生育规律实行肥、水、促、控结合。肥料来源有以下几种方式：一是直接购买。买豆饼，买大粪，人粪来自杭州、湖州、苏州、平望、嘉兴等地。农闲时，农民进城直接"捉"垃圾，这些"粪"和"垃圾"与农民自己罱之河泥合窖发酵后一起合用，效力更佳。这是历代传统用肥。二是来自农家猪羊肥。三是罱河泥，两名壮年男人站在一条农船上，用竹制罱泥篰进行罱泥。四是"绞薀草"，用一副长竹竿，两人一农船，在河滩以竹竿夹住蕰草，用力绞，再拉断。绞来之蕰草与罱来之河泥窖酵后，来年可用。五是种植绿肥。《沈氏农书》指出："一亩草可壅三亩田。"谚语："草籽种三年，坏田复好田。"草籽，学名紫云英，农家割下一半花草与河泥窖酵后再用。另一半垦田时，压在下面直接沤烂。1974年，镇域推广"丰产沟"。50至70年代以施农家肥为主。80年代大量施用化肥，发展高产栽培施肥技术，采取施足基面肥、控制分蘖肥，看苗施用穗粒肥、配施磷钾肥及用灌深水控蘖或超前搁田办法，控制后期无效分蘖，降低苗峰，提高成穗率。灌水要求前期促早发、中期控苗峰、后期保湿润，养根保叶，并根据天气变化和肥料运用灵活掌握。

水浆管理　要做好通气性水浆管理。根据水稻的需水和根系生长特点，在不同阶段控制灌水量。以水调气，以水调肥，以水调温，改善根系生长环境。采取薄水灌溉与露田相间的方法科学管水，水、湿、干交替，以保证前期促早发，中期控苗峰，后期保湿润，养根保叶。收割前3～7天，逐步断水。

栽培新技术　是指实行连晚"超稀播"高产栽培和"三高一稳"栽培新技术。"三高一稳"实行6项技术改进措施，包括进一步降低秧田播种量；增丛减株，稳定适宜落田苗数；增加基施氮化肥，改面肥为面层肥；苗肥早施，改二次为一次；实行超前搁田（穗数亩达80%），提前深灌控蘖，降低苗峰；增施二叶保花肥，不施穗肥。经改进，以晚稻"超稀播"育秧为龙头，"三高一稳"（高成穗率、高结实率、高产、稳产）高产原理为指导，优化模式技术，是"吨粮田"稻作农艺的核心技术。

三、植保

1.植保组织

沿革　民国18年（1929），吴兴县成立治虫委员会。次年，设治虫专员和治虫督促员，管理治虫工作。民国21年，吴兴县被列为全省5个大规模防治稻虫实施区之一，实施区由稻虫防治会主持，并按地区划分实施小区，小区设治虫事务所，负责实施治虫事宜。1950年，吴兴县成立治虫指挥部，设专职植保人员专司治虫工作。1956年，吴兴县建立农作物病虫害测报站。次年，镇域建病虫害情报点，由区农业技术推广站负责粮食作物病虫害防治测报工作。60年代，镇域建立群众性植保队伍，公社、大队和生产队均有植保员，形成三级植保科技网络。植保员大都由回乡和下乡知青担任。80 年代，发展村级植保服务组织。90 年代，植保员由农技推广站技术人员担任，供销社与农技站联合开办"庄稼医院"，由农技人员作指导，供销社供应各种植保农药、肥料和良种，并下村指导农作物病虫害防治。21 世纪，农业上各项农技指导工作由镇农业服务中心负责指导工作。2005 年，镇域农业服务中心成立重大农业植物疫情防控指挥部。

2.水稻病、虫、草、鼠害及防治

概况 镇域粮食作物的病虫灾害，历史上以蝗虫、螟虫为最。明万历十六年（1588），"湖州大旱，蝗，饥殍载道，民茹草木"。民国时期，病虫害以螟害为主。新中国成立后，粮食作物病虫消长与耕作制度有关。1949—1955 年，水田耕作制度是单季稻早、中、晚混栽，利于二化螟繁育为害。稻瘟病、白叶枯病于 1954 年流行为害。1956—1965 年，水田耕作制度以单季稻为主，单、双混栽利于三化螟发生。纹枯病、稻蓟马、稻纵卷叶螟和黏虫于 60 年代中期开始加重为害，而蝗虫、铁甲虫、稻象鼻虫、稻蝽象和负泥虫很少发生。1966—1982 年，水田耕作制度以连作稻为主，单、双混栽，褐稻虱、黑尾叶蝉、纵卷叶螟为主要害虫。20 世纪 80 年代，稻瘟病、白叶枯病发病面积比较高，占种植面积的 15% 左右。90 年代，稻曲病发病面积达 10%，成为新的病害。90 年代末和 21 世纪初为害最重的病虫害为二化螟、三化螟、稻飞虱，尤以稻纵卷叶螟为最重。螟害与水灾、旱灾并称历史上"三大灾害"，新中国成立初期仍严重。粮食作物病虫防治以治螟历史最早。二化螟为害水稻，在分蘖期造成枯鞘、枯心；在孕穗、抽穗期造成枯穗和白穗；在灌浆、乳熟期造成半枯穗和虫伤株。二化螟一年发生 3～4 代，以幼虫在稻根、稻草、茭白等处越冬。第 1 代害虫为害早稻；第 2 代害虫为害迟熟早稻、单季中晚稻，以及连晚秧田；第 3 代为害晚稻。二化螟一般先集中在叶鞘内为害，到 2～3 龄后才转移。三化螟寄主单一，在水稻苗期造成枯心，孕穗期造成枯孕穗，抽穗期造成白穗。三化螟一年发生 3～4 代，以幼虫在稻根中越冬。据明《沈氏农书》记载，适时插秧可避三化螟害，"早种每患生虫（螟虫），种田则芒种前后插莳为止"，对"如已生子（螟虫）在稻秆中，则惟细剪苗去之，否则，遭此害者，必通苗枯秆，无升斗之收"。耘稻时，身挂布袋，见蛾捻杀，见虫卵摘除，见抽心死苗、白穗拔去烧毁。民国时，仍采用摘卵块、拔除枯心白穗、点灯诱蛾、挖掘稻根和翻耕灌水杀蛹等传统人工防治方法。20世纪50年代，政府发动群众大搞治螟运动，也采用传统方法。1956年起，用"六六六"农药防治三化螟；70年代后期用乙基1605、苏化203等剧毒有机磷农药防治。90年代，用低毒农药稻康乳油、三唑磷乳油等防治。治螟技术以科学用药为重点，开展农业和生物综合防治。

稻虱 稻飞虱是从南方而来的迁飞性害虫。其成虫、若虫群集在稻丛基部刺吸稻株，并由于产卵用产卵器刺破叶鞘组织，叶鞘变色；分蘖期为害，叶片枯黄，形成死苗；孕穗期后为害，基叶发黑枯死，烂秆倒伏，形成枯孕穗、半枯穗或瘪谷，损失很大。20世纪60年代中期成为常发性虫害，尤以褐稻虱危害严重，次为白背稻虱和灰稻虱。1965—1967年灰稻虱一度大暴发，1968年褐稻虱大暴发。1985年后白背稻虱为害明显加重。50年代主要用滴油扫杀。60年代始逐步使用农药取代滴油。农药初为"六六六"、甲（乙）六粉、马拉松，后增加氧化乐果、速灭威、敌敌畏、多灭磷和叶蝉散等。70年代中期始采用防治四代，查治五代策略。1983年后停用"六六六"、甲（乙）六粉等有机氯农药。1990年起，使用高效扑虱灵农药。生物防治主要是保护利用稻虱缨小蜂、稻虱红螯蜂、褐腰赤眼蜂、稻虱黑螯蜂等寄生性天敌和黑肩绿盲蝽、草间小黑蛛、食虫瘤胸蛛、拟水狼蛛、拟环狼蛛等捕食性天敌，控制稻虱繁殖。

稻纵卷叶螟 稻纵卷叶螟是从南方而来的迁飞性害虫。稻纵卷叶螟以幼虫纵卷稻叶，藏身其内，食害叶肉；初孵幼虫在心叶内或叶鞘内为害，稍大即纵卷单叶成管状虫苞，严重影响水稻生长，造成减产。每年梅雨季节出现迁入主峰；稻纵卷叶螟1年发生5代，以2～4代危害水稻最重。民国18年（1929），稻纵卷叶螟为害严重。60年代中期开始加重为害。到21世纪初，稻纵卷叶螟仍是危害严重的病虫害。60年代以前，稻纵卷叶螟为害轻，很少防治。60年代中期以药剂防治为重点，结合生物防治，推广使用杀螟松、杀虫脒、杀虫双、多灭磷和甲胺磷（2002年7月1日浙江省禁止使用），其中以甲胺磷农药使用面积最大。1976年起推广有效低浓度用药防治。80年代起，主要保护利用自然界天敌。80年代初期，纵卷叶螟第三、四代防治指标分别从原省定百丛稻20条、15条放宽为40条和30条，施药期从二龄期推迟到三龄期，以"护益灭害"和减少施药面积为原则。

稻瘟病 稻瘟病在水稻整个生长期都有发生，为害水稻不同部位，造成苗瘟、叶瘟、叶枕瘟、节瘟、穗颈瘟、枝梗瘟和谷粒瘟。稻瘟病在 20 世纪 50 年代为害较严重，60 年代大面积推广抗病晚粳农垦 58 品种后，发病率降低。70 年代中期到 80 年代前期，又因以感病的农虎系统品种为主，稻瘟病升为主要病害。1983 年以后，改种抗病秀水系统品种，发病率减轻。秀水系统品种长期种植后逐渐丧失抗病力。1989 年稻瘟病复趋严重。1990 年及时更换为丙字系统抗病新品种，病情随之减轻。20 世纪 50 年代中期至 70 年代初期，主要用药剂防治，通用农药从波尔多液、稻瘟净，逐步增加克瘟散、异稻瘟净、甲（乙）基托布津、多菌灵、稻瘟灵等。70 年代中期，采取以丰产保健栽培为基础、选用高产抗病良种为主体、科学用药为重点的综合防治措施。高产抗病良种覆盖面越大，药剂防治面积就越小。90 年代以后，镇域推广早稻和晚稻抗病良种，药剂防治稻瘟病面积减少。

稻纹枯病　稻纹枯病主要为害叶鞘及叶片，严重时也侵害稻穗和深入茎秆，是水稻的主要病害。60 年代中期，纹枯病成为常年发生主要病害，早稻重于晚稻，梅雨历期越长发病越重。1982 年，梅期一个月，据嘉兴地区病虫测报站调查，早、晚稻纹枯病严重为害，损失很大。1980—1990 年，纹枯病是病虫害中为害损失最重一种。控制纹枯病关键是药剂防治。20 世纪 60—70 年代，主要使用稻脚青喷洒，但稻脚青容易产生药害和农药残留影响。1975 年起，试用安全可靠、效果好的井冈霉素抗菌剂，并逐步取代稻脚青农药。

白叶枯病　白叶枯病主要为害叶片，抽穗前后始见严重。白叶枯病大发生的年份有 1954 年、1962 年、1977 年、1981 年和 1984 年，其中 1962 年大流行。1977—1990 年，占全年病害总损失的 6.76%。60—70 年代主要采用药剂防治。1982 年始，采用综合防治，以选用抗病良种和科学肥水管理等为基础，药剂防治为重点。药剂为叶青双可湿性粉剂。

稻曲病　稻曲病是稻穗主要病害。20 世纪 90 年代，稻曲病是主要单季晚稻病害。防治方法是在破口抽穗前 5 天实施药剂防治。药剂是井岗霉素或粉锈宁可湿性粉剂。

草害　据《湖州市志》记载，20 世纪 80 年代中期后，粮田遭受杂草为害面积逐年扩大，为害的杂草有 49 科 99 属 125 种，其中为害稻田的有 23 科 41 属 57 种。主要有稗草、节节草、瓜皮草、三棱草、鸭舌草、陌上菜、中毛草、四叶萍、水竹叶和异型莎草等，前 5 种为草害优势种。其中晚稻大田草害重于早稻大田，晚稻秧田草害重于早稻秧田。杂交稻秧田草害更重于常规稻秧田。农田杂草综合防治重点是化学除草，并通过合理轮作、精选种子、精耕细作及中耕除草等方法减轻草害。常年通用化学除草剂有丁草胺、杀草丹、除草醚、扑草净、绿麦隆、二甲四氯、丁西和草甘膦等。此外，在20世纪90年代前，对于稻田杂草，农民还采用手工拔除的方式。一是看到杂草后，用手拔除；二是耥田。

鼠害 鼠害主要有黄毛鼠、黄胸鼠、黑线姬鼠、褐家鼠、小家鼠和臭鼩鼱等6种。农田以黄毛鼠数量最多；室内以黄胸鼠数量最多。农田老鼠天敌主要有哺乳类鼬猫、鸟类猫头鹰及鸢、爬行类蛇等。这些鸟兽因大量被捕捉，老鼠天敌日益减少，造成鼠害猖獗。1982—1984年平均每亩粮田鼠害损失粮食46.12公斤。灭鼠大面积采用敌鼠钠盐、灭鼠磷、毒鼠磷和磷化锌等农药，结合使用鼠夹、鼠笼等物理灭鼠。

四、收成

播种面积与产量 "苏湖熟，天下足"，镇域地处"粮仓"。《湖州市志》引载明《补农书》："米每亩三石，春花一石半，然间有之，大约三石为常耳。"以亩收大米二石计算，按明制约合289公斤，大大高于明朝全国水稻平均亩产（176.5公斤）。明末至清，迭遭兵灾，人口减少，水利失修，粮食产量下降。民国21年（1932），粮食耕地亩产176.15公斤，其中水稻亩产181.67公斤。吴兴县抗战前亩产206.5公斤，抗战后亩产125公斤。新中国成立初恢复发展。镇域情形大抵如此。20世纪90年代末，镇域普遍改种单季稻。

增产年景 1950—1952年，土地改革后连续增产；1961—1966年，纠正"大跃进"浮夸风后，加强农业设施，提高农业生产技术，连续增产；1969—1973年，二熟制改三熟制，提高复种面积；水、肥、种子农药、农膜生产条件得到改善，连续增产。70年代后期，农村改革。1978—1979年，大幅增产。80年代实行科学种田，亩产均高于1978年以前。1981—1984年，连续4年增产；1990—1991年、1996—1999年，农村产业结构调整，适度规模经营，专业户、重点户、种粮大户的出现，粮食连续增产。

减产年景 1953—1954年，因旱涝连年减产。1959年后，因"大跃进"浮夸风和自然灾害连续减产。1967—1968年，因"文化大革命"运动放松治虫，褐稻虱为害，歉收；1977 年 9 月，受第 8 号台风影响，大风暴雨，减产；1978 年夏，受干旱影响，减产；1980—1981 年，因遭早秋低温，减产；1985—1988 年，因放松对农业领导，粮食耕地面积减少，复种指数下降，粮食减产；1992—1995年，大办乡镇企业，劳动力转移，抛荒田增加，连续减产。1988 年、1991 年、1996 年等个别年份受暴雨、台风、梅涝等恶劣天气影响，减产。90 年代中后期至 2019 年，工业园区开发，耕地减少，复种面积减少，农民外出做生意，粮食产量有所下降。

表 4-3-1　1978—2018 年部分年份织里镇水稻种植面积及产量

年份	早稻			晚稻		
	面积（亩）	单产（公斤）	总产（吨）	面积（亩）	单产（公斤）	总产（吨）
1978	74 079	315	23 305	86 952	324	28 155
1979	73 013	394	28 789	86 288	356	30 693
1980	72 722	365	26 536	86 196	203	17 506
1981	71 156	392	27 900	87 620	195	17 042
1982	71 872	376	26 995	88 875	341	30 280
1983	71 023	344	24 432	87 155	358	31 236
1984	71 121	395	28 065	86 934	413	35 860
1985	68 471	378	25 861	85 682	344	29 509
1986	68 551	405	27 749	84 079	362	30 470
1987	69 674	344	23 992	84 201	376	31 693
1988	69 023	255	17 587	84 463	407	34 360
1990	68 487	401	27 436	84 205	414	34 895
1991	69 343	375	26 004	82 669	444	36 688
1992	69 852	397	27 731	83 495	354	29 524
1995	29 367	350	10 279	79 074	507	40 122
1997	35 137	363	12 748	78 551	517	40 580
1998	10 897	371	4046	78 857	573	45 185
1999	0	0	0	79 834	562	44 835
2000	0	0	0	73 113	553	40 461
2001	0	0	0	67 155	567	38 077
2002	0	0	0	68 957	565	38 961
2003	0	0	0	60 798	566	34 412
2004	0	0	0	68 312	562	38 391
2005	0	0	0	69 271	507	35 120

（续）

年份	早稻			晚稻		
	面积（亩）	单产（公斤）	总产（吨）	面积（亩）	单产（公斤）	总产（吨）
2006	0	0	0	68 438	546	37 367
2007	0	0	0	58 167	467	27 164
2008	0	0	0	62 235	556	34 603
2009	0	0	0	62 209	556	34 588
2010	0	0	0	59 714	550	32 843
2011	0	0	0	56 592	550	31 126
2012	0	0	0	53 671	555	29 787
2013	0	0	0	38 039	556	21 150
2014	0	0	0	38 178	582	22 220
2015	0	0	0	38 066	565	21 507
2016	0	0	0	38 178	582	22 220
2017	0	0	0	35 207	580	20 420
2018	0	0	0	23 710	580	13 752

数据来源：中共湖州市郊区织里分区委员会《统计资料》、织里镇统计办公室《国民经济和社会发展统计资料》，以及吴兴区、织里镇档案室材料。表中 2012 年之后的统计数据，不包括划入高新区的 12 个行政村。

第二节　春粮　旱粮

一、麦类

1.大麦

品种　新中国成立前，大麦品种单一、抗病性差。新中国成立后，逐渐引进早熟 3 号、沪麦 4 号等品种。20 世纪 80 年代，引种浙农大 3 号。1991—1995 年，以浙农大 3 号、浙农大 6 号为主栽品种。1996 年始，推广秀麦 3 号。1999 年始，示范推广矮秆、高纯度品种。2001 年以后，花 30 成为主栽品种。

播种　传统大麦耕作粗放，露籽多。高产栽培在 11 月上、中旬播种，亩播种量 10～13 公斤。播种时撒施氮肥、磷肥，以畈定量，保证播种均匀。播后以畜肥盖籽，再撬沟泥薄片覆盖，精管细管后，确保每亩基本苗 20 万～25 万株，以壮苗越冬。20 世纪 80 年代中期，改翻耕为免耕，改阔深沟为加深主沟，改人工开沟覆土盖种为机械开沟、碎土覆种。

作畦 新中国成立前，农村普遍采用狭畦阔沟，打潭点播，俗称"大饼卷油条"，产量不高。20 世纪 60 年代后采用阔畦狭沟，改点播为阔幅条播或散播，提高土地利用率。开深沟到塥，利于排水，降低地下水位，防止湿害和早衰。

施肥 科学施肥原则为重施基肥，早施苗肥，适施穗肥。经试验，运用"促、控、补"施肥法，年内促壮苗早发；控制腊月施肥，防止春发过旺；看苗补施穗肥，以起到壮秆、增穗、增粒作用。并配合施用钾肥以提高大麦分蘖成穗率，延长后期功能叶寿命。

开沟 渍害是水网地区大麦高产主要威胁，农家一向重视开沟。清初《补农书》总结"种麦有几善，垦沟，撬沟，便于旱"。农谚："冬至垦为金沟，大雪前垦为银沟，立春垦为水沟。"除播种时开好深沟，春后则注意经常清沟理渠，使沟沟相通，沟、渠、河排水畅通。雨晴土燥，消除渍害。

2.小麦

品种 镇域小麦种植历史久，量不多。新中国成立后，冬种面积增大。20 世纪 70 年代，以扬麦 1 号为主。80 年代，以扬麦 1 号、扬麦 3 号、扬麦 4 号和浙麦 1 号、浙麦 3 号为主；1991—1995 年，以扬麦 5 号、浙麦 3 号为主品种。1996 年起，引种矮秆抗倒大穗型品种扬麦 158。扬麦 158 稳产高产、抗性好、适应性广，后成为主栽品种。

栽培管理 浙麦和扬麦系统品种穗大粒多、耐肥抗倒、病害轻。栽培管理以减少播种量、降低基本苗、保一定穗数、发挥大穗优势为内容。播种期在 11 月初，施足基肥，早施苗肥，保证早发壮苗，增加年内分蘖，控制早春群体发展。因小麦生长期长，肥足才能高产。高产栽培前期、中期开沟排水，及时敲麦泥，松土除草。孕穗和破口后，结合防病治虫看苗喷药施肥，药肥结合，使小麦后期增加实粒和千粒重。

3.病、草害

赤霉病 大小麦赤霉病为害最严重。麦类赤霉病俗称红头麦，严重时大面积减产，并影响种子质量。70 年代始，推广使用甲基托布津、乙基托布津和多菌灵等农药防治。赤霉病发生危害小麦重于大麦，在大麦齐穗后 10 天内，遇日平均气温 13℃以上和连阴雨 3 天以上，须对大麦进行防治；小麦在始花期一般日平均气温 15℃以上，连阴雨较多，在始花期普遍防治一次，后连续有阴雨天气，在第一次施药后5～6天再施一次。

草害 以看麦娘为草害优势种，占麦田杂草发生总量的85.53%。麦田杂草危害重于稻田。麦田化学除草，主要使用绿麦隆、二甲四氯、丁西和草甘膦等。

二、马铃薯、番薯、玉米

番薯 又称甘薯、山芋、地瓜等。一年生草本植物，为旱粮作物。往往采用间作套种模式：大麦收获后套种，蚕豆、豌豆间套种。品种以徐薯18为主，结薯集中，种薯易贮藏。部分种植浙薯1号、浙薯2号、浙薯602（早熟）。番薯扦插前施足基肥，适施追肥，巧施裂缝肥。藤蔓长势过旺时，用多效唑控旺长。番薯适时早插有利高产，扦插密度视地肥瘦而定，肥地宜稀，瘦地宜密；早插宜稀，迟插宜密；熟期迟，单株生产力大的宜稀植，反之适当密植。扦插方法一般采用斜插法，插入土中3节（10厘米）左右；土层深厚、肥水条件好的旱插地，可采用浅平插法，并均匀用力压土；干旱地区、土质较瘦宜采用直插法。为保全苗，应做到"四不插"：暴雨不插、西北风不插、光照强烈不插、久晴土燥不插，以防止缺株断垄。番薯前期管理查苗补缺，破垄晒白。扦插20天后，选择晴天将垄两侧接近沟底部分泥土翻于沟内，防止损伤茎叶，经5天左右自然晒白，再把剖开的泥土按原垄修复。中期管理，以抗旱为主。遇雨水造成塌垄，应及时培土修复。后期管理，看苗补施根外追肥，防止早衰。对地面上部茎叶旺长，应采用提蔓法，拉断茎节上的不定根，以利块根肥大。生长期常因翻藤而伤茎叶，影响产量。对短蔓型品种只理顺，不翻藤和提藤。

马铃薯 又名土豆、洋芋芳。多年生草本，地下茎圆形，食味佳且有糯性，可煮食。早春播种，五六月收获。优良春薯品种主要有东农303（早熟优质）、克新4号（中熟偏早），多购自东北等北方地区。高产栽培技术主要有种薯切块、消毒、催芽播种、合理密植，施足基肥、增施灰肥或硫酸钾复合肥，适施苗肥、根外追肥，及时摘蕾除花、看苗化控和中耕培土。

玉米 又名苞米、苞谷。鲜食玉米品种以"糯玉米"为主，也有少量"甜玉米"等。玉米高秆，宽窄行种植。单作糯玉米以狭畦双行每亩4000～4500株为宜。不同品种要时空隔离，以防串花品质变劣。玉米需肥量较大，农家一向注意经济高效施肥技术。施足基肥，齐苗后早施苗肥；套种春玉米在前作收获腾茬后施用拔节肥；适时重施攻蒲肥，占总用肥量的50%。抽穗吐丝时补施粒肥，保叶增重。管理上，冬季深翻耕，熟化土壤；精选种子，温水浸种，药剂拌种，防治地下害虫和鼠害；套种春玉米一般在清明前后播种，迟播春玉米及秋玉米（7月中下旬播）露地栽培。

三、豆类

蚕豆 又名罗汉豆。原产温带，喜温凉湿润气候。一年生或越年生草本植物，豆类中重要的食用豆之一，是一种粮、菜、饲、肥兼用的作物。新中国成立初至20世纪60年代中期，蚕豆种植面积最大，为越冬粮食作物和重要养地作物，主要品种有牛踏扁、小青皮、小白皮、慈溪大白蚕豆、杭州三月黄等，90年代引进少量日本大粒蚕豆。

大豆 大豆有黑、白、黄三类，黑大豆即乌豆，白大豆即白马豆，黄大豆即黄豆。镇域主要种植黄豆。黄豆嫩时俗呼毛豆。春播早熟的品种有引豆9701、华春18、日本矮脚毛豆、4月拔、5月拔等；中熟的有6月拔、7月拔等；晚熟的有宁波9月拔等。20世纪50年代起，农户普遍种植。

豌豆 豌豆又名寒豆、冷豆等，一年生或两年生的豆科攀缘草本作物，半耐寒性，不耐炎热和干燥。有软壳、硬壳及白花、紫花之分，可为荚用、粒用和苗用。农家传统种植作物。主要品种有中豌4号、杭州白花豌豆、丽水小粒豌豆、广东大荚豌豆、广东二花荷兰豆、无须豆尖1号等。

豇豆 豇豆俗称豆角，一年生草本，有长豇豆、普通豇豆和饭豇豆三种。60年代种植面积较多。滨湖一带出产的太湖豆生长速度快，生育期较短，吸肥力强，且抗病、耐瘠、适应性广。太湖豆既可嫩食作蔬菜，又可收老豆，蛋白质丰富，营养价值较高，远近闻名。

扁豆 又名白扁豆，俗称羊眼豆；也有黑扁豆。原产东南亚，宋末明初传入中国，沿鱼荡边杨树攀缘，为传统种植豆类品种。扁豆品种有白花扁豆、大白扁豆、长荚扁豆、绿扁豆、红花扁豆、红荚扁豆、紫血扁豆等。

赤豆 又称红豆，少量种植，农家多用做米粉圆子的馅心，俗称洗沙；也食用，补气血。

绿豆 少量种植，多食用，夏天为冷饮食品。

豆类自身有固氮作用，耐瘠性较强，出苗后一般不施肥，且很少管理，种植技术简单易行。

表 4-3-2　2000—2018 年织里镇春粮产量

年份	小麦			大麦			蚕豆		
	面积（亩）	单产（公斤）	总产（吨）	面积（亩）	单产（公斤）	总产（吨）	面积（亩）	单产（公斤）	总产（吨）
2000	23 567	275	6481	734	253	186	5348	196	1048
2001	579	278	161	75	253	19	2164	221	479
2002	634	238	151	171	205	35	1597	167	267
2003	182	253	46	170	241	41	2394	204	488
2004	219	260	57	19	263	5	1306	191	249
2005	502	257	129	42	262	11	1339	183	245
2006	993	256	254	40	260	10	1337	198	265
2007	1712	289	495	5	260	1	1331	200	266
2008	4242	280	1187	70	286	20	1296	200	259
2009	9028	280	2529	360	286	103	1273	200	255
2010	10 770	270	2908	400	270	108	1595	180	287
2011	12 970	284	3683	300	286	86	1541	181	279
2012	14 800	345	5106	–	–	–	1600	181	290
2013	9800	345	3381	–	–	–	1560	180	281
2015	9492	350	3322	–	–	–	1512	190	287
2016	10 047	245	2462	–	–	–	1606	190	305
2017	9898	247	2445	–	–	–	1572	192	302
2018	5041	340	1714	–	–	–	1611	190	306

数据来源：织里镇统计办公室《国民经济和社会发展统计资料》，以及吴兴区、织里镇档案室材料。表中 2012 年之后的统计数据，不包括划入高新区的 12 个行政村。

表 4-3-3　2000—2018 年织里镇旱粮产量（一）

年份	玉米			大豆			杂豆		
	面积（亩）	单产（公斤）	总产（吨）	面积（亩）	单产（公斤）	总产（吨）	面积（亩）	单产（公斤）	总产（吨）
2000	27	259	7	5097	243	1239	6060	258	1563
2001	34	324	11	3302	205	677	2068	213	440
2002	103	330	34	3218	232	747	1635	247	404
2003	122	335	41	2842	230	654	1836	248	455
2004	227	330	75	2542	242	615	1792	253	453
2005	331	308	102	2622	244	640	1635	251	410
2006	357	305	109	3279	241	790	1304	243	317
2007	335	313	105	3119	243	758	1498	222	333
2008	474	319	151	3825	243	929	2061	220	453

（续）

年份	玉米			大豆			杂豆		
	面积（亩）	单产（公斤）	总产（吨）	面积（亩）	单产（公斤）	总产（吨）	面积（亩）	单产（公斤）	总产（吨）
2009	493	318	157	4224	243	1026	1942	220	427
2010	504	317	160	4307	230	991	1976	224	443
2011	509	318	162	4303	230	990	1958	225	441
2012	532	320	170	4317	230	993	1971	225	443
2013	432	320	138	1691	230	389	1225	225	276
2014	565	320	181	1911	230	440	1355	210	285
2015	547	320	175	1798	230	414	1294	220	285
2016	565	320	181	1911	230	440	1355	210	285
2017	392	322	126	1891	228	431	1321	208	275
2018	300	320	96	1125	230	259	886	210	186

数据来源：织里镇统计办公室《国民经济和社会发展统计资料》，以及吴兴区、织里镇档案室材料，表中 2012 年之后的统计数据，不包括划入高新区的 12 个行政村。

表 4-3-4　2000—2018 年织里镇旱粮产量（二）

年份	番薯			马铃薯		
	面积（亩）	单产（公斤）	总产（吨）	面积（亩）	单产（公斤）	总产（吨）
2000	3930	420	1651	-	-	-
2001	1442	433	624	-	-	-
2002	1295	440	570	-	-	-
2003	1470	440	647	-	-	-
2004	1289	442	570	-	-	-
2005	1403	387	543	-	-	-
2006	1325	442	586	-	-	-
2007	969	452	438	-	-	-
2008	1540	450	693	-	-	-
2009	1578	450	710	1406	290	408
2010	1563	455	711	1873	290	543
2011	1664	450	749	1322	290	383
2012	1748	450	787	1277	290	370
2013	727	450	327	1222	290	354
2014	1215	550	668	1320	300	396
2015	1220	450	549	1450	300	435
2016	1215	500	608	1510	400	604

（续）

年份	番薯			马铃薯		
	面积（亩）	单产（公斤）	总产（吨）	面积（亩）	单产（公斤）	总产（吨）
2017	1209	496	600	1452	400	581
2018	554	500	277	1227	400	491

数据来源：织里镇统计办公室《国民经济和社会发展统计资料》。2012 年之后的统计数据，不包括划入高新区的12 个行政村。

表 4-3-5　1965—2018 年部分年份织里镇粮食总产量　　　单位：吨

年份	总产	年份	总产	年份	总产	年份	总产	年份	总产
1965	33 503	1975	47 242	1985	64 861	2000	53 584	2010	38 993
1966	37 933	1976	51 975	1986	67 944	2001	40 496	2011	37 911
1967	37 155	1977	48 952	1987	67 416	2002	41 186	2012	37 014
1968	36 401	1978	60 032	1988	64 107	2003	36 784	2013	26 296
1969	42 892	1979	70 171	1990	71 107	2004	40 422	2014	27 176
1970	44 284	1980	53 388	1991	71 037	2005	37 199	2015	26 974
1971	45 808	1981	54 712	1992	65 968	2006	39 692	2016	27 105
1972	49 542	1982	67 736	1995	59 966	2007	30 785	2017	25 209
1973	55 040	1983	69 243	1998	62 479	2008	39 826	2018	17 082
1974	53 987	1984	77 053	1999	61 329	2009	41 861		

数据来源：织里镇统计办公室《国民经济和社会发展统计资料》，以及吴兴区、织里镇档案室材料。2012 年之后的统计数据，不包括划入高新区的 12 个行政村。

第三节　油料作物

一、油菜种植

种植历史　据嘉泰《吴兴志》记载，宋时已种植油菜，称芸苔。明代种植甚为普遍，成为水稻重要前作之一。1949—1951 年，油菜扩大种植面积，稳定增产。当时食用油消费量甚低，政府为改善人民生活，号召农民积极扩大种植面积。20 世纪 60 年代初，因粮食紧缺和绿肥双季稻面积扩大，油菜种植减少。1969 年后，二熟改三熟，油菜是三熟制最早前作，种植面积和单产均有发展。1978—1990 年，国家对油菜收购多次调价，农民生产积极性提高，种植面积扩大。同时，随着肥料、农药供应量增加，抗病高产品种推广，生产技术改进，油菜籽产量增加，改变本地长期缺油局面。进入 21 世纪后，油菜种植面积略有下降。

品种　新中国成立之前有白菜型、芥菜型两大类。白菜型油菜有三月黄、黄子、金芳子、长梗白等品种，这些品种均具有早熟、耐湿、耐寒、适应性强等特点，故普遍种植。芥菜型油菜有毛油菜、腊芥菜等，具有早熟、耐旱、耐瘠等特点。这两类品种均易感染毒素病，产量不高，一般亩产在 20～30 公斤。新中国成立后，扩大种植三月黄、长梗白，同时引进姜黄种、灯笼种、短盘箕等品种，但产量也不高，而且不稳产。1956 年，引进四川甘蓝型品种胜利油菜，生育期长、枝多荚密、抗病耐肥，亩产比本地品种高 30% 左右。后引进高产品种胜利青秆、东胜 14、胜利 92、甘油 3 号等品种搭配种植，以缓和双夏劳力紧张。20 世纪 70 年代开始，麦油连作三熟制发展迅速，为缓解收油菜与种早稻季节矛盾，重新改种甘蓝型油菜改良品种，但染毒素病率回升。1978 年，引进甘蓝型抗病毒品种 92-13 系列，这个系列品种具有成熟期早、产量高等特点，因此种植面积迅速扩大。20 世纪 80—90 年代，以甘蓝型胜利油菜、九二油菜为主。1998 年主要推广"双低"（低芥酸、低硫甙）品种浙油 785 和沪油 12。次年起，主要推广浙双 72、沪油 15，这两个品种具有产量高、品质佳、抗性好、适应性广等特点。

传统栽培技术　明、清时对油菜栽培颇为重视。《沈氏农书》记载："垦麦（菜）畦，惟干田最好……切不可带湿踏实。菜麦不能行根，否则春天必萎死；即不死，亦永不长旺。"管理上强调撬沟浇花；季节上要求八月（农历）撒菜秧，十月种菜，四月收菜麦。民国时，因圩田低洼排水差，强调高窄畦，并提倡早播，亩栽油菜 3000 株左右。早播能调剂秋收冬种劳力，此习惯保留到今天。

栽培新技术　新中国成立后，油菜生产技术改进，体现在育秧、密植、施肥、收获四方面。

育秧。有农谚"秧发三分收，秧差一半丢""矮脚六叶齐，丰收有根基"，故育秧是油菜高产基础。20 世纪 50 年代，沿用密插瘦秧。60 年代，改密插为稀插，培育"六叶、六寸、六毫米粗"三六矮壮秧技术。利用桑、白地育秧，每亩播 0.5 公斤种子，种 6 亩大田，除尽杂草，施足基肥，早间苗，早追肥，防旱涝。80 年代中后期，在苗期喷施生长调节素多效唑，控制徒长促矮壮。

密植。随着排水、施肥条件改善，域内种植油菜改宽沟窄畦为深沟宽畦，畦宽从 50 年代初的 0.85 米增至 1.8 米左右，行距 0.35 米左右，株距 0.21 米左右，亩栽从 3000 株提高到 8000～10 000 株。80 年代因商品经济发展，农村劳动力转移后，推广免耕种植。1990 年起，油菜免耕栽培普及。

施肥。主要根据高产油菜生理生态特点，以"勤施苗肥，增施腊肥，巧施春肥，稳施苔肥，并看苗补施化肥"为原则，进行科学施肥，确保冬壮春发。要注意肥泥压根，促进早活早发；增施基肥，促使多枝防倒伏。同时，采用化学方法除草，防病治虫，搞好田间排水系统，及时清畅水沟防渍害。

收获。当 80% 成熟时便可收割，以免造成损失。为解决三熟制夏收夏种与养春蚕矛盾，1978 年起，改油菜拔秆后在田间摊晒脱粒习惯为适时早拔打堆后熟。早拔打堆可使早稻提前 4 天插秧，也可提高出油率。

病虫草害防治 新中国成立之前，对油菜病虫害基本不防治。20 世纪 50 年代后，农民采取迟播和轮作，以避蚜虫为害。施阴阳灰（即二分石灰加一分草木灰）等办法防治毒素病。60 年代始施乐果等防治蚜虫，并逐步扩大抗病品种栽培。70 年代各种治虫防病农药相继出现，开始实行农业防治与药物防治相结合的综合防治。影响油菜生长最大的毒素病至 80 年代初基本得到控制；油菜菌核病仍蔓延。防治办法：一是清水选种除去菌核；二是轮作避病；三是春季撬沟培土和初花期剥去茎基黄叶，以切断传播途径，压低菌源；四是花期喷洒多菌灵等化学农药防治。除病虫害以外，因连年种植稻板油菜，故杂草增多。80 年代后期，推广化学药剂除草。

表 4-3-6 1978—2019 部分年份织里镇油菜籽产量　　　　　　　单位：吨

年份	总产	年份	总产	年份	总产	年份	总产
1978	2022	1987	2828	2001	5747	2010	3272
1979	1738	1988	3045	2002	5750	2011	3108
1980	1834	1990	3149	2003	3761	2012	3009
1981	2796	1991	2689	2004	4556	2013	2214
1982	2989	1992	4110	2005	4987	2015	1698
1983	1415	1996	3862	2006	4301	2016	1721
1984	2029	1997	3558	2007	4063	2017	1731
1985	2905	1999	4106	2008	4076	2018	1693
1986	2456	2000	7031	2009	4401	2019	675

数据来源：织里镇统计办公室《国民经济和社会发展统计资料》、中共湖州市郊区织里分区委员会《统计资料》以及《吴兴年鉴》。表中 2012 年之后的统计数据，不包括划入高新区的 12 个行政村。

二、其他油料作物

芝麻、花生　这两种作物，镇域种植面积均不多，大多自种自食。

第四节　蔬　瓜

镇域蔬瓜种植底蕴深长，明张羽《芙蓉庄记》记述："吴兴为东南沃野，山居竹木材章，水居菱芡芰荷，田畴粳稌，陆地桑麻菽荖蔬果，此其利皆可致百金。"蔬菜成熟之际，一些农民到各地卖菜来贴补家用。尤其是滨湖地区农户，凭借一方夜潮土，让蔬菜业发展成为副业之一，所谓"种蔬胜种稻，得米不忧饥"。镇域蔬瓜品类繁多，可分为根菜、薯芋、白菜、芥菜、甘蓝、绿叶、葱蒜、茄果、瓜、豆、水生、菌类等。其中太湖、漾西一带出产的老太婆瓜、白菜（黄芽菜）、大头菜、萝卜、胡萝卜、太湖豆、湖葱、山药、姜、茭白、百合等瓜菜品质好，声名远扬。20世纪70年代起，镇域为提早蔬菜上市时间，引进和推广保护地栽培技术，即在冬春季寒冷气候下，采用地膜覆盖以提高土温，促进早熟增产。后逐步推广使用小塑料棚及中、大塑料棚栽培，以延长蔬菜上市期，使淡季不淡，四季常青。瓜菜病害主要有叶斑病、晚疫病、青枯病等，虫害主要有蚜虫、螨类、菜青虫等，基本采用农业防治和药剂防治。农业防治主要是轮作、深耕、种子处理、清洁田园、合肥施肥、整枝、排灌、调整播种期和播种方式等，使植株生长健壮，增强抵抗力，抑制病虫害发生和蔓延。化学药剂防治主要是使用防虫药氧化乐果等，以抑制病虫害发生和蔓延。

一、瓜类

镇域瓜类种植历史悠久。钱山漾遗址出土的历史文物中就有甜瓜子。唐后，历代志乘都有瓜类栽培记载。瓜类分菜用和果用两类，属葫芦科一年生草本。其中西瓜和甜瓜为重要夏季水果；南瓜作蔬菜，亦作杂粮和饲料。此外，镇域滨湖一带出产的老太婆瓜，为特产。

南瓜　南瓜俗名饭瓜，过去贫家以之代饭。新中国成立后，粮食产量增加，嫩瓜作蔬菜较多。南瓜品种较多，主要有杭州十姐妹、黄狼南瓜等，农村几乎家家皆搭棚栽种。镇域百姓常用老南瓜和米粉做团子，俗称番瓜圆子。

冬瓜 冬瓜种植历史悠久，是主要夏季蔬菜之一，作蔬、做羹俱佳。品种有青皮冬瓜和青杂1号等。瓜形长而大，产量较高，整个夏季都有收获，可接济淡季蔬菜不足。

丝瓜 丝瓜种植历史悠久。明崇祯《乌程县志》有记，架棚蔓生如丝，用以做羹。品种基本为本地丝瓜。种植较普遍，5—10月摘收。

黄瓜 黄瓜又名胡瓜，作蔬菜，亦作水果。80年代起，有些农家采用塑料大棚栽培，提早播种、收获，赶鲜上市，一年四季均有出售。

瓠瓜 瓠瓜俗名扁蒲、扁卜。嘉泰《吴兴志》有记，"乡土皆有"。瓠瓜种植较广，搭棚栽种，5—6月上市。

西瓜 西瓜种植历史悠久。多作水果，皮可入药。主要品种有解放瓜、中育1号等。其主要特点是含糖量高，松脆多汁，品质佳。

甜瓜 甜瓜俗名香瓜，种植历史悠久。嘉泰《吴兴志》有载，历史上栽种品种较多。形有圆有长，有尖有扁，色有白有绿。太湖、漾西一带乡村所产土种甜瓜，俗称太湖香瓜，为镇域特产。特点是质糯、肉沙松，适宜无齿老人含食，故又名老太婆瓜。

二、蔬菜类

镇域蔬菜栽培历史久，品种多，种植面积广，且四季皆有。主要有8大类、23个品种。水生和多年生蔬菜及菌类，在蔬菜供应中也占有较大比重。

1.白菜类

古名菘。嘉泰《吴兴志》记载青菘、白菘、蚵皮菘三种。白菜类包括结球白菜、不结球白菜，为十字花科、芸薹属，两年生植物。生长第一年形成叶丛或叶球，第二年抽薹开花。其中，滨湖一带出产的太湖白菜（黄芽菜），闻名乡里。

结球白菜 结球白菜又名大白菜、胶菜，即蚵皮菘，素有"菜中之王"的美称。镇域品种茎扁心黄，称黄芽菜，俗呼黄杨菜、黄矮菜，主要分布在太湖、漾西一带乡村，为镇域特产。除了本地种之外，还有城青2号、青杂3号、城阳青、丰杭70、早熟5号等。

不结球白菜 镇域通称青菜，属青菘、白菘。青菜品种较多，主要有小白菜、普通白菜、八月菜、矮脚白等，是栽培面积最多的蔬菜之一。除作新鲜蔬菜外，青菜宜腌藏，至冬以盐渍为腌菜；晒干蒸黑为干菜。

2. 甘蓝类

甘蓝类蔬菜属十字花科，叶蓝绿色，叶面有明显蜡粉。耐寒性、耐热性均比白菜类强，能耐-6℃和短期-10℃低温，幼苗在35℃高温下能正常生长。有结球甘蓝、花椰菜两类。

结球甘蓝　结球甘蓝又名包菜、包心菜、卷心菜。性耐寒，耐贮藏。按叶球状不同，分平头型、圆头型、尖头型。平头型主要品种有京丰1号、新丰1号、杭州大平头、夏光甘蓝；圆头型在域内气候条件下易抽薹，故种植较少；尖头型栽培较多，主要品种有鸡心、牛心等。

花椰菜　俗称花菜，为甘蓝的一个变种。镇域栽培面积少。

3. 芥菜类

芥菜味辛，有薹，可腌藏，嘉泰《吴兴志》有载。品种有佛手、荷叶、鸡脚等，佛手为上。另外还有紫芥即赤芥，冬芥即雪里蕻，因"雪中独青"故名。芥菜类蔬菜，按主要食用部位分为叶用芥菜、茎用芥菜及根用芥菜等类型。

雪里蕻　雪里蕻又名冬芥，十字花科，是一种叶用芥菜。镇域栽培面积少，多腌藏作蔬。

榨菜　榨菜属十字花科，是一种茎用芥菜。榨菜茎基部膨大，形成瘤状肉质茎，俗名瘤芥菜。嫩茎经盐腌渍，榨出汁液成微干状，故名榨菜。镇域栽培面积少。

大头菜　大头菜属十字花科，是一种根用芥菜。大头菜形似萝卜，圆锥形，多腌藏作蔬。滨湖一带出产的大头菜，为镇域特产。

4. 茄果类

以浆果供食用，为茄科蔬菜。有茄子、番茄、辣椒等。上市量较大，仅次于白菜类和绿叶菜类。

番茄　番茄即西红柿，镇域在20世纪20—30年代引进发展。主要栽培品种有早雀钻、北京早粉红、北京早红、84-1、84-4、西粉强等。

茄子　茄子是传统蔬菜品种。据嘉泰《吴兴志》记载，南朝陈时，"蔡搏为吴兴太守，于郡斋种紫茄供常厨"。乡土有紫茄、白茄、水色茄三种。茄子是夏季主要蔬菜之一，农家普遍栽种，主要品种有杭州红茄、宁波线条茄等。

辣椒　辣椒名辣茄，又名番椒。原产南美洲，明末引入。据湖州明清府县志记载，辣茄细者称引线椒茄，圆者称笼椒茄，又有朝天椒茄。辣椒以其辛辣程度分为甜椒和辣椒。甜椒主要品种有茄门甜椒、早丰甜椒等；辣椒有早主 1 号、弄口早椒、嘉配 3 号、嘉配 5 号等。

5.根菜类

根菜类蔬菜主要有萝卜和胡萝卜，分属十字花科和伞形科。萝卜栽培面积广，品种多。"太湖萝卜赛过金坛藕"，镇域滨湖一带出产的太湖萝卜、太湖胡萝卜，闻名遐迩。

萝卜　萝卜又名莱菔。种植历史较久，几乎农户家家都有栽培。萝卜品种多，春有杨花萝卜，形长；夏为梅萝卜，形圆；秋为秋萝卜，形长而大；冬萝卜早出者头青心空而辛，晚出者纯白心坚而甘。另有红萝卜，皮红肉白，分深红、淡红两种。萝卜水分较多，以炒食为主。

胡萝卜　属伞形科，一二年生草本。据清同治《湖州府志》记载，胡萝卜皮肉俱红或俱黄，长一二尺，纯甘宜作蔬，俗名大钱萝卜；又有丁香萝卜，皮肉俱红，头青长二三寸，头大尾小，纯甘，有药气。后二者通名，民间俗呼胡萝卜为丁香萝卜。主要分布在沿太湖各乡村。品种有南京长红胡萝卜、北京鞭杆红等。

6.绿叶菜类

有菠菜、芹菜、莴苣、苋菜等多种。

菠菜　一名赤根菜，藜科，一二年生草本，镇域栽培较普遍。菠菜分无刺种和有刺种两类，镇域主要栽培无刺品种。茎柔脆，中空，叶绿，味甘美。品种有上海圆叶、南京大叶菠菜，有刺种有浙江火冬菠、绍兴菠菜和地方种菠菜。

芹菜　属伞形科，一二年生草本，有旱芹、水芹两种，叶柄作蔬菜。嘉泰《吴兴志》记载："今乡土种惟白芹，冬至后作葅，甚甘美，春后不食。"水田中有种植水芹，以嫩茎和叶柄作蔬菜，鲜嫩优于旱芹。主要种植品种以青梗芹为多，早青芹、晚青芹、黄心芹次之，又引进美国芹。

莴苣　菊科，一二年生草本。莴苣俗名莴苣笋。因剥皮作食，其状如笋，故名。莴苣嫩茎供食，脆嫩多汁，香气浓，生食熟食俱佳，亦可腌制。莴苣分早熟、晚熟两类。镇域主要栽培早熟种，品种有本地种、上海细尖叶、杭州尖叶。其中本地圆叶莴苣又名香莴苣，是传统农家良种，春、夏、秋都可播种，以秋播为主。

苋菜　苋科，一年生草本。幼苗作蔬菜，老茎供腌渍加工。苋有青、紫二种，青者佳。青苋俗呼白苋菜。

7.豆类

豆科作物嫩豆荚和鲜豆粒作蔬，包括菜豆、豇豆、毛豆、蚕豆、豌豆、扁豆等。菜豆、豇豆属菜用豆类，其他豆类仅在嫩荚期供作蔬菜。镇域滨湖一带出产的太湖豆，远近闻名。

菜豆　又名四季豆，一年生草本，蔓生或矮生。菜豆生长期短，从种到收60～80天，在春季蔬菜类中上市早。主要栽培品种有蔓性白籽四季豆、上海长箕刀豆、美国供给者等。

蚕豆、豇豆、扁豆等　详见本章第二节。

8.葱蒜类

镇域出产的葱蒜类中，太湖葱、太湖雪韭最为出名。

韭菜　多年生宿根草本。嘉泰《吴兴志》记载："韭，春初尤佳。"历史上栽培一直以窄叶韭为主，又称本地韭菜（太湖雪韭），叶色深，香味浓，耐寒力强。新引进宽叶韭纤维少，产量高，但香味淡，易倒伏，种植面积不大；也引进少量苔用韭菜。

洋葱　洋葱又名葱头，二年生草本。栽培品种主要为红皮洋葱，早熟或中熟，肉质脆嫩，香味浓，熟食味稍甜，产量高。一般在秋季播种，次年夏初收获。

葱　有细香葱和胡葱两种。葱色泽碧绿，辛辣鲜香，用于烹饪调味。细香葱分株繁殖，胡葱（又名湖葱）用鳞茎繁殖。嘉泰《吴兴志》记载，"太湖地宜葱，乡土惟种冬葱，特宜于污下之地"。冬葱即胡葱，多年生草本，耐寒不耐热；香葱为多年生宿根草本，一年生栽培，农户多在庭院隙地分株繁殖。

蒜　亦称大蒜。百合科，多年生草本。嘉泰《吴兴志》有载，乡土皆种大蒜、小蒜。夏生苔，为蒜苗，腌之可作蔬。蒜有二种，茎根俱小而瓣小者为小蒜，茎根俱大而瓣多者为大蒜。镇域种植面积不大。

三、根茎类

镇域主要栽培供食用块根、块茎、球茎或根茎一类陆生作物如马铃薯、芋芳和姜等。食用部分多含大量淀粉和糖分，可作蔬菜、杂粮、饲料、酒精原料及制淀粉。滨湖一带所产的太湖山药、太湖百合、太湖姜，品质佳，为镇域特产。

薯蓣　又名山药。薯蓣科，多年生缠绕藤本。蔓长可达3米以上。蔓上有对生叶，叶大，卵圆形。地下生有圆柱形肉质块根，富含维生素和淀粉，为滋补食品，有补肺益气的功能。相传在明代就有种植，分布在太湖及漾西一带。据明徐献忠《吴兴掌故集》说，"山药以山土所宜，故名"。清张元庆《湖录》记："今湖滨平地多种，苗肥大而甘美，甚有利益。"《补农书》记载："篱下种山药，其根常留。每年食其枝，力不劳而得味多。"

芋　俗称芋艿，天南星科，多年生草本，作一年生栽培。嘉泰《吴兴志》记载宋代已有种植，分紫梗、白梗二类。紫梗芋又名香梗芋，又有水芋、旱芋之别。芋艿一般在谷雨至清明下种，处暑至白露收获。芋艿品种有红顶芋、白芋、大头芋。红顶芋质优，大头芋体最大，产量最少。

太湖百合　太湖百合有抗逆性强，适应性广，生长势旺等特点。新中国成立前，滨湖一带农民几乎家家都种。百合之鳞茎、瓣片如玉、营养丰富，具有润肺养颜、止咳化痰、清心安神之功效，既可食用又能药用。

姜　姜科，多年生草本，作一年生栽培。嘉泰《吴兴志》记宋代镇域"近太湖地宜姜"。根茎作蔬菜或香辛料。

马铃薯　详见本章第二节。

四、水生类

茭白　又名茭笋，为镇域特产。茭白是菰花茎经菰黑粉菌侵入刺激其细胞形成肥大嫩茎。嘉泰《吴兴志》记载，境内"菰根，一名茭白，菰三年以上心中生苔，如藕白软，中有黑脉，堪啖，今水乡亦多种，色白者美，带黑点者不佳"。

常乐村茭白田

茭白主要品种有中介茭、苏州小蜡台、无锡红花壳茭、江苏寒头茭、杭州一点红、象牙茭等。

莼菜　古名蓴菜，睡莲科，多年生宿根草本。莼味鲜美，嫩茎和叶背有胶状透明物质，营养丰富。清代，种食莼菜较为普遍。清同治《湖州府志》记载："今皆采自湖滨茭荡中，春夏之交甚多。"清闵宝梁《晟舍镇志》记载：紫丝蓴，出潘杨桥左右，极软滑，其叶绿，其根紫。春末秋初皆有，宜作羹，味甚鲜。近时亦罕见矣。明闵庄懿诗"潘杨桥下紫丝蓴"是也。莼菜在民国时期逐渐减少。

菱　菱属一年生浮水水生草本植物。清阮元《吴兴杂诗》中写道："交流四水抱城斜，散作千溪遍万家。深处种菱浅种稻，不深不浅种荷花。"清闵宝梁《晟舍镇志》记载：白爪菱，出卫浪桥，对河阔港头。四角尖，色白而微青，比南浔之沙角菱稍小，中秋后始见。菱角鲜嫩，味甘美，可作水果生食；老菱带壳煮熟，性糯香甜。

慈姑　泽泻科，多年生水生草本。嘉泰《吴兴志》名"茨菰"，种于下田。春夏间栽植，冬季或次年早春采收。球茎入蔬菜，也可制淀粉。镇域民间向于春节时以慈姑做菜待客，意为万事如意。

荸荠　古名"凫茨"，嘉泰《吴兴志》有载，种下田，俗称地栗。莎草科，多年生水生草本。春夏间育苗栽植或直播，秋季采收。球茎作蔬菜或代水果，也可制淀粉。

莲藕　莲藕出于浅水莲荡，六月出者为鲜嫩，七八月出则为壮大。用糯米灌于藕孔煮熟可当点心。

五、多年生蔬菜

多年生蔬菜一次播种或栽植后采收数年，分木本和草本蔬菜。木本有竹笋、香椿等；草本有金针菜等。

竹笋　又名笋。按季分有春笋、冬笋、鞭笋；按类分有毛笋、早园笋等。可做鲜菜、笋干、咸笋和罐头食品等。清闵宝梁《晟舍镇志》记载：杜园笋，近处多植莊竹（即光竹）、护基竹（即哺鸡竹）。夏初，山笋将罢，此笋即出。乡人扎把，鬻于市。其味甚鲜，配以青蚕豆、芥菜，煮之更佳。

椿芽　俗名香椿头，是香椿于春季从枝条抽生的嫩芽，芽内有嫩茎和嫩叶。

芽长 0.1 米左右采收，供蔬食和盐渍加工。镇域零星种植。

金针菜 又称黄花菜。百合科，多年生宿根草本。花蕾小棒槌形，金黄色。花蕾开放前采收，经蒸制后晒干，即为金针菜。镇域少量栽培。

六、菌类蔬菜

镇域主要有担子菌亚门平菇、蘑菇、金针菇、香菇和猴头菇等菌类蔬菜。菌类富含蛋白质，为美味蔬菜。

表 4-3-7　2000—2018 年织里镇蔬菜播种面积　　　　单位：亩

年份	播种面积	年份	播种面积
2000	29 593	2010	42 280
2001	29 999	2011	41 220
2002	36 414	2012	43 028
2003	40 055	2013	16 193
2004	41 229	2014	15 940
2005	41 472	2015	15 955
2006	41 283	2016	16 092
2007	42 432	2017	15 773
2008	41 467	2018	15 756
2009	42 797	2019	17 674

数据来源：《湖州统计年鉴》中《分乡镇基本情况》。2012 年之后的统计数据，不包括划入高新区的 12 个行政村。

第五节　其他经济作物与观赏苗木

一、麻类与席草

黄麻 黄麻韧皮纤维作物，一年生草本。民国至 20 世纪 80 年代广泛种植。计划经济时期，供销社在农村设收购站，农民将黄麻送到收购站，验过质量后定等级和价格，然后现金结账。此外，溇港农户还会将黄麻纺成麻线，上麻织机编织成麻布，制作成衣服。进入 90 年代后，黄麻种植面积下降。

络麻 络麻属于黄麻的一种。20 世纪 50 至 70 年代，太湖片均有种植，但面积不大，种植方式与黄麻近似。络麻供销社也收购，价格比黄麻低些。有农户将络麻留下自用，编成农用袋子。进入 90 年代后，种植面积下降。

苎麻 苎麻是多年生宿根性草本植物，是重要的纺织纤维作物。太湖沿岸农村在新中国成立前有种植。苎麻皮剥下后纺成线，可制作衣服、蚊帐等生活用品。苎麻织成的帐子称"夏布帐子"，印上蓝白花纹后非常美观，而且经久耐用，深受大众喜爱。20世纪90年代后，种植面积下降。

席草 席草古称蔺，多年生沼泽草本植物，属灯芯草科。茎直立，单生细柱形，无节、叶片退化，茎内充满白色髓心，坚韧而有弹性，适于编席。2003年镇域播种面积150亩，产量68吨。

二、果品

镇域水果类中，西瓜、葡萄、枇杷、草莓、小番茄等都是各片区果园高产产品，种植面积逐年增加。此外，桃、猕猴桃、梨、柿子、樱桃等均有种植。2003年镇域水果产量793吨，到2019年，全镇产量增至6077吨。

葡萄 葡萄品种有紫、白、青三种，形状有圆球形、滴水形。原只是镇域庭院种植，现已有葡萄园规模生产，主要集中在织里片的河西村和轧村片的港西村、骥村村。2003年，织里片种植4万株，轧村片种植3.7万株。2011年，镇域葡萄种植面积1216亩，产量1470吨。

枇杷 蔷薇科、枇杷属植物。常绿小乔木，高可达10米；小枝粗壮，黄褐色，密生锈色或灰棕色绒毛。花期在10—12月，果期为5—6月。因易于管理种植，且销量较好，种植面积逐年扩大。大部分品种从江苏东山引进，成熟季节有东山经销商来收购。

柿子 柿科柿属植物，落叶乔木。柿子不仅营养丰富，含有大量糖类及多种维生素，而且具有很高的药用价值和经济价值。鲜柿、干柿饼、柿霜、柿蒂、柿叶都是很好的药物。入秋后，柿果柿叶鲜艳悦目，具有良好的观赏效果。2019年镇域脆柿产量1308吨。

草莓 多年生草本植物。草莓营养价值高，含有多种营养物质，且有保健功效。2005年镇域种植面积25亩，2011年40亩，2019年596亩。

小番茄 圣女果，常被称为小西红柿，是一年生草本植物，属茄科番茄属。植株最高时能长到2米。具有生津止渴、健胃消食、清热解毒、凉血平肝，补血养血和增进食欲的功效。

火龙果 仙人掌科、量天尺属量天尺的栽培品种，攀缘肉质灌木，具气根。

果肉有白色、红色。种子倒卵形，黑色，种脐小。

梨 蔷薇目蔷薇科植物。味美汁多，甜中带酸，含有多种维生素和纤维素，不同种类的梨味道和质感都完全不同。梨既可生食，也可蒸煮后食用。

桃 蔷薇科桃属植物，落叶小乔木。花可以观赏，果实多汁，可以生食或制桃脯、罐头等，桃仁也可以食用。果肉有白色和黄色的。

猕猴桃 也称奇异果，是一种品质鲜嫩，营养丰富，风味鲜美的水果。

此外，金橘、樱桃、石榴、果桑、枣、李、杏、茶等，均有少量种植。

三、药材

镇域药材主要种植菊花、白术、元胡、灵芝等。2002 年镇域药材种植面积512 亩，2019 年种植面积为 364 亩。

菊花 多年生草本。高 0.6～1.5 米，茎直立，分枝或不分枝，被柔毛。喜阳光，较耐旱，怕涝。性苦、辛、微寒，具有清热解毒的功效作用。2011 年产量567 吨。

白术 菊科苍术属，多年生草本植物，高可达 0.6 米，结节状根状茎。性味苦温辛烈，有燥湿、化浊、止痛之效。2011 年产量 456 吨。

元胡 罂粟科紫堇属多年生草本植物，为大宗常用中药。性温，味辛苦，有活血化瘀、行气止痛之功效。2011 年产量为 7 吨。

灵芝 又称为瑞草、神芝、仙草、瑶草、还阳草等，是一种多孔菌科真菌灵芝的子实体。其外形呈伞状，菌盖肾形、半圆形或近圆形。灵芝具有补气安神、止咳平喘的功效。2019 年湖州伟祥生态农业发展有限公司生产赤芝 1 号 2 吨。

四、花卉、苗木

花卉、苗木不仅美化环境，而且能给人带来芬芳的香气，使人心旷神怡。如紫牡丹，清闵宝梁《晟舍镇志》记载：紫牡丹木本，高丈余，花开如大盆，瓣稀而须黄。春夏之交盛开，多至数十朵。1987 年 4 月，织里镇第九届人民代表大会决议把广玉兰、月季花作为镇树镇花。20 世纪 90 年代以来，随着镇域建设发展、人民生活水平提高，花卉苗木的市场需求量增加。2000 年镇域花卉苗木面积 274亩，第二年增至 667 亩。到 2005 年，镇域花卉苗木种植面积 3266 亩，其中花卉种植面积 30 亩，观赏和绿化苗木 3236 亩。2017 年花卉苗木种植总面积 1833 亩

(不包括划入高新区的12个行政村)。

花卉种类　镇域花卉种类多,有牡丹、梅花、桃花、桂花、兰花、杜鹃、芍药、玫瑰、蔷薇、海棠、木芙蓉、紫薇、蜡梅花、荷花、栀子、木槿花、绣球花、金丝桃、菊花、茉莉花、向日葵、牵牛花、金银花、凤仙花、鸡冠花、水仙花、夜饭花、合欢、芦花、苔花、瑞香、丁香、月季、迎春花等。

观赏苗木　分花木苗、盆景两大类。花木苗有龙柏、雪松、广玉兰、香樟等树苗及罗汉竹、菲白竹、金镶玉竹等竹苗,在苗圃培育成大苗,供应城镇绿化和环境美化的需要。盆景有野生松、柏、银杏、蜡梅、南天竺等树根在苗圃中移栽成活后,依物造型,配以山石,制作而成。也有紫竹、菲白竹、黄金间碧竹玉、刚竹等经矮化处理后,配以山石,制成的竹类盆景。

表 4-3-8　2019 年织里镇经济作物种植面积和产量

	项目	面积(亩)	单产(公斤)	总产(吨)
油料	油菜籽	3552	190	675
	花生	1	400	0.4
	芝麻	29	100	3
	其他	8	250	2
中草药		302	1205	364
蔬菜		17 674	3080	54 436
果用瓜	西瓜	419	1600	671
	香瓜	491	1720	844
	草莓	596	1500	894
	其他	1553	1500	2330
花卉苗木	花卉	3		
	观赏和绿化苗木	1902		
其他作物		42		
经济作物合计		26 572		

数据来源:《吴兴统计年鉴》。表中的统计数据不包括划入高新区的12个行政村。

第四章 养　殖

　　丝绸之府，是古城湖州在全国乃至世界的美誉。镇域地近太湖，土沃桑茂，丝业兴盛，一些与丝绸相关的地名、桥名都是织里蚕桑业兴盛的历史印记，如织里、轧村，染店兜村、蚕田圩村，轧西村、轧东村、蚕环田村，如纱界桥等。宋代，民间赖养蚕出息生计所资；至明代，蚕与田各负半年生计；清代至民国前期，蚕茧之利渐超田中收入。为振兴蚕业，辛亥革命志士姚勇忱曾著《实验养蚕法》《蚕病预防法》。民国 14 年至 18 年（1925—1929）蚕业全盛期。民国 22 年至 23 年，吴兴设蚕业改良区，指导蚕室蚕具消毒、推广改良蚕种，共同饲育及改进蔟具。民国 21 年至 23 年，受国际经济萧条及日本生丝竞争打击，蚕业受挫严重，养蚕户减少。抗日战争时期，蚕业受破坏。新中国成立后，蚕业恢复发展。1985—1995 年是镇域养蚕高速发展时期。1997 年，湖州市蚕业管理总站确立织里镇为专养雄蚕试验示范基地。进入 21 世纪后，镇域养蚕张数下降，1992 年镇域养蚕总张数为 74 002 张，2019 年总张数为 15 张。

　　据湖州城北邱城遗址所发现的动物遗骸考证，早在 6000 多年前，先民在经营原始农业中兼营饲养家畜、家禽。历代志乘都对饲养畜禽有叙述，"六畜"在农业经营中占一定位置。民国时，养羊、猪、禽为农家主要副业。抗日战争爆发后，饲养业受摧残。中华人民共和国成立后，畜牧业发展很快。以晟舍为例，1961 年晟舍公社生猪年终存栏总头数 342 头，湖羊 724 只，兔 9765 只，家禽 13 312 只，黄牛 2 头，水牛 75 头。到 1992 年，晟舍乡生猪年末储栏数 4789 头，羊 1265 只，家兔 3746 只，家禽 34 661 只。进入 21 世纪，镇域畜牧业中生猪年末存栏数、羊年末存栏数、家禽全年饲养量有所下降。镇域为典型江南水乡，渔业资源丰富，给发展水产业带来极为有利条件。此外，太湖一带，是淡水鱼虾天然繁殖场所，沿湖居民以渔业为生者甚众。新中国成立后，政府制定"以养鱼为主、养种结合、集约经营"生产方针，组织恢复生产，从资金、物资、技术等方面扶持渔业生产。进入 21 世纪后，镇域水产业高速发展。1978 年镇域淡水产品总产量 314 吨，2019 年是 12 930 吨，增逾 40 倍。

第一节　蚕　桑

一、桑树品种

传统品种　据《湖州市志》记载，明代，尚有湖桑之名。桑种以湖境所产为良，有青皮、黄皮、紫皮 3 种，以紫皮为第一。湖境嫁接桑以其叶圆而大、津多而甘、性柔、条脆等优点多为外地引种，统称"湖桑"。湖俗称境内嫁接桑为家桑，未经嫁接为野桑。民国前期，湖桑较优品种有青皮桑、红皮桑、白皮桑、荷叶白等。红皮桑即紫皮桑，有称红皮大种。红、白皮桑叶大肉厚、枝粗芽密，质量佳。青皮桑肉厚叶小，枝干比红、白皮桑细，利于密植。湖桑属中生桑、晚生桑，为蚕一生主要饲料，大量栽种。

新品种　新中国成立后，湖桑品种有很大变化和发展。早生桑有早青桑、乌皮桑、尖叶火桑等；中生桑有桐乡青、睦州青、荷叶桑、湖桑 199、麻桑；中晚生桑有大种桑、白条桑、红皮大种、湖桑 197、湖桑 2 号、吴兴大种、菱湖大种等；晚生桑有团头荷叶白、荷叶白等。1975 年后，桐乡青、荷叶白、湖桑 197、团头荷叶白得以推广，成为当家品种。四个品种以荷叶白为最多。1990 年开始引进农桑 8 号、农桑 10 号、农桑 12、农桑 14 等新品种。1990—1999 年，主要种植农桑 8 号、农桑 10、农桑 12、农桑 14；2000 年之后主要种植农桑 12、农桑 14。

二、桑树栽培

1.桑苗

桑苗培育　湖州自古培育实生苗，再行嫁接、整枝、成林。培育桑园，历代惯以桑籽直接播种。清道光咸丰间高时杰著《桑谱》介绍以稻秆灰拌桑籽播种法，将阴干灰籽播于五寸阔、二寸深长沟，次年秧长二尺许即可分种。同治年间沈秉成撰《蚕桑辑要》有草绳育秧法，将桑葚籽抹于草绳缝内，埋入熟地一寸，待苗长移栽。新中国成立初，有生产嫁接苗，数量甚少；以生产实生苗为主。20 世纪 50 年代，尚采用"两年育苗、三年开剪、五年成林"的传统育桑法。

繁育基地　镇域良种桑苗规模化起步比较迟，桑苗大多依赖外地供应。1963

年，吴兴县率先在太湖、漾西两公社 10 个村建立桑苗基地 1147.36 亩，至 1967 年共生产嫁接桑苗 1533 万株。1974 年起，乡、村、组三级办苗场和农民自培苗相结合，培育嫁接桑苗。1989 年后逐步推广应用硬枝扦插和绿枝扦插技术培育桑苗。1992 年，省农科院农桑 12、农桑 14 育成后，在镇域建太湖幻溇农桑繁育点。在太湖乡农技员朱欣芳家桑园开始试种，幻溇村便逐步开展少量繁育。1994 年，产优质桑苗 17.85 万株。1995 年，发展繁育基地 20 亩，当年育成桑苗 17.6 万株。尔后，每年产农桑系列桑苗 17 万～20 万株，供应本市蚕桑示范园区和蚕种场种植，提供外省市科研生产部门种苗，对农桑系列品种推广起到了积极的作用。2000 年下半年，镇域建沈溇村良种桑苗繁育基地。2001 年 7 月，沈溇被评为优质桑基地。2005 年沈溇、幻溇共有种植面积 7.8 亩、桑苗 70 万株。

20 世纪 90 年代开展方格簇培训

2. 桑园园艺

桑园技艺一般有 4 个步骤。

移栽、定株　自古以来镇域先民积累了移栽实生桑苗及定株法整套成熟经验，即在每年初冬或来年初春栽植桑苗，因此时温度最适宜，成活率较高。《沈氏农书》记述，移栽桑苗根不必多留，刷尽毛根，将线根四方排稳后渐次下泥筑实，然后时时浇灌清水粪以引出新根；定株以稀，纵横间隔 7 尺，每亩植桑 200 株。至清同治年间，适当密植，每亩增至 350 株，并改"正对植桑"为"交叉定植"，将原先"∷"形改为"∴"形，利于通风与日照。

接桑　宋代，镇域普遍用嫁接法培育桑树，逐渐培育出众多优质湖桑。清代，嫁接术尚有成套章法，高时杰《桑谱》、汪曰桢《湖蚕述》等专著都有专门记述。剪有叶芽家桑枝，接于实生桑离地半尺处，待新条发芽，剪去桑本故条，即成家桑。新中国成立后沿用。1963 年始，镇域大量培育嫁接桑苗移栽，以改造老桑园、发展新桑园。

拳桑养成 元代，镇域农户将桑树改良为低干矮桑。至明代，普遍采用剪枝法培养拳桑。清代养拳桑经验更趋成熟，尚有"三腰六拳"和"四腰八拳"养成法。每年清明拦头，经四年后养成拳桑，桑枝层层而上，枝叶茂密。早生火桑不耐剪伐，采用步步高剪养法。拳桑养成方法一直沿用，湖桑以矮干拳桑为多。

桑树管理 明代，中等桑园亩产桑叶 500～600 公斤，上等桑园亩产1000～1200 公斤。《沈氏农书》《西吴蚕略》《蚕桑辑要》等书总结桑园肥培管理经验。冬至前深垦数回；草长即锄，土干即灌；二月、五月、八月、十二月上肥，壅以猪、羊、牛、马粪，人粪尤宜，以及蚕沙、豆饼等，冬、春多施河泥。20 世纪 50 年代仍沿用。

3.老桑套改、新栽桑园

1958 年后，桑园管理差、施肥少、养草多，同时部分桑园间作粮食，导致桑园衰败。1963 年，这种管理方式被纠正，分期分批退出集中成片间作桑园。在继承、发展前人种桑经验基础上，采取老桑园补植缺株、成行加密、增拳等技术措施，改造新老桑园。密度由每亩不到 200 株增至 500～600 株。1971 年始，结合农田基本建设采取先种后控、多种少挖，加强桑园培育管理，提高种桑质量；同时发展新桑园。1983 年后，管理方式以套改更新为主，建立合理群体结构模式高产桑园：亩栽 750 株以上，株间行距（0.5～0.7）米×1.5 米，桑拳干高 0.75米左右，冬季有效条 8000 条以上，总条长 1 万～1.2 万米，亩桑产茧 100 公斤以上。1984—1990 年，经过新老桑园套改后，镇域有 80% 左右桑园平均亩产桑叶2250 公斤以上。据《湖州市蚕桑志》记载，1997—2005 年，镇域共建设桑园 7个，面积为 750 亩，品种均为农桑系列。

表 4-4-1 1979—2018 年部分年份织里镇桑地总面积　　　　　单位：亩

年份	面积	年份	面积	年份	面积	年份	面积
1979	18 809	1990	19 805	2002	15 612	2012	14 828
1980	18 563	1991	19 604	2003	15 117	2013	7041
1981	18 653	1995	18 205	2004	14 828	2014	8322
1982	18 613	1996	17 984	2005	14 828	2015	8322

（续）

年份	面积	年份	面积	年份	面积	年份	面积
1983	18 527	1997	17 916	2006	14 828	2016	8322
1984	18 513	1998	17 747	2008	14 828	2017	8322
1985	19 025	1999	17 736	2009	14 828	2018	8886
1986	19 218	2000	16 331	2010	14 828		
1987	19 270	2001	15 883	2011	14 828		

数据来源：织里镇统计办公室《国民经济和社会发展统计资料》。2012 年之后的统计数据，不包括划入高新区的12 个行政村。

表 4-4-2　2001 年底织里镇各村桑地面积　　　　　　　　　　单位：亩

片区	村名	桑地总面积	片区	村名	桑地总面积
织里片 （21 个村）	大港	1072	轧村片 （10 个村）	港西	330
	李家坝	341		香圩墩	428
	大郏	314		骥村	470
	王母兜	65		增圩	222
	晓河	132		孟乡港	378
	清水兜	48		潘塘桥	187
	东湾兜	0		曹家簖	589
	织里	88		上林村	632
	郑港	321	漾西片 （5 个村）	乔溇	579
	凌家汇	118		汤溇	859
	秧宅	99		常乐	1012
	联漾	351		陆家湾	692
	旧馆	163		曙光	607
	东兜	218	太湖片 （10 个村）	伍浦	430
	云村	105		义皋	356
	晟舍	30		庙兜	499
	河西	110		杨溇	405
	朱湾	18		许溇	451
	秦家港	173		幻溇	506
	大河	461		元通桥	208
	织里水产	0		大溇	346
轧村片 （10 个村）	石头港	337		东桥	482
	轧村	271		沈溇	380

数据来源：织里镇统计办公室《国民经济和社会发展统计资料》。

三、病虫害防治

1. 桑病及防治

明末《沈氏农书》记载有桑树萎缩病及其防治法。蚕农一旦发现患癃病（萎缩病）桑，即连根除去，以免剪桑时通过剪刀传染其他桑树。清代，对桑膏药病等为害及防治均有记载。域内主要桑树病害有桑黄化型萎缩病、桑疫病、桑赤锈病、桑膏药病。新中国成立后，除发生少量细菌性黑枯病外，主要是桑黄化型萎缩病。1957 年漾西、太湖两个公社部分地块受害。1979 年始，吴兴县建立桑树病虫植保站，每个乡安排专管（兼职）桑保人员，并设立病虫观测点。桑保站根据观测病害动态，及时发出病虫预测预报。同时进行苗木接穗检疫，选用团头荷叶白、荷叶白、湖桑 199、湖桑 197 等抗病品种；氮、磷、钾配合多施有机肥，以防治桑黄化型萎缩病。1983 年，漾西乡 3714 亩桑园中病株桑园占 73.6%；太湖乡紧靠太湖 12 个村 3060 亩桑园发生不同程度病株。1982—1983 年，漾西、太湖两乡共挖去病株 268 151 株，相当于减少桑园 457.16 亩。至 1987 年，病害得到控制，两乡病株发病率从 1983 年的 12.74% 降至 0.26%。1990 年春蚕期，部分桑园突发大面积桑赤锈病。采用"粉锈宁"农药防治后，夏蚕期桑园发生桑赤锈病仍较严重。

2. 虫害及防治

桑螟、桑天牛等虫害，明代已有记载。明末《沈氏农书》记载有"冬春看头螟，清明前看二螟，剪毕看三螟""六月捏头螟，七月内捏二螟，而头螟尤宜细看，留头螟一，则二螟便有百"等治螟法，认识到桑螟之害，肥壅、工力不能救。清代，旋头虫、堆沙蛀、桑螟等为害情况及防治均有记载。桑树虫害主要有野蚕、桑尺蠖、桑螟、桑螟、桑象虫、桑蓟马、黄星天牛、桑天牛等。传统防治桑园虫害，以手捕捉为主、药剂为辅。新中国成立后，防治主要采用药剂，如鱼藤酮、巴豆乳剂、百部草（野天门冬）等。此外，也有农户用石灰硫黄合剂消除越冬害虫。"一年螟，二年荒，树上螟，家中光"，可见桑螟为害之严重。《湖州市志》记载桑园主要害虫是桑螟。1960 年，吴兴县受桑螟危害 161 926 亩，占全县桑园总面积 84.4%。1959—1960 年冬，用石灰加重柴油配成乳剂涂桑树主干治虫，有较好效果。1962 年，桑螟数量大减，至 1975 年几乎绝迹。1980 年桑螟重新抬头为害，主要源于零星高秆桑、村庄外零星地块桑和非养蚕户桑地。1982 年后，因桑园过于分散，不利于统一治虫，桑园虫量增加。同年 11 月，每亩桑螟卵块达 15 480～28 230 块。1987 年，全市实施桑螟联防联治，实行时间、地块、药剂、浓度四统一，全年治虫 6 次。至 1989 年基本得到控制。1989 年，桑保站研制、推广"杀蛀灵"毒签。

四、蚕种

土制种　明代以前，镇域所养蚕种大都自留自用，自留蚕种生子，布子于桑皮原纸。蚕种名称含混，种性难以区分。按化性分头蚕种、头二蚕种。按浴种分盐种、灰种。盐种茧细而紧，灰种茧大而松。清代，专业制种户兴起，以卖种为业。专业制种与蚕户自留自用两种形式并存，都讲究制种技术，注重选种蚕、择种茧、饲养原蚕、提蛾、布子以及换种、浴种等技术。至清中叶，不少优良蚕种定型。著名蚕种如太湖沿岸丹杵种、榧茧种等。民国前期，镇域所用土制蚕种，除自制外，多数购自省内他地。上林村历来有土制蚕种的传统，除自留外，多余蚕种销往太湖、长兴，以及江苏的苏州等周边地区。民国 36 年（1947）后，土制蚕种淘汰。

改良种　改良蚕种始于清光绪年间。根据《湖州市志》记载，民国 11 年（1922），市境引进日本赤熟种、青熟种，杂交制成诸桂×赤熟、桂圆×青熟，推广饲养。民国 22 年起，主要推广改良种诸桂×新桂、诸桂×华三、诸桂×华 5（华 6）、西巧×华 5（华 6）等。民国 25 年，湖州市配发改良蚕种 736 414 张，平均张产 12.18 斤，其中吴兴县 441 385 张。民国 29—33 年推广饲养华蚕 1 号、华蚕 101、华蚕 102，老品种诸桂×华 5、治桂×华 7 等继续饲养。民国 36 年，湖州市配发良种，春蚕新品种为瀛翰×华 9。此后，原先所推广旧品种逐渐淘汰。至新中国成立初，杂交改良蚕种制种形式主要为框制种。1952 年起渐以平附产卵代替框制种，并由单张平附种发展为双张平附种，同年始制散卵盒蚕种。20 世纪 50—60 年代，主要推广瀛翰×华 8、瀛翰×华 9、苏 16×苏 17、360×华 10。70 年代，春蚕推广华合×东肥、杭 7×杭 8、春 3×春 4；夏秋品种推广东 34×603、东 34×苏 12、浙农 1 号×苏 12。80 年代初，春蚕蚕种杭 7×杭 8、东肥×华合成当家品种。80 年代中后期，菁松×皓月、浙蕾×春晓、苏青×镇丰成为春蚕主要品种。夏秋，浙农 1 号×苏 12 成为当家品种。1984 年夏秋，开始推广薪杭×科明、蓝天×白云，并逐渐取代原浙农 1 号×

苏 12 号。90 年代，春蚕品种有菁松×皓月、浙蕾×春晓。夏秋种有浙农 1 号×苏 12、薪杭×科明、蓝天×白云等，同时推广抗氟化物、茧产量高等春蚕品种，如华锋×雪松、雪松×华锋（正反交）、夏蚕品种秋丰×白玉。《湖州市蚕桑志》记载，1990 年因湖州蚕种供不应求，需从外省调剂，从河南某蚕种场调进的菁松×皓月，出现孵化不齐的现象，织里区 17.25 张蚕种，不出卵达 60.4 克，占 29.2%。21 世纪，镇域蚕种以秋丰×白玉为当家品种，另有少量华丰×雪松品种饲养。

蚕种保护　自古重视蚕种保护。北宋时，湖俗尚有"浴蚕"之事。梅尧臣游雪溪，记述"花暖吴蚕始浴时"。古代通过腊月十二浴种和次年寒食瀚种来保护蚕种。明代，浴种多用天露石灰，或用盐卤水。清代，用温石灰水浸浴后露置晾干收藏，为灰种；撒盐于蚕种，用冷浓茶水喷透后露置晾干收藏，为盐种。瀚种即将盐种或灰种并菜花、豆花之类一块浸入微温蒸团子汤中，瀚后晾干。民国时代和新中国成立初期沿用此法。1961 年起，春蚕用种，改单式冷藏为复式冷藏。70 年代末，浴种时间从 12 月中旬改为上旬，浴种水温从 7.2℃（低于气温）改为 15℃（高于气温），避免浴种后再次出现气温转高。80 年代初，复式冷藏温度从 0℃改为 2.2℃。1982 年后，浸酸蚕种改自然干燥为用风扇干燥 15～20 分钟，以丙 1 胚子冷藏，延长有效期，提高孵化率。镇域曾发生蚕种质量事件。1994 年中秋，轧村项祝兜 7 个自然村饲养的 1320 张塔山场新杭×白云 01 蚕种，2 龄起大小发育悬殊，出现深斑纹花蚕。

国内农村首期专养雄蚕试验　雄蚕具有食桑省、蚕体强健、蚕茧干壳量高、出丝率高和茧丝纤度匀而细、清度优等优点，是缫制高品位生丝的优质原料茧。1997 年太湖乡雄蚕杂交种饲养试验获得初步成功。尔后，市蚕业管理总站以镇域为专养雄蚕试验示范基地，不断引进新品种进行比较试验。2004 年 9 月，浙江省农作物品种审定委员会来常乐村现场考察，并审定雄蚕新品种秋华×平 30。

五、养蚕技术

蚕季　蚕期布局以气候情况、桑树生长、设备条件、劳动力资源、技术水平等为依据确定。共五季。农户普遍养春蚕、中秋蚕。春蚕一般于每年 5 月初发种，到 6 月上旬摘茧收获。夏蚕，于 6 月 20 日前后发种，到 7 月中旬摘茧收获。早秋蚕在 8 月初发种到 8 月下旬摘茧收获。中秋蚕于 8 月下旬发种，到 9 月下旬摘茧收获。晚秋蚕很少饲养，一般在9月中、下旬发种，到10月底、11月初摘茧收获。

蚕室 自古蚕户重视蚕室温湿。明代以前，蚕室密闭，只开南北窗，并以纸窗或草帘遮严实。南风时关南窗，北风时关北窗。室内置火坑，以穿单衣感觉寒暖来决定添火加温或减火降温。明代，蚕室同时讲究疏爽。天晴刮北风，开窗通风，采日照。地上铺板或铺芦席；天寒时以火缸取暖，四壁围衬草席，以收潮气。清代和清代以前，蚕室及蚕具在清明前打扫、清洗，再用石灰水消毒。民国时期，开始推进用科学方法消毒蚕室、蚕具，力求彻底杀灭病菌，蚕室充分冲洗，蚕具用冰醋酸、漂白粉、福尔马林等消毒。新中国成立后，沿用蚕室、蚕具。养蚕前后清扫洗涤，室内墙壁刷白，饲蚕期内掌握蚕室温度、湿度、灵活通风换气等经验。1990年起，蚕室、蚕具消毒采用消毒剂"消特灵"。

催青 镇域内俗称护种、焙种、暖种。宋代，普遍采用催青技术，或用朱砂温水洗浴清毒、催青，或以体温暖种催青。明清时，根据气温和桑叶生长程度调节收蚁日期。清明前，蚕种护于清洁棉絮或衣被内，厚薄根据天气寒暖程度。清明后谷雨前，种包置于热被窝，天寒时贴身抱于胸前。民国15年（1926）后，蚕业改良和推广机构推行养蚕新技术，改变过去蚕农自己进行暖种、护种或火烘等原始的办法，采用催青新技术。民国23年始，蚕业指导所建立催青室实施共同催青。新中国成立初，吴兴县有湖州城南、菱湖、双林、南浔、织里、善琏6个共同催青室，以燃木炭加温催青。1958年起，采用回转蔟架放原种催青，对转青卵采用黑暗保护技术，促使孵化齐一。1965年，催青室改用电热自动加温，以乙醚膨胀饼做感温器。1970年后采用水银导电温度计自控加温，夏秋季高温时催青，催青室装有窗式空调设备。80年代以后，普遍使用空调。1999年"6·30"洪水，降水量870.5毫米，织里催青室被淹。

收蚁 民国以前，蚕种转室变青后，挂在温和暖房内，待蚁蚕出齐，用鹅毛轻掸于蚕箔内。出蚁以谷雨为期。20世纪50年代，平附种收蚁采用打落法，或以桃花纸张引收，头天发种，次日晨感光收蚁；蚕种改为盒装散卵后，收蚁采用网收法和绵纸引蚁法两种，后改用纸包法和蚁框收蚁法。

小蚕饲育 明代和明代以前，自蚕初生至三眠（1～3龄），蚕室蓄炭火加温，以穿单衣感觉寒暖来调节室温，以加速稚蚕发育。清代，蚕初生至头眠用火，3

天左右赶头眠，以避免小蚕因抵抗力弱而感染疾病。并通过饲桑次数、饲桑量以及温度、湿度升降调节眠头，使日眠齐一、眠在清晨，并且能够在10天内眠三眠。民国22年至23年（1933—1934），吴兴县设蚕业改良区，对1～3龄蚕实行共育。共育室保持温度24℃、湿度70%，日饲桑叶6～7次，每日网除蚕沙1次，共育15～17天。新中国成立前后，一般沿用少量多回育法、防僵养蚕法。1952年，推广高温、干燥、多回、薄饲快速养蚕法。1953年，学习苏联的高温多回育法，因花工多，成本高，难以推广。1956年，蚕种场恢复应用稚蚕防干纸育法（民国29年由日本传入），至1966年镇域推广应用。后又推广炕床育法、炕房育法、防干纸覆盖育法。农村推行家庭联产承包责任制后，小蚕饲育规模缩小，在蚕户自愿结合的基础上推行联户共育，普遍采用塑料薄膜覆盖育法。1985年，推广靠壁地火龙与双灶地火龙。1990年春蚕期，织里镇试养成功"小蚕片叶立体一回育"，采用木片（竹片）框架式饲养框，一天饲一次桑叶，传统多回育及平面法被改变，省工、省叶、省蚕座面积，实现每天饲一次桑叶的目标。同年湖州市推广应用。

壮蚕饲育 传统育蚕法对4龄蚕以0.5公斤为一匾，昼夜勤饲桑叶，经常开窗通风换气。至第5龄放地蚕。5龄蚕下地饲育、就地上蔟，免去蚕具、劳力不足困难，且利于降温。1965年起，镇域逐渐推行条桑育，即将带叶桑条剪下后，将枝条顺倒配搭，使桑叶均匀地铺在蚕座上，每天饲桑2～3次。1986年后，部分农户对4～5龄蚕采用打孔薄膜覆盖的方法，每天饲桑3～4次。

织里蚕业合作社 2001年4月29日成立，是由蚕农、农技站与浙江中维丝绸集团有限公司以协作方式组建的合作服务组织。太湖片1273户参加，至2005年发展到3732户，形成"公司+合作社"模式的利益联结机制。合作社坚持方格蔟上蔟，开展试验与示范推广，专养雄蚕。合作社社员凭社员证售茧，实行保护价收购和方格蔟茧缫丝返利，受到蚕农欢迎，5年共计返利1142万元。

六、上蔟、山棚

蔟具 宋代无定制，蔟箔为胡椒眼，上蔟前插入茅草，再于稀疏处布以无叶竹梢，供熟蚕结茧。明代，以麦秆或稻秆扎成伞形蔟插于蔟箔上。清代创"墩帚""折帚"方法。以麦、稻松缚后截齐两头，长一尺五六寸，盘旋散开，上大下小为墩帘，上小下大为折帘，称为"湖州把"。"湖州把"利于熟蚕营茧，可多次使用，此法一直沿用。明清时尚用密蔟，即山棚上立帘，帘上铺芦帘，帘上再立帘，层层而上。民国20年（1931），一度推广蜈蚣蔟（本地称蚕龙）。50年代多沿用"湖州把"蔟上加蔟，结茧形杂、多柴印茧。60年代普遍推广使用蜈蚣蔟。1973年始推广纸板方格蔟。20世纪90年代初，因收购蚕茧价格政策尚未与蚕茧质量好坏挂钩，使上蔟的环境和蔟形得不到改善，制约了茧质的提高，镇域内仍以蜈蚣蔟为主要蔟具。1992年起，蚕茧收购价格与茧质挂钩，方格蔟普及。太湖乡是方格蔟推广的典型乡镇。1993年，太湖乡推广95.6万片，收方格蔟茧270.1吨、返利60.16万元，平均每公担（1公担=100公斤）返利222.76元。同年，方格蔟普及率100%。

山棚 宋代重视山棚结构，以及熟蚕上山后于山棚下置火盆加温技术。明代宋应星《天工开物》总结湖丝比别地产的丝柔、韧，并且成衣入水洗涤百余次质地不变的原因，就是山棚下用炭火旺灼，蚕在蔟上吐出丝来随即干燥，所谓"出口干"。清代山棚技术精益求精，缚山棚因地制宜，屋多，山棚与地蚕分处；屋少，在地蚕之上架棚，棚离地4~5尺，铺芦帘作为蔟箔。蚕上蔟后，山棚下及室角四周安置小火盆。这个方法，俗称"擦火""灸山""灼山"。乘蚕吐丝未裹身时旺灼，易成茧；蚕溺排出即燥不着茧，吐丝出口即干，蚕丝吐尽，茧解舒好、丝质好。旺火灼山一日夜，满一周时减炭，两天后熄火。现代，由于饲养多丝量品种，更重视蔟室通风换气。

七、蚕病、蚕中毒

蚕病 宋代，蚕质型脓病见于记载，镇域俗称"干白肚"。明清时，对白僵病、脓病、软化病的传染性已有防治方法。以喷烧酒、添食大蒜叶和甘草水等方法清除蚕沙防治蚕病；一旦发现病蚕，即予清除，以免传染。清嘉庆（1796—1820年）时高铨《吴兴蚕书》记述蚕沙厚而发蒸，为蚕病一大根源。蚕农注意蚕座干燥，以撒糠灰、石灰粉等隔离蚕座，同时不用湿叶。大蚕期勤除蚕沙、注意室内通风换气、禁忌熏烟等，以抑制病原繁殖、扩散。民国时期，防治蚕病在传统经验基础上关注对蚕室、蚕具及蚕体消毒。蚕室、蚕具用福尔马林、升汞、漂白粉液喷洒；僵病用硫黄熏蒸消毒；蚕体用水杨酸粉或漂白粉、石灰粉混合成防僵粉消毒，用漂白粉液洗落蚕体上多化性蝇卵。20世纪50年代，蚕区常见病、多发病主要是僵病，以白僵为主。1955年，推广西力生、赛力散防僵粉，僵病得到控制。西力生、赛力散是汞剂药品，对人畜有害，1975年停止使用。1958—1961年，空头性软化病暴发，传染性强。60年代采用以消毒为中心，切断病原感染途径等综合防治技术，危害得到有效控制。这一时期，先后推广的消毒药品有赛力散石灰浆混合液、福尔马林、漂白粉溶液、消毒散熏烟剂、石灰浆、新鲜石灰粉、防病1号、百菌清防僵粉、防僵灵2号（抗菌剂402）等。80年代推广蚕季铵、蚕病净熏蒸剂、蚕座净，并广泛运用大蚕防病1号、小蚕防病1号、氯霉素、红霉素等新蚕药。1990年推广的消毒剂"消特灵"，对控制微粒子病和其他蚕病效果优于漂白粉。同时推广试用蚕菌清，以防治细菌性肠胃病。对于预防为主、综合防治蚕病，蚕农总结为"11个好"，即做到消毒防病好、清洁卫生制度好、小蚕精心管理好、大蚕稀放饱食好、温度湿度掌握好、灵活通风换气好、眠起提青分批好、认真仔细操作好、桑叶采运贮用好、蚕沙旧蔟治理好、桑园治虫搞得好等。

中毒　蚕中毒情况主要是氟化物中毒。蚕受氟化物污染中毒后，蚕食叶缓慢，蚕体大小不一，体表起泡、出水，形成黑斑、高节症状，严重时不吃不动，龄期延长，不结茧而死。湖州市政府规定，从1990年起，每年春蚕期自4月25日至5月25日，砖瓦窑停火一月。蚕农用石灰浆喷于桑叶添食，使3龄蚕不吃三眠叶，以防氟污染中毒。2001年8—9月，常乐村桑叶含氟量监测平均在56.1毫克/公斤。政府立即采取停窑防氟的措施。此外，蚕中毒现象是受化工企业"三废"污染。蚕进食受各类化工厂排放废气及微粒污染的桑叶后，中毒情形为不吃不动，2龄开始蚕体侧翻，呈C形弯曲，头胸向前伸出，胸足前倾，腹足后倾，呈神经麻痹状，伏于蚕桑中，数日后倒毙而死。5龄大批不能吐丝结茧。据《湖州市蚕桑志》统计，2005年春期，镇域汤娄村与南浔区富强村受工厂企业化学物质危害，共涉及521张蚕种，损失37万元。2005年5月，陆家湾有2个受害村，污染蚕种349.5张，无收种71张，损失15.03万元。2005年7月，湖州市政府发出《关于切实做好秋蚕生产防止污染工作的通知》（湖政办函〔2005〕33号），同年9月，印发《湖州市工业与农药污染危害事件应急预案的通知》。湖州市政府相关领导现场检查，听取汇报，协调各方，督查防治措施的落实与赔偿款的到位。

八、蚕茧产量、质量

蚕茧产量　新中国成立后，镇域蚕品种不断改良，优质蚕种扩大饲养，促进了蚕茧的高产。1984—1994 年，产茧量最高，当时镇域的五个乡镇每个乡镇都有"一万张蚕种一万担（1 担=50 公斤）茧"的说法。1995 年后，由于民营工业企业及个体服装作坊发展较快，加上丝绸行业及外贸产品不景气，茧、丝价格呈下降趋势，植桑养蚕的经济收益相对已经微利，故至目前养蚕农户已为数极少。大多数桑园地处于少有人管理的状态。

表 4-4-3　1978—2019 年部分年份织里镇蚕茧产量情况　单位：公斤（张）、吨（总产）

年份	全年饲养总张数	张产	总产	春期张数	春期张产	春期总产	夏期张数	夏期张产	夏期总产	秋期张数	秋期张产	秋期总产
1978	36 757	31.3	1152.2	14 862	45.0	669.0	4608	24.7	113.8	17 287	21.4	369.5
1979	40 443	33.7	1364.7	14 629	45.7	668.3	4253	30.9	131.5	21 561	26.2	564.9
1980	41 362	35.8	1480.4	16 255	46.8	760.3	5120	30.4	155.5	19 987	28.2	564.6
1981	39 941	35.0	1399.3	15 071	43.4	654.3	3545	35.8	127.0	21 325	29.0	618.0
1982	42 573	36.8	1566.8	16 177	44.0	711.9	4618	36.2	167.0	21 778	31.6	687.9
1983	41 405	33.8	1398.8	18 428	40.3	743.3	4657	22.9	106.6	18 320	30.0	548.9
1984	42 520	37.4	1591.8	15 976	44.4	709.5	3223	29.4	94.7	23 321	33.8	787.7
1985	51 281	37.3	1913.4	16 552	51.4	850.6	4705	29.8	140.4	30 024	30.7	922.5
1986	54 447	34.5	1876.6	19 646	39.2	769.2	4516	33.0	149.2	30 286	31.6	958.2
1987	52 485	40.2	2110.9	19 897	47.6	946.4	3668	33.8	124.1	28 920	36.0	1040.5
1990	74 689	35.0	2611.7	28 456	44.1	1254.9	3558	31.0	110.4	42 675	29.2	1246.5
1991	71 461	34.4	2456.9	28 952	40.6	1175.0	3491	23.4	81.7	39 018	30.8	1200.1
1992	73 566	36.0	2646.5	28 492	45.1	1285.0	3451	31.5	108.8	41 623	30.1	1252.7
1995	51 020	36.5	1864.6	22 750	45.1	1025.4	1069	29.7	31.7	27 200	29.7	807.5
1996	31 262	39.7	1240.9	18 032	45.8	825.7	4	25.0	0.1	13 226	31.4	415.1
1997	32 084	40.9	1312.2	15 995	47.1	753.5	38	33.7	1.3	16 051	34.7	557.4
1998	36 349	37.3	1357.0	18 092	42.4	768.0	99	30.3	3.0	18 158	32.3	586.0
1999	31 501	35.2	1108.0	17 316	45.3	785.0	54	37.0	2.0	14 131	22.7	321.0
2000	24 820	41.7	1035.6	14 396	43.0	618.5	99	28.3	2.8	10 325	40.1	414.3
2001	28 065	40.8	1146.0	14 656	45.0	660.0	185	32.4	6.0	13 224	36.3	480.0
2002	23 585	39.1	922.0	14 856	47.6	707.0	51	39.2	2.0	8678	24.5	213.0
2003	14 047	45.0	632.0	9725	50.3	489.0	30	33.3	1.0	4292	33.1	142.0
2004	17 654	44.0	776.0	10 313	50.6	522.0	91	29.7	2.7	7250	34.6	251.0
2005	15 861	43.3	687.0	10 313	53.0	547.0	31	32.3	1.0	5517	25.2	139.0

（续）

年份	全年饲养总张数	张产	总产	春期张数	春期张产	春期总产	夏期张数	夏期张产	夏期总产	秋期张数	秋期张产	秋期总产
2006	15 896	46.4	737.0	11 050	50.2	555.0	11	36.4	0.4	4835	37.6	182.0
2008	10 473	46.9	491.0	8910	49.7	443.0	0			1563	30.7	48.0
2009	4920	48.4	238.2	4530	49.7	225.0	0			390	28.7	11.2
2010	4045	49.9	201.9	3570	52.1	186.0	8	37.5	0.3	467	34.3	16.0
2011	4445	49.4	219.7	3769	52.0	196.0	0			676	35.0	23.7
2012	3506	50.8	178.2	3400	51.0	173.4	0			106	45.3	4.8
2013	1831	50.9	93.2	1800	51.0	91.8	0			31	45.9	1.4
2015	975	49.6	48.3	975	49.6	48.3	0			0		
2016	107	45.6	4.9	107	45.6	4.9	0			0		
2017	119	48.7	5.8	119	48.7	5.8	0			0		
2018	66	56.3	3.7	66	56.3	3.7	0			0		
2019	15	66.7	1.0	9	66.7	0.6	0			6		

数据来源：织里镇统计办公室《国民经济和社会发展统计资料》以及档案室资料。2012 年后的统计数据不包括划入高新区的 12 个行政村。

蚕茧质量 蚕茧质量除取决于蚕品种外，尚受饲养环境、上蔟环境、桑叶成分、收烘技术等影响。新中国成立以后，由于蚕品种不断改良，扩大饲养高产、优质、多丝量蚕品种，促进了蚕茧的优产、高产。此外还有一批优秀的蚕桑指导员积极推广科学养蚕方法，使镇域所产鲜茧出丝率和解舒率等蚕茧质量系数不断提高，蚕茧产量和质量在较长一段时间都居于湖州市平均水平之上。1978 年，秋季连续干旱 70 天左右，早秋蚕上蔟期相对湿度 80% 以下，茧解舒率 76.02%。1981 年春，上蔟期天气晴燥，相对湿度 69.5%～73%，解舒率 71.38%。进入 90 年代后，普及方格蔟，实行"组合售茧、缫丝计价"，蚕茧质量越来越高（见下表）。2000 年 2 月，湖州市开展蚕桑"个十百千"工程，其中"个"是指在织里镇域建设一个优质茧生产基地。

表 4-4-4 1993 年织里镇蚕茧组缫情况

蚕期	茧站	庄口（个）	组合茧量（吨）	上车茧率（%）	茧丝长（米）	解舒丝长（米）	解舒率（%）	鲜茧出丝率（%）
春蚕	织里	206	70 082.7	93.37	1236.7	957.0	77.38	18.15
	织东	158	51 992.8	93.99	1247.3	982.2	78.75	18.32
	晟舍	79	27 984.0	93.16	1215.3	950.2	78.19	18.14

（续）

蚕期	茧站	庄口（个）	组合茧量（吨）	上车茧率（%）	茧丝长（米）	解舒丝长（米）	解舒率（%）	鲜茧出丝率（%）
春蚕	轧村	162	55 155.0	93.89	1224.3	961.4	78.53	18.54
	漾西	195	74 932.9	93.39	1200.2	925.7	77.13	18.10
	汤溇	73	30 105.0	92.42	1206.9	942.3	78.08	17.85
	义皋	181	81 497.1	92.68	1232.1	936.8	76.03	17.93
	东桥	187	85 067.3	92.51	1244.2	958.1	77.01	17.81
	合计	1241	476 816.8	—	—	—	—	—
夏蚕	织里	38	6340.1	91.27	980.5	599	61.09	14.34
	织东	—	—	—	—	—	—	—
	晟舍	7	1145.4	92.51	968.5	677.3	69.93	14.47
	轧村	—	—	—	—	—	—	—
	漾西	20	4331.1	87.94	911.8	542.6	59.51	13.52
	汤溇	—	—	—	—	—	—	—
	义皋	8	1830.3	90.42	926.2	610.5	65.91	14.13
	东桥	8	1448.1	91.16	927.2	559.6	60.35	14.22
	合计	81	15 095.0	—	—	—	—	—
早秋蚕	织里	145	29 309.0	90.79	838.1	598.6	71.42	13.81
	织东	—	—	—	—	—	—	—
	晟舍	50	8128.3	91.54	814.2	558.0	68.53	13.89
	轧村	72	13 967.5	89.58	772.9	542.2	70.15	13.26
	漾西	74	14 717.8	86.32	734.3	505.9	68.90	12.19
	汤溇	—	—	—	—	—	—	—
	义皋	34	6937.6	90.33	766.7	580.1	75.66	12.91
	东桥	55	9469.4	90.44	800.6	620.1	77.45	13.54
	合计	430	82 529.6	—	—	—	—	—
中秋蚕	织里	127	40 999.3	92.50	843.8	664.5	78.75	14.62
	织东	88	29 014.9	93.29	889.2	710.4	79.89	15.06
	晟舍	73	23 550.5	91.40	841.4	654.2	77.75	14.88
	轧村	111	36 143.1	93.71	828.9	647.4	78.10	15.00
	漾西	105	37 262.6	91.09	827.8	625.2	75.53	14.65
	汤溇	58	20 655.2	89.08	833.8	649.5	77.90	14.30
	义皋	105	42 887.0	98.89	818.2	644.9	78.82	14.34
	东桥	117	40 920.8	91.46	785.3	625.0	79.59	14.14
	合计	784	271 433.4	—	—	—	—	—

数据来源：织里区蚕茧收购小组统计数据表。

注：庄口是抽样检测的一个数量单位。从1992年春蚕起，织里、漾西、义皋、织东茧站开始收方格蔟蚕茧。

九、蚕茧收烘

清同治年间（1862—1874），乌程县滨太湖地区一般从他处收茧缫丝。在新中国成立前较长一段时间，是由当地富户、官商、丝厂厂商，设茧行收购、烘干。新中国成立后由公营茧站收烘。1950 年始，供销社在各乡镇设茧站代为国营蚕丝（丝绸）公司收烘。1958—1960 年收烘业务归各县商业局农副产品采购批发站；1961 年起复归供销社，蚕茧实行派购和奖售。1985 年取消派购，改为多头收购，实行议购议销导致招价竞购的"蚕茧大战"。1988 年始恢复由丝绸公司委托供销社统一收烘。1989 年 5 月，市政府规定蚕茧由国家统一经营后，多头争购现象结束。

茧站　1950 年春，镇域第一座蚕茧收购站在织里乡郑港村白云桥北侧吴家门建立，冠名"开泰茧站"，负责附近村庄的蚕茧收购、烘干、出运工作。秦仲明、莫水林负责茧站业务。茧站性质为公私合营，投资人是湖州开明资本家沈土生。1953 年春，村民饲养蚕种增加，开泰茧站因收烘场地面积小而停办。织里乡政府随即在谈港傅家兜自然村开办新茧站，利用被没收地主傅某的房屋（四开间四进深）作为收购大厅和烘灶烘房，收购织里乡各村农户的蚕茧，委派后降（现晓河村）人蒋柏生等负责收茧站的工作。1954 年始，土产、供销部门在镇域开设茧站，先后共有 9 座，并建立蚕茧管理机构。9 座茧站分别是：织里片区的织东茧站、织里茧站；轧村片区的轧村茧站；晟舍片区的晟舍茧站、旧馆茧站；漾西片区的汤溇茧站、陆家湾茧站；太湖片区的义皋茧站、东桥茧站。

织里茧站

1956年，织里街老当基茧站建成并启用，谈港收茧站停止收购工作。老当基茧站主要用于收茧、烘茧、贮茧，以烘茧为主。织东茧站1989年建造，次年收茧。汤溇茧站1990年建造，1992年收茧。至90年代，尚有织里茧站、晟舍茧站、东桥茧站、义皋茧站、轧村茧站、陆家湾茧站、织东茧站（址织里村）。至2016年，织里只存东桥茧站，且只收不烘。

当时蚕茧收购有严格的评茧分级定价标准，以鲜上车茧干壳量为依据，以50克鲜上车光茧茧壳烘至无水衡量得出干壳量，查表定价。

茧价 民国元年（1912），鲜茧每担（1担=50公斤）40～60元；民国10年每担60～70元；民国15年每担60元；民国17—18年每担50～70元。民国20—23年，土种茧跌至每担13～16元，改良种茧跌至25～30元。民国25年，担茧20～30元；民国26年47元。1950年担茧中准价81.40元；次年中准价83元。1966年担茧中准价110元；1979年担茧140元。1985年取消派购后，夏茧实际平均每担178.86元、早秋茧182.39元。1988年，鲜茧中准价由140元提高到175元，春茧实际平均担茧598元；早秋茧实行最高限价担茧480元。

表 4-4-5 1993 年织里镇蚕茧产量与价格

蚕期	茧站	组合茧量（吨）	返还价（元）	总价（万元）	方格簇仪评价（元）	百公斤差价（元）
春蚕	织里	70 083	1454	10 189	1170	284
	织东	51 993	1471	7650	1178	294
	晟舍	27 984	1451	4061	1178	273
	轧村	55 155	1484	8185	1183	301
	漾西	74 933	1444	10 818	1184	259
	汤溇	30 105	1428	4299	1171	257
	义皋	81 497	1433	11 677	1175	257
	东桥	85 067	1428	12 148	1168	260
	合计	476 817		69 028		
夏蚕	织里	6340	1094	694	962	132
	织东	0	0	0	0	0
	晟舍	1145	1119	128	975	144
	轧村	0	0	0	0	0
	漾西	4331	1020	442	987	34
	汤溇	0	0	0	0	0
	义皋	1830	1080	198	973	107

（续）

蚕期	茧站	组合茧量 （吨）	返还价 （元）	总价 （万元）	方格蔟仪评价 （元）	百公斤差价 （元）
夏蚕	东桥	1448	1077	156	975	102
	合计	15 095		1617		
早秋蚕	织里	29 309	1053	3087	3087	916
	织东	0	0	0	0	0
	晟舍	8128	1052	855	855	922
	轧村	13 968	1001	1398	1398	905
	漾西	14 718	912	1343	1343	860
	汤溇	0	0	0	0	0
	义皋	6938	982	681	6810	872
	东桥	9469	1037	982	982	904
	合计	82 530		8346		
中秋蚕	织里	40 999	1128	4626	4626	935
	织东	29 015	1170	3396	3396	971
	晟舍	23 551	1146	2698	2698	980
	轧村	36 143	1153	4168	4168	973
	漾西	37 263	1122	4182	4182	978
	汤溇	20 655	1101	2273	2273	1001
	义皋	42 887	1103	4731	4731	959
	东桥	40 921	1084	4436	4436	918
	合计	271 433		30 511		

数据来源：织里区蚕茧收购小组统计数据表。

注：返还价是指使用方格蔟后，蚕茧质量比之前使用蚕龙（即蜈蚣蔟）要高，经缫丝公司质量评价核定，质量超过收购价的部分，丝绸公司重新返还农户价钱。

烘茧 民国 18 年（1929），湖州市境的茧行有单灶（炭灶）、双灶（柴灶）两种灶型。民国 24 年，吴兴县组织蚕农成立合烘处，开始干茧直接买卖。抗日战争时期，茧行茧灶破坏严重。抗战胜利后有所恢复。20 世纪 50 年代，单灶淘汰，使用双灶（柴灶）。1952 年始，湖州市建大型煤灶，部分柴灶改为柴、煤两用灶，并开始实行红庄（1～5 级）、绿庄（6～13 级）分级烘茧。次年，大型煤灶改进后，每座每期烘鲜茧 160 担，比柴灶增加 50%。1967 年 7 月，吴兴县农副产品经理部在织里茧站试行炉子中段打孔，改辐射热为对流热，取得成功，为进一步提高烘力、降低煤耗打下了基础。1971 年改制风扇柳档灶、车子灶，至

1973 年烘力每座每期 360 担鲜茧，经省定名为"浙 73-1 型风扇车子灶"加以推广。此后，镇域烘茧以此灶为主。1976 年初步制定双轨推进灶烘茧工艺卡。1985年后，烘茧灶具革新停顿。

蚕茧大战 "蚕茧大战"是指 1988 年前后发生在江、浙、皖一带，并席卷全国蚕茧产区的蚕茧抢购风潮。1978 年以前，全国年产鲜茧仅 200～300 万担。1980 年达到 500 万担，超过历史最高水平（1931 年 455 万担）。1985 年至 1987年，全国年产量 670 多万担。其中江、浙、川三省产量占全国 80%以上。1986年下半年起国际丝绸市场热销，丝绸出口获利丰厚，为利益驱动，各地小缫丝厂、绸厂争先恐后地上马，丝绸加工能力盲目扩大，加上宏观管理失调等原因，造成定点丝厂原料茧严重供不应求。1987 年 3 月，国务院办公厅以明传电报形式发出《关于蚕茧、厂丝收购和经营管理业务改由外贸部门负责的通知》，决定蚕茧和白厂丝由中国丝绸进出口总公司统一收购和经营。春茧收购前夕，经贸部又及时转发了《全国蚕茧、厂丝收购、经营管理办法》。但各地贯彻执行上述文件困难重重，春、夏蚕茧收购中主产区爆发了一场以哄抬茧价、抢购蚕茧为主要特征的"蚕茧大战"。1989 年春期，浙江省茧丝绸经营领导小组明传电报通告："今年春茧收购工作秩序良好，茧价稳定，茧子质量较好，要求各地再接再厉，善始善终，做好收购工作。"

镇域是蚕茧主产区之一，1985 年秋，秋茧收购开始时，便出现持续数年的争购原料茧；到 1987 年 6 月，春茧收购出现多头插手抢购。国家规定由丝绸公司收购经营蚕茧，委托供销社收烘。但在收购蚕茧过程中江浙两省边界一些乡镇丝厂和多种经营服务公司、个体户、小商贩插手抢购或倒卖蚕茧。1987 年春茧每担国家定价在 500 元左右，乡镇丝厂和个体茧贩为抢购蚕茧便竞相抬价，茧价扶摇直上，抢购价高达每担 800～1300 元。导致两省边界出现争相抢购蚕茧及封锁道路现象，更有甚者在交界地带增设茧站以提前开秤方式，高价引诱蚕农售茧，扰乱市场管理秩序。市、区、乡镇、村各级调动公安、工商、税务人员，甚至动用民兵、警车、汽艇围追堵截，制止蚕茧外流。因抬价抢购，部分蚕农在蚕茧中掺杂毛脚茧、喷水等，造成茧质下降。1988 年，湖州市丝绸公司认真贯彻国务院《关于茧丝收购和出口全部实行统一经营管理的紧急通知》和《关于加强丝绸经营管理的补充通知》，采取"以茧返丝""以丝返绸"等措施，有效防止茧丝外流，保证丝绸出口货源。1989 年，中共织里区委配合有关部门，严厉打击自春茧收购以来茧贩的非法收购倒卖蚕茧活动。1990年，基本遏制"蚕茧大战"。

十、土法缫丝

丝车　制丝，历史上称为缫丝。据《湖州市志》记载：唐宋时期，土丝机具及技术改进，手摇式木制缫丝车逐步发展为足踏式。至明代，足踏式缫丝车结构更臻精良。元代，沿袭旧制丝生产方式。至清代，足踏缫丝车的结构有所改进。细丝一般以3～4粒茧至7～8粒为一绪；稍粗丝以10多粒茧为一绪；粗丝以20～30粒为一绪。粗丝用2个绪做，以2板丝为一车；细丝用3个绪做，以3板丝为一车。粗丝一日脱一车，细丝一日半或二日脱一车（一车丝重量约老秤60两）。茧子在鲜茧采收盛筐后，到发蛾期前十天内缫光。鲜茧缫丝，"其色鲜艳，为丝之上品"，湖丝都用此缫法，俗称生缫法。新中国成立初，尚有用土丝车缫制土丝。

用水　元代，镇域蚕农注意煮茧及缫丝用水的水质。镇域河港交错，河水澄清，宜于茧丝。清嘉庆时（1796—1820）高铨《吴兴蚕书》对缫丝用水总结为一字诀"清"，称"清则丝洁白"，一些地方河水澄清度如不够，即于半月前用缸贮存，候其淀清。"山水不如河水，止水不如流水"。河水性软，成丝柔顺；流水性动，成丝光润而鲜；止水性静，成丝肥泽而绿。湖丝质优甲天下，得益于丰富的优质水源。

十一、蚕丝类别

土丝　明成化十年（1474）以前，镇域有头蚕丝、二蚕丝之分。《西吴里语》记载："湖州蚕丝有头蚕、二蚕，头蚕为上，细而白者谓合罗；稍粗者谓之串五；又粗者谓之肥光，合郡皆有而独盛于归安。"头蚕丝（春蚕丝）为上，光而韧；二蚕丝（夏蚕丝）为次，光而艳。又有合罗丝、串五丝、经纬丝之属。明代以三茧抽丝所缫为合罗丝，细而白，专供制御服；稍粗为串五丝，再粗为肥光丝；最下品为荒丝，或称屑丝。清代后，一般分为细丝、粗丝、肥丝。细丝用上等茧3～4粒、5～6粒或7～8粒缫制，称合罗；粗丝用上等茧11～12粒、16～17粒或双宫茧缫制，为串五丝；再粗者肥丝，用20粒以上茧缫制，初称肥光，后改称肥丝。最次等为荒丝。新中国成立初期，镇域仍为湖州市土丝集中产地之一。

丝绵　丝绵向为土产。每年蚕罢，蚕户把脚茧及双宫茧剥制丝绵（俗称绵兜）。唐时丝绵与用丝绵抽丝纺线所织绵绸都作为贡品上贡。明代，蚕户利用同宫茧剥制高级同宫绵，称为纯绵，用于抽丝纺线织绵绸最佳，价值远高于一般丝绵。明清时，镇域所产丝绵匀薄如纸，莹净似玉。丝绵中质好的用于抽丝纺线后织为绵绸，质次的用于制绵衣御寒，其轻暖适体远胜棉花。绵兜有手绵、环绵两种。手绵剥在手上，环绵剥在竹环上。竹环名竹弓，剥出绵兜大者为大旷，小者为小旷。清代，每逢小满后农村剥绵兜普遍，绵兜成为商品售于市。

十二、蚕桑用具

种类较多。消毒用具有喷雾器、配药用具等。收蚁用具有蚕筷、鹅毛、收蚁纸（桃花纸）、天平等。贮小蚕用具有蒲篓、筛、籰等。饲育用具有蚕架、蚕匾、芦帘等。修桑用具有锯、刮蟥钯等。采桑贮桑用具有竹帘、芦菲、桑剪、桑箖等。调桑用具有切桑刀、切桑板、盘秤、钩秤、切桑机等。调温补湿用具有温度计、火缸、水汀片、电炉、补湿器、毛巾、空调机等。上蔟用有蔟架、蚕蔟、芦帘等。

第二节 水 产

一、渔业资源

1.鱼类

翘嘴红鲌 古称鳏，又名白鱼、翘嘴巴白条、红白鱼，因首尾俱昂及身白而翘尾略红得名。与白虾、银鱼合称"太湖三白"。主要以鱼类为食。其肉质白而细嫩，鳞下脂肪多，近于鲥鱼，为江南名鱼。清同治《湖州府志》记载："湖州贡土鱼""夏至前三五日，吴兴太湖中白鱼向湖侧浅水菰蒲之上产子，民采得之，贡于洛。"宋叶梦得《避暑录》称"太湖白鱼冠天下"。明王道隆《菰城文献》记载："红白鱼出太湖，惟近乌程一方有之，苏常所无也。"近因水域环境变迁，捕捞量大，呈减退趋势。

太湖银鱼 银鱼又名鲙残鱼、面条鱼。嘉泰《吴兴志》记载："银鱼虽细，惟州富有，亦出太湖，一名鲙残，色白如银，骨细而嫩。"银鱼全身晶莹透亮，宛如玉簪。银鱼与鲚鱼、白虾、角鱼齐名为"太湖四宝"，与白鱼、白虾合称为"太湖三白"。清康熙年间，太湖银鱼被列入贡品。太湖银鱼有大银鱼（鲙残鱼）、太湖短吻银鱼（小银鱼）、雷氏银鱼、复齿短吻银鱼等类别，以太湖短吻银鱼为上，产量最多。银鱼含有丰富蛋白质、脂肪和多种微量元素。

太湖鲚鱼　古名鮆、刀鮆，又名湖鲚、梅鲚、银刀，是"太湖四宝"之一。鲚鱼体侧扁，腹稍阔，尾细长，色银白。最早见记载于《山海经》，"浮玉之山，苕水出于其阴，北流注于具区（太湖），其中多鮆鱼。"太湖及邻近荡漾、河道中多产。宋代诗人苏东坡称之为"银刀"，其《寄孙莘老》诗有"今日骆驼桥下泊，恣看修网出银刀"句。

太湖捕鲚鱼

鳜鱼　俗称桂鱼、季花鱼或花鲫鱼，是名贵食用鱼。鳜鱼凶猛，终生以活体鱼虾为食，为典型肉食性鱼。1～2个冬令时生长快速。在养殖业中是敌害鱼之一。鳜鱼肉质鲜嫩、少刺、味美。唐代诗人张志和隐居湖州西塞山时，曾写下"西塞山前白鹭飞，桃花流水鳜鱼肥"诗句。明万历《湖州府志》引凌说《梅溪春涨》有"连岸白沙鸥鸟下，蒲川红日鳜鱼跳"句。嘉泰《吴兴志》称"鳜次白（鱼），乡土颇贵此鱼"。因人工养殖鳜鱼难度颇大，新中国成立前主要依赖野生捕捞。镇域湖州吴氏生态农业有限公司研发的一年两茬技术，为省内首创。

加州鲈鱼　原名大口黑鲈，太阳鱼科。"三月三，鲈鱼上岸滩。"新中国成立前，以野生捕捞居多，人工养殖难度大。2008年7月，织里成校聘请了湖州市水产技术推广站的高级工程师劳顺健在漾西乡曙光村对从事加州鲈鱼养殖专业的农民进行了"加州鲈鱼养殖新技术"培训。2002年镇域产量为125吨，2011年产量增至2075吨。

青鱼　青鱼俗称鲭、乌鲭、螺蛳青，是四大家鱼之一。最早见载于北宋《吴兴统记》。据嘉泰《吴兴志》记载，"可为鲊"。青鱼以水中软体动物为主食，镇域水域和太湖盛产螺蚬，故饲养者颇多。为高优势种，养至四冬龄，重达3～5公斤；与草鱼、鲢、鳙混养，亩产可达150～200公斤。其食剩残饵是鲤、鳊、鲫鱼食料，排泄物可培育浮游生物，作为鲢、鳙饲料。

草鱼 古名鲩、鲲。为草食性鱼类，以苦草、菹草和水中高等植物、人工投放旱草、饼粕糟等为食，故分布广。三冬龄可重达1.5～3公斤。可与鲢、鳙混养，其排泄物可培育浮游生物，为鲢、鳙饲料，所谓"一草带三鲢"。

鲢鱼 古称鰱，俗称白鲢。据清《宝前两溪志》记载，鲢鱼原产于长江，系渔民于二三月间往取鱼子载回育成鱼秧后，分养于池。明代载于志书，称"鲢，相连而行"。鲢鱼栖息近水面，以浮游生物为主食，生长快、成本低，池塘和外荡养殖两三年即可上市，为各类水域必养之鱼。

鳙鱼 古名鱃，俗名花鲢、胖头鱼、包头鱼。喜栖水域中上层，主要食物是浮游动物，其次藻类。池塘中多养鳙鱼影响白鲢产量，故放养量占白鲢15%～20%。外荡放养高于白鲢。

鲤鱼 古时人把鲤视为吉祥、多寿象征，湖俗祀神必用。嘉泰《吴兴志》记载："今乡人以为鲊，极肥美，为鲙次之。"鲤鱼是杂食性鱼，在池塘觅食青鱼、草鱼食剩残屑，起清扫食物作用，为池鱼中重要培养品种，也适合稻田养殖。现作为外荡水域养殖、增殖对象。

鳊鱼 古今通称鳊、鲂，又称小头鱼。镇域湖漾溪河一向富产。明成化《湖州府志》称其"大者四五斤，味极肥美，吴兴之佳品"；明徐献忠《吴兴掌故集》称"湖鱼佳者，莫过于鲂"。鳊有三角鲂、长春鳊、团头鲂等。三角鲂、长春鳊，近年资源减退。团头鲂又名武昌鱼，食水生植物为主，在池鱼中产量超过鲤、鲫，亦为外荡精养主要品种。

鲫鱼 古又名鲋。系杂食性鱼类，几乎所有水域均可生长。嘉泰《吴兴志》记载，称"鲫次鱖……乡土为鲙尤尚此鱼"。明清时，多用做奉宾供祭。清同治《湖州府志》另记有黑背鲫，名鲤鲫，系"鲫与鲤交所生，味劣"。鲫鱼现为池塘搭养品种之一，人工养殖尚有银鲫、白鲫、异育银鲫。

黑鱼 古名鳢。一名七星鱼，或称乌鳢、乌鱼，俗呼黑醴头。镇域荡漾、河港均产，食小鱼虾。肉丰味美、白嫩，富有营养。一般池塘中混养体重200克以下幼仔10～15尾，让其捕食池塘中野杂鱼，既可使野杂鱼不伤害家鱼，又可减少野杂鱼与家鱼争食、争氧，还可提高经济效益。

沙鳢　古称杜父鱼，俗名荡部、鲈鲤。喜栖于溪流低洼多草处。冬季潜伏于泥沙石砾或石岸洞内越冬，春夏季产卵繁殖。肉质鲜嫩，属鱼中上品；三月上市称菜花鲈，更佳，有"巨口鱼儿不让够"之说。

鳗鲡　俗称鳗或鳗鱼。鳗鲡脂肪多，肉质细嫩鲜美，在国内市场属上品。20世纪90年代开始人工养殖。

2.虾蟹龟鳖贝类

太湖白虾　太湖白虾素有"太湖白虾甲天下"之说，为"太湖四宝""太湖三白"之一。体长5～9厘米，色白透明，无螯，壳软，头有须，胸有爪，尾成叉形。白虾营养极为丰富，含有蛋白质、多种微量元素和维生素。嘉泰《吴兴志》有载"白虾出湖为馔"。明成化《湖州府志》记载"白虾出太湖，色白壳软而味鲜"。梅雨后有虾子更美。白虾大多在太湖水草茂密的近岸活动，每年5—7月间产卵，母虾一年可产卵二次，相隔25天左右。

鳖　又称甲鱼、团鱼。陶朱公（范蠡）呼为"神守"。据嘉泰《吴兴志》记载，"炮鳖，古为佳馔"。马蹄鳖、童子甲鱼更受青睐。鳖的血、甲、骨骼都是名贵药材。1999年镇域产量为4.5吨，2002年为5.5吨，2011年产量为298吨。

蟹　俗称毛脚蟹，唐杜牧《出守吴兴摘句》云"吴溪紫蟹肥"。据明嘉靖《西吴里语》《吴兴掌故集》均记载，"蟹生苕溪最大而肥""太湖产紫须蟹"。1988年渔民在外荡养殖水域混养蟹苗、蟹种，产量颇高。90年代镇域有较大面积混养河蟹，连续数年获高产。进入21世纪后，镇域河蟹产量呈上升趋势，2002年镇域河蟹产量78吨，2011年为401吨。2020年镇域湖蟹养殖面积22 000亩，年产值达4亿元。

罗氏沼虾　属杂食性动物，主要以水生昆虫幼体、小型甲壳类、水生蠕虫及其他动物尸体等为食物。2002年镇域产量为12.5吨，2011年产量增至871.8吨。

青虾　青虾也叫日本沼虾。几乎在全国各地都有分布，其中太湖青虾名盛。2002年镇域青虾养殖面积为6306亩，产量256吨。近年来，织里镇政府为更好地助力青虾养殖产业发展壮大，实行"专家辅导+基地实践"的模式。

龟　俗称乌龟。古称外骨内肉，向用作药材。因生态环境污染，现河道、田间少有。

贝类　淡水贝类是指软体动物门中瓣鳃纲和腹足纲的一些生活于淡水中的种类。清闵宝梁《晟舍镇志》记载美人蛏这一贝类特产："一名美女蛏。出黄冈桥西运河中，伏水底。入冬交春始蕃。渔人持长竿、铁刺而籍取之。剖去其壳，鞭其肉，洗以水，洁白如玉。配以茱萸、姜、酒作羹。甘脆鲜软，称珍味焉。或渍以酒，久则生食亦妙。里人视为常菜，邻郡人呼为方物，不啻汾湖螃蟹、澄江子鲚也。人相传，蛏多则科甲盛。"1999 年镇域贝类产量 118 吨，2011 年产量 258 吨。

3.水生经济作物

详见本卷第三章第四节。

表 4-4-6 1999 年、2009 年、2019 年织里镇渔业生产对照   单位：吨

类别		1999 年产量	2009 年产量	2019 年产量
鱼类	青鱼	218	701	159
	草鱼	480	848	583
	鲢鱼	390	830	354
	鳙鱼	122	231	446
	鲫鱼	252	573	556
	鳊鱼	415	839	134
	鲤鱼	104	137	85
	罗非鱼	34	0	204
	加州鲈鱼	129	2034	3240
	革胡子鲶	23	0	12
	其他	110	875	2221
	合计	2277	7068	7994
虾蟹类	河蟹	27	371	3120
	罗氏沼虾	89	210	95
	其他	91	202	857
贝类		118	242	27
其他类	甲鱼	5	275	790
	淡水珍珠	0	2	0
	其他	24	0	48
总产量		2631	8370	12 931

数据来源：织里镇档案室统计资料、《吴兴统计年鉴》。2019 年的统计数据不包括划入高新区的 12 个行政村。

表 4-4-7 1978—2019 年部分年份织里镇淡水产品（不含水生经济作物）产量   单位：吨

年份	总产	年份	总产	年份	总产
1978	314	1998	3456	2010	9022
1979	310	1999	3803	2011	9470
1980	281	2000	3930	2012	10 045

（续）

年份	总产	年份	总产	年份	总产
1981	239	2001	3971	2013	6703
1982	239	2002	4169	2014	6515
1983	333	2003	4378	2015	7666
1984	456	2004	4460	2016	8103
1985	496	2005	4684	2017	9346
1986	1118	2006	4773	2018	11 691
1990	1614	2007	6879	2019	12 931
1991	1861	2008	8441		
1992	1873	2009	8370		

数据来源：中共湖州市郊区织里分区委员会统计资料、《湖州统计年鉴》。2012 年之后的统计数据，不包括划入高新区的 12 个行政村。

4.水生鱼饵资源

镇域水域水质肥盛，浮游生物种类繁多，资源丰沛，有轮虫、铃光虫、水蚤、剑水蚤等。底栖动物种类也多，其中中华圆螺、三角帆蚌、皱纹冠蚌、太湖白虾等，可直接进行渔业利用，具有较高利用价值。底栖动物以软体动物居第一位。螺蚬为鱼类优质天然饲料。水生维管束植物种类也多，有苦菜、黑藻、马来莲子草、小茨草等。萍类为草鱼养殖的主要饲料，镇域浮萍、漂萍和沉水植物都比较丰富，其中芜萍（又名小粒萍）是青、鳙、鲤、鳊的优良辅助饲料。

二、渔业捕捞

1.渔民

新中国成立前，渔民以外荡、河道、荡漾作为捕捞场所和生活基地，完全依赖捕捞天然鱼类供应市场来维持生计，生活艰辛。新中国成立后，渔民通过民主改革，建立渔民协会。政府发放救济款和渔业生产贷款，扶持困难渔民购船置网。1962—1964 年，渔民分散捕捞、自捕自得。1968 年 2 月，镇域全面贯彻"以养为主，养捕结合"的方针，开展淡水捕捞个体渔业社会主义改造（简称"渔改"）。"渔改"后，水产村民坚持以渔为主、综合开发水面的经营方针，同时学习养殖、增殖新技术，保护水域鱼虾资源。1983 年后，水产大队改为水产村，逐步引入联产承包机制，渔民按劳分配，生活水平大幅度提高。每人每天收入从之前的 0.2 元增加到 5 元左右，以后逐年增加。至 2000 年，除织里水产村仍为独立行政单位，其他水产村均与其他村合并，晟舍水产村归并在晟舍村，轧村水产村归并港西村，太湖水产村归并幻溇村。2018年底，水产村基本实现了"奔小康"的目标。

表4-4-8 1990年水产村基本情况（一）

村名	户数（户）	人口（人）	劳动力（人）	渔船					经营水面（亩）		
				艘	吨	其中机动船			合计	池塘	外荡
						艘	吨	马力			
轧村乡水产村	92	343	220	218	668	-	-	-	1169	22	1147
织里镇水产村	74	269	192	203	526	3	110	36	1706	-	1706
晟舍乡水产村	30	123	83	98	230	30	75	300	908	8	900
太湖乡水产村	109	423	315	95	1161	94	1160	2880	-	-	-

1990年水产村基本情况（二）

村别	鱼产量（吨）		珍珠（公斤）	经济总收入（万元）			当年集体提留（万元）	户均收入（元）	人均收入（元）	劳动收入（万元）	村级经济年末累计结余款（万元）
	合计	其中：养殖		合计	渔业	其他					
轧村乡水产村	145	40	-	63.12	53	10.12	-	4642	1245	1941	0.73
织里镇水产村	143	61	-	24.17	22	2.17	-	2915	802	1125	0.49
晟舍乡水产村	26	11	150	16.2	13.4	2.8	-	4313	1052	1559	0.41
太湖乡水产村	341	-	-	113	113	-	1.08	6063	1562	2098	0.28

数据来源：《湖州水产志》之《湖州市水产村基本情况表（1990年度)》。

2.渔船

连家渔船 载重两吨左右，船头、船艄形状为梯形方头。船头、船中舱至艉艄宽度差不多。船头为撒网、收网、捕鱼区，船头与中舱间有夹板用来贮水蓄鱼，中舱顶棚铺芦菲或篾席，舱内铺木板，放置被褥衣物，为休息和睡觉处。船尾置橹柠头，可摇橹，也可划桨。一般夫妻两人捕捞，男在船头作业，女在后艄划桨摇船。渔民长年以船为家，漂泊在水上，渔船既是他们的生产资料，也是他们居住生活的"家"。20世纪80年代以后，不少渔船安装3~8马力挂梢机。

捕鱼小船 载重半吨，船形如竹叶，古称舴艋船，俗称划船。船长4米，两头尖，船底尖弧，着水部位少，速度快。中舱可并坐2人，船头、船艄各坐1人，船头划桨者背向前，有时加架木，放桨于上，易着力，增加速度；船艄划桨者面向前方，有时用桨起掌舵作用。水产村渔民用不同工具作业捕鱼虾时，又有不同名称，如撒网船、丝网船、嘀动船、钓子船、虾笼船等。20世纪80年代后，不少渔船安装了3～8马力挂梢机。

太湖渔船　太湖渔船俗称"钓船"，亦名"六桅船""专候暴风行船"。多为大船，靠风力行驶。20世纪90年代基本都安装12马力挂梢机1～2台，结束了靠风行船捕鱼的历史。

太湖渔船

此外还有扒船、脚划船、活水渔船、看簖船等。

3.渔具和渔法

渔具有网渔具、钓渔具、杂渔具三类。新中国成立以后，渔具、渔法有不少改进，发展箔筌渔具。

钓渔具　有大钓船、小钓船以及分滚钓（无饵延绳钓）、铁钓和弹弓钓（有饵延绳）。主要捕捞鲤科鱼类、鲇和鳗等。

网渔具　网渔具及其渔法种类较多。扎网又称旋网、撒网、打网，外荡养殖用以驱集鱼群和捕捞；捻网，亦称夹网，常于冬季在河边水草中捻鲤鲫、黑鱼和小型鱼类；丝网，一名油丝网，为单层水面流刺网，置鱼类活动场所，刺缠鱼身而获，外荡捕捞时，同扎网一起驱集鱼群；罾网，定置作业时有手板罾、船罾、过河罾，亦有鳗罾、蟹罾等；戳网，类似三角抄网，将网口着底对准河岸，用竹竿捣河底，使鱼逃入网中而获鱼；踏网，二三条船合伙在河边浅滩处围网捕鱼；簖网，定置作业时安装在较大河道两侧，网口、网里有倒刺，鱼易进而不能出。

此外，还有太湖花拖，又称虾拖网，系单船横拖，中船拖12档，小船拖

5～7 档，主要捕捉白虾、梅鲚。太湖罾网，两船牵 24 档网，向前流动，主要捕
捞鲤、鲫、鳊、青鱼、花鲭等大型鱼类。此外还有摈网、划网。渔具，原用麻线
组成，用猪血染网，后改用尼龙。镇域太湖片、织里片曾有手工编结丝网、板罾
网等传统副业。

三、鱼苗

　　自古以来，鱼苗历来依靠春天鱼汛期到长江采集。清同治《湖州府志》记
载，"鱼秧贩自九江"，"土人二三月往江边，待江水发涨时，鲢鱼随流生子，罾
得其子曰鱼花，贮于缸筐，饲以鸭蛋黄，以巨舟载归，蓄于池，俟其大寸许，分
蓄之，曰分鱼秧"。长江鱼苗因江汛季节不同，有菜花秧、立夏秧、小满秧、芒
种秧、夏至秧之分。一般以小满前后早水、中水鱼成色为最佳，数量最多。长江
中游鲢、鳙、草鱼为最，下游多产青鱼。采购鱼苗主要使用鱼篓、笪斗等工具。
新中国成立后，吴兴县于 1950 年春建立渔业生产委员会，县政府派干部带领渔
工赴长江龙坪等地采购鱼苗。1962 年后，四大家鱼人工繁殖普及，出江采购鱼苗
工作逐年缩小，停止。1982—1987 年，采用网箱、溇浜、稻田育种。1990 年以
后，积极推广成鱼塘套养夏花，鱼种塘面积减少。以织里片区为例，1980 年鱼种
养殖面积 45 亩，1990 年下降为 15 亩。1999 年镇办养鱼场 1 个（地址在漾西片
区），面积 158 亩；村办养鱼场 5 个（织里片 3 个、漾西片 2 个），面积共为 265
亩。2002 年，镇域鱼种塘 38 亩，放养鱼种，仔口 332.6 万尾，重量 82.4 吨，老
口 36 万尾，重量 119.5 吨。2002 年情况与 1999 年相同。

四、池塘养鱼

1. 桑基鱼塘

　　内塘养鱼发展到明代已有了较为完整的"青、草、鲢、鳙"四大家鱼饲养方
法，并且与蚕桑业一起，出现了"处处停蚕箔，家家下渔签"的桑茂、蚕盛、鱼
旺的动人景象。《沈氏农书》记载"桑基鱼塘"情形："池畜鱼，其肥土可上竹地，
余可雍桑、鱼，岁终可以易米，畜羊五六头，以为树桑之本。"桑基鱼塘是以桑
为基础，鱼塘为关键。鱼塘也是"养"基的条件，养好基是桑基鱼塘能量转换和
储存的基础保证。据中国水产科学院淡水渔业研究中心调查测定，桑基鱼塘将种
桑、养蚕互相结合，充分利用资源，发挥生物物产潜力，是一种复合人工生态

结构。

2.池鱼混养

池鱼混养主要有以下几种情形。

以青鱼为主混养 清时盛行，并相沿至今。青鱼3～4龄时病害少、生长快、售价高。镇域水域多青鱼食饵，如螺、蚬、虾、水虫等。青鱼排泄物是培养鲢、鳙饵料浮生物的良好肥料，青鱼吃剩残饵可供鲤、鳊、鲫鱼为食。俗称此混养法为"对青对白"，养青鱼收获多少，就收获多少鲢鱼，产量历来较高。

以草鱼为主混养（单季塘） 池浅、草多的农村渔农普遍采用这种饲养形式，其产量比青鱼塘低，但饲养技术易于掌握，鱼种来源方便，投入成本低。草鱼摄食量大，其排泄的粪便也是培育池塘浮游生物的肥源之一，有利于鲢、鳙生长。20世纪60年代，因粮食减产带来饼粕饲料短缺，利用陆、水生草资源增养草鱼成为池塘增产的主要途径。70年代，以草生、鲢为主的混养双季塘出现，混养品种又增加了罗非鱼、白鲫、团头鲂等，产量有明显的提高。

以草鱼鲢鱼为主混养（双季塘） 冬季较密放养鱼种，早春合理施肥投饲至六七月间捕捞大规格草、鳊、鲢、鳙鱼上市；再补放第二季鱼种，当年9月中旬捕捞出罗非鱼等，其余冬季出塘。

以新口草鱼为主混养 属于草鱼混养单季塘，改过去放养老口草鱼为新口草鱼为主，使草鱼饲养周期缩短一年，亩产可达500公斤以上。

以青鱼、草鱼为主混养 混养池塘亩产500公斤后，鲢、鳙鱼产量受限制。在传统以青鱼为主的单季混养和以草、鲢为主的单季混养塘中，分别增养草鱼、青鱼。上半年用黑麦草主攻草鱼，争取7月出池上市；下半年投喂螺蛳、蚬、菜饼、豆饼，主攻青鱼和留塘草鱼。全年投饲不断，实现优质、高产、高效益。

表4-4-9 1978—1987年织里镇内塘面积 单位：亩

年份	1978	1979	1980	1981	1982	1983	1984	1985	1986	1987
织里	164	191	180	172	178	177	279	333	387	441
晟舍	150	95	1035	132	106	108	157	312	345	321
轧村	128	119	88	102	173	174	267	547	573	622
漾西	-	-	-	-	32	23	92	337	520	402
太湖	8	-	20	115	121	65	-	329	370	319
合计	450	405	1323	521	610	547	795	1858	2195	2105

数据来源：中共湖州市郊区织里分区委员会《统计资料》中的《内塘面积》。

五、外荡养鱼

1.外荡养鱼沿革

镇域外荡水域深3～5米，湖荡河港水流平缓、稳定，鱼类天然食料丰富，可筑拦鱼设备，投入鱼种饲养。1962年吴兴县国营渔场和公社渔场的外荡养鱼面积下放给生产队。1968年"渔改"，建立公社水产大队，实行以养为主、捕养结合、陆上定居的政策。不久各队因发展养猪生产，普遍推行水面养草。70年代，随着外荡种草覆盖面积的增加，外荡养鱼变得困难。1983年后，水产大队改为水产村，逐步引入联产承包机制，建立养鱼专业队、组，实行定额到组，超产奖励；或按组承包，定额上缴鱼产品、利润、公共积累，盈亏承包组自负；或对小型水面按荡投资经营。1985—1986年，对外荡水面实施定权发证，并改革传统放养花鲢、白鲢为主的增殖型养殖，采用网箱配套育种，分割围栏投饲精养；改革过去单一养鱼为鱼珠（蟹）混养。

表4-4-10 1978—1987年织里镇外荡面积

单位：亩

年份	1978	1979	1980	1981	1982	1983	1984	1985	1986	1987
织里	2640	2716	2081	2087	2060	2060	2032	2061	1730	1751
晟舍	116	1009	1100	1100	1107	1122	490	585	914	925
轧村	4000	1000	1000	1000	1000	1018	1000	1176	1214	1265
漾西	-	-	-	-	-	-	40	128	72	38
太湖	-	-	-	10	15	-	-	142	99	98
合计	6756	4725	4181	4197	4182	4200	3562	4092	4029	4077

数据来源：中共湖州市郊区织里分区委员会《统计资料》中的《外荡面积》。

2.设备器具

20世纪50—60年代，主要对拦鱼设备、捕鱼工具革新和养殖品种调整。70年代，广泛使用聚乙烯网片拦鱼，推广外荡网箱育种配套。80年代，开始对养殖方式进行调整，采用池塘精养高产综合技术，开发外荡养鱼，试验外荡网箱配套，分割围栏精养、鱼珠联养和鱼蟹混养，以提高产量和经济效益。

拦鱼设备 外荡养鱼拦鱼设备主要以毛竹和聚乙烯网片为器材。拦鱼竹箔俗称"鱼簖"，历史悠久。唐陆龟蒙《渔具诗》有"错薪于水中曰椮"的记载。竹箔根据河道自然现状使用满牢箔、直过箔、兜底箔（分水兜箔、正反水兜两种）、桥兜箔、弓形箔和畸形箔（又称拖脚箔）等。1965年开始推广聚乙烯网片代替竹丝箔，其网目大小视放养鱼种而定，网片在水流较急河段效果明显，成本比竹料低，使用寿命长。

捕鱼具　大拉网由网衣、纲索、浮子三部分组成，后经改进增加盖网、底网、网箱。盖网以防白鲢跳逃；底网主要鱼儿从网底窜逃；网箱可根据捕捞量随时增减大拉网长度，当网被拉至岸边时，鱼类不断游入网箱，不会因挤轧受伤或死亡。大拉网在外荡作业时，过去靠人工拉网，后普遍采用绞车拉网，提高工效50%。1983年后使用浙江省淡水水产研究所研制的CB-1型囊拉网与SM-1双向脉冲赶鱼机，起水率达85%左右。

3.养殖方式

20世纪50年代，外荡养鱼沿袭传统放养模式，每年冬末春初将10～12厘米的鲢、鳙鱼茛养在小型溇浜或湖湾中，适量投饲施肥，五六月间起箔放入子口荡，饲养一年育成体重0.4～0.5公斤"老口"，再放入老口荡养成商品鱼。由于依赖天然饲料，产量较低，以养殖鳙鱼为主。60年代后，鱼种自给，子口鱼种规格增大，普遍投入15厘米以上鲢鳙，并改养部分青、鳊、鲤鱼，鱼类起水率和产量有所增加。70年代养殖水草过量，水域环境恶化，养鱼面积大幅度下降。1982年起，运用池塘综合高产技术开发外荡养鱼，并推广网箱养鱼。外荡养鱼经历了从天然捕捞到增养殖，又到多层次、多途径综合开发利用的过程。

六、稻田养鱼

历史与现状　稻田养鱼称田鱼，历史悠久，明代尚盛。多养鲤、鲫，田鲤有红黑斑数色，养于稻田及芋芋池。明成化《湖州府志》记载："鲫鱼出田间最肥，冬月味尤美。"稻田养鱼有促进水稻生长、保护环境，减少农村疾病的作用。新中国成立后，镇域多地稻田养鱼，供自食或养殖鱼种，是家庭田间副业。20世纪90年代末镇域大力发展稻田养鱼。2002年淡水养殖总面积13 265亩，其中稻田养鱼面积9781亩。

七、河蚌育珠

珍珠又名"真珠"，自古就有"黄金有价珠无价"之说，是贵重装饰品和珍贵药物。1967年，嘉兴专署举办育珠训练班后，淡水河蚌人工育珠技术得以推广、普及。2002年，镇域插珠蚌饲养量为26万只，其中三角蚌20.5万只；幼蚌繁殖量为40万只，其中三角蚌30万只。

八、鱼病及灾异

鱼病与自然灾害是养鱼业两大威胁。青鱼、草鱼易得细菌性烂鳃、出血病和肠炎，残废率高达70%上；池塘淤泥积储过多，载鱼量过大，夏秋天气骤变，管理稍有懈怠，或因无电失去换水增氧条件，即发生泛塘死鱼现象；旱、涝、风、雹会给鱼类带来严重威胁，尤以洪涝灾害为烈；工业"三废"污染水域，也会造成死鱼事故。新中国成立后，湖州市鱼病学研究及其防治方法取得很大进步，加上镇域农田水利建设与治洪防涝工程建设，为养鱼业稳产、高产提供有利条件。

鱼病防治 民国时，饲养鱼苗往往不得法，死亡率常达40%以上，若患鱼病整池尽死。新中国成立后，鱼病的研究与防治知识开始推广。常见鱼病有草鱼、青鱼肠炎及草鱼的鳃瓣病，其次赤皮病、粘孢子虫、锚头虱、水霉、绦虫和吸虫病等。此外，鱼池中常产生水蜈蚣、有害昆虫幼体及铜绿微囊藻植物等为害鱼类生物。渔谚"养鱼先养水""养鱼先防病"，防治鱼病最有效方法是"清塘"。清塘旧用中药，后改用石灰，以杀死病原体、敌害生物；石灰还可起肥水作用。1956年起，实行定时、定量、定质、定位投饲，鱼病比往年减少60%。此法一直沿用。镇域鱼病治疗的有效方法是用磺胺脒药粉拌米糠制成药面投喂，治疗草鱼、青鱼肠炎；用漂白粉在食场挂篓或泼洒，防止细菌性赤皮病和烂鳃；用硫酸铜和硫酸亚铁食物挂袋，或用其溶液喷洒入池，防治寄生虫所引起鳃瓣病；用杀虫剂（早期用"六六六"，后改用晶体敌百虫）毒杀鱼虱和水蜈蚣；喷洒硫酸铜控制有害藻类过量繁殖；用硫酸铜和漂白粉合剂、硝酸亚汞、高锰酸钾溶液进行放养前鱼种浴洗消毒等。防重于治、治病先治水。近几年防治鱼病的重要手段，较好控制了鲢、鳙、白鲫、银鲫、团头鲂暴发性鱼病，其法为：重视清除池塘淤泥，进行石灰清塘；鱼种放养前用药物消毒，合理施肥投饲，加投药饵；定期灌注新水与泼洒生石灰，使池水保持肥而带爽，以控制鱼病发生。对三角蚌蚌瘟病注意生态防治措施，保护水域环境，可有效控制。

泛塘 泛塘通常发生在初夏与秋天。初夏和秋天昼夜温差大，上下水层对流加速，中上层水含氧减少；或持续阴雨、雾天，气压低，溶氧补给少；或过量投饲施肥，水质急剧变坏，均造成池鱼缺氧浮头，重则"泛塘"死鱼。20 世纪 80 年代后，渔民开始注意清塘除淤、科学施肥投饲，加强水质管理，泛塘现象减少。

污染　污染工业"三废"（废水、废气、废渣）流入水域危害渔业资源，成为渔业隐患，大面积死鱼事件时常发生。20 世纪 90 年代初，湖州市政府水产行政管理机构为保护增殖渔业，制定一系列渔业法规保护水产资源，建立渔政管理机构控制水域工业污染，起到很大作用。

渔业灾异　旱、涝、风、雹会给鱼类带来严重威胁，尤以洪涝灾害为烈。据乾隆《湖州府志》引严自明《灾略记》，嘉靖四十年（1561）、隆庆三年（1569）、万历七年（1579）和万历十五年（1587），湖州发生涝旱灾。涝时，称稽天巨浸，太湖泛涨，庐室败坏，河鱼游于灶下；旱时，太湖涸为陆地，溪流绝，井泉竭，运河见底，水绝无鱼，渔民失业者万计。新中国成立后，经过大规模水利治理，防御自然灾害能力增加。然特大洪涝干旱灾害仍是渔业一大灾患。1950 年，夏秋之间连续 3 次暴雨，湖州市各县相继洪涝，镇域损失严重。1961 年、1973 年，镇域均发生洪涝，逃鱼严重。1980 年，梅期 44 天后连续大到暴雨，淹没鱼塘较多。1988 年 7 月，镇域太湖、漾西等乡受狂风、暴雨、冰雹袭击，稍后又出现短时间雨中夹雪的特异天气，淹没鱼塘较多。同年 8 月，第 7 号台风正面袭击，受淹鱼塘较多。1991 年，受暴雨袭击，太湖水位达到紧急水位 4.85 米，超过警戒水位 1.15 米，镇域多数鱼塘被淹。1999 年，镇域漾西片区，因洪水冲毁内塘 22 块，受灾面积 150 亩。

养殖尾水管理　2018 年，镇域规范治理伍浦、汤溇、乔溇、庙兜、陆家湾、曙光、常乐、曹家簖、潘塘桥、上林村等 10 个村的养殖尾水问题，涉及养殖面积共约 1.8 万亩。对同一灌区渔业养殖集中连片面积达到 50 亩以上的，允许设施治理。对零星分散户、规划拆迁村（包括义皋村），实行"退养还耕"。对已收归国有的 2681 亩外河、湖漾，实行禁养洁水。禁养黑鱼、汪丁（黄颡鱼）、牛蛙、泥鳅等高污染品种；禁止以冰鲜鱼、动物内脏做鱼饲料的喂养方式。2019 年，渔业养殖尾水设施治理点位 76 个（治理面积为 0.58 万亩），完成渔业养殖尾水退养还耕 0.58 万亩。

第三节 畜 牧

一、养猪

养猪历史 猪饲养历史久远。嘉泰《吴兴志》引《吴兴志旧编》记："豕，田家多豢，皆置栏圈未尝牧放，乐岁尤多。捣米有秕糠，以为食。岁时烹用供祭祀、宾客，粪又宜桑。"历代农家珍重。新中国成立后，生猪生产不断发展，主要由私人饲养。1958 年后公养、私养并举，以公养为主。集体养猪增加，私人养猪相对受制约，影响农家养猪积极性，养猪量逐年下降。1960 年饲养量下降。1961 年改为公养、私养并举，以私养为主，给私养以优惠措施，母猪放到农户；实行粮肥挂钩，投肥换粮；划一定数量饲料地和水面给社员种植饲料。一般每头猪划给一二分饲料地，母猪二三分。猪肥投给生产队，每担（1 担=50 公斤）0.3～0.5 元，计价报酬，也可以肥记工分，年终参加分配，投售生猪奖励化肥和工业品券，使生猪生产迅速回升。"文化大革命"时期，收回社员自留饲料地，取消饲料粮，饲养量从 1968 年起逐步下降。后贯彻中央"以养猪为中心，全面发展畜牧业"指示，农村恢复饲料地、饲料粮等措施，国家适当提高生猪收购价。1978 年，镇域队办养猪场 622 个。80 年代，以农村家庭饲养为主，少量规模饲养。90 年代以后，农村家庭饲养逐步减少，"养猪大户"规模逐步扩大，生猪饲养总量出现逐步减少趋势。2016 年，织里镇为提升养殖生产生物安全水平，深化推进畜牧业绿色发展、美丽转型，关停整治 50 头以上生猪养殖场 22 户，关停整治 50 头以下生猪养殖散户 42 户。2019 年，全面推进生态循环农业发展，创建美丽牧场 1 个，并将生猪养殖场智慧畜牧业云平台纳入建设规划中。

自繁自养 新中国成立前，镇内没有饲养母猪习惯，一般从别地购买苗猪。20 世纪 60 年代由生产队繁殖苗猪。1977 年 7 月，嘉兴地委畜牧领导小组提出本地土种母猪"先留后选"措施后，母猪存栏量增加，出现了苗猪供大于求的情况。经"留优去劣"筛选措施后，1980 年后母猪逐渐减少。以轧村片区为例，1978 年能繁殖的母猪为 1263 头，1987 年为 407 头，1991 年为 190 头，到 2003 年减少至 93 头。

品种改良 新中国成立之前，品种主要是太湖猪。20 世纪 50 年代中期，吴兴县先后引进中约克、大约克、长白、杜洛克等外国纯种良种公猪，引进金华地区两头乌、嘉兴猪等本省良种母猪，实现"母猪地方良种化，肉猪一代杂交化"。60 年代中后期，基本普及肉猪杂交一代化。1973 年，镇域部分公社先后饲养良种公猪，办起配种站。有的配种站开展人工授精工作。1979 年，嘉兴地区农业局、粮食局为了提高种猪质量建太湖猪育种场。

饲草、饲料 农户养猪饲料有稻谷、大麦、玉米等籽实饲料；紫云英、番薯藤、番薯、南瓜、萝卜、青菜、革命草、水浮莲、水葫芦等青饲料；米糠、麸皮、酒糟、豆渣、豆饼、菜饼等粮油加工副产饲料；鱼粉、蚕蛹、屠宰加工下脚料等动物性饲料；贝壳粉、碳酸氢钙等矿物饲料。1979 年饲养肉猪不用青饲料，补饲多种维生素，并逐步把喂熟料改为喂生料和粉料。80 年代后，养猪场和专业户开始改单一饲料为配合饲料和全价饲料。

猪栏 域内养猪向为圈养，嘉泰《吴兴志》所谓"皆置栏圈，未尝牧放"。20世纪 70 年代前，农户养猪基本上为软棚，棚舍狭小，以利积肥。后引进外地良种猪及科学养猪技术，猪栏逐步由软棚改为硬棚，水泥铺地，面积有所扩大，平均每头肉猪有猪舍 1 平方米以上。1990 年，生猪出栏率由 1950 年的 50%提高到 107%。

集体与专业户养猪 集体养猪始于农业合作化后。1956 年嘉兴专署统计，私有猪占总养猪量的 73.8%，国营和集体饲养占 26.2%（其中主要为集体所养）。集体养猪管理不善，投入高、产出低，浪费严重。70 年代中后期，出现养猪大户和养猪专业户，少则 10 余头，多则 100 多头。一般不雇工，间有季节性临时雇工。相当一部分农户租用原有集体牧场棚舍饲养，付给生产队一定租金。

二、养羊

湖羊养殖 镇域饲羊历史与北方世族南徙有关。宋代普遍饲养。清康熙《湖录》记载："吴羊头身相等而毛短，土人二岁而剪其毛，以为毡物，谓之绵羊。吾乡羊有二种，曰吴羊、曰山羊。"明清时，湖羊每年二月、八月剪毛，作毡；山羊毛做笔料。"畜之者多食以青草，草枯则食以干桑叶，谓桑叶羊……其羔儿皮均可以为裘"。镇域为平原水乡，多饲养绵羊（湖羊）。新中国成立后，养羊业快速发展。

湖羊 为地方良种。体型中等，身躯狭长，无角，颈细长，腰背平直，尾扁平，尾尖上翘，四肢偏细而高，腹毛粗、稀、短，被毛全白，属短脂尾羊。成熟早，一年四季均有发情，成年公羊体重 30～75 公斤（平均 48 公斤），母羊

18~45公斤（平均31.5公斤），繁殖率高，泌乳性能好，耐高温、高湿，可终年舍养。抗日战争期间，镇域湖羊饲养量少。20世纪50年代养羊业发展。1962年公私并举，私养为主；养羊记工分，参加年终分配，羊肥占养羊收入一半。进入70年代后，养羊数量骤增。以晟舍公社为例，1961年末存栏数仅为704只，1979年达到10 348只。1979年镇域年末存栏总数达到69 707只。进入80年代后逐渐减少，1987年镇域年末存栏总数为24 060只。90年代后养殖量又有所上升，1991年镇域年末存栏总数为29 667只。进入21世纪，因市场变化，养殖量有起落。2000年镇域年末存栏总数是33 803只，2007年是22 798只，2011年33 546只。2020年11月，义皋村召开浙江（湖州·义皋）第八届湖羊文化节暨长三角湖羊产业助推乡村振兴大会，宣传湖羊文化，品尝湖羊美食，全面展示浙江省湖羊产业绿色融合发展和吴兴现代农业发展现状，持续推进国家级湖羊保护区建设，以产业振兴助推乡村振兴。

湖羊毛、小湖羊皮 镇域草质肥美，所产羊毛质地细腻软滑，上手绵暖，无杂质，为传统优质外销产品之一。羊毛春秋两剪，春毛尤佳。昔有"羊毛春剪贵于丝"之说。2000年镇域湖羊毛产量为44吨，尔后产量下降，2011年产量17.88吨。小湖羊皮为初生羔羊剥制的羔皮，毛色洁白、光泽如丝、卷曲致密、手感软滑，有"一尺羔皮百贯钱"的说法，在国际上素有"中国软宝石"之称。七八十年代，镇域纯种湖羊饲养较多，供销社收购部收购量大。进入21世纪，因市场变化，镇域小湖羊皮生产量有起落，2000年小湖羊皮产量为9469张，2001年22 727张，2011年17 490张。

三、其他家畜

养牛 养牛主要在力役。农耕用铧犁后，农民开始重视饲养水牛。历代政府都颁布宰杀耕牛禁令，规定"非病不宰食"。1949年11月，嘉兴专署颁发《禁止屠宰贩卖耕牛及奖励繁殖耕畜办法》。人民公社初期，曾引进少量水牛，分配给部分生产大队耕田使用。60年代中后期，随着农业机械发展，机耕面积不断扩大，养牛数量逐年下降。以晟舍片区为例，1962年水牛年末存栏29头，到1970年水牛年末存栏仅为3头。

养兔 新中国成立之前，镇域只有少数农家养兔。50年代后期，养兔业出现大发展趋势，兔品种为中国肉兔，皮、肉兼用。1957年后，供销社先后从外地引进力克斯皮用兔、安哥拉长毛兔等兔种。60 年代起，肉兔大发展。1978 年，镇域存栏 42 754 只。1979 年后，国际市场行情看好，国内兔毛价格上升，养殖数量上升。当时镇域流传着"家有兔百头，致富有奔头"的说法。1981 年，镇域年末存栏兔增至 98 786 只。供销社拨款支持重点户或专业户建立良种兔场。同年，镇域各片区参加湖州市举办的长毛兔良种"赛兔会"活动。1982 年后，兔毛市场价格下跌，饲养量急降。1983 年，镇域年末存栏 26 168 只。次年，随国际行情好转，饲养量略有回升。1987 年镇域存栏 23 170 只。90 年代后，兔养殖量有所下降，1991 年末存栏 11 854 只。21 世纪后，因市场需求变化，兔子养殖量呈现变化趋势。2003 年末存栏 2010 只，2011 年为 3998 只。

养狗　嘉泰《吴兴志》记载，宋代"乡人多畜以警盗。又有田犬、猎犬，所养有数千者。近又有胡犬，小而捷；有北犬，甚高大，皆来自北地"。镇域养狗用以看家较多，或食肉，皮毛制裘。因狂犬病时发，后政府明令禁养。少数单位、个人确实需要者，经批准少量饲养。20 世纪 90 年代末，部分家庭始养宠物狗。

四、禽类

家禽　饲养家禽向为农家传统家庭副业。嘉泰《吴兴志》记载，宋代田家多畜鸡、鹅、鸭等家禽。"鸡，秋冬月乐岁尤多"，"鸭，今水乡乐岁尤多畜，家至数百只……取其子以卖"。历来农民以禽蛋换油盐酱醋或针线日用品。新中国成立后，随着粮食产量逐年增加，家禽饲养量也逐年增加。20 世纪 50 年代末，为保护水稻，屡禁饲养。70 年代末政策放开。1983 年后，镇域涌现家禽饲养专业户。水禽饲养以养蛋鸭居多，肉鸭次之。蛋鸭品种以绍兴鸭为主，肉用鸭以北京鸭、樱桃谷鸭为多；鹅以自育种太湖鹅为主。此外还有鹌鹑、肉鸽等饲养。1987 年，镇域家禽年末存栏总数为 21.5 万只。90 年代后，数量呈下降趋势，1991 年末存栏为 19.8 万只。21 世纪以来，因市场需要变化，养殖量起落较大。

表 4-4-11　2000—2018 年部分年份织里镇畜牧业生产情况

年份	生猪			羊	兔	家禽	禽蛋
	年末存栏/繁殖母猪（头）	年内出栏（头）	全年饲养量（头）	年末存栏（只）	年末存栏（只）	全年饲养量（万羽）	产量（吨）
2000	26 268/427	41 360	67 628	36 970	3145	36.99	370

（续）

年份	生猪			羊	兔	家禽	禽蛋
	年末存栏/繁殖母猪（头）	年内出栏（头）	全年饲养量（头）	年末存栏（只）	年末存栏（只）	全年饲养量（万羽）	产量（吨）
2001	25 251/275	35 481	60 736	33 803	1100	34.5	885
2002	25 983/266	37 158	63 141	35 542	1350	42.98	-
2003	26 493/197	37 510	64 003	35 500	2010	44.18	-
2004	26 857/195	37 632	64 489	36 236	1950	48.65	-
2005	24 291/94	37 110	61 401	28 433	870	44.69	-
2006	29 336/46	37 921	67 257	32 557	778	45.65	-
2008	7917/77	9183	17 100	32 279	-	44.32	-
2009	8232/341	9378	17 610	33 178	-	43.88	-
2010	8247/262	9112	17 359	33 211	-	41.77	-
2011	8268/342	9974	18 242	33 546	3998	42.26	-
2012	8288/341	9994	18 282	33 676	3887	42.86	788
2013	6790/291	7811	14 601	22 481	1542	23.39	410
2014	5454/206	7887	13 341	22 986	-	-	425
2015	5907/255	8390	14 297	23 316	-	-	428
2016	5454/206	7887	13 341	22 986	-	-	425
2017	2806/138	8634	19 011	11 896	-	-	194
2018	274/4	3406	3680	509	-	4	61

数据来源：织里镇统计办公室《国民经济和社会发展统计资料》之《畜牧业生产》，其中2007年资料缺失。2012年之后的统计数据不包括划入高新区的12个行政村。

表 4-4-12　2001—2018 年部分年份织里镇肉类总产量　　　　单位：吨

年份	总产量	年份	总产量
2001	2544	2010	1639
2002	2670	2011	1589
2003	2914	2012	1651
2004	2969	2013	1656
2005	3035	2014	1166
2006	3145	2015	1212
2007	3345	2016	1222
2008	3370	2017	1181
2009	1607	2018	1228

数据来源：《湖州统计年鉴》之《分乡镇基本情况》。

五、疫病

猪病　有脊猪瘟、猪丹毒、仔猪副伤寒、仔猪大肠杆菌病、猪气喘病、猪肺疫、胃肠炎、猪破伤风和猪狂犬病等传染病；有猪马形体病、猪寄生蠕虫病、猪疥癣病等寄生虫病。

羊病　有黑快疫、羊炭疽、羊布氏杆菌病、山羊疽、羊肝片吸虫病，羊疥癣以及内科、产科病等。

牛病　主要有牛炭疽、牛恶性卡他热、奶牛结核病、布氏杆菌病、牛日本吸血虫病和牛肝片吸虫病。

兔病　兔瘟（兔病毒性出血病）、巴氏杆菌病、兔大肠杆菌病、球虫病、螨病等。

禽病　鸡有鸡瘟、鸡白痢、传染性法氏囊炎、传染性支气管炎等。鸭有鸭瘟，鸭病毒性肝炎、鸭副黏病毒病等。鹅有鹅白痢、鹅流感、鹅霍乱等。

六、防治

畜禽疾病主要是贯彻"预防为主，防重于治"方针，开展预防接种，在产地、市场和运输开展检疫，切断传染流行，防止疾病发生和蔓延。至1990年，牛、羊炭疽、口蹄疫、猪传染性水泡病、牛吸血虫病等已消灭，羊快疫、羊肝吸虫、猪丹毒、猪肺疫、鸡新城疫、鸭瘟、兔疫等被控制。

免疫预防注射　民间历来以中草药、土法医治畜禽疾病。新中国成立后，农业部门建立起畜牧兽医站，逐步形成畜禽疾病防治网。1953年开始对牛、羊炭疽、猪瘟、猪丹毒进行预防免疫注射；对猪肺疫、猪副伤寒、羊黑快疫、兔瘟、鸡新城疫（I系、II系）、禽出败、鸡痘、鸭瘟等传染病采用疫苗免疫注射。预防免疫由兽医不定期上门注射。1958年人民公社成立后，公社畜牧兽医站培训大队防疫员，使村村有农民兽医技术人员，进行畜禽预防接种、检疫等。对于常见病，除免疫注射外，对症药品供畜禽口服、注射，一旦发现病畜、病禽，立即消毒笼舍。60年代初开展春、秋二次防疫。1965年采取国家出疫苗，社队出工，免费防疫，提高防疫密度。1969年后逐步推广生猪合作防治制度，实行包防疫、包阉割、包诊疗，对防疫和阉割反应、死亡畜禽给予适当补助办法。每头肉猪收0.5～1元，母猪收1.5～3元合作医疗费。90年代后，开展有偿服务。2004年，

H5N1 禽流感暴发，此病可传染至人。镇域虽未发现此疫，仍全力对家禽进行消毒预防。2005 年 5 月，镇域成立畜、禽防疫领导小组。2019 年，镇域以突出集中免疫为重点，认真组织开展各项重大动物疫病综合防控行动，严密构筑动物防疫防线。全年完成高致性禽流感病毒灭活苗免疫 2.8 万羽，使用疫苗 7 万毫升。羊口蹄疫免疫 0.4 万只，使用疫苗 0.4 万毫升；小反刍兽疫免疫 0.4 万头，使用疫苗 0.4 万头份，此外，还完成对 2728 只狗的狂犬疫苗注射工作。

第五章 工商体制

先民以农耕、蚕桑为主要产业。明代兴市经商，晟舍凌闵望族雕版刻书，为全国三大印刷出版中心之一。清代延续，同治《湖州府志》卷二十九《风俗》载："商贾惟湖滨及南浔、乌镇之人往楚豫间贸易。"晚清至民国，蚕丝业依然兴盛，土丝、绵绸土布上市交易。民国24年（1935），乡绅宋蓉城与湖州达厂绸缎厂联营，在白地头自然村（今大港村部东北、清墩漾北）创建"元昌蚕茧行"。蚕毕收茧，附近乡村蚕农均来售茧，茧行北临北横塘，河里停满售茧船只。县署派来警员维护秩序，还专门从织里镇上拉来电线安装电话机，方便"元昌蚕茧行"的收烘茧业务。26年（1937）抗日战争爆发，蚕茧行停办。太湖诸溇村农民种植黄麻、苎麻，是太湖溇港区域的土特产，织成麻布衣衫，夏季穿着轻便凉爽，苎麻制成印花"夏布"蚊帐，很受市场欢迎。诸集镇开办有酿酒、油菜籽榨油等手工作坊，有服务、餐饮、食品等商业门店。抗战胜利至1949年5月织里解放时，镇境仅有数家规模极小的酿酒坊、榨油厂和碾米厂。据统计，织里、晟舍、旧馆、轧村、陆家湾、义皋、东桥7个集镇有商铺450余家，从业1100人。

新中国成立后，织里镇工商业逐渐兴盛发展。

第一节 私营工商业、手工业

一、新中国成立前后私营工商业、手工业概况

织里集镇 民国年间，织里镇上有工商业联合会，由顾槐庭、钱九林负责（兼）工商联事务。20世纪40年代中后期至1949年5月织里解放前后，有各类私营商铺、作坊140余家。其中，金融典当2家，手工业有木匠铺3家、铁匠铺4家、竹匠铺3家、箍桶店3家、裁缝店4家，服务业有饭店、茶馆、客栈、剃头、照相等店铺30家，诊所、药店12家，茶食店、南货店、水果店、豆腐店、鱼行、肉店、米行等67家，其他杂货类店铺15家。榨油坊、酿酒坊、碾米厂各

1 家，街东市还有赌馆 3 家、鸦片馆 2 家。

晟舍集镇 明清时期为湖州城东第一镇。1937 年，日寇焚烧古镇，民居成为废墟。抗日战争后期至新中国成立初，集镇有各类商铺 20 余家，其中手工业有铁匠铺 1 家、竹匠铺 2 家、箍桶店 2 家，服务业有饭店 1 家、茶馆 1 家、面店 1 家、剃头店 1 家、邮电所 1 家，南货店、酱盐店、豆腐店、肉店、绸布店各 1 家，诊所、药店各 2 家。店铺大多为泥土墙，茅草结顶。

旧馆集镇 1937 年 11 月，集镇被日寇焚烧为焦土。至新中国成立初期有所复苏，街上各类商铺、作坊 40 余家，其中手工业木匠铺 1 家、竹匠铺 1 家、箍桶店 1 家、裁缝店 2 家，饮食业有饭店 1 家、茶馆 2 家、面店 2 家、小吃店 2 家，服务业有剃头店 1 家，诊所 1 家，药店 2 家，南货店 2 家、酱盐店 2 家、豆腐店 2 家、水果店 2 家，肉店、鱼行、米店、小百货、绸布店各 1 家，香烛纸马店 2 家、石灰店 1 家。店铺房舍低矮，至 1960 年，店铺仍是泥墙、稻草盖顶。

轧村集镇 镇临国道，抗战胜利后商贸逐渐繁荣。1947 年《湖报》刊登王也之介绍轧村集镇文章。据镇上长者回忆，抗日战争胜利后至新中国成立时，集镇有各类商铺、作坊 75 家。其中手工业有木匠铺 2 家、铁匠铺 3 家、竹匠铺 3 家、箍桶店 4 家、裁缝店 1 家，服务业有饭店 3 家、茶馆 3 家、剃头店 5 家、照相馆 1 家、邮电所 1 家，诊所 4 家、牙科诊所 1 家、药店 7 家，茶食店、南货店、水果店、豆腐店、鱼行、肉店、米行等食品生活类店铺 31 家，私营酿酒坊 1 家。

陆家湾集镇 抗战胜利后至新中国成立，集镇有各类商铺、作坊 20 余家。其中手工业有铁匠铺 1 家、竹匠铺 1 家、箍桶店 3 家、裁缝店 1 家，服务业有饭店 1 家、茶馆 1 家、剃头店 3 家，诊所、药店各 1 家，南货店 2 家、豆腐店 1 家、鱼行 1 家、肉店 1 家、砖瓦石灰店 1 家、寿材店 1 家，榨油坊 1 家。

义皋集镇 太湖溇港核心区域古老集镇。20 世纪 40 年代中后期至新中国成立，集镇有各类商店、作坊 57 家。其中典当 1 家，手工业有铁匠铺 1 家、竹匠铺 2 家、箍桶店 2 家、木匠铺 3 家、裁缝店 1 家、制鞋铺 4 家，服务餐饮业有饭店 2 家、茶馆 3 家、面馆小吃店 5 家、剃头店 5 家、照相馆 1 家，诊所 2 家、药店 4 家，南货茶食店 5 家、豆腐店 2 家、鱼行 2 家、肉店 2 家、米行 2 家，寿材店、赌馆、碾米厂各 1 家。

东桥集镇 太湖溇港区域古老的滨湖商埠。20 世纪 40 年代中后期至新中国成立时，集镇有各类商店、作坊 110 余家。其中手工业有铁匠铺 2 家、竹匠铺 1

家、箍桶店 1 家、木匠铺 1 家、裁缝店 8 家、制鞋铺 5 家，服务餐饮业有茶馆 2 家、面馆小吃店 6 家、剃头店 6 家，诊所 2 家、药店 5 家、南货茶食店 3 家、豆腐店 2 家、鱼行 2 家、肉店 3 家、米行 2 家、百货店 1 家、绸布店 2 家、烟酒小店 7 家、香烛店 2 家、寿材店 1 家，书场 2 所，赌馆 1 家、碾米厂 1 家。

二、私营工商业、手工业社会主义改造

私营（个体）商业、手工业合作化　1949 年新中国成立时，镇域有数家规模极小的酿酒坊、榨油厂和碾米厂。土改划分成分档案资料中，织里集镇仅有数户商家被评为工商业兼地主成分，各集镇分布小商铺 400 余家，散落各乡村个体手工业者几百人。1952 年起，国家实行私营工商业、手工业社会主义改造，倡导联营，走合化作道路。政府动员教育，召集商户、手工业者开会学习工商业政策。各村坊 30 余名乡村郎中率先走合作化之路，同年 3 月 1 日在织里老街成立"织里联合诊所"，即今吴兴区人民医院前身。分布在乡村的手工业者被组织起来，成立吴兴县手工业联社太湖（驻织里）办事处。20 世纪 70 年代改为手工业联社织里办事处为二轻办事处，2000 年"改制"时撤销。

工商业改造后商业、手工业状况　至 1957 年，绝大部分个体工商业主参加合作化性质工商组织集体商店。据统计，工商业、手工业店铺共 377 家，从业 860 人。其中，织里集镇 94 家，从业 284 人；晟舍集镇 17 家，从业 37 人；旧馆集镇 36 家，从业 99 人；轧村集镇 70 家，从业 160 人；陆家湾集镇 16 家，从业 33 人；义皋集镇 47 家，从业 133 人；东桥集镇 38 家，从业人员 82 人。各集镇商铺业主参加合作组织——织里工商业联合会（会址老街狮子桥北塅蔡氏老宅），1960 年后，原先分散商户、手工业者分别加入集体组织供销合作社和手工业联社。供销社遍布各集镇，为员工最多的集体企业。织里粮管所、织里食品站是关乎镇域民生的重要机构。

老字号商铺　织里老街有"大兴店""莫裕昌""裕泰园""福泰昌"。轧村集镇有太平楼、家乐园、凤阳楼等三家茶馆。义皋集镇有老百坦软糕、徐桂生野鸭店。陆家湾集镇有天一堂药店。东桥集镇有隆泰面食店、张恒泰鲜肉店、春阿婆茶馆店等。织里 8 家米店合并后成立"联穗粮行"。

乡镇工交办公室　织里乡村（社、队）企业起源于 20 世纪 60 年代，1970—1980 年为发展时期。随着吴兴县社队企业局成立，公社相应设置社队企业办公

室。1975年上半年起配置专职领导，负责乡镇工业、交通事务管理。1983年后更名为工交办公室，隶属湖州市郊区乡镇企业局。此格局及称谓保持到2000年。此后更名为企业服务中心，主任沈应华。1993年晟舍乡并入织里镇，1999年漾西、轧村、太湖镇并入织里镇，改为经济发展办公室。

织里区工业办公室　1980年夏，筹建成立织里区工交办公室（简称"工办"），同年秋季挂牌办公，分管织里全区乡镇企业，隶属湖州市乡镇企业局。1997年后，随织里区委撤销，编入新成立的湖州市城区经委经统局。区工办主任邵定良（1981年3月至1997年）、副主任潘阿毛（1981年3月至1997年）。

表4-5-1　织里区各乡镇工交办公室主任名录

乡镇	主任	任职时间	乡镇	主任	任职时间
织里工办	郑根跃	1975年上半年至1977年6月	漾西工办	张莲顺	1975年上半年至1990年
	邵定良	1977年7月至1981年3月		张正康	1991年至1992年
	郁根水	1981年4月至1984年3月		尹永法	1993年至1994年
	潘阿林	1984年4月至1994年4月		李建华	1995年至1996年
	吴柏林	1994年5月至1999（兼）		王战荣	1997年至1998年
轧村工办	潘阿毛	1975年上半年至1978年		杨新林	1999年
	杨金和	1979年至1980年	晟舍工办	王阿海	1975年至1980年4月
	王兴宝	1981年至1982年		闵吉清	1980年5月至1994年5月
	费新华	1983年至1993年	太湖工办	王财生	1975年上半年至1984年4月
	吴金根	1994年至1996年		潘阿九	1984年5月至1992年5月
	宋冬民	1996年至1999年		谢根宝	1992年6月至1996年12月
				严培鑫	1997年至1999年

第二节　乡镇工商企业、村办企业

一、社（乡、镇）工商企业

20世纪60年代初期，织里镇域社办企业形成。此前，各集镇手工业散户（具城镇居民户籍）成立各类生产合作组织，归吴兴县手工业联社太湖（驻织里）办事处领导管理。散落在农村生产大队的木匠、竹匠、泥水匠、铁匠、油漆匠（下简称"五匠"），仍处单干状态。人民公社化后，农村"五匠"人员（农村户口）陆续参加社办集体企业。"五匠"在公社企业拿工资，每月向生产队交一定现金"买工分"，口粮由生产队供应，农忙时须回生产队参加劳动。20世纪70年代是社办工业发展时期，1984 年公社改为乡（镇）后，社办企业改称乡镇企业。1993～1995 年，乡镇企业先后改制为股份制企业或民营企业。

表 4-5-2　1976 年织里镇域社办企业统计

公社	企业数（个）	员工数（人）	全年总产值（元）	上缴利润（元）
织里	9	220	190 314	11 210
晟舍	6	160	148 731	9506
轧村	9	249	215 457	24 566
漾西	6	111	150 788	13 819
太湖	6	158	165 581	18 198
合计	36	903	870 871	77 299

1.织里社（镇）办企业

织里公社造船厂　20 世纪 60 年代初创办，址老街西侧五溪漾南岸，厂长郑祥生。主要业务是造船和修理各种农用船只。1981 年停办。

织里公社竹器社　20 世纪 60 年代初创办，址老街西端郑港机埠，后迁至五溪漾东岸，负责人潘巧耕。主要编制农用土箕、箩筐、草篰、捻泥篰等农具和居民家庭生活用具。1978 年停办。

织里公社铁器社　20 世纪 60 年代初创办，址秋家塘港南租用民宅，负责人杨明道。主要打制铁耙、锄头、铁锹等农具和菜刀、铲刀等居民家庭生活用具。1976 年停办。

织里公社建筑工程队　20 世纪 60 年代初创办，由农村原个体木匠、泥水匠组成，80 年代后改为织里镇建筑工程公司，址老街狮子桥北塊。主要建造公家厂房、居民住房，承建有织里影剧院、南街中学等。1994 年改为股份制企业。

织里公社搬运队　1968 年初创办，址织里老街，与吴兴县交通局下属织里搬运站联合承担织里镇区物资搬运业务。1980 年停业。

织里粮食加工厂　20 世纪 70 年代创办，负责人邬荣士。在织里老街虹桥东塊北侧建厂房，购置砻谷机，承担全公社大部分粮食加工业务。后因农村机埠开始稻谷碾米，1974 年停办。

织里公社运输队　1970 年创办，负责人徐阿水、宋永林。船队有小轮船一艘、购（租）运输船数只，与织里联运站合并办公，承接镇上单位各类货物运输业务。1978 年停办。

织里水泥制品厂　1970 年创办，负责人戴顺权。址老街虹桥东塊，浇制水泥梁头、薄型楼板、猪食槽等。后迁郑港机埠南，1980 年停产。

织里脱水菜厂 1976 年创办，厂长沈明初。址织里老街西轮船码头对岸，主要加工生产胡萝卜、洋葱、生姜等脱水产品，出口日本及欧美国家。因农民大幅减少上述农产品种植，1984 年停办。

织里公社丝织厂 1976 年创办，址五溪漾东岸竹器社旁，厂长闵阿毛。购置绸机生产丝织地毯。1979 年停产。

织里公社土化肥厂 1976 年创办，负责人朱金林，址郑港村西安全兜（现织里水产村）。1978 年停办。

织里丝绵加工厂 1976 年创办，负责人潘荣珍，址郑港村西安全兜（现织里水产村）。1978 年停办。

织里粉末冶金厂 1976 年建，利用虹桥塅原粮食加工厂旧房，厂长王新星，制造各类粉末冶金配件、机械模具等。1989 年并入铝铂纸厂。

织里公社农机厂 1976 年由公社机电站转让，负责人甄银荣，址老街影剧院西侧原催青室大院内。主要修理农用拖拉机、脱粒机、农机马达、各类机动船配件。1982 年并入织里粉末冶金厂。

织里服装厂 1980 年创办，厂长陆新民。员工以上海知青为主，借用农机厂空房作车间。1986 年停办。

织里玻璃钢厂 1980 年创办，厂长潘树荣。利用公社土化肥厂场地，生产玻璃钢瓦等制品。1993 年停办。

20 世纪 70 年代织里老街的塑料电器厂

织里纺织厂 1984 年创办，址原公社水泥预制厂场，经营棉布纺织业务。厂长费引水。1990 年停办。

织里羊毛衫厂 1984 年创办，厂长徐雪明。利用原公社水泥预制厂场地，购置机械设备生产羊毛衫，后迁至织里北路。1995 年转制后停产。

织里酒厂 1984 年创办，厂长郑发明。利用原脱水菜厂厂房，生产各类汽酒、白酒、汽水等，使用"舒尔"牌商标，销售湖州市内。1991 年停办。

湖申印染厂 1985 年在上海第五印染厂帮助下创办，首任厂长沈红卫。址织里北路郑打古自然村（织里镇繁华路段），总占地面积 80 亩，投入资金 100 万元，为湖州市上规模乡镇印染企业，承接本地和外省市各类坯布印染业务。1994 年转制改为股份制企业。

织里电容器材料厂 1986 年创办，址织里老街西农机厂内。1988 年停办。

织里铝箔纸厂 1986 年创办，址湖申印染厂北侧，首任厂长沈红卫。主产铝箔纸有关产品及杭州卷烟厂用纸。1993 年改股份制企业，织里镇第一家实行改制镇办企业。后为"金洁集团"，董事长郑发明。

织里自来水厂 1986 年创办，负责人沈淦亭。址五溪漾东侧社办竹器社内，供应全镇居民饮用水和有关企业用水。20 世纪 90 年代后期改制为股份制企业。

2. 晟舍社（乡）办企业

仁舍公社农具厂 1970 年创办，厂长吴长财，员工 17 人，址晟舍老街北端。主要造农用木船、修理各类农船。1995 年停业。

仁舍公社农机厂 1971 年创办，厂长沈永寿，员工 32 人，址晟舍老街当基南侧。主要修理各类农用器具。1994 年停业。

仁舍预制场 1975 年创办，厂长闵阿财，员工 20 人，址晟舍新街西侧。主要生产农村建房水泥梁头、多孔板等。1995 年停业。

旧馆综合社 1976 年创办，负责人王阿金，员工 18 人，址在旧馆老街。有服务行业理发、制鞋等。1995 年停业。

仁舍衡器厂 1977 年创办，厂长叶连江，员工 60 人，址在旧馆 318 国道旁。主产民用衡器（秤具）。1992 年停业。

五星纺织配件厂 1978 年由五星大队（官殿巷村）创办，厂长杨顺权，员工 5 人，址舍头村，晟舍社办集体企业。主要生产经营各类纺织机械配件。1990 年停办。

仁舍日化厂　1978年创办，厂长陈海根，员工8人，址在旧馆禧寺殿村。主产牡丹牌染发水。1992年停办。

仁舍电器厂　1978年创办，厂长陈子汶，员工15人，址晟舍老街市河东岸，后迁市河西岸当基。主要生产各类电表、马达，销售工业市场。2012年10月改股份制企业。

仁舍塑料纺织厂　1980年创办，厂长郁金发，员工50人，址晟舍电器厂北侧。生产各类塑料编织袋，1988年停业。

仁舍石粉厂　1980年创办，厂长闵坤荣，员工6人，址晟舍白鹤兜。主产硅微粉。2000年停办。

仁舍家业皮革厂　1993年创办，厂长沈培荣，员工15人，址晟舍318国道南侧（河西村地域）。主产各类民用皮革产品。2017年停办。

仁舍石粉厂　1980年创办，厂长闵坤荣，员工6人，址晟舍白鹤兜村。主产硅微粉，1995年停办。

仁舍红木家具厂　1980年创办，厂长汤定方，员工20人，址河西25里牌渡口。主产各类红木家具。2000年后停办，厂址尚在。

仁舍造漆厂　1981年创办，厂长姚志荣，员工15人，址晟舍石路上。主要生产各类油漆，2017年停办。

仁舍化纤丝织厂　1984年创办，厂长郁金发，员工150人，址晟舍电器厂北侧。主要产品生产各类化纤布，1995年停业。

仁舍拉丝厂　1984年创办，厂长杨发庆，员工20人，址晟舍318国道南侧（河西村地域）。主产长4～8米钢筋。1990年停业。

仁舍奖杯厂　1986年创办，厂长贝伟荣，员工15人，址晟舍石路上。主要产品生产各类金属奖杯，1992年停业。

仁舍锁厂　1987年创办，厂长施阿团，员工150人，址晟舍318国道南侧（河西村地域）。主要产品各类铜制、铁制民用及办公锁具。1991年停业。

3.轧村社办（乡办）企业

轧村农具厂　1973年创办，厂长王毛狗，址轧村港西，员工30人。主产谷桶、打稻机等各类农机具，修理农船。1995年停办。

轧村竹器社　1973年创办，负责人姚康村，址轧村老街港西，员工6人。主

轧村竹器社旧址

产各类农用竹器制品、生活用品，销湖州市场。1994年停业。

轧村铁器社　1973年创办，负责人姚建民，址轧村老街港东，员工8人。主产铁制农用工具和居民生活用具。1994年停业。

轧村公社建筑公司　1974年创办，负责人杨兰法，址轧村老街，由分散各生产大队木匠、泥水匠、油漆匠组成，员工约150人。主要建造修理农村民宅、建筑企业厂房。1994年改股份制企业。

轧村胶木厂　1974年创办，厂长周惠明，址轧村铁店桥西侧，员工150余人。主营电熨斗胶木配件。1994年停产。

轧村棉织厂　1975年创办，厂长赵富珍，址上林村，员工200人。主产沙发布、毛巾，产品销往周边城市。1994年停业。

轧村电镀厂　1976年创办，厂长陈火根，址轧村胶木厂西侧，员工约120人。主营各类电镀产品业务，1995年停产。

轧村印染厂　1976年创办，厂长李毛狗，址轧西大队箱山自然村，员工150人。主要业务各类棉坯布印染上色。1994年改股份制企业。

轧村五金厂　1977年创办，厂长杨阿林，址轧村老街港东，员工20人。生产、加工各类民用小五金产品，销本地市场。1994年停业。

轧村绣花厂、轧村羊毛衫厂　1977年创办，厂长钱金林，址范村大队，员工约400人，为轧村较大社办企业。主产绣花产品、编织成人羊毛衫，销各地市场。1994年停业。

湖州助剂厂　1985年创办，厂长王瑞乐，址轧村老街铁店港北侧，员工8

人，主产水溶性消泡剂，销售国内市场。1993 年改制，为轧村乡第一个改为股份制的乡办企业。

轧村深渗炼水厂　1985 年创办，厂长王冠春，址轧村三济桥，员工 40 人，主产水处理设备。1994 年改制为私营企业。

轧村联营厂　1986 年创办，厂长潘瑞泉，址轧村铁店港北侧，员工约 100 人。主要口琴电镀加工等业务。1994 年停办。

轧村电子器件厂　1990 年创办，厂长陈火根，址轧村老街铁店港，员工 80 人。主产各类汽车用计时器。1994 年停办。

轧村佳士电器厂　1992 年创办，厂长潘红星，址轧村老街铁店港，员工 70 人，生产加工电器产品。1994 年停业。

轧村电缆厂　1992 年创办，厂长潘阿祥，址轧村箱山自然村，员工 200 人，主产各类电缆线，销于国内市场。1994 年改制为股份制民营企业。

4.漾西社办（乡办）企业

漾西铁器社　1970 年创办，负责人邢阿金，员工 10 人，址在陆家湾集镇。生产各类铁制农具、生活用品，销本地市场。1996 年转股份制企业。

漾西竹器社　1970 年创办，负责人任荣华，员工 15 人，址陆家湾集镇。生产箩筐、扁担、泥箅、便圈等各类竹制农具、生活用品，销各地市场。1985 年停业。

漾西缝纫组　1970 年创办，负责人吴玉英，员工 5 人，址陆家湾集镇。制作各类服装和布料加工。1990 年停业。

20 世纪 80 年代漾西公社（乡）的工业企业水塔群

漾西蜜饯厂　1972 年创办，厂长周小毛，员工 80 余人，址常乐村。生产各类蜜饯食品，销各大商场。1994 年停办。

漾西丝织厂　1980 年创办，厂长陈鹤林，员工约 100 人，址陆家湾村张官桥，后迁东阁兜村。生产各类丝织品，销各地市场。1996 年转股份制企业。

漾西针织厂　1980 年创办，厂长陶林生，员工约 50 人，址陆家湾汤溇港侧。生产各类针织品，销各地市场。1996 年转股份制企业。

湖州栋梁铝业　1982 年创办，厂长陆志宝，员工约 350 人，址陆家湾集镇。主产各类铝合金型材，销国内市场。1996 年转股份制企业。

漾西水泥制品厂，1982 年创办，厂长董克强，员工 15 人，址陆家湾集镇。生产水泥梁头、楼板及各类生产、生活用品，销本地市场。1996 年转股份制企业，已停办。

漾西铜棒厂　1982 年创办，厂长尹海林，员工 40 人，址陆家湾集镇。生产各类异型铜材制品，销需求单位。1990 年停业。

湖州棉纺厂　1986 年创办，厂长沈新芳，员工约 250 人，址陆家湾集镇。生产各类棉纱制品，销各地市场。1996 年停业。

5.太湖社办（乡办）企业

太湖公社船厂　1966 年创办，负责人梅阿炳、王抱金，员工 45 人，址婚对桥，后迁幻溇集镇。主业制造、修理各类农船、渔船。1992 年转股份制企业。

太湖公社纺机厂　1969 年创办，负责人盛小团、柏一然，员工约 230 人，址幻溇集镇。主产纺织机、农业机械、水泥设备配件。1992 年改股份制企业，2016 年停办。

太湖公社建材厂　1973 年创办，厂长施德宝，员工 50 人，址幻溇集镇。主产"菱苦土石"等建筑用材。1992 年停业。

太湖公社蔬菜厂　1974 年创办，负责人陆锦芳、施雪林，员工 27 人，址蚕环田村。就地取材生产萝卜干等蔬菜加工产品，供应湖州商店及农贸市场。1993 年转股份制企业，1998 年停办。

太湖公社砖瓦窑　1975 年创办，负责人潘志荣、崔金坤，员工 20 人，址婚对桥。主要烧制农村建筑材料青砖、瓦片等，销当地市场。1986 年停办。

太湖公社胶木厂　1975 年创办，厂长刘学林，员工 10 人，址幻溇集镇。主产各类电灯泡灯头插座等，销各地市场。1977 年停产。

太湖公社丝织厂 1978 年创办，厂长柏广才，员工 90 人，址幻溇集镇。主营化纤丝、真丝绸。1990 年停业。

太湖公社针织厂 1978 年创办，负责人潘志雄、何家桥，员工 120 人，址幻溇集镇。主要为男女羊毛衫、尼龙制品的生产销售。1990 年停产。

太湖公社经理部 1978 年创办，胡根才为负责人，员工 11 人，厂址幻溇集镇。主营各类建筑材料。1987 年停业。

湖州毛巾总厂 1980 年创办，负责人邹阿团，员工 2100 人，址庙兜漾湾里，占地 30 亩，是当时吴兴县规模最大的社办企业。下属有精密制造厂、棉纺厂、石粉厂等 3 家企业，主产各类毛巾、针织配件、石英砂等。1986 年停办，精密制造厂后转股份制企业。

太湖公社服装厂 1980 年创办，厂长李英英，员工 50 人，址幻溇集镇。生产各类服装，销相关城市商场。1986 年停产。

太湖公社电子琴厂 1984 年创办，厂长叶阿华，员工 50 人，址幻溇集镇影剧院内。生产销售电子琴。1987 年停产。

太湖公社时装厂 1984 年创办，负责人何伯成，员工 50 人，址幻溇集镇。产销各式男女服装。1986 年停产。

太湖乡贸易公司 1985 年创办，负责人刘雄安，员工 12 人，址幻溇集镇。主营各类商务贸易，1988 年停业。

太湖乡石子厂 1986 年创办，负责人潘锦林，员工 20 人，址在张降村。经营各种石子加工碾轧、生产水泥砖，销建筑市场。1988 年停产。

太湖印染厂 1988 年创办，厂长何伯勤，员工 100 人，址幻溇集镇，主营各类棉坯布加工染色业务。1992 年 8 月改股份制企业，1993 年改股份有限公司，1997 年 5 月迁晟舍 318 国道北侧。

表 4-5-3 1983 年乡办工业产组统计　　　　　　　单位：万元

乡镇	总产值	化工类		机械类		建材类		纺织丝绸类		食品类		其他	
		数量	产值	数量	产值	数量	产值	数量	产值	数量	产值	数量	产值
织里	107.72	2	28.08	3	21.54	1	8.81	2	23.17	2	14.83	2	11.29
晟舍	86.60	3	37.24	1	7.70	2	4.97	1	6.67			3	10.02
太湖	162.23	1	13.28			4	76.31	3	43.27	1	6.45	1	22.92
轧村	361.09	1	63.39	2	79.50	2	31.90	2	138.06			4	48.24
漾西	348.52	2	222.17	1	16.60	4	24.08	1	14.51	1	18.00	3	53.16

二、织里二轻企业

织里木器厂（织里木器造船厂、织里塑料电器厂、兴达源水处理设备厂）　前身为建筑队、车木社、圆木社、方木社4个单位。1951年，吴兴县建筑联社牵头成立"织里建筑工会"，组织民间木匠、泥水匠十余人参加。1954年，织里老街人薄根宝带来南浔的一批工匠，在老街漾西滩成立车木社，制造农船木橹等。此后崔竹明牵头轧村、义皋箍桶匠成立圆木社，在狮子桥北塬购两间店面，制造各类家用木桶和农用粪桶、菱桶等，由织里供销社负责销售。1953～1954年，木匠钱包大、高克明、邱明及修船工共十来人组成方木社，在狮子桥南桑地搭建茅草屋作造船、修船基地。1961年起，四单位员工大部分被精简下乡，回原生产大队。1965年合并成立织里木器造船厂，厂长崔竹明，址织里老街南岸，下放员工陆续回厂。1968年，木器厂扩充车间，改建织里塑料电器厂。用废塑料加石粉（碳酸钙），加工压制成粪勺、水勺等农用产品，由供销社生产部销售。废塑料由上海几家塑料制品厂提供下脚料。1974年开始研制生产水质处理器"电渗析器"，得到上海及湖州有关科技部门支持，浙江省科技局为此批拨5万元试制经费。1976年通过技术鉴定，1977年获"浙江省科技成果奖"，产品用于医疗、化工、纺织、煤炭等领域用水处理。厂名改为"湖州市织里兴达源水处理设备厂"。1999年改制为股份制企业。历任厂长：薄根宝（1965年2月至1967年10月）、胡克明、罗永贞（1967年11月至1974年12月）、崔竹明（1975年1月至1977年12月）、吴阿泉（1978年至1983年12月）、赵小平（1984年至1985年12月）、金振宇（1999年至2016年）。

织里竹器社（织里五金农具厂、织里五金电器厂）　前身吴兴县戴林竹器生产合作社，1954年建立。1955年与戴林竹器社分离，成立织里竹器生产合作社，员工30余人，址织里秋稼桥南塬。员工大多来自浙南地区匠人和本地一些下肢残疾人员，生产竹制生活用品和箩筐、扁担、土箕等农具，部分由织里供销社生产部包销，部分直接售市。1975年改农具五金厂，1977年起转产"风帆牌"电熨斗，之后批量生产，员工增至70多人，年产量15 000只，产品销江苏、安徽、河南、北京等十余个省市。

1988年与织里铁器社合并，更名"织里五金电器厂"。2001年12月关闭。历任厂长（负责人）：吕志洪（1955年至1985）、朱桂章（1986年至1988年5

月）、李大毛（1988 年 6 月至 1989 年 3 月）、王泽华（1989 年 4 月至 1991 年 3 月）、何坤荣（1991 年 4 月至 2001 年 12 月）。

织里铁器社（织里钣金厂） 1956 年成立织里铁器生产合作社，址织里老街照相馆西，租郑月林家五间店面房。由几家私人作坊合营而成，员工 25 人，主要来自织里、轧村、漾西、太湖等私人铁匠作坊,。郑志云任厂长。打造铁制农具，打制居民生活用具，生产任务及销售由政府有关部门统一安排。生产工具非常原始，即手拉风箱、大小铁榔头、铁墩、炉灶等，同时制造钣金产品白铁淘箩、畚几等。1961 年，部分工人被精简下乡，后来陆续回厂。1965 年开始使用电焊机、鼓风机、电榔头等电气工具。1968 年迁织里吴家塘生产队新厂房，有小食堂、单身工人宿舍。1980 年，更名为织里钣金厂，规模扩大。下设锻工、钣金、金工 3 个车间，增加部分员工和机床等设备。厂长沈应江。1990 年并入织里电器五金厂（前身织里竹器社）。2001 年停业。

织里区水作社 1955 年，郑港村甄家门甄阿毛发起在织里街开办联营豆腐店。1956 年成立织里区水作（豆制品）生产合作社，员工 36 人，主任姚阿五。总社址购织里老街狮子桥北块一居民墙门宅院。前店面、后五间平屋作工场。下设晟舍店、旧馆店、轧村店、义皋店。人员由总店统一调配，账目总店统一管理。按分配黄豆量给各分店定产值，每斤黄豆交 4 角钱产值。水作社主要为织里区 3000 名居民（城镇户口）供应豆制品，黄豆由粮食部门供应。最多时每月供应黄豆 5000 公斤，三年困难时期大量减少，最少时不足 500 公斤。城镇居民户口按月发放豆制品票，凭票供应水豆腐、豆腐干、油泡、千张等。逢年过节，农民可用干黄豆换购豆制品。20 世纪 60 年代后期，曾做脱水胡萝卜干、洋葱干、老姜片等出口日本、美国等国家。70 年代，脱水外贸产品转与织里公社社办企业生产经营。1970 年代中后期，水作社转给织里镇居委会续办。90 年代停业。

织里服装制鞋社 1957 年创办。前身织里服装生产合作社、织里制鞋生产小组，址织里老街东市水阁楼上。1960 年合并成立服装制鞋社，迁到狮子桥北块，租用织里房管会两间营业店面。员工不足 10 人，至 20 世纪 70 年代 20 余人。为顾客定制服装、制作（来料加工）各类布鞋，后根据公社安排烫制塑料雨衣，由供销社销售给本地农民。1987 年与织里铁器社合并，部分员工调南浔皮件厂。历任负责人（主任）陈金坤、陆志尧、金桂林（绍兴人）、潘金桥。

织里农机修配厂（二轻） 1957 年，织里老街王大伟等发起创办，址茧站东侧一家民宅（租用），主要修理简单农机具。1959 年合并入太湖公社农具机械厂，址迁织里老街漾西滩，租用三间厅屋，总人数 20 余人，来自轧村、义皋、织里乡村工匠，负责人朱海林。主要修理水车、脚踏打稻机、手摇风车等农机具。1961 年，人民公社规模调整，由王大伟等 6 人组成织里公社农机修理小组，购小机床一台，为农村机埠修理水泵及有关农机具。后并入湖州农机实验厂（大集体编制），址迁老街木桥港南。20 世纪 70 年代，易址织里中学东侧广场南建屋 7 间，改名织里农业机械修配厂，人员渐增。70 年代后期并入织里塑料电器厂，为其农机修理车间。后改制时关停。历任负责人应海港、沈思荣等。

三、队（村）办工商企业

村办企业在 20 世纪六七十年代称"队办企业"，大队改村后称"村办企业"。80 年代村办企业发展较快。至 90 年代初，大多改制为私营股份制企业，部分停业。

1.织里镇队（村）办企业

织里电镀厂　1981 年创办，大潘兜大队集体企业，址大潘兜村角子兜。1987 年停业。

湖州第一灯具厂　1983 年创办，大潘兜大队集体企业。址大潘兜村角子兜，生产各类照明灯具。1987 年停业。

大港印染有限公司　1990 年创办，大潘兜村与香港合资企业，址大潘兜村。2002 年转为内资企业，后改股份制民营企业"湖州大港纺织集团"，董事长朱新康。2011 年迁大港路西侧新厂，占地 150 亩。

浙江恒丰印染有限公司　1991 年创办，大邾村村办企业，负责人吴金海。中外（泰国）合资企业，址大邾村安丰桥北。1994 年改为民营股份制企业，2008 年改为"浙江米皇新材有限公司"。

浙江永佳制衣有限公司　1992 年创办，凌家汇村办企业，址凌家汇村部东侧。1996 年停业。

浙江元昌印染（漂染）有限公司　1994 年创办，红光村村办企业。址红光村庵背后。2000 年迁晟舍，2002 年改制为民营企业，董事长沈新康。

东盛实业有限公司　1994 年创办，东湾兜村村办集体企业。含织里加油站、东安建筑公司、储运仓库等企业，后开办东盛幼儿园、东盛大酒店、房产公司。2003 年变更为"东盛集团",董事长侯国民,址吴兴大道 199 号。2018 年改现名。

宏达建筑公司　前身织里、郑港两个行政村的建工队,1999 年合并为"织里镇第二建筑公司",负责人姚荣林、戴阿细,公司业务为农村建筑。2000 年改制为"宏达建筑有限公司",址织里村部。

2.轧村镇队(村)办企业

骥村桶厂　1978 年创办,负责人张水根,址塘门桥 318 国道旁。1992 年停业。

增圩服装厂　1979 年创办,负责人谈根林,址增圩村。1995 年停业。

森寅地板厂　1979 年创办,负责人严伯成,址塘门桥,生产各类家用地板。现改名"湖州森寅木业有限公司"。

潘塘桥酒厂　1986 年创办,负责人潘金根,址潘塘桥自然村,主产酒类。1993 年停业。

姚泥水滑轮厂　1986 年创办,负责人汤阿团,址汤宁祉。1993 年改制。

骥村印染厂　1990 年创办,负责人沈阿团,址骥村村,经营各类棉布印染。2018 年停业。

昌达纺厂　1990 年创办,负责人严新昌,址骥村 318 国道旁,主产各类窗帘。1994 年改制为私营企业。

轴承厂　1990 年创办,负责人闵凤林,址塘门桥,生产各类轴承。2018 年停业。

地板厂　1990 年创办,负责人陈才根,址三济桥,生产各类家用地板。2019 年停业。

3.晟舍乡队(村)办企业

东升日化厂　1976 年,东升大队(旧馆村)创办,厂长陈金根,员工 8 人,址庙岐山村,晟舍队(村)办集体企业。主产洗、烫发水,销理发用品市场。1986 年停办。

东方红预制场　1976 年由东方红大队(白鹤兜村)创办,负责人张仁山,员工 15 人,址白鹤兜村,晟舍队(村)办集体企业。浇制农村建房用水泥梁头、多孔板(五孔板)等。1990 年停办。

毛儿兜砖瓦窑　1978 年由先锋大队(晟舍村)创办,厂长慎阿细,员工 15

人，址白鹤兜村，晟舍队（村）办集体企业。主要烧制建筑用青砖、瓦片，销售本地农村。1990年停办。

东兜硬木厂　1980年，前锋大队（东兜行政村）创办，厂长叶水发，员工20人，厂址设在老东兜。主产农村建房楼梯踏步等产品。1990年停办。

荡田圩拉丝厂　1983年，东风大队（荡田圩村）创办，厂长沈淦林，员工10人，厂址设在荡田圩村。主要生产经营各类建筑用钢材，1990年停办。

西车兜灯泡厂　1983年，永跃大队（现大河行政村）创办，厂长蒋吉春，员工10人，址西车兜村。主产各类日用灯泡，1991年停业。

先锋电镀厂　1984年，晟舍村创办，厂长王发林，员工10人，址晟舍利济寺南侧。主产各类自行车配件等。1990年停办。

陶家湾眼镜厂　1984年，陶家湾村（大河村）创办，厂长周顺明，员工5人，址陶家湾村。主产经营各类民用眼镜，1990年停业。

荡田圩煤球厂　1984年，荡田圩村（大河村）创办，厂长沈玉宝，员工10人，址荡田圩村。主产城乡居民家用煤球，1989年停业。

立新绸厂　1984年，曹家兜村（大河村）创办，厂长陶荣春，员工25人，址曹家兜村。主产经营各类绸布，1990年停业。

红卫油脂厂　1985年，秦家港村创办，厂长杨阿黑，员工4人，址杨木桥村。主产经营工业用地汤油，1990年停业。

飞鸟羊毛衫厂　1986年，朱湾村创办，厂长朱锦康，员工80人，址朱湾村。主产各类羊毛衫，销各地市场。1990年后转股份制企业。2018年停业。

朱湾托运站　1987年，朱湾村创办，负责人朱阿宝，员工15人，址朱湾村。经营各类服装及货物托运，1990年停业。

4.漾西镇队（村）办企业

红湖铜棒厂　1972年创办，厂长沈福荣，员工100人，址汤溇村，漾西早期队（村）办企业。主产各类铜棒及制锁，销各地市场。1998年停办。

漾西化工厂　1975年创办，厂长朱美生，员工500人，址曙光村，漾西早期队（村）办企业。生产各类有机玻璃纽扣，销各地市场。2002年停办。

东风五金厂　1975年创办，厂长钱荣根，员工40人，址钱佳兜，漾西早期队（村）办集体企业。生产各类小五金产品，销各地市场。1988年停办。

红卫皮鞋厂　1978年创办，厂长汪志林，员工80人，址陆家湾，漾西早期队（村）办集体企业。生产各式男女皮鞋，销各地市场。1998 年停办。

宋溇蜜饯厂 1980 年创办，厂长濮国荣，员工 80 人，址宋溇村。生产各类蜜饯，销本地食品商店。1996 年停办。

南河塑料厂 1982 年创办，厂长濮国荣，员工 80 人，址南河村。生产制造各类塑料用品，销售各地商店。1992 年停办。

曙光丝织厂 1990 年创办，厂长陆阿林，员工 50 人，址曙光村。生产各类丝织品，销各地商场。1997 年停办。

5.太湖乡队（村）办企业

义皋搬运队 1965 年创办，负责人张坤才，员工 30 人，址义皋集镇，太湖早期队（村）办集体企业。主要为供销社、粮站装卸、搬运各类货物。1989 年停办。

金溇元钉厂 1973 年创办，厂长叶大毛任，员工 38 人，址金溇村，是太湖公社早期创办的队（村）办集体企业。生产各类建筑用元钉（圆钉）。1978 年停办。

白桥坝砖窑 1974 年创办，负责人潘细毛，员工 15 人，址白桥坝村，太湖早期队（村）办集体企业。主要烧制农村建筑用材青砖、瓦片。1982 年停办。

水产村塑料厂 1974 年创办，负责人金连根，员工 35 人，址义皋水闸旁，太湖早期队（村）办集体企业。主产塑料粒子供应市场。1977 年停办。

伍浦木器厂 1974 年创办，厂长陈克夫，员工 35 人，址伍浦村，太湖早期队（村）办集体企业。主产各类农具、木制家具供应市场。1981 年停办。

张降村布轮厂 1974 年创办，厂长邱云轩，员工 40 人，址张降村，太湖早期队（村）办集体企业。主产各种布轮。1985 年停办。

杨溇预制场 1976 年创办，负责人柏强然，员工 20 人，址杨溇村，太湖早期队（村）办集体企业。主要浇制建筑用水泥楼板及其他水泥制品。1990 年停办。

东桥皮鞋厂 1976 年创办，负责人沈祥生，员工 32 人，址东桥村，太湖早期队（村）办集体企业。生产各式男女皮鞋，销各地商场。1979 年停办。

漾湾石粉厂 1977 年创办，厂长邹阿团，员工 40 人，址漾湾村。生产建筑用石英砂。20 世纪 90 年代转制为股份制企业。

潘溇化工厂 1978 年创办，厂长金火林，员工 40 人，址潘溇村。生产有机化工原料。1985 年停办。

义皋印刷厂　1981 年创办，负责人吴正明，员工 18 人，址义皋集镇。承接印制各类印刷品。1985 年后个人承包。

伍浦丝织厂　1983 年创办，厂长秦荣光，员工 35 人，址伍浦村。生产各类化纤丝织品，销各地市场。1986 年停办。

织里四联酒厂（庙兜酒厂）　1984 年创办，庙兜村办企业，厂长钱小林，员工 56 人，址庙兜村，后改名太湖酒厂、湖州第二酒厂。生产酿造五加皮和汽酒、汽水、白酒、糟烧，销各地市场。1990 年后改制为股份制企业。2003 年停业。

第三节　乡镇、村办工商企业改制

一、乡镇企业改制

20 世纪 70 年代社队企业发展较快。1984 年，公社改乡（镇）后称乡镇企业。1993 年起实行体制改革，至 1995 年基本完成股份制企业或民营企业改革。其中，轧村乡镇企业改制中探索出一套经验，在湖州市各乡镇推行，称"轧村模式"。

轧村乡（镇）企业改制　轧村乡镇（社办）企业始于 20 世纪 70 年代初。由于行政干预多，出现政策、管理、技术、市场诸多方面弊病，许多企业亏损严重，难以为继。于是，开始探索新模式。1993 年 4 月，轧村乡对助剂厂、五金厂、建筑公司、联营厂、电子元件厂、棉织厂 6 家镇办企业实行经营机制改革。第一家启动改制企业轧村助剂厂，1985 年创办，员工 8 人，厂长王瑞乐由 5000 元起家，生产水溶性消泡剂，年利润 10 万元。1993 年总资产 30 万元，改制成为股份制企业后，镇工办（集体）占 20％股份。轧村印染厂，1976 年创办的老企业，员工 150 余人。改制前夕，实际负债 825 万元。由厂长杨小毛、本土经营大户吴友仕联手常州第五印染厂，并购其 80％股份，轧村镇工办（集体）占 20％股份。1994 年羊毛衫厂等企业改制逐步推开，至 1995 年，轧村乡镇企业转制工作完成，并收到明显效果。湖州市体改委派员调查总结，在全市推广，有关媒体对此进行宣传报道。后来被外界称为"轧村模式"。

乡镇企业改制时的"轧村模式"　地方政府（工业办公室）参股 20%～30%，企业依然享受镇办集体企业一切待遇；以原企业领导或技术骨干为受转对象，保持产品、客户、市场平稳过渡，员工队伍相对稳定；由政府、中介机构、职工代表组成企业资产清查小组，全权处理并公示，防止资产流失；协议明确，改制后乡镇政府不参与企业管理，不承担亏损风险，企业每年须以10%股金分红上缴镇财政，承担各项社会性费用；对资不抵债企业，乡镇政府负全部债务偿还责任，在银行抵押股份进行贷款，利息由承包企业逐月代付，年终在上缴款中扣除；受转后新股东，必须按所占股份比例，足额出资；企业用地，明确划归镇资产经营公司所有，企业具有使用权，每年向土地管理部门缴纳有关税费。

镇域其他乡办企业改制　在轧村乡镇企业改制的同时，织里、晟舍、漾西、太湖的乡镇企业根据经营和效益状况，进行多种形式的改制、转制工作。多家企业改成股份制企业，湖申印染厂转制为大港印染厂，太湖毛巾厂经评估后折价转卖，成为民营或私营企业，也有多家乡镇企业在改制前后期停产或关闭。参见本章第二节。

二、村办企业改制

织里镇域村（队）办企业始于20世纪60年代，70—80年代为鼎盛期，有20余年历史。从竹木铁手工业匠人联合起家，经历了艰辛起步、小有成绩、逐渐衰落等阶段。大港村创办的大潘兜灯具厂、轧西村羊毛衫厂、太湖林钻土厂、晟舍拉丝厂等，曾经在村办企业中有过较好业绩，在商品市场上受过欢迎。尤其是漾西曙光化工厂，生产有机玻璃纽扣数量占全国同行业市场四分之一，受到过浙江省乡镇企业局表扬。东湾兜村创办的东盛实业公司旗下有房地产、棉布经营、加油站、东盛大酒店等企业，在湖州范围很有影响。

村（队）办企业在20世纪80年代初有追潮现象，多为"戴帽挂靠"企业。织里村办企业在80年代后期就是"自生自灭，适者生存"状况。改制结果，效益稍好有发展前景者被人收购转为私营，大多数村办企业关闭，仅有织里村宏大建筑有限公司等极少数村办企业至今存在，而实质也是以私人经营的企业。参见本章第二节。

三、改制后主要私营（股份）企业

有万邦德医药控股集团股份有限公司、浙江米皇新材股份有限公司、湖州珍贝羊绒制品有限公司、湖州珍贝羊绒制品有限公司等多家企业。工商企业名录及经营状况资料详见本卷第六章《商业与服务业》和第七章《工业》。

第六章　商业与服务业

镇域农副产品种类颇多，历来盛产蚕茧、湖羊、皮毛、太湖鱼虾、太湖蔬菜等。新中国成立至1984年，商业经营主要靠水路船运，粮食、蚕茧、淡水鱼、蔬菜通过船运销往各地，也把本地所需物品采购载运回来。湖州至上海客轮途经旧馆、震泽、南浔，至湖州客轮途经漾西、轧村、织里镇等地，皆停靠载客带货，客人上岸交易，把织里的特产带往南浔、湖城乃至吴江、上海等地，民间小型客货航船橹摇桨划（20世纪70年代末改为机帆船），也穿梭于横塘及诸溇，先后形成了义皋、东桥、漾西、轧村、织里、晟舍、旧馆等集市。各集市以粮管所、供销社和食品站等国营商店为主体，以合作商店、饮食服务等集体商店为辅，代购代销店延伸到各村。改革开放后，私营商业、服务业陆续出现。1984年，织里因绣花产品和童装产业兴起，形成绣品、童装、棉布市场。镇政府提出"要致富先修路"的号召，建成晟织公路，连通318国道，乡村公路网逐年完善，客货汽车运输业迅速发展。随着童装产业发展、城镇建设规模升级和房地产兴起，织里由仅有一条街的小集镇，迅速成为常住人口40多万的浙江省小城镇试点镇。各类商业、饮食服务业店铺遍布大街小巷，规模经营的民营酒店、超市相继出现，与童装产业配套的电商、广告等新型服务业和中介行业也应运而生，展现出以民营经济为主的商业活力。

第一节　供销社

一、区供销社沿革与领导变更

1950年，吴兴县供销合作总社成立。织里商业开始复苏。

1951年，王政文、王松樵等人在织里晓河村古庙组建麒麟供销合作社，主任王政文，监事沈聚福，其他成员有金茂顺、邱金惠、闵大春、顾丽蓉等，实行社员股份制，每股1元，手续费0.1元；1952年，搬迁南街稚桥北庙，改名"织东乡供销社"。

1953 年，织里"六乡供销社"成立，"六乡"即织里、云村、轧村、义皋、大河、漾西，主任王政文，后为丁道水。经销布匹、副食品、日用品等，地址为各地庙宇祠堂。

1954 年 6 月，织里区供销社在六乡供销社的基础上成立，原址位于老街农业银行内，主任李忠义。设生产资料部、生活资料部、农副产品收购部。1954 年 7 月，召开首届社员代表大会，制定社章，由社员代表选举产生织里供销社首届监事会和理事会。延续社员入股制，每股调整为 3 元，1954—1955 年每股为 5 元。管理上贯彻"四项制度"（计划、合同、会计、统计）和"五个标准"（工作定额率、商品周转率、流转费用率、商品损耗率、利润率）。对基层零售商实行"拨货计价实物负责制"，既简化了售货手续，又加强了营业员的责任。这是承包制的雏形，这种形式一直延续到 20 世纪 70 年代。

1956 年，吴兴县农副产品局在织里设农副产品采购站，主要收烘蚕茧。1957 年 3 月农产品采购站撤销，采购站划归入供销社。成立收茧小组（供销社、政府行政领导组成），组长郑六生，管理 10 个茧蚕收购站点：戴山、织东、织里、晟舍、义皋、轧村、漾西、汤溇、东桥、后林。1996 年，茧站划归丝绸公司管理。详见本卷第四章第一节。

1958 年，执行国家"三合一"政策：国营商业、供销社、合作商店合并。性质为全民所有制企业。10 月，实现人民公社化，工商营业单位下放给太湖人民公社（大公社），撤销织里区供销社，组建成人民公社供销社，公社供销社称总社。轧村、晟舍、漾西、太湖（义皋）等商店纳入公社供销社总社，皆称为织里人民供销社分店。总社地址位于老街福泰昌原址。

1960 年太湖人民公社供销社改名吴兴县商业局织里办事处，下设 5 个供销社：织里、晟舍、义皋（东桥分部）、漾西、轧村。

1962 年，撤销办事处，恢复织里区供销社，戴山供销社划归织里区供销社。

1967 年，供销社成立了"革命委员会"，"造反派"组成 3 人小组，原组织领导被打倒，费永浦主任等领导被下放旧馆、漾西等地劳动改造，1968 年下半年重回领导岗位，供销社重新恢复正常营运。

1972 年，国营商业与合作社合并，区供销社更名为织里采购综合供应站；1976 年，国营商业与合作社再次分开。

1978 年，撤销综合采购供应站，恢复织里区供销社。供销社归公社领导，称以社建社。供销社对在"文化大革命"中的冤假错案逐个进行复查，对多人进行平反纠正。

1983 年 5 月，区供销社召开社员代表大会，选举产生领导班子。同时产生生产资料部经理王泽民、农副产品收购部经理陈六生、生活资料部经理吴玉囡等部门领导。

1990 年，区供销社成立织里经济区供销社社务委员会，由 112 人组成，会长徐耀初，副会长潘春喜。聘任李国荣担任织里经济区供销社主任。职工人数达 375 人，其中全民职工 193 人、集体职工 76 人、城镇合同工 36 人、农民合同工 70 人。

2001 年，供销社破产，资产均转让或拍卖。退休职工 203 人，在职职工 200 人，其中合同工 31 人，皆买断工龄，提前退休。遗留人事挂靠在吴兴区供销社，由潘建新代管。

2008 年，城东供销社成立（管辖织里社区和八里店供销社），潘建新任副主任兼管原织里供销社事项，至 2018 年。

表 4-6-1 织里区供销社历任主要负责人名录

名称	姓名	任职时间	职务	备注
织里区供销社	李忠义	1954 年至 1958 年	主任	
织里公社供销社	吴志根	1958 年至 1960 年	主任	
吴兴县商业局织里办事处	宋品兰	1960 年至 1962 年	主任	书记周永泉，工会主席杨德源，具体任职时间不详
织里区供销社	潘杏轩 费永浦	1962 年至 1963 年 1963 年至 1967 年	主任 主任兼书记	1963 年 先有闵月林代主任
织里供销社革命委员会	三人小组	1967 年至 1968 年		"造反派"组织
织里区供销社	费永浦 丁道水	1968 年至 1969 年 1969 年至 1972 年	主任兼书记 主任兼书记	
织里采购综合供应站	丁道水	1972 年至 1977 年	主任兼书记	
织里区供销社	丁道水 张国兴	1978 年至 1985 年 1985 年至 1990 年	主任兼书记 主任	1985 年张国兴被商业部授予劳动模范称号
织里经济区供销社	李国荣 沈建民	1990 年至 1995 年 11 月 1995 年 11 月—2001 年	主任 主任	

二、各基层供销社

晟舍供销社 位于晟舍老街。1951 年于晟舍大河村成立，名为"大河供销社"。1951 年前，百姓以"一肩挑"的形式按户销售。1956 年供销社搬至晟舍老街，下伸店 17 个，"二代店" 8 家（即代购代销点，工作人员由村民担任。1986 年代销额为 30.8 万元，1987 年为 27 万元，1988 年为 23.9 万元）。1983 年 5 月，遵照区委、区供销社的意见，公社供销社派出 3 人到白鹤兜大队开展清股、扩股、增股的试点工作。晟舍供销社试点后，体制改革在织里区供销社全面实施。承包后商店扭亏为盈，如旧馆饮食店，1983 年 1—3 月亏损，承包后，年底利润达 3005 元。同年还增设两个五金部，增加销售额 11.2 万元。1986 年合作商业零售额为 197 268 元。

第一任主任为王绍桢，1963 年为张国兴，1971 年为杨梅林，1991 年为茹恩惠，1997 年为闵水清。

太湖供销社 位于义皋古镇，建立于 20 世纪 50 年代初。始称"义皋供销社"，1986 年东桥、义皋合并为"太湖乡供销社"，地址迁至幻溇。义皋、东桥设分社。

下伸店 18 个，"二代店" 10 家（1986 年代销为 23.9 万元，1987 年为 22.7 万元，1988 年为 15.6 万元）。实行股份制，至 1996 年，社员股份有 31 000 元。

第一任主任为王心一，第二任为王松樵，1972 年至 1982 年为陶旭初，1986 年为李水根，1988 年为乌守贤，1990 年至 2001 年为方荣海。

义皋分社 1986 年设立分社。1989 年 12 月正式成立"湖州市义皋供销社"，实行独立核算，自负盈亏，银行单独开设账户，隶属区供销社管理。1986 年合作商业零售额为 255 676 元。

第一任主任陶旭初，第二任高建荣；1994 年至 2001 年为宋志荣。

东桥分社 1986 年设立，1986 年合作商业零售额为 299 086 元。职工裴文明于 1981 年和 1983 年被评为省供销合作社系统先进工作者。

前期主任为柏福强，后期为乌守贤。

漾西供销社 位于陆家湾，建立于 20 世纪 50 年代初。徐凤春等人以每股 2 元入股，后又以 4 元一股增股，1986 年股金达 35 180 元。下伸店 15 个，"二代店" 7 个（1986 年代销额为 89.6 万元，1987 年为 63.6 万元，1988 年为 46.1 万元)。南湖、常乐、胡溇设化肥供应店,常乐增设畜产品收购点。1979年,代收购鲜鱼300担(1担=50公斤),并帮助销往市水产公司。1986年,合作商业零售额为469 711元。20世纪80年代末由职工承包。

第一任主任为费文林,第二任为宋品兰,1961年至1972年为陶旭初,1973年至1987年为潘云初,1988年至1990年为朱建民,1990年为费中华。

轧村供销社 位于北漾桥西堍,建立于50年代初。1954年公私合营后,以股份制形式管理,1986年社员股金为35 658元。下伸店22个,"二代店"10家(1986年代销额为26.8万元,1987年为28.6万元,1988年为26.4万元)。计划经济时期,农药、化肥无法满足需求,每年都想办法到菱湖化工厂购买农药,到安徽购买磷肥。1986年,商业合作零售额为49 937元。

第一任主任李林宝,后为吴阿兴、杨德源、柏福祥、傅介然、钮发生,1979—1993年主任为顾宝珠,1994年为秦建华。

轧村供销社

戴山供销社 1951年成立,位于后林村,又称戴林合作社(戴山村、后林村)。1954年区社成立时划归环城区管辖,1962年归织里区,1964年又回归环城区,1980年回归织里,1999年划归八里店镇管辖。1997年主任胡建鸣。

三、区供销社改制

1983年,按中央指示进行体制改革。恢复社员入股制,各社社员一人一股,每股4元,发放股金证。3月开展清股、扩股、增股工作,清理老社员工股15 332股,股金63 133.3元,落实股权15 283股,占原股99.68%,分配三年红利 15 783 元。6 月完成扩增股任务，社员由原来的 15 332 户，发展到 19 537 户，增加 27.43%，占总农户 88.85%；社员股金发展为 96 840 元，比原股金增 53.38%，占自由资金由 3.2% 扩大为 4.9%。7 月召开区社一届二次职工代表大会，组成监事会、理事会两套班子，选举 11 位监理事。监事会主任丁道水，理事会主任张国兴。合作商店实行承包责任制。同年 14 个企业皆盈余，纯销售超计划 2.49%，盈利超计划 2.2%。

1984 年，全社职工人数达 460 人，其中全民职工 292 人，集体商业人员 246 人。继续推行发展入股政策。入股农户总 20 194 户，比上年增户 238 户；集资 181 330 元，股金总额达 280 671 元。生产扶助金发放 5851 元，扶助 69 个项目。

1985 年，企业经营机构达 75 个，仓储运输机构 10 个。生产零售 710 万元，生活零售 892 万元，全年完成利润达 156 万，为全省前列（郊区供销社就南浔、织里超百万），区社领导被特邀参加省供销系统先进座谈会。

1978 年至 1988 年，供销社被省供销系统作为农村市场联系点（统计、物价、农资联系点），调查、了解、分析、预测农村市场，业务统计科进行数据统计并写成书面报告，每年开展大型调查 2 次，农村春耕备耕生产调查和农村秋后旺季市场调查。每次调查结果为书面和口头汇报，省有关部门综合后汇报给国家商业部。织里供销社是湖州市唯一农村市场联系点。

1986 年 12 月，区社召开第四届社员代表大会，会议通过了《社章》，制定一系列改革制度。社员股金发展为 57 万余元，上缴职工基金 10.8449 万元，缴纳税金 54.8368 万元。全社拥有资金 588.5 万元。1987 年至 1989 年，实现利润 371.6 万元，上缴国家所得税 167.6 万元，社员股金分红 18.7 万元，上缴职工基金 11.4 万元，提取职工基金 62 万元，补充建设基金 38.5 万元，兼顾国家、集体、个人三者利益。

1990 年，全社职工 478 人，拥有资金 837.8 万元。社员股金已发展为 97.4 万元。利润总额达 1 025 800 元。召开第五届社员代表大会，修改了社章。会议决定：社务委员会任期为 5 年，入选农民社员代表占多数。商业经营全面实行柜台承包责任制，实行"三定"经营方式（定员、定资本金、定库存抽本金）。上缴利率是三年的平均利率，承包职工跟区社签订三年责任合同。这种方式为全市第一，全省前列。实施方案上报市供销总社未获批，社领导顶着压力实行后效果显著，得到分管市长的首肯。李国荣主任和王泽民副主任被特邀参加湖州市供销社

7 个改革试点单位负责人会议（织里区社不在试点单位内），李国荣主任代表区社在会上做了经验介绍，这种经营方式至 1996 年停止。

1995 年 11 月上级调任沈建民任主任。供销社公有制经营困难，多次召开职工代表大会，商讨解决办法。拍卖汽车站停车场、第二商场、职工宿舍等（参照房改政策卖给职工），解决前期亏损。2000 年 7 月，由市政府副秘书长柴根初出面召开各方协调会，职工买断工龄，提前 5 年退休。成立清算小组，处理相关事宜。2001 年 10 月供销社破产，资产皆转让或拍卖，遗留人事挂靠在吴兴区供销社，由潘建新带管。

四、区供销社创办的企业

织里食品厂　位于狮子桥埂东，成立于 1978 年。后扩建厂房近 1536 平方米，投资 13 万元，职工 60 多人。主要制作饼类、米制品、冷饮等，后发展至上百种综合性产品，独创裱花蛋糕、枕头面包、多味瓜子、饮料、汽酒；广式月饼为湖州市第一家生产及销售的产品，其中腰子饼、酥糖销往北京，也是湖州农村食品首次进入京城的特产。1983 年产值 45.27 万元，利润 21 197 元。1986 年，员工沈思强研创新产品，取名"方圆牌薄脆饼"，在湖州市商品交易会上获"金牛奖"，后又被省供销系统评为新优名特产品金鹰奖。厂长李克强代表织里食品厂参加全国合作总社产品交易会。厂房于 2001 年拍卖。

第一任厂长王心一，后任解庆云、范荣林，1984—1990 年为李克强，1990 年后为凌跃华。

织里绣制品服务合作社　成立于 1985 年，位于织里妙桥北埂，职工 5 人。主要为当地经营者提供纺织品面料、夹里布、绣制品线，为经营户提供账户汇款、外销证、介绍信、合同等。服务合作社成立后，4 个月销售枕套等 8 种商品148 203 件，销售额为 380 514.80 元，为国家代收税款 22 350.64 元，为企业创利润 5876.87 元；供应特丽纶等 15 211.2 米，销售额 27 347.48 元，得利 2476.89元。全年为厂方销售白布（夹里布）437 400 米，销售额 359 224 元，利润达134 337.26 元。于 1994 年解散。

负责人潘惠炎、陶增林。

织里酒厂　位于老街漾西滩，成立于 1981 年。区供销社和织里镇工业公司联办经营：供销社出资，工业公司提供厂房。职工 40 人左右。开始生产汽酒，

1983 年，计划投资 80 万元筹建汽酒厂。到江苏吴江请来米酒师傅，10 月就销售 3.55 万余公斤。利润比往年增加了 21%。于 1991 年停业。

厂长郑发明。

织里供销社储运组（驻湖办事处） 位于湖州务前河埠头，成立于 1960 年。主要负责物资的进货、调拨、运输。生活资料商店有 3 条运输船，其中最大的有近 20 吨（1984 年改为铁驳船），尖头船 10 吨左右，小船约 4 吨；每个乡镇供销社皆有 5 吨左右的运输船。1979 年，织里、晟舍、轧村三个基层社的运输船率先进行承包制，独立核算，当年盈利 5612 元。之后，承包经营方式推广至德清、长兴、安吉三县。于 1994 年撤销。

早期负责人王松樵，中期负责人费文林，后期负责人陈立义。

供销社招待所 位于老街木桥头，成立于 1956 年。初期，一间统间，床位 10 个；1969 年，搬迁至老当基原址，二层楼房，房间 10 个。于 1994 年停业。

早期负责人唐瑛，后期负责人韩杏炎。

织里旅游服务社 位于织里北路，成立于 1985 年。系湖州市第一家旅游货运公司。客车 2 辆（开往湖州，票价 0.33 元），货车 2 辆，驾驶员 5 人。于 1988 年停业。

负责人季建荣。

织里白天鹅服装厂 位于供销社旧址，创办于 1985 年，职工 50 人左右。初创时聘请上海师傅指导，主要生产男式短袖"香港衫"，销往上海。于 1990 年停业。

厂长凌国英。

织里蔬菜厂 位于狮子桥南，成立于 1973 年。主要制作萝卜干、大头菜、酱菜、什锦菜等。于 1989 年 12 月停业。

厂长孙麟。

漾西家具厂 位于陆家湾，成立于 1986 年，职工 10 余人。主要生产办公家具和民用家具，销往本地。于 1989 年停业。

厂长潘云初。

太湖蔬菜合作社（与太湖工业办合作） 位于幻溇，成立于 1983 年。初创，到上海美国办事处取来芦笋种子种植，推销至上海。于 1988 年停业。

主任许羽，1986 年后为乌守贤。

吴兴商业大厦 位于人民路1号,1988年6月建成投入使用。大厦有四楼,22个门面,共5000多平方米。一楼主要经营副食商品,二楼主要经营服装、五金、电器。是镇域最早的大型综合商厦。1991年以柜台形式承包给职工。2001年拍卖。

总经理李水根。

织里供销社第二商场 是镇域第一座开放式超市型商场位于人民路中段,1987开业,建筑面积700平方米,员工15人。主要经营副食品批发零售。于1998年拍卖。

第一任经理李克强,第二任经理钱志平。

国际商业大厦 位于富民路和中华路交叉口,投资100多万元于1991年建成。共四层,1～2层3000多平方米,是商场,3～5层是职工宿舍,居住30多户职工。于2001年拍卖。

经理姚建国。

五、区合作商业（集体企业）

宗旨:对供销社未能涉及的方面拾遗补阙。方式:以零售为主,经济上独立核算,自负盈亏。

新中国成立初期,大小私人店铺有100多家。1954年,根据上级"利用、限制、改造"的政策,私商私贩组织合作社,皆有供销社归口管理。1955年11月,对归口私商采取公私合营、合作商店（小组）,或保持对个体经营的领导和管理等形式进行过渡。1956年3月,除手工制作商店暂不参加集体活动外,其余商店组成5个集体合作商业单位:畜产品收购站、副食品站、饮食、日用百货、鲜鱼店等;多个合作小组:联穗粮行、照相钟表、理发浴室等。赵荣生的"福泰昌"等私商,响应政府号召,公私合营。联穗粮行有8家米行组合成立,后合并为5个门面,1955年2月归粮管所管理。

1958年春节开始,国家对猪肉、牛肉、羊肉、鸡蛋、白糖、糕点、粉丝等8种副食品实行凭票定量供应。1959年,市场食品供应全面紧张,对大白菜、萝卜、葱蒜、豆制品、副食调料品、蛋糕、糖块也采取按城镇人口分配,限量凭票供应。时用专用购货券分为两种,一种是"日用工业品购货券"（最早发行于1961年）,主要用于购买日用工业品,如衣柜、自行车、手表、缝纫机、布鞋等；另一种是"副食品购货券"（或副食品购物本），凭票能买少量的豆制品、腐竹、粉丝、芝麻酱或花生酱、金针木耳、调料等。80年代末至90年代初停止使用票证。

1961年，恢复合作商店为集体所有制，6月供销社专门设立集体商业部门，成立合作商店总店，建立组织，对合作商业进行指导。早期负责人王政夷、姜伯乐，后期陶利民、谈文海。人事、货源、定价、工资都由供销社管理。分饮食商店（东大众、西大众）、酱食商店、日用杂货商店、鲜鱼商店。

1969年，合作商店改成了代购、代销、代营的三代店：统一使用人员、统一调配经营、统一核算。独立核算，自负盈亏。人员性质不变，工资待遇不变，工资补贴按规定统一发放。1979年7月开始，合作社执行父母退休子女可以顶职的政策，并向社会招收一批待业青年。退休工资根据工龄长短，贡献大小，按40%~85%发放。

1981年，明确合作商店为社会主义集体所有制经济性质和职工的工人阶级地位，合作商店改称集体商业。

1984年9月，成立织里商业综合公司（经济区商业总店），服务商店部分门市部和鲜蔬商店并入公司。对合作商店进行划分，推行承包责任制，商店扭亏为盈。织里日用杂货合作商店销售超前年12.65%，利润超前年24.35%，每个职工得利179元，商店成为全社样板。

1986年9月，经市郊区供销社批准，增设8个分支网点：4个副食门市部及青果门市部、煤球门市部、批发门市部、五金百货门市部。继续实行股份制，全社股金达427578元。商业零售额达2025430元。

1990年8月24日，撤销"织里经济区商业总店"成立"织里经济区集体商业管理委员会"，主任委员陶利民，常务委员谈文海，委员有13人。管委会负责区集体商业的领导和管理，主任和常务委员处理日常管理工作。下属商店，一律独立经营、自负盈亏，商业总店不搞经营。时有职工共300余人。

1990年8月—1994年4月，织里、轧村、漾西，以及太湖的东桥、义皋等乡镇的酱什商店都增设了综合门市部。零售代销日用杂货百货、糖果糕点、烟酒补品、食油、调味品、烟花爆竹、日用化纤、针棉织品、鞋帽服装等，皆属酱什商店分支机构，非独立核算。

1993年市供销社批准归口集体商业房屋出售。1997年5月8日，为防止财产流失，经济管理委员会下发了《集体商业非经营性资金管理办法》，专人负责，专项存放，分商店设账户（资金所有权属商店）。人员逐步自找出路，自己开店，自己上缴统筹费、劳保费。退休金有市社保办统一管理。

2001 供销社破产，集体商业移交吴兴区供销社，事务由陶利民负责联络处理。2012 年陶利民退休，剩余存款、资产移交给吴兴区供销社管理，具体杂事由吴兴区供销社聘请吴培根代管。2020 年 7 月，吴培根退休，合作商业消失。

六、区合作（集体）商业商店

织里酱什合作商店　分东酱什店和西酱什店，职工 22 人。1986 年零售额为 536 903 元。街东邱家塘桥 86.4 平方米，1996 年 9 月，以 30 000 元出售；街西门面 4 间 60 平方，1991 年新建营业房 139.5 平米，造价 4 万，1995 年 6 月，以 30 万元出售。

第一任经理姚桢保，第二任经理金阿五，第三任经理张文明。

织里饮食合作商店　分东大众店和西大众店，职工 60 余人。有 3 间楼房，下伸店 4 个。分别位于秧宅、落水兜、乌桥头、凌家汇。1986 年东大众饮食业零售额为 96 702 元，西大众为 60 600 元。1991 年 11 月，东大众和西大众饮食商店合并为织里饮食商店，由职工承包经营。

第一任经理许泉林，第二任经理韩宗根，第三任经理范大伟。

织里鲜鱼商店　位于老街东河岸，职工 3 人，有水阁 3 间。1990 年职工承包经营。

第一任经理李荣寿，第二任吴志宝，第三任郑凯（郑冠雄）。

织里茶水商店　位于老街东，职工 3 人。1989 年由职工承包经营。

经理王培荣。

织里服务合作商店（照相馆、钟表店）　位于狮子桥堍，职工 6 人。

1982 年，照相馆、钟表店皆由职工承包经营，至 2009 年 10 月，职工全部退休而停业。

晟舍大河酱什合作商店　为合作商店总部。商店靠街 2 楼 4 间，进深 12 间。下伸店 5 家：陶家湾、西东兜、河西、朱湾、云村（1956 年称旧馆为云村）。职工 20 余人。1990 年 11 月以 2200 元出售。

第一任经理吴惠林，第二任经理陶利民。

旧馆饮食合作商店（有早晚服务部） 位于旧馆镇，职工 20 余人。有 5 间店面，建筑面积 100.17 平方米。1986 年饮食业零售额为 57 895 元。店面房于 1996 年 1 月出售。经理许荣光。

轧村酱什合作商店 位于老街，职工 20 余人。1989 年 10 月以 4 万元价格出售。

第一任经理沈炳和，第二任经理顾玉宝，第三任经理周炳章。

轧村饮食合作商店 位于老街，职工 20 余人。店面房屋于 1989 年出售。

第一任经理霍坤宝，第二任经理蔡阿三。

漾西酱什合作商店 位于陆家湾河边，职工 14 人。店面 6 间，于 1990 年出售。

第一任经理凌秋霞，第二任经理徐人俭，第三任经理周小李。

漾西饮食合作商店（设招待所） 位于陆家湾，职工 20 余人。1986 年合作饮食业零售额为 3 万元。店面于 1990 年出售。

第一任经理张金林，第二任沈小明。

太湖东桥酱什合作商店（包括饮食店） 经营门面有河东河西数间，共 588 平方米，职工 15 人。1994 年 6 月，以 26 万元价格出售。

第一任经理程江林，第二任叶永儿。

义皋酱什合作商店（包括幻溇店） 店面有 8 间，71.04 平方米，职工 11 人。义皋店面房于 1995 年 11 月转让，转让费 21 000 元；幻溇店面房于 1992 年 2 月以 3 万元出售。

第一任经理方水林，第二任谈士生，第三任张维尔。

义皋饮食合作商店 职工 20 余人。1986 年合作饮食业零售额为 3 万元。店面于 1995 年出售。

第一任经理吴水江，第二任王林珍。

七、凭票证供应的商品

棉布 1954 年 9 月，实行棉布统销，采取以人定量，凭票供应的办法。1958 年每人发 6 市尺。1959 年至 1961 年每人发 1.8 市尺，其余年份每人发 1.2 丈，机关、企业等单位的生产、劳保用布，实行按计划供应。

卷烟 1957 年前，供过于求，乙级以上高档香烟属于大力推销商品。1960

年起，对居民、农民实行按月定量供应，并采用在收购农副产品时可换购香烟的办法。

食糖　1958年起，红糖优先供应产妇，凭出生证供应3斤；肝炎、浮肿病等患者，凭医生证明，按月供应半斤或1斤。1970年1月1日起，农民每月每人2.3两（0.115公斤），居民4两（0.2公斤），凭购货证供应。1975年1月1日起，改证为票。1983年第二季度起，取消糖票。1987年第四季度始，对平价糖又实行凭票供应，每人每月6两（0.3公斤），议价食糖敞开供应。

糖果糕点　1958年秋开始实行凭糖票、粮票供应，少数糖果糕点高价供应。

食盐　国家一直保证供应，虽有几次短期抢购食盐风，政府及时采取措施平息。1987年第四季度始，实行按月凭票定量供应。

黄酒、白酒　1958年后，凭票供应。

煤油　1954年起，对机关团体、工商企业、学校医院等，按计划供应；对居民按季度发煤油票，凭票供应。70年代始，国家油田大量开发，曾一度敞开供应，至1985年后，支援出口，多挣外汇，又实行凭票供应。

煤球、煤制品　新中国成立后一直计划供应。按户口人数按月凭票定量供应，单位按计划分配凭票供应，不足部分购议价煤补充。

柴油、汽油　新中国成立后一直计划凭票供应。农村由机电站分配，实行家庭联产承包责任制后，按田亩分配供应。

日用品　1960年10月起，火柴、电池、民用线、热水瓶、搪瓷制品、肥皂、袜子、汗衫、胶鞋、毛线、毛巾、围巾、手帕、牙膏等20多种商品，凭购货证限量供应。1961年，国产手表、毛毯、缝纫机等20余种商品实行凭票供应。1969年，又采用以户为单位发购货证，肥皂、民用线限量供应，的确良、化纤、涤卡等收取三分之一的布票供应。

1978年后上述商品陆续开放。1983年，取消棉布统购统销。1984年后，陆续取消所有票据。

八、农副产品收购

区供销社收购农副产品的总部位于老街西，1971年搬迁至老街虹桥南侧。早期负责人郑云生、陆新发，80年代为李国荣，90年代为章明前。

区供销社副产品部，收购黄麻、百合、山药、大白菜、萝卜、马铃薯、芋芳、蚕豆、黄豆、玉米、桑条等；畜产部，称为"羊毛行"，收购小湖羊皮、湖羊毛、狗皮、黄鼠狼皮、兔毛等；废品部，先以收购废铜、废铝锡为主，后增加破布、废棉、废纸、杂骨等 60 多个品种。1958 年，以收购废钢铁为主，60 年代收购量下降。70 年代，收购量回升，各乡村集市增加收购网点，各下伸店、"二代店"为废品代收点。1986 年废旧物资购进总值为 5.65 万元，1987 年为 4.12 万元，1988 年为 5.35 万元。

畜产部采购商店职工章明前经过几年研究，于 1980 年发明制作了"小湖羊皮钉皮器"，通过了省供销系统机械科技处的科技鉴定。鉴定书鉴定语：湖州市吴兴县织里采购商店章明前创造和发明"XJ 小羊皮钉器"。该发明 1981 年获省供销系统科技成果一等奖，章明前受到省长万学远亲自接见。此后，他又多次获嘉兴地区科委、吴兴县科委的表彰和奖励。

表 4-6-2　1986—1990 年区供销社农产品收购情况

年份	农产品（吨）						
	黄麻	桑皮	鲜百合	百合干	萝卜	大白菜	大头菜
1986	23.5	143.3	46.4	3.2	90.8	362.2	90.5
1987	10.9	64.3	106.2	5.1	74.1	1238.3	76.3
1988	9	222.8	32.5	4.8	45.6	963	67.5
1989	11.3	162.3	20.9	7	97.1	129.2	76.8
1990	12.3	30.2	30.1	6	8.5	118.7	89

表 4-6-3　1986—1990 年区供销社畜产品及其他产品收购情况

年份	畜产品							废品	农副产品购进总值	
	绵羊皮（张）	小湖羊皮（张）	羔皮（张）	黄狼皮（张）	兔毛（公斤）	绵羊毛（公斤）	羽毛（公斤）	废铁（公斤）	废旧品（万元）	农产品（万元）
1986	539	31 199	55	664	13 846	10 128	286	51 469	5.65	156.7
1987	660	26 638	47	784	26 037	15 666	217	24 494	4.12	241.8
1988	608	8936	58	273	9169	17 955	44	29 522	5.35	2180.1
1989	216	4043	123	217	15 886	8700	53	15 951	0.84	2554.1
1990	58	1194	23	104	5141	924	31	14 678	0.9	2218.5

数据来源：织里区供销社 1986—1990 年资料登记册。

九、生产资料供应

区供销社生产资料部位于老街东，门店 19 个。前期负责人为徐耀初，后期为王泽民。

肥料部，供应化肥、农药等；农具部，经营农用工具；农机部，经营拖拉机、柴油机、抽水机、机油、汽油、柴油及配件；五金交电部（1984年改为五金交电物资公司，独立经营），经销电风扇、电冰箱、电视机、机电产品、五金配件等；竹木部（位于老街西轮船码头），供应木材、毛竹以及煤炭调拨等。为保障供应正常，采取三种方法：送货下乡、下伸网点、预约购销。每年两季（春忙、"双抢"）摇船送货下乡，肩扛手提送到农民手上，满船农资而去，收购满船废品而回；每年在织里茧站组织春秋两次展销会，秋季展销会更具规模，主要展销生活资料用品；每年还参加湖州市商业系统组织在人民广场举办的秋季商品交易会。1983年，增设网点3个（网点供肥100吨、送肥700吨），全年组织标肥2901吨，调入磷肥2593吨、钾肥262.5吨；供应氮肥10 460吨、薄膜79吨，加工中小农具53 517件，其中蚕簦21 117只；采购毛竹10 000支，柄竹13 500支。1988年农业生产用品零售额为1140.4万元，1989年为1297万元，1991年为1350万元。

表4-6-4　1986—1990年区供销社化肥类销售情况　　　　　单位：吨

年份	化学肥料	非标准氮肥	标准氮肥	尿素	碳酸氢铵	磷肥	钾肥	复合肥	钙镁磷	氨水
1986	18 014	15 401	16 610	4730	10 383	2360	151	103	2245	284
1987	17 573	14 242	14 731	3896	9533	2425	649	257	2365	793
1988	17 411	14 229	15 960	4825	8736	2605	333	245	2605	638
1989	18 268	14 524	16 689	5232	9250	2736	557	452	2736	42
1990	17 731	13 571	16 939	5900	76 710	2783	510	872	2783	78

表4-6-5　1986—1990年区供销社农药农具类销售情况

年份	化学农药（公斤）	喷雾器（公斤）	薄膜公斤	中小农具（件）	蚕架、谷箩、蚕匾等小农具（件）	草包（个）	毛篙竹（支）	木材（立方米）
1986	189 882	894	37 292	80 888	48 493	4479	4924	5347
1987	175 732	755	34 294	72 549	41 672	7716	5270	2612
1988	174 114	657	52 928	56 569	33 081	7169	5856	1830
1989	182 682	726	42 433	56 133	28 961	3188	2120	1765
1990	177 313	680	34 961	38 803	17 523	2690	1950	1689

表4-6-6　1986—1990年区供销社农机类销售情况

年份	汽油（公斤）	煤油（公斤）	柴油（公斤）	润滑油（公斤）	柴油机（台）	拖拉机（台）
1986	5478	79 743	662 030	54 915	180	71

（续）

年份	汽油（公斤）	煤油（公斤）	柴油（公斤）	润滑油（公斤）	柴油机（台）	拖拉机（台）
1987	14 642	94 740	1 037 710	48 266	231	69
1988	18 760	108 182	1 358 612	57 415	145	45
1989	13 005	80 766	1 065 016	40 401	120	56
1990	21 115	111 071	1 057 820	60 675	90	36

表 4-6-7　1986—1990 年区供销社五金交电类销售情况

年份	录音机（台）	电风扇（台）	洗衣机（台）	自行车（辆）	电视机（台）	收音机（台）	电冰箱（台）	缝纫机（台）	元钉（公斤）
1986	311	2127	271	2528	884	788	76	1375	16 397
1987	302	3301	324	1698	1070	704	70	970	20 065
1988	329	3705	467	1602	748	649	109	946	18 021
1989	186	1311	209	1320	360	560	64	524	16 105
1990	119	1971	173	1077	325	272	68	976	14 739

表 4-6-8 1986—1990 年织里区供销社生产资料销售额　　　　单位：万元

乡镇	1986 年	1987 年	1988 年	1989 年	1990 年
织里	147.10	160.60	222.20	243	263
晟舍	97.23	118.50	137.70	157.50	137.80
轧村	120.30	142.10	195.40	230	236.10
漾西	119.30	125.30	163.10	184.80	191
太湖	132.41	149	175.70	211.20	167.40
义皋	–	–	–	–	94.40
合计	616.37	695.50	894.10	1026.50	1089.70

数据来源：织里区供销社 1986—1990 年资料登记册。

第二节　织里区食品站

一、食品站沿革与领导变更

织里食品站　位于织里虹桥西塅，1954 年成立。1956 年，在收购生猪供应鲜肉的基础上，增加羊、鸡、鸭、兔、蛋的收购销售。同年实行公私合营，原私有羊行、肉店都加入食品站。1958 年成立大公社，商业实行国营商业、供销社、合作商业"三线合一"，成立织里人民公社供销部。1963 年，执行国家"一条边"政策（中央到乡镇实行统一管理、统一收购），食品站从供销社分离，成立挂牌"中国食品公司吴兴县公司织里食品站"。下设 5 个食品组：织里、旧馆、轧村、义皋、东桥；明确职责：购、销、调、存；明确任务：屠宰、销售。建立仓库、屠宰场、门市部，实行"食品一条龙"。1972 年 5 月，食品站又与供销社合并，称"织里采购供应站"。1974 年太湖公社从义皋搬迁幻溇，改为幻溇食品组。1976 年 1 月又从供销社分离，恢复为"织里食品站"，隶属于湖州食品公司领导。根据中央文件要求，实行"三统一"政策，即统一收购、统一屠宰、统一销售。旧馆食品组改晟舍食品组。1985 年，生猪市场放开。

1986 年，市成立商业食品有限公司，织里食品站沿用旧名。1998 年破产，保留定点屠宰。

表 4-6-9　织里食品站历任站长名录

姓名	职务	任职时间	备注
吕荣昌	站长	1963 年至 1968 年	
潘法根	站长	1968 年至 1978 年	
朱忠义	站长	1978 年至 1982 年	
何勋斌	站长	1982 年至 1987 年	
孙建成	站长	1987 年至 1993 年	1980 年孙建成被湖州市人民政府评为先进生产（工作）者
董其舜	站长	1994 年至 1998 年	

二、食品站经营与改制

食品站在改制前属于国营商业。设有猪羊收购部、鲜肉部、禽蛋收购部、苗猪部、猪羊部、屠宰场、孵坊等部门。除收购猪羊禽蛋外，调节生产和平衡供求关系。20 世纪 80 年代初期肉食供应紧张，实行鼓励办法：饲养一头母猪，按季供应一定的饲料票；出售一头合格（白肉 38.5 公斤以上）的肉猪，奖励一定的饲料票、化肥票、布票。生猪的评估方法分为 12 级，1 级生猪的出肉率最高，为77.5%，12 级生猪的出肉率最低，为 55%。评估有验收员，方法是用手摸、肉眼看，凭经验判断。如评估结果养猪户不接受，就用"杀见"的方法，即第二天早晨到屠宰场当场宰杀称重。1981 年，食品站经营生猪 5225 头，估肉 267.55 吨，实宰 265.78 吨；市食品公司对织里站调肉批生猪进行抽宰共 24 批，278 头，符合公差率 134 头，占 48%；全年调市内生猪 26 355 头。

各乡集市都设有生猪收购屠宰点，织里王母兜、晟舍河西、轧村上林村、漾西常乐、太湖诸溇等地，增设临时收购点。1980 年，区食品站收购 7 万多头生猪，其中太湖收购 24 444 头生猪。1981 年春节生猪派购任务 8300 头，实际完成 11 646 头；销售 4800 头。1985 年下半年，增加收购点 27 个，增期 56 次。1986 年度生猪定购合同 29 300 头。

1986 年，食品站经营实行利奖挂钩责任制；1999 年，全面改制，职工一次性买断工龄，给予 600 元一年的工龄补贴，实行身份置换。改制后，职工与单位脱离关系。职工每人平均上缴 1300 元，退休工资由市社保办发放。当年一次性提前退休共有职工 40 人。资产拍卖，宣布破产。

三、食品站部门

鲜肉部 亦称门市部，供应鲜肉。20 世纪 70 年代增加"三就店"，即就地收购、就地宰杀、就地销售。"三就点"屠工 80 余人。为了保证大城市节日期间的猪肉供应，与养猪户签订保证养猪数量的协议，给予经济和饲料的补助。出售时达到连头白肉 42.5 公斤（85 斤），可增加补贴饲料 20 公斤。1981 年，议订合同 2500 头，回收符合补贴标准头数 1998 头，占 80%；杀白结算 3926 头。1986 年，每头生猪贴息贷款 30 元，补贴饲料 75 公斤。

禽蛋收购部 家禽和鲜蛋大部分调往外地，供应城市居民。1986 年晟舍收购禽蛋金额 2980 元；1987 年，漾西收购禽蛋金额 1000 元。

苗猪部 俗称小猪行。主要为本地养猪户服务。农村家家户户养猪，到外地购买仔猪很困难，苗猪部就从吴江、嘉善、浦江、江西、四川等地采购仔猪，就地供应。1981 年组织采购母猪 829 头，调剂苗猪 14 571 头。

猪羊部 俗称羊行。为农民湖羊余缺调剂服务。有专业的羊倌为湖羊识别年龄，判定母羊是否怀胎，评价养身价格。在此基础上，买卖双方论价，成交后，猪羊部收取一定的手续费；猪羊部也有直接买进卖出。

卤味部 亦称熟食部。主要出售猪头肉、高温肉、内脏以及鸡、鸭等熟食品。

屠宰场 屠宰生猪。开始只有一块水泥地，杀猪、褪毛都是手工操作。1968 年开始使用先触电后进刀放血的方法，2000 年安装脱毛机实行流水作业，流程为：麻电—放血—热汤池浸泡—脱毛机脱毛—冷水池修毛、落头—上钩开肠破肚、处理内肠。一度要求按屠宰生猪头数比例进行剥皮，并须完成指标，最多日剥 20 头。20 世纪 80 年代起，生猪剥皮没有规定任务，剥皮数量减少，后停止。

1981年，宰杀销售生猪9159头。

孵坊　属集体企业性质，隶属于食品站领导。主要任务是孵化小鸡小鸭。1981年，供应苗禽110 800只。

表4-6-10　1986—1990年各乡出售生猪（拨国家）及存栏量

乡镇	出售国家的生猪（头）			生猪存栏数（头）				生猪饲养量（头）			
	1986年	1987年	1988年	1986年	1987年	1988年	1989年	1987年	1988年	1989年	1990年
织里	2705	1655	608	8188	6646	6515	6397	14 257	13 627	13 842	14 005
晟舍	5336	5947	3463	7850	7026	6386	5770	15 615	14 356	14 286	14 241
轧村	5065	3654	2620	10 797	9570	8063	8566	20 919	17 287	18 527	18 700
漾西	4741	595	2117	6780	6201	5380	5462	13 927	12 329	12 558	13 272
太湖	5786	2856	668	9816	8522	8016	8256	19 675	18 107	18 599	18 901
戴山	3848	2010	781	8401	7077	7126	7552	16 333	19 271	19 509	18 487
合计	27 481	15 817	10 257	51 832	45 042	41 488	42 003	100 729	94 977	97 321	97 606

数据来源：20世纪80年代食品站工作总结及区供销社1986—1990年资料登记册（社会资料）。

第三节　粮油、饲料购销

一、区粮食管理机构与领导变更

1949年4月28日湖州解放，9月织里地区建立区粮库，地址在耶稣堂对面妙桥堍。第一任粮库主任张成志，职工8人。同年12月施行《湖州市粮食市场管理暂行办法》。

1950年5月，织里区粮库更名为中央公粮织里区支库。主要任务是公粮征收、粮食保管、加工、调运、支拨军公粮。1951年起，织里粮食支库与织里农村供销社共同收购粮食（1955年2月，供销社粮食业务一律划归为织里粮管所经营）。

1954年12月1日起，织里区粮库改为织里区粮食管理所，为企业编制。区粮管所为区政府的组成部分，受区政府与上级业务部门双重领导。主要负责织里、大河、云村、义皋、东桥、轧村、漾西等粮站的市场管理、计划收购、计划供应、粮食保管、调拨运输、监督代销和粮食加工等工作。

1956年5月，织里同成义碾米厂建立，碾米厂性质为公私合营。公方厂长为陆集宝，私方代表为顾炳玫、王文潮、许考生。

1956年8月，撤销织里区粮管所，成立织里粮食购销站，职工全部转为国营企业职工。同年12月，织里区恢复成立织里粮管所。

1958年，织里同成义碾米厂改为太湖粮食加工厂。同年6月，轧村粮食加工厂建立，属织里同成义碾米厂管辖（1963年4月，织里同成义碾米厂即太湖粮食加工厂撤销）。同年10月，全县实行人民公社化。

1958年冬，全县建立12个人民公社，织里建立太湖公社，织里区粮管所更名为太湖公社粮管所，1962年太湖公社粮管所改名为织里粮管所。

1963年9月，建立织里国家粮油交易市场。1964年，织里粮油交易市场按照上级《关于加强市场管理打击投机倒把活动的通知》关闭。

1968年，成立"革命委员会领导小组"。1977年10月，恢复织里粮管所，实行所长负责制。所长空缺，设副所长三名。

1982年，织里配混合饲料厂建成投产。

1983年12月，建立湖州市粮食局郊区分局织里粮管所，1988年10月，撤销郊区粮食分局，粮管所直接由市局领导。

1985年5月，建立湖州市织里饲料厂，性质为粮食商业全民所有制。与粮管所一套班子、两块牌子、两个印子，单独建账，分别核算，有一名副所长兼任厂领导。

1985年5月，织里粮管所成立粮食交易所，7人组成，负责人由所长陶楚生担任。

2000年，织里粮管所全面改制，剩余资产1301万，职工工资基金245万元。

2001年9月，织里粮管所解散，成立织里银湖粮油公司，股东81人（全体职工参股），属股份制企业。

表4-6-11　织里区粮管所（粮库、公粮支库）负责人名录

单位名称	姓名	职务	任职时间
织里区粮库 （公粮支库）	张成志	主任	1949年9月至1950年5月（区粮库）
			1950年5月至1951年5月（公粮支库）
	董学德	主任	不详
	吴景星	副主任	1953年3月至1962年7月
织里粮管所	陈兴发	主任	1956年至1957年
	陈法荣	副所长	1957年1月以后
	曹永铨	副所长	1957年1月以后

（续）

单位名称	姓名	职务	任职时间
织里粮管所	王九如	副所长	1960 年 3 月以后
	王阿江	所长、书记	不详
	刘庆林	副所长	1963 年 4 月以后
	祖应田	副所长	1963 年 8 月以后
	高建功	所长	1963 年 7 月至 1970 年 7 月
	潘子文	副所长	不详
	于海滨	革委会副主任	1969 年以后
	朱新兔	副书记	1971 年 11 月至 1973 年 11 月
	蒋眉清	革委会副主任	不详
	朱景利	副所长	不详
	费锦贤	副书记	1978 年 12 月以后
	陆虎根	副所长	1978 年 12 月以后
	陶楚生	所长	1984 年 4 月至 1990 年 12 月
	潘文虎	副书记	1985 年 10 月至 1987 年 12 月
	孙培林	副所长	1986 年 9 月至 1987 年 9 月
	莫伯生	副所长	1987 年 9 月至 1990 年 12 月
	周培康	副所长、书记	不详
	朱百新	副所长（全面负责）	1990 年 5 月至 2001 年 5 月

数据来源：《湖州粮食志》1993 年 6 月第 1 版。

二、区粮管所所获荣誉

1957 年，织里粮管所晟舍粮食仓库保管员王阿江被评为浙江省粮食系统先进生产（工作）者，后又被评为全国劳动模范，当年接到国家政务院总理周恩来亲笔签名的邀请函，国庆节登上天安门城楼观礼。

1980 年，织里粮管所被评为浙江省粮食系统先进企业。

1984 年，织里粮管所被评为浙江省粮食系统先进单位。

1986 年，织里粮管所被评为浙江省粮食系统优质服务优胜集体。

1987 年，所长陶楚生被评为浙江省粮食系统先进工作者。

1989 年，所长陶楚生被评为浙江省粮食系统先进工作者。

1990 年，所长陶楚生被评为省局、省报、省财贸工会命名的劳动模范。

1990 年，织里粮管所被评为浙江省粮食系统保粮先进单位。

1990 年，粮仓保管员陶伟被评为浙江省粮食系统保粮先进工作者。

三、区粮管所下属粮站

织里粮站 位于邱家塘，职工 7～13 人。1984 年以前粮站负责人为陶德林，后为屠建强。

晟舍粮站 位于利济寺，职工 7～14 人。1984 年以前粮站负责人为陆火根，后为陆建荣。

轧村粮站 位于东庙，职工 8～13 人。1984 年以前粮站负责人为潘子文，后为沈金根。

轧村粮站旧址

漾西粮站 位于陆家湾，职工 8～14 人。1984 年以前粮站负责人为吴水宝，后为潘阿四。

太湖（义皋）粮站 位于义皋，职工 8～14 人。1984 年以前粮站负责人于海兵，后为杨惠定。

戴山粮站 位于戴山老街，职工 7～13 人。1984 年以前粮站负责人为沈顺樵，后为陆利权。1999 年划归八里店镇管辖。

四、粮仓与粮食征购

粮仓 位于利济寺庙宇，1954 年增虹桥头庙宇为粮仓。1964 年起，各粮站相继建造粮仓。1972 年，上级号召"深挖洞、广积粮、不称霸"，农村开始重视粮食储备，生产队建造储备粮仓库（用泥土坯建成的圆筒形仓库），粮管所帮助培训仓库保管员。1978 年后，粮食仓库储量不足，投资扩建立占地少、投资少的立筒仓。至 1980 年全所共有仓库 43 个，采用低剂量烟熏的有 19 座，烟熏粮食 800 万公斤；储备粮食 223 万公斤。1984 年，仓容 1975 万公斤，其中搭建露天囤 208.5 万公斤，共入库 1955.5 万公斤，熏蒸粮食 1740.5 万公斤。同年，晟舍粮站让出仓库，帮助双林区储存粮食 58 万公斤。1990 年，全所仓库容量达 2575 万公斤。后又新建仓库 2 个，增加仓容量 150 万公斤。同年，露天囤粮 790 万公斤，翻仓、并仓粮油包装物 75.7 万公斤，堆高粮食 222.5 万公斤，节用仓库 80 万公斤；春粮、大麦 175.8 万公斤，油菜籽定购任务入库 95.4 万公斤，以菜籽换油入库 223.5 万公斤，早稻平议总入库 2214.4 万公斤，粮管所早稻一季入库创历史纪录。1991 年粮仓达 48 座，存粮 2283 万公斤，熏蒸粮食达 1250 万公斤。

粮仓储粮虫害防治以清洁防治、物理机械防治和化学防治为主。清洁防治，即出一仓、清一仓、消毒一仓；物理机械防治，即利用气温变化这一自然条件，以人力以及机械设备防治，采取暴晒、通风低温等措施；化学防治，即利用熏蒸和化学药剂直接杀死害虫。20 世纪 50 年代初使用"六六六"粉、滴滴涕、氯化苦熏蒸；60 年代开始，又采用自然通风降温，在散装的粮堆里竖埋竹制"气筒"，利用季节温差和昼夜温差开启粮仓门窗，深翻粮面以降低粮温。这种方法经不断改进和完善一直沿用。1965 年使用磷化氢熏蒸，1970 年后开始使用磷化铝（钙），1980 年使用马拉磷（防虫磷）。仓库皆配备防鼠板。保存的粮食除了供应当地外，由上级调运。

表 4-6-12　1980 年区各公社粮仓库存情况

单位	粮仓数（座）	总容积（立方米）	规定容量（吨）	保管容量（吨）
织里	4	1834.48	3600	3600
晟舍	9	4092.52	9400	7065
轧村	10	2378.72	3800	3750
漾西	5	1963.23	3525	3515
太湖（白桥坝）	4	1441.51	2200	2100
义皋	2	399.81	525	525
戴山	9	2387.60	4380	4055
合计	43	14 497.87	274 320	24 555

数据来源：原区粮管所仓库保管员工作手册。

粮食统购　1949 年 9 月，织里地区粮库开始征粮，全面调查确定土地面积、粮食产量和人口数量，同时规定每亩征收上缴粮食 5 公斤，主要用于支援前线。1950 年 4 月起，供销社代购代销粮食业务，并和织里中央公粮支库一起对粮食市场进行管控，粮食征赋正式定名为农业税，也称公粮。至 1953 年私营粮食收购比例下降，国家中央公粮支库收购占比 97.97%，供销合作社占比 0.45%，私营粮商占比 1.58%。同年 11 月，私营粮商一律停止营业，尚存粮食由织里中央公粮支库作价收购。同年，国家实行粮、油统购统销政策，12 月 18 日，织里区各集镇正式开始实行粮食统销，凭证限量供应粮油。

1955 年 2 月起，粮食购销业务由织里农村供销社划归为织里粮管所。同年，公粮征收现粮，限于余粮户和自给户（征收其自给户留粮的多余部分，不足部分缴纳代金）。征购粮食分为两种：一种是公粮，公粮无偿征收；一种为余粮，余粮按统购价格收购。两种粮食同时组织入库，统称征购。农业集体化以后，公粮由生产队集体缴纳。

1958 年 4 月，实行粮食包干，5 年不变；同年，秋征购强行增加任务，迫使下面虚报产量，造成 1959 年农村严重缺粮。1961 年起，执行粮食"少购少销"政策，粮食购留比例趋于正常。1963 年，开始实施粮食议购议销政策。1965 年 10 月，征购任务调整。凡年人均口粮超过 250 公斤原粮的，适当增加征购任务；低于 250 公斤原粮的，适当减少征购任务；一定三年不变。对完成基数后继续出售的，给予超购加价。1977 年，粮管所收购稻谷 62 982.2 吨，番薯 1963.15 吨，其他杂粮 162.65 吨。1978 年，收购粮食 72 625.45 吨，提高统购粮价格 20%，超购粮由原来的 30% 提高到 50%。

1983 年，粮食收购结束以生产队为单位的公粮余粮任务，以家庭为单位上缴，1984 年改为"征收实物，货币结算"。具体办法是：农民应缴的公粮，按统购粮的中心牌价折价为金额，在收购时由粮食部门从应付货款中扣除农业税款后，将余款付给农民。缴现粮和代金的界限以国家核定的粮食统购任务为标准。凡粮食征购任务大于应缴农业税，其农业税全部缴现粮，小于应缴农业税，其不足部分改缴代金。每年 9 月 30 日前缴纳的，按早稻收购中心牌价折算，10 月 1 日后缴的按晚稻收购中心价折算。

1985 年结束了自 1953 年来长达 32 年的粮食统购制度。同年 5 月，粮管所成立了粮食交易所，收购糯米、绿豆、赤豆、籽麻等小杂粮。各粮站也实行了独立核算、经营承包责任制，改变了经营方式和规程，打破了"大锅饭"，提高

了经济效益。第一年即完成全所承包利润 159 000 元的 237.49%，比上年利润
1 487 780 元增盈 228 822.98 元，上升 153.79%。同年，上缴公粮改为征收代金。
1986 年，又恢复征收现粮，实行自报为主；1987 年，实行"双轨制"，即合同
定价和议价收购并行。1989 年至 1990 年，议价粮出现购大于销的局面，1990 年
起，开始收购专项储备粮。1997 年，实行粮食、市场、价格三开放，粮管所停止
粮食收购任务，完全实行自收自销。2006 年取消农业税。

表 4-6-13　1986—1990 年各乡粮站收购粮食统计　　　　　　单位：吨

品种	年份	织里	晟舍	轧村	漾西	太湖	戴山	合计
春粮	1986	1990.90	1218.10	2119.85	1888.10	2184.60	1678.40	11 079.95
	1987	2141.46	1714.69	2741.07	2333.56	2263.34	1971.43	13 165.55
	1988	2187.44	1763.29	2843.97	2291.69	2289.43	1996.68	13 372.50
	1989	1762.44	1479.60	2207.41	1948.50	1838.99	1709.13	10 946.07
	1990	1939.20	1537.55	2315.20	1936.80	1863.45	1798.80	11 391
早稻	1987	5413.81	4509.84	6306.99	3971.86	3789.20	5080.59	23 991.70
	1988	4085.92	3341.33	4524.99	2996.54	2596.24	3853.11	21 398.13
	1989	5769.34	4594.70	5994.17	3810.55	3845.88	5326.55	29 340.69
	1990	6329.40	5114.90	6964.45	4671.50	4355.65	5793.50	33 229.35
中晚稻	1986	7195	5788.15	7629.80	5127.70	4729.55	6593.20	37 063.40
	1987	7632	6096	7939	5152	4874	6799	31 693
	1988	8203	6509	8854	5660	5134	7315	41 674
	1989	7869	6260	8158	5028	4793	7298	39 441
	1990	8264	6545	8845	5757	5487	7565	42 460
大麦	1986	81.25	46.85	103.55	89.30	87.95	66.40	475.30
小麦	1986	40.85	31.65	44.30	28.70	41	37.20	187.70

数据来源：织里区供销社 1986—1990 年资料登记册（社会资料）。

粮食定购　1953 年 12 月至 1955 年 7 月，居民粮食供应采取凭卡限量办法。
一般每人每月供应大米不超过 15 公斤，每次限购一个月口粮。1954 年 6 月，执
行"三定"政策：一是定产，即在原来查田定产的基础上，按正常年景评定产
量，按户计算，三年不变；二是定购，即从评定的产量中除去按当地的消费额
（包括种子、口粮、饲料粮）和社会余粮后，所余的为国家可征粮食（包括农业
税征收的现粮）；三是定销，即对农村各类缺粮户实行定销，凡产量不足"三留
粮"（种子、口粮、饲料）的，不足部分国家给予定销。同年，全面实行购粮、

饭馆餐饮、购买食品使用粮票制度，各种粮票票证进入社会（所有粮票及其他票证至1993年取消使用）。1955年，粮食定量标准划分为4类9等，自9月7日起实行。1956年6月，城镇供量每人每月12～12.5公斤大米。1957年5月起，统一实行差额补助与特殊用粮供应制度，农村粮食分配实行"以人定量"。1958年，提高粮食供应，城镇提高至13.5公斤。1959年7月，实行人、粮、户"三合一"的管理办法，8月织里镇被定为普查点之一，建立发卡、登记、复查验收的户粮管理制度。1960年春，干部、教师月定量由14公斤降到13.5公斤，10周岁以下儿童每人每月加0.5公斤糕点票；农民年人均口粮198公斤，人均每天折合大米0.35公斤。1962年，对全民所有制职工在以人定量外，每人每月发熟食票0.5公斤，对公出、上深夜班的职工等特殊需要给予补贴，一天补贴面值0.125公斤的粮票；同年9月起，对所有粮制品均凭粮票供应。1963年，对半高价供应的糕点减半收取粮票，1964年改为免收粮票，按粮食定量人口每月发放豆制品票，凭票供应。1965年5月，开展粮站代居民存储粮票活动。1973年4月起实行"按基本定量加工种补差"的粮食供用管理制度。1978年10月，实施依靠职工群众管理粮食定量的办法，在核实人口、工种、粮食定量的基础上，实行基本口粮到户、工种补差到班组、粮食供应指标到单位的"三到"办法，由粮管所和工厂企业签订协议，一年签订一次。此办法一直延续到90年代。

1981年，织里享受商品粮人口3662人，发放定额票面值803 532公斤（其中定销面值167 708公斤，增销面值32 598公斤，各种补贴面值20 452.5公斤），发放周转票（国家粮食特殊供需时发放的粮票）面值23 733公斤，奖售票面值18 126公斤，全国粮票面值18 543.5公斤，省流动票面值137 776.5公斤，品种券35 714张。1984年，对全区6个粮站、12个饮食行业、2个食品厂的粮油进行价格、质量、数量的检查，对各站的粮票、料票的储存进行清查和核对，全区共储存粮票、饲料票面值391 627.5公斤。1986年2月，取消出差补贴粮和下乡补助粮；5月根据省粮食局通知，停止储存粮票。1993年1月起，取消粮票，放开粮食购销价格，同年，取消粮食定购任务。

表4-6-14　1986—1990年各乡粮站提供国家商品粮情况　　　　　　单位：吨

乡镇	1986年	1987年	1988年	1989年	1990年
织里	4216.05	4297.44	3320.26	3509.2	4384.95

（续）

乡镇	1986 年	1987 年	1988 年	1989 年	1990 年
晟舍	3604.95	3482.18	2910.58	3195.55	4708.35
轧村	4976.4	5545.4	3680	4059	5551.95
漾西	2355.5	2095	2081.31	2090.85	2768.95
太湖	750	773.26	769.1	772.6	1201.1
戴山	4826.7	4656.05	3303.11	3984.85	5122.5
合计	20 229.6	20 849.34	16 064.36	17 611.5	23 737.85

表 4-6-15　1986—1990 年织里农民平均口粮一览　　　　　单位：公斤

乡镇	1986 年	1987 年	1988 年	1989 年	1990 年
织里	917	449	435	425	349
晟舍	969	509	490	500	544
轧村	986	442	449	442	449
漾西	886	425	443.9	417	461
太湖	823	404	379	389	415
戴山	855	434	423	458	449

数据来源：《织里区供销社 1986—1990 年资料登记册（社会资料）》。

　　油料购销　油料收购与粮食收购同时进行，相比于粮食油料收购量较少。1957 年，油菜籽除留种外，均卖给国家，并按数量退还菜饼，称之为"全购全销"。同年，提高油菜籽收购价格，从每 50 公斤 14.5 元提高到 19.5 元，又规定出售 50 公斤油菜籽返还食油 3.25 公斤、菜饼 15 公斤。1961 年食油购销实行奖售粮食的办法，凡出售油料按收购金额的 50%奖售粮食和工业品。1963 年，实行粮油挂钩，对未完成统购任务的生产队允许按规定比例以粮食抵交。1961 年至 1968 年，奖售办法为每收购 25 公斤，奖售化肥 5.25 公斤，或棉布 1.7 市尺，或食糖 175 克，或香烟 1.75 包，或棉絮 350 克。1978 年，农民享受每超 50 公斤奖售原粮 50 公斤的政策。1979 年提高油菜籽统购价，每 50 公斤由 28 元提高到 36 元，经营粮油 7500 万公斤；1980 年收购菜籽 214.5 万公斤，1981 年收购 332.5 万公斤，批发油 10 620 公斤，调入油脂 72 000 公斤，调出油脂 4250 公斤；1984 年收购菜籽 255.5 万公斤，供应食油 56.5 万公斤。1985 年取消统购，改为合同订购，并按比例敞开收购，每 50 公斤油菜籽定购价格由 36 元提高到 48 元。1987 年，全市统一按"八二混合价"（80%按比例价，20%按超购价）收购；1988 年，实行食油购、销、调拨包干，一定（价）三年不变，定购价再次调高，每 50 公斤为 50.4 元。此后逐年下降，1991 年收购菜籽 1400 吨。

表 4-6-16　1986—1990 年各乡油菜籽种植与收购统计　　　　单位：吨

乡镇	收购量					总产量				
	1986 年	1987 年	1988 年	1988 年	1990 年	1986 年	1987 年	1988 年	1989 年	1990 年
织里	693	810	548	617	461	740.50	805.97	830.26	933.21	930.55
晟舍	369	239	210	40	413	441.15	539.76	634.142	647.96	602.70
轧村	607	582	460	481	499	657.35	727.86	741.12	747.21	732.82
漾西	245	442	652	375	264	350.05	390.14	421.60	462.32	441.05
太湖	153	212	100	22	70	375.15	364.15	418.15	486.91	430.95
戴山	270	236	200	200	220	659	713.63	880.30	862.35	816.55
合计	2337	2521	2170	1735	1926	3205.20	3541.51	3925.57	4129.96	3954.60

数据来源：《织里区供销社 1986—1990 资料登记册（社会资料）》。

五、饲料供应

计划供应　1955 年起，饲料粮实行计划分配，定量供应。有宰畜禽饲料，哺坊种禽、苗禽饲料，渔业队鱼种苗饲料等，均由省逐级分配，按季度或临时按计划签发饲料拨款通知书，发放饲料票，凭证供应。这一办法一直沿用至 1987 年，历时 32 年。1987 年，改为议价供应或市场调节；1993 年后，逐步放开。2001年，粮食生产、市场、价格"三开放"，饲料购销实行市场化。

饲料品种　织里饲料资源丰富，品类较多。经营的饲料除薯干、玉米、大麦等饲料粮外，还有糠麸糟渣、配混合饲料等。糠麸糟渣是糠麸和谷壳粉按比例配制，混合成"统糠"，糠麸占 30%～40%，其余均为谷壳粉。统糠采取分配的办法，不收饲料票，一直供应至 20 世纪 70 年代末，历时 20 余年。70 年代后，开始生产营养价值高的混合饲料，逐步淘汰谷壳粉类饲料。80 年代初停止加工供应谷壳粉。混合饲料含大麦、籼谷、糠饼粉、四号粉、菜饼、蚕蛹等。1988 年生产的配混合饲料已形成猪饲料（国标）、禽饲料（部颁）、鱼饲料（当地）、禽基础饲料（当地）、猪混合饲料（专业标准）等各种标准。饲料配方中除粮食及其副产品外，尚有鱼粉、骨粉、矿补剂等动物蛋白和添加剂，产品质量达到上级规定的主要标准。

饲料生产　1956 年，同成义碾米厂专门设立饲料车间，利用横式米机加工谷壳粉，后又另配引擎，安装简易吸尘罩，将米机进料口的瓦铁筛改成两张瓦筛重叠，并增加一只托马，使谷壳粉质量（细度）大有好转。1960 年后，安装 2 台 450 型粉碎机，谷壳从砻糠间进入料箱、其他原料（番薯干、清糠等）进入料箱以及成品进入包装料斗，都用风力输送，达到饲料生产机械化、连续化。1981 年供应饲料 3070 吨。1982 年新建配混合饲料厂。1985 年 5 月，湖州市织里饲料厂投入使用，以生产颗粒饲料为主，日产 60 吨左右，其他普通饲料 100 吨左右。2001 年 3 月，饲料厂歇业，饲料产销终止。

饲料奖售　主要用于收购生猪、鲜蛋和鲜鱼。1959 年一头生猪奖售精饲料 10 公斤，1961 年增加到 15 公斤，1962 年 9 月起为 40 公斤。1965 年 7 月又改变奖售办法，每收购一头 38.5 公斤（77 市斤）以上白肉的生猪，奖售饲料粮 25 公斤或棉布票 4 市尺。1980 年，实行淡水鱼回供饲料的办法，标准是"斤鱼斤粮"；后淡水鱼改为三类产品，取消回供饲料。

卖谷退糠　自 1968 年起，实行卖谷退糠的办法，以解决农民养猪饲料不足的问题。退糠标准：农民每出售 50 公斤商品稻谷，退糠 1 公斤，按牌价供应，不属于商品稻谷的不退糠。1978 年起，增加为 1.75 公斤。1985 年停止奖励。

第四节　商品流通业

一、新中国成立后的集镇商业

织里集镇商业　20 世纪 50 年代初，老街有各类商铺、作坊百余家，皆为私人经营，公私合营后为供销社管理。另有小摊小贩如挑担卖笃笃馄饨的阿元师傅、卖豆浆和油煎豆腐干的绍兴老董等。人民公社化年代，妙音桥塃以东有肉店、酱油店、理发店、西大众食堂、文具书店、棉布店、副食品批发部、日用杂货店、招待所、农业银行、信用社、邮电所、铁器社、牙科所、照相馆、豆腐店、建工队、医院和茧站。织里茧站东门的巷子里是区供销社总部办公地。茧站东面有竹木部、肥料部、中小型农具部、五金部、苗猪部、招待所、东大众食堂、鱼行水果店、茶馆店等。虹桥东面有供销社的收购部和粮管所粮站。邱家塘南面有竹器社。狮子桥桥南有食品厂和塑电厂。除此以外，20 世纪 70 年代居委会成立了"向农小组"，有点心店、副食店、理发店（1979 年解散）；街道创办织里制绳厂和织里蚊烟厂（1978 年解散）。1981 年，虹桥两岸有了自由交易市场；1982 年，老街茧站前有交易场所、绣花服务部；1983 年，工商所

20 世纪 90 年代百货滩

在老街用玻璃钢瓦搭建了 36 个简易棚，形成第一代交易市场；1984 年 5 月晟织公路建成，客运通往上海、苏州、嘉兴、湖州等地，货运通往全国各地。家庭工业兴起，1986 年利润为 850 万元。截至 2019 年，千亿企业为 15 家。老街于 2016 年整体拆迁。

晟舍集镇商业 新中国成立初期，晟舍只有一家茅草屋店，卖酱什小百货。1956 年供销社从大河搬迁至晟舍，逐渐形成街道，出现 20 余家商店和单位。街道从南至北有粮站、供销社，医院、饮食商店、阿三肉店、水产大队居住点、修船厂、小学、中学；茧站位于河荡圩，第二粮站位于原利济寺。改革开放后，家庭工业兴起，1986 年利润为 311.5 万元。1993 年 10 月晟舍并入织里镇。

旧馆集镇商业 1956 年云村供销社搬入，商业街区逐渐形成。有小吃店 3 家、茶馆店 1 家、理发店 4 家、铁匠店 1 家，另有食品站、供销社、大众食堂等 20 余家商店。20 世纪 80 年代发展至 30 余家。老百姓在老街自发形成了交易市场，买卖农产品、水产品、畜产品等。20 世纪 80 年代后期，市场变迁至红旗大桥及桥的两头，因阻碍交通于 20 世纪 90 年代初搬迁至塘南农贸市场（塘北地块），2000 年塘南农贸市场建成，塘北市场迁移至此。2019 年始，老街整体拆迁。

义皋集镇商业 义皋老街以尚义桥为中心。桥东、桥西店肆林立，街石排列规整，街道宽 2 米、长百余米，老字号店铺门前都有石阶数级。有各类私营商店、作坊等 57 家，1956 年后，皆为国家统一管理经营。20 世纪 80 年代街道的布局：尚义桥堍旁有酱什店、鲜鱼店；桥东有北大众食堂（内有招待所）、生产资料商店和收购部；桥西是收购部、食品站，靠北是百货店、鱼行；茶馆在河东、河西各有1家；理发店是家族联盟式：阿玉及阿玉的父叔；桥东南是粮站、照相馆、竹器店和箍桶店等。建于20世纪50年代的义皋茧站位于尚义桥东，是周围多个乡镇、数百个村子的蚕茧收购点，20世纪80年代为鼎盛期，但随着丝绸行业的衰退，于2007年弃用。1986年家庭工业利润为295.4万元。2014年，义皋入选国家级传统古村落，共18处古建筑，商业贸易也随之兴盛。截至2019年，义皋有超市、便利店、饭店、副食店等20余家商店，义皋饭店的特色菜（太湖烤鱼）吸引了毗邻七都、八都的客人经常来此就餐。另建有民宿、太湖溇港景区游客中心等，2016年成功申报世界灌溉工程遗产，义皋被誉为溇港明珠。

幻溇集镇商业 20世纪五六十年代，东面河边形成小集市，进行水产交易。1972年开办太湖公社百货、酱什店。织里食品站在此建造了太湖食品站，区粮管所建立了太湖粮站。1979年，供销社又建造太湖百货部。20世纪80年代公社设有太湖招待所和公共食堂；此后私商兴起，有迎宾招待所、百货店、小饭店等。截至2019年，幻溇集镇有烟酒商行、超市、小吃饭店、便利店等50余家，双林面馆最有名气；另有幻溇农贸市场、金旭农庄等。

东桥集镇商业 集市以丁字街为中心。20世纪50年代初，有鱼行、药店、豆腐店、肉店、小吃店、剃头店、铁匠铺等近20家商铺小店。1954年后，区供销社在此设点，部门齐全。1991年撤销。至2019年东桥集镇有日用品杂货店5家、装潢材料店1家、小吃店2家、理发店3家、农贸市场一个。

轧村集镇商业 以寺桥为界分为桥东街、桥西街，轧村港贯通南北。新中国成立初期，各类私营商铺、作坊70余家。1956年后，皆为供销社统一管理经营。1978年，村民以家庭作坊的形式从事专门的绣品生产，在集镇设摊并开始走南闯北叫卖绣花产品；1980年，民众在大礼堂自发形成绣品交易市场。1986年家庭工业利润为485.3万元。之后，民营企业兴起，商铺林立，主要有全新旅馆、轧村人家、花园酒店、世纪联华超市等40余家。2002年7月，建立了轧村工业园区，面积300亩。轧村集镇又是轧村办事处、警务处、信用社等多家办事机构所在地。

陆家湾集镇商业 20世纪50年代初，陆家湾仅剩陆姓一家朝南房子卖酱什百货，另3~4家茅屋小店卖鱼、卖甘蔗水果。1955年后，供销社在此建造房屋开设商店，市场渐渐形成。20世纪80年代家庭工业兴起，1986年工业利润为 108.5 万元。2002 年 7 月，建立配套工业园区，面积 600 亩。截至 2019 年，陆家湾集镇有连锁超市 4 家、饭店 15 家、旅馆酒店 3 家、鱼药店 10 余家，以及个私企业 70 余家，主要产品为铝合金、电线电缆、塑料等，其中有一家上市企业。

二、织里镇区商业

商业街区　截至 2018 年，全镇共有 167 条街道，其中主要商业街 8 条，总长 32 761 米；主要有综合商业大厦超市 7 个、大型商业市场 4 个、农贸市场 8 个以及中小型超市及便利店，共 360 多家。专业市场总占面积达到 24.6 公顷，建筑面积 26.6 万平方米，营业摊位 4360 个。

1.主要商业街介绍

人民路　1985 年始建（1989 年道路竣工），长 820 米，为镇第一条商业街道。现有酒家、饭店、药房、美发、诊所、汽修、粮油副食批发部、粮食经营部、莲都百货等 50 多家店面，有织里农贸市场、织里招工市场（牛牛店）、商标彩印厂、中国电信织里分公司等。

富民路　1992 年 11 月始建，从中华路至 318 国道，总长 4565 米。有便利店、商行、超市等商家 190 余家，有农行、税务、派出所、邮政储蓄等 9 个单位。

织里路　1993 年始建，人民路至 318 国道，分北路、中路、南路，总长 4466 米。北路共有商店 181 家，另有幼儿园、医疗门诊、联通公司、家政市场、宝隆宾馆、烟草公司、织里商城等；中路共有商店 112 家，以辅料商店为主，另有大世界、裕豪等宾馆；南路商店共有 125 家，以辅料、餐饮为主。

长安路　1993 年始建，以织里北路为界，东为长安路，西为长安西路，总长 6370 米。有小吃、美容美发、百货、水果、电脑等 84 家商店；有富利达纺织品有限公司、琦瑞德泽实业有限公司等 41 家企业，有市政公司、消防救援站、环境卫生管理所等多家单位。

康泰路　以织里北路为界，东为康泰路，西为康泰西路，总长 6407 米。有药房、餐饮、好又多超市、老娘舅等商店 159 家；有米皇羊绒制品有限公司、烟草专卖局、中国移动公司等企业。

商城路　东起浒井港，西至姚家田路，总长 1741 米。商店企业共 326 家，其中有便利店 10 家、饭店小吃 13 家、酒店宾馆 63 家；有物流公司、中国织里商城、商城路农贸市场、义乌小商品市场等 9 家企业。

凯旋路　北起中华路，南至景富路，总长 2422 米。有副食品零售批发、水果零售批发、饭店小吃、辅料等商店 129 家，另有环卫所、警务处、东湾兜村委会等机关单位。

吴兴大道（织里段）　东起大港路，西至织里中国童装城，总长 6390 米。主要有棉布辅料商行 40 余家，另有各地风味的饭店、烧烤、火锅等 11 家，有宾馆酒店 9 家、有限公司 10 余家，以及多家银行的分支机构。

2.主要商业大厦超市介绍

银湖大厦　位于中华路，1995 年 1 月开业。第一期主体以商铺、宾馆和娱乐厅为主，建筑面积为 4491.03 平方米；第二期以商铺、办公楼为主，建筑面积为 936.48 平方，总投资 998 万元。集超市、歌厅、住宿、餐饮为一体的综合型营业大楼（共 6 层），属粮管所管辖，是织里镇最早的高楼之一。

东方大厦购物中心　位于富民路 260—268 号，建筑面积 7900 平方米，员工 50 余人。1997 年由郑健明、郑敏兄弟创办，是织里镇首家个体大型超市。

惠客隆超市　位于织里北路 48 号，2007 年 7 月开业。营业面积约 2000 平方米，员工 20 余人。主要经营食品、城市配送、百货销售、五金批发零售、新鲜蔬菜水产批发零售、集贸市场管理服务等。

浙北超市（织里店）　位于吴兴大道汇德国际广场 B 座 1-3 楼，2017 年开业，营业面积 6000 平方米，员工 80 人。主要经营食品、城市配送、百货销售、五金批发零售、新鲜蔬菜批发零售、水产品批发零售、鲜肉批发零售、集贸市场管理服务等。

3.主要商业市场介绍

中国织里商城　详见本志第三卷第三章《织里童装市场》。

汇德国际广场　位于阿祥路 1388-1 号，2018 年开业，建筑面积 94 884 平方米。商业中心分 ABC 三大商业组团，各类知名品牌云集，6 层商业街区，有 2 个大型超市；有独幢 18 层酒楼，有肯德基、老娘舅等中西美食；2 个中高端婚庆宴会中心以及影院、尤加健身等。为集购物中心、精品批发零售、美食天地、休闲娱乐、会展商务、星级酒店为一体的城市休闲购物中心。

织里壹号·家居世博园　位于 318 国道旁，2008 年 8 月 30 号开业，营业面积达 15 万平方米。有 300 多个国内外知名家具、建材品牌。4 个精品家居馆，2个建材、灯具馆，一条欧洲街。为浙江省集家具建材为一体的精品家具一站式购物广场。

家居世博园

富民路地下商城 位于织里富民路地下，北起兴盛路，南至吴兴大道，总建筑面积约 17 000 平方米。2018 年开业。是以复合业态为定位的时尚潮流街区，满足织里年轻人吃喝玩乐购的需求，为镇域首个一站式商业街。地下商城同时为织里镇人防工程。

富民路地下商城

4.专业商业企业介绍

织里毛皮大厦 位于吴兴大道 2—8 号，营业面积 3000 多平方米。1996 年在织里商城 5 区开始销售服装辅料，2000 年搬迁至现址。职工 40 余人，负责人李建根。

先锋辅料商行　位于织里中路21号，营业面积3500平方米。20世纪80年代起步，初在老街茧站设摊卖辅料，后迁至织里商城5区39号，销售各种童装辅料。职工30余人，负责人陶建琴夫妇。

宏业毛皮大厦　位于织里中路89号，营业面积3500平方米。20世纪80年代初于老街茧站设摊，后迁至织里商城5区，2005年搬迁至现址。职工40余人，负责人朱绍荣。

5.主要农贸市场介绍

织里农贸市场　位于凯旋路43号，1993年11月20日开业。2010年按高标准整体改建，占地3042.6平方米，建筑面积2760平方米。市场内有营业房67间、摊位84个。为织里最早成型的大型农贸市场。场内主要有蔬菜、水产、豆制品、鲜猪肉、副食品等农副产品等，集批发、零售、集散为一体。市场日均交易额达15万元，年成交额5000余万元。2019年市场成交额5034万元。隶属湖州市市场发展公司，就业人员100余人。

织里商城路农贸市场　位于棉布城北。2009年8月10日开业。建筑面积8601平方米。隶属织里新区房地产开发有限公司。

织里中心农贸市场　位于富民路246A号，1999年9月17日开业。隶属织里中心农贸市场物业管理有限公司。

织里中心农贸市场

织里今海岸农贸市场　位于今海岸小区北侧地下，2009年8月10日开业。建筑面积4800平方米。隶属今海岸房地产开发有限公司。

新世纪农贸市场　位于织里镇顺昌路 55 号 2 号楼，2008 年 1 月 17 日开业。建筑面积 4600 平方米。隶属湖州新世界实业发展有限公司。

织里秦家港农贸市场　位于织里镇利安路 308 号，2019 年 12 月 9 日开业。建筑面积 3500 平方米。隶属织里镇秦家港村股份经济合作社。

三、流通商品

截至 2019 年，织里镇注册经营的副食品商店、五金交电、专业商品等商家 2000 余家。其中，专门经营烟酒的商行、商店 130 余家，药店 80 余家，五金交电商店 70 余家，专营手机店 90 余家，化妆品店 17 家。此外还有众多的小商店和综合商店。

1986 年，商品购进总额 2671 万元，销售总额 2946.43 万元；

1987 年，商品购进总额 2981 万元，销售总额 3355.48 万元；

1988 年，商品购进总额 5798 万元，销售总额 3507 万元；

1989 年，商品购进总额 5708 万元，销售总额 6243.70 万元；

1990 年，商品购进总额 5215.50 万元，销售总额 5614.60 万元。

1.主要烟酒副食商店名录

烟草专卖公司　洋河老字号　烟草副食百货　千溢来酒业　卡特维拉国台酒文化体验馆　正元名饮　康祖酒业　茗品汇烟酒茶行　湖州上九酒业　宏强酒业　华致酒行　三江魂纯粮烧酒坊　龙腾酒业　汇泉酒业　智鑫烟酒商行

2.主要烟酒商店

大家好商场　位于康泰路 62 号，法定代表人钱会根。营业面积 400 多平方米，仓库 2000 多平方米。1995 年于人民路 101 号开业，1998 年迁至现址。批零兼营，代理五粮液、剑南春、舍得、泸州老窖等白酒，喜力、雪花等啤酒以及张裕葡萄酒等红酒。职工 30 多人。2018 年营业额 5000 余万。

龙腾酒业　位于长安西路 700 号，法定代表人徐林根。营业面积 150 多平方米，仓库 800 平方米，批零兼营。2002 年开业时为家家好副食店，2012 年改现名。职工 20 人，2018 年营业额为 4000 万。

汇泉酒业　位于富民中路 209 号，法定代表人杨辛威。营业面积 200 平方米，2016 年开业。主要批发零售烟酒副食。

3. 主要药店介绍

康福药业连锁有限公司　位于长安路 230 号，法定代表人沈振强。1993 年于人民路西开业，营业面积 70 平方米，职工 3 人。2003 年成立连锁有限公司，有直营店 7 家，营业面积 1000 多平方米，职工 100 多人；加盟店 30 家，其中南浔区、吴兴区 26 家，长兴 4 家，营业面积 3000 多平方米，职工 70 余人。主要经营药品、保健食品、医疗器械、中成药等。2018 年营业额 2000多万。

一得堂药房　位于富民路 259 号，法定代表人郑国萍（有执业中药师资格证）。2001 年 12 月开业，营业面积始为 50 平方米，2014 年扩建至 100 平方米，职工 4 人。主要经营中药材、中药饮片、抗生素制剂、化学药制剂、日用护肤品等。

万寿堂药店　位于富民路 110 号，法定代表人丁文琴。1999 年 3 月开业，营业面积 86 平方米，职工 4 人。主要经营中药材、抗生素、生物制品、保健食品等。

此外，尚有药店：

德胜堂药房　平家大药房　华圣医药　群健大药房　百姓缘大药房　民信大药房　仁康大药房　大益堂药店　爱康大药房　泰山堂大药房　兴康医药

4. 主要五金交电商店介绍

飞乐电器商店　位于富民中路 15 号，法定代表人严萍。营业面积约 180 平方米。1987 年 4 月开业，始位于人民路新街口，2002 年迁至现址。主要经营家用电器。2019 年营业额 300 余万。

恒昌电器　位于吴兴大道 63 号，法定代表人吴美丽。营业面积 180 平方米。1994 年 5 月开业，地址为富民路、公园路口，名为恒昌商行，2000 年改名恒昌电器，迁至现址。主要经营家用电器。2018 年营业额 200 余万。

永恒家电　总部位于富民中路 213 号，法定代表人沈永永。营业面积 1000多平方米，分店营业面积 300 平方米。2001 年于富民路开业，名为"创业电脑"，2017 年成立永恒家电公司，迁至现址。主要经营家用电器、电脑、手机。2019年营业额 500 余万元。

此外，尚有五金交电商店：

好运五金电器水暖商行　鑫晟五金电器商行　永盛专业电动工具　双丰五金

机电商行　璟辉家电　金益丰五金机电有限公司

5.主要手机店名录

大拇指手机卖场　兴盛手机专卖店　信达手机卖场　恒兴智能手机精品店
京东手机商城　华为手机体验店　超越手机专卖店　中国移动手机专卖店　中
国联通手机专卖店　苹果手机连锁店　全网通手机连锁　OPPO手机官方授权
体验店　三星电子　手机之家连锁店

表 4-6-17　1986—1990 年区供销社副食品、日用品销售情况

年份	食盐（公斤）	食糖（公斤）	烟（条）	酒（公斤）	草席（条）	火柴（封）	皮鞋（双）	毛线（公斤）
1986	6540	284 359	475 380	1 215 722	7028	343 171	2552	7028
1987	5596	304 578	365 115	1 214 223	6725	281 187	2350	6725
1988	6698	320 427	273 582	987 883	5138	197 604	2432	5138
1989	6131	302 741	96 197	801 905	6531	139 999	2545	6531
1990	5668	298 531	37 691	598 445	8298	77 270	2267	5350

表 4-6-18　1986—1990 年各乡生活消费品零售额　　　　　　　　单位：元

乡镇	1986 年	1987 年	1988 年	1989 年	1990 年
织里	6 054 212	5 182 586	4 269 684	4 396 243	4 987 393
晟舍	212 493	543 978	456 395	268 128	237 990
轧村	246 251	292 665	280 336	315 432	372 687
漾西	319 885	456 891	541 619	424 714	265 787
太湖	593 047	928 305	1 435 430	763 825	565 471
戴山					527 591
合计	7 425 888	7 404 425	6 983 437	6 168 342	6 956 919

数据来源：《织里区供销社 1986—1990 年资料登记册》。

表 4-6-19　2018—2020 年镇批发消费零售总额　　　　　　　　单位：亿元

年份	批发销售额	零售额
2018	146.62	5.89
2019	251.61	10.8504
2020	214.32	11.5332

数据来源：镇政府办公室。

第五节　土特产品产销

一、农产品土特产

粳米　织里是国家粮仓和"湖州好大米"主要产地。1987年种植早稻84 868亩，销售29 072.29吨，种植中晚稻102 561亩，销售38 492.54吨；1989年种植早稻80 448亩，销售29 340.69吨，种植中晚稻102 575亩，销售30 441.43吨；1990年种植早稻83 776亩，销售33 229.35吨，种植中晚稻102 705亩，销售晚稻42 460.15吨。

糯米　又称江米。织里自古就有包粽子、做年糕、酿酒、做汤圆、红烧糯米饭等小吃美食，而用糯米做成的镶糍，因含有多种维生素，历来为产妇的营养品。农民以自产自用为主，少量销售。粮管所每年收购糯谷、糯米120～160吨。

蒸谷米　又称半熟米。是以稻谷为原料，经清理、浸泡、蒸煮、干燥等水热处理后，再按常规稻谷加工方法生产的大米制品，具有营养价值高、出饭率高、出油率高、储存期长、蒸煮时间短等特点。各生产队一直沿袭土法（搭灶）自行制作。1984年，粮管所熏蒸粮食17 405吨。

太湖萝卜　太湖沿岸土产品，为秋天种植冬天收获。萝卜根长圆形，皮肉皆白色，单根重1公斤左右；汁多味甜，品质优良，生食熟食皆可，并可腌制加工。以自产自销为主，供销社根据订单收购。太湖供销社1986年收购45 600公斤，1987年为7170公斤。

太湖白菜　主要种植于太湖、漾西一带，俗称"太湖白菜"。因不易保存，以自产自销为主，销往周边乡镇及山区。供销社根据订单收购。1986年区供销社收购大白菜362 200公斤，收购金额15.2万元。1987年收购1 238 300公斤，金额30.84万元。1988年收购963 000公斤，收购金额33.8万元。1989年收购129 200公斤。

太湖大头菜　太湖、漾西的大头菜球块大，肉质细而鲜美。经科学精制，具有鲜、香、脆、嫩的独特风味，多销往于沪、杭等地。1986年太湖供销社收购新鲜大头菜90 600公斤，1987年收购74 100公斤。

太湖葱　盛产于太湖、漾西、织里北边区块。太湖葱含有较丰富的蛋白质，可以调味、去腥、杀菌，又能发汗健胃，是一种保健营养蔬菜。家家户户种植，每年销售约有 10 万公斤。因不易保存，皆自产自销，主要销往周边乡镇和苏州、吴江一带。

丁香萝卜 盛产于太湖、漾西、织里北边区块。年产约 10 万公斤，供销社根据订单收购，另有织里脱水厂收购加工一部分，其余皆自产自销，也有加工晒干泡茶吃或赠亲友。

太湖山药 以幻溇、潘溇为主产区。山药块根富含淀粉、维生素及多种营养成分，自古为蔬中佳肴。因保存困难，皆以农民自产自销为主，销往周边城镇。

太湖百合 产于太湖、漾西沿湖岸地带，分鲜百合和加工后的百合干，主要销往上海、苏州。1984 年区供销社销售新鲜百合 35 000 公斤，1986 年销售 46 400 公斤，1987 年销售 106 200 公斤，1988 年销售 32 500 公斤。1987 年太湖供销社收购百合干 920 公斤，1988 年收购 2480 公斤。跟百合套种的西瓜、香瓜、冬瓜等土产，主要自产自销。

太湖黄麻 种植于太湖沿岸，是浙江省主要特产供应地之一。供应纺织厂做高档纺织材料，麻布做的"夏布帐子"。民间织麻布做麻布衫，嫁女儿做印花包袱。1986 年太湖供销社收购销售 15 500 公斤，1987 年收购销售 4100 公斤，1988 年收购销售 14 800 公斤。

山药、百合、黄麻誉为"织里三宝"。

二、畜产品特产

小湖羊皮 是指未吃过奶的羔羊皮，被称为"软宝石"，出口西欧、东南亚等地。织里镇域的小湖羊皮是国家创汇重要商品，经洗皮、抢（铲）皮、钉皮、缝皮等十一道工序，保留着古钟形方板的特色。商品皮张大小花纹、毛峰分为甲乙丙三等级。据资料记载，1986 年全国收购小湖羊皮 111.67 万张，织里区供销社收购 31 199 张，占 2.79%。后逐年减少：1987 年收购 26 638 张，1988 年收购 8936 张，1989 年收购 4043 张，1990 年收购 1194 张。

绵羊毛 镇域的绵羊毛色呈现光泽，缩毛性好，弹性强。除部分出口外，主要销往周边城市的毛纺厂和善琏湖笔厂，制作地毯、湖笔等。羊毛一年剪毛 2 次，时间为春、秋各 1 次。要求剪齐，不剪二茬毛，并按不同的细度和长度等分级。1986 年区供销社收购绵羊毛 10 128 公斤，1987 年收购 15 666 公斤，1988 年收购 17 955 公斤，1989 年收购 8700 公斤，1990 年收购 924 公斤。

湖羊　湖羊属短脂尾绵羊，因主要饲喂桑叶，又称其为"桑叶羊"，属国家珍稀特种。它是北方游牧移居而来，至太湖由散养改变为圈养。每家每户至少饲养 5～6 头，多者 10 余头。母湖羊生小羊，产小湖羊皮；养羔羊（饲养 2～4 个月），多数宰杀后供应湖羊肉。2015 年 2 月 10 日，农业部批准对"湖州湖羊"实施国家农产品地理标志登记保护，织里为地域保护地之一。

黄狼皮　太湖、漾西沿岸产品。1986 年区供销社收购 664 张，1987 年收购 786 张，1988 年收购 273 张，1989 年收购 217 张。

三、水产品特产

太湖蟹　改革开放后，太湖沿岸村民利用太湖水养殖湖蟹，批发或零售给周围的商人或客人。20 世纪 90 年代后，有村民开始专业养殖，杨桂珍螃蟹庄园 2015 年销售额为 220 万元，2019 年为 5300 万元，直营门店 20 多家，主要分布在长三角各大中城市；织里恒鑫水产养殖专业合作社每年销售螃蟹 50 余万公斤，批发兼零售，金额达 5000 余万元。

太湖三宝　太湖、漾西沿太湖一带农民捕捞后，部分销往周边乡镇。

白鱼　2000 年 7 月，太湖白鱼人工繁殖成功后，白鱼销售量增加。

青虾　2019 年销售大青虾 1750 余公斤（每公斤 120 元），销售小青虾 40 万公斤（每公斤 30 元）。

鳜鱼　20 世纪中专业养殖兴起，走向市场。上林村湖州吴氏生态农业有限公司养殖面积 350 亩，年销售 15 万公斤，销售额 1000 万元左右，销售鱼苗 900 余万元。主要销往长三角地区。

鲈鱼　2019 年，湖州吴氏生态农业有限公司辖属养殖鲈鱼 50 余户，年产销500 万公斤左右。

白鱼、鳜鱼、鲈鱼　1987 年区供销社收购 79 750 公斤，收购金额为 20.86 万元；1988 年收购 160 000 公斤，收购金额为 87.2 万元；1989 年收购 99 200 公斤，收购金额为 50 万元；1990 年收购 27 200 公斤，收购金额为 10.7 万元。

表 4-6-20　1986—1990 年各乡镇淡水鱼销售（包括捕捞）　　　　单位：吨

乡镇	1986 年	1987 年	1988 年	1989 年	1990 年
织里	240.40	262.17	359.20	389.85	389.27

（续）

乡镇	1986 年	1987 年	1988 年	1989 年	1990 年
晟舍	142.80	194.70	266.26	282	300
轧村	326.10	375.10	382.53	382.80	393.31
漾西	114.65	100	182.40	203.80	213.25
太湖	294.20	332.35	455.80	446	411.12
戴山	225.05	273.91	262.40	276	284.80
合计	1343.20	1538.23	1908.59	1980.15	1981.75

数据来源：织里区供销社 1986—1995 年资料登记册（社会资料）。

四、副食品土产

镬糍　土称锅糍，即糯米锅巴，有部分出售。

薰豆　织里薰豆大都以自食为主，或馈送亲友，有余者出售于市。

冬酿三白　简称"米酒"，"三白"指酿酒原料白米、白面、白水。织里百姓一到冬天自酿自饮，并有少量出售。

五、织里刺绣

织里刺绣业快速发展始于 20 世纪 70 年代末，品种有枕套、被套、帐幔、电扇套、电视机套等。为适应市场的需求，逐步从手工刺绣发展为用缝纫机机绣，成批销售。

表 4-6-21　1983—1985 年各乡家联（工业）产品总产值　　　　　单位：万元

乡镇	1983 年	1984 年	1985 年
织里	354.42	1983	2265
晟舍	220.68	964	1101.65
轧村	476.64	782	2031.69
漾西	199.22	462	531
太湖	327.76	1186	1357.19
戴山	179.37	323	359.5
合计	1758.09	5700	7646.03

数据来源：《织里区供销社 1986—1990 年资料登记册（补充资料）》。

第六节　改革开放后的服务业

一、餐饮

改革开放后，新街口饭店、沈家饭店、贵都饭店等个体户率先开张营业。截至 2019 年，镇域注册登记经营餐饮业的有 2800 余家，其中有限公司 110 家（专业餐饮 44 家），火锅、小吃面馆、馄饨、奶茶、快餐等店铺 2000 余家。

1.主要饭店名录

东方饭店　嘉达饭店　银河饭店　宝隆商务宾馆（餐饮住宿）　大港宾馆　梦圆大酒店（餐饮住宿）　利丰饭店（晟舍店）　好日子大酒店（陆家湾）　旧馆饭店　浙北大酒店（餐饮住宿）　金鼎壹号　织里茵特拉根大酒店　老娘舅织里店　德力斯顿酒店　汇德大酒店　义皋饭店　义皋小地主农家菜　味道江湖菜　晶岛大酒店　老风格传家菜　张家砂锅　要德火锅　重庆食府　轧村花园饭店

宝隆宾馆

2.主要饭店简介

金鼎壹号　位于大港路 1500 号。2016 年 11 月开张，总建筑面积 2500 平方米。主要经营海鲜类和广式茶点，员工 79 人。

织里茵特拉根大酒店　位于织里茵特拉根小城 10 号楼帕罗路 599 号。2018 年 6 月开张，总建筑面积 8000 平方米。主要经营本帮菜和粤菜，员工 50 人。

重庆食府　位于栋梁路 966—982 号富民中路 17 号，2001 年 2 月开业，连锁店两家，各有 1000 多平方米和 200 多平方米。主要经营川菜，员工 30 余人。

张家砂锅　位于吴兴大道 3632 号、康泰路 31 号和富民南路 342 号。2017 年 5 月开业，连锁店 3 家。各店建筑面积均为 800 平方米，主要经营特色砂锅。员工 30 余人。

晶岛大酒店　位于富民南路 188 号。2010 年开业，建筑面积 4000 多平方米（吃住一体），员工 50 余人。

二、住宿

20 世纪 70 年代末至 80 年代初，私人、村办旅社兴起，"站前旅社""龙翔旅馆"等相继开张。截至 2019 年，镇域注册登记住宿行业的有 172 家，其中公司经营 41 家、宾馆酒店 65 家、旅馆 55 家、民宿休闲中心等 11 家。

1.主要宾馆旅馆名录

珍贝浙北大酒店　梦圆大酒店　小圆凌宾馆　千禧宾馆　保罗宾馆　威尔斯酒店　汇源宾馆　欧菲斯商务宾馆　诺丁顿酒店　丽阳宾馆　帕悦精品酒店　景丽湾商务宾馆　余尚酒店（连锁店）汉庭酒店（连锁店）　迪迈国际大酒店　轧村全新宾馆　陆家湾宾馆　海星大酒店（漾西）　湖隐·状元居（义皋）

威尔斯酒店

2.主要酒店简介

梦圆大酒店　位于织里南路 2 号（318 国道旁）。1999 年开业，建筑面积 18 000 平方米。其中会议厅、歌舞厅、KTV 包厢、商场等总面积 650 平方米；停车场 2 个，停车位 45 个；餐厅 2 个，450 个座位；中餐厅 1 个，经营淮扬菜、浙菜；酒吧、咖啡厅各1个。是集餐饮、客房、娱乐、健身、休闲、商务、购物为一体的旅游饭店。

珍贝浙北大酒店　位于大港路1366号。2018年8月开业，营业面积12 800平方米，客房109间。有容纳400人用餐的宴会大厅和15间精心设计、风格独特的豪华包厢。员工100人。2019年被评为国家银叶级绿色饭店。隶属于珍贝集团。

迪迈国际大酒店（原织里宾馆）　位于长安路88号，占地面积2000多平方米。主要经营住宿和KTV，客房98间，KTV包厢20余间，职工50余人。

千禧宾馆　位于商城路49号，2001年10月开业，建筑面积5000平方米，客房86间，员工25人。为织里首家专门经营住宿的宾馆。

三、洗浴、理发

供销社开设的东大众浴室，称为"澡堂"，设施简陋。改革开放后，相继开设的浴室、理发店皆为私人或企业经营，大多有茶饮、按摩等条件。截至2018年，镇域有洗浴（推拿、足浴）店117家；理发美容注册登记480家。

1.主要洗浴（足浴）店名录

福海云天浴场　金时代浴场　梦幻森林休闲中心　韵清阁足浴店　御水足浴店　鼎云阁足浴店　豫舒源足浴店　乾潮汇足浴店　暖月阁足浴店　颐尚足浴店　亚澜湾足浴店　清和坊足浴店　溢湘缘足浴店　秦紫阁足浴店　豪坤推拿店　御豪至尊足浴休闲中心

2.主要理发美容店名录

淦英理发店　小翠理发店　阿梅理发店　美华理发店　沈卯生理发店（漾西）　品艺造型理发店　潘国良理发店（轧村）　创意潮理发店　织里微美美容养生馆　益芳堂美容店　花庭美容店

四、茶馆、咖啡

计划经济年代，茶馆仅有供销社的东大众茶馆，后因供销社破产而停业。改革开放后，私人茶馆兴起，截至2018年，镇域注册经营茶馆15家、咖啡店10家。

主要茶馆、咖啡店名录

星湾茶室　熹礼古茶社　栖梧茶馆　小时候茶室　鸿运茶楼　天蝎茶楼　瀚居茶室　汇成茶馆　开心茶楼　清和坊　茗润天下　自己人咖啡店　星巴克（织里分店）寻蜜漫猫咖啡（织里店）

五、照相、影楼

计划经济年代，织里唯一的照相馆为太湖照相馆，属集体单位。2010年以后，出现了专门为童装行业进行专业摄影的工作室（影楼）。截至2019年，镇域共有照相馆或影楼232家。

主要照相馆（影楼）名录

徐开照相馆　徐春荣照相馆　摩天摄影工作室　路飞摄影工作室　松海文化传媒有限公司　银贝视觉摄影工作室　劲夫文化传媒有限公司　孙楠摄影工作室　八八八摄影工作室　木子企画摄影工作室　花想摄影工作室　聚焦摄影有限公司　九毛摄影工作室

六、家政

家政行业是新兴行业，2016年6月晓河人邱国华创立织里艺通家政服务部，并正式注册登记，主营维修、安装等，是织里最早的正规家政服务单位。截至2019年，镇域注册登记经营家政服务的有137家，其中专职从事家政服务的22家，其他为房产中介、物业管理公司或综合公司兼做。

主要家政公司名录

好又快家政服务部　织和家政服务有限公司　赞同保洁服务有限公司　美家乐家政　先锋家政服务中心　安民家政服务部　加速度家政保洁　博雅家政服务有限公司　乐学家政服务部　培优家政服务部　安易居家政服务有限公司　邦太保洁有限公司

七、典当、调剂

新中国成立初期，织里老街只留下"老当基"和"新当基"2家典当行遗址。1978年后，登记注册经营此行业的有3家。

新泰调剂商店　位于镇中华路127号，1999年1月开业。主要业务：旧家具、旧五金交电、旧机械、旧百货、旧服装、旧钟表眼镜调剂。

宏惠调剂商行　位于镇中华路 97 号，2005 年 1 月开业。主要业务：旧家用电器、家用交通工具零售。

弘坤调剂商行　位于棉布城 17 幢 47 号，2007 年 11 月开业。主要业务：旧家用电器、日用百货、旧家用交通工具零售。

八、其他服务

学前教育　专职托教 3 家：优乐宝托儿所、湖州鸿鹄亿桐艺术培训有限公司、国际早教悦宝园学校。5 家幼儿园办有早教班：苗苗幼儿园、大家幼儿园、安博幼儿园、爱乐堡幼儿园、爱家华幼儿园等。

日用品修理　20 世纪六七十年代有修锁铺 1 个，师傅凌培新（人称"猫眼司令"）；钟表店 1 家，职工 3 人；修伞店 1 家，师傅董宝山。另有服装制鞋社，为集体单位，制鞋名师金桂林；锦太染坊店，老板金世朝。

清洁洗涤　1986 年，吴国良夫妇在狮子桥堍首开"时新洗衣店"。截至 2019 年，全镇有洗衣店 25 家。

第七节　房产业及其他

一、居民住房

房屋管理　城镇住房最先属市财政局房管股管理，镇上公共房屋有织里财税所代管。1978 年，从财税所脱离，组建房管组，组长胡克明。主要对共有直管房进行管理，职责是落实上级有关房屋政策、收取公共房屋租金、办理房产证、房地产开发管理（协助申请办理预售证等）。50 年代至 70 年代，直管公房出租租金采用福利性标准，居民住宅月均每平方米租金为 0.1 元；1985 年 3 月，对经营房进行调整，从月平均每平方米 0.30 元，提高到 0.78 元。镇公共房屋都位于老街，共 8800 平方米，租户 100 余家，每月租金 6800 余元。2016 年镇政府对老街重新规划，旧房屋皆被拆迁。

1958 年，中央下发了《关于目前城市私有房产基本情况及进行社会主义改造的意见》（以下简称"私改"），各地为了落实国家的政策，分别出台一些办法，原吴兴县人民委员会对"私改"起点做出规定：湖州市区为建筑面积 100 平方米，南浔、菱湖、双林、练市、埭溪、织里为 80 平方米，私人出租的非住宅房和原剥削阶级出租的住宅房，实行无起点改造。经过"私改"，提高了房屋利用率，缓解城镇住房紧张状况。1984 年 7 月，织里响应落实私房归还政策，归还顾杏权家约 400 平方米，归还郑阿炳家约 200 平方米房屋。

住房改革　1994 年，根据政策，机关企事业单位职工有成套房子符合条件的可有个人以每平方米 420 元的价格购买产权。镇原 100 多户公共房屋都因职工经济困难而未购买，继续执行以前租用政策。其他单位的集资房均有个人购买，但只有房产证没有土地证。后国家又为职工解决住房问题而给予补贴资助，即将单位原有用于建房、购房的资金转化为住房补贴，分次（如按月）或一次性地发给职工，再由职工到住房市场上通过购买或租赁等方式解决自己的住房问题。

货币分房　即货币化分房。是由政府和企业拿出一部分资金对无房的单位干部和职工进行数额不等的补贴，职工按规定申领住房补贴、提取住房公积金、申请住房贷款，到市场购买住房。货币化分房在分配形式上，由住房的实物分配改变为货币分配，在分配对象上，由以家庭为对象分配住房改变为以职工为对象分配货币。2003 年在织里镇行政与事业单位编制人员中实施这一政策。

二、房地产业

房地产行业　织里镇原为乡村集镇，民居基本为私宅。20 世纪 80 年代末，房地产业逐步形成规模。1993 年底，镇区实有房屋建筑面积 26.91 万平方米，其中直管公房 0.91 万平方米，私房 16.99 万平方米，其余为各单位自管房。实有住宅居住面积 7.98 万平方米，人均居住面积 16.5 平方米。1999 年至 2019 年镇域注册成立的房地产企业共有 85 家。

新区开发　为改善居民住宅条件，1999 年至 2019 年，开发普通住宅小区 42 个，共 158 幢，总建筑面积 735 360 平方米，住户 2283 户；开发中高档住宅小区 27 个，总建筑面积 3 171 826 平方米，多高层 426 幢，别墅 71 幢，洋房 19 幢，住户 16 726 户。2015—2019 年又建新区共 564 063.78 平方米。

表 4-6-22　2015—2019 年织里镇开发的商住楼

名称	地址	开发时间	建筑总面积（平方米）
正祥置业—财富广场	吴兴大道北侧、珍贝路西侧	2015 年	85 504.71
米皇国际商业广场	富民路东侧、东湖路北侧	2015 年	36 698.59

（续）

名称	地址	开发时间	建筑总面积（平方米）
织里坤德商务区	富民路东侧、利济路南侧	2015 年	21 552
织里国际商业城	吴兴大道南侧、阿祥路西侧	2016 年	75 489.86
利安商业广场	利安路北侧、珍贝路西侧、安康西路南侧	2017 年	68 036.85
大成商业中心	珍贝路西侧、王田港北侧	2017 年	23 731.12
正祥—茵特拉根小城	吴兴大道南侧、栋梁路西侧	2018 年	66 873.95
众盛商业广场	珍贝路西侧、康泰西路南侧	2018 年	58 549.48
江南里小区	晓河村	2019 年	9983.45
珍贝—置地商业广场	大港东侧、吴兴大道南侧	2019 年	117 673.77

数据来源：织里镇城建办公室。

住房建设　镇住房建设起于 20 世纪 70 年代末，由镇政府规划土地，单位出资建造，解决职工住房困难问题，产权属于单位，住户按规定缴纳租金。1980 年织里中学在校园旁为教师建造住房 12 套，建筑面积 800 平方米（2015 年被定为危房而拆除）；1985 年，邮电局在老街凤湾里建造一幢 2 层楼的宿舍，建筑面积 300 平方米，楼上住户 6 家，楼下为集体宿舍；1985 年财税所在邱家塘建造一幢 3 层楼 400 平方米的职工宿舍，住户 6 家，1989 年又在人民路与公园路建造一幢 16 套房屋的四层楼，建筑面积 1100 平方米；1986 年农业银行在中华路口建造 12 套住房，建筑面积 600 平方米。

20 世纪 90 年代，执行集资建房的政策，建筑费用由个人负担和单位补助解决，单位补助视单位情况而自定。织里小学、织里中学在凯旋路浒井港建造凯旋小区，建筑面积 92 160 平方米，5 幢，90 户；农业银行、派出所在中华桥南分别建造农行宿舍和公安公寓，建筑面积 13 800 平方米，8 幢，61 户；邮电局在公园路建造如意小区，建筑面积 950 平方米，1 幢，12 户；织里医院在原医院旁建造天使家园，建筑面积 12 800 平方米，3 幢，34 户。

商品房销售　截至 2019 年，织里镇共建设商品房封闭式居住小区 39 个，开放式小区 42 个。第一个商品房小区是东湾兜社区的凯旋别墅区，户数最少，1999 年交房，住户 31 家，总建筑面积为 6200 平方米；住户最多的是大邾社区的爱家皇家花园，2015 年交房，总户数 1760 家，总建筑面积为 249 000 平方米。

主要房地产企业名录

湖州珍贝房地产开发有限公司　湖州大港房地产开发公司　浙江正祥置业

有限公司 湖州米皇地产开发有限公司 湖州荣强房地产开发有限公司 湖州汇德置业有限公司开发 湖州世茂实业有限公司 湖州汇成置业有限公司 湖州东吴荣城置业有限公司 湖州置信置业有限公司开发 湖州珍贝荣瑞置业有限公司 湖州爱家房地产开发公司 湖州新城房地产开发公司

三、物业管理

社区从 2008 年始引进物业管理。截至 2019 年，镇域注册登记经营的公司有 200 余家。

主要物业企业 建开物业管理有限公司织里分公司 浙江恒盛物业管理有限公司 邦居物业管理有限公司 湖景悦物业管理有限公司 爱家物业管理有限公司湖州分公司 鸿兴物业管理有限公司 广和物业管理有限公司 大爱物业管理有限公司 南都物业服务集团有限公司湖州分公司 好家园物业管理有限公司 健全物业服务有限公司 华悦物业服务有限公司湖州分公司

四、中介

房产中介 织里房产中介起步较晚，成立于 2003 年 3 月的湖州邦居地产经纪有限公司为织里镇第一家专业房产中介。截至 2019 年，镇域注册登记经营的房产中介 70 余家，其中专门从事房产中介的有 20 余家，其余为综合公司。

主要房产中介公司（所）

邦居地产经纪有限公司 红利房产 益家房产 正家房产 红太阳房产 老林房产 泰山中介 便民中介 丽华中介 泰诚房产 红鑫房产 爱家房产中介所

职业中介 1984 年，湖州市劳动服务公司织里分公司成立，公司有一项职能是解决农村富余劳动力。20 世纪 80 年代末，来自长兴、安吉及安徽等地的农民工在织里北路汽车站周边自发形成了一个露天劳务市场。1992 年 1 月，湖州市织里劳动管理所成立，为湖州市首家职业介绍所，代管晟舍、轧村、太湖、漾西、戴山五个乡的劳动管理站工作。主要对用工单位和就业人员进行双向登记，发放许可证。2000 年后，民营职业介绍所逐渐兴起，介绍所由职业中介正式注册，政府社会事务办公室监管。

主要职业中介企业

无忧人力资源有限公司　牛牛信息科技有限公司　胜世嘉德企业管理咨询有限公司湖州分公司　迪欧人才市场。

五、物流、仓储、快递、广告

物流托运　始于20世纪80年代中期，由织里人郑志高、唐文治等5人发起，合作经营，地址为织里北路公园路口，运输线路为织里至南京托运站。之后，有个体散户相继经营。2001年4月，织里童装世界联托运有限公司成立，地址为织里景富路1号。主要经营货物集散、货运配载、货运代理，运输线路通往全国各地。经营场地面积为23亩。公司将分散在外的个体执照都吸收到联托运市场内，并引进了富奎物流、远征物流等国家二级企业；由此，公司共有物流企业和个体托运部50多家，每年上缴国家税收款近300万元。

截至2019年，注册经营241家，其中托运部（站）78家、物流公司23家，其余为综合公司经营。互见本志第一卷第七章《邮政 通信》。

主要物流企业名录

织里镇联托运服务中心　鸿达公路货物托运部州　万聚物流有限公司　腾安物流有限公司　昊通物流有限公司　正瀚物流有限公司　浙江德邦物流有限公司织里分公司　湖州市中印国际货运代理有限公司　佳邺运输有限公司　浙江中淳物流有限公司　星灿运输有限公司　创达运输有限公司　欧汇运输有限公司　浙江嘉进物流有限公司　旭瑞物流有限公司　山歌物流有限公司　浙江瑞真物流有限公司　广运物流有限公司　云航货运代理有限公司　玖龙运输有限公司　尚亿运输有限公司　浙江德邦物流有限公司　织里迅安货物托运部

仓储　截至2019年，镇域有经营仓储业务的公司16家，专门从事仓储的企业有5家：织里长城仓储有限公司、港西仓储有限公司、织里镇太湖储存仓库、织里曹氏储运仓库、织里新储仓库等，其余皆为综合企业经营。

快递　20世纪90年代初，湖州邮政特快专递在织里邮电支局设立代理点；1994年，织里镇青年柏惠强在老街漾西滩率先个体租房开始经营快递业务，与宏胜、闻达、飞扬快递合作，业务有公交车代送，每天发送50余件。至2019年京东、顺丰、邮政、申通、圆通、中通、韵达、百世、极兔、众邮、速尔等11家快递企业在织里镇都设有分店，每天发往全国各地的快件达80万～100万件。

主要快递公司

邮政特快专递 天瑞快递有限公司吴兴分公司 圆彤速递有限公司轧村、织里分公司 韵达快递有限公司轧村分公司、织里大港营业部 汇通快递有限公司 顺丰速运（湖州）有限公司织里营业部 申通物流有限公司织里轧村分公司 湖州丰迅快递有限公司

广告 1993 年，织里市场广告开发有限公司成立，地址为商城 2 期 90 号，负责人吴建勇（与商城发展公司合作）。1997 年 6 月，吴建勇个人独立成立湖州统艺广告公司，地址富民路 86 号，为织里镇最具规模的广告公司。

主要广告公司名录

白色广告装饰 腾瑞广告 蟠龙广告 龙腾广告 威客广告 聚点广告 新古德广告有限公司 统艺广告装潢有限公司 FG广告摄影

第七章 工 业

织里镇域工业源于缫丝、织绸、造船、刻书、酿酒、榨油、碾米、水作、木竹铁匠、箍桶匠、泥水匠、裁缝等个体手工业，他们在各集镇及周边村坊设铺开坊，以手艺谋生。据统计，民国后期至 1949 年 5 月织里解决前后，织里、晟舍、旧馆、轧村、陆家湾、义皋、东桥 7 个集镇，其铁、木（含箍桶）、竹、碾米、水作、衣鞋等手工作坊、店铺共 84 家。1949 年新中国成立后，政府组织个体手工业者走合作化道路。至 1956 年底，陆续成立相应生产合作社，后来纳入二轻工业管理体系。20 世纪 60 年代，逐步出现乡村社办、队办企业，1970—1980 年为发展鼎盛期，解决农村一批富余生产劳动力。镇域内规模较大的企业有湖州毛巾总厂，员工约 2100 人；漾西湖州棉纺厂，员工约 250 人；漾西如皋化工厂，所产纽扣营销量占国内市场六分之一。20 世纪 90 年代初，乡镇企业改制或重组，部分实行股份制，部分成为民营。太湖毛巾厂等少数企业停办。浙江佳雪微特电机有限公司等在原有基础上规模不断发展。织里镇因童装产业的发展，知名度越来越高，城市品位不断提升，吸引大批本地和外籍企业家来织里投资办厂。至2018 年底，生产、加工制造业注册企业 17 932 家，形成童装业和金属加工、机械电子、针织羊绒纺织印染、木材加工及其他行业等七大行业。

第一节 金属加工

一、行业与产品

金属加工行业 镇域在新中国成立前无金属加工企业，1949 年新中国成立前后，织里、轧村、晟舍等集镇及镇郊乡村有铁匠铺和小五金加工作坊。1956 年，织里首先成立铁器社。1970—1973 年，漾西、轧村相继成立铁器社。20 世纪 80年代，金属加工转向铝合金和不锈钢等。1982 年，陆志宝在漾西创办"湖州栋梁铝业"，主要生产各类铝合金型材。同年，尹海林创办"漾西铜棒厂"，主产各类异型铜材制品。此后，金属加工行业主要集中在铝合金加工锻铸以及不锈钢等其他金属加工。主要企业有栋梁铝业有限公司、浙江鸿峰铝业有限公司、湖州永冠不锈钢制品有限公司、湖州精密铸造有限公司等。至2018年底，注册企业共115家，其中规模企业27家（规模企业指年销售收入2000万以上企业，下同），企业员工近3200人。据2019年统计，营业收入超亿元有6家、上缴利税超300万元也有6家。

永冠不锈钢制品有限公司

金属加工主要产品　有铝型材、铝单板、铝板材、铝模板、铝合金型材、不锈钢穿孔管、光伏铝边框、铝制休闲家具、金属延压及模具、电镀加工等。产品畅销全国各地，部分产品出口日本、美国、加拿大等国家。产品质量优越，仅栋梁铝业有限公司获省级以上荣誉8项，并进入"中国建筑铝型材二十强企业"和"中国民营企业500强"。

全国铝型材生产基地——漾西　至2005年，吴兴区织里镇漾西集镇工业园区（陆家湾村）成为湖州市境内铝型材集中产区。初有湖州（漾西）第一铝合金厂、湖州金莱特铝业有限公司，继有湖州栋梁新材股份有限公司与湖州东狮铝业有限公司、湖州宏鑫铝业有限公司等铝材企业。2006年至2018年漾西新增铝型材生产企业数十家，上规模企业新增5家。漾西成为全国铝型材生产基地之一。

金莱特铝业有限公司

二、27 家规模企业名录

栋梁铝业有限公司 地址在织里镇栋梁路 1688 号，1985 年陆志宝创办湖州第一铝合金厂（地址在漾西），负责人赵守明。1993 年改组成立湖州栋梁集团公司，1999 年 3 月改现名。员工 1800 人。主产铝型材、铝模板、铝单板、铝板材、铝家居，销全国各地，部分出口日本、美国、加拿大等国家。

湖州宏叶铝塑材料有限公司 地址在漾西汤溇村，1996 年 10 月创办，负责人顾余良，员工 71 人。主产铝合金型材，销上海、浙江。

湖州华利铝业有限公司 地址在漾西陆家湾，1998 年 2 月创办，负责人尹华林，员工 125 人。主产铝合金，销上海、杭州、宁波。

湖州精密铸造有限公司 地址在太湖漾湾村，1999 年 10 月周阿团创办，负责人潘水芳，员工 38 人。主产有色金属延压及模具，销上海、江苏。

湖州金业电镀有限公司 地址在旧馆村，2000 年 8 月创办，负责人金建忠，员工 30 人。主产电镀加工，销湖州本地。

浙江鸿峰铝业有限公司 地址在漾西陆家湾，2001 年 7 月张玉峰创办，负责人沈锦卫，员工 77 人。主产铝合金型材，销江苏、浙江。

湖州漾西铝业有限公司 地址在织里镇漾西工业园区，2001 年陶林安、陶林江、潘剑荣创办，负责人陶林安，员工 200 人。主产熔铸、模具制造、型材挤压、氧化、粉末喷涂，销德清、宁波、嘉兴。

湖州宏鑫铝业有限公司 地址在漾西汤溇村，2001 年 11 月创办，负责人钱鑫祥，员工 82 人。主产铝合金型材，销台州、宁波、杭州。

湖州沈氏铝业有限公司　地址在漾西宋溇，2002 年 3 月沈凤林创办，负责人赵利萍，员工 3 人。主产铝合金型材，销嘉兴、杭州、台州。

奥里伯斯（中国）铝业有限公司　地址在轧村，2002 年 6 月彼得·布莱维尔特创办，负责人 Kerry Warren Thomas，员工 188 人。主产铝合金型材，销浙江、江苏、上海。

湖州市织里新飞铝业有限公司　地址在漾西汤溇村，2002 年 9 月张战元创办，负责人吴法英，员工 22 人。主产铝合金型材，销浙江、江苏、上海。

湖州新旺铝业有限公司　地址在漾西汤溇村，2002 年 12 月创办，负责人周才新，员工 40 人。主产铝合金型材，销杭州、温州、上海。

湖州三才铝业有限公司　地址在漾西汤溇村，2003 年 10 月陆瑜创办，负责人董文华，员工 38 人。主产铝合金型材，销南京、上海、杭州、合肥。

湖州美通铝业有限公司　地址在漾西工业区，2004 年 1 月创办，负责人吴金凤，员工 8 人。主产铝合金型材，销浙江、江苏。

湖州织里鼎盛金属制品有限公司　地址在漾西陆家湾，2004 年 2 月创办，负责人杨剑英，员工 70 人。主产铝合金型材，销湖州本地、江苏。

湖州永冠不锈钢制品有限公司　地址在漾西工业区，2004 年 3 月 22 日创办，负责人赵水林，员工 9 人。主产不锈钢钢管，销湖州本地。

湖州织里荣兴达铝业有限公司　地址在漾西陆家湾，2004 年 4 月创办，负责人朱新娥，员工 21 人。主产铝合金型材，销江苏、湖北武汉、江西。

湖州金莱特铝业有限公司　地址在漾西陆家湾，2004 年 9 月创办，负责人沈鄂春，员工 35 人。主产铝合金型材，销温州、宁波。

湖州新华星铝业有限公司　地址在漾西陆家湾，2004 年 11 月创办，负责人陆法娥，员工 47 人。主产铝合金型材，销台州、宁波、上海。

湖州鑫峰铝业有限公司　地址在漾西工业区，2006 年 2 月创办，负责人沈培荣，　员工 14 人。主产铝合金型材，销上海、杭州、宁波。

湖州奥斯达不锈钢材料有限公司　地址在旧馆村 318 国道北侧，2007 年 7 月创办，负责人徐阿三，员工 28 人。主产不锈钢穿孔管，销温州、上海。

湖州织里丰元铝制品有限公司　地址在漾西汤溇村，2010 年 9 月潘建琴创办，负责人陆月树，员工 74 人。主产铝合金型材，销浙江、安徽。

湖州神龙铝业有限公司 地址在太湖漾湾工业区 3 号，2011 年 5 月钟良创办，负责人潘水芳，员工 45 人。主产铝合金型材，销上海、张家港、湖州本地。

湖州织里鑫巨铝业有限公司 地址在轧村集镇振兴路 2 号，2014 年 3 月创办，负责人汤建良，员工 43 人。主产铝合金型材，销浙江、江苏、上海，安徽。

湖州贝盛铝业科技有限公司 地址在珍贝路 800 号，2014 年 5 月创办，负责人邱小永，员工 42 人。主产光伏铝边框，销国内。

湖州织里卓成铝型材有限公司 地址在漾西陆家湾，2014 年 5 月创办，负责人陈乐誉，员工 11 人。主产铝合金型材，销上海、杭州、台州。

湖州中奕达金属材料有限公司 地址在漾西工业区，2017 年 3 月创办，负责人陶林安，员工 2 人。主产金属材料及制品，销湖州本地。

三、企业选介

栋梁铝业有限公司 地址在织里镇栋梁路 1688 号。万邦德医药控股集团股份有限公司全资子公司，国内首家主营建筑铝材上市公司，中国民营企业 500 强。至 2018 年底，厂区总占地 60 公顷，员工 1800 余人。年生产能力：铝型材 20 万吨，铝板材 6 万吨，铝模板 60 万平方米，铝单板 50 万平方米，是华东地区大型铝材生产基地。前身湖州第一铝合金厂，1985 年创办，地址在漾西陆家湾村，1993 年改组成立湖州栋梁集团公司。1996 年，引进西班牙不锈钢色铝型材生产线。企业通过自主科技创新，开发"着不锈钢色铝型材"新工艺，生产普通仿不锈钢铝型材及阳极氧化系列型材、电泳涂漆系列型材，填补国内空白。1999 年 3 月股份制改革更现名。2001 年八里店厂区建成，地址在八里店陆旺村。2005 年织里厂区建成，同年 10 月迁现址。2018 年底开始新建织里镇东尼路厂区。拥有"国家实验室"、省级"博士后工作站"、省级"研发中心"、市级"技能大师工作室"等。参与起草多项行业标准，取得专利 37 项，其中实用新型专利 36 项。有一支 180 人铝加工行业专业技术队伍，其中高级工程师 6 人，高级技术职称 30 人，初中级工程师 35 人。有 8 台 25 吨大型高品质铝熔铸炉，铝型材全自动生产线 68 条，日本全自动立式及卧式氧化电泳、粉末喷涂、氟碳喷漆、木纹热转印、水转印等表面处理生产线 19 条，型材自动包装线 10 条。业务遍及全国各地及欧美、中东、非洲、东南亚等 30 多个国家和地区，通过 300 多家营销办事处和经销点构建生态销售网络，产品广泛应用于诸多城市地标级建筑。2001年，"栋梁"商标为省著名商标，栋梁铝型材为省名牌产品，2002年为国家免检产品。2004年为浙江省高新技术企业和国家级高新技术企业。2007年栋梁铝型材荣获中国名牌，2012年首获"中国建筑铝型材二十强企业"（2017年再获此称号），2013年栋梁商标被国家工商总局行政认定为中国驰名商标。

　　湖州漾西铝业有限公司　在织里镇漾西工业园区。2001年，陶林安、陶林江、潘剑荣在漾西东阁兜村租用土地联合成立。经参与竞拍取得原租用土地经营权后，在2002年建成现厂。公司占地30亩，员工200人，固定资产2亿。2018达到历史最高年产值1.8亿元，纳税330余万元。主产铝白板、休闲家具。有500~1500吨铝合金挤压生产线8条，设置铝棒熔铸、型材氧化、粉末喷涂、模具制造等生产工序，年产各类铝合金工业型材及建筑型材12 000余吨。2005年，通过ISO9001企业论证。企业注重环境保护，2017年完成污水排放工程改造。

漾西铝业有限公司车间

第二节　机械　电子

　　至2018年底，镇域机械电子注册企业共计51家，其中规模企业有21家，从业员工7300多人。

一、行业与产品

机械修理制造行业　起步于 20 世纪六七十年代队办、社办企业。其中有织里农机修配厂（1957 年创办）、太湖纺机厂（1969 年创办）和织里粉末冶金厂（1976 年创办）等。其时设施简陋，主要从事拖拉机、脱粒机等简单农用机械维修，生产制造各类冶金配件、机械模具等。规模、影响较大的是浙江佳雪微特电机有限公司，1971 年陈子汶创办，主产各种特种微电机，所产"仁舍"牌电扇获"浙江省优质产品"称号。机械工业发展较快，现已摒弃原先作坊式生产模式，转向大型机械生产。浙江振兴阿祥集团有限公司占地 38.15 公顷，从事重型机械生产、加工及机床、行车、微特电机制造等。

电子电缆行业　最早 20 世纪末期涉及，1984 年创办太湖电子琴厂，生产销售电子琴；1990 年创办轧村电子器件厂，主产各类汽车计时器；1992 年创办轧村电缆厂，主产各类电缆线，销国内市场。20 世纪初，织里电子电缆行业迅速发展起来。规模和影响较大者有浙江东尼电子股份有限公司、湖州久鼎电子有限公司、浙江贝盛光伏股份有限公司等，设备设施齐全，工艺先进。主要产品有数据线（USB 线）、高频线、电子线、单（多）晶硅电池片、无线充电模组、吸音颗粒、有线电视电缆线、超微细合金线材等，销全国各地及美国、印度、欧洲等。

二、21 家规模企业名录

浙江佳雪微特电机有限公司　地址在轧村集镇振兴路 2 号，1971 年陈子汶创办，负责人潘阿祥，员工 118 人。主产齿轮减速电机、无刷直流电机、特殊定制电机。销国内、美国、印度。

浙江振兴阿祥集团有限公司　地址在织里镇晟舍新街东路 158 号，1992 年 9 月创办，负责人潘阿祥，员工 2000 人。主产铝型材、亚麻纱、重型机械、微特电机，销国内及欧洲、东南亚。

湖州龙鹰电线电缆有限公司　地址在漾西陆家湾村，1995 年 3 月顾小荣创办，员工 16 人。主产电线电缆，销湖州本地、江苏、山东、陕西。

浙江东达光伏有限公司　地址在帕罗路 288 号，2001 年 3 月创办，负责人黄鹏飞。员工 185 人，主产太阳能晶体硅片，销宁夏、新疆和出口印度、德国。

浙江振兴电缆有限公司　地址在栋梁路 318 号，2001 年 5 月陈根花创办，负责人宋惠芳，员工11人。主产电线电缆，销浙江、上海、江苏。

湖州新东方线缆有限公司 地址在乔溇村，2002年1月创办，负责人邱惠林，员工17人。主产电线电缆，销绍兴、上海、陕西。

湖州莱斯奥美家用电器有限公司 地址在栋梁路108号19号厂房，2005年12月创办，负责人克劳迪·迈克托里欧，员工170人。主产厨房脱排油烟机，销意大利、德国、荷兰。

湖州康利线缆有限公司 地址在漾西汤溇村，2007年9月创办，负责人赵国民，员工8人。主产漆包线，主销广东、深圳、江苏南通、浙江永康。

浙江东尼电子股份有限公司 地址在织里镇利济东路555，2008年1月创办，负责人沈晓宇，员工1400人。主产超微细合金线材、特种材料，销杭州、天津、深圳等。

汇大机械制造（湖州）有限公司 地址在阿祥路555号，2008年6月沈介明创办，负责人沈燕青，员工153人。主产汽车零部件，销苏州、福建、台湾及美国。

浙江创盛光能源有限公司 地址在318国道织里段888号，2008年9月创办，负责人邱小永，员工459人。主产太阳能电池板，销欧洲、印度、澳大利亚及国内各地。

湖州织里新飞亚电线电缆厂 地址在常乐村（轧漾公路南侧），2009年4月潘金松创办，负责人董亚权，员工15人。主产电线电缆，销江苏、湖州本地。

新飞亚电线电缆厂

浙江贝盛光伏股份有限公司　地址在织里镇珍贝路 800 号，2009 年 11 月创办，负责人邱小永，员工 377 人。主产电池片，销国内。

湖州久鼎电子有限公司　地址在织里镇大港路 1088 号科技城 10A，2010 年 1 月创办，负责人余壮恩，员工 158 人。主产数据线（USB 线）、高频线、电子线、极细同轴、套管，销安徽、江西。

湖州欧利亚机电科技有限公司　地址在晟舍新街东路 558 号，2013 年 8 月创办，负责人施建峰，员工 79 人。主产机械设备，销湖州本地、江苏。

湖州永久电线电缆有限公司　地址在漾西汤溇村，2013 年 8 月创办，负责人王阿志，员工 22 人。主产电线电缆，销省内各地及非洲。

湖州雄鑫电线电缆有限公司　地址在汤溇村北汤溇 15 号，2013 年 8 月创办，负责人宋佳斌，员工 37 人。主产电线电缆，销上海、江苏南京和镇江。

湖州起帆电缆有限公司　地址在汤溇村新浦，2013 年 10 月创办，负责人韦明新，员工 5 人。主产电线电缆，销湖州本地、杭州。

湖州立新电缆有限公司　地址在乔溇村宋溇，2014 年 1 月创办，负责人郭荣方，员工 38 人。主产电线电缆，销安哥拉、伊拉克、也门。

湖州太德汇印刷器材有限公司　地址在利济西路 399 号，2014 年 4 月创办，负责人江云峰，员工 42 人。主产胶印板材，销广州、哈尔滨、杭州、宁波。

浙江创特新材科技有限公司　地址在织里镇东尼路 666 号，2017 年 4 月创办，负责人吴卫国，员工 2000 人。主产线圈、吸音颗粒、有线电视电缆（cable 线），销山东、江苏。

三、企业选介

浙江佳雪微特电机有限公司　在轧村集镇振兴路 2 号，法人代表潘阿祥。主产齿轮减速电机、无刷直流电机和特殊定制电机齿轮减速电机。前身仁舍电器厂，1978 年由晟舍公社农机厂分离组建湖州电器厂，地址在晟舍老街市河西岸（织里南路 87 号），厂长陈子汶。陈子汶与闵金桥、姚志学等依靠当时离开农机厂分得补偿款 3.5 万元作为起动资金，走上电机创新之路。1983 年始，与中国人民解放军总后勤部协议合作生产中国第一台家用厨房脱排油烟机，1985 年通过鉴定成为国内具有先进水平首创项目。1988 年 JYC 型厨房脱排油烟机获得湖州市名优产品"飞龙奖"。1986 年，转型解剖齿轮减速电子调速特种电动机研制，同年更名湖州微特电机厂。1988年研制齿轮减速电子调速特种电机，次年3月，YYJT型系列高精度齿轮减速特种电机通过省技术鉴定，填补国内空白，1990年列为国家计委第1949号国家重点新产品，被机电部列为1486号第23批推荐替代进口产品。1992年与美国美华集团合作，成立合资经营"浙江华峰微特电机有限公司"。次年，DGB06-90微型电动辊棒被列为浙江省计经委第二批新产品，通过省级鉴定，同时获得省、市科技进步三等奖。1995年，"佳雪"齿轮减速电子调速异步电机在国内居首位。同年6月16日，组建浙江佳雪微特电机集团有限责任公司，由湖州电器厂、湖州微特电机厂、浙江华峰微特电机有限公司、湖州华美大酒店等四家子公司组成，实行独立核算、自负盈亏，公司注册资金5000万元。1997年受机电部委托起草电子调速齿轮减速异步电机通用规范国家标准，同年，系列齿轮减速电子调速电动机国家级火炬计划项目验收合格，企业因产品先进受到国人瞩目。2005年1月，Y3112CNC型高效精密数控滚齿机被国家专利局授予实用新型专利。佳雪微特电机成为国内知名品牌，企业先后获"国家级高新技术企业""全国守合同重信用企业""浙江省三星级企业""浙江省高新技术企业研究开发中心"等市级以上荣誉15项。产品获全国驰名商标、国家重点新产品、浙江省科学技术进步奖等市级以上荣誉8项。2012年10月20日，浙江振兴阿祥集团有限公司收购了浙江佳雪微特电机集团有限责任公司的全部股权，2016年月迁现址。2018年底，企业总占地约2.4公顷，建筑面积15 702平方米，员工118人。年产各种电机19余万台（套），销国内，出口美国及印度等国。

浙江东尼电子股份有限公司 在织里镇利济东路555号东尼产业园。占地13.3公顷，厂房面积20万余平方米，有自动化生产专用设备1000余台（套），产品有（单）复涂层超细（超）高张力线、电磁线、铜包铝线、镀锡镀银铜线、合金铜线及其绞线；新能源汽车用电池配件，无线充电器用收发线圈，汽车用导体线材和线束，医疗线材，金刚石切割线，切割硅片；无线充电领域磁性材料，5G基站用陶瓷滤波器、微波环形器等新型电子元器件等。各类产品分别用于汽车用线束、新能源汽车用电池配件、普通电线、蓝牙耳机、手机微型扬声器、笔记本电脑、手机振动电机、非接触式智能IC卡、平板电脑、智能手表、微型继电器、磁头等电子、电声产品；单晶硅/蓝宝石切割、消费电子、智能家居、公共场所、汽车、医疗、5G基站用电子配件等领域。企业共获"省科技厅国内成果奖""省信息产业电子专项奖""省新产品项目奖"等30多项专利。公司先后成

东尼电子（服饰）有限公司

为国家级高新科技企业、国家知识产权优势企业、国家级绿色工厂、省级制造业与互联网融合发展示范试点企业、浙江省创新型示范中小企业、省级高新技术企业研发中心、省级企业研究院、省专利示范企业、省博士后工作站、省上云标杆企业、省电子信息50家成长特色性企业、湖州市重点骨干企业、湖州市院士工作站、湖州市企业技术中心、安全生产标准化三级达标企业等。

浙江振兴阿祥集团有限公司 在织里镇晟舍新街东路158号，前身湖州振兴通信电缆厂。1992年9月，潘阿祥用20万元借款创办，地址在轧村集镇振兴路，成为邮电部定点生产通信电缆生产企业。1997年产值突破亿元，五年完成初创原始资本积累。1998年10月投资铝型材项目，次年10月成立浙江振兴线缆铝业集团，与比利时合资成立奥祥铝业有限公司，至2002年产值突破2亿关，五年产值翻一番。2003年7月，组建成立"天立新材"，地址在织里工业园区（湖织大道南、阿祥路东侧），成为在湖州市级、省级、国家级重点项目首选混凝土企业，年产120万立方米。2003年始，"新祥铝业""阿祥亚麻"成为阿祥集团两大主导产业。其中新祥铝业在全省同行业中规模位居第二，2003年初在安吉县溪龙乡始建，同年投产，产品获省名牌产品、省著名商标，出口美国、德国、加拿大、日本、澳大利亚等国家。"阿祥亚麻"，2003年底始建，次年5月投产，2006年迁安吉溪龙乡阿祥工业园。厂房面积近6万平方米，员工500余人，有纱锭1万锭，可产9.5～60支不同规格亚麻纱。亚麻原料由法国、比利时进口，年产各类亚麻产品1800吨，产值约5000万元，生产规模居全国第三。自主研发染色纱、针织纱、麻丝混纺纱等，产品居世界领先地位。2003—2007年，集团产值突破10亿元，利税突破1亿元。2008年2月，百年不遇暴雪使阿祥亚麻和新祥铝业

8万多平方米厂房顿时化为废墟，近3亿元财物设备被冰雪埋压。公司号召并承诺："厂房可倒，精神不可倒"；"雪灾损失巨大，重建信心更大"；"工资一分不减，奖金只高不低"。45天后阿祥亚麻恢复生产，3个月内新祥铝业重新振起。同年9月，阿祥重工在晟舍新街东路阿祥集团南破土动工，2008年11月，迁新址。总投资7.5亿元，装配大型先进数控设备机群。与杭州汽轮机、济南二机床、韩国现代威亚、泰国TMC、中国一重、三一重工、中传重工、西门子等多家知名企业结为合作伙伴。2012年，又出资近9000万元收购浙江佳雪微特电机集团、浙江佳雪数控机床2家公司全部股权。现阿祥集团有6家实体企业，为全国最具竞争力500强企业。2018年底，总占地3.8公顷，建筑面积25万余平方米，员工2000人，固定资产10.32亿元。

浙江贝盛光伏股份有限公司　在织里镇珍贝路800号，2009年11月，邱小永创办，主要从事太阳能单晶及多晶电池片研发和产销。厂房及办公等辅助用房总建筑面积约9.8万平方米，年产100万千瓦。员工377人，其中具有大专以上学历120人，研发人员49人。公司先后被评为"国家级高新技术企业""安全生产标准化三级企业（轻工）""浙江省清洁生产阶段性成果企业""浙江省科技型中小企业"等。有省级高新技术企业研发中心，省级企业研究院。所承担、开发和实施重大科技专项成果转化及省级新产品项目30余项，其中18项省级新产品经鉴定属国内先进水平。申请47项专利中，5项属发明专利、21项属实用新型专利授权。为晶硅智能化生产，新增全自动湿法黑硅制绒机、智能自动上料倒篮机、自动装卸舟机台、智能化上下料机台、扩散炉、湿法刻蚀机等设备134台（套），建成高效多晶电池智能化生产线和数字车间。新增700兆瓦高效PERC电池生产设施，原有320兆瓦普通光伏电池产能改造升级，形成350兆瓦高效PERC电池生产能力，最终形成1050兆瓦/年高效PERC电池生产规模。2016年，完成湖州林金矿项目，占地46.7公顷，建设规模20兆瓦。2017年完成湖州东林漾渔光互补项目，占地200.1公顷，建设规模80兆瓦。2018年，生产光伏电池7607.84万片，工业总产值29 714万元，销售收入29 422万元。

湖州久鼎电子有限公司　简称"久鼎电子"，在织里镇大港路1088号科技城10A。2010年1月，余壮恩创办，注册资金6800万元，资产总额52 412.51万元。属A股上市公司"立讯精密"（股票代码：002475）旗下子公司。专业生产高速数据传输线缆、通讯线缆、耳机线缆、数码相机配件、有线电视电缆等产品，被国家和浙江省授予"国家高新技术企业""浙江省专利示范企业"等称号。产品销往美国、日本等国家。2018 年销售收入创历史最高达 5.2 亿元，利税 1.34 亿元。企业员工 158 人，大专以上学历科技人员 63 人，授权实用新型专利 48 项，发明专利 2 项。公司研发团队成员 62 人，其中博士 5 名，余均本科以上学历专业研发人员。2015 年建成省级高新技术企业研发中心，2016 年建立省级博士后工作站，2018 年建设省级企业研究院和省级企业技术中心。

浙江创特新材科技有限公司　在织里镇东尼路 666 号。2017 年 4 月 1 日，吴卫国创办，从事吸音材料、电子黏合剂、无线充电、微型线圈、有线电视电缆线、汽车线束等研发、产销。产品广泛应用于消费电子、汽车制造、医疗器械及智能机器人、智能穿戴、虚拟现实、增强现实等。有 1 个材料研究院，2 个材料研发中心。固定资产 555.34 万元，2018 年总产值 2915.34 万元，利税 320 万元。系"浙江省科技型中小企业""国家高新技术企业"，拥有 8 项软件著作权，21 项实用新型专利，1 项发明专利。成功开发耐通电失效及耐通电起粉新型吸音颗粒；完成尺寸稳定好、性能优异方形阳极铝骨架音圈；相继开发多类型、性能优异有线电视电缆线产品。生产厂房 1.2 万平方米，员工 300 人左右，其中大专以上学历 35 名，享受国务院特殊津贴教授 1 名、教授级材料专家 1 名、研发硕士 3 名。

第三节　纺织印染

镇域的缟、织、印、染、糨起源于新中国成立前缫土丝、织土绸布、麻布。进入到 20 世纪八九十年代，纺织印染业依托织里床上绣品市场、童装市场发展，特别是织里棉布交易市场建设，棉坯布成交量迅速壮大而得到快速发展。据 2018 年统计，纺织、印染注册企业 716 家，其中规模以上企业 15 家，从业 1700 余人，营业收入 12.79 亿元，利税总额 3142 万元。

一、行业与产品

纺织行业　织里素为蚕桑之地，先民很早用丝车缫土丝，蚕丝纺成绵绸线，再用木机织成绵绸布。太湖南岸一带村落农民，自己种植黄麻、绿麻、苎麻，剥皮手工指导下苎线，再上木机织成麻布，称"夏布"，可缝纫衣衫和印花蚊帐，也受欢迎。20 世纪 70 年代，各乡镇社队相继办起纺织厂。1975 年创办轧村棉织厂，1976 年创办织里公社丝织厂，1978 年创办太湖丝织厂，1980 年创办漾西丝织厂，1984 年创办仁舍化纤丝织厂。后来，早期企业或改制，或转行，更多则停办，21 世纪初再度兴起、发展。代表性纺织企业浙江中新毛纺织有限公司，2000年创办，4 种主要产品获"全国毛纺绒线纱线优质产品"称号。

印染行业　镇域很早出现土法印染，是家庭作坊式生产模式，称"染坊店"。织里和周边其他集镇均有数家，集镇边和农村大村坊也有散落。将绵绸布染成枣红或墨绿色，称作"红绵绸""绿绵绸"上市出售。随着床上绣品市场、童装市场形成，纺织品印染逐步发展起来。轧村印染厂 1976 年创办，员工 150 人，是首家颇具规模印染厂；湖州金牛纺织印染实业有限公司 1983 年创办，从事化纤布印花染色和成衣砂洗，年产 2.2 亿米左右，成衣砂洗 500 万件；湖申印染厂1985 年创办，为湖州市境内上规模乡镇印染企业，1994 年更名湖州大港纺织集团有限公司，承接各类坯布印染业务。湖州和盛染整有限公司 1995 年创办，从事涤棉布、化纤布染色，年产量 1.6 亿米左右。

二、15 家规模企业名录

湖州金牛纺织印染实业有限公司　地址在轧村轧漾公路西侧，1983 年创办，负责人郁雨波，员工 800 人。主产化纤布染色印花、成衣砂洗，主销非洲、南美、欧美等国。

湖州和盛染整有限公司　地址在织里镇晟舍 318 国道南侧，1995 年沈晓宇创办，负责人王能坚，员工 250 人。主产涤棉布、化纤布染色，销地非洲。

浙江蓝天海纺织服饰科技有限公司　地址在阿祥路 1088-C 号，1995 年 5 月陈明青创办，负责人陈火青，员工 20 人。主产纺织品，销陕西、广州、福建、湖北。

湖州骥春纺织品有限公司　地址在安康西路 518 号，1997 年 12 月薛正传创办，负责人沈利，员工 77 人。主产印染印花布，销西非。

湖州昌大纺织服装有限公司　地址在轧村骥村，1999 年 7 月创办，负责人严新昌，员工 50 人。主产室内缝纫制品，销苏州、上海及本地。

湖州德加利印染有限公司　地址在 318 国道北侧，1999 年 12 月何明方创办，负责人顾玉苓，员工 184 人。主产纺织品染色，销湖州本地、绍兴及陕西。

浙江中新毛纺织有限公司　地址在织里镇大港路 888 号，2000 年 1 月 24 日创办，负责人邱淦新，员工 200 人。主产毛条、毛纱，销江苏、浙江、上海等省市，出口韩国。

湖州贝莱特纺织有限公司　地址在栋梁路 1118 号，2004 年 8 月创办，负责人盛金祥，员工 161 人。主产绸复制品，销美国。

湖州跃扬纺织有限公司　地址在阿祥路 2333 号，2006 年 8 月创办，负责人朱跃伟，员工 10 人。主产织布，销江苏、浙江、上海，出口美国。

湖州欧邦纺织品有限公司　地址在利强路 199 号，2009 年 3 月创办，负责人袁国琴，员工 10 人。主产纺织品，销本地。

湖州巨盛纺织科技有限公司　地址在大港路东、晟舍路南侧，2010 年 7 月闵建章创办，负责人闵建丽，员工 71 人。主产纺织新型面料，销浙江、广州及西班牙、意大利、美国等国家。

巨盛纺织科技有限公司

湖州织里创润家纺制品有限公司　地址在漾西常乐村，2012 年 6 月创办，负责人徐丽明，员工 40 人。主产家用纺织品，销美国、日本及欧洲各国。

湖州舒曼家用纺织品有限公司　地址在轧漾公路罗姚段东侧，2013 年 11 月张雪方创办，负责人罗月明。员工 55 人。主产室内缝纫用品，销浙江、江苏。

湖州贝澜纺织品有限公司　地址在康泰西路 288 号，2014 年 5 月创办，负责人叶继方，员工 42 人。主产纺织品，销江苏、山东青岛。

湖州富利达纺织有限公司　地址在长安西路 333 号，2016 年 4 月创办，负责人陈顺根，员工 7 人。主产纺织品，销湖州本地及浙江、江西、福建。

三、企业选介

浙江中新毛纺织有限公司 在织里镇大港路 888 号，集洗毛、制条、毛条防缩丝光、染色、纺纱于一体大型毛纺民营企业。前身湖州碧友毛纺有限公司，1996 年创办，以国内二手纺纱设备 3200 锭开始生产经营。1999 年，在原地扩建厂房，淘汰原有毛纺旧设备，从国外引进前纺、后纺和细纱设备，同年增毛条生产设备，形成年产毛条 3000 吨，纺纱 1000 吨生产规模。2001 年迁 318 国道北侧、梦圆大酒店东侧，总投资 1 亿元，新建厂房 6 万平方米。实施毛条制造及丝光防缩设备更新技改项目，用意大利圣安德烈 P100 型精梳机和 SN 针梳机取代国产制条设备中针梳机和精梳机，从而减少用工，提高单产，毛条制成率提升 2% 以上，质量显著提升。同时延伸前、后道产业链，增加洗毛、毛条防缩丝光、染色等生产车间。2007 年 4 月迁址大港路 888 号，并更改为现名。厂区总占地 17.33 公顷，厂房面积 11 万余平方米，员工 200 余人。从意大利引进 3 条全进口毛条生产线及国际最先进检测仪器，申请并通过国际纺织实验室认证。同年，列入综合实力十强企业，获"企业技改投入一等奖""进出口贸易先进企业""重点建设先进集体""上缴财税收入大户"等先进称号。产能达到洗毛 10 000 吨、毛条 6000 吨、丝光防缩 3000 吨、染色 3000 吨、精纺毛纱 2000 吨规模。产品销德国、意大利、土耳其、日本、韩国、越南等国家及国内主要品牌企业。先后获"浙江省诚信示范企业"、省"十五技改"优秀单位、省级"高新技术企业""浙江省绿色企业"等荣誉。

湖州和盛染整有限公司 在晟舍 318 国道南侧，是从事薄涤棉织物染整加工专业厂家。前身为浙江省德清县和盛染整有限公司，1993 年始建，原地址在德清县雷甸镇小白云桥东。2000 年 12 月投资 1800 万元于现址征地约 4 公顷新建厂区，次年下半年迁现址，并更改为现名。迁址后侧重更新设备，进行技术改造。2003 年 2 月，厂区东侧扩建。2004 年 10 月，立项"扩建年产高档灯芯绒、纱卡 2500 万米技改项目"试生产，2005 年通过环保验收。继而又淘汰 2 条高能耗生产线，更换全电脑控制高温高压卷染机。至 2008 年，公司能耗从 2005 年 18 400 吨标准煤降至 11 000 吨标准煤。同年虽受全球经济危机影响，产品仍供不应求，创开厂以来最高值。发展生产同时坚持环保，初于 2005 年将污水管网接入湖州金洁污水处理厂，2006 年始在污水排放口安装在线实时监控，2015 年通过浙江省清洁生产审核验收合格。2016年5月31日，完成淘汰所有燃煤锅炉2套。2018年8月完成天然气锅炉低氮排放改造，升级印花机、定型机废气回收装置，配置大型尾气治理装置1套。现企业资产近7000万元，员工250余人，其中管理和工程技术人员近30人。形成年产16 000万米生产能力，年产值4亿左右，产品主要销欧洲、中东、非洲等国家和地区。为市重点骨干企业、市民营50强。

湖州金牛纺织印染实业有限公司 在织里镇轧村。前身湖州市第二印染厂，1983年创办，1996年改制，随后又多次变更股权。2004年2月，全面改建厂区。2005年10月，立项"扩建年产高档印染印花布3600万米技改项目"试生产，2006年通过环保验收。2005年起，向外向型企业转型，从事染色、印花，灯芯绒、府绸、纱卡等产品出口业务，连续几年为湖州市出口创汇先进企业，曾列入湖州市出口创汇企业20强，为湖州市重点骨干企业。2008年，调整产品结构，减少部分印染灯芯绒、纱卡等印花布产能，新增化纤布涂料印花和砂洗生产线、砂洗服装生产线。公司总占地8公顷，厂房面积5.3万余平方米，员工800余人。从事棉布、化纤布印染、印花及成衣砂洗等业务。配有产品研发中心，产品主要销欧、美、中东、非洲等国家和地区及国内众多省份。2013年，市、区、镇三级政府在"金牛纺织印染"召开现场会，作为市印染行业整治典型，改造旧厂区，拆除违章建筑约8000平方米，淘汰高能耗设备，实施污水回用，得到三级政府领导肯定，同年通过印染行业整治验收。年产能化纤印花布22 000万米、砂洗服

金牛纺织印染实业有限公司

装 500 万件。注重环保，2006 年 1 月在污水排放口安装在线实时监控，2016 年 2 月起逐步淘汰所有燃煤锅炉 9 套，2016 年 5 月将污水直排改为初步处理后纳入市政管网，由湖州东郊污水处理厂统一处理。2017 年 2 月升级印花机、定型机废气回收装置，配置大型尾气治理装置 14 套。2018 年投资新建二套日处理 1000 吨铁炭电解高浓度污水中水回用装置，减少废水排放。其间通过生态纺织品认证，先后通过清洁生产、绿色企业审核，为吴兴区安全生产协会理事单位。

第四节 针织羊绒

一、行业与产品

针织羊绒行业　20 世纪 80 年代前，针织服装大都是纯手工编织土绒线衫，俗称"头绳衫"。1978 年改革开放后，"头绳衫"逐渐消失，取而代之新兴羊毛衫、羊绒衫。1978 年，太湖公社首先办起"太湖针织厂"，1980 年和 1984 年漾西、织里相继办起针织厂和羊毛衫厂。据 2018 年统计，织里镇域针织羊绒注册企业 83 家，其中上规模企业有湖州珍贝羊绒制品有限公司、浙江米皇羊绒股份有限公司等 5 家，从业 2000 余人，年产各式各类羊绒服几百万件（套），营业收入 8.18 亿元，利税总额 1.34 亿元。

针织羊绒产品　产品有羊绒衫、羊绒大衣、丝绒衫、羊绒服装服饰、桑蚕丝针织衫、高档织物面料。珍贝牌抗静电、抗起球、可机洗、负离子、冬暖夏凉、牛奶纤维的羊绒衫、羊毛衫、真丝内衣、竹纤维 T 恤、真丝休闲服等。2002 年、2003 年珍贝牌羊绒衫被评为"中国质量过硬服务放心信誉品牌"和"中国知名品牌"。2001—2003 年，珍贝牌羊毛衫、羊绒衫产品连续 3 年被国家统计局、中国行业协会评为全国羊毛衫销量第一名、羊绒衫销量第二名。2018 年，珍贝牌羊绒衫被评为"2017 年中国最受消费者喜爱的羊绒品牌"，米皇羊绒服饰被评为中国驰名商标和国家免检产品。

二、五家规模企业名录

湖州珍贝羊绒制品有限公司　地址在织里镇 318 国道织里段 888 号，1986 年创办，负责人邱金元，员工 520 人。主产羊绒衫、羊绒大衣、丝绒衫、桑蚕丝针织衫，销北京、上海、河北、江苏等省市的大中小城市。

湖州琴尔诺针织制衣有限公司　地址在长安西路999号，1996年7月创办，负责人蒋荣平，员工140人。主产羊毛衫，销杭州、上海、日本。

浙江米皇羊绒股份有限公司　地址在织里镇康泰西路288号，2001年5月23日创办，负责人吴金海，员工270人。主产各类羊绒服饰，销全国各地。

湖州东尼服饰有限公司　地址在童装产业示范园区D1幢201～601号，2006年5月沈晓宇创办，负责人吴月娟。主产高档织物面料，销上海、福建。

帕罗羊绒制品有限公司　地址在帕罗路288号，2007年5月黄云娣创办，负责人沈建民，员工496人。主产羊绒服装，销北京、上海、沈阳、长春、哈尔滨、重庆、兰州。

三、企业选介

浙江珍贝有限公司·湖州珍贝羊绒制品有限公司　在318国道织里段888号，生产各种羊绒纱、羊绒衫、丝绒衫、羊绒大衣等产品为主民营毛纺织企业。前身织里针织服装厂，1986年建，邱金元、邱淦清、邱淦新三兄弟以600元启动资金在不足20平方米家庭小作坊创业。1987年开始涉足羊毛衫产业，注册商标"珍贝"。1993年起，在原产羊毛衫基础上向生产羊绒制品转型。1995年8月8日，改制组建成立浙江珍贝有限公司，董事长、总经理邱金元，公司占地15公顷多，辖珍贝羊毛衫厂、珍贝毛纺厂、织里针织服装厂等6个分厂。1997年下属分厂改分公司，同时成立湖州珍贝羊绒制品有限公司（地址在晟织北路78号），董事长邱金元、总经理邱淦清，员工520人，专业生产羊绒制品，年产40万件，产值1.6亿元。2000年起，浙江珍贝总占地面积扩至150公顷多。从英国、德国、意大利等国引进国际领先设备。2003年8月11日，获中国环保总局颁发的"中国环境标志产品认证证书"，在中国纺织行业首家获此荣誉。继2001年珍贝牌羊毛衫、羊绒衫评为浙江省名牌产品，2003年9月1日，珍贝羊毛衫评为中国名牌产品。同年9月8日，公司进入中国纺织行业50强企业。2004年，在全国纺织七大行业竞争力排名中名列毛纺织业第十位，"珍贝"成为国家驰名商标。进入"国家高新技术企业""浙江省百强企业"等称号行列。借力开发羊绒生产新技术、新工艺，有发明专利8项，实用新型专利30项，外观设计专利多项，起草制定粗梳可机洗羊绒衫、无染色婴童羊绒服装等浙江制造标准。现公司下辖湖州珍贝羊绒制品有限公司、北京中和珍贝科技有限公司，员工3000余

珍贝羊绒制品有限公司

人，各类先进设备 3000 多台（套）。年产能羊绒衫、羊毛衫、真丝内衣系列产品 380 多万件。珍贝牌服装营销网络遍及全国 25 个省、自治区和直辖市，形成 500 多个县城以上营销网络，1500 多个营业网点，有特许专卖店 100 多家。珍贝产品出口美国、法国、德国、意大利、日本和东南亚各国及中国香港、台湾地区，2018 年销售额 3.1 亿元。坚守"为顾客提供可贴身穿着的优质羊绒衫"信念，连续十多年被国家信息中心、北京市商委评为北京市亿元以上商场"羊绒衫销量第一名"，销量居全国羊绒行业第二位。公司先后获得"中国AAA级形象企业""全国用户满意产品""市场抽检合格产品""消费者特别推荐的优质产品""中国最受消费者喜爱的羊绒品牌"等称号。董事长邱金元连续当选省、市人大代表，总经理邱淦清先后获"中国百名优秀企业家""中国民营企业家""第四届中华管理十大英才"等称号。2016 年，公司开启传统羊绒向时尚环保女装转型之路。

浙江米皇羊绒股份有限公司 在织里镇康泰西路 288 号，2001 年 5 月吴金海创办，企业占地 75 亩多，员工 270 人。以 5000 万元引进德国先进设备投入产，2003 年参展中国国际服装服饰博览会，摘得"中华杯"优秀设计奖。2004 年被中国质量万里行促进会认定"质量信得过跟踪单位"，并获"中国行业十大影响力品牌"称号。2005 年列入"浙江省绿色企业""浙江省名牌产品"及"浙江省著名商标"。2006 年，米皇羊绒荣获"中国驰名商标""国家免检产品"称号，同年当选中国针织工业协会第四届副理事长单位。2007 年获"中国最具时尚影响力服装品牌"，2008 年入选《中国羊绒品牌白皮书》推荐品牌。米皇羊绒是中国本土羊绒产品中著名品牌之一。2015 年开展网上营销活动，平台销售遥遥领先同行，2016 年在全国新开设门店 20 家。2018 年亮相米兰时装周。同年，成为全国首批绿色工厂与绿色产品品牌。有德国 STOLL 世界顶级针织织造设备电脑横机300 余台，高技能素质产业员工 100 余人。在北京、上海、香港等地有设计工作室，与浙江理工大学长期合作专业人才培养和产业技术攻关。同时启动羊绒多彩化战略，得到中国流行色协会支持、认可，成为国内唯一的中国羊绒色彩研发基地。公司年产羊绒衫及服饰产品 50 余万件（套）。2018 年总产值 2.9 亿元，利税2060 万。主力品牌米皇羊绒在全国主要大中城市中高端商场开设专柜 300 多家，年营业额近 5 亿元。销售网络遍布全国 20 多个省市，销售业绩连续 8 年稳居同行业前三名。

第五节　木材加工

一、行业与产品

木材加工行业　镇域木材加工行业始于 20 世纪 90 年代后期，最早为湖州威赫木业有限公司，1995 年成立。据 2018 年统计，织里木材加工注册企业共计115 家，其中上规模企业有 6 家，从业近 400 人。

木材加工产品　主要加工生产供家居装饰用旋切单板、多层复合地板、实木地板等。年产各种装饰地板、墙板等近 10 万立方米，主销国内市场，部分出口美国、加拿大、韩国、墨西哥、东南亚等国家和地区。

二、6 家规模企业名录

湖州威赫木业有限公司　地址在织里镇三济桥北堍，1995 年 3 月陈木根创办，负责人陈俭云，员工 20 人。主产原木，销江苏、上海。

湖州华扬装饰材料有限公司　地址在漾西汤溇，2004 年顾小荣创办，负责人周才法，员工 124 人。主产旋切单板，销山东、广东、美国、墨西哥、东南亚。

湖州晨航木业有限公司　地址在三济桥北侧，2005 年创办，负责人严权荣，员工 280 人。主产多层复合地板，销美国、加拿大、韩国。

湖州森寅木业有限公司　地址在轧村骥村村 318 国道北侧，2006 年 3 月严小平创办，负责人严国平，员工210人。主产旋切单板，销云南，上海、北京、广东。

湖州汇德集团有限公司 地址在长安西路287号，2009年4月姚炜创办，负责人李水法，员工20人。主产实木地板，销湖州本地，上海。

湖州百瑞木业有限公司 地址在三济桥318国道北侧，2015年1月创办，负责人孙峰。员工28人。主产旋切单板，销北京、上海、广州、深圳。

三、企业选介

湖州晨航木业有限公司 在织里镇轧村三济桥北侧骧村自然村，紧靠318国道、荻塘（长申湖航道），为股东民营企业。执行董事、总经理和公司法定代表人严权荣。2005年11月11日成立，注册资本人民币3180万元，员工280人。厂区占地近2公顷，建筑面积11 628平方米。专业生产实木复合地板、实木地板、复合地板等产品。为织里镇重点企业之一。先后被政府有关部门授予"单位面积税收贡献先进企业""税收总量贡献二等奖""对外贸易先进企业""进出口贸易先进企业"等。2018年总产量1.46万立方米，年产值1.4亿元，税利总额1588万元（其中利润200万元、税1388万元）。产品主销美国、加拿大、韩国等国家。

湖州华扬装饰材料有限公司 在织里镇漾西汤溇工业园区。专业从事非洲原木进口及各类木制品生产外贸企业。2004年成立。创办人顾小荣、法定代表人周才法。公司占地近5公顷，建筑面积约2.8万平方米，员工120余人。2005

华扬装饰材料有限公司

年，同中粮集团下属子公司加蓬三利木业股份公司建立合作伙伴关系，次年协助"加蓬三利木业"及法国SBL公司在加蓬共和国投资新建SUNLY IFL INDUSTRIE工厂，2007年投产，公司董事长顾小荣远赴剪彩。2006年起，连续多年为湖州市"自营出口先进企业""湖州市进口贸易先进企业""湖州市加工贸易先进企业""浙江省工商企业信用AA级守合同重信用单位"，同时被交通银行湖州分行评为"国际结算十佳客户""最佳合作伙伴"。所用原木大部分直接进口，全年总进口量约20万立方米，产品出口北美、欧洲、东南亚等地。2010年，公司同全球知名公司马来西亚常青集团建立合作关系，直接从刚果（布）及喀麦隆进口原木，所进口奥克榄原木一度占国内进口总量一半以上，领先国内奥克榄旋切单板生产厂家，为湖州市林业重点龙头企业之一。2018年，公司同中国远洋运输（集团）总公司下属上市公司中远海特建立合作伙伴，被中远海特评为"忠诚大客户"。

第六节　其他行业

一、行业与产品

所涉行业　织里镇域除童装、金属加工、机械电子、针织羊绒、纺织印染、木材加工外，其他行业涉及包装、水务、塑材和玻璃加工、金属和无纺制品等十几个领域。据2018年统计，注册企业874家，其中上规模企业共有11家，从业1180人，营业收入117 743万元，利税总额11 508万元。代表性企业有湖州通益环保纤维股份有限公司、浙江天立新材有限公司、湖州金洁实业有限公司、湖州加成金属涂料有限公司、湖州倍格曼新材料股份有限公司等。

主要产品　主要产品有铝箔包装、塑料管道、再生涤纶短纤维、粉末涂料、聚氨酯断桥隔热注胶及灌封设备、旅游休闲金属制品、商品混凝土、钢化纳米节能等。其中，湖州通益环保纤维股份有限公司生产再生塑料制品（涤纶短纤维、塑料瓶片）、棉型短纤维、毛型短纤维、二维中空短纤维、三维卷曲中空短纤维、化纤长丝、复合纤维、喷胶棉、针刺棉、无纺布等；湖州金洁实业有限公司主营产品涉及烟用内衬纸、药箔、食品箔、塑料管道，主要产品复合内衬纸（烟用内衬纸、食品内衬纸）、食品包装用铝箔（子母盖铝箔、易撕盖铝箔、航空餐盒铝箔、蛋挞托铝箔）、药用铝箔、塑料管道等。其他企业产品主要销国内市场。

二、11 家规模企业名录

湖州金洁实业有限公司 地址在织里镇富康路 899 号,1987 年 10 月李立群创办,负责人郑发明,员工 288 人。主产铝箔包装、塑料管道。销浙江、江苏、山西、广东、广西、福建等省和北京市、上海市。

湖州通益环保纤维股份有限公司 地址在织里镇中华西路 368 号,2001 年创办,负责人潘月宝,员工 120 人。主产再生塑料制品（涤纶短纤维、塑料瓶片）、棉型短纤维、毛型短纤维、二维中空短纤维、三维卷曲中空短纤维、化纤长丝、复合纤维、喷胶棉、针刺棉、无纺布,主销地:浙江、江苏。

湖州加成金属涂料有限公司 地址在利济西路北侧、漾西路西侧,2002 年 8 月创办,负责人赵守明,员工 50 人。主产粉末涂料,销浙江、江苏、上海、安徽。

浙江天立新材有限公司 地址在织里镇阿祥路（湖织大道交叉口）,2003 年 7 月 23 日潘阿祥创办,负责人姚金根,员工 148 人。主产商品混凝土、湿拌砂浆,销湖州地区。

浙江湖州金洁水务股份有限公司 地址在旧馆东侧（318 国道旁）,2005 年 2 陈建腾创办,负责人郑莹缀文,员工 82 人。业务污水处理,服务织里镇本地。

湖州织里巨龙无纺制品有限公司 地址在珍贝路 801 号,2009 年 4 月创办,负责人钟良,员工 50 人。主产无纺布,销本地。

瑞瓦格复合材料（湖州）有限公司 地址在栋梁路西侧,2009 年 7 月马修·沃尔创办,负责人 NG CHONG KOK JOSEPH,员工 23 人。主产玻璃纤维复合材料,销上海、广东、武汉。

湖州倍格曼新材料股份有限公司 地址在梦华蕾路,2010 年 12 月创办,负责人杨勇,员工 48 人。主产聚氨酯断桥隔热注胶、密封胶灌封设备,销广东、湖北、山东、浙江、福建。

浙江阳昇金属制品有限公司 地址在阿祥路 788 号,2011 年 11 月 CHEN LIANG CHOU 创办,负责人 CHEN LIANG CHOU,员工 280 人。主产旅游休闲金属制品,销美国、加拿大及欧洲各国。

湖州水平玻璃有限公司 地址在漾西工业区,2014 年 3 月创办,负责人沈炳荣,员工 29 人。主产钢化、纳米节能玻璃,销本地、杭州、宁波、温州、台州。

湖州创塑新材科技有限公司 地址在轧村，2015 年 3 月创办，负责人钱小虎，员工 62 人。主产新型塑材，销江苏、上海、山东、江西。

三、企业选介

湖州通益集团有限公司 在织里镇中华西路 368 号。民营企业，董事长潘月宝，从事再生涤纶短纤维生产制造与小微童装产业园管理。前身湖州通益纺织有限公司，2001 年创建。潘月宝自 1981 年从事绣花制品零售开始创业起步，至 1996 年创立湖州通益经贸有限公司、湖州织里通益大酒店，2001 年创办湖州通益纺织有限公司，两年后布机增至 1000 多台，继又创办湖州通益环保纤维股份有限公司，均取得良好业绩。先后当选市人大代表、市级劳动模范。现厂区总占地 14.4 公顷，厂房面积 17 万余平方米，员工 120 余人。同时改造原有旧厂房，创办设"小微童装产业园"。提供生产、食堂、住宿等全方面条件，并给入驻企业以资金支持。2019 年公司被吴兴区政府认定为吴兴区第一批审核认定"小微企业园"。

浙江天立新材有限公司 在织里镇阿祥路（湖织大道交叉口）。前身浙江阿祥新材有限公司，2003 年 7 月 23 日潘阿祥创办，由浙江振兴阿祥集团有限公司控股，经营砼管桩制造、施工及混凝土预制构件制造。2005 年 4 月，德清姚金根和王忠强携技术和资金入股公司，分别收购公司 73%、26% 控股权。公司更现名，寓意"天道酬勤、立志今朝"。调整产品结构，转向预拌商品混凝土市场，主营商品混凝土、湿拌砂浆和水泥稳定土。2009 年 9 月，引进浙江奥捷实业有限公司，收购部分股东股权，注册资金增至 3010 万元，其中姚金根和浙江奥捷实业有限公司分别控股 50%。2016 年 5 月，"奥捷实业"撤资，姚金根收购公司 100% 股权，公司变更为一人有限责任公司。之后，公司投入 8000 万元，按照浙江省绿色搅拌站标准模式改建搅拌楼、砂石料库等，增添先进搅拌运输车、泵送设备。有发明专利 1 项，实用新型专利 12 项，为浙江省科技型中小企业。为"2015—2016 年度中国混凝土行业绿色生产示范企业""2015—2016 年度浙江省混凝土行业绿色生产示范企业"、2017 年度"浙江省预拌混凝土企业清洁生产示范企业""浙江省预拌混凝土行业清洁生产技术创新中心""湖州市首批四星级绿色工厂""湖州市重点骨干企业"等。预拌混凝土、湿拌砂浆分别获得国家"绿色建材三星级"评价标识。2018 年，商品混凝土生产量突破 120 万立方米，产值 5.9 亿元，创利税 8300 万元。现公司占地 3 公顷，建筑面积 1.6 公顷，员工 148

天立新材有限公司

人，4.5 立方商品混凝土生产线 3 条，搅拌运输车 40 辆，年商品混凝土生产能力 150 万立方米。

湖州金洁实业有限公司 在织里镇富康路 899 号。集包装、塑业、自来水供给、水质处理、贸易为一体多元化、多层次综合经济联合体。前身湖州铝箔纸厂，1987 年创办，原属织里镇集体企业，用真空镀铝工艺生产卷烟用铝箔衬纸。是浙江省烟草公司定点材料供应单位。1993 年 11 月进行股份制改革，织里镇政府持股 55%，全厂员工参股占 45%，为湖州市开始推行乡镇企业产权改革首批试点单位之一。同年更名湖州金洁包装有限公司（湖州铝箔纸厂以分支机构保留厂名），法定代表人为郑发明。1994 年投资建湖州市织里镇自来水有限公司，主营自来水生产、供应，兼营给排水设施安装、维修。1995 年创建湖州医用包装厂，产品主要用于制药行业胶囊、片剂包装，销江苏、浙江、上海、山东、安徽、广西等十几个省市。同年 8 月组建湖州金洁包装集团有限公司，1996 年 12 月变更为湖州金洁集团有限公司。1997 年初投资 3000 万元发展 PVC 管材生产线，成功开发国家建设部大力推广新型排水用芯层发泡 PVC-U 管材产品。2001 年 9 月更现名。2003 年 10 月，织里镇政府将湖州市东郊污水处理厂转让给金洁实业，2005 年 2 月更名湖州织里东郊水质处理有限公司（其中织里镇资产经营有限公司占公司注册资本 20%）。至此，金洁实业由湖州铝箔纸厂、湖州医用包装厂、湖州塑料型材厂、织里自来水公司、织里水质处理有限公司等多家企业联合组成。2013 年，公司异地在织东新区征地 8.53 公顷新建厂区。2015 年整体迁现址。企业先后为浙江省创建和谐劳动关系先进企业、浙江省守合同重信用 AAA 级单位、湖州市骨干企业、湖州市重点建设工作先进集体，"金洁"为浙江省著名商标、湖州市著名商标。

第八章　市场监督管理

　　织里自古以来商贸兴盛，宋代后镇域周边乡村及滨湖溇区聚集成市，至明清时期，形成织里、圆通桥、陈溇、轧村、晟舍、旧馆、骥村七个集市，清代湖州府及各县衙门设"户"房管理已具规模的官市、墟市、庙市、灯市和叶（桑叶）市等专门市场。民国时期，政府设立实业科或建设科兼管工商业登记和市场管理。50 年代，吴兴县人民政府设立实业科或工商科，负责市场监督管理。建国初期市场监督管理主要工作是扶持和指导私营工商业恢复生产经营，打击投机违法行为，活跃市场、稳定物价。1963 年 9 月，建立吴兴县工商行政管理局。"文化大革命"期间，工商企业登记管理完全停顿，集市贸易受到严格限制，个体工商业几近取消，工商行政管理局职能削弱，部分工作被"打击投机倒把办公室"和"市场管理委员会"取代。改革开放时期，市场监督管理工作得到恢复和加强，1977 年 10 月，吴兴县工商行政管理局恢复。1978 年 11 月，设立吴兴县工商行政管理局织里工商所，1992 年 7 月升格为湖州市工商行政管理局织里分局。2014 年 1 月，整合食品药品安全监管、工商行政管理和质量技术监督 3 个部门职能，组建吴兴区市场监督管理局织里分局，负责市场主体统一登记注册，监督管理食品安全，特种设备安全，产品质量安全，药品、医疗器械和化妆品安全等，监督管理职能进一步趋向社会化、系统化、专业化。

第一节　机构设置

　　市场管理委员会（打击投倒把办公室）　1959 年，织里镇建立市场管理小组。1961 年 10 月，织里公社设立市场管理委员会，原市场管理小组撤销，晟舍、轧村、漾西、太湖公社设立市场管理委员会。1963 年 5 月，成立织里打击投机倒把办公室，负责织里、晟舍、轧村、漾西、太湖公社打击投机倒把工作。1971 年 12 月，建立织里市场管理委员会。1973 年 4 月，织里打击投机倒把办公室并入市场管理委员会。市场管理委员会具体工作人员从织里供销社借调，主要人员有江学林、陶家诗、王炳生等。1978 年 11 月，织里市场管理委员会撤销。

织里工商所 1978 年 11 月吴兴县工商行政管理局在织里镇设置吴兴县工商行政管理局织里工商所（以下简称织里工商所），办公地址在织里镇妙桥北塅西侧，章启舜任所长，管辖织里、晟舍、轧村、漾西、太湖、戴山 6 个乡镇。主要职责是集市贸易管理、工商企业登记、经济合同、商标管理、打击投机倒把，简称"四管一打"。1981 年 3 月，因撤县建市，吴兴县工商行政管理局织里工商所更名为湖州市工商行政管理局（以下简称市工商局）织里工商所。1982 年，国务院对工商行政管理部门的职能进一步进行明确，主要职责在原来的基础上又增加了广告管理、个体经济管理，称为"六管一打"。1983 年 10 月，因撤嘉兴地区建湖州市，湖州市郊区工商行政管理局建立，织里工商所归属湖州市郊区工商行政管理局领导。1988 年 11 月湖州市郊区工商行政管理局撤销，职能、人员等并入市工商局，织里工商所直接归属市工商局领导。

织里工商分局 1992 年 7 月湖州市工商行政管理局撤销织里工商所，建立湖州市工商行政管理局织里分局（以下简称织里工商分局），定为副科级单位，办公地点设在织里镇人民路 76 号，吴沈方任局长。内设办公室、综合管理科、受理登记科、市场管理科等 4 个科室。1994 年 9 月，分别在轧村、漾西、太湖、戴山乡设立工商管理办公室。1994 年 12 月，增设织里商城市场管理所。1995 年 7 月，坐落于织里镇公园路 83 号的织里工商分局新办公楼正式启用。1996 年 8 月，增设经济监督检查科，负责经济检查、合同管理和消费者权益保护。1997 年 11 月，增设织里童装市场管理所。1998 年 2 月，增设法制科，与办公室合署办公。2001 年 11 月，为维护市场监管执法公正性和权威性，织里工商分局与所办市场实施办管脱钩，所办市场全部移交政府，结束工商行政管理部门既管市场又办市场的情况。市场办管脱钩后，织里工商分局实施机构改革，转变工作职能，内设机构调整为办公室、注册科、监督管理科、市场管理所 4 个科室。

表 4-8-1 织里工商分局历任局长一览

姓名	职务	任职时间
吴沈方	局长	1992 年 7 月至 1999 年 1 月
蒋建中	局长	1999 年 1 月至 2001 年 3 月
臧秋生	局长	2001 年 3 月至 2004 年 2 月

（续）

姓名	职务	任职时间
石建民	局长	2004 年 2 月至 2006 年 2 月
邵小山	局长	2006 年 2 月至 2009 年 2 月
金伟明	局长	2009 年 2 月至 2013 年 10 月
朱文伟	局长	2013 年 10 月至 2014 年 1 月

　　织里市场监管分局　2014 年 1 月，吴兴区调整工商、质监行政管理体制，改革完善食品药品监督管理。湖州市工商行政管理局织里分局由市工商局派出机构调整为吴兴区工商行政管理局派出机构，更名为湖州市吴兴区工商行政管理局织里分局。并在吴兴区工商行政管理局织里分局基础上组建湖州市吴兴区市场监督管理局织里分局（以下简称织里市场监管分局），对外挂吴兴区食品药品监督管理局织里分局、吴兴区工商行政管理局织里分局、吴兴区质量技术监督局织里分局牌子，为吴兴区市场监督管理局派出机构，承担织里镇辖区范围食品药品安全监督管理、工商行政管理和质量技术监督管理职责。办公地点设在织里镇公园路83 号，朱文伟任局长。内设办公室、许可登记科、食品药品安全监管科、综合监督管理一科、综合监督管理二科、综合监督管理三科、消费者权益保护科 7 个科室。2016 年 12 月，朱文伟调吴兴区市场监督管理局任职，吴剑勇任织里市场监管分局局长。2017 年 4 月，因乡镇（街道）"四个平台"建设需要，织里市场监管分局在业务上接受吴兴区市场监督管理局指导，日常管理由织里镇政府统筹。2019 年 1 月，在新一轮机构改革中，吴兴区将市场监督管理、价格监督检查、知识产权保护等职责进行整合，重新组建区市场监督管理局，并不再保留区工商行

市场监督管理局织里分局

政管理局、区质量技术监督局、区食品药品监督管理局牌子。根据《湖州市吴兴区市场监督管理局职能配置、内设机构和人员编制规定》，设立湖州市吴兴区市场监督管理局织里分局，为吴兴区市场监督管理局派出机构。承担织里镇辖区范围市场监督管理职责。办公地点设在织里镇公园路83号，吴剑勇任局长。内设办公室、许可登记科、食品药品安全监管科、综合监督管理一科、综合监督管理二科、综合监督管理三科、消费者权益保护科7个科室。

第二节 企业监督管理和个体私营经济引导发展

企业登记管理 织里工商所成立后，受吴兴县、湖州市郊区及湖州市工商局委托，逐步开展工商企业登记。1992年8月，对服装、绣品企业1991年领取的一年期企业法人营业执照，取消有效期限，明确个体工商户租赁集体企业，换发长期营业执照；已领取长期营业执照企业，进行专项验审。1992年10月，织里工商分局按照织里经济开放区合作企业登记管理办法，鼓励在符合国家产业产品结构政策前提下，集资兴办股份合作制工商企业。至1993年3月，新设立股份合作制企业15家，乡镇企业转换组织结构吸收劳动群众入股而成为股份合作制企业4家。1993年8月，根据金融、保险企业办理营业执照有关规定，织里工商分局开始对各专业银行、保险公司下属分支机构（含乡镇信用社、储蓄所）办理工商登记，发放营业执照。1994年7月，《中华人民共和国公司法》和《公司登记管理条例》正式施行，按照法律法规规定的公司设置条件和登记程序进行公司登记。2000年11月，织里工商分局制定《改进工商登记管理工作支持企业改革发展有关措施》，进一步改进企业登记，简化登记程序，支持企业进行公司制和股份合作制企业改造。同时放宽企业冠名条件，允许改制企业保留原有名称或字号，支持有规模企业申请冠省名企业名称。放宽企业经营范围限制，凡是国家没有禁止或限制性规定，允许企业或个人自行选择经营范围。2002年4月，织里工商分局出台《关于进一步发挥工商职能支持企业发展的若干措施》，进一步降低企业准入门槛，简化登记注册手续，放宽经营范围和经营方式，允许使用"太湖""漾西"等地名作为字号一部分，支持企业申报冠市名、省名、不冠行政区划的企业名称。2003年6月，取冠市名进行网上审批工作在织里正式开始实施，企业取冠市名办照速度进一步加快，同年通过网上审批冠市名企业名称47个。

2006年贯彻新《公司法》及《公司登记管理条例》，降低公司最低注册资本限额、放宽公司注册资本认缴时间、促进有限公司股权有序流动，营造良好的投资创业软环境。同年10月以后，对童装类市场主体登记注册实行"政府把关，工商发照"的办法，童装企业必须通过"三合一"整治后方可获准注册登记领取营业执照。2007年织里首家服务性农民专业合作社"湖州织里顺通农机服务专业合作社"获准登记并取得企业法人营业执照。2012年鼓励支持织里企业以多种方式进入战略性新兴产业，放宽企业注册资本出资方式及企业集团组建条件。落实省工商局《关于免征小型微型企业工商注册登记费有关事项的通知》精神，运用登记职能，支持小微企业办理股权出质、动产抵押登记等业务，盘活企业存量资金，拓宽企业融资渠道。年内免征各类注册登记费14.98万元，免征企业年检费6.55万元。2014年注册登记实施"先照后证"改革，营业执照上不再标注许可证名称和经营期限。主动告知企业所申请经营范围中涉及"前置改后置"事项，履行提醒告知责任。实行注册资本认缴制和取消注册资本最低限额等改革举措，放宽市场主体准入管制，优化营商环境，年内完成公司设立登记545户，同比增长51%。2016年放宽场地登记条件，允许"一址多照"和"一照多址"登记方式。试点商务秘书企业等新型住所登记方式，由秘书企业进行住所托管，有效释放场地资源。

审批制度改革 1995年，织里工商分局设立受理登记窗口，统一受理个体工商户、企业登记注册。2001年，按照"一门受理、抄告相关、同步审批、限时完成"工作流程，企业登记注册实施前置并联审批制度，优化行政审批程序，提高工作效率。2002年8月1日开始实行企业登记"一审一核制"，将原来受理、审查、审核、核准4个环节简化为审查员受理兼审查和核准员核准2个环节，办照时间大幅缩短，个别简易登记事项实现当天申请、当天办结。同年采用"一审一核制"办理企业营业执照78张。2004年优化注册登记窗口服务，推行业务办理限时制、一次告知制和首问责任制等多项便民措施。2012年湖州市工商局将个体工商户、个人独资企业、合伙企业、农民专业合作社及内外资有限公司登记、各类市场主体的食品流通许可、A级"守合同重信用"单位认定等事项全部委托织里工商分局办理，初步实现"办照不出镇"目标。2014年织里市场监管分局组建后全面整合原食品药品安全监管、工商行政管理、质量技术监督审批职能，许可登记工作统一进驻织里镇行政服务中心，集中办理区市场监督管理局委托或交办的织里镇辖区内企业、个体工商户登记注册、食品流通许可、餐饮服务许可、组织机构代码证等行政审批事项。2015年10月，在"多证联办"基础上，进一步简政放权，推行企业"五证合一、一照一码"、个体户"两证整合"登记制度，由"五证（两证）"变"一照"，通过电子信息推送、信息内部交换以及统一代码获取等办法，避免申请人多头提交材料，实现"一表申请、一窗受理、一次告知、一份证照"，进一步压缩办照时间。2016年实施企业简易登记事项"审核合一"制度，对涉及设立、变更、注销、备案等6大类登记事项30余个小项实行"一人受理、独立审核、限时办结"。放宽对未开业企业以及无债权债务企业简易注销适用范围，取消简易注销企业设立年限限制，免除清算组备案程序，不再提交清算报告、投资人决议、清税证明、清算组备案证明、清算公告等材料，提升企业注销登记效率。2017年，织里市场监管分局开始实施"多证合一"改革工作，将公安、人力社保等7个部门11项审批事项集中到营业执照上，由市场监管部门统一登记，服务效率进一步提高。同时对申请人办理营业执照过程中非关键材料缺失、有误情况，实行"容缺受理"，待发放营业执照时由申请人补交相应资料，减少往返时间。2018年通过委托授权及直接下放方式，织里市场监管分局享受区级基本相同的商事登记权限，全面实现企业常规注册登记事项"办事不出镇"。同时食品销售通办等35项事项作为即办业务，当场就能办理完结。公司设立等事项由原来15个工作日改为2个工作日办结，行政审批效率进一步提高。2019年以"一件事、跑一次"为标准，实行"一窗受理、部门流转、集成服务"，将企业常态化开办"设立登记、社保登记、公章刻制、领取发票、银行开户"等五个环节从原来3天压缩到4小时办结，企业设立登记环节30分钟办结，个体工商户当场办结，减少证明材料60%以上。利用"一网通办"优势，大力推广企业全程电子化登记，企业只需要通过政务平台申请，足不出户就可申请领取营业执照，营商环境进一步改善。

企业日常监督管理 1993年10月，织里工商分局出台《关于加强股份合作企业管理的通知》，针对开展股份合作企业登记1年来这些企业的实际经营情况，从明确股份设置，确保注册资金真实性；健全组织机构，加强企业内部管理；加强企业财务管理，建立统计制度；建立定期联络制度；规范企业终止和清算等5个方面加强对股份合作企业管理。1995年，对新设立企业在领取营业执照后6个月内进行定期检查，重点检查企业注册资本实缴情况、住所情况以及是否有其他

违反登记管理法规等行为。1997 年，对公司注册资本情况开展专项检查，1998
年 1 月，织里工商分局配合政府开展"三合一"厂房专项治理，生产场所住人企
业一律停业整改；没有条件整改的企业，依法注销营业执照。2000 年 4 月，织里
工商分局与 185 家企业建立企业联系制度，定期提供工商法律法规咨询服务，为
企业排忧解难。2002 年，启动"万家企业信用工程"建设，以经济户口为基础，
以信息化为手段，对企业进行信用评价和等级分类，实现对企业信用资产赋予和
失信行为打击。同年完成 1914 户已登记注册企业基础信息输入经济户口数据库
并建档。2004 年全面推行工商企业信用记录制度，按照企业信用监督管理办法实
施对企业信用信息分类动态监管。及时把企业注册登记、日常监管记录、年检资
料、行政处罚等静态和动态信息录入经济户口数据库。2005 年完成织里棉布城经
营者信用信息有关原始数据或资料采集、整理、录入。根据信用监管评价标准，
自动评价产生 AAA 级 4 户、AA 级 47 户、A 级 418 户、B 级 2 户、C 级 2 户。根
据信用评价结果，对企业实施不同频率的日常检查和动态监管。2014 年以后，织
里市场监管分局继续对企业进行信用监管，实行"行政许可、行政处罚"双公
示，依法依规将逾期年报企业列入经营异常名录。指导信用优良企业运用商标、
知名商号等信用资产，参与"守合同重信用"单位、消费者信得过单位等评选活
动，调动企业创信守信积极性。

企业年度检验及年度报告　1983 年开始，织里工商所受上级工商局委托，受
理工商企业登记事项年检报告书，开展每年一次企业年检。着重检查企业名称、
核算形式、从业人员、经济类型、企业规模、年末固定资产净值、流动资金、生
产经营范围和经营方式、本年度市场经营情况等。1986 年 11 月，公司年检注册
制度实施，年检注册重点检查公司注册资金及有无从事违法经营情况。1997 年，
织里工商分局对年检时间、年检内容、年检基本程序、企业申报年检应提交资料
严格审查，对不参加年检的企业和违反工商行政管理法规的企业，按相关法律法
规予以行政处罚。1998 年吊销 255 家未参加年检企业营业执照。1999 年吊销 165
家未参加年检企业营业执照。2000 年通过企业年检，处罚 71 家擅自改变经营范
围、经营地址等登记内容和不按时参加年检企业，吊销 327 家连续几年未参加年
检企业营业执照。2005 年严格规范年检材料填制，强化年检审查力度，重点检查
企业前置审批事项，加大对涉及环境污染，危害人民群众人身财产安全，从事成
品油、烟花爆竹、液化气、化学危险品经营企业的审查力度；同时查处企业经营

情况，虚假出资、抽逃出资等违法行为。2006年，在企业年检工作中全面推行免检制度，组织部分符合条件的企业参加免检企业申报，织里14家企业享受年检免检。2007年，推行网上年检，分期分批培训企业联络员，专人回复年检咨询平台问题，实现"书式"年检向网上年检平稳过渡。2012年，163家成立时间较久、企业信用等级A级以上、经营范围不涉及前置许可的企业作为申报备案制对象，免于审查通过年检。2014年3月1日起，国家工商总局决定停止企业年检制度，企业年检制度改为企业年度报告公示制度，每年1月1日至6月30日，通过企业信用信息公示系统向工商行政管理部门报送上一年年度报告，并向社会公示，任何单位和个人均可查询。2015年织里市场监管分局开始实施企业年度报告公示制度，专门印制发放《年度报告报送须知》，设立年报服务热线，开通短信提醒，做好政策解答、流程告知、注意事项提醒等，扩大企业年报工作知晓度和覆盖面。成立年报专项服务组，走村入企，现场作年报宣传指导，增强企业按时按要求主动填报的意识，现场指导企业填写年度报告方法和流程，提高企业年报工作效率。2016年，推进年报工作常态化、长效化、均衡化，在农贸市场驻点检查、沿街商铺巡查等各项检查工作中，进行现场指导年报，实现"走访一户年报一户"。对所有未年报企业进行全部电话回访催报，确保一户不落下，一家不遗漏，市场主体年报率逐年提高。2019年按照"宽进、严管、简出"要求，引导已停业企业主动注销、启动对查无下落企业、两年未年报企业的强制吊销和个体工商户的依职权注销，清理长期未经营企业和个体工商户，提高年报率，确保在册市场主体真实性。

个体私营经济引导发展 20世纪80年代初，织里人开始从事绣花制品、服装生产、加工和销售活动，随后以家庭为主的生产加工业蓬勃兴起，大批富余劳动力加入个体工商业行列，掀起个体私营经济发展热潮。1987年9月《城乡个体工商户管理暂行条例》《城乡个体工商户管理暂行条例实施细则》相继实施，对个体工商户发展、监督、管理作出了一系列政策性规定。1988年7月1日，《中华人民共和国私营企业暂行条例》正式实施，私营企业的法律地位得以重新确认，私营企业登记管理纳入法制轨道。织里工商所广为宣传，积极贯彻执行，鼓励雇工8人以上的营利性经济组织办理私营企业登记，使一批个体工商大户向私营企业发展。90年代以后，织里个体私营经济呈现快速发展趋势，出现以同类产业区域集聚为特点的"一村一品""一乡几业"的"块状经济"格局。特色产业发展促进了织里童装市场、织里棉布城等专业市场的发展壮大，专业市场的繁荣为特色产业提供了广阔的原材料供应和产品外销网络，促进了产业规模扩大。产业优势和市场优势相互结合，相互促进，形成织里童装行业，轧村床上用品行业，漾西五金电线行业，戴山纺织行业4个特色鲜明的产业集群和46个各具特色的专业村，其中朱湾村、杨溇村为湖州市首批示范专业村。2000年底织里共有个体工商户8639户，私营企业785家。2000年以后，织里工商分局突出对个体私营经济引导服务，组建综合监督管理科，承担个体私营经济管理、企业管理、商标广告管理等职能。2002年，织里工商分局出台《支持个体私营经济发展六条措施》，全面清除对个体工商户、私营企业的各种限制和不平等准入条件，放宽城乡个体工商业经营范围和经营方式，拓宽个体私营经济发展空间。同年个体工商户新开业4197户；私营企业新开业204户。2003年建立乡镇工商联络员制度，因地制宜、分类指导，加强对个体私营经济服务。同年个体工商户新开业1677户，私营企业新开业163户。2004年织里童装类经营户增长较快，织里工商分局安排专人、专窗负责童装企业办理营业执照，大幅提高办照效率。同年个体工商户新开业2487户，私营企业新开业50户。随后几年，织里工商分局通过开展"解放思想、激发活力、创业富民、创新发展"大讨论、大实践活动，继续在市场准入、争创驰名著名商标、建立民企对接服务机制、启动民企"9565"培育工程等方面采取扶持引导措施，为个体民营经济发展注入新活力。到2010年10月底，个体工商户总数13 874户，企业总数1366户。2010年以后，织里工商分局广泛营造个体民营经济发展良好氛围，放宽创业准入条件、降低创业门槛、减轻创业负担，全力支持个体民营企业做大做强。鼓励和支持具有一定规模的个体工商户转型升级为企业（以下简称"个转企"），建立现代企业制度，促进织里童装产业转型升级，增强竞争力。同年引导办理"个转企"登记55家。2013年织里镇政府出台《织里镇童装类"个转企"工作实施方案》，明确"个转企"优惠扶持政策。织里工商分局专门开通"个转企"绿色通道，优化登记服务。同年办理"个转企"登记1024家，其中转型为公司制企业181家。2015年按照省市区政府关于小微企业三年成长计划要求，织里市场监管分局加大童装电子商务产业培育。同时配合童装产业转型升级，加强市场准入负面清单与产业结构调整指导目录相衔接，严格执行新增企业符合织里产业结构要求，预先严控，利用市场倒逼机制促进企业优胜劣汰。全年引导办理"个转企"162家，其中转型为公司制企业 114 家，织里市场主体结构进一步优化。2016 年，以提高公司制企业比例为重点，积极引导符合条件的个体工商户走公司化、规模化发展道路，鼓励支持和重点引导已转型为个人独资企业、合伙企业的市场主体，通过开放股权、合作参股等方式扩大规模，继续升级为公司制企业。2018 年引导办理"个转企"151 家，其中转型为公司制企业 127 家。2019 年注重前期培育、强化多维宣传、开放绿色通道、加强政策支持，进一步拓展市场主体生存和发展空间，促进民营经济加快发展方式转变。全年引导办理"个转企"264 家，其中转型为公司制企业 251 家。

个体劳动者协会和私营（民营）企业协会 1985 年，湖州市织里个体劳动者协会成立。1995 年 5 月，经过多年发展，个体私营经济成为织里生产力发展重要力量，湖州市织里私营企业协会成立。两个协会办公地点设在织里镇公园路 83 号织里工商分局大院内，主要任务是宣传党和国家的方针、政策；做好会员的思想政治工作；为会员提供生产经营、信息服务；反映会员的合理意见和要求；了解和反映个体工商户发展情况，向政府和有关部门提出意见和建议；协助政府有关部门对个体劳动者进行管理；关心会员生活，开展健康、有益的社会活动。1998 年 1 月，经织里工商分局和织里个体劳动者协会考核、审查，31 人被命名为 1996—1997 年度协会级"五好经营户"。2001 年 6 月，织里个私经济维权服务中心成立，依法保护个体工商户、私营企业的合法权益和制止"三乱"，通过咨询、受理投诉、帮助代理、指导服务等途径，千方百计地为企业解决在发展中遇到的问题和困难，提高个私业主文明经商，诚实守信意识，营造宽松发展环境，推进个体私营经济上规模、上档次。2004 年 4 月湖州市织里个体劳动者协会名称变更为湖州市吴兴区织里个体劳动者协会。6 月，湖州市织里私营企业协会更名为湖州市吴兴区织里民营企业协会。2006 年，织里个体劳动者协会、民营企业协会开展"5511"培训工程，全年完成高层经理特训 4 期，参训人员 100 名；管理人员轮训 20 期，参训人员 1000 余人；举办童装技术工人培训班 31 期，近 2000人参加。2008 年"5.12"汶川大地震发生后，织里个体劳动者协会、民营企业协会联合吴兴区红十字会，先后在织里镇组织 2 次广场募捐，募得善款 20 万余元及床上用品 1700 套。织里个体劳动者协会和织里民营企业协会成立以后，认真履行"自我教育、自我管理、自我服务"职责，积极发挥党和政府与广大个体劳动者、民营企业主之间的桥梁和纽带作用，促进了织里个体民营经济迅速、健康发展。市场监督管理机构改革以后，织里市场监管分局作为区市场监管局派出机构已不具备作为社会团体法人的业务主管单位资格，2019 年 7 月湖州市吴兴区织里个体劳动者协会、湖州市吴兴区织里民营企业协会注销。

组建行业协会　1998 年 6 月，为更好为市场发展服务，织里个体劳动者协会童装行业分会成立。1999 年 11 月，为加强对织里商城私营企业管理，发挥个体劳动者协会、私营企业协会"自我教育、自我管理、自我服务"作用，经湖州市总工会批准，在织里商城成立了商城私营企业工会联合会。共有 106 家私营企业入会，占织里商城私营企业总数 60%。2000 年 11 月，织里个体劳动者协会床上用品行业分会在轧村成立。2002 年 1 月，织里个私协会仓储行业分会成立，19 家从事仓储服务的个私企业成为首批会员。12 月，织里个私协会漾西铝业分会成立，25 家从事铝业制造加工的个私企业成为首批会员。2002 年底，织里镇已有行业分会（协会）6 个。

第三节　商标、广告和合同管理

一、商标管理

引导商标注册　党的十一届三中全会以来，随着改革开放深入和商品经济发展，商标的作用越来越受到人们重视，织里商标数量日趋增多，发展迅速。市场监管部门作为商标监督管理部门，充分运用和发挥职能，支持企业注册商标，实施品牌战略，同时依法加强商标监管，保护商标专用权，促进商标事业发展。1979 年，商标注册管理工作恢复，同年 10 月，吴兴县工商局发布《关于恢复商标统一注册的通知》，11 月 1 日起企业申请商标注册，实行"基层工商所调查，县、省两级工商局核转，工商总局核准"制度。年底，晟舍公社东升日化厂的"牡丹"牌商标和太湖公社针织厂的"太湖"牌商标，经国家工商总局核准注册。2001 年织里工商分局开展商标知识、实施商标战略系列宣传活动，使企业逐步树立商标意识，同年注册商标数为 54 件。2003 年 2 月，织里工商分局出台《关于进一步发挥工商职能，实施品牌战略，扶持织里童装业做大做强的实施意见》，确定 10 家重点企业，50 家骨干企业，100 家规模企业作为重点扶持对象。同年 10 月，中国童装商标织里重点培育基地成立，通过开通商标咨询服务信息平台，为广大童装企业提供商标注册受理、直达申报等服务。年底，织里注册商标增加到 316 件。2011 年开展"品牌服务进企业"活动，走访中小企业 127 家，发放

《商标注册建议书》《商标规范使用提示书》及《商标维权保护指导书》等行政指导文书282份，提供商标注册指导、咨询183次，指导申报商标注册31件。织里市场监管分局组建后，继续加大对商标工作的组织协调和指导，引导现代新兴产业、农产品企业、三产服务业、进出口企业申请商标注册，鼓励企业申请商标全类注册和境外申请商标注册，至2019年底，织里镇有注册商标11800余件。

培育著名、驰名商标 1997年4月，织里经济开放区管委会联合织里工商分局开展首届织里十大童装企业和十佳童装商标评选。同年9月，乖伦、海柔、佳士曼、昌达、佩琳、喜尔达、富美多、织城、织美、圣娃等商标被评为十佳童装商标。随着织里个体私营经济发展，企业规模扩大，市场占有率提高，部分企业品牌意识不断增强。1997年4月《浙江省著名商标认定和保护条例》实施以后，织里工商分局加大著名商标培育力度，支持企业争创著名商标。1999年湖州珍贝有限公司的"珍贝"商标被认定为浙江省著名商标。2002年3月，围绕建设"名镇、名家、名品"目标，织里工商分局开展"百家童装企业争创名优商标"活动。通过举办商标知识讲座，开展童装品牌和质量宣传月，"打假保名牌"等活动，推动企业实施品牌战略。同年有3家童装企业的商标被评为湖州市著名商标。2003年中国童装商标织里重点培育基地指导企业实施名牌战略，帮助企业落实创牌措施。同年织里3件商标被认定为浙江省著名商标，9件商标被认定为湖州市著名商标。2004年浙江珍贝有限公司的"珍贝"商标被国家工商总局行政认定为中国驰名商标。2005年制定《织里童装品牌基地标识使用管理办法暨织里童装集体商标使用管理规则》。根据自愿加入、严格标准原则，选择10家规模较大、产品质量较好、有一定知名度的童装企业率先推广使用。2009年织里工商分局按照一般注册商标、湖州市著名商标、浙江省著名商标、中国驰名商标实施分类管理、分类建档，结合企业经济户口和信用情况，建立商标书式综合档案、商标电子台账和商标数据库，确保日常管理情况明、底数清。根据"培育一批、扶持一批、推荐一批"原则，选择已具备一定条件、有发展潜力的企业作为实施品牌带动战略重点对象，做好中国驰名商标，省、市著名商标三级梯次品牌培育工作。同年织里1件商标被认定为浙江省著名商标，3件商标被认定为湖州市著名商标。2010年完善品牌培育库，按照梯队培育的原则，对重点行业和发展前景好的企业进行重点跟踪指导和扶持。同年浙江米皇羊绒股份有限公司"米皇"商标被国家工商总局行政认定为中国驰名商标。2012年积极推动政府领导、工商牵头、部门参与的品牌建设工作机制建立，充分发挥品牌指导站作用。通过"进村入企"等活动，走访创牌企业，加大品牌创建宣传力度。开展品牌建设指导培训 5 期，培训人员 460 人次；同年 2 件商标被认定为浙江省著名商标，2 件被认定为湖州市著名商标。2013 年 4 件商标被认定为浙江省著名商标，3 件被认定为湖州市著名商标。2014 年，以织里童装产业转型升级发展为契机，以中国童装商标（织里）重点品牌基地为依托，坚持高层次认知，深层次谋划，全方位推动商标品牌发展，大力推进商标品牌战略。按照"宣传、引导、培育、推荐"四步流程，实施"省市著名商标、驰名商标"梯级创牌培育机制。2017 年以来，随着《浙江省著名商标认定和保护条例》和《湖州市著名商标认定及保护办法》相继废止。"浙江省著名商标"和"湖州市著名商标"退出历史舞台，相关市场主体（企业）停止将"浙江省著名商标""湖州市著名商标"字样用于广告宣传、展览以及其他商业活动中。织里市场监管分局在做好对市场主体宣传、解释工作的同时，继续引导更多的市场主体培育注册自主商标品牌。同时进一步加强商标监督管理，保护商标专用权，查处侵犯商标专用权的违法行为。

保护注册商标专用权　开展商标法律知识宣传，每年在"3·15 消费者权益保护日"，"4·26 知识产权日"集中宣传相关的法律法规以及典型案例，提高经营者的法律意识和品牌意识。2001 年织里工商分局整治区域性假冒问题，规范市场经济秩序专项执法行动，对漾西电缆电线行业和织里童装行业存在商标侵权行为进行重点整治。共查处商标侵权等案件 57 件，案值达 30 余万元。2002 年 5 月在童装行业开展"反仿冒反侵权反误导"专项执法整治，查处商标侵权案件 34 件，整治活动使仿冒侵权现象得到有效遏制，市场环境得到明显改善，经营者法律意识进一步提高。2004 年加大对侵犯驰名、著名商标专用权违法行为查处力度，查处各类商标侵权案件 31 件。2008 年开展奥林匹克标志行政保护工作，查处擅自使用奥林匹克标志的违法案件 7 件。2011 年，开展打击侵犯知识产权和制售假冒伪劣商品专项行动，重点整治产品制造集中区域、商品集散区域、侵犯知识产权案件高发区域，重点查处童装、电线电缆、床上用品企业违法违规行为，维护公平竞争市场环境。组织专项执法检查 14 次，出动执法人员 262 多人次，检查各类企业、个体工商户 452 家，立案查处 54 起，依法没收各类假冒侵权商品 2700 余件。2011—2013 年，织里工商分局在商标监督管理工作中认真做好宣传、帮扶、保护工作，引导童装企业注册商标、申报著名商标。童装企业商标意识和创牌能力逐步提升，商标侵权案件逐年下降。2014 年织里市场监管分局组建以后，继续加大注册商标专用权保护力度，查处各类商标侵权行为，切实维护商标所有人和消费者的合法权益。

二、广告管理

广告规范管理 1997 年 5 月织里镇人民政府和织里工商分局联合制定《织里镇户外广告设置和管理规定》，织里镇户外广告由政府统一规划设置，织里工商分局负责户外广告日常监督管理。1998 年 3 月，为推进织里小城镇综合改革试点，提高城镇品位，织里镇人民政府、织里工商分局决定在织里镇区设立"为您指路"织里镇区地图公益广告灯箱。2000 年 3 月，为加强广告登记与监督管理，形成分行业、分层次的立体监管网络。各聘请 5 人为路牌、灯箱、店堂牌匾广告监督员和条幅、招贴画广告监督员。2004 年建立集政府、部门、群众为一体的广告监管社会网络，聘请 15 人为义务监督员。将医疗、药品、保健食品广告作为全年监管重点，全面开展百县百日虚假违法广告整治和广告违法行为专项整治工作，出动检查人数 64 人次，检查广告经营单位 28 户，查处未经登记擅自发布印刷品广告案件 1 件。2005 年，开展织里广告市场专项整治，重点整治药品医疗广告、虚假宣传广告和印刷品广告。重点查处涉及封建迷信和违反社会道德内容等不利于青少年健康成长的广告。检查各类广告 68 条次，查处案件 8 件，行政告诫广告业主 1 次，责令改正 6 个用语粗俗和滥用成语广告。

监督检查和专项整治 2006 年加强对网络广告监管，确定 5 家网络广告经营单位落实专人，每季进行 1 次监测。开展"打虚假树诚信"广告专项整治，共查处广告案件 20 件，其中涉及虚假宣传案件 6 件。组织符合条件的广告经营企业参加优秀公益广告作品评选，上报 3 件优秀公益广告作品。2007 年严查医疗广告违法行为，抵制虚假违法广告，重点监管 3 家医疗机构，7 家广告经营单位，检查各类医疗广告 23 份。2012 年广告行业发展迅猛，广告领域违法行为不断变化翻新，通过责任区监管网格全面、准确、及时掌握辖区广告经营主体状况和经营行为，督促广告发布单位履行广告发布审查法定义务，帮助广告经营单位建立健全广告业务承接登记、审核、档案管理制度，并要求其严格落实，以涉及社会民生的药品、医疗器械、食品、保健食品、化妆品等五大类广告和房地产、涉农等虚假广告为监管工作重点。2014 年专项整治房地产虚假广告，规范织里房地产市场经营秩序，切实保障消费者合法权益。全面清查房地产户外广告，把未经登记擅自发布、不具备销售（预售）条件发布广告、广告中含有投资回报、承诺办理入学等作为专项整治重点。2015 年，织里市场监管分局以新《广告法》实施为契机，加大对广告经营者、广告发布者、房地产开发企业、医疗器械、保健食品、药品经营者培训力度，宣传新《广告法》关于广告代言、互联网广告管理及虚假广告认定等新规定，普及广告法律知识。开展重点领域虚假违法广告专项整治，针对群众反映比较强烈、投诉比较多的广告作为重点对象，严查虚假违法广告，约谈广告发布单位，要求其主动整改涉及新《广告法》调整的违法广告行为，进一步规范广告业发展。2018 年，突出促销、医疗、房地产、金融、保健食品等广告领域，实地查看宣传单页、横幅、灯箱、宣传栏等广告形式，排查广告宣传中的违法行为，出动执法人员 60 余人次，开展专项检查 5 次。

三、合同监管

经济合同仲裁和行政调解　1983 年 3 月，织里工商所开展调查企业经济合同执行情况。1987 年 5 月，开展企业经济合同大检查，清理经济合同纠纷，指导企业强化内部合同管理，查处利用经济合同进行的违法行为。1992 年 9 月，织里工商分局设立经济合同仲裁委员会，积极为企业之间及企业与个体工商户之间发生的合同纠纷进行调解和仲裁。1994 年依照仲裁机构独立于行政机关，与行政机关没有隶属关系的要求，工商部门不再行使仲裁职能。织里工商分局根据保留的合同纠纷行政调解职能，继续在职能范围内为广大企业提供合同纠纷行政调解服务。2000 年行政调解各类合同争议 180 件。2001 年在织里童装市场、织里轻纺市场开展经济合同争议行政调解工作，受理调解各类合同争议 120 件，解决合同争议金额 65 万元。

合同信用工作　1986 年湖州市开展"重合同、守信用"单位评选活动，织里工商分局加大"重合同、守信用"企业指导和推荐。1993 年 3 月，召开了1991—1992 年度"重合同、守信用"企业命名及重点骨干企业座谈会，18 家重点骨干企业，6 家"重合同、守信用"企业参加了会议，现场颁发"重合同、守信用"企业牌匾及荣誉证书。2001 年做好"重合同、守信用"单位动员、申请、考核验收和申报工作，通过认真筛选、审查，推荐申报"重合同、守信用"企业 18 家。2002 年 12 月浙江省工商局将"重合同、守信用"名称统一改变为"守合同重信用"，考核认定分为三级（A级）、二级（AA级）、一级（AAA级），由企业自愿申报，每年考核一次，认定后3年有效，期满续展。2004年织里获评AAA级企业1家，AA级企业1家。2005年"守合同重信用"企业推荐，坚持标准、严格把关，织里获2A级命名企业3家。2006年新申报3A级企业1家，2A级企业1家，续展3A级企业1家，2A级企业2家，1A级企业8家。2016年省工商局出台《浙江省"守合同重信用"企业公示办法》，"守合同重信用"由认定命名改为社会公示。织里市场监管分局鼓励、指导企业续展申报浙江省AAA级4家、AA级5家；AA级新公示企业1家。

抵押物登记　1998年3月，湖州市城区管委会明确织里工商分局为办理《担保法》所列的抵押登记部门，承担抵押物登记职责。在抵押物登记过程中，织里工商分局加强对各种抵押登记资料合法性、真实性和合理性的审查，既为企业融通资金，又保障债权实现。2001年共办理抵押物登记18份，2002年办理抵押物登记17件，2006年办理企业动产抵押物登记17件。2008年，《动产抵押物登记办法》颁布以后，动产抵押登记由审核登记改为备案登记，由原来三级核准审批登记改为由经办人当场办理登记，登记时间缩短，手续简化，登记范围向个体工商户和农业生产经营者延伸。织里工商分局及时宣传动产抵押登记效力、范围及制度等知识，指导企业熟悉了解动产抵押登记规定，帮助企业盘活存量资产，拓展企业融资渠道。分发宣传资料300余份，组织培训2次，有40家企业参加了培训。2014年以来，织里市场监管分局把动产抵押物登记作为解决中小企业融资难的有效途径，主动与金融部门加强联系，做好银行与企业之间的联络人，传递动产抵押融资需求，为企业提供高效快捷的登记服务。2015年至2018年共办理动产抵押设立登记35件。

格式合同备案　1995年5月，织里工商分局根据《经济合同示范文本管理办法》，在织里商城全面推行经济合同统一文本制度，因规格、质量等引起的经济纠纷明显减少。2003年宣传贯彻《浙江省合同行为监督管理规定》，全面掌握应备案企业名单，逐家上门检查、通知。要求房地产、供用电（水、气）、电信等相关企业将含有格式条款的合同及时向工商行政管理部门进行报备。仔细审查、严格把关格式条款含有免除经营者责任、加重消费者责任、排除消费者主要权利的条款。同年对4家企业31份格式条款办理了备案。2006年，农业订单纳入合同格式条款备案，按照一类产品一类合同订单要求，修改完善报备企业合同条款，同年完成相关格式条款备案 30 份。2014 年对商品房销售合同中可能存在侵害购房人权益的内容，作统一审查要求。要求房产公司将已经备案的合同文本在售楼现场醒目位置统一摆放，对外公开公示，保障消费者知情权。2017 年整治消费领域合同不公平格式条款，调查美容美发、餐饮、快递、汽车销售、大型商场和超市等行业的各类通知、声明、店堂告示等资料中是否存在"霸王条款"，出动检查人员 30 余人次，检查经营户 57 家。继续开展其他生活消费类合同的格式条款备案，遏制主要消费领域"霸王条款"现象，2015 年至 2018 年共办理格式合同备案 63 份。

第四节 经济检查及市场监管行政执法

经济检查和行政执法 织里工商所成立后，经济检查重点是打击以非法牟利为目的，扰乱市场秩序，破坏社会主义经济的投机倒把行为。织里工商分局成立以后，着重查处制售假冒伪劣商品、不正当竞争行为和无照经营行为。1996 年开展打假保春耕、打假保健康、打假保名牌、打假保节日为主要内容的打假治劣专项整治行动。出动检查人员 209 人次，开展各类专项检查 6 次，立案查处制售假劣案件 12 件，没收假烟 375 条，走私香烟 22 条，假冒"三菱"空调器 25 台。1998 年，开展"打假净市场"专项执法整治，重点检查童装市场、织里商城、农贸市场非法销售各类商标标识、认证标志、名优标志行为；非法销售假冒侵权服装、"三无"商品、过期变质食品、掺杂使假、以次充好、缺尺少码等违法行为。1999 年 6 月，开展红盾打假保健康，专业市场打假执法整治，保护省市著名商标和取缔无照经营等百日执法大行动。2000 年 5 月，继续百日执法大行动，集中时间、统一行动，严厉打击制假售假、虚假广告、合同欺诈、非法印制商标标识、传销和变相传销、不正当竞争等违法活动，规范市场行为。2002 年对货物联托运市场进行专项执法整治，着重规范联托运业市场主体资格和经营行为。查处 12 家超越核准经营范围从事保险代理的货物托运部和 3 家无照经营托运站，有效维护托运市场正常竞争秩序。同年对超范围从事房地产经营的违法行为进行专项整治，查处 2 件超范围从事房地产经营案件。2003 年重点查处经销危害消费者身体健康和生命安全商品、"三无"商品、失效变质商品等违法行为，专项整治食品市场、农资、儿童用品、剧毒鼠药及高毒高残留农药等，全年查处各类案件

316 件。2004 年组织开展铝合金型材行业专项整治行动，对超核准经营范围擅自从事氧化加工经营进行查处。出动执法人员 70 人次，检查铝合金型材经营企业 66 家，查处大要案 9 件。2005 年在织里棉布城对未经授权擅自以特约经销、总经销、总代理等形式从事经营活动的行为进行专项整治。检查市场经营户 700 余户，查明对外宣称以特约经销、总经销、总代理等形式从事经营的有 61 户，对未能提交相应授权手续的经营户立案查处。2006 年开展移动电话机市场秩序专项整治工作，检查手机销售及维修店 60 余家，上网比对各种品牌手机进网许可证 150 部。2007 年对沿太湖周围和河道周边塑料粒子加工、砂洗印染、小有机玻璃单体生产等经营户监管，查封 11 户无照经营塑料粒子和 16 组土法加工有机玻璃作坊。2010 年专项检查汽车销售企业经销资质、商标印制行业和食品批发行业，依法查处了一批无资质从事汽车销售、商标印刷和商业贿赂大要案件。2015 年开展电子商务企业专项整治，对 21 家经营地址和经营范围未及时变更的电子商务企业发出责令改正通知书。检查快递企业 15 家，立案查处无照快递户 2 家。2016 年，开展强制性认证产品生产企业监督检查，重点检查营业执照、认证证书等相关证照的齐全性、真实性、一致性和有效性。向被检查企业通报检查结果，告知存在的问题，提出整改要求。2018 年开展"打假治劣"、"打假维权"、"红盾网剑"等专项行动，重点查处不正当竞争、虚假广告、商标侵权等违法行为，全年办结案件 69 件。2019 年开展电动自行车销售单位专项检查，从国家标准、强制性国家认证、合格证等材料方面进行重点检查。

查处无照经营行为　1992 年《浙江省取缔无照经营暂行办法》发布，织里工商分局坚持查处与引导、处罚与教育、取缔与规范相结合的公正办法，依法清理市场、集镇、城乡接合部的无照经营户。1993 年 5 月，加强蚕茧收烘市场管理，查处为无照经营蚕茧提供资金、银行账户、仓储、运输、中介、发票及其他方便条件的单位和个人。1994 年，规范织里坯布打包服务行业，从事棉坯布打包服务经营者必须依法登记，办理营业执照，从严从重查处无照经营行为。2000 年，在织里童装市场宣传工商法律法规，逐户上门为童装经营户办理营业执照，提高经营者守法经营意识，规范童装产业经营秩序。在餐饮、美容美发、电子游戏、歌舞厅等行业专项整治无照经营行为，为 802 户符合经营条件的经营户办理营业执照。2002 年，织里工商分局开始实施责任区监管模式，划分织南、织北、织东 3 个责任区，对各类市场主体进行动态管理。以镇区主要街道、工业园区、镇村结合部及居民住宅区为无照经营整治重点区域，以网吧、服装辅料、童装加工等行业为无照经营整治重点行业进行整治。在依法查处无照经营的同时，注重教育疏导，积极为无照经营户提供咨询服务，帮助补办登记办照手续，及时将其纳入合法经营轨道。全年为 660 户符合经营条件的经营户办理营业执照，立案查处无照经营案件 137 件。2003 年，织里工商分局制定《无照经营举报受理人员岗位制度》《无照经营查处取缔承诺制度》等制度，重点整治集镇、专业市场和镇村结合部的无照经营户。为符合经营条件的 920 户无照经营户补办登记发照手续，立案查处无照经营案件 160 件。2004 年开展漾西铝合金型材氧化加工行业专项整治，查处无照从事铝合金型材氧化经营企业。年内为 760 户符合经营条件的经营户办理营业执照，立案查处无照经营案件 110 件。2005 年以易燃易爆化学危险品、营利性医疗机构、互联网上网服务等为整治重点行业，为 720 户符合经营条件的经营户办理营业执照，立案查处无照经营案件 174 件。2009 年为进一步增加责任区监管力量，撤销内设科室注册科、市场所，成立责任区监督管理一科、二科，将一线从事日常监管的责任区干部增加至 15 人。并将辖区市场主体按照分布区域、行业等特点，划分为四个责任区，责任区下又细分为 22 个网格。年内为 826 户符合经营条件的经营户办理营业执照。2013 年开展"黑网吧"专项整治，联合文化、公安、消防及通信运营商等部门，通过采取限期整改、责令停业、依法断网、重点查处等措施。全年检查网吧 168 家，抄送网络服务运营商断网处理 64 家，移送公安部门处理 1 家。在无照经营检查处置过程中，做好台账登记和催办抄告工作，年内抄告相关部门无照经营户 554 户。2014 年，对厂中厂、市场周边、校园周边等区域的无照经营行为开展常态化监管，着重查处低端落后产能和易引发人身安全、环境污染等突出问题的无照经营户。把整治无证无照与"大众创业、万众创新"统筹结合，做到分类处置、堵疏结合、标本兼治，年内引导 400 户无照经营户办理营业执照。2017 年 10 月按照无证无照经营查处"谁审批、谁监管，谁主管、谁监管"原则，对检查发现属于其他部门管辖的无证无照经营行为，及时抄告相关职能部门进行处理。2018 年以后做好对无证无照经营行为进行分类处置工作，对未取得许可的无照经营行为，依照相关法律、行政法规规定予以行政处罚。对具备办理证照的法定条件、经营者有继续经营意愿的，督促、引导其尽快办理营业执照；对不具备办证办照条件的经营户责令停止违法行为。

第五节　食品安全、特种设备安全及产品质量监管

一、食品安全监管

农村放心店工程　2004年底，在太湖片确定10家农村小商店作为"浙江省百县万村放心店工程"创建试点。农村放心店统一悬挂"浙江省百县万村放心店工程—示范商店"牌匾，严格执行进货验收备查制度、不合格商品下柜制度和消费投诉处理制度，建立进货台账和开展消费安全承诺，引导农村小商店走正道、售正货、树正牌，带动其他小商店规范经营。2005年"农村放心店"工程在织里全面推广，新增"农村放心店"36家。制定放心店考核评价标准，严格落实淘汰制，对4家考核不合格放心店进行摘牌。2006年，织里创建"放心店"达到46家，织里农村行政村放心店实现全覆盖目标。支持、协助大型超市直接向农村放心店配送商品，从源头上保证放心店商品质量，提升农村食品消费安全指数。

商品准入工程　2004年开始在商场超市推行以食品为重点的流通领域商品准入制度，督促商场超市建立进货索证索票制度、重要商品准入备案制度、商品质量管理制度等。织里工商分局通过日常检查、流通领域商品质量抽查、不合格商品市场退出、商品质量信息公示等工作，实施流通领域商品质量长效监管。同年依法督促织里市场开办单位履行保障食品安全义务，签订《食品安全管理责任书》，明确市场开办单位食品安全管理责任，建立市场准入管理机构，实行上市商品质量管理、市场商品检测、市场商品准入、商品质量安全报告等适合农贸市场特点的食品安全准入制度，落实专人负责。织里中心农贸市场实施准入制度经营户达100%，鲜活家禽、冷冻等8大类商品实施进货台账和索证索票，食品进货索证率95%以上。2007年专项整治产品质量和食品安全，指导全部食杂店建立进货台账，与食品经营户签订《食品安全承诺书》，明确经营者为食品安全第一责任人，要求经营者主动履行食品质量安全责任。2010年强化对食品批发环节的监管，对食品批发单位的发货凭证和食品零售单位的进货凭证统一格式、统一内容、关联使用，推行"一票通"制度。

食品安全日常监管　自2004年流通环节食品安全监管由工商部门负责以后，织里工商分局加强日常监管，突出重点地区、重点市场和重点品种，认真开展食品安全专项执法检查，严厉打击制售假冒伪劣食品违法行为。实施商品准入

工程、农村放心店工程、经营者自律机制建设等流通领域食品长效监管机制。同年专项整治预包装食品、儿童食品，查处各类食品违法案件 13 件。2008 年有序推进小食杂店整治规范，清查小食杂店 1298 家，准确掌握小食杂店数量、分布及基本状况等。按照小食杂店整治标准，建立小食杂店整治档案，开展食品安全宣教、落实主体责任、规范经营资质、督促建立台账、实现索证索票。改造提升 25% 食杂店达到"食品准入基本达标店"标准。2010 年开展小食杂店整治"回头看"，取缔小食杂店无照经营，加强对小食杂店商品质量监管，严厉打击制假售假行为，保障食品安全消费，发出行政告诫书 212 份。2011 年专项整治商场超市经营行为，查处经营超过保质期食品案件 6 件，销售不合格食品案件 2 件，未履行查验供货者许可证、营业执照和食品合格的证明文件义务案件 3 件；办理简易处罚案件 36 件，查扣卤汁豆腐干、强化香酥肉松等过期或不合格食品 69 包（盒）。2012 年开展流通环节食品安全大整治，重点检查日常消费大宗食品、婴幼儿食品和各类保健食品，检查食品经营户 2453 户次，发出责令整改通知 323 份，查处食品违法案件 39 件。2014 年机构职能调整后，织里市场监管分局全过程监管食品生产、食品流通、餐饮服务等环节。3 月开始食品安全百日严打行动，组织 7 个食品安全检查执法组，全面检查食品生产、流通和餐饮行业食品经营者主体资格、食品质量和食品标签，规范食品经营者经营行为。其间出动执法人员 906 人次，检查食品生产经营户 7 户，食品流通经营户 1364 户，餐饮经营户 630 户。监督抽查 2 个品种 10 批次食品，约谈违规企业 18 家，查处食品违法案件 55 件。2015 年，规范农村聚餐管理，为 80 名农村家宴厨师建立专项档案，开展食品安全知识培训，实施持证上岗。集中规范整治织里镇富民中路餐饮店，创建织里餐饮单位示范街区。同年开展肉制品和水产品专项整治、流通环节酒类专项整治、小餐饮综合整治、医疗器械整治等 10 余项专项整治行动。2016 年规范大中型餐饮、自助火锅类等餐饮单位设施设备、餐饮具消毒及食品储存条件、食品从业人员和管理人员培训等行为，约谈存在食品安全隐患餐饮单位。组织餐饮单位负责人、厨师长及从业人员 500 余人参加食品安全知识培训。检查食品经营单位 1359 家，开展联合执法 8 次。合理制定年度食品抽检计划，科学安排检测品种，在确保定性定量抽检覆盖食品生产、流通、餐饮三大环节的同时，重点监测与群众生活密切相关、风险相对较高食品。2017 年专项整治豆制品生产、糕点制作等食品安全风险程度较高小作坊的原辅材料、生产工艺和食品添加剂使用，加工区域清洁卫生，从业人员卫生防护等环节，查处存在违法经营行为小作坊 19 家。开展小餐饮食品安全综合提升，对 67 户次餐饮服务设施设备不符合要求单位提出整改要求。2018 年启动"农村家宴中心放心厨房"建设，结合农村家宴经营特点，按照基本设施完备、实用方便、保障安全要求，将农村家宴由过去的"路边灶""露天厨房"改造提升为餐厅化的"放心厨房"。同年 3 家农村家宴放心厨房通过创建达标。2019 年织里镇全面推进"厨房革命"建设。分类指导大、中型餐饮单位、小微型餐饮单位、学校食堂、养老机构食堂、农村家宴中心等六大类业态，分批安装可视化厨房设备，并接入智慧监管平台。同年完成可视厨房安装并接入智慧监管平台餐饮单位 450 家，实现对餐饮单位远程电子化监管，监管效能大幅提升。

二、特种设备安全监管

2014 年机构改革以后，锅炉、压力容器（含气瓶）、压力管道、电梯、起重机械、客运索道、大型游乐设施、场（厂）内专用机动车辆等特种设备安全监管职能划归市场监管部门。织里市场监管分局全面加强对特种设备使用单位日常监管，严厉查处未办理使用登记证、作业人员未持有操作证、特种设备超出检验有效期等违法行为。同年把特种设备安全监管重点放在织里镇大型童装加工企业、配套企业等人员密集场所和砂洗印染企业、木材加工企业等特种设备使用单位，重点检查特种设备安全管理制度和设备运行情况。开展"六打六治"打非治违、"涉及可燃爆粉尘重点企业"检查和 318 国道织里过境段涉及燃煤、燃木屑锅炉使用企业检查等专项整治。全年检查特种设备使用单位 82 家，设备 128 台（套），发现隐患 32 条，隐患整改率 100%。2015 年开展场（厂）内专用机动车辆安全专项整治、电梯安全大检查、特种设备领域隐患排查治理专项检查和特种设备作业人员持证情况专项整治。全年累计出动检查人员 280 余人次，检查单位 126 家，检查特种设备 165 台（部），查处事故隐患 46 处，隐患整改率 100%。2016 年开展特种设备大排查大整治行动，落实特种设备使用单位安全管理主体责任，详细检查在用特种设备注册登记、安全运行、作业人员持证及定期检验、特种设备专项应急预案制定及演练等情况，对发现的隐患责令使用单位立即整改。累计出动检查人员 530 人次，检查使用单位 136 家，检查特种设备 205 台，查处隐患 57 处，隐患整改率 100%。2017 年推进特种设备精细化管理，向特种设备使用单位下发安全责任告知书，签订安全使用承诺书，落实使用单位安全主体责任，保障人民生命财产安全。2018 年开展特种设备"百日清理攻坚"，全面排查织里特种设备使用单位，通过开展设备信息核准、补办使用登记等工作，检查发现设备无使用登记、超期未检、人员无证上岗等违法行为，依法下达《特种设备安全监察指令书》。宣传贯彻《湖州市电梯使用安全条例》，提高电梯使用单位和广大群众电梯安全意识。引导企业全力抓好电梯安全使用和管理，指导企业开展电梯故障应急处理。所有公共电梯设置新版电梯安全告示牌，公示电梯安全信息。加大对商场、超市、宾馆等人员密集场所特种设备使用登记、定期检验、运行记录、人员操作持证以及应急预案制定、建立和演练等方面落实执行情况的检查，确保设备运行安全。全年出动检查人员 1200 余人次，检查单位 600 家次，检查特种设备 900 台（部），注销及停用 170 台（部）。2019 年持续监控在用设备超期未报检预警数，及时通知相关企业报检。加强特种设备安全隐患排查，严格落实安全生产责任制，开展风险识别分析，对公众聚集场所电梯、大型起重机械、涉危化学品压力容器等领域，重点开展风险管控和隐患治理的双重预防机制建设，防范特重大事故发生。对 43 家大型特种设备使用单位的特种设备进行实地排查和了解，做到设备操作人员持证上岗，登记信息准确。对电梯使用单位发放《电梯使用管理单位常见违法违规行为告知书》，让企业对照检查，发现问题及时整改。对 27 家叉车使用单位发放《使用特种设备安全承诺书》，确保在用叉车必须登记和检验合格，操作人员持证上岗。对注销和停用特种设备推行"最多跑一次"和做好"一站式服务"，帮助企业办理停用特种设备 20 台，注销特种设备 1 台。全年在特种设备安全监察中累计出动检查人员 1230 人次，检查使用单位 551 家，检查特种设备 2323 台，发现隐患 103 起，处置检验机构隐患抄告 12 条，整改完成 12 条，闭环率 100%。

三、产品质量监管

流通领域商品质量监管　2002 年工商部门正式承担流通领域商品质量监管职责，织里工商分局把抽检作为流通领域商品质量检测的重要手段。2003 年在织里童装市场试点商品准入制度推进流通领域商品质量监管关口前移工作。联合烟草行政管理部门对 9 个批次的卷烟制品进行了抽查，对不合格批次进行了立案查处。2004 年重点抽查商场、超市、食品批发市场等重点场所 27 批次菜籽油、奶粉、饮料、罐头、矿泉水、大米等商品，查处销售不合格食品案件7件。5月，在农贸市场建立食品检测点，对蔬菜、水果、水产品、米面豆制品开展农药残留、二氧化硫等项目检测，检测频度每周5次、每次12个品种以上，检测结果在农贸市场宣传栏公布。2006年质量抽检发现童装产品存在的甲醛含量超标、pH不合格、缩水性能等问题主要由面料不合格所引发，织里工商分局组织2次童装面料专项抽检，抽检服装面料36批次，立案查处销售不合格面料单位。2007年9月继续对童装质量有显著影响的原材料以抽检方式重点监管，查处染色布、辅料进货无索证索票，销售无台账无记录，流向不可追溯等违法违规行为。2011年抽样检测蜜饯制品、烘炒制品、糕点食品、方便食品和辣椒制品53批次，查处销售不合格食品案件6件。2013年把纺织品作为重点监测对象，组织专项执法检查2次，抽检121批次纺织品，立案查处销售不合格纺织品单位。

产品质量监管　织里镇是全国最大童装生产基地，织里分局从"政策引导、技术支持、监管执法"等方面入手，提升童装产品质量，推动童装产业转型升级。2014年联合浙江省童装质量检验中心举办童装安全专题轮训班和专题标识标注知识培训班9期，培训童装经营业主8000余人，重点讲解童装产品质量标准、技术规范与品牌培育方面的知识。专门设立2部咨询电话，提供童装产品质量咨询服务。同时抽检童装面辅料经销单位、儿童服装用絮用纤维生产加工企业经销的服装面辅料。发放《纤维制品质量安全知识宣传手册》700余份，讲解"黑心棉"和劣质面辅料的判定标准、危害及鉴别知识。2016年专项整治轧村床上用品产品质量，召集50余家床上用品生产企业召开培训会，开展行政约谈和指导服务，现场签订质量承诺书。指导企业完善原料进厂查验、过程质量控制、成品出厂检验以及产品质量追溯等制度，督促企业全面落实产品质量主体责任。主动对接电子商务平台加强童装产品质量监管，规范监督抽查信息发布，建立质量失信企业"黑名单"制度。2017年专项整治漾西电线电缆生产加工行业，排查产品质量风险。检查电线电缆生产企业强制性认证产品信息，工业产品许可证情况，督促生产经营者履行主体责任，增强安全意识，守法生产经营。建立企业现场抽查、流通领域反溯验证、专项风险监测"三位一体"的产品质量监督抽查机制，抽样检测电线电缆11个批次。结合企业质量管理保障能力、产品质量安全风险程度、监督（抽查）情况，做好电线电缆加工企业分类监管。2017年规范童装原辅材料生产经营，针对填充絮片基本由本地企业生产这一实际，推动43家中规模较大的 18 家絮片生产经营企业联合制定实施《吴兴区儿童服装填充用絮片联盟标准》，对 pH、甲醛等 12 项指标提出新的要求并规范实施，产品质量呈现稳步提升态势。2018 年根据《吴兴区产品质量安全风险监控工作方案》，重点监测儿童服装产业链 319 家面辅料经销商和 138 家童装电子商务经营户。11 月开展羽绒产品质量监测，检查羽绒产品企业 34 家，抽检产品 13 个批次，未发现安全性指标问题不合格情况。2019 年织里镇人民政府出台《织里镇童装质量提升行动实施方案》，以质量提升为重点，加大织里镇儿童服装产业原料端、生产端和销售端的监管。继续分层分区分批培训中小型童装生产业主，重点培训婴幼儿及儿童服装中附件、绳带安全和童装标识。选取 37 家童装企业为产品质量重点跟踪对象，从质量基础升级、质量技术创新、质量品牌建设等方面，帮助企业答疑解惑。

第六节　消费者权益保护

消费者权益行政保护　1998 年 3 月 15 日，织里工商分局设立湖州市工商行政管理局"96315"消费者举报投诉中心织里分局受理室，设值班室 1 个，现场处理组 2 个。通过公布投诉电话、设置投诉信箱、接待来信来访等方式，积极处理消费投诉，解决消费争议。2000 年 2 月，因"96315"举报投诉电话和全国统一的"12315"举报投诉电话一线双码运行，织里工商分局继续强化消费维权工作，开始实施"96315"受理室双休日值班值守工作，并购置了摄像机等取证工具，为快速、高效处理消费投诉提供保障。全年接待消费咨询 55 人次，处理消费投诉 62 件，投诉解决率 100%，为消费者挽回损失 6 万余元。2002 年，受理消费者举报投诉 42 件，为消费者挽回经济损失 8 万元；根据举报线索，查处经济违法案件 25 件。2004 年设立经济违法举报中心专岗，经济检查、"12315"受理室、消费者协会合署办公、并轨运行。整合消费者咨询、申诉举报、案件查办、消保维权执法工作，形成行政执法综合网络。同年"12315"受理平台共接听消费者咨询投诉电话 1500 余次，受理举报投诉 110 件，处理投诉涉及总金额 37.2 万元，为消费者挽回经济损失 35.95 万元，立案查处 20 件，总案值 77.1 万元。2013 年共受理投诉 98 件，为消费者挽回经济损失 12.78 万元，调解率和办结率达 100%。2014 年新《消费者权益保护法》开始实施，组织对消保分会工作人员，消费维权监督联络站工作人员和相关经营者培训。通过"3·15 国际消费者权益日"活动全方位、多层次宣传，让广大消费者了解《消费者权益保护法》修改主要内容，提供咨询服务559人次，发放新《消费者权益保护法》宣传资料2300多份。全年办结消费者投诉举报240件，为消费者挽回损失5万余元。近年来随着消费者维权意识提升，消费纠纷逐渐呈现出多样化趋势，2015年受理各类投诉举报558件，2016年受理各类投诉举报1088件，2017年受理各类投诉举报2418件，2018年受理各类投诉举报2614件，2019年受理各类投诉举报3475件。织里市场监管分局及时受理、按时处理各类投诉举报，提高办理质量和消费者满意度。根据月度、季度、年度累计投诉次数，分别施以消费投诉抄告、消费投诉警示、消费投诉约谈等不同等级惩戒模式。2017年织里市场监管分局积极响应"放心消费在浙江"行动，推进放心商店、放心网店、放心工厂和无理由退货承诺单位建设，提高相关行业的服务质量和服务水平，逐步扩大放心消费影响力和辐射面。2019年培育发展放心商店、放心网店、放心工厂放心消费示范单位72家、无理由退货承诺单位68家。

消费维权网络建设 2004年，加强农村消费维权工作，在各行政村建立消费维权工作基层联络点，畅通农村消费者利益表达、纠纷协调解决通道，降低农村消费纠纷调处成本。2006年完成织里消保分会、消费维权监督联络站、消费维权监督联络点三级维权网络组建任务，在大型商场、超市、市场设立9个消费维权监督联络站，在各行政村设立46个村级消费维权监督点，使消费纠纷能就近及时化解。制定完善《消费维权监督站工作职责》《消费维权监督联络站受理消费者投诉规定》《村级消费维权监督员工作职责》以及企业和解制度、限时承诺制度、结果反馈制度等制度快速处理消费纠纷，形成以自律和解为主、12315现场处置为辅、消保委调解为补充、消费仲裁和消费法庭为保障的消费维权机制。聘请10名消费者担当义务监督员，及时反馈提醒消费市场中出现的问题，督促经营者改正。2015年推动12315消费维权网络"进社区、进超市、进商场、进企业、进学校"，选取大型商场、超市、市场、企业等作为消费维权工作互动单位。持续开展形式多样的"3·15国际消费者权益日"主题宣传活动，发放各类宣传资料、组织法律知识竞赛、开展现场咨询服务，宣传消费者权力和经营者义务，提高消费者科学消费知识和消费维权意识。定期发布消费提示信息，把消费维权工作动态、商品监测结果、投诉举报热点、重大典型侵权案件、严重失信企业、消费警示等及时向社会发布。

第九章　财政　税务

织里历史上以农桑为主业，盛产稻米与蚕丝，百业兴盛，镇域各集镇商贸市场交易活跃，历代官府在此设置机构课税。嘉泰《吴兴志》记载：南宋庆元中，2019 年织里镇辖区置"轧村坊""上林坊""旧馆坊""伍浦坊"等处官办酒库、酒坊课税。明代乡设"壕手"办理粮税，镇域设有驿站。清代有织里、晟舍、旧馆、轧村、骥村、圆通桥、陈溇七大市（集镇），官府派吏课税。同治《湖州府志》记载，知府宗源瀚倡议湖州丝捐善后款为郡邑各书院用，陈溇五湖书院分得丝税六分之一。

民国期间，吴兴县下属区乡均有办税吏员和机构，各区乡有"钱粮保长"，钱粮保长由区乡公所委派，负责多个村庄的钱粮税赋和蚕丝征税。抗日战争时期，曾有粮食统制会，也称税捐征收事务处，统一征收省、县各项税、捐。吴兴有城区、妙西、菱湖、双林、南浔、织里 6 个稽征所，征收房税、屠宰税、筵席娱乐税、营业牌照税，还有省核定茧、竹木税等，捐率从价征 1.5%。抗战胜利后，1946 年，浙江省直接税务局吴兴分局恢复办公，辖管织里等 8 个分处和练市等 7 个据点。其征收项目有营业税、屠宰税、契税、地价税。民国年农村收税按田亩，称"捐钿"，有钱粮保长负责征收，各村保甲长协助。集镇商店由乡镇公所专人视情况征收，不分营业税等税种，统称"捐钿"。

1949 年 4 月 28 日，湖州和平解放，中国人民解放军第三野战军准备攻打上海和"南下"，为保障部队供给，部队向织里区政府提出提前向当地农民征收公粮（农业税）的要求。闵达（中共地下党员）等人立即召开各村保长会议，分派征粮任务。征收得到了广大人民群众的积极响应，按时完成了公粮上缴任务。各村保甲长工作十分仔细，按实向农民出具粮食（军粮）"暂借条"。秋收时，被借粮食全部在公粮任务中抵扣。

中华人民共和国成立之后，织里镇域税收由区、乡人民政府负责，国家实行粮食定购任务，建立国家粮库，以征收公粮为主。区乡机关基本实行财政"供给制"，1955 年后改为工资制。1957 年，在农村征收屠宰税的基础上，建立织里财政税务所，配备相应人员管理六个乡镇财政税收事务，此后逐步走上正轨。1992 年后，织里镇成为中国童装之都，财税所升格为财税分局。2018 年，全镇创造税收达到 127 110.84 万元，是湖州市重要纳税乡镇。

第一节 财政体制

一、无"财政"时期

织里乡镇财政体制建立较晚。民国时期至新中国成立初，境域各个乡镇财政由县财政局经管。民国 4 年（1915），乡镇行政经费年限约为 500 银圆。民国 16 年（1927）后，经费由田赋附捐中留成，乡公所办公费用按月到县结算。

1949 年 4 月，湖州解放。1950 年 3 月，嘉兴专员公署财政科成立，同时，吴兴国税分局与吴兴县税捐稽征处合并为吴兴县税务局，实行税政统一。镇域各乡镇费用由县财政直接支拨，实行限额报销的办法。这种"报账制"，一直持续至 20 世纪 80 年代中，前后长达 30 多年。

因无"财政"，各乡镇政府均未建置财务账目、不设会计职位，报账工作基本上由文书办理，票据经乡（社）长签批后，一月一结，实报实销。乡镇财政分收支两条线，财政收入由税务部门收取，乡镇政府仅有财政支出而无财政收入。

20 世纪 80 年代初期，各乡镇政府每月办公费用二三百元，经费十分紧张。据原太湖乡老会计回忆，有一年，乡里因承办上级一个会议，购买了一斤茶叶，但在报账时因"不符合规定"被退了回来。凡乡里有特殊需要（如小型维修），可以打报告申请，由县财政局审核后按实拨付。

二、财政体制建立

1983 年 10 月 12 日，中共中央、国务院发出《关于实行政社分开、建立乡政府的通知》，根据通知精神，财政部在全国范围内逐步开展了乡镇财政建设工作。

1984 年，湖州市在全市 138 个乡镇先后建立乡镇一级财政"定收定支、收支两条线"的乡财政管理体制。原织里区织里、晟舍、轧村、漾西、太湖五乡镇，在此背景下始建乡镇一级财政。6 月，各乡（镇）财政办公室挂牌成立。由乡（镇）长担任财政组长。

1986 年 1 月，正式设立乡级财政。其经济来源有两大块：一是预算内财政拨款，二是预算外资金。

1988 年，乡级财政正式实行"预（决）算"制度。每年预、决算方案报乡（镇）人民代表大会批准后实施。上级对乡级财政实行财务审计、稽查以及主要领导离任审计等制度。

1989 年，镇域各乡（镇）年初召开的乡镇人民代表大会例会，首次出现"审议乡（镇）财政预算和财政预算执行情况"的议程。如 1989 年 4 月 7 日召开的漾西乡第九届人民代表大会第三次会议，对《1988 年乡财政预算执行情况》审议后，作出决议：1988 年乡财政收支执行情况是好的。坚持了轻重缓急、确保重点的原则，注重了发展社会事业和公路建设，有限的资金发挥了比较好的效益。

三、县区辖乡镇财政体制

1985 年，镇域各乡级财政体制进一步改进，实行"划分税种，核定收支，超收分成，结余留乡，一年一定"的管理体制。

1984—1988 年，各乡设"农税员"，负责收取农业税。农税员归湖州郊区财税二分局农财股领导。

1986 年，镇域各乡级财政实行"划分税种，核定收支，收支挂钩，超收分成，短收减支，一年一定"的管理体制。

四、市直管乡镇财政体制

1989 年，市直接管乡（镇），乡镇财政体制有较大调整。在收支挂钩的前提下，实行两种不同的包干管理办法，即乡镇收支包干范围、乡镇收支包干基数。

1992 年 7 月 18 日，湖州市财政局对织里镇财政管理体制问题，专门下发了"湖财预〔92〕226 号"文件，明确对织里镇"现行财政体制"进行改革。指出：为充分发挥织里经济开放区市场活跃、信息灵通和个体经济发展迅速等优势，进一步调动各种积极因素，以更好地促进织里镇经济和各项事业的全面发展，经研究，对织里镇实行"划分税种、核定基数、递增包干、超收全留、欠收自补、一定三年"的管理办法。

其中，收入基数递增包干的内涵是：①对体制范围内的三税（剔除集贸税收）、所得税合并计算，以 1991 年度收入实绩为基数，以后每年递增 10% 为包干数。即按照上述口径计算确定的 1991 年收入基数为 552 550 元，1992—1994 年应完成的包干数分别为 607 805 元、668 585 元和 735 444 元。②对由镇组织征收的集贸税收以 1991 年收入实绩 3 103 502 元为基数。

第二节 财务管理

一、管理机构

1.并镇前各乡镇财务管理机构

1984 年，织里境域内织里、晟舍、轧村、漾西、太湖等乡（镇），相继挂牌成立了"财政办公室"，属湖州市财政二分局农财股领导。镇、乡均设财政总会计，但仍不设财务项目，继续沿用"报账制"。

同年，织里（区）财税所负责对镇域内各乡镇财务进行辅导。

1986—1988 年，镇域各乡设税收"专管员"，负责收取本乡农业税。

1984—1999 年织里各乡镇财政办公室负责人（主任）分别为：

晟舍：潘利根、朱海毛、钱新根、汪三林。

轧村：潘永林、赵水章。

织里：钱新根、朱海毛、韦竹根。

太湖：朱海毛、潘利根、吴水江、张锡芳。

漾西：姚志林、张水妹、潘斌松。

2.并镇后镇财务管理机构

1999 年，建立织里镇财政财务管理办公室，韦竹根任主任。

2012 年 8 月，成立织里镇财政局，潘斌松任局长。

2012 年 8 月，设立织里镇财务核算中心，为正股级事业单位，归口织里镇管理，业务上接受区财政局指导。

2012 年 9 月，镇人民政府发文，决定镇财政局下设 4 个职能机构：

①预算管理科。设预算总会计、政府非税收人（票据）管理、税收代征员岗位；

②国有资产管理科。设专项资金（涉农补贴资金）管理、国有资产管理、政府性债务管理、政府性公司委派会计岗位；

③监察审计科。设内部审计、办公室管理、财政监督（内部审计）、档案管

理岗位；

④财务核算中心。设单位（部门）会计岗位。

2018年2月以后，胡琼琼任织里镇财政局局长。

3.村（生产大队）、组（生产小队）财务管理

人民公社化后，镇域原各乡（镇）建立了以"队为基础"的三级所有制管理体系。生产大队、生产小队设会计、出纳，实行"一支笔"审批制度。小队会计（生产队记账员）由全体社员选举产生，要求大公无私、会打算盘（珠算），如果本队没有人选，则到外地聘请。生产小队是最低一级财务独立核算单位，小队的财、物在"完成国家的"（主要是公、余粮）、"留足集体的"（主要是公积金、公益金、储备粮）后，可造（制定）"方案"进行分配，方案须经大队会计审核，方可施行。生产队财务管理十分严格，实行民主理财制度，推选社员代表成立民主理财小组，对生产队发生的财务收支进行逐笔审查和公布；大队在每年冬天，专门组织人员对各个生产队的账目进行复核。

20世纪80年代初实行土地联产承包责任制，镇域内所有生产小队改称"村民小组"，生产小队会计一职从此消失。

2001年后，镇域原各乡（镇）成立"村级财务管理服务中心"，村级财务陆续移交"中心"管理，村（原生产大队）会计结束了长达近半个世纪的使命，退出历史舞台。

2013年，织里镇财政局成立"织里镇农村集体'三资'管理服务中心"，统一管理各村（社区）的集体资金、资产、资源，广大农民群众的切身利益有了更好的保障。

2020年9月，根据上级部署，原"织里镇农村集体'三资'管理服务中心"，更名为"织里镇农村集体'三资'监督管理办公室"，职责不变。

二、管理制度

1.织里镇财政局财务管理制度章程举要

织里并镇前，镇域各乡（镇）财务制度在上级指导下，结合各自实际状况制定；织里并镇后，财政管理制度逐渐完善，现将其中主要的一些制度，摘录如下。

织里镇财政局工作制度

为进一步规范镇财政工作人员行为，建设一支政治坚定、作风优良、工作出色的财政队伍，特制定本工作制度：

一、镇财政局实行局长负责制。

二、镇财政工作人员要严格按法律、法规和财政、财务制度规定，认真履行岗位职责。

三、镇财政工作人员要按规定时间上下班和值班，不得擅自离开工作岗位，工作时间外出时，应向局长和其他同志讲明去向，严格执行AB岗工作制度，并在"去向牌"上作好记录。镇财政负责人离岗超3个工作日以上的，需事前向区财政局备案。

四、镇财政工作人员要按照乡镇政府和上级财政部门的要求，严格执行各项规章制度，保质保量完成各项工作。

五、镇财政工作人员要严格要求自己，自觉接受群众监督，虚心听取群众意见，不断改进工作作风。

六、镇财政局工作年初有计划、年终有总结，年初计划、年终总结分别于1月、12月底前报送区财政局基层财政管理科。

织里镇财政局预、决算管理制度

为加强我镇财政预、决算管理，确保财政资金科学合理安排和使用，特制定本制度：

一、财政局于每年年底前对收入的来源进行认真调查、摸底与测算，并参照近两年度执行情况，按统一规定的收入项目编制下一年度收入预算。

二、乡镇支出预算应按照预算支出科目的要求，将有关预算支出事项编入相应的支出科目。乡镇在支出预算的安排中，应在保证人员工资和政府正常运转经费的前提下，妥善安排其他各类预算支出，不得编制赤字预算。

三、根据要求编制年度债务收支计划。

四、年度财政收支预算经乡镇党政联席会议讨论后，报区财政局进行业务审查，再提请镇人民代表大会审议批准年度支出预算一经确定，镇财政要严格执行，不经法定程序不得随意变更。

五、镇财政局应当加强对预算支出的管理，严格执行预算和财政制度，不得擅自扩大支出范围、提高开支标准；严格按照厉行节约工作要求控制"三公"经费及会议费；严格按照预算规定的支出用途使用，提高资金使用效益。

六、镇财政预算的执行情况，应定期向镇人大主席团汇报预算执行情况，按照规定做好预算公开工作，自觉接受群众监督。

七、完善镇财政预算，提高年初预算到位率，严格控制追加支出预算。在财力允许情况下，对临时性工作、政策性增支或党委、政府应急项目追加预算。主要分以下几种类型：

（一）上级党委、政府及部门新增的工作任务，需要增加地方财政支出或增加地方财政配套的。

（二）本级党委、政府新增的工作任务，需要财政资金支持的。

（三）由于工作需要增加人员新增的支出。

（四）其他必须追加经费的事项。

八、支出追加报批，按下列程序进行：

（一）要求追加经费的请示一律应事由真实、依据充分不得以便函或个人名义报告有关事宜，并附相关文件依据。

（二）镇财政局初审。镇财政局按规定的报批条件及标准审核提出初步意见，由镇长签批。

（三）镇财政局根据审批意见，报区财政局进行审查追加预算指标。

九、镇财政要根据上级财政有关编制决算的要求编制年度财政总决算，在编制前要根据上级要求，做好年终清理工作。

十、属于当年镇财政的各项收入、支出由镇财政分别编入当年决算，各项决算数字要与十二月份会计报表所列全年累计数一致。

十一、决算报表反映的数字，要做到上下年度有关数字、财政总决算同预算单位之间数字相一致，保证数字的准确、完整。

织里镇财政局财务管理办法

为了规范本镇行政事业单位财务收支行为，进一步明确和完善镇行政事业财务管理中心的相关制度，严格保证财政财务管理工作制度化规范化、程序化，根据《预算法》《中华人民共和国会计法》《行政事业单位会计制度》等有关法律和法规，特制定本办法。

本办法适用于纳入镇财政局核算的行政、事业单位。

一、费用开支原始单据

（一）原始单据必须是税务部门的正式发票或财政部门认可合法有效的收据。

（二）原始单据上的日期、品名、单位、数量、金额等项目填齐全，字迹要清楚，大、小写一致，涂改无效。

（三）原始单据必须盖有收款单位或收款人的公章或财务专用章。

二、报销凭证填写

（一）报销凭证必须用钢笔或水笔填写，内容和字迹要填写清楚，局填写的金额一定要同附在后面的原始单据金额相符，大、小写一致，涂改无效。

（二）报销凭证必须要有经手人，证明人，分管领导审核签字。

三、财务支出审核审批程序及权限

（一）镇机关对一次2000元以内的日常开支，由镇长审批后报销其他单位由单位负责人审批，经行政事业财务管理中心审核员审核后列支。

（二）镇机关对一次2000元以上（含2000元）的开支，须填写"大额经费支出报销凭证"，并经"镇财务审核审批小组"集体审核同意，经小组至少三位成员签字后，再由镇长审批列支。其他单位由单位负责人审批，经行政事业财务管理中心主任审核后列支。

四、现金、支票的管理

（一）对医药费、差旅费、零星办公用品开支及少量的接待费由现金支付外，其余开支应转账支付。

（二）对未取得发票而需要支付的费用，由经办人填写支票领取单，经镇长或单位负责人审批后，到财务管理中心办理支票领取手续，等原始发票审批报销后，再由财务管理中心退回支票领取单。

五、因公借款管理

（一）镇机关工作人员外出考察、开会、培训需要借款，由经办人员填写借据并附有关书面文件，由分管领导审核，再由镇长审批后，方可预借。

（二）对因公临时突发开支需要借款由经办人员填写借据并附书面借款情况说明，由分管领导审核，再由镇长审批后，方可预借。

（三）因公借款业务结束后，三天内及时报账结账，不得拖欠占用。收回借款时，应另开往来款收据，不再退还原借款凭据。

六、单位备用金限额的管理

单位备用金主要用于零星办公用品的购置、差旅费的报销等小额费用的开支，由镇财务管理中心核定各单位备用金定额，各单位领取并按现金管理条例进行管理，单位备用金付完后，及时与镇局核算中心进行结报。各单位应当严格执行备用金限额制度。

七、办公设备采购

各部门需要购买各种办公设备时，经办人写出办公设备购置申请，由分管领导审核，经镇长同意批准后，由镇财政局按政府采购程序和规定统一办理。其他单位购置办公设备必须按政府采购程序办理。

八、单位部门综合预算的编制、执行和监督的要求

需编制部门综合预算的行政、事业单位。应本着"量入为出、勤俭节约、效率优先"的原则，根据其职能和工作需要，在财力可能的前提下，按照区财政局规定的方法和要求，将本部门的全部收支项目和内容，编制成单位部门综合预算。部门综合预算一经批准下达，在执行过程中一般不得调整。各单位应从预算环节加强对财政预算内、预算外资金的管理，强化预算的严肃性和约束性，提高预算管理的规范化、法制化、公平化水平，努力提高财政资金的使用效率。同时要加强部门综合预算的监督和检查，严格执行部门综合预算，不得擅自提高标准和铺张浪费。部门综合预算由于政策性原因或特殊性原因确实需要调整（或调剂）的，先由单位填写预算调整（或调剂）申请表，经单位负责人审批，镇财政局审核后上报区财政局，批准后才能对单位部门综合预算进行调整。

九、会计档案的管理

会计档案包括会计凭证、会计账簿、会计报表、年度预决算和重要的经济合同等会计资料。应按照《会计法》和《会计档案管理办法》的规定，每年在会计年度终了后，对会计资料进行归集，审查核对，整理立卷，编制目录，装订成册，按会计档案保管期限的要求专人妥善保管，防止丢失损坏。

十、本办法由织里镇局负责解释。此前有关办法与本办法不符的，律按本办法执行。

乡镇财政专项资金管理制度

为进一步加强对镇财政专项资金的监管，确保专项资金的正确使用，特制定本制度。

一、财政专项资金是指财政预算安排、上级补助和相关投融资的用于镇经济建设和社会事业发展的具有专门用途现的资金。

二、专项资金应当纳入预算进行管理，专项资金管理实行科学民主决策、公开透明运行、绩效评价和责任追究制度。

三、专项资金实行统一管理，单独核算。专项资金必须逐贯彻"专款专用"的原则，不得挪用、挤占，更不得用于发放奖金、福利等。

四、镇财政局要加强对专项资金的管理，每年定期对专项结余资金进行清理和整合。

五、补助性资金的拨付。镇财政依据资金文件要求，通知补助对象办理拨款手续，保证补助性资金及时、安全、便捷地落实到位。

六、项目资金的拨付。合同承包者按合同和工程进度开具应税发票，由工程管理人员和分管领导审核，报财政局复审，再报镇长审批，到财政局办理拨付。但所支付工程款不超过总投资额的80%，工程竣工结算审查后，按工程量5%~10%预留工程保证金，待工程竣工验收后按规定期限清算。

七、强化对补助性资金的监管财政局要及时公开、公示动和补对象，认真核实补助信息。

八、严格项目资金监管工作。规范项目立项管理，按规定程序履行审批手续；乡镇财政要从项目申报、工程实施、工程监理、竣工验收、资金报账等各个环节参与和实施全程管，重点抓好项目中报、公示、实施、评估验收四个环节。

吴兴区织里镇国有、集体资产管理办法

为加强织里镇有资产的监督管理与保值增值，建立适应市场经济需要的镇属国有、集体资产购置、管理、运营、处置规定和方法，切实防止镇属资产的流失，结合本镇的实际，制定本规定。

一、资产的购置

购置资产前，由局需人员填写购置申请，并经分管领导审核，主管领导审批。未经批准，不得擅自采购。购置资产时，对于列入政府采购范围内的资产按政府采购办法办理，需附购置申请、购置税务发票、政府采购单（列入政府采购范围内）。会计人员按照相关规定入固定资产账户。

二、资产的出售、出租

资产出售、出租前应签订出售、出租合同，按照合同约定的金额、约定的时间收取收益，对于到期未收到的款项应发出催告通知书，限期交款，逾期仍不交的，上报镇政府主管领导决策。

三、资产的处置、转让

处置、调拨、转让资产前，由经办人员填写处置申请，并经分管领导审核，主管领导审批，未经批准，任何人不得擅自处置、调拨、挪用、转让任何镇属资产。

镇属资产经主管领导批准后，除了在本镇局属全资企业法人单位之间可实行无偿划拨外，其余均实行有偿转让，转让可以采取拍卖、招投标以及国家法律、行政法规规定的其他方式进行。

四、资产的管理

明确资产的价值，一般设备单位价值在 500 元以上的，使用期在年以上的物品，并在使用过程中基本保持原有物质形态的资产，或单位价值虽未达到规定标准，但是耐用时间在一年以上的大批同类物资，应作为固定资产管理。各资产的经办管理部门应对资产建立台账制度，实行部门负责人负责制。如有丢失或损坏现象发生的，照价赔偿，并追究部门负责人和当事人的责任。

织里镇财政局限时办结制度

为提高办事效率，优化发展环境，根据有关法律、法规和政策的规定，制定本制度。

一、限时办结制是指镇财政各岗位在受理申请人咨询办理事项时，要按照法律、法规、规章规定的标准，在承诺的时限内办结或者予以答复的制度。

二、凡进入公共财政服务中心事项，都应有明确的办结时间，窗口对承办的事项必须向申请人作出承诺，明确办理时限等。

三、对即时办理事项，经办人员受理材料后，在手续备、材料齐全、符合规定的情况下，要即时予以办理。

四、对限时办理的事项

（一）凡符合规定、手续完备、材料齐全的，经办人员受理后必须按照程序公示、逐级报批，在规定时间内完成办理。

（二）对于资料不齐全的，应向申请人一次性详细填清并告知应补充的全部手续和材料，待材料补齐后正式受理。

（三）对于申请人申请项目不合法或申报项目缺少主件的，应以书面形式告知不予办理的原因。

五、各窗口在规定办理时限，能提前办结的，应尽量提前。对外明确承诺了办结时限的，必须在承诺时限内办结。

六、因特殊原因，不能按期办结的，必须向服务对象作出说明。若超过办理时限，又无特殊理由且未事先说明的，视作同意当事人的申请处理。

2.社区、行政村财务管理制度举要

织里并镇后，各社区、行政村的财务管理也得到加强，现将一些财务规定，摘录如下。

经费管理

1.预决算制度。村集体经济组织对本村当年度的各项收入、支出在每年一月底前编制财务预（决）算方案，提交成员大会或成员代表大会讨论，通过后形成决议并张榜公布。

2.现金管理。严格遵守财经纪律，不准坐收坐支，不准挪用公款，不准公款私存，不准白条抵库。村集体经济组织取得的收入，经手人必须在3天内交村助理会计，村助理会计收款后必须在2日内解入银行。严格执行库存备用金限额制度。备用金数额一般控制在5000元，超过5000元时，应及时存入开户银行，以确保集体资金的安全。总金额在1000～20 000元（不含）确实必须现金支取的发放到户的零星小额款项，须村三委会商议后提交成员代表大会通过，形成决议附报销单后作为列支的依据。原则上总金额20 000元（含）以上的大额款项，不得现金支取。不准用不符合制度规定的凭证顶替库存现金；不准谎报用途套取现金。（2019年四月开始全面推行村务卡结算制度，原则上取消现金支付。详见《吴农便函〔2019〕2号》）

3.银行账户管理。村集体经济组织不得出租、出借银行账户；不得违反规定在异地存款和贷款而开立账户。凡村与单位之间发生经济往来结算、且所涉及金额在1000元以上的，不得采用现金直接支付的方式，采用银行转账支付方式。

4.村集体经济组织的资金不准擅自出借，严禁出借给个人、企业、社会团体和集体经济组织等单位；为发展本村经济确需出借的资金，出借给政府机关和实力较强事业单位，事前必须摸清借入单位还款能力，并由借入单位提供资产负债表、收支结余（损益）表及单位借款情况等，如具有还款能力的再由村三委会集体讨论，提出具体方案（出借金额、利率、日期、期限等等）；再次将方案提交成员代表大会讨论通过，形成决议，方可出借。资金出借时必须与借入单位签订协议，协议必须明确借款金额、借款利率、借款期限、违约责任等，将借款协议报乡镇（街道）农村经营管理部门和"中心"备案；没有借款协议的不准出借资金。

5.开支审批管理。村集体经济组织开支审批实行分级制。

①一次性开支在1000元（含）以下的，由村集体经济组织主要负责人与村委会主任或村党组织书记"联签"审批。

②一次性开支在1000元以上的由村集体经济组织集体审批。

③一次性开支在30 000元以上需经成员代表大会讨论通过。

审批时要分别注明"同意""经集体研究同意""经成员代表会讨论同意"字样。

6.收支结报管理。村级助理报账会计每月按时到镇三资管理中心报账。每月20日至月底为报账日，每月结报。支出票据应及时结报。凡支出发生后两个月内未结报的票据，无特殊原因（收款人或出票单位造成除外）的，中心会计应当予以拒绝入账。需发放到户的各类惠农款、补偿赔偿款、福利费，发放款项超过1000元的以银行存单或直接转入农户存折方式发放（无特殊情况不得发放现金）。

7.严格控制非生产性开支

①招待费支出。村级行政性公务一律实行"零招待"。

②交通差旅费。"两不得"：不得报销餐费，不得租用车辆。"两允许"：一是允许村干部因公外出（村干部在本乡镇、街道开会办事除外）所发生交通、餐饮、住宿等开支，经街道办事处同意后，参照镇机关干部标准列支。二是村级组织在突发性事件、突击性任务等特殊情况下，允许租用车辆，但需经镇领导同意，并提出书面的申请。

③严禁利用村级集体资金发放村干部车贴、住房公积金。严禁违反规定巧立名目发放各类补贴、津贴、奖金。严禁在专项资金中列支或负债发放村干部补贴。

④严禁利用村级集体资金购买任何形式商业保险。

⑤党员干部参加组织活动不得发放（领取）误工补贴。

⑥严格执行村级报刊费限额制度。村级报刊费限额标准：人口1000人以下的村限额3500元，1000人至3000人的村限额4000元，3000人以上的村限额4500元。上一年村级集体经济收入100万元以上的村，公费订阅报刊限额可适当提高，但最高不得超过一倍，超额部分由征订当事人承担。

⑦严禁任何部门和组织以会费、捐赠名义向村级组织摊派费用。村级组织不得以捐款、赞助、贺礼费等名义向外捐款。

⑧不得用集体资金购买贺年卡、挂历、年历等物品和登播祝贺性、拜年性广告。不得列支烟、酒费用。不得发放会议纪念品。严禁以集体资金支付高消费演出和活动。

⑨严禁村级组织无实质性内容、无明确考察目的的学习考察；严禁借学习考察名义变相旅游；严禁外出途中擅自变更路线、延长日程、增加地点；严禁与学习考察内容无关的人员参加。

资产管理

1.村级债权债务管理

村集体经济组织对本村各种债权债务往来款项要建立往来登记簿，详细记录有关往来发生时间、款项内容、金额及增减变动等明细内容。对各类拖欠债权款项要采取一切可行的措施进行催收，限期归还，每年至少组织一次清收。对各种债务定期进行清理，及时结算。严禁村级集体组织以任何名义为其他单位和个人借款提供担保和抵押；严禁村级集体组织举债，确需举债兴办公益事业建设的，要从还债能力出发，经成员代表大会讨论决定，形成决议张榜公示。

2.村级工程建设管理

①村级1万元以下微小工程建设可以由村三委会商议决定后直接发包。

②村级1万元以上10万元以下小额工程可以实行村级公开竞价。

③村级10万元以上工程建设必须实行预决算和招投标，资金实行单独建账核算。

村级工程建设完工后无论金额大小必须经第三方审计（镇中标审计单位），按审计价格支付工程款项。10万元以上的工程项目由于项目变更、增加附属工程项目或相关设施，需严格履行相关的变更程序，并提交成员代表大会讨论决定，并形成书面决议。原则上变更工程量超过审定工程款20%的不予变更，需重新履行招投标手续。（村级小额工程需严格遵循相关文件、通知流程）

村级集体资产的处置（发包、租赁、入股、出让、拍卖）要全部纳入农村产权交易中心，公开招投标。但同时考虑到织里镇童装产业每年房屋租赁时间节点的特殊性、房屋（鱼塘）租赁的延续性（可能涉及大额装修费用或鱼塘挖掘费用纠纷处理），同等条件下上年租户续租的给予优先权免招投标。具体流程：

①由上年租户向村集体组织提交书面续租申请，明确续租时间，年租金及租金支付方式等。

②续租申请由村三委会集体审议后提交村成员代表大会讨论通过，形成决议并张榜公示。

③村集体组织将本年度需续租并已经成员代表大会通过，公示无异议的续租申请整理出清单，统一交街道办事处监督审核确定后，与续租户签订房屋租赁合同。相关资料交镇三资中心备案，作为入账依据。

票据管理

1.收入票据

村集体经济组织的收入必须开具农村集体经济组织统一收据，禁止外购和自制的收款收据。禁止向其他单位和个人提供或代开收据。

2.支出票据

村集体经济组织的各项费用与支出，必须取得财税部门监制的正规票据，并填写报销单，填齐相关要素方可报销入账。下列情况可以使用村级自制付款凭证：

①因工作需要在村里自办伙食，从农贸市场或农户购买农副产品；

②村干部报酬、各类误工及其他补贴；

③农业基本建设和公益事业建设中使用的小额劳务费及杂费；

④五保户、困难户、计划生育等公益方面的补助费。

村级财务公开

织里镇建立"三资中心"（即村资产、资源、资金管理中心），负责按月及时向村集体经济组织提供村三资公开报表，村党支部、村委会和村监委审核签字后，在"村务公开栏"张榜公开。

……

4.企业财务管理制度

织里镇域原各乡（镇）集体企业，即乡（镇）办企业财务管理制度，由乡（镇）工业办公室（早先是"经委"）统一制定下达，并负责监督实施。年初有计划，年末有决算。

附表：1979 年织里镇域各人民公社企业主要财务决算情况 单位：元

公社	企业数	年末人数	总收入	缴税	利润		亏损	
					企业数	金额	企业数	金额
织里	11	421	825 628	16 988	10	102 638	1	3239
晟舍	12	206	414 593	3572	10	79 213	2	24 292
轧村	11	484	1 738 459	58 538	10	312 791	1	178
漾西	8	175	465 960	4484	8	81 099	-	-
太湖	10	362	991 992	19 292	9	187 598	1	1970

第三节 税务机构

一、织里税务机构沿革

1957 年，织里（区）税务所建立。同年，撤湖州市建制并入吴兴县，设财政局。吴兴县财政局下辖 8 个基层税务所，其中有织里税务所。陈永生、毛福庭、周善基、童经学等被派往织里组建"织里税务所"，陈永生任负责人，时称"召集人"。地点在织里老街。

1973 年 11 月，吴兴县招收 45 名税务人员，下驻各个公社担任"专管员"。镇域各公社始有正式税务人员。专管员隶属于县财税局，主要负责农业税征收，并对当地合作商店、社办企业等征收所得税。

1987 年，织里税务所迁至人民路 78 号新址办公。

1988 年，织里税务所改称织里财政税务所，隶属于湖州市财税局。

1992 年 7 月，撤销织里财政税务所，建立湖州市财政税务局织里分局，周惠

织里税务分局

能任局长。

1994 年 9 月，湖州市财税局拆分为财政局、国税局、地税局，10 月建立织里分局，隶属于湖州市财政局、地方税务局。

1995 年，位于富民路公园路口的分局新大楼建成启用。

1997 年，织里财税分局拆分为织里国税分局、织里地税分局。两局同在富民路公园路口办公楼办公。

2018 年 7 月，织里国税分局、地税分局合并，建立织里税务分局，局长秦红强。

二、织里（区）税务部门

1957 年至 1997 年 9 月，国税、地税拆分前织里税务部门负责人名录，见下表。

表 4-9-1　1957—1997 年织里税务部门负责人名录

单位	负责人	职务	任职时间
织里税务所	陈永生	所长	1957 年至 1971 年
	吴根才	所长	1971 年至 1974 年
	陈永生	所长	1974 年至 1975 年
	吴根才	所长	1976 年至 1980 年
	陶家诗	所长	1981 年至 1982 年
	丁宝庆	所长	1983 年至 1984 年
	董永清	副所长（全面负责）	1984 年上半年
	陈建中	副所长（全面负责）	1984 年至 1987 年
	程顺康	所长	1988 年至 1990 年
	周惠能	所长	1991 年至 1992 年
织里财税分局	周惠能	局长	1992 年至 1997 年

1997 年至 2018 年，国税、地税拆分后织里国税分局负责人名录，见下表。

表 4-9-2　1997—2018 年织里国税分局负责人名录

单位	负责人	职务	任职时间
国税织里分局	周惠能	局长	1997 年至 1998 年
	陆志华	局长	1998 年至 2000 年 6 月
国税吴兴分局织里管理站	赵健鸣	站长	2000 年 6 月至 2001 年 4 月
	李建广	站长	2001 年 4 月至 2002 年 6 月

（续）

单位	负责人	职务	任职时间
国税吴兴分局管理一科	章传根	科长	2002 年 6 月至 2007 年 3 月
	李建广	科长	2007 年 4 月至 2010 年 6 月
	蒋荣方	科长	2010 年 6 月至 2014 年 3 月
织里税务分局	蒋荣方	局长	2014 年 3 月至 2016 年 4 月
	秦红强	局长	2016 年 4 月至 2018 年

1997 年至 2018 年，织里地税分局负责人名录，见下表。

表 4-9-3　1997—2018 年织里地税分局负责人名录

单位	负责人	职务	任职时间
地税织里分局	杨根林	局长	1997 年 9 月至 2000 年 10 月
地税城区分局织里办税服务厅	韩旭辉	局长助理（兼）	2000 年 10 月至 2002 年 4 月
	蔡三毛	科长	2002 年 4 月至 2003 年 4 月
地税吴兴分局管理四科	张国政	科长	2003 年 4 月至 2005 年 6 月
地税吴兴分局管理五科	余小平	科长	2005 年 7 月至 2016 年 8 月
	徐明华	副局长（兼）	2016 年 9 月至 2018 年

三、织里少年税校

随着改革开放，织里经济十分活跃，发展迅猛。但在经济快速发展的同时，经营者纳税意识淡薄问题更为突现。根据中央"税法宣传从娃娃抓起"的要求，1992 年 4 月 12 日，湖州市税务局联合湖州市教委，在织里镇成立了全市第一所"湖州市税务局少年税校"。办学宗旨为"宣传税法、学习税法、长大守法"。少年税校与织里辅导区中心学校实行"两块牌子、一套班子"的运行管理模式。因属全国首创，被誉为"中国第一校"。

第四节　税　收

一、工商税收

工商税收是我国国家预算收入科目上按税种性质对税收分类的一个类别，是对工商各业所征收的各种税的统称。按照我国预算收入科目和税种性质，我国税收主要分为三类：一为工商税收（包括国有企业所得税类、在预算科目上的单列的以及从性质上讲应归属工商税收的）；二为农（牧）业税；三为关税。

我国现行工商税收有产品税、增值税、营业税、盐税、工商统一税（对外商征收）、城市维护建设税、集市交易税、牲畜交易税、国有企业所得税、国有企业调节税、集体企业所得税、私营企业所得税、城乡个体工商业户所得税、中外合资经营企业所得税、外国企业所得税、个人所得税、个人收入调节税、资源税、国有企业奖金税、集体企业奖金税、事业单位奖金税、国有企业工资调节税、建筑税、烧油特别税、房产税、城镇土地使用税、城市房地产税（对外商征收）、车船使用税、车船使用牌照税（对外征收）、屠宰税、筵席税、印花税、特别消费税等。均由国家税务总局及地方各级税务机关负责征收管理。

2018 织里税收入库情况

增值税 64 221.60 万元，消费税 301.27 万元，营业税 489.71 万元，企业所得税 22 235.50 万元，个人所得税 6866.72 万元，城市维护建设税 3261.51 万元，房产税 6429.41 万元，印花税 1069.64 万元，契税 9092.46 万元，环境保护税 25.39 万元，土地增值税 9844.15 万元，城镇土地使用税 3273.45 万元，车船税 0.04 万元。税收入库合计 127 110.83 万元。

另有：教育费附加 1730.52 万元，地方教育附加 1156.37 万元，水利建设专项收入 4.16 万元，残疾人就业保障金 399.54 万元，文化事业建设费 6.6 万元，税务部门罚没收入 59.13 万元。

二、田赋

田赋是中国封建社会按田亩对土地征收的税，是国家财政收入最基本、最主要的来源。田赋为实物税。明王朝建立后，规定天下官、民田亩赋标准分别为五升三合、三升三合。但吴兴（包括织里）因"朱元璋怒湖州等府之人为张士诚顽固守土"，每年按赋额每赋元征收稻谷 54 市斤计，高于其他地方数倍。后来虽有减征，仍远超元末。田赋原则上每年分两期征收，于农作物收获后三个月内开征。开征前 10 日，主管稽征机关将开征日期、缴纳处所及缴纳须知等事项，公告周知，并填发缴纳通知单。纳税人或代缴人于收到通知单后 30 日内缴纳。

漕南即漕粮与南米赋制，是"最不公平之负担"。朝廷以漕运遥远，途中粮耗和杂项费用为由，随正额加征，明朝正德十四年（1519），织里地区亩征漕项为白银四分九厘。

三、农业税

农业税是国家对一切从事农业生产、有农业收入的单位和个人征收的一种税，俗称"公粮"。1958 年 6 月 3 日，第一届全国人民代表大会常务委员会第96 次会议通过《中华人民共和国农业税条例》，1994 年 1 月 30 日，国务院发布《关于对农业特产收入征收农业税的规定》。全国的平均税率规定为常年产量的15.5%；各省、自治区、直辖市的平均税率，在征收农业税（正税）的时候结合各地区的不同经济情况，分别加以规定。

织里镇域内税制与全市一样，经过 1949 年的简易税制、1950—1957 年的累进税制后，1958 年起实行比例税制，直到废止农业税前的 2004 年。税率除 1957年（19.1）、1958 年（17.3）、1959 年较高外，计税产量一直停留在 1961 年水平上，税率稳定在 10% 上下，最高不超过 14%。

新中国成立后，吴兴县实行农业税合理负担政策，就是通过土地整理、复查调产、毗邻常产联评确定各地田、地、荡的折谷市斤数。织里镇域内原各乡确定的"常产"见下表。

表 4-9-4 1951 年镇域内原各乡农业税亩常产数（分 13 等）

乡名	土地等级	每亩常产（折谷市斤）		
		田	地	荡
轧村、骥村、织东、织里、云村、大河	四等	420	280	420
漾西、常乐、义皋、东桥	七等	400	280	400

表 4-9-5 1952 年镇域内原各乡农业税亩常产数（分 18 等）

乡名	土地等级	每亩常产（折谷市斤）		
		田	地	荡
轧村、骥村、织东、织里、云村、大河	二等	460	按比例折算	
漾西、常乐、义皋、东桥	四等	440		

注：地、荡产量为折合数。

其他农业税收还有，蚕桑：每吨茧耗桑叶 16 吨，每吨桑叶折谷 412.5 公斤；淡水鱼：每吨折谷 2474 公斤；菜籽：每吨折谷 2886.5 公斤；蔬菜：每吨折谷206 公斤。

四、农业税取消

2004 年，国务院开始实行减征或免征农业税的惠农政策。按照湖州市人民政府的统一部署，织里镇域原各乡（镇）于当年（2004 年）1 月 1 日起实行粮油农业税的减免，但是，其他种植、养殖业的税收仍不变。2005 年 12 月 29 日，第十届全国人大常委会第十九次会议高票通过决定，自 2006 年 1 月 1 日起废止《农业税条例》，取消农业税，免除农业税的惠农政策以法律的形式固定下来。同全国一样，织里农民从此结束了世代交"皇粮国税"的历史。

第五节　国、地税征收

一、国税税目

镇域涉及国税税目共计 14 项。

①增值税；

②消费税；

③中央企业所得税；

④中央与地方联营组成的股份制企业所得税；

⑤银行和非银行金融企业所得税；

⑥海洋石油企业缴纳的所得税、资源税；

⑦铁道、金融保险等行业集中缴纳的营业税、所得税和城建税；

⑧证券交易征收的印花税；

⑨外商投资企业和外国企业所得税；

⑩利息所得税；

⑪车辆购置税；

⑫中央税和共享税附征的教育费附加；

⑬出口退税；

⑭集贸、个体税收。

二、地税税目

镇域涉及地税税目共计 22 项。

①营业税；

②个人所得税；

③地方企业所得税；

④资源税；

⑤房产税；

⑥城市房地产税；

⑦城镇土地使用税；

⑧耕地占用税；

⑨车船使用税；

⑩车船使用牌照税；

⑪城市维护建设税；

⑫印花税；

⑬固定资产投资方向调节税；

⑭契税；

⑮屠宰税；

⑯筵席税；

⑰土地增值税；

⑱农业税；

⑲农业特产税；

⑳牧业税；

㉑按地方税征收的教育费附加；

㉒集贸、个体税收。

三、税率

根据国家规定，当前税率为：

营业税：按提供的服务收入5%缴纳。

增值税：按销售收入17%、6%、4%缴纳（分别适用增值税一般纳税人、小规模生产加工纳税人和商业企业纳税人）。

城建税：按缴纳的营业税与增值税之和的7%缴纳。

教育费附加：按缴纳的营业税与增值税之和的3%缴纳。

地方教育费附加：按缴纳的营业税与增值税之和的 2% 缴纳。

印花税：购销合同按购销金额的万分之三贴花；账本按每本 5 元缴纳（每年启用时）；年度按"实收资本"与"资本公积"之和的万分之五缴纳（第一年按全额缴纳，以后按年度增加部分缴纳）。

城镇土地使用税：按实际占用的土地面积缴纳。各地规定不一，织里镇为 8 元/平方米。

房产税：按自有房产原值的 70%×1.2% 缴纳。

车船税：按车辆缴纳（各地规定不一）。

企业所得税：按应纳税所得额（调整以后的利润）缴纳。3 万元以内 18%，3 万~10 万元为 27%，10 万元以上为 33%。

发放工资代扣代缴个人所得税。

附录

大港村抗税

抗日战争后期，汪伪政府为维持其政权，苛刻盘剥人民。当时，派驻沈家坝村负责收捐的伪职人员周某，不顾村民死活搜刮苛捐杂税，甚至带人挨家挨户把村民的米桶倒空。沈家坝的村民被逼到了绝路，对周某产生了刻骨的仇恨。某日，周某来到村里，被群众围起来后用砖头砸死，然后沉在沈家漾中。于是，引起了轩然大波，汪伪政府派出大批军警到村里抓人。村里的年轻人闻讯连夜逃走。汪伪的"和平军"不肯罢休，他们抓了本村的沈保长，逼迫村民赔款。在高压逼迫下，沈家坝的村民只好拆掉房屋卖掉，凑足了巨额赔款，才算了事。

1949 年底织里等乡"抗粮"事件

1949 年 12 月 15 日，吴兴县因土改时"黑田"（丈量土地时遗漏的面积）而发生群众"抗粮"事件。戴林乡、织里乡有多个行政村干部及农民参与，部分农民连夜步行到设在菱湖的吴兴县政府请愿。经过政府进行政策教育，耐心细致工作，几天后"抗粮"事件得到平息。

织里童装税收征管

织里童装业发自民间，起点低、范围广、成分复杂。直到 2012 年时，低小散现象依然大量存在。仅 4.5 平方公里的中心镇区，就聚集了来自全国 30 个省、市、自治区和澳门的 30 多万从业人员，大小业主达 12 389 人（家）之多。但规模企业仅有 21 家，只占总数的 0.17%，近半数为小企业，其中只有 5 名及以下职工的有 4601 家，占 37.1%。

2013 年初，在对 12 389 户童装经营户进行深入排摸后，发现无工商执照的有 6106 家，占 49.3%；无税务登记证的有 7969 家，占总数的 64.3%；历年欠税的有 528 家，占总数的 2.1%。

为此，织里税务部门在镇党委、政府的支持下，形成了"分片管理、网格监管、管理到户、责任到人"的全新工作方式，童装税收征管工作取得了预期的效果。至 2013 年末，合计征收入库税款 6893 万元，并追征历年欠税户 364 户。

私房出租的税收征管

随着城市化进程不断加快，个人私有房产租赁市场日渐活跃，房屋租赁业逐渐成为一个新兴行业。据统计，2014 年全镇出租用于经营房屋大约有 12 000 户，个人房产税收已成为潜在的税源增长点。然而房屋租赁业征税对象多为个人，点多面广、应税行为隐蔽、计税依据难以掌握，给税收征管带来了很大的困难。

为此湖州地税在织里进行了一系列有益的尝试，探索建立私房出租税收征管长效机制。

每年征收率都在 98% 以上，征收成效显著，每年入库税款在 2000 万元以上，有效地缓解了财政支出压力。同时，随着私房出租税收征管工作的推进，进一步摸清了辖区内出租房屋的底数及流动人口的数量，有利于政府加强流动人口管理。

2011 年"征税事件"

2011 年 10 月上旬，在童装税收社会化征管过程中，一安庆籍童装业主以税收上调太快为由多次拒绝缴纳。26 日因征管人员再次催缴时工作方法简单而引发群体性事件，少数人用石块打砸路灯、广告牌、汽车玻璃等。27 日中午，有 500 余人在镇政府集聚，其中少数人到镇区打砸汽车和临街店面，一辆警车被点燃。27 日晚，在镇中心广场和富民路等主要街面两次集聚 2000 余人（高峰时 5000 余人）。28 日晚，织里本地人零星打砸安徽牌照车辆。29 日，治安秩序逐步趋向稳定，30 日，织里生产生活秩序基本恢复正常。事件中，有 1 辆警车被烧，37 辆汽车玻璃被砸，8 辆汽车被掀翻，19 家童装店面和 1 家手机店玻璃被砸，部分广场路灯、广告牌、垃圾箱等被损，有 24 人受伤。时任浙江省委书记赵洪祝，浙江省委副书记、代理省长夏宝龙，浙江省委常委、政法委书记李强等主要领导作出批示要求妥善处置；市委、市政府成立处置工作领导小组，市委、市政府主要领导赶赴现场指导处置工作；区镇两级政府工作人员连夜上门入户对童装业主和群众做工作；公安机关加强防范，积极防止不法行为发生。事后，公安机关审查296人，其中刑事拘留35人、治安拘留68人、治安警告30人。织里镇政府暂停对童装加工户的税收征收，该事件中所涉及的税收代征人员被解聘。

第十章　金融保险

同治八年（1869），织里镇同泰典当开张。民国初期，织里新增一家典当。民国 18 年（1929）后，受灾荒和"一·二八"日本侵华战争影响，农村经济凋敝，当多典少，典当行由盛转衰。民国 24 年（1935），织里同泰仍顽强生存。民国 26 年（1937）抗日战争爆发，同年 11 月，织里镇沦陷，两家典当行失火，当内物品尽行烧毁，新老典当全部歇业。

1954 年，建立织里信用社，随后，织里各乡镇分别设立晟舍信用社、轧村信用社、漾西信用社、太湖信用社等。1964 年，织里成立农业银行，1965 年 1 月，织里农业银行改为人民银行织里办事处，织里农村金融业务由人民银行统一经办和管理。1991 年 12 月，中国人民财产保险股份有限公司湖州市吴兴支公司织里营业部成立；1993 年 3 月，中国建设银行入驻织里，同年 8 月，中国工商银行在织里设立分行。

2000 年，各类金融机构先后入驻织里。2001 年 5 月 18 日，湖州工信担保有限公司成立；2008 年 9 月 27 日，湖州万邦小额贷款股份有限公司成立；2009 年 7 月 27 日，湖州信诚典当有限责任公司成立；2013 年 12 月，财通证券股份有限公司湖州织里北路证券营业部成立；2015 年 1 月 21 日，湖州吴兴虹冠民间融资信息服务有限公司成立；2017 年 7 月 28 日，湖州友邦资产管理有限公司成立。除传统银行业务外，新的金融服务覆盖保险、担保、贷款、典当、证券、融资、资产管理等各类金融领域，以创新的金融业态支持实体经济发展。

至 2018 年底，织里金融机构有 26 家银行（含银行下辖的营业网点）、2 家转贷公司、2 家担保公司、1 家典当公司、2 家小额贷款公司、1 家证券公司、10 家保险公司。各金融机构通过合理增设网点，积极吸收存款，支持织里经济的健康、快速发展。银行、小额贷款、典当、证券、融资、资产管理等金融机构总量、业务，基本能与当地经济相适应。

第一节　金融机构

一、国家级银行派驻织里的机构

1.人民银行织里办事处

1965年1月，中国农业银行吴兴县支行织里营业所改名中国人民银行吴兴县织里办事处，地址织里镇老街。员工7人。分管织里、晟舍、轧村、漾西、太湖、旧馆、戴山7个公社的工业贷款、商业贷款、农业贷款、存款，以及境域信用社监督管理。1980年1月，改名中国农业银行吴兴县支行织里营业所。

历任负责人　闵少青、何依忠、刘士生、施初荣（主任，1965—1974），钱国新（主任，1974—1976.2），祁好仁（主任，1976.2—1980.2）。

2.中国农业银行股份有限公司湖州织里支行

1964年1月成立，在织里镇老街。1965年1月，更名中国人民银行吴兴县织里办事处。1980年1月，更名中国农业银行吴兴县支行织里营业所，迁入晟织北路45号。1993年1月，更名中国农业银行湖州市郊区支行织里办事处。1995年1月，更名中国农业银行湖州市郊区支行织里办事处（升格副科级机构），迁入织里镇富民路58号。2001年12月，湖州市分行织里办事处与菱湖区支行合并。2003年6月，更名中国农业银行湖州织里支行。2009年11月，更名中国农业银行股份有限公司湖州织里支行。湖州织里农行拥有4个营业网点，2个有人

中国农业银行股份有限公司湖州织里支行（富民路）

值守自助银行，15 个离行式自助银行。2018 年末，存款余额四行占比 54.63%，贷款余额四行占比 50.09%。2004 年，被评为省级文明单位。2018 年，存款规模：723 488 万元；贷款规模：484 646 万元。

下属营业网点 中国农业银行股份有限公司湖州汇德支行，地址：湖州市吴兴区织里镇吴兴大道 2722—2738 号。中国农业银行股份有限公司湖州富民路支行，地址：湖州市吴兴区织里镇富民中路 172～180 号。中国农业银行股份有限公司湖州轻纺城支行，2010 年 1 月 29 日终止营业。中国农业银行股份有限公司湖州今海岸支行，地址：湖州市织里珍贝路 498～500 号。

历任负责人 闵少青、何依忠、刘士生、施初荣（主任，1964—1974），钱国新（主任，1974—1976.2），祁好仁（主任，1976.2—1980.2），吴文荣（主任，1980.2—1985.10），周水清（主任，1985.10—1994.9），叶细毛（主任，1994.9—2003.9），叶细毛（行长，2003.9—2008.8），施永法（行长，2008.8—2009.12），潘海龙（行长，2009.12—2012.12），王丹萍（行长，2012.12—2019.1），莫连伟（行长，2019 年 1 月以后）。

3. 中国建设银行股份有限公司湖州织里支行

1993 年 3 月 1 日，中国人民建设银行湖州市支行织里办事处成立，在织里镇妙园南路，是织里成立的第二家国有银行，对织里新起步纺织品及童装行业发展提供有力资金支持和结算支持。1995 年 5 月 1 日，迁至织里镇中华路 106 号。人员增加，业务发展迅速。1996 年 3 月，更名中国建设银行湖州织里分理处。2004 年 9 月，更名中国建设银行股份有限公司湖州织里分理处。2006 年 9 月 29 日，升格为中国建设银行股份有限公司湖州织里支行。2008 年 11 月 8 日，迁至织里镇吴兴大道 4355 号，致力于成长为普惠金融特色支行，为织里镇众多小微企业与个体工商户提供服务与支持。2018 年，存款规模：92 863 万元，贷款规模：175 123 万元。

下属营业网点 中国建设银行股份有限公司湖州织里商城分理处，地址：湖州市织里镇棉布城 10 幢 1—5 号。

历任负责人 王泽民（主任，1993.3—2001.11），王卫成（主任，2001.11—2003.10），钟凯宏（主任，2003.10—2007.12），陈卫东（行长，2007.12—2010.5），朱建勇（行长，2010.5—2015.8），钱伟星（行长，2015 年 9 月以后）。

4.中国工商银行股份有限公司湖州织里支行

1993 年 8 月 21 日成立，现地址织里镇珍贝路 583、587、589 号，有员工 49 人。是小微企业专营支行，围绕服务小微企业目标，依靠织里地区丰富小微企业资源，转变观念，开拓创新，服务小微企业，提升经营发展竞争力。小微企业贷款余额占全部公司贷款余额 70%，每年新增公司贷款规模全部用于小微企业贷款，通过各种方法腾出法人客户存量贷款规模用于支持小微企业客户，小微企业贷款超 10 亿元。2018 年，存款规模：299 521 万元，贷款规模：193 846 万元。

下属营业网点 中国工商银行股份有限公司湖州富民路支行，地址：湖州市织里镇富民路 463 号。

历任负责人 林杰（办事处主任，1993.8—1998），黄金龙（办事处主任，1998—2000.10），章星亮（行长，2000.10—2006.10），陆野（行长，2006.10—2010.5），顾国治（行长，2010.5—2010.11），田立新（行长，2010.11—2013.7），尤旭东（行长，2013.7—2016.2），王峰（行长，2016.2—2017.3），钱赛男（行长，2017.3— 2019.9），孙莺（行长，2019 年 9 月以后）。

5.中国银行股份有限公司湖州吴兴支行

2003 年 5 月，成立中国银行湖州吴兴支行，地址织里富民路 308 号，辖属有支行营业部、织里分理处和菱湖分理处三个机构。2005 年 4 月，变更为中国银行股份有限公司湖州吴兴支行。2005 年 12 月，织里分理处、菱湖分理处由市

中国银行股份有限公司湖州吴兴支行（富民中路）

分行直接管辖，吴兴支行仅支行营业部一个机构。2007年4月，荣获"2006年度中国银行浙江省分行系统先进单位"。2008年9月28日，迁至富民中路2—8号营业，2009年，国际结算业务量3329万美元，2010年3月，被中国银行保险监督管理委员会湖州监管分局授予"2009年度先进银行创建进步显著单位"。存款规模：2003年，9051万元；2007年，19 006万元；2011年，49 564万元；2015年，36 787万元；2018年，67 987万元。贷款规模：2003年，13 478万元；2007年，19 644万元；2011年，70 697万元；2015年，104 770万元；2018年，112 137万元。

下属营业网点　中国银行股份有限公司湖州吴兴支行，地址湖州市织里镇富民路308号。

历任负责人　章军坚（行长，2003.5—2003.9），屠骏祥（行长，2003.9—2005.11），陈军（行长，2005.11—2007.4），郑佳（行长，2007.4—2009.4），周健娜（副行长，2009.4—2009.9），叶宏（行长，2009.9—2012.11），潘顺林（行长，2012.11—2014.1），王学峰（临时负责人，2014.1—2014.5），王学峰（行长，2014.5—2017.12），唐茜（副行长，2017.12—2018.6），唐茜（行长，2018年6月以后）。

6.交通银行股份有限公司湖州分行织里支行

2001年成立，地址湖州市织里镇棉布城一幢9—11号，员工18人。助理级以上管理人员2名，客户经理共10人，营运人员6人（其中营运主管、副主管各一名，柜员4名）。2018年，存款规模：90 708万元，贷款规模：191 693万元。

历任负责人　潘小禾（行长，2001.11—2004.2），傅征华（行长，2004.2—2008.4），俞利强（行长，2008.4—2015.4），陈飞虎（行长，2015.4—2019.7），李明亮（行长，2019年7月以后）。

7.中国邮政储蓄银行股份有限公司湖州市织里镇支行

2008年6月24日成立，地址湖州市织里镇富民路39—51号，员工19人。主要特色是办理人民币储蓄存款；汇兑业务等。2018年2月，迁至织里镇富民中路188号。同一年，获得湖州市青年创业贷款活动优秀组织奖。2018年，存款规模：27 000万元，贷款规模：130 000万元。

历任负责人　陈丽荣（行长，2008—2010），王晶晶（行长，2010—2016），张峰（行长，2016—2018），陈旭（行长，2018年以后）。

中国邮政储蓄银行股份有限公司湖州市织里镇支行（富民中路）

8.招商银行股份有限公司湖州吴兴支行

2018 年 11 月 28 日成立，地址织里镇吴兴大道 3911 号，员工 19 人。以打造优秀零售品牌为核心，形成以"金葵花理财"为特色的业务发展模式。精耕细作，为当地客户提供优质的服务。2018 年，存款规模：1298 万元，贷款规模：447 万元。

负责人　郑惠明支行（行长，2018 年 11 月以后）。

9.华夏银行股份有限公司湖州吴兴小微企业专营支行

2014 年 7 月，华夏银行湖州分行织里营销小组成立，临时办公地址织里景富花园大港办公楼，员工 4 人。2015 年 2 月 28 日，华夏银行股份有限公司湖州吴兴小微企业专营支行成立，原营销小组人员合并搬入支行办公，地址织里镇栋梁路 649～651 号，员工 9 人，专职服务吴兴和织里地区中小微企业，立足服务实体经济，融入地方经济发展，致力打造"绿助美丽华夏""中小企业金融服务商"品牌，发展理念契合吴兴织里地区童装产业等小微经济。2018 年，存款规模：19 000 万元，贷款规模：33 000 万元。

历任负责人　刘建镔（行长，2015.2—2015.9），潘建洪（副行长，主持工作，2015.10—2019.11），范超（行长，2019 年 12 月以后）。

二．地方金融部门在织里的网点

1.湖州吴兴农村商业银行股份有限公司织里支行

1954 年 1 月 1 日，成立湖州市织里信用社，地址在织里老街。1988 年，迁

湖州吴兴农村商业银行股份有限公司织里支行（富民路）

入织里人民路，1996年，迁入织里中华路，2004年，迁入织里镇富民路7—9号。2005年，改名湖州吴兴农村合作银行织里支行，2016年，改名湖州吴兴农村商业银行股份有限公司织里支行，2017年7月，辖内太湖分理处升格为扁平化管理支行，2019年1月，辖内商城、晟舍分理处升格为扁平化管理支行。现有员工23人。全行以成为有情怀、有温度、有责任银行为己任，以"做业务最实、服务民企最亲、离百姓最近"银行为目标，专注支农支小定位，坚持以客户为中心，服务百姓，服务百业，成为最具温情社区银行、区域金融领军银行、追求卓越一流银行。2018年，存款规模：134 455万元，贷款规模：143 539万元。

历任负责人　杨六金（镇政府人员兼任主任，1954.10—1962.4），徐金桥（主任，1962.5—1990.12），罗益初（主任，1991.1—1996.7），包水明（主任，1996.8—2001.1），徐忠勤（主任，2001.1—2001.11），曹良海（主任，2001.12—2008.4），徐永明（行长，2008.5—2013.8），徐忠勤行长（2013年9月以后）。

2.湖州吴兴农村商业银行股份有限公司晟舍支行

原为晟舍信用社，1965年1月成立，原址晟舍老街，员工4人，1982年，迁至晟舍新街26号，1994年6月，迁至织里南路150号，员工4人。1994年6月，并入织里信用社。2005年，改称湖州吴兴农村合作银行织里支行晟舍分理处，2016年，改称湖州吴兴农村商业银行股份有限公司织里支行晟舍分理处。2019年1月，因扁平化管理，与湖州吴兴农村商业银行织里支行分离，升格为湖州吴兴农村商业银行股份有限公司晟舍支行，地址不变。2018年，存款规模：23 421万元，贷款规模：12 454万元。

历任负责人　潘财法（主任，1965.11—1983.11），陶惠坤（主任，1983.12—1987.12），沈福泉（主任，1988.1—1988.11），焦阿新（主任，1988.12—1991.2），王超英（副主任，1991.3—1994.6），由织里支行管理（1994.7—2018.11），王琪（行长，2018 年 12 月以后）。

3. 湖州吴兴农村商业银行股份有限公司商城支行

1996 年 1 月，成立织里信用社商城分理处，原址商城五区。2000 年 6 月，网点迁至棉布城 17 幢 25—29 号。2005 年，改称湖州吴兴农村合作银行织里支行商城分理处，2016 年，改称湖州吴兴农村商业银行股份有限公司织里支行商城分理处。2019 年 1 月，因扁平化管理，与湖州吴兴农村商业银行织里支行分离，升格为湖州吴兴农村商业银行股份有限公司商城支行，地址不变。2018 年，存款规模：21 402 万元，贷款规模：20 845 万元。

历任负责人　由织里支行管理（1996.1—2018.11），徐少俊（行长，2018 年 12 月以后）。

4. 湖州吴兴农村商业银行股份有限公司轧村支行

原为湖州轧村信用社，1956 年成立，地址轧村老街。2000 年 1 月，漾西信用社并入轧村信用社，改称轧村信用社漾西分理处。2005 年，轧村信用社更名湖州吴兴农村合作银行轧村支行，漾西信用社更名湖州吴兴农村合作银行轧村支行漾西分理处。2016 年，更名湖州吴兴农村商业银行股份有限公司轧村支行，迁址轧村人民路 1 号，员工 14 人。2017 年，漾西分理处从轧村支行分离出去。2018 年，存款规模：54 250 万元，贷款规模：41 493 万元。

历任负责人　曹阿大（主任，1956.7—1958.5），王大可（主任，1958.6—1971.11），谢方堃（主任，1971.12—1983.12），李锦祥（主任，1984.1—1988.1），曹平强（主任，1988.2—2001.12），周雪强（主任，2002.1—2004.9），韦旭方（行长，2004.10—2011.4），顾根新（行长，2011.5—2017.6），周勤建（行长，2017 年 7 月以后）。

5. 湖州吴兴农村商业银行股份有限公司漾西支行

原为漾西信用社，1954 年 10 月成立，地址漾西陆家湾路 117 号（老街），1995 年，迁入漾西栋梁路 37 号，2000 年，与轧村信用社合并，改名轧村信用社漾西分理处，2005 年，改名湖州吴兴农村合作银行轧村支行漾西分理处，2017 年，从轧村支行分离出来，升级为湖州吴兴农村商业银行股份有限公司漾西支行，是二级支行，2018 年，成为一级支行。2018 年，存款规模：39 119 万元，贷款规模：32 574 万元。

历任负责人 曹阿大（主任，1954.10—1965.4），陈鹤林（主任，1965.5—1972.9），吴文荣（主任，1972.10—1980.1），朱佩华（副主任，1980.2—1984.10），朱玉琪（副主任，1984.11—1987.5），宋润达（主任，1987.6—1991.7），费阿四（主任，1991.8—1995.3），伍建民（主任，1995.4—1998.10），吴红权（副主任，1998.10—2000.1），由轧村支行管理（2000.2—2017.6），朱建昌（行长，2017.7—2018.11），潘耀强（行长，2018 年 11 月以后）。

6.湖州吴兴农村商业银行股份有限公司太湖支行

1954 年 1 月成立，原为太湖信用社，地址太湖幻溇，员工 5 人。1998 年 10 月，并入织里信用社，改称织里信用社太湖分理处。2005 年，改称湖州吴兴农村合作银行织里支行太湖分理处，2016 年，改称湖州吴兴农村商业银行股份有限公司织里支行太湖分理处。2017 年 7 月，太湖分理处升格为扁平化管理支行，员工 9 人，地址太湖幻溇集镇。2018 年，存款规模：26 845 万元，贷款规模：14 860 万元。

历任负责人 叶金炎（主任，1954.10—1978.10），陈月鸣（主任，1978.10—1986.12），叶细毛（主任，1987—1990.6），朱龙程（主任，1990.7—1994.6），陆淦明（副主任，1994.7—1998.9），徐忠勤（副主任，1998.10—1999.12），由织里支行管理（2000.1—2017.7），金国兴（行长，2017.8—2018.11），邱慧武（行长，2018 年 12 月以后）。

7.湖州银行股份有限公司织里支行

前身是 1998 年 6 月 17 日成立的湖州市商业银行织里支行，地址织里镇中华路 77 号。2010 年 12 月 2 日，更名为湖州银行股份有限公司织里支行，地址织里镇商城西路 21 号，员工 33 人。坚持以支持地方经济建设、服务客户发展为己任，依托健全法人治理结构和灵活决策运行机制，坚持"立足地方、面向中小、服务市民"市场定位，以打造"有价值的优良商业银行"为战略目标，在促进地方经济建设的同时，实现全行综合实力不断提升。2018 年，存款规模：87 730 万元，贷款规模：147 504 万元。

下属营业网点 湖州银行股份有限公司轧村小微企业专营支行，地址：湖州市吴兴区织里镇轧村振兴路 2 号。

湖州银行股份有限公司织里支行（商城西路）

历任负责人　王劲如（行长，1998.6—1999.8），沈建芳（行长，1999.8—2009.5），娄韧（行长，2009.5—2011.11），何阿凤（行长，2011.11—2017.9），嵇宇晖（行长，2017.9—2019.7），顾娟娟（行长，2019.7—2019.9），冯伟伟（行长，2019年9月以后）。

8.浙江南浔农村商业银行股份有限公司织里支行

2008年10月8日成立，地址织里镇织里北路337号，员工43人，成为南浔银行第一家异地支行，专职服务吴兴和织里地区中小微企业。立足服务实体经济，融入地方经济发展，以"服务三农，服务中小企业，服务地方经济"为己任，把"关注民生，回报社会"作为企业重要社会责任，打造"一流区域精品银行"。2011年10月，成立前村支行，2013年1月，成立金溇支行，扩大金融服务覆盖区域。2018年，存款规模：48 000万元，贷款规模：132 000万元。

下属营业网点　浙江南浔农村商业银行股份有限公司前村支行，地址：湖州八里店镇前村社区玫瑰苑小区5—10号。浙江南浔农村商业银行股份有限公司金溇支行，地址：湖州市织里镇织太北路1—5号。浙江南浔农村商业银行股份有限公司织里支行，地址：织里镇织里北路337号。

历任负责人　潘林钦（行长，2008.11—2009.12），王伟（行长，2009.12—2012.5），周国平（行长，2012.5—2014.7），王伟（行长，2014.7—2015.2），张立（行长，2015.2—2017.5），陆军（行长，2017年5月以后）。

9.嘉兴银行股份有限公司湖州织里小微企业专营支行

2013 年 1 月 5 日成立，地址织里镇富民中路 185 号，员工 10 人。坚持"服务地方经济、服务中小企业、服务广大市民"的发展方向，创新经营理念，创新流程模式，全国首创排污权抵押贷款，推出"天使系列"科技金融资产品、推出"无还本续贷"业务、参与组建中小企业担保中心，发行市民卡，独家开办下岗失业人员小额担保贷款、新居民创业贷款、中小企业专项信用贷款、代理发放养老金（退休金）、代收非税收入等服务，打造长三角服务高质量发展的卓越城市商业银行。2018 年，存款规模：4650 万元，贷款规模：14 945 万元。

历任负责人 冯惠峰（行长，2013.1—2016.3），赵建学（行长助理，2016.4—2017.3），马智强（行长，2017.4—2018.6），张帆（行长，2018 年 7 月以后）。

10.浙江泰隆商业银行股份有限公司湖州织里小微企业专营支行

2015 年 8 月 1 日成立，地址吴兴区吴兴大道 31 号，员工 15 人。始终坚持"服务小微企业，践行普惠金融"。在实践中探索具有中国特色小微企业信贷服务模式和风险控制技术，总结出一套有特色小微企业金融服务和风控模式，寻找解决小微企业融资难这一世界性难题。实现"高质量、内涵式"发展，践行金融服务面前人人平等，让普通老百姓都能享受到优质金融服务；致力于扶持实体经济，助推地方经济社会发展。2018 年，存款规模：2818 万元，贷款规模：15 653 万元。

历任负责人 朱守志（支行行长，2015.8—2016.4），娄依灯（支行行长，2016.5—2017.9），何建伟（支行行长，2017.9—2019.12）。

11.台州银行股份有限公司湖州织里小微企业专营支行

2015 年 8 月 6 日成立，地址浙江省湖州市织里镇吴兴大道 78 号，员工 16 人。以市场为导向，以客户为中心，提供简单、方便、快捷的金融服务。始终坚持社区银行、小微企业伙伴银行的市场定位，加大对小微企业、个体工商户、农户的金融服务力度，服务支持地方实体经济和制造业发展，推进绿色金融改革创新。特色定位：中小企业伙伴银行，被政府授予"织里童装企业专营支行"。2018 年，存款规模：7663 万元，贷款规模：25 482 万元。

历任负责人 洪辉（副行长，2015.8—2017.11），邱扬（副行长，2017.12—2019.2），杨威威（副行长，2019 年 3 月以后）。

12.绍兴银行股份有限公司湖州织里小微企业专营支行

2018 年 4 月 23 日成立，地址织里镇吴兴大道 2676—2682 号（双号），员工 12 人。坚持服务区域经济、中小企业和城乡居民的市场定位，公司金融方面，立足经营区域，支持民营企业、小微企业为立足点，精心打造"物产贷""速抵贷""园区贷"等产品服务，满足中小企业不同层次的服务需求，个人金融方面，以优质服务为基础，不断强化储蓄存款、个人贷款、财富管理、支付结算四项基础业务，打造"定存冠""金兰宝""白领贷""金积贷"等存贷产品。2018 年，存款规模：为 6561 万元，贷款规模：12 895 万元。

负责人　王晶晶（行长，2018 年 4 月以后）。

三、其他金融机构

1.湖州万邦小额贷款股份有限公司

2008 年 9 月 27 日成立，地址湖州市吴兴区戴山路 1255 号 1 幢 1 层。

负责人　姜平（总经理，2008 年 9 月以后）。

2.湖州工信担保有限公司

2001 年 5 月 18 日成立，地址织里镇富民南路 26 号—28 号 1 层。主营融资性担保业务；兼营非融资性担保业务；与担保业务有关的财务顾问、咨询中介服务，按规定以自有资金进行投资。

负责人　陈小满（总经理，2001 年以后）。

3.湖州信诚典当有限责任公司

2009 年 7 月 27 日成立，地址湖州市织里镇棉布城 17 幢 30—31 号。

负责人　邱小根（总经理，2009 年 7 月以后）。

4.湖州吴兴江南小额贷款股份有限公司

2010 年 1 月 22 日成立。地址织里镇棉布城 17 幢 1—5 号，员工 8 人。严格执行监管部门的相关制度办法，加强对中小微企业特别是织里棉布城、织里童装城等市场内个体经营户的支持力度，坚持"小额""分散"原则，着力扩大客户数量和服务覆盖面，累计发放贷款 5000 余笔，金额近 40 亿，缴纳各项税金近 5000 万元，有效支持区域经济发展。坚持发放一定占比的下岗失业人员创业贷款、失地农业创业贷款、大学生创业贷款。为推动区域的经济发展，解决农户和小企业融资难题，发挥应有的积极作用。营业规模：人民币 10 000 万元。

历任负责人　施永法（总经理，2010.1—2013.3），沈剑峰（总经理，2013 年 4 月以后）。

5.财通证券股份有限公司湖州织里北路证券营业部

2013 年 12 月，财通证券股份有限公司织里北路证券营业部筹建，地址织里镇棉布城 19 幢，员工 3 人。2014 年 2 月，财通证券湖州分公司织里营业部正式成立，员工 7 人。2016 年 7 月，迁至织里镇织里北路 72A～10、11 号 2 楼。2018 年，营业规模：28 000 万元。

历任负责人　姚月屏（总经理，2013.12—2018.5），王志伟（总经理，2018.5—2019.5），唐敏（总经理，2019 年 5 月以后）。

6.湖州吴兴虹冠民间融资信息服务有限公司

2015 年 1 月 21 日成立，地址织里镇大将路 82 号，员工 10 人，注册资金为人民币 500 万元。根据小、微企业及个体加工经营户资金临时周转的需要，从有宽余资金的企业及个人中帮助撮合，互为有利，协助双方办理一切必要手续（抵押、担保等），解决资金调头困难。经过三年业务开展，实现转贷、撮合业务借款近 6000 万元，转贷、撮合业务近百家。2017 年，迁至织里镇吴兴大道金龙大楼 3975 号，营业面积近 1000 平方米，2018 年，营业规模：6000 万元。

负责人　沈建民（总经理，2014 年 12 月以后）。

7.湖州友邦资产管理有限公司

2017 年 7 月 28 日成立，地址织里镇珍贝路 418 号 4 楼，员工 7 人。引进民间资金开展转贷业务，帮助中小企业解决还贷资金难、资金成本高、所费精力大等问题。服务中小企业近 100 家，累计转贷资金近 5 亿元。

负责人　沈兴根（执行董事兼总经理，2017 年 7 月以后）。

第二节　存贷款

一、存款

1.企业存款

新中国成立后，国家引导扶持农民组织起来恢复生产，发展集体经济。1979 年以前的农村工商企业及其他存款由人民银行及分管的信用社经营。20 世纪 80 年代改革开放以后，织里童装企业从地摊经济，发展为童装名镇，企业存款迅速增加。20世纪90年代初，企业存款大幅增长，主要因素：一是宏观上银根较松，贷款投入多；二是增加技改投入，自筹基建存款增加；三是经过清理"三角债"借贷清欠缓解一批债务链；四是企业调整结构，提高效益，投资转化为消费基金的速度放慢。受收入分配结构向个人倾斜影响，织里的储蓄存款在1990年大幅度增加的同时，继续保持较高的增长态势。

金融机构在综合企业存款的新选项、新走势，抓结算量，抓销售网络，抓资金稳定，抓派生存款，深入研究客户需求，在稳定存款大户的同时，积极发展特色客户和无贷户，突破"以贷吸存""人情存款"的传统方法，综合运用信贷、结算网络、清算系统、代收代付、电子货币、流动银行等多样化的服务手段，增强吸存能力。2000年以后，企业存款占各项存款的主要部分。以中国农业银行股份有限公司湖州织里支行为样本，1998年，企业存款为7040万元；2009年，企业存款为24 357万元；2018年，企业存款达146 544万元。每隔十年，企业存款增长能力成几何数增加。织里企业存款的稳定增长，随着社会生产流通规模的扩大而增长。

2.对公存款

早期对公存款主要是包括财政在内的乡政府、学校等机关、事业单位作为主要客户。1990年以后，是银行职能从传统银行转向现代银行的重要阶段。转轨前，承担着双重职能，履行着部分财政职能，负责固定资产投资管理重任，与众多政府客户在长期合作中建立密切的银企关系。转轨之后，继续坚持做好服务工作，切实转变服务方式，将包括财政等在内的政府客户作为重要的客户开展积极营销。同时关注财政四统一的改革，做好代收罚没款的工作，政府类客户的存款在全行业存款结构中占有相当重要的地位。

20世纪90年代初期，储蓄存款大幅增长，主要原因一是国家保值补贴率连续一年保持在较高水平上，促使定期存款增长；二是宏观形势不断好转，物价涨势稳步回落；三是金融机构大力开展储蓄宣传和储蓄月活动，加强储蓄服务。1997年以后，对公存款增势趋缓的原因一是整体上企业经济效益仍未走出低谷，中小型企业亏损面扩大，减少了企业存款来源。二是国家银行进一步加大清理违规资金力度，增大了基数，挤干了"水分"。

2000年以后，对公存款得到飞跃发展。客观上，改革开放和市场经济的逐步建立和完善提供良好的外部经济环境，国内经济的健康、持续、稳健的发展是重要的推动力；主观上，各银行树立"存款立行"的指导思想，竞争日趋激烈，储蓄和对公存款分开考核，促使各银行挖潜力，转变观念，一些银行存款职能部门由原来的存款科转为对公存款业务部，负责对公存款业务。

3.储蓄存款

新中国成立初期至 1979 年，乡镇银行储蓄种类基本上分三种，比较单一，计有：整存整取、定活两便定额储蓄、定期零存整贴花有奖储蓄。1980 年恢复办理定期零整贴花有奖储蓄。之后又增加实物有奖储蓄、住房储蓄，计有黄金饰品、彩电、电冰箱、洗衣机等有奖储蓄。先后开办凭存单当场摸奖，定期定额有奖储蓄，贴水储蓄等。储蓄种类更丰富，各银行相继推出定活两便礼仪存单、个人电子汇款、个人存款证明、代理福利彩票、保管箱等业务。1990 年代初期，传统储蓄品种有：活期储蓄存款（包括定活两便）和定期储蓄存款，其中，定期储蓄存款主要包括整存整取（保值储蓄存款、特种存单）、定额（含不定额）零存整取、存本取息、整存零取。

2000 年以后，随着银行相继入驻织里，各银行不断扩大储蓄业务种类，大力筹集社会闲散资金，满足储户多种需要，激发储户存款兴趣。筹资工作的重点由原来的储蓄业务转向综合性零售业务，制定相应的业务发展目标和对策，开办外币储蓄业务、证券代理业务、代发工资以及居民代收代付和银证转账业务等，使储蓄营业机构成为多功能、综合性的对外营业窗口，个人银行业务快速增长。储蓄存款结构逐步发生变化，各种理财产品的增加，也为居民手上的余款提供更多的选择。除一部分投资外，居民手上余额有了灵活、多样的存储办法，储蓄存款占总存款比重逐年上升。以中国工商银行股份有限公司湖州织里支行为例，2009年储蓄存款为 82 816 万元，2018 年储蓄存款为 248 833 万元，10 年间，储蓄存款翻三倍，储蓄存款成为银行存款的重要来源。

4.外汇存款

居民日益增长的多元化金融需求，储蓄业务不断创新，服务领域逐步延伸，织里的储蓄存款持续稳定增强，外汇存款也成为织里经济增长的新热点。随着外汇政策调整和市场开放的逐步扩大，织里镇外向型经济发展迅速，单纯依靠人民币业务已不能适应经济发展的需要，金融机构借助原有的人民币业务优势，大力发展外汇业务，实行本币、外币联动，国内业务与海外业务联动、总行业务与分支行业务联动，实现存款业务工作中心的转移。

织里金融机构经营外汇业务的范围包括：外汇存款；外汇汇款；外汇票据的承兑和贴现；结售汇。外汇存款业务有活期存款、定期存款、通知存款等品种，面向单位、居民个人等。办理的国际结算业务有进口开证、进口代收、汇入汇款、出口议付、出口托收、汇出汇款等业务。以中国银行股份有限公司湖州吴兴支行为例，2011年，外汇存款为82万元人民币；2018年，外汇存款为126万元人民币，外汇业务成为织里新的效益增长点。

表4-10-1　2009—2016年织里各金融机构储蓄存款余额　单位：万元（人民币）

金融机构	2009年	2010年	2011年	2012年	2013年	2014年	2015年	2016年	2017年	2018年
中国农业银行股份有限公司湖州织里支行	175 378	217 145	271 889	319 988	352 715	400 865	435 191	483 112	519 292	576 761
中国建设银行股份有限公司湖州织里支行	38 855	34 411	42 624	44 464	54 083	55 300	57 512	61 788	62 252	68 010
中国工商银行股份有限公司湖州织里支行	82 816	57 547	73 373	103 531	116 620	149 829	179 140	218 347	228 564	248 833
中国银行股份有限公司湖州吴兴支行	16 844	18 974	22 443	18 105	21 429	20 978	23 997	29 285	30 643	34 683
交通银行股份有限公司湖州分行织里支行	25 500	27 100	29 000	31 000	33 000	35 000	38 500	41 500	46 000	52 000
湖州吴兴农村商业银行股份有限公司织里支行	68 420	74 120	86 100	83 250	89 640	92 649	96 190	103 018	100 648	105 063
湖州吴兴农村商业银行股份有限公司轧村支行	34 020	41 968	48 399	51 158	59 648	43 672	50 728	52 824	51 770	50 930
湖州吴兴农村商业银行股份有限公司晟舍支行	13 893	14 771	15 973	18 604	18 955	19 737	21 141	22 092	22 700	21 928
湖州吴兴农村商业银行股份有限公司商城支行	8905	9349	10 654	13 615	14 599	17 162	17 523	17 687	20 750	21 408
湖州吴兴农村商业银行股份有限公司漾西支行	12 739	13 980	16 581	19 256	22 050	24 707	28 156	30 683	31 554	33 906
湖州吴兴农村商业银行股份有限公司太湖支行	10 000	11 657	14 336	16 383	17 380	19 924	22 192	23 157	24 511	24 631
中国邮政储蓄银行股份有限公司湖州市织里镇支行	12 000	18 000	19 000	20 000	24 000	25 000	30 000	35 000	36 000	310 000
湖州银行股份有限公司织里支行	12 097	14 349	20 285	18 934	25 513	28 108	23 420	25 586	38 430	33 815
浙江南浔农村商业银行股份有限公司织里支行	78 282	110 154	123 349	123 486	143 826	77 141	51 011	37 150	17 505	19 060

（续）

金融机构	2009 年	2010 年	2011 年	2012 年	2013 年	2014 年	2015 年	2016 年	2017 年	2018 年
华夏银行股份有限公司湖州吴兴小微企业专营支行	—	—	—	—	—	—	3574	8136	12 472	14 360
嘉兴银行股份有限公司湖州织里小微企业专营支行	—	—	—	—	21 100	10 700	6300	4100	5300	3100
浙江泰隆商业银行股份有限公司湖州织里小微企业专营支行	—	—	—	—	—	—	1041	1395	2312	2745
台州银行股份有限公司湖州织里小微企业专营支行	—	—	—	—	—	—	3999	3825	3559	3309
绍兴银行股份有限公司湖州织里小微企业专营支行	—	—	—	—	—	—	—	—	—	3038
招商银行股份有限公司湖州吴兴支行	—	—	—	—	—	—	—	—	—	734

数据来源：根据各金融机构提供的数据统计汇总。

二、贷款

1.工业贷款

1958 年，农村实现人民公社化，原由农业社经营的铁器、木器和竹器的农具加工以及农机具修造和农机组，归属人民公社和所辖管理区经营，成为社队企业。20 世纪 60 年代，社队企业一度加以限制，1979 年，逐步提高社队企业的收入所占公社三级收入的比重。1984—1986 年期间，织里乡镇企业、民营企业发展迅猛。新企业要发展，老企业挖潜力，进行技术改造，乡镇企业贷款比重逐年增大，成为银行主要贷款对象。

1987 年后，对乡镇企业贷款"有保有压"，调整投向，优化投量。对产品质量差、效益不好、长期亏损的企业，压缩贷款，促使停、关、并、转。1988 年，根据企业信用，经营管理，发展条件，评定企业信用等级，按不同等级，区别对待，择优扶持。

1990 年，为支持乡镇工业发展，银行对乡镇企业实行流动资金，技改资金，汇票承兑，贴现等方面优先安排，帮助企业挖潜，改善经营管理，提高资金使用效益。运用信贷杠杆，推行"五核一挂"制度，"五核"执行情况与贷款挂钩，促使企业挖潜，加速资金周转。以中国建设银行股份有限公司湖州织里支行为样本，2000 年，工业贷款为 7328 万元；2018 年，工业贷款为 77 095 万元，9 年间，增长 10 倍。

2.农业贷款

20 世纪 60 年代前后，农业贷款的种类有耕牛、排灌机械、农船、肥料、种子、农药及配套机械、燃料及电费、农具修理及小农具、蚕桑费用、短期小型基建、养鱼及其他生产费用等。信用社重视支持家庭副业，支持生产队改变单一经济，粮食、副业生产并重，重视帮助发展多种经营。注重发展蚕桑、水产等拳头产品，兼顾其他产品。1982 年起，农村推行家庭联产承包责任制，农业贷款逐步向"三户一体"转移，集体农业贷款大幅减少。1987 年，配合水产部门对所在外荡开发项目，进行水面淡水鱼的高产精养，全年发放淡水鱼养殖贷款，支持集体农业的农业机具更新，低压电线，维修更新排灌机埠，扩建渠道，护岸等。20 世纪 90 年代以后，农业贷款继续增长。以湖州吴兴农村商业银行股份有限公司织里支行提供的样本，2014 年，农业贷款 54 780 万元；2018 年，68 140 万元。

3.外汇贷款

织里办理的主要外汇贷款项目有：打包贷款、出口押汇、进口押汇等。外汇贷款企业有纺织品行业、建筑行业等，近几年进出口企业对外汇贷款的需求增加，增长比例较大。开展外汇贷款的银行，积极提高外汇资产质量和经营效益，实施外汇资产负债比例管理，外汇信贷风险管理等规章制度，增强自我约束和防范风险能力。同时，加强国际结算量和不良贷款控制额等指标的考核，外汇贷款本金与利息收回保持 100% 的水平。

4.个人贷款

1954 年，织里组建信用社，对一部分贫困社员（农户）发放生产、生活贷款。2000 年以后，织里镇的个人消费信贷需求旺盛。现开办的个人贷款有个人短期贷款、个人综合消费贷款、个人旅游贷款、国家助学贷款、个人汽车贷款、个人住房贷款等。商品房的推出，织里外来人口大幅度增长，其中个人住房贷款、汽车贷款消费有增无减。综合 2018 年织里各银行支行个人贷款情况，有三分之一银行的个人贷款超过工业贷款。其中中国邮政储蓄银行有限公司湖州市织里支行在 2018 年度，个人贷款 9 亿元，工业贷款 3 亿元。

三、民间信贷、小额贷款

1.民间信贷

农村民间借贷由来已久。因为农村盛产丝绸、稻米、淡水鱼，商品经济发达。每年春耕、养蚕、养鱼准备季节，是农本集中投放之时，或是青黄不接，农民迫于生计，多方告贷，以济眉急。民国期间，民间借贷主要有以下形式：①借贷，一般期限不超过 1 年，有人担保，凭中立据，不用抵押，借钱还钱，到期归还本息，利率月息 2 分。②钱会，农村中经济互助的形式。进入 21 世纪，鼓励引进民间资金开展民间信贷业务，引导民间借贷行为的阳光化和规范化操作，织里镇相继成立小额借贷、典当、融资等公司，开展融资性担保业务、兼营非融资性担保业务、动产质押典当业务、财产权利质押典当业务、房地产抵押典当业务，限额内绝当物品的变卖；鉴定评估及咨询服务。

2.小额贷款

农村信用社早期推出小额农户信用贷款，积极推行农户联保、建立信用村等措施，实行农户贷款上墙公开等举措，小额农贷实行信用贷款，质押贷款随到随办，保证贷款与农户的生产周期相适应，使农户贷款面明显上升。2000 年后，织里镇先后开办 6 家小微企业专营支行，相继成立小额贷款股份有限公司、典当、证券、融资、资产管理等金融机构，为织里镇有资金需求的优质小微企业、个体私营业主及农户提供贷款服务。以江南小额贷款股份有限公司为例，坚持"小额"、"分散"原则，扩大客户数量和服务覆盖面，累计发放贷款 5000 余笔，金额近 40 亿元，缴纳各项税金近 5000 万元。坚持发放一定占比的下岗失业人员创业贷款、失地农业创业贷款、大学生创业贷款，解决部分农户和小企业的融资难题。

第三节　保　险

一、保险机构

1.中国人寿保险股份有限公司湖州分公司吴兴区织里营业部

1998 年 5 月 22 日成立，地址吴兴区织里镇吴兴大道 77 号。2018 年底，有内勤 8 人，外勤 72 人。曾更名中国人寿保险公司湖州分公司营业部织里办事处；

中国人寿保险公司湖州分公司城区织里营业部。2012年2月，迁入织里镇富民路79号。公司对营销员开展培训及日常管理，收取营销员代收的保险费、投保单证；分发保险公司签发的保险单、保险收据等相关单证；接受客户咨询、投诉；经公司核保，营销服务部可以打印保单；与织里镇政府合作，提供织里镇0～3周岁婴幼儿健康保险、在校学生平安保险服务；提供织里镇60周岁及以上全部老年人意外伤害保险服务，提供织里镇低收入农户健康补充保险、全部城乡居民重大疾病保险、特殊家庭健康保险服务等。营业规模：2015年，首期规模保费1780万，2016年，首期规模保费2788万元，2017年，首期规模保费3162万元，2018年，首期规模保费3222万元。

历任负责人　茹季青（经理，1998.5—2002.9），王斌（经理，2002.10—2003.10），王洪铨（经理，2003.11—2009.11），顾晓梅（经理，2009.12—2013.9），吴辉（负责人，2013.10—2019.8），沈燕飞（经理，2018年4月以后）。

2.中国平安人寿保险股份有限公司湖州中心支公司吴兴区织里镇营销服务部

2015年7月17日成立，地址吴兴区织里镇汇德国际广场A座5～2号，内勤6人，外勤207人。2018年底，内勤9人，外勤326人。平安公司为客户提供包括人寿保险，车险等服务，险种不断丰富。保险业务员规模，2015年初154人，年末223人，2016年末341人，2017年4月1日因业务员规模突破，由织里网点晋升织里营业区，晋升时点人力324人，2017年末人力338人，2018年末人力381人。2015年，首期规模保费1960万元，2016年，首期规模保费3066万元，2017年，首期规模保费3342万元，2018年，首期规模保费4055万元。

历任负责人　冯璞网点（负责人，2015.7—2016.2），张双耀（营业区经理，2016.2—2018.12），陈红方（营业区经理，2018年12月以后）。

3.中国人民财产保险股份有限公司湖州市吴兴支公司织里营业部

1991年12月18日，成立中国人民财产保险公司湖州市支公司织里中心服务所，地址中华路与织里北路岔口房管所2楼。曾更名中国人民财产保险有限公司湖州市分公司第二营业部织里办事处，迁入现址湖州市织里镇商城路116号，员工11人。现名中国人民财产保险股份有限公司湖州市吴兴支公司织里营业部，隶属于人保财险湖州市吴兴支公司，坚持"三个转变"，坚持创新赶超。加快改革转型，运用保险机制促进地方经济发展，助力民生改善转变。围绕"绿色金改"，综合金融新业态发展转变。加大保险宣传，营造政府、社会及公众普遍提升风险管理能力转变。2018年，营业规模：1297万元。

历任负责人 吴生强（副主任，1991.3—1995.3），沈阿新（副主任，1995.3—1997.12），张国良（主任，1997.12—1999.9），沈阿新（主任，2001.1—2005.1），施友亮（经理，2005.1—2007.1），沈阿新（经理，2007.1—2017.3），汪峰华（经理，2017年3月以后）。

4.中华联合财产保险股份有限公司湖州中心支公司织里镇营销服务部

2007年4月17日成立，原址湖州市织里镇商城西路，员工10人。2017年1月，迁入织里镇织太公路西侧祥瑞物流园区综合楼2—3号。2018年1月，营销服务部与湖州市公共资源交易中心近一年的对接与攻关，结合政府"最多跑一次"开发专属于投标标证保险的系统（命名为："E保通"电子保单系统），投标企业可以足不出户在自己的电脑上完成整个投保及保险的过程。真正做到了一站式、无纸化服务。降低企业的资金成本，减轻企业负担。2018年，营业规模：2000万元。

负责人 孙琦琦（经理，2007年4月以后）。

5.泰康人寿保险有限责任公司浙江湖州织里营销服务部

2008年3月11日成立，地址财富大厦7楼707-2，员工80人。公司依托实力强大的泰康保险集团，拥有丰富资源，公司外延和内生增长动力更加强劲。主要对营销员开展培训及日常管理；收取营销员代收的保险费、投保单等单证；分发保险公司签发的保险单、保险收据等相关单证；接受客户的咨询、投诉；经公司贺报，营销服务部可以打印保单。营业规模：2018年，月度规模保费50万元。

负责人 吴佳伟（区经理，2008年3月以后）。

6.中国人寿财险保险股份有限公司吴兴区支公司

2008年4月2日成立，地址湖州市织里镇吴兴大道131号，员工12人。以"服务形象统一、服务标准清晰、服务内容规范、服务流程简约、服务网络健全、客户感受愉悦"为目标，建立涵盖"服务组织管理、服务标准规范、服务运营管理、客户关系管理、服务质量管理、服务文化建设"的客户服务管理体系，对服务质量进行立体化监控，客户满意度持续保持在97.73%以上。2018年，营业规模：1800万元。

历任负责人 王佩莉（经理，2008.4—2011.12），曾京山（经理，2012.1—

2015.2)，曹忠华（经理，2015.3—2019.10），张欲炎（副经理，2019 年 11 月以后）。

7.阳光财产保险股份有限公司织里支公司

2011 年 4 月 28 日成立，选址珍贝路 72 号，员工 5 人。在织里镇开展以车险为主的各项财产险类业务。2017 年 1 月，迁至织里北路 316 号，扩大营业面积，同一年，阳光财险织里支公司保费突破 1000 万元。2018 年，营业规模：1000 万元。

历任负责人 曹忠华（总经理，2011.4—2014.12），韩学军（总经理，2015.1—2015.1），严明君（总经理，2015.12—2017.7），郑雅红（总经理，2017.8—2018.10），吴伟龙（总经理，2018.11—2019.8），陈龙（总经理，2019 年 11 月以后）。

8.织里华泰保险益康专属代理店机构

2015 年 7 月成立，地址织里镇振兴街道国泰路 19 号，员工 1 人。是华泰保险公司的专属代理门店，在合同约定范围内，为华泰保险公司提供客户调研、市场情况反馈等服务，为华泰保险公司客户提供产品咨询、出单、售后支持等服务，是华泰保险公司一种创新的商业模式，对保险行业从承保、理赔、系统支持、客户服务等全方位运营体系的完善。专属代理销售华泰保险的产品。营业规模：2015 年，营业收入 9.44 万元；2016 年，营业收入 23.03 万元；2017 年，营业收入 14.24 万元；2018 年，营业收入 13.65 万元。

历任负责人 金阿祥（经营者，2015 年 7 月以后）。

9.新华人寿保险股份有限公司湖州中心支公司织里支公司

2015 年成立，地址湖州市织里镇外埠长安路 67—257 号，内勤 8 人，外勤 176 人。2017 年，迁址织里镇财富广场 1 幢 507—509 室。以全方位寿险业务为核心，主营健康险、年金险等。2018 年，营业规模：1945 万元，现有员工 239 人。

历任负责人 刘龙文（支公司负责人，2016.1—2018.8），崔海健（支公司负责人，2016.8—2018.8），倪佳彬（支公司负责人，2018.8—2019.8），施锟（支公司负责人，2019 年 8 月以后）。

10.湖州织里华泰保险通利专属代理店

2017 年 8 月成立，地址织里镇珍贝路 801 号，员工 1 人。是华泰保险公司的专属代理门店，在合同约定范围内，为华泰保险公司提供客户调研、市场情况反馈等服务，为华泰保险公司客户提供产品咨询、出单、售后支持等服务。是华泰保险公司一种创新的商业模式，对保险行业从承保、理赔、系统支持、客户服务等全方位运营体系的完善。专属代理销售华泰保险的产品。营业规模：2017年营业收入61.43万元；2018年营业收入69.69万元。

历任负责人　钟红鹰（经营者，2017年8月以后）。

二、织里镇的保险业务

1. 寿险

人身保险　是以人的寿命和身体为保险标的的保险。当遭受不幸事故或因疾病、年老以致丧失工作能力、伤残、死亡或年老退休时，根据保险合同的约定，保险人对被保险人或受益人给付保险金或年金，以解决其因病、残、老、死所造成的经济困难。

人寿保险　是人身保险的一种，分为死亡保险（分为终身寿险、定期寿险）、生存保险、两全保险、年金保险等。业务有城镇集体经济组织职工养老金保险、个人养老金保险、养老金还本保险、简易人身保险、增额终身人寿保险等。

意外伤害保险　保障项目包括死亡给付、残疾给付、医疗给付和停工给付。人身意外伤害保险有团体和个人意外伤害保险。团体保险是采用团体投保的人身意外保险，有企业团体意外伤害保险、旅客意外伤害保险、师生平安保险、渔工团体人身保险、船员团体人身保险、工程施工人员意外伤害保险、政保合作的老年人意外伤害、低收入人群意外保险、残疾人群意外伤害保险、计划生育系列保险等。个人投保的人身意外伤害保险，有乘车人员意外伤害保险、营运人力三轮车乘客安全保险、外来务工人员人身保险、机动车辆驾驶员、住宿旅客安全保险、学生幼儿平安保险、个人意外伤害综合保险、计划生育母婴安康保险、公路、铁路个人旅客意外伤害保险。

健康保险　分为疾病保险、医疗保险、失能收入损失保险、护理保险等。有团体或个人重大疾病保险、意外门诊住院医疗保险、疾病门诊住院医疗保险、住院定额给付保险、长期护理保险等，有计划生育系列保险中的安康保险、独生子女健康保险，计生家庭健康保险，医保补充医疗保险等。

2.财险

车险　即机动车辆保险，也称汽车保险。主要承保机动车辆遭受自然灾害和意外事故所造成的损失。是以机动车辆本身及机动车辆的第三者责任为保险标的的一种运输工具保险。车辆保险具体可分机动车辆商业保险和机动车交通事故责任强制保险。

机动车辆商业保险主险　包括车辆损失险、第三者责任险、车上人员责任险。车辆损失险根据使用范围的不同，又可分为家庭自用汽车损失险、营业用汽车损失险、非营业用汽车损失险等。第三者责任险是以机动车辆驾驶员在使用车辆过程中发生意外事故，致使他人遭受人身伤亡或财产直接损毁，被保险人应负的相应的民事责任为保险标的的一种保险。车上人员责任险负责赔偿因发生意外事故，造成保险车辆上人员的人身伤亡，依法应由被保险人承担的损害赔偿责任，但不负责违章搭乘人员的人身伤亡和车上人员因疾病、分娩、自残、斗殴、自杀、犯罪行为造成的自身伤亡。

机动车辆交通事故责任强制保险　简称交强险，是由保险公司对被保险机动车发生道路交通事故造成本车人员、被保险人以外的受害人的人身伤亡、财产损失，在责任限额内予以赔偿的强制性责任保险。交强险是法定强制责任保险的一种。其设置的目的是为避免道路交通事故发生后，因肇事车辆没有保险保障或致害人的赔偿能力有限，受害人得不到及时的赔偿引发赔偿纠纷。交强险制度通过国家法律强制机动车辆所有人或管理者投保，可以在最大限度上为交通事故受害人提供及时和基本的经济保障。

企业财产保险　是在传统的火灾保险的基础上演变和发展而来，保险责任范围：因火灾及其他自然灾害和意外事故造成的经济损失；发生灾害事故时，为了抢救或防止灾害蔓延所采取必要措施而造成保险财产的损失；为抢救保险财产，或者为减少财产损失而进行的必要的保护和整理工作所支付的合理费用。保险责任从约定起保日零时起，到保险期满日的 24 时止，保险期限一般为一年。市面上比较普及的险种主要有财产基本险，财产综合险，财产一切险，财产盗窃抢劫保险，营业中断保险，机器损坏保险等。

家庭财产保险　（简称家财险），是面向城乡居民家庭并以其住宅及存放在固定场所的物质财产为保险标的的保险，它属于火灾保险范围，强调保险标的的实体性和保险地址的固定性。凡存放、坐落在保险单列明的地址，属于被保险人自有的家庭财产，都可以向保险人投保家庭财产保险。家庭财产保险的投保范围一般包括房屋及房屋装修，衣服、卧具，家具、燃气用具、厨具、乐器、体育器械，家用电器；附加险有盗窃、抢劫和金银首饰、钞票、债券保险以及第三者责任保险等。

工程保险 以建筑、安装工程为主，通常包括与工程施工、建造、安装相关的建筑工程保险和安装工程保险。工程保险包括工程物质损失保险和第三者责任保险两大部分。其中，工程物质损失保险承保各类以土木建筑为主体的民用、工业用和公共事业用的工程在整个建筑期间因自然灾害和意外事故造成的物质损失；而第三者责任保险则承保被保险人依法应承担的第三者人身伤亡或财产损失的民事损害赔偿责任。

意外保险 也称意外伤害保险，以意外伤害而致身故或残疾为给付保险金条件的人身保险。人身意外伤害保险的含义至少包含三层意思：①必须有客观的意外事故发生，且事故原因是意外的、偶然的、不可预见的。②被保险人必须有因客观事故造成死亡或残疾的结果。③意外事故的发生和被保险人遭受人身伤亡的结果之间存在着内在的、必然的联系，即意外事故的发生是被保险人遭受伤害的原因，而被保险人遭受伤害是意外事故的后果。根据投保方式的不同分个人意外险和团体意外险，根据保障人群的不同分老年人意外险，学幼险，境外人员意外险等。

船舶保险 以各种船舶（包括其船壳、救生艇、机器、设备、仪器、索具、燃料、物料等）及相关利益作为保险标的的保险。狭义的船舶保险仅指船体保险（又称船壳保险），其保险保障范围一般包括以下三方面：①船体的物质损失。②共同海损、救助及施救费用。③第三者责任。

货物运输保险 以各种被运输货物作为保险标的，保险人依照合同对于在运输过程中可能遭受的各种自然灾害或意外事故所造成的损失承担赔偿责任的保险。按货物运输方式可分为海上货物运输保险、陆上货物运输保险、航空运输货物保险、邮包保险以及联运保险。货物运输保险的期限多以一次航程或运程计算。凡在货物运输中具有保险利益的人均可投保，可以是货主、发货人、托运人、承运人等。货物运输保险承保的危险事故包括雷电、海啸、地震等自然灾害，船舶搁浅、触礁、沉没、失踪、碰撞等意外事故，火灾、偷窃、短量、破碎、船长船员恶意行为等外来危险等。承保保险事故造成的损失，从性质上分为单独海损与共同海损，从程度上分为全部损失与部分损失。所投保的险种不同，承保损失范围也不同，有的险种对单独海损不赔，有的险种对部分损失不赔，投保人须视需要选择投保的险种。此外，保险人除承担规定保险事故的损失外，还承担事故发生后对保险标的的施救与救助费用。

责任保险　是一种以被保险人对第三者依法应承担的经济赔偿责任为保险标的的保险。企业、团体、家庭和个人在各种生产活动或日常生活中，由于疏忽、过失等行为对他人造成人身伤亡或财产损害，依法应承担的经济赔偿责任，可以通过投保有关责任保险转移给保险人。责任保险的适用范围是十分广泛的。其适用对象包括：各种公众活动场所的所有者、经营管理者；各种产品的生产者、销售者和维修者；各种运输工具的所有者、经营管理者或驾驶员；各种需要雇用员工的单位；各种提供职业技术服务的单位或个人；城乡居民家庭或个人；等等。此外，建设工程的所有者、承包者等也对相关责任事故风险具有保险利益；一些非公众活动场所也存在着公众责任风险等。责任保险按照不同的适用范围主要分为公众责任保险、产品责任保险、雇主责任保险和职业责任保险四大类。

信用保险　权利人向保险人投保义务人的信用风险的一种保险。信用保险合同当事人是权利人（投保人或被保险人）和保险人。实际上，信用保险就是把义务人（债务人）的履约风险转移给保险人，当债务人不能履行其义务时，由保险人向权利人（债权人）承担赔偿责任。

保证保险　被保证人（债务人）根据权利人（债权人）的要求，请求保险人担保自己信用的保险。保证保险的保险人代被保证人向权利人提供担保，如果由于被保证人不履行合同义务或者有犯罪行为，致使权利人受到经济损失，由保险人负赔偿责任。保证保险一般由商业保险公司经营，但有些国家规定必须是政府批准的具有可靠偿付能力的专门保险公司经营。保证保险常见的险种是合同保证保险、产品质量保证保险和忠诚保证保险。

种植业保险　以各种农作物及林木为保险标的，对在生产或初加工过程中发生约定的灾害事故造成的经济损失承担赔偿责任的保险。属农业保险的一种形式。

养殖业保险　以有生命的动物为保险标的，在被保险人支付约定的保险费后，对保险标的因遭受保险责任范围内的自然灾害、意外事故和疾病引起的损失，对被保险人进行经济补偿的一种保险。一般把养殖业保险分为畜禽养殖保险、水产养殖保险及其他养殖保险。

3.承保与理赔

织里镇保险及理赔情况见下表。

表4-10-2 2009—2018年织里镇各保险机构承保及理赔情况　　单位：万元（人民币）

年份	保险费收入			理赔支出		
	财产险	人寿险	合 计	财产险	人寿险	合 计
2009	1480	5041	6521	771	581.9	1352.9
2010	1890	5603	7493	1113	659.8	1772.8
2011	2286.08	5760	8046.08	1565.2	559.2	2124.4
2012	3061.25	5750	8811.25	2127.35	850.4	2977.75
2013	3484.68	6104	9588.68	2463.47	566.3	3029.77
2014	5413.07	5647	11 060.07	3075.77	754.5	3830.27
2015	4564.76	7881.45	12 446.21	3436.86	800.26	4237.12
2016	4361.35	10 046.1	14 407.45	3646.18	835.54	4481.72
2017	5993.79	11 095.62	17 089.41	3707.19	1418.94	5126.13
2018	6644.58	10 864.43	17 509.01	4297.77	1620.43	5918.2

数据来源：根据各金融机构提供的数据统计。

第五卷

DIWUJUAN ZHENGZHI

政　治

第一章　中国共产党

　　1921年中国共产党成立后，织里镇域有一大批进步青年投身革命事业，积极开展党的工作。织里境域从1927年起，就有人加入中国共产党。至1929年5月，有党支部6个、党员50多人。1930年9月，党组织全部被破坏。抗日战争时期，有党支部5个、党员30余名，并建立塘北区委。1941年，"忠义救国军"抓捕织里共产党员，党组织被破坏。1948年4月，中共轧村临时支部建立。1949年初，义和支部建立。同年5月，中共织里区委建立。1953年6月，义皋支部建立。1954年3月至1955年6月间，织里、织东、大河、云村、轧村、骥村、漾西、常乐、东桥等9个乡先后建立党支部。1956年，乡镇规模调整后，乡党支部改建为党总支，1957年后逐步改建为党委。1968年，各公社先后建立"革命委员会"，原区、公社党委终止。1970年10月，建立中共织里公社委员会。1993年10月，撤销晟舍乡建制后，晟舍乡党委终止，并入织里镇党委。1999年10月，行政区划调整后，太湖镇、轧村镇、漾西镇党委并入织里镇党委。2012年9月，成立高新技术开发区，织里镇有12个村的党组织划入高新区的党组织。截至2019年底，织里全镇有6个党委、26个党总支部、186个支部、3669名党员。

　　织里党组织建立后，围绕各个时期的中心工作开展活动，发挥党员和各级党组织的作用。建党初期，主要是抗租活动。抗日战争时期，党直接领导的抗日反"汪军"活动基地在织里开展抗日、剿匪等工作。解放战争时期，

织里乡1957年参加吴兴县第一期党训班人员合影

开展对国民党乡镇武装的策反工作，迎接解放军。1949 年以来，织里各级党组织团结和带领广大人民群众，贯彻各个时期党的路线、方针、政策，不断推动织里境域经济、政治、文化、社会、生态的协调发展。

第一节　织里地下党

一、土地革命时期

1927 年"四·一二"反革命政变后，国民党大肆屠杀共产党员、国民党左派及革命群众，宣告第一次国共合作失败。4 月 20 日，中共杭州地委派金鼎在双林秘密发展吴兴县立中学教师温永之、朱霞春等数人入党。同年 4 月下旬建立湖州支部，金鼎任书记，温永之任委员。同年 6 月，中共湖州县委建立，温永之任宣传委员。同年 7 月至 8 月间，县委委员温永之介绍前村（2019 年属八里店镇）小学教师陆启宝入党。陆启宝根据中共湖州县委指示，在当地及毗邻的织里农村发展了一批党员。

温永之（1905—1985），南浔横街辑里村人。抗战胜利后在南京教育部任职，1949 年回到湖州任湖州中学校务会副主任。1951 年温永之妹妹温同仁嫁到轧村齐家湾，其母从南浔搬至女婿家居住。温永之儿子温苏苏、女儿温来来随其祖母来到齐家湾，由温同仁护养。1957 年，温永之亦搬至齐家湾租民房居住，1974 年左右回湖州居住。

1927 年党的"八七"会议，确定了土地革命和武装斗争总方针。同年 9 月 9 日，中共浙江省委在《职工运动决议案》中决定以杭州、宁波、湖州为职工运动重心后，在织里组织开展农民运动，宣传党的土地革命纲领，提出打倒土豪劣绅、减租减息的口号。

1927 年 12 月 3 日，省委在《目前工农武装暴动计划大纲》中，将湖州定为暴动中心区域之一。这一年，湖州地区组织的农民协会 35 个，会员有 4797 人。1928 年 11 月，中共湖州县委在农民运动基础较好的前村召开党员代表会议，到会代表 80 多人。此时织里党员队伍逐渐壮大，据 1929 年 5 月《湖州组织统计表》记载，湖州共有支部 52 个、党员 565 人，其中织里有支部 6 个、党员 50 余人，并建立了中共织里区委员会。同年 6 月，织里区支部增加到 8 个，党员发展到 67 名。但党员姓名、委员、书记等均缺史料记载。

1929 年 12 月，国民党在杭州城站邮局检获党中央寄往湖州中心县委通讯处——菱湖大信青果行的文件后，中心县委遭破坏，先后被捕 25 人，吴兴各地党员大多与组织失去联系。1930 年 8 月，吴兴中心县委成立，隶属浙北特委领导。同年 9 月 7 日，因工贼告密，中心县委遭破坏，湖州所属地区党组织被破坏殆尽，吴兴党员从 800 名降至 8 名。织里党组织随之全部被破坏，这个时期的支部情况、党员姓名等均无资料记载，新中国成立后也无人提供情况。1985 年织里各基层组织统计地下党员时均无这一时期的党员情况记载。

二、抗日战争时期

1.抗日战争时期的织里党组织

1937 年 7 月 7 日抗日战争全面爆发后，共产党深入浙西敌后，加强对抗日救亡运动的领导，发展党员，重新建立党的组织。1939 年 1 月，中共浙江省委决定成立中共浙西特委，在杭嘉湖地区大力发展党员，建立县以下党的组织和党领导的抗日群众团体。1937 年 11 月，黄绍竑调任第三战区副司令长官兼浙江省政府主席，当时钱塘江以北沦陷，浙江省政府已迁永康方岩。1938 年初，黄绍竑接受中共党员邵惠群关于建立政工队开展敌后救亡工作的建议，并立即下令各县组织政工队。同年 9 月，黄绍竑又抽调部分县政工队员到永康集训，组建省直属政工第一大队。1938 年 11 月，省政工第一大队第二队翻过天目山，进入湖州地区开展抗日救亡运动。第二队地下党员较多，在进军路上就建立党的支部，由王子达任书记。不久，王子达又任中共吴兴县工委书记。此时期织里有党支部 5 个、党员 30 余名。

2.中共塘北（织里区）委员会

1939 年春，省政工第一大队二队队部驻双林，并派赵子扬、贺友辂、王家聪等中共党员组成塘北组，进入织里，开展抗日救亡运动。1940 年 1 月成立中共塘北（织里区）委员会，下辖 5 个党支部，30 余名党员。书记赵子扬，副书记贺友辂，委员王继法、张德兴、邱明。他们先以出墙报、刷标语、散发传单、上街演讲等形式，开展抗日宣传，以此团结广大爱国青年。同时，还成立歌咏队、演剧队，教唱抗日歌曲，演出《放下你的鞭子》等话剧。创办夜校、文化室和青年训练班，组织青年学习《社会发展史》《政治经济学》《论持久战》等书籍。在群众发动后，政工队着手组织"青年救国团"，参加的团员有阅达、蒋月和、郑湘、郑友红、郑友益、徐加林等 30 余人。又成立"织里农民救国团"，广泛开展防止汉奸破坏活动，此后日伪的"维持会"不敢公开活动。

赵子扬、贺友辂、王家聪开展抗日救亡活动时，在经过考验的织里积极分子中发展 30 多名党员，相继在织里、大河、庙兜、沈家坝、后林等地建立了支部。其中，庙兜支部负责人秦森林、郑友益，后林支部负责人王桂林，沈家坝支部负责人张荣林、顾杰，大河片负责人王继发。这时期织里支部党员有宋明珠、顾杰、邱明、宋元林、秦家书。

塘北区委 1940 年 1 月至 8 月赵子杨任书记，1940 年 1 月至 8 月邱明任宣传委员兼武装委员（邱明于 1939 年入党，塘南人）。1940 年 1 月至 8 月王继法任组织委员，1940 年 8 月至 1943 年 1 月邱明为负责人。

3. 抗日反汪军活动基地

1939 年 2 月，中共浙西特委在安吉成立。当时省委开辟浙西工作的方针是："联系各方同志、积极开展工作。依靠郎玉麟部队，团结长超部队，争取朱希部队，建立抗日武装，开辟浙西抗日根据地"。浙西特委对郎玉麟部队、长超部队、朱希部队加强了党的力量，发展壮大党的组织。但是党对军队没有指挥权、调动权，类似北伐时共产党在北伐军中的地位，只做政治工作，在战斗中起模范带头作用，一旦国民党顽固派翻脸，就没有力量反击。1939 年冬至 1940 年春，抗日战争进入相持阶段，在蒋介石推行"军事限共为主，政治限共为辅"方针后，地方国民党顽固派竭力排斥中共在军队中的力量。导致浙西特委所属党员都退出军队，"依靠郎玉麟部队，团结长超部队，争取朱希部队"方针已不可能实现。1939 年底，中共浙西特委组建了一支由党直接领导的抗日人民武装。

1940 年初，中共塘北区委副书记贺友辂在省政工第一大队二队队长姚旦（中共党员）陪同下，前往中共浙西特委。特委书记顾玉良向贺友辂传达周恩来关于发展抗日武装、开展敌后武装斗争的指示精神，布置在织里地区组织武装。贺友辂回织里后，秘密组织人员，收集武器弹药，积极筹组武装。他通过"织里青年救国团"等群众组织，收集到长枪 3 支。同期，中共吴兴县委一方面选送党员和"可靠"青年参加部队，一方面派县委委员许斐文陪贺友辂去善琏取步枪 2 支。1940 年 2 月，中共浙西特委派军事干部、中共党员郑至平（即郑衡，原中共安吉县工委书记）随带一号快机枪 1 支，到织里加强对武装工作的领导。郑至平到织里后，化名梁兴（又称梁子江），由贺友辖安排隐蔽在蛤叭兜（属晓河村）中共塘北区委委员王继法家中。1940 年 3 月某日晚，郑至平根据情报，率六七个人，每人持枪，在织里南 5 里处袭击小股土匪，初战告捷，缴获左轮手枪 1 支、步枪 2 支。不久，姚旦又送来 3 号木驳枪 1 支。这样，一支十多个人、十几支枪的小武装组成了。不久，中共浙西特委在一次县委书记联席会议上命名这支武装为"抗日反汪军"（也称抗日反汪同盟军），队长郑至平，指导员贺友辖，受浙西特委和吴兴县委双重领导。同年 4 月某日，抗日反汪军计划攻打湖州北门市陌路伪警察所，先派员秘密侦察，经周密部署，行动时由队长郑至平率七八名战士直扑警察所，贺友辖等负责接应，结果不放一枪即缴获步枪 3 支和弹药一批，这时抗日反汪军已拥有队员 20 多人，下编 2 个班；枪械 16 支，其中手提机枪 1 挺。一班班长宣小乔，副班长凌东樵；二班班长李跃法，副班长慎保惠。这支武装，中共党员占了一半，他们"白天助民劳动，晚上集中行动，生活艰苦，作战勇敢，又有良好的纪律和作风"，当地人称他们为"新四军"。

贺友辖率领的抗日反汪军，驻扎大塘兜自然村时，枪支藏在秦森林（中共义皋乡支部首任书记）家的木地板下。部队纪律严明，不拿群众一针一线。

4.塘北事件

抗日反汪军在发展过程中遇到的困难是给养问题，当时乡、保长均不予筹集。为解决给养，1940 年 5 月，抗日反汪军进驻国民党吴兴县第六区署所在地大钱，与区长陈祖望商议帮助解决给养问题。其间，一股土匪突然包围了村子，待哨兵发现敌情报告时，匪兵已临近，村子四面环河，唯一的通道小桥已被敌人火力封锁。郑至平当即指挥部队泅水渡河突围，为了掩护部队，他自己断后。而当他渡河时，不幸中弹牺牲。贺友辖将他的遗体运回织里，由织里青年救国团团员闵达等掩埋后立了墓碑。郑至平是四川隆昌人，早年加入中国共产党，牺牲时 26 岁。指导员贺友辖前往练市荃步向吴兴县委书记王子达汇报后，不久派军事干部、中共党员熊飞（又名熊志谦，化名宋新）来织里继任抗日反汪军队长。

熊飞到任后，立即率抗日反汪军多次打击日伪势力，严惩汉奸恶霸，在南浔附近处决了 1 名汉奸。派员潜入日伪据点南浔，张贴"打倒日本帝国主义""打倒汪精卫"等抗日标语。多次切断升山至湖州间的电话线，在大塘兜（属织里镇庙兜村）惩办恶霸地主唐某。在戴山缴获大地主王有仁保卫队枪支，还枪毙了多名土匪。

抗日反汪军在织里逐渐打开了抗日局面。为解决部队给养问题，1940 年 7 月某日，抗日反汪军班长凌东樵（中共党员）到双林镇找地下党员周金奎联系，要求周金奎提供经济情报。同月中旬某日，抗日反汪军接到周金奎提供的"双林丝商方四老板等合股购土丝一船，于某日运往日军占领区震泽（2019 年属江苏吴江市）"的情报，抗日反汪军即安排人员在荻塘扣留双林资敌丝船，得土丝 3000 市斤，并将土丝出售，所得款项，一部分上缴浙西特委，一部分充作军费。方四老板依仗背景，要求国民党吴兴县政府严办此案。吴兴县政府即令县自卫大队二中队中队长刘庆云率部从梅峰乡大冲开往织里，查办所谓"异党案件"。

丝船事件发生后，中共浙西特委、中共吴兴县委都十分重视，特委派军事干部钟发宗、县组织部部长王若谷，到抗日反汪军驻地织里庙兜村帮助处理丝船一事。钟发宗、王若谷向抗日反汪军领导传达上级党的指示："刘庆云部进驻织里，对你们不利，要提高警惕"，并研究如何处理丝船事件。与此同时，又接到上面转来书面指示："自卫队前来袭击，部队应即转移。"队长熊飞认为自己与刘庆云都从国民党萧山县自卫大队调来安吉任中队中、分队长，原是同事关系，且熊飞的妻子孟慎与刘庆云有亲戚关系，称刘庆云为姑父，于是思想麻痹。而且他提出要亲自到第二中队做统战工作，特委钟发宗、县委王若谷则劝阻熊飞，而熊飞坚持己见，仍去二中队"与两位班长讲老交情"，约定两位班长连同机枪"一起拉出来"，到织里顾老三家里会合，熊飞不知这是一个圈套。同年 8 月 7 日上午，刘庆云等兵分两路，刘庆云率二中队百余人和枪去大塘兜袭击抗日反汪军队部。区长王哲夫率部分人去织里顾老三家拘捕熊飞。熊飞在顾老三家等候两位班长来会合时，发现警卫宋元林在前门被捕，匆忙从后门撤离，撤离到东栅虹桥港时，泅水过河，在河中溺水牺牲，牺牲时年仅 25 岁。与此同时，刘庆云亦包围大塘兜抗日反汪军队部，钟发宗、王若谷、贺友辖等亦被捕，被解送天目山国民党浙西行署拘押，抗日反汪军武器被收缴。

1940 年 8 月，国民党吴兴县政府第二队制造"塘北事件"后，抗日反汪军解体，书记赵子杨撤往江苏吴江严墓，由邱明负责区委工作。国民党顽固派倒行逆施，破坏团结抗日的罪行，激起织里人民的愤怒。"织里青年救国团"等群众

1940 年 8 月 7 日 "塘北事件" 贺友辂被捕后关押地

团体立即在街上张贴"惩罚凶手王哲夫、刘庆云"等标语。中共浙西特委又派宣传部部长邢子陶到吴兴，撰写揭露国民党顽固派破坏团结抗日的《告民众书》，在吴兴县广为散发。迫于民愤，国民党浙西行署才释放钟发宗、王若谷、贺友辂等人。

由于贺友辂等身份已经暴露，1941 年皖南事变发生后，浙地忠义救国军进驻湖州捕捉共产党地下工作同志，贺友辂等被捕。而此时，秦家书、郑友益、许元康、秦森林等人已在发展青年救国团组织时入党，秦家书还担任轧村的青年救国团队长。1941 年由于领导人被捕，活动随即停止。这些人隐蔽在织里各地的乡公所内当职员或当小学教师，并结识和联络一些进步朋友去担任乡长、乡公所的干事，控制了轧村的自卫队武装。

5.抗战时期织里已知党员名单（据 1985 年织里各支部统计上报）

冯新初，1938 年 6 月入党，晟舍白岳兜人。

张裕林，1939 年 1 月入党，同心村人。

吴家木，1939 年入党，陶家汇人。

顾杰，1939 年入党，织里人，1940 年自杀。

沈阿六，1939 年 11 月年入党，晟舍人，1940 年在白雀被人害死。

陶松林，1939 年 11 月年入党，陶家湾村人。

沈阿六，1939 年 11 月年入党,同心村人。

张友盖，1939 年入党，织里人。

凌阿毛，1939 年入党，凌家汇村人。

秦森林，1940 年入党，庙兜村人。

焦瑞义，1941 年 1 月入党，织里村人，同年被日寇杀害。

宣小桥，1940 年入党，织里村人。

杨文宝，1940 年入党，织里村人。

三、解放战争时期

1.解放战争时期的织里党组织

1945 年 10 月，新四军苏浙军区主力和大批党政干部北撤后，湖州的党组织隶属中共特西特派员和中共杭嘉湖工委、中共淞沪杭嘉湖工委委员罗希明领导。1947 年 9 月，俞双人（1947 年入党）调往浦东，后为盛泽、严墓、震泽一线的中共地下党组织的负责人，并以中共吴（江）嘉（兴）工委特派员的身份,负责开辟浙江省吴兴县（包括轧村、织里在内）的塘北区的地下党工作。

1947 年秋，秦家书等人几经周折，在吴江县的严墓与嘉兴党组织取得联系。不久，上级党组织派俞双人到轧村听取工作汇报，传达有关指示，发展党的组织。

1948 年 1 月，中共上海局外县工作委员会决定成立中共杭嘉湖工作委员会。1948 年 2 月，组织上决定吸收秦家书等入党（本人要求恢复，因没有档案等资料而重新入党，候补期半年）。同年 3 月，杭嘉湖工委与淞沪工委合并为淞沪杭嘉湖工委。同年 4 月组建中共吴（江）嘉（兴）工委，由金佩扬任书记，金亮、沈如淙为委员，俞双人为交通员。吴嘉工委的主要任务，一是搞武装游击战争，扰乱敌人后方；二是在一些点线发展党组织，积蓄力量，以迎接大军解放。俞双人协助金佩扬开辟吴兴工作。

塘北地区有织里、轧村、骥村、祜村、东迁、义皋、东桥等十多个小集镇，东壤吴江县的八都乡，南靠湖平公路和运河，北临太湖。因当时遍地桑园，地处偏僻，便于隐蔽工作，回旋余地很大，并且在抗日战争期间有党的政治影响和群众工作基础，又加上秦家书、许元康等人工作积极，有一定的社会关系，吴嘉工委十分重视塘北的党组织建设。

1948年4月，中共轧村临时支部建立，由许元康任临时支部书记，秦家书为组织委员。

1948年5月，胡国钧（江苏省苏北大谢乡人，1947年入党），在大谢乡出事后装扮成叫花子在江苏梅堰的一座破庙与俞双人见面后，秘密来到轧村。同年5月，胡国钧、秦家书到盛泽找俞双人，一同去见金佩扬（时任嘉兴工委书记），经金佩扬出具介绍信，由胡国钧通知带领秦家书、许元康、赵渠汀、费学良、顾代明、徐人杰、徐省三等人参加了嘉兴独立营工作。

1948年5月罗希明在上海被捕，淞沪杭嘉湖工委遭到破坏，湖州城区党组织与上级党组织失去联系，但活动一直在坚持。1948年6月俞双人（化名陆植桑）又来到轧村，住在项祝兜费学良处（当时费学良在项祝兜教书），除通知正式批准赵渠汀、费学良入党外，交给轧村支部掩护在上月来轧村的胡国钧（化名杨易）的任务，但不与轧村地下党发生联系。1948年7月，胡国钧住在轧村张松宝家中，通过顾代明（时任乡长）假扮商人，后又经顾代明安排，在香圩墩当保干事，之后又到义和镇（时任镇长徐人杰）当干事。

1948年5月，许元康回织里工作。1948年7月，轧村临时支部为正式支部，并在轧村洞兜自然村改选了轧村党支部，费学良当选为支部书记，秦家书当选为组织委员，赵渠汀当选为宣传委员。

1948年9月，俞双人调浦东工作，组织上派胡国钧负责轧村工作（1948年9月至1949年1月）。这时轧村支部的党员已增加到十余人。中共轧村支部的建立，推动了吴兴塘北一带反抗国民党反动统治的斗争。在轧村支部的鼓励、支持下，大批群众参加了抗丁、抗捐等活动，同国民党地方当局进行了针锋相对的斗争。其间，轧村支部还通过打入国民党地方政权机构，利用"合法"身份开展对国民党乡镇武装的策反工作，轧村、织里、骥村、义皋、东桥、东迁等乡镇自卫队，以及塘南的马腰、江苏吴江的七都等国民党乡镇武装，先后被轧村支部所控制。

1948年9月，吴嘉工委决定在南浔、埭溪发展党员。同月，中共南浔支部建立。1949年1月，中共埭溪支部建立，至此包括轧村支部在内吴兴共有3个支部。吴兴党组织建立后对南浔、埭溪、洛舍等乡镇自卫队策反成功，在中共吴嘉工委领导下建立了嘉湖支部。同时，地下党员赵民、陈彬在菱湖、下昂等地策反乡镇自卫队成功，从而形成对湖州的战略包围。在解放军渡江胜利大军压境的形势下，迫使国民党浙江省一区专员于树峦（少将军衔）放下武器投降，湖州和平解放。

1949 年初，建立义和支部（义皋镇和五和乡），同年 5 月建立中共织里区委，书记武继鹏。

1949 年 9 月，顾代明去上海，与逃亡反革命分子张某某，李某某等人接触，掌握他们进行反革命活动，1951 年初，在上海协助公安机关破获匪特组织和搜捕逃亡反革命分子。

2. 秦家书等地下党员寻找党组织

秦家书，1914 年 9 月出生在织里老街木桥南塊本宅。织里党组织在抗日战争胜利后被国民党反动派破坏，1942 年，贺友镕被忠义救国军枪杀后，留下一批党员失去与党组织的联系。秦家书、许元康等人多次到吴兴、苏州、上海等地，秘密寻找党的关系。秦家书改名换姓到当地国民党游击队任职，抗战胜利后，在乡公所当户籍干事。

时任中共吴嘉工委书记金佩扬了解到，吴兴地区在抗战时确有地下党组织被破坏，失去联系的同志要求找组织完全有这种可能。同时从江南敌后革命斗争形势需要出发，在吴江、吴兴沿太湖搞武装斗争，塘北是个很理想的地区。所以指定俞双人负责盛泽、严墓、震泽一线的地下党工作，同时去开辟浙江吴兴区塘北地区的地下党工作。具体任务是：要向轧村方面讲明白胡伯龙是冒牌的共产党，对失掉关系的老同志，由于无档可调，只能通过个别考察，做重新吸收处理，并单线联系。

秦家书当时的职薪每月一石半米，养活全家已经很为艰难，他节省生活支出，省下经费用于寻找共产党，并为党工作。家中经常吃两顿稀饭，从秋天到冬天只穿一套破旧衣服，一双破球鞋。

1947 年 7 月，金佩杨派俞双人通过胡伯龙与秦家书联系。在一农民家中见面，俞双人隐蔽在里屋观察动情，由胡伯龙在外屋单独接洽。据俞双人回忆："只见来了一个矮个子，自我介绍叫秦家书。在吴兴县轧村乡公所工作，过去参加共产党，搞过抗日活动，因为领导人被捕而失去了联系。为此要寻找党的组织……"。为进一步弄清情况，俞双人安排胡伯龙约定秦家书：一星期后在嘉兴东门东园茶馆相见，接头暗号是手拿雨伞，喝茶时茶壶嘴对准桌子角。秦家书、赵渠汀一起到茶馆接头。俞双人没有发现有"尾巴"后便现身。经试探也未曾觉察来人有别的企图，才表明自己是代表共产党来联系的。这时秦家书流着眼泪连声说："真正找到亲娘了！"第二天金佩扬在嘉兴望月楼茶馆接见秦家书、赵渠汀，进一步了解情况。

1947 年秋，上级党组织派俞双人到轧村听取工作汇报，传达有关指示，发展党的组织。

1948 年 2 月，秦家书、许元康两人经组织批准重新入党。

3.1948—1949 年织里党员发展情况

1948 年 2 月秦家书入党后，陆续发展义皋徐人杰（时任义和镇镇长）等人入党。发展党员都是个别吸收，单线联系，谁发展就由谁联系，不发生横向的联系。入党手续上因秘密工作的需要，有的写自传（介绍人当面阅读后便烧毁），一般都是口头介绍本人情况，表明"自愿接受党的教育，不怕牺牲，为革命工作"等，由介绍人秘密吸收，经上一级批准后，通知本人为地下党员。入党后只是上级知道下级，下对上不知道，绝对保守秘密，定期秘密碰头学习党内文件，听取上级指示及汇报工作。平时与当地群众交朋友，洞察周围情况，宣传革命形势，了解敌人动态，提供情报等。

俞双人（中共盛泽、震泽地下党负责人，开辟塘北工作负责人）于 1948 年 2 月先发展了秦家书和许元康两人入党，并要求通过他们 2 人分别吸收革命进步分子加入地下党。秦家书发展赵渠汀（进步青年）、费学良（小学教师）、秦森林（农民）、蒋月和（织里镇店员）入党。后赵渠汀发展轧村村张松保（农民）和自己的妹妹赵沁芳（小学教师）入党。费学良发展顾梁成（进步青年）入党。秦森林发展了戴心富，董阿大两人入党。许元康在俞双人的介绍下，发展顾代明（原抗日青救会成员，后由秦动员在轧村担任乡长）、郑友益（抗日初期加入过党后失掉关系，隐伏在乡公所当总干事）、周荣泉（轧村乡公所文书）、闵达、吴新林（店员）等入党。俞双人又通过胡国钧吸收义和镇总干事、自卫队副队长程鹏，店员徐省山，同乡沙新民，以及自己的兄胡达泉等 4 人入党。

4.织里地下党策反国民党乡镇武装起义

从 1948 年开始，塘北的地下党组织调查、掌握了该地区国民党地方武装的枪支、弹药。1949 年 1 月，俞双人由组织上派去与轧村联系，由胡国均带去有《灯塔》丛书和小册子，内有"七大"的党章和《中国革命和中国共产党》的文章，翻印的小册子有《目前形势和我们的任务》《三个月的总结》《土地法大纲》

《华东解放战场的形式分析》等材料，以及《展望》、香港版《文汇报》等。胡国均又从上海搞来一架五灯收音机，在义皋于深夜收听延安电台，听取革命形势胜利发展的讯息。通过组织塘北地区的地下党员学、广泛宣传动员，鼓舞了轧村、织里、义皋等党员的斗志。在胡国钧直接领导下，徐人杰等刻印资料宣传解放军渡江南下在即，号召各界人士不受反动当局的欺骗，统一行动起来，保护好人民的财产、工厂、商店、仓库等，迎接人民解放军解放江南。并将"反动头目的唯一出路是弃暗投明，率部起义，为人民做点好事，立功者受奖，违抗者必惩"等内容的传单，去湖州开明大戏院散发、传布，这一行动震撼了湖州城，"使人民鼓舞，民心安定，而那些反动分子则惶恐万分"。

织里地下党组织打入、策反各乡国民党政权起义，控制策反乡镇自卫队，集中地下武装力量，迎接解放。俞双人和胡国钧根据吴兴塘北各乡的地方势力割据的特点，一起研究讨论如何控制各乡自卫队武装的问题，即利用地下党员的社会地位和人事熟悉的有利条件开展工作。随后在赵渠汀所在地邱山小学内召集许元康、秦家书、赵渠汀共 5 人开会研究，会上分析轧村、义皋的国民党武装已控制在地下党，确定："必须在东迁、义皋、织里、东桥等地策反自卫队，由秦家书、许元康做好顾代明、徐人杰、郑友益的工作，由他们出面联络动员起义"等，会议开了整个通宵，会上批准许元康打入到织里担任国民党政府内部担任一个组织的主任，以及时了解敌人情况，掩护地下活动。顾代明于 1946 年至 1949 年 4 月任国民党吴兴县洽济乡（轧村）的乡长兼自卫分队长、中队长等职，在任职期间掩护中共地下党组织。

1949 年 3 月，俞双人和胡国钧一起在轧村顾代明家中，听取情况汇报。了解到塘北有几个乡的自卫队武装在胡国钧、秦家书的具体帮助下，策反工作已经成功，即返嘉兴向金佩扬作了报告，金佩扬又决定亲自召集他们布置工作，由胡国钧、秦家书、许元康、顾代明、徐人杰、费学良等 6 人到嘉兴，商讨如何迎接大军渡江，做好里应外合的工作，布置具体三项任务："在解放军渡江以前，要把塘北所控制的武装全部集中在轧村附近的村子里，出击、消灭北从太湖水路、南从公路陆路退下来的国民党残部败兵；保护当地仓库、档案，决不让敌人带走；维持地方秩序，保卫人民的财产和生命安全，凡土匪骚扰必予肃清，并确定吴江八部乡由周凤池控制的自卫队也集中于轧村，由胡国钧统一领导负责。"

　　嘉兴会议以后，织里地下党组织全力以赴进行策反，将国民党武装进行集中。顾代明策动轧村乡常备队分队长王建亚首先宣布起义，把轧村、骥村所控制的自卫队武装集中，共上交步枪 41 支、短枪 8 支、机枪 1 挺。并找好各路起义部队集中的宿营地，筹备给养的粮草。义皋、五和、东桥、织里等乡，由徐人杰、程鹏等负责策动。义皋自卫队由孙会轩等人带队将步枪 22 支、短枪 10 支、机枪 1 挺集中上缴。五和（即义和镇）的自卫分队，由分队长赵廉武带队，汤溇分队由分队长吴家基带队，陆家湾分队由分队长董淦卿带队，三个分队共带有步枪 28 支、短枪 10 支、机枪 1 挺全部集中上缴。东迁乡自卫队由郑友益去策动，有步枪 18 支、短枪 8 支、机枪 1 挺集中上缴。东桥乡由乡长邹维杰、副乡长朱行带队，有步枪 27 支、短枪 12 支、机枪 1 挺集中上缴。织里镇由镇长杨公遽交出自卫队武器，步枪 34 支，短枪 11 支。吴江县八都乡起义部队由周凤池和顾人杰带队，有步枪 27 支、短枪 18 支、机枪 1 挺集中上缴。七个乡自卫队的人和枪集中于轧村以北齐家湾村，共有步枪 197 支、短枪 77 支、轻机枪 4 挺，以及义皋的掷弹筒 1 架，自卫队员 300 多人。在中共地下党组织领导下，将洽济、义和等五乡自卫队的人、枪全部集中，组织"中国人民解放军江南人民先遣第五支队"。后经党组织决定，由徐人杰任支队长，顾代明任副支队长，迎接解放，并主动将枪支弹药上缴人民解放军

　　在策反自卫队武装起义过程中，轧村、义皋、东迁，由于早就控制在手，进行比较顺利。而织里、东桥等乡经过了曲折的斗争，东桥的邹维杰、朱行等人原已约定起义，把人和枪集中于轧村，但因被黄山的潘训勤从中阻挠，而产生犹豫，徘徊不决。徐人杰等人通过义皋吴文华去与邹维杰等人策动，因邹维杰与吴文华熟络，才下决心率部起义。织里镇镇长杨公遽慑于大势所趋，表面答允，但内心不愿。当通知其将武器、人员集中时，杨公遽即避而不见，后胡国钧、秦家书等组织部队进驻织里附近，并派出短枪队与其谈判，杨公遽见势不妙，才把枪支弹药如数交出。在策反工作过程中，义皋的吴文华、东桥的邹维杰、轧村的王建亚等人起了积极作用。

　　通过塘北地区的地下策反武装工作，在解放大军渡江前，吴兴县境内举起了共产党领导下的革命队伍的旗帜，人民群众都盼望解放，得到了极大的鼓舞，对垂死挣扎的敌人进行了打击。通过策动起义收缴的武器，都无失漏，全部交与解放大军接收，顺利地解放该地区，同时保卫了当地人民的财产和安全，维护了革

命秩序，没有出现破坏现象，使解放大军顺利进军。顾代明、秦家书等组织起义人员，保护了塘北最大的国民党政府粮库——轧村粮库，并及时扣押由吴兴县政府派往的运粮船，使大批粮食未曾被反动派劫走，保卫了粮仓，为新中国成立后人民政府开仓放粮，支援前线大军，起到一定的作用。

这支策反的起义部队，从1949年的4月中旬到5月初先后以半个月的时间，陆续汇集起来。俞双人在吴江盛泽接到金佩扬通知，派陈济生去轧村，规定把部队集中后以"赵"字为旗号，作为联络的标记。但因集中的时间紧促，人和枪多，又要做好起义人员的思想教育工作，未能及时与上级取得联系。胡国钧经与秦家书、许元康、顾代明、徐人杰商量决定，定名为江南人民解放军第五支队，胡国钧自任政委，徐人杰为支队长，顾代明为副支队长，下辖两个大队，一个大队以邹维杰为队长，程鹏为副大队长。另一个大队以王建亚为大队长，赵成武为副大队长。五支队的名称对外未公开，也没有刻就印章等，只是胡国钧在起义人员中召开地下党员会议时宣布。十兵团27军正沿湖平公路向上海方向挺进，胡国钧与27军306团联系，向部队首长汇报。这支由当地地下党策反起义的部队，要求收编为正规军，参加革命队伍行列。经请示军部，因部队急于前进解放嘉兴、上海等地，不能派员留下统一收编，决定除部分人员报名参军，跟随东进外，其余人员遣散回家，因此胡国钧回来后，即会同秦家书、徐人杰等人，又将所有起义人员汇集于轧村镇东，清点人和枪，并召开大会，统一进行教育，由27军派来一个连接收武器、弹药、人员，大部分人就地遣散，骨干分子由胡国钧带往南浔跟随部队。同年4月，所有武装，由胡国钧负责，全部缴送三野28军。

织里解放初期，土匪作乱。织里区政府成立全副武装的区中队，秦家书被任命为中队副（副中队长），下有两个武装班，中队部驻在老街东端祖师堂（虹桥庙）内。国民党军残余、塘南土匪、太湖强盗散落于辖区的村庄，织里区中队担起护家守土的任务。1949年7月下旬，织里区中队捕获了惯匪马某某（塘南人），关押于虹桥庙内。马匪手下有一帮人马，抢富户、"拔财神"（绑票），在获塘南北岸杀人越货多年，老百姓恨之入骨。秦家书嘱咐对马匪严加看管，等待送交区人民法庭公开审判。伪东南行动委员会直属大队中队长张某某（塘南人）与马是同乡，又是好友，勾结买通混入织里区中队的队员张某某等人，策动区中队叛变。1949年8月11日深夜，正值炎夏酷暑，秦家书在虹桥庙中队驻地办公。张某某以送点心为名敲门进入，秦家书毫无戒心，张某某走到其背后，用力抱住秦家书，随即冲进来几名手持利刃的匪徒，朝秦家书身上一阵猛刺，秦家书当即身亡。匪徒连夜劫走关押在虹桥庙里的惯匪马某某，同时抢走长短枪 12 支。织里区人民公祭秦家书英烈，为其建墓立碑，碑文为"秦家书同志革命精神，永垂不朽"，落款为吴兴县织里区各界人民敬立。同年冬季，织里剿匪斗争进入第二阶段，马某某、阿江等土匪被捕获正法。秦家书之墓设在老街五溪漾南岸，作为爱国主义教育基地，清明时节镇属学校组织学生祭扫。2000年迁移至妙西金家坞公墓。

秦家书烈士墓碑

第二节　区、镇、乡、公社党组织机构

一、中共织里区委、区工委

1.新中国成立初期织里区党组织

1949 年织里刚解放时，乡镇政权机构按旧的行政区域建立。

1949 年 5 月，建立中共织里区委，书记武继鹏，驻地织里镇。同年 5 月建立区委和区人民政府，此时各乡镇仅有政权组织，未建立党的组织。

2.划乡建乡后的区、乡、镇党组织

1950 年 1 月，土地改革前夕，中共浙江省委下达《关于划乡建乡工作的指示》，要求彻底取缔保甲制度，建立人民民主专政的基层政权，2 月份试点，4 月份结束。

1953 年 6 月，义皋支部建立。

1954 年 3 月至 1955 年 6 月间，织里、织东、大河、云村、轧村、骥村、漾西、常乐、东桥等 9 个乡先后建立党支部。

3."撤区并乡"后的乡、镇党组织

1956 年上半年，经过社会主义改造，农村生产关系发生变化，县委决定撤销区委，乡规模做相应调整。乡党支部改建为总支，1957 年后逐步改建为党委。

辖织里、织东、大河、云村、轧村、骥村、漾西、常乐、义皋、东桥 10 个乡支部。

1957 年 4 月 23 日县委决定，重建南浔、菱湖、双林、练市、埭溪、织里 6 个区委。重建的织里区委驻地织里在 1958 年 10 月人民公社化运动时又撤销。此间，该区范围内有中共织里、轧村、义皋、戴山 4 个乡党委（总支）。

4.人民公社初建期间的公社、镇、管理区党组织

1958 年 8 月，中共中央作出《关于在农村建立人民公社问题的决议》。10 月，全县农村实行人民公社建制，建立太湖人民公社（大公社）党委，由原织里、轧村、太湖 3 个乡党委合并而成，先下设织里、织东、大河、云村、骥村、轧村、漾西、常乐、义皋、东桥等 10 个大队，1959 年 3 月均改称管理区，并建立管理区总支。

1961 年 6 月，太湖人民公社（大公社）终止，其辖区划分为 4 个农村人民公社。

5.大公社调整后的区、人民公社、镇委组织

1961 年，县委贯彻中共中央制定的《农村人民公社工作条例（草案）》，《条例（草案）》规定，"将全县农村以区为规模建立的 12 个人民公社调整为以乡的规模建立 42 个人民公社"。公社规模调整之后，县委于 1961 年 6 月 12 日向中共嘉兴地委报告，要求重建南浔、菱湖、双林、练市、埭溪、织里、戴林 7 个区委。

1963 年 1 月，浙江省人民委员会通知撤销湖州市建制，改为吴兴县，属湖州镇。9 月撤销南浔、双林、织里 3 个区委。

1965 年 11 月，省人民委员会批准，菁山、常潞、晟舍、漾西、弁南 5 公社更名为青山、常路、仁舍、洋西、便南公社。

调整后的人民公社建制持续 23 年，1984 年 2 月改为乡建制。

1970 年起，公社、镇党委逐步恢复，1975 年重建 7 个区委。

6."文革"初期的人民公社、镇党组织

1968 年，各公社、镇先后建立革命委员会，实行党、政、财、文"一元化"领导，原区、公社、镇党委中止。

7.重新建立的区、人民公社、镇党组织

1970 年中共吴兴县第四次代表大会召开前后，织里各公社先后召开党员代表大会，重建党委。

1975年6月重新筹建中共南浔、菱湖、双林、练市、埭溪、织里、环城7个区工作委员会。

1975年6月，中共吴兴县委指派戴松樵等筹建织里区工委，驻地织里。其间，织里区范围内有织里、太湖、洋西、轧村、仁舍、戴山6个公社党委。

1976年10月至1984年1月，吴兴县经历了县改市，市改市辖区的建制，农村的党组织为区委和人民公社党委。织里区范围内有织里、晟舍、轧村、太湖、漾西、戴山6个公社党委。

1979年织里全区有党支部154个，至1986年5月新建立党支部23个，累计有基层党支部177个，其中农村支部108个，乡镇企业支部51个。1986年5月有党员2494人。1979年至1986年5月发展党员524人，其中女党员47人，知识分子35人，有文化青年309人。

8.区委工作委员会（分区委）

1957年4月，中共织里区委重新建立，辖织里、轧村、义皋、戴山4个乡党委（总支），驻地织里老街。1958年10月人民公社化运动时又撤销。

1961年12月，中共织里区委重新建立，辖织里、晟舍、轧村、漾西、太湖5个人民公社党委，区委驻地织里老街。1963年9月撤销。

1970年中共吴兴县第四次代表大会召开前后，织里各公社党的核心小组先后召开党员代表大会，重建党委。各公社的党员代表大会次数也参照县委的次数，均为第四次。漾西公社于1970年9月召开，织里公社于1970年10月召开，晟舍公社于1970年10月召开，太湖公社于1971年1月召开。

1977年8月，中共嘉兴地委批复，织里区工委改建为织里区委。此间，织里区范围内有织里、晟舍、轧村、漾西、太湖、戴山6个公社党委。

1983年11月湖州市郊区区委建立后，为了使上下级机构名称不重复，区委于12月26日报告市委，要求将划给郊区管辖的南浔、菱湖、双林、练市、埭溪、织里6个区委改称区工委。1984年1月31日市委批复改称分区委，2月正式改变名称。

根据1983年10月12日中共中央、国务院《关于实行政社分开建立乡政府的通知》精神，1984年2月全区农村人民公社建制为乡建制，公社党委改称乡党委。织里分区范围内有织里、晟舍、轧村、太湖、漾西、戴山6个乡党委。

1988年1月16日，郊区区委决定，调整后的织里分区委组成成员为胡明昌，吴荣江、吕荣江、朱水乔、韦永林、赵雪清（兼），书记胡明昌，副书记吴荣江。

1993年10月，湖州市城区、郊区调整，不再设置织里分区。原织里分区的织里、晟舍、漾西、轧村、太湖、戴山等六个乡镇归湖州市城区工作委员会领导。

二、镇（乡、公社）党组织机构

1.织里镇（乡、公社）党组织

1954年5月建立中共织东乡支部。

1954年6月建立中共织里乡支部。

1956年6月由原织里、织东、大河、云村4个乡支部合并建立织里乡总支，10月任命干部，1985年5月改建为中共织里乡委员会。

1958年10月，建立太湖人民公社（大公社）党委，由原织里、轧村、太湖3个乡党委合并而成，下设织里、织东、大河、云村、骥村、轧村、漾西、常乐、义皋、东桥等10个大队，1959年3月均改称管理区，并建立管理区总支。设中共织里管理区总支、中共织东管理区总支。

1961年6月，太湖人民公社终止，其辖区划分为4个农村人民公社。由原太湖人民公社党委下属的织里、织东两个管理区总支合并建成中共织里公社委员会。

1968年，各公社、镇先后建立革命委员会，实行党、政、财、文"一元化"领导，原区、公社、镇党委中止。

1970年10月建立中共织里公社委员会。

1977年，织里公社共共有党员352人，党委1个，支部23个，其中工业支部2个，机关支部1个。13个生产大队中，建立支部12个，没有党员的生产大队1个，162个生产队中建立党小组28个，仅有个别党员的生产队87个，没有党员的47个。

1978年到1979年，共发展党员35人，其中女性10人。

1979年，有党支部27个。

1980年，有党支部27个。

1982年11月，建立水产大队党支部。

1984 年 9 月，织里乡改称织里镇，乡党委改为镇党委。

1985 年，有党员 445 人，同年发展党员 20 人。有党支部 34 个，其中农业支部 16 个，区属企业事业支部 11 个，镇属企事业支部 2 个，镇办企事业支部 3 个，其他支部 2 个。

1993 年 10 月，撤销晟舍乡建制，除 3 个村并入旧馆镇外，其余村并入织里镇，晟舍乡党委终止，并入织里镇党委。

1999 年 7 月，组建织里房管所党支部。

1999 年 10 月，太湖镇、轧村镇、漾西镇并入织里镇时，太湖镇党委、轧村镇党委、漾西镇党委终止，并入织里镇党委。

2004 年 9 月，在行政合并的村建立党总支部，分别设立农业支部、工贸支部、老年支部 3 个支部。

2012 年 9 月，由湖州市人民政府批准成立高新技术开发区，其中由织里镇划入的有大港村、郑港村、凌家汇村、联漾村、元通桥村、水产村、沈溇村、东桥村、大溇村、幻溇村、许溇村、杨溇村等 12 个村，各村党组织全部转入高新区。

2013 年，全镇发展党员 89 人。

2014 年，有 14 个党委、46 个党总支部，241 个支部（含党委和总支部下的支部，下同），3946 名党员，其中预备党员 73 人，男党员 3014 人，女党员 932 人，同年发展党员 72 人。

2015 年，发展党员 72 人。

2016 年，有 7 个党委、45 个党总支部，265 个支部，3989 名党员，其中预备党员 76 人，男党员 2877 人，女党员 1021 人，同年发展党员 70 人。

2017 年，有 6 个党委、46 个党总支部，204 个支部，3660 名党员，其中预备党员 83 人，男党员 2806 人，女党员 854 人，同年发展党员 77 人。

2018 年，有 7 个党委、26 个党总支部，191 个支部，3636 名党员，其中预备党员 83 人，男党员 2774 人，女党员 862 人，同年发展党员 66 人。

2019 年，有 6 个党委、26 个党总支部，186 个支部，3669 名党员，其中预备党员 73 人，男党员 2785 人，女党员 884 人，同年发展党员 68 人。

2021 年，有 6 个党委、26 党总支部，203 个支部，3833 名党员，其中男党员 2875 人，女党员 958 人，同年发展党员 133 人。

表 5-1-1　2021 年织里镇各基层党组织情况统计

| 党组织名称 | | 党员数 | | | | | 书记 | 建立时间 |
		合计	预备党员	男	女	当年发展		
镇党委	总计	3833	137	2875	958	133	杨治	
镇机关党委	党委书记						温绿琴	
	党政综合办公室支部	31	2	15	16	2	马姚靖	
	经济发展办公室支部	24	2	15	9	2	章陈辉	
	农业农村办公室支部	12	1	8	4	1	施松江	
	社会事务办公室支部	29	2	16	13	2	陈晓晓	
	城市建设管理办公室支部	16	2	14	2	2	华程	
	社会治理办公室支部	21	2	18	3	2	许乐	2012 年 12 月
	便民服务中心支部委员会	6	1	3	3	1	楼赞峰	2018 年 5 月
	安全监督管理办公室支部委员会	15	1	13	2	1	谢军	2012 年 12 月
	机关事务支部委员会	10	1	9	1	1	戴国民	2008 年 12 月
	吴兴区综合行政执法局织里分局支部委员会	15	3	10	5	3	沈滨	
	吴兴区织里自然资源所支部委员会	10	0	7	3	0	王书国	
	吴兴区市场监督管理局织里分局支部委员会	26	1	17	9	1	吴剑勇	
	财政局支部委员会	11	2	4	7	2	柳川	2021 年 5 月
	开发区管理办公室支部委员会	11	0	8	3	0	李亮	2021 年 5 月
	织里办事处机关支部委员会	25	4	23	2	4	巩玉虎	2014 年 2 月
	振兴办事处机关支部委员会	28	4	19	9	5	潘林会	2014 年 2 月
	利济办事处机关支部委员会	24	4	19	5	3	吴旭强	2014 年 2 月
	晟舍办事处机关支部委员会	27	4	21	6	4	葛迎武	2014 年 2 月
	漾西办事处机关支部委员会	32	3	24	8	3	邵龙斌	2014 年 2 月
	轧村办事处机关支部委员会	21	3	17	4	3	郁家鑫	2014 年 2 月
	夕阳红支部委员会	31	0	23	8	0	叶再明	
	东兜村支部委员会	48	1	40	8	1	杨建平	1958 年 7 月
旧馆村总支部委员会	总支书记						杨正芳	2005 年 9 月
	旧馆村老年支部委员会	30	0	27	3	0	冯阿娥	2005 年 9 月
	旧馆村两新组织联合支部委员会	32	2	22	10	1	丁小强	2005 年 9 月
	旧馆村农业支部委员会	22	0	18	4	0	周国英	2005 年 9 月
	清水兜村支部委员会	24	0	16	8	0	周佳敏	1958 年 7 月

（续）

党组织名称		党员数					书记	建立时间
		合计	预备党员	男	女	当年发展		
云村村总支部委员会	总支书记						姚学建	1958 年 7 月
	云村村两新组织联合支部委员会	21	0	14	7	0	陈英	1958 年 7 月
	云村村老年支部委员会	19	0	17	2	0	程健	1958 年 7 月
	云村村农业支部委员会	21	0	13	8	0	范亚萍	1958 年 7 月
今海岸社区支部委员会		10	2	7	3	2	钱鹤鸣	2007 年 6 月
清水兜社区支部委员会		10	0	8	2	1	薛超君	2007 年 6 月
云村社区支部委员会		16	1	13	3	1	蔡莹莹	2007 年 6 月
晟东社区支部委员会		8	1	3	5	1	朱育新	2007 年 6 月
东兜社区支部委员会		11	1	8	3	1	徐云锋	2020 年 4 月
秧宅村支部委员会		44	0	37	7	0	沈永萍	1959 年 9 月
大河村总支部委员会	总支书记						陶忠明	
	大河村两新组织联合支部委员会	38	1	23	15	1	陶忠明	
	大河村农业支部委员会	20	0	15	5	0	曹桂凤	
	大河村老年支部委员会	43	0	42	1	0	王忠忠	
织里村总支部委员会	总支书记						唐金根	
	织里村老年支部委员会	40	0	35	5	0	沈群康	
	织里村两新组织联合支部委员会	48	1	29	19	1	钱剑平	
	织里村农业支部委员会	14	0	10	4	0	唐金根	
妙园社区支部委员会		24	1	21	3	1	费金芳	1995 年 6 月
织里社区支部委员会		19	2	15	4	2	段慧良	2007 年 6 月
朱湾社区支部委员会		13	1	9	4	1	叶小莉	2007 年 6 月
大河社区支部委员会		8	1	3	5	1	陈美华	2018 年 8 月
长安社区支部委员会		4	0	4	0	0	陈旭强	2020 年 9 月
晟舍村总支部委员会	总支书记						张念祖	2005 年 9 月
	晟舍村农业支部委员会	24	1	17	7	0	闵阿根	
	晟舍村老年支部委员会	33	0	29	4	0	费桂法	
	晟舍村两新组织联合支部委员会	31	0	21	10	0	闵锦水	
朱湾村支部委员会		45	0	35	10	0	唐新江	
秦家港村总支部委员会	总支书记						杨晓军	2002 年 6 月
	秦家港村农业支部委员会	19	0	17	2	0	杨晓军	
	秦家港村两新组织联合支部委员会	30	1	21	9	1	王培林	
	秦家港村老年支部委员会	13	0	13	0	0	闵连荣	

（续）

党组织名称		党员数					书记	建立时间
		合计	预备党员	男	女	当年发展		
河西村总支部委员会	总支书记						江新明	
	河西村两新组织联合支部委员会	24	1	12	12	1	江新明	
	河西村老年支部委员会	30	0	29	1	0	寿荣新	
	河西村农业支部委员会	21	0	18	3	0	杨建忠	
晟舍社区支部委员会		17	2	12	5	2	李媛	2007 年 6 月
永安社区支部委员会		17	1	11	6	1	孙学华	2013 年 12 月
秦家港社区支部委员会		7	1	7	0	1	吴东华	2012 年 2 月
河西社区支部委员会		6	0	4	2	0	丁鑫泉	2018 年 8 月
红门馆社区支部委员会		13	1	10	3	1	方栎成	2019 年 5 月
大邾村支部委员会		44	0	34	10	0	俞新荣	1984 年 7 月
东湾兜村支部委员会		34	1	27	7	1	钱利平	1984 年 3 月
王母兜村支部委员会		31	1	25	6	1	罗顺富	1984 年 6 月
李家坝村总支部委员会	总支书记						朱小平	2010 年升格党总支
	李家坝村老年支部委员会	8	0	7	1	0	唐发泉	1984 年 5 月
	李家坝村两新组织联合支部委员会	28	0	17	11	0	凌玉发	
	李家坝村农业支部委员会	15	0	11	4	0	朱小平	
香圩墩村总支部委员会	总支书记					0	陈勤建	2012 年升格党总支
	香圩墩村农业支部委员会	26	0	21	5	0	杨建国	2001 年 11 月
	香圩墩村老年支部委员会	20	0	19	1	0	沈雪祥	
	香圩墩村两新组织联合支部委员会	39	1	27	12	1	徐秋嫣	
晓河村总支部委员会	总支书记						蔡顺山	2018 年 5 月升格党总支
	晓河村第一支部委员会	16	0	14	2	1	周建中	
	晓河村第二支部委员会	19	0	14	5	0	周青青	1984 年 5 月
	晓河村第三支部委员会	16	0	13	3	0	王金春	
东盛社区支部委员会		10	1	8	2	1	吴再权	2002 年 11 月
东湾兜社区支部委员会		16	1	14	2	1	卞国新	2007 年 6 月
振兴社区支部委员会		38	1	29	9	0	朱惠新	2001 年 1 月
晓河社区支部委员会		12	0	7	5	1	周耀庭	2018 年 8 月
大邾社区支部委员会		10	2	7	3	2	施燕燕	2018 年 8 月

（续）

党组织名称		党员数				书记	建立时间
		合计	预备党员	男	女	当年发展		
东安社区支部委员会		20	2	14	6	1	沈水娣	2020 年 7 月
曹家簖村总支部委员会	总支书记						费建华	
	曹家簖村农业支部委员会	23	0	17	6	0	褚明荣	
	曹家簖村两新组织联合支部委员会	29	1	20	9	1	顾金利	
	曹家簖村老年支部委员会	38	0	33	5	0	褚国群	
轧村村总支部委员会	总支书记						罗浩	
	轧村村农业支部委员会	22	0	12	10	0	潘新娥	
	轧村村两新组织联合支部委员会	32	1	21	11	1	俞勤征	
	轧村村老年支部委员会	32	0	29	3	0	吴阿新	
港西村总支部委员会	总支书记						顾跃跃	
	港西村农业支部委员会	26	1	19	7	1	朱金新	
	港西村老年支部委员会	29	0	25	4	0	费小英	
	港西村两新组织联合支部委员会	25	0	11	14	0	邱国勤	
上林村村总支部委员会	总支书记						沈如方	
	上林村村农业支部委员会	20	1	16	4	1	费新华	
	上林村村老年支部委员会	22	0	19	3	0	王应美	
	上林村村两新组织联合支部委员会	33	0	23	10	0	邱丽	
孟乡港村总支部委员会	总支书记						沈金全	
	孟乡港村两新组织联合支部委员会	30	1	21	9	1	潘其英	
	孟乡港村老年支部委员会	26	0	23	3	0	茹燕锋	
骥村村总支部委员会	总支书记						宋建明	
	骥村村两新组织联合支部委员会	44	0	30	14	0	潘俊飞	
	骥村村农业支部委员会	28	1	24	4	1	王会荣	
	骥村村老年支部委员会	17	0	12	5	0	钱兴珍	
	湖州晨航木业支部委员会	3	0	3	0	0	方俊宏	2007 年 5 月
潘塘桥村支部委员会		35	2	28	7	1	杨建山	
石头港村总支部委员会	总支书记						潘宝根	
	石头港村农业支部委员会	22	0	20	2	0	潘明芳	
	石头港村老年支部委员会	22	0	19	3	0	张伟芳	
	石头港村两新组织联合支部委员会	26	1	18	8	1	吴利华	
增圩村支部委员会		44	1	38	6	1	闵国强	
轧村社区支部委员会		19	0	13	6	0	张银方	2021 年 4 月

（续）

党组织名称		党员数					书记	建立时间
		合计	预备党员	男	女	当年发展		
陆家湾村总支部委员会	总支书记						吴金辉	
	陆家湾村老年支部委员会	48	0	44	4	0	倪会荣	
	陆家湾村两新组织联合支部委员会	41	0	26	15	0	李世伟	
	陆家湾村农业支部委员会	49	0	37	12	0	陈建琴	
庙兜村总支部委员会	总支书记						吴炳江	
	织里长江家具有限公司支部委员会	3	0	2	1	0	吴炳江	2011年6月
	庙兜村两新组织联合支部委员会	26	1	15	11	1	潘启航	
	庙兜村老年支部委员会	21	0	18	3	0	闵和林	
	庙兜村农业支部委员会	8	0	7	1	0	钱会根	
伍浦村总支部委员会	总支书记						卢云旗	
	伍浦村农业支部委员会	21	0	14	7	0	彭晓庆	
	伍浦村两新组织联合支部委员会	23	1	17	6	1	李云丹	
	伍浦村老年支部委员会	11	0	9	2	0	宋松元	
常乐村总支部委员会	总支书记						李志方	
	常乐村两新组织联合支部委员会	28	1	14	14	1	刘丹峰	
	常乐村老年支部委员会	44	0	41	3	0	吴志方	
	常乐村农业支部委员会	44	0	37	7	0	潘国荣	
汤溇村总支部委员会	总支书记						韦树斌	
	汤溇村老年支部委员会	29	0	24	5	0	顾坤林	
	汤溇村两新组织联合支部委员会	36	1	22	14	1	杨正伟	
	汤溇村农业支部委员会	38	0	33	5	0	周菊明	
乔溇村总支部委员会	总支书记						沈会江	
	乔溇村老年支部委员会	32	0	24	8	0	沈会江	
	乔溇村两新组织联合支部委员会	30	0	20	10	0	吴迪	
	乔溇五金线缆支部委员会	5	0	4	1	0	赵国芳	2007年5月
	乔溇村农业支部委员会	31	0	25	6	0	韦培琴	
曙光村总支部委员会	总支书记						宋新泉	
	曙光村老年支部委员会	36	0	30	6	0	董卫星	
	曙光村农业支部委员会	30	0	26	4	0	陈海虹	
	曙光村两新组织联合支部委员会	33	1	19	14	1	程明	

（续）

党组织名称		党员数					书记	建立时间
		合计	预备党员	男	女	当年发展		
义皋村总支部委员会	总支书记						钟良	
	义皋村农业支部委员会	22	0	19	3	0	俞勤东	
	义皋村两新组织联合支部委员会	32	1	24	8	1	朱丽婕	
	义皋村老年支部委员会	12	0	8	4	0	殷春晓	
童装商会党委	党委书记						史宁慧	2007 年 5 月
	织里国际童装城经营管理支部委员会	12	3	6	6	3	吴婷	2012 年 12 月
	湖州男生女生品牌管理有限公司支部委员会	10	2	5	5	2	柯文华	2008 年 12 月
	安庆商会支部委员会	6	0	6	0	0	李结满	2008 年 5 月
	童装商会第一联合支部委员会	5	0	3	2	0	周甫琴	2011 年 10 月
	童装商会第二联合支部委员会	7	0	5	2	0	邹佩丰	2011 年 10 月
	童装商会第三联合支部委员会	10	0	4	6	0	董小芳	2011 年 10 月
	豪得利制衣有限公司支部委员会	4	0	3	1	0	董涛	2008 年 12 月
	欢乐年代服饰有限公司支部委员会	6	1	4	2	1	杨培清	2007 年 12 月
	海童霸服饰有限公司支部委员会	3	0	2	1	0	黄建平	2010 年 10 月
	布布恰恰制衣厂支部委员会	6	0	5	1	0	吴俊杰	2009 年 6 月
	夏士制衣有限公司支部委员会	7	0	6	1	0	汪喜才	2007 年 5 月
	砂洗协会支部委员会	20	3	20	0	3	周建培	2007 年 6 月
	今童王制衣有限公司支部委员会	11	0	8	3	0	朱新根	2007 年 11 月
	小霸王制衣有限公司支部委员会	10	0	8	2	0	邱力	2007 年 5 月
童装商会党委	益华制衣有限公司支部委员会	9	0	6	3	0	朱丽萍	2009 年 12 月
	布衣草人服饰有限公司支部委员会	9	2	5	4	2	马伟忠	2011 年 7 月
	玲珑宝贝服饰有限公司支部委员会	4	0	4	0	0	谈建新	2008 年 12 月
	春芽针织制衣有限公司支部委员会	5	0	5	0	0	闵建清	2018 年 12 月
	杨氏针织服装有限公司支部委员会	6	0	4	2	0	杨文元	2007 年 5 月
	跳跳龙服饰有限公司支部委员会	3	0	2	1	0	邱国华	2012 年 7 月
	名邦服饰有限公司支部委员会	6	3	3	3	3	陈跃	2019 年 5 月
	浙江万顺服饰有限公司支部委员会	8	2	5	3	2	夏永贵	2020 年 3 月
	湖州七秒实业有限公司支部委员会	9	4	5	4	4	张文霞	2020 年 6 月
	湖州织里漂亮妞妞服饰有限公司支部委员会	5	0	3	2	0	罗国强	2020 年 7 月

（续）

党组织名称		党员数					书记	建立时间
		合计	预备党员	男	女	当年发展		
家业控股集团总支部委员会	总支书记						沈培荣	2007 年 11 月
	家业控股集团市政公司支部委员会	33	1	30	3	0	沈和平	2007 年 11 月
	家业控股集团家强铝业支部委员会	10	0	5	5	0	杨占霞	2012 年 7 月
	家业控股集团园林房产支部委员会	4	0	4	0	0	林仕平	2007 年 11 月
轧村建筑公司支部委员会		4	0	1	3	0	陈晓红	
森寅木业有限公司支部委员会		5	1	3	2	1	严伯成	
金牛纺织印染有限公司支部委员会		9	1	7	2	1	杨小毛	2007 年 5 月
舒曼家用纺织品有限公司支部委员会		3	0	1	2	0	徐福珍	
湖州创塑新材科技有限公司支部委员会		2	0	2	0	0	钱小虎	2021 年 10 月
神龙铝业有限公司支部委员会		4	0	4	0	0	潘水方	2012 年 12 月
宏叶铝业支部委员会		5	0	5	0	0	顾余良	1998 年 7 月
铝业联合支部委员会		10	0	8	2	0	钱鑫祥	2018 年 10 月
和盛染整有限公司支部委员会		4	1	2	2	1	王晓丽	2007 年 5 月
德加利印染有限公司支部委员会		9	1	6	3	1	顾玉苓	2016 年 12 月
珍贝羊绒制品有限公司支部委员会		21	1	8	13	1	沈勤华	
蓝天海纺织服饰科技有限公司支部委员会		7	0	4	3	0	陈明青	
帕罗羊绒制品有限公司支部委员会		14	0	9	5	0	钱晓新	
湖州菵鲈生态农业发展有限公司支部委员会		4	0	4	0	0	徐钜华	2020 年 4 月
吴兴区平安大姐社会工作室支部委员会		3	0	0	3	0	徐静	2021 年 10 月
织里商城发展支部委员会		25	0	20	5	0	陈剑	1996 年 1 月
浙江米皇集团有限公司支部委员会		36	2	21	15	2	吴金海	
织里建筑公司支部委员会		6	0	5	1	0	付连坤	
浙江德程建设有限公司支部委员会		9	0	8	1	0	宁云方	
湖州通益集团有限公司支部委员会		5	0	3	2	0	潘月宝	2003 年 4 月
湖州汇德集团有限公司支部委员会		7	0	4	3	0	李水法	2009 年 4 月
织里银湖粮油有限公司支部委员会		26	0	22	4	0	朱百新	2002 年 10 月之前建立
浙江展宇现代物流有限公司支部委员会		4	0	2	2	0	王嫔斌	2017 年 6 月
湖州市吴兴区临湘商会支部委员会		0	0	0	0	0	袁火军	
湖州韵达快递有限公司支部委员会		2	0	2	0	0	刘明军	2021 年 10 月
大家园职业技能培训学校支部委员会		10	1	5	5	1	罗玉花	2013 年 6 月
湖州梦圆大酒店有限公司支部委员会		4	0	4	0	0	钱凯	2020 年 7 月

（续）

党组织名称		党员数				书记	建立时间
		合计	预备党员	男	女	当年发展		
中新毛纺织有限公司支部委员会		5	0	2	3	0	吴帼英	2007年6月
浙江东尼电子股份有限公司支部委员会		18	1	15	3	1	沈新芳	2010年10月
浙江龙鹰光电科技有限公司支部委员会		5	0	4	1	0	顾小荣	2006年6月
湖州市吴兴区蒙城商会支部委员会		3	0	3	0	0	王华军	2020年12月
湖州市吴兴区织里爱心妈妈公益服务中心支部委员会		3	0	0	3	0	叶瑛	2021年10月
浙江瑞真供应链管理有限公司支部委员会		3	0	0	3	0	刘杰	2008年1月
浙江龙芯电驱动科技有限公司支部委员会		6	0	6	0	0	黄健	2019年5月
浙江创特新材料科技有限公司支部委员会		3	0	2	1	0	赵建学	2020年9月
浙江振兴阿祥集团有限公司党委	党委书记						潘阿祥	2012年12月
	佳雪集团支部委员会	13	1	11	2	1	闵月峰	
	浙江天立新材有限公司支部委员会	7	2	4	3	2	胡生平	2013年1月
	浙江振兴阿祥集团有限公司重工支部委员会	37	4	30	7	3	白洪华	2000年7月
万邦德医药控股集团有限公司党委	党委书记						宋铁和	
	万邦德型材支部委员会	17	1	15	2	1	吴燕平	
	万邦德板材支部委员会	11	1	8	3	1	孙宝华	
	万邦德行政支部委员会	10	1	6	4	1	周军强	
湖州金洁实业有限公司党委	党委书记						曹旗华	2018年7月
	金洁实业有限公司塑业支部委员会	13	1	11	2	1	阮阿二	2018年7月
	金洁实业有限公司包装支部委员会	24	2	19	5	2	徐建峰	2018年7月
	金洁实业有限公司水务支部委员会	22	0	19	3	0	高新荣	2018年7月
湖州新投集团党委	党委书记						潘斌松	2020年9月
	湖州新投集团直属支部委员会	20	3	13	7	3	朱新铭	2021年6月
	湖州织里产业投资运营集团有限公司支部委员会	13	0	5	8	0	郁锋	2021年6月
	湖州新投市政工程建设有限公司支部委员会	10	0	10	0	0	卢立华	2021年6月

2.太湖镇（乡、公社）党组织

1953年6月建立中共义皋乡支部。

1954年8月建立中共东桥乡支部。

1956年6月由原义皋、东桥两个乡支部和漾西、常乐两个乡支部的一部分党员组建为义皋乡总支，10月任命干部。

1957年8月改建为中共义皋乡委员会。

1958年10月，建立太湖人民公社（大公社）党委，由原织里、轧村、太湖3个乡党委合并而成，下设织里、织东、大河、云村、骥村、轧村、漾西、常乐、义皋、东桥等10个大队。1959年3月，均改称管理区，并建立中共义皋管理区总支、中共东桥管理区总支。

1961年6月，太湖人民公社终止，其辖区划分为4个农村人民公社。由原太湖人民公社党委下属的义皋、东桥两管理区总支合并建成中共太湖公社委员会。

1961年年底，有生产大队16个，建立支部10个，建立临时支部4个，建立党小组2个。有党员186人，其中农民党员174人、职员党员2人、其他党员10人。25岁以下17人，26至30岁28人，31岁至45岁119个，46至60岁11人。1945年9月至1949年9月入党3人，1949年10月至1952年10月入党3人，1953年1月至1957年12月入党32人，1958年以后至1961年入党148人。

1962年6月30日，有党支部18个，其中机关1个、生产大队17个。有党员195人，其中正式党员174人，预备21人，男党员171人，女党员24人。

1963年上半年，有党支部19个，其中农村支部18个（1个临时支部）、机关支部1个。有党员202人，其中正式党员173人，预备党员29人，男党员178人，女党员24人。

1963年12月，有党员204人，其中正式党员175人，预备党员29人，男党员178人，女党员26人。

1964年6月，有党员211人，其中正式党员182人，预备党员29人，男党员185人，女党员26人。

1964年12月，有党员210人，其中正式党员181人，预备党员29人，男党员185，女党员25人。有党支部18个。

1965年12月，有党员211人，其中正式党员191人，预备党员20人，男党员190人，女党员21人。

1968年，各公社、镇先后建立革命委员会，实行党、政、财、文"一元化"领导，原区、公社、镇党委中止。

1970年，有党员229人，其中正式党员209人，预备党员19人，留党察看党员 1 人。党支部有：伍浦（23 人），向阳（13 人），洋湾（7 人），谢溇（14人），杨溇（12 人），许溇（10 人），汤家田（6 人），金溇（19 人），蚕环田（3人），潘溇（13 人），红胜（5 人），大溇（10 人），张降村（10 人），严家兜（9人），东桥（21 人），沈溇（6 人），诸溇（5 人），机关（20 人），义皋（1970 年8 月 21 日成立，党员 22 人）。

1971 年 1 月，建立中共太湖公社委员会。

1972 年，建立供销社支部，由陶旭初、钮发生、姚金才组成，陶旭初为书记，党员 6 名。

1976 年，有党员 290 人（其中男党员 274 人，女党员 16 人，贫下中农党员262 人，中农党员 19 人，其他劳动者党员 9 人），有支部 23 个。

1977 年，共有党员 301 人，建立党委 1 个，支部 23 个，其中工业支部 1 个，商业金融业支部 1 个，文化卫生支部 2 个，机关支部 1 个。19 个生产大队中，建立支部 18 个，没有党员的生产大队 1 个，113 个生产队中建立党小组 43 个，仅有个别党员的生产队 54 个，没有党员的 16 个。

1978 年，有党员 303 人。

1979 年，有党员 316 人。

1980 年，有党员 329 人，支部 23 个（伍浦 30 人，庙兜 19 人，洋湾 10 人，义皋 24 人，谢溇 17 人，杨溇 13 人，许溇 16 人，汤家田 8 人，金溇 25 人，蚕环田 5 人，潘溇 14 人，白桥坝 7 人，大溇 12 人，张降村 15 人，严家兜 9 人，东桥 21 人，沈溇 7 人，诸溇 14 人，机关 12 人，财贸 1 人，公交 23 人，事业 14人，中学 3 人）。同年发展党员 4 人。

1981 年，有党员 339 人，其中正式党员 327 人，预备党员 12 人，男党员320 人，女党员 19 人，同年发展党员 4 人。

1982 年，有党员 341 人，其中正式党员 336 人，预备党员 5 人，男 322 人，女 19 人，发展党员 2 人。

1983 年，有党员 343 人，其中正式党员 338 人，预备党员 5 人，男党员 324人，女党员 19 人，同年发展党员 4 人。

1984 年 9 月，设中共太湖乡委员会。

1984 年，有党员 351 人，其中正式党员 339 人，预备党员 12 人，男党员332 人，女党员 19 人。同年发展党员 8 人，有支部 24 个。

1985 年，有党员 365 人，其中正式党员 348 人，预备党员 17 人，男党员 346 人，女党员 19 人。同年发展党员 13 人。

1986 年，有党员 373 人，其中正式党员 359 人，预备党员 14 人，男党员 353 人，女党员 20 人。同年发展党员 10 人。

1987 年，有党员 390 人，其中正式党员 374 人，预备党员 16 人，男党员 368 人，女党员 22 人。同年发展党员 12 人。

1988 年，有党员 389 人，其中正式党员 386 人，其中毛巾厂 23 人、文化站 5 人、工办 9 人、纺机厂 8 人、建材厂 8 人、学校 10 人、医院 4 人、财贸 14 人、农副 8 人、机关 14 人。有预备党员 3 人，男党员 368 人，女党员 21 人。同年发展党员 3 人。

1989 年，有党员 398 人，同年发展党员 6 人。

1990 年至 1992 年，共发展党员 27 名，培训党员干部 3000 人次。

1992 年底有党员 416 人，支部 29 个。其中伍浦 33 人，庙兜 19 人，洋湾 13 人，义皋 26 人，谢溇 23 人，杨溇 12 人，许溇 27 人，汤家甸 11 人，金溇 27 人，蚕环田 7 人，潘溇 17 人，白桥坝 11 人，大溇 22 人，张降村 20 人，严家兜 9 人，东桥 29 人，沈溇 13 人，诸溇 15 人，工办 10 人，财贸 11 人，精铸厂 4 人，卫生院 7 人，学校 8 人，文化站 5 人，事业 4 人，农副 8 人，纺织厂 4 人，政法 3 人，机关 18 人。

1990 年，有党员 410，其中预备党员 14 人，女党员 20 人。同年发展党员 8 人，有支部 31 个，增加水产支部，减少精铸支部。

1991 年，有党员 422 人，其中正式党员 407 人，预备党员 15 人，男党员 398 人，女党员 24 人，同年发展党员 18 人。

1992 年，有党员 426 人，其中正式党员 413 人，预备党员 13 人，男党员 406 人，女党员 20 人，同年发展党员 6 人。

1993 年，有党员 439 人，其中正式党员 427 人，预备党员 12 人，男党员 416 人，女党员 23 人，同年发展党员 10 人。

1994 年，有党员 458 人，其中正式党员 437 人，预备党员 21 人，男党员 430 人，女党员 28 人，同年发展党员 20 人。

1998 年 8 月，太湖乡改称太湖镇，乡党委改称镇党委。

1999 年 10 月，太湖镇并入织里镇，太湖镇党委终止，并入织里镇党委。

3.轧村镇（乡、公社）党组织

1948 年 5 月建立中共轧村临时支部，许元康任书记。1948 年 7 月转为正式支部。费学良（1948 年 7 月至 1948 年 12 月）任书记。秦家书（1949 年 1 月到 5 月）任书记。

1954 年 3 月建立中共轧村乡支部。

1955 年 6 月建立中共骥村乡支部。

1956 年 6 月由原轧村、骥村两个乡支部和漾西、常乐两个乡支部的一部分党员组建为轧村乡总支，10 月任命干部，1957 年 5 月改建为党委。

1958 年 10 月，太湖人民公社党委建立，由原织里、轧村、太湖 3 个乡党委合并而成，下设织里、织东、大河、云村、骥村、轧村、漾西、常乐、义皋、东桥等 10 个大队，1959 年 3 月均改称管理区，并建立管理区总支，设中共轧村管理区总支、中共骥村管理区总支。1959 年 5 月骥村管理区总支并入轧村管理区总支。

1961 年 6 月，太湖人民公社终止，其辖区划分为 4 个农村人民公社，建立中共轧村公社委员会。

1968 年，各公社、镇先后建立革命委员会，实行党、政、财、文"一元化"领导，原区、公社、镇党委中止。

1970 年 10 月建立中共轧村公社委员会。

1971 年 12 月，有党员 248 名，当年发展党员 6 名。有党支部 22 个，包括吴家兜、南湾、红武、轧村、轧西、罗姚、梅林港、计村、范村、增圩、抗三圩、军民、朗二兜、项祝兜、潘塘桥、大羊其、立公、胜利、陈家圩、齐家湾、上林村等 21 个村支部，及公社支部。

1972 年 12 月，有党员 283 名，同年发展党员 36 人。同年增加商业（财贸）支部，共有党支部 23 个。

1973 年 12 月，有党员 298 名，当年发展党员 10 名。同年新建立工交支部，共有党支部 24 个。

1974 年 12 月，有党员 298 人，当年发展党员 3 人。新建立文卫支部，共有党支部 25 个。

1975 年 12 月，有党员 306 人，同年发展党员 2 人。

1976 年 12 月，有党员 317 人。

1977 年 12 月，有党员 332 人，有支部 25 个，其中有工业支部、商业金融支部、文化卫生支部、机关支部。22个生产大队中，建立支部21个，仅有个别党员的生产大队1个，145个生产队中建立党小组45个，仅有个别党员的生产队80个，没有党员的20个。

1981年，有党员406人，同年发展党员7人，有党支部26个。

1982年，有党员413人，同年发展党员5人。

1983年12月，有党员426人。

1984年9月，设中共轧村乡委员会。

1984年12月，有党员429人，当年发展党员5人。增加胶木、上林村棉织厂、电镀、染厂等4个支部，减少工业支部，共有党支部28个。

1985年12月，有党员441人，同年发展党员10人。新建立集镇、农业服务站、水产、文协、卫生院（文卫分成卫生院和中学）等5个支部，共有党支部33个。

1986年12月，有党员446人，同年发展党员8人。

1987年12月，有党员482人，同年发展党员34人。

1988年，有党员477人，当年发展党员9人，新成立家用电器总厂支部，共有支部34个。

1989年，有党员478人，同年发展党员4人。

1993年6月，轧村乡改称轧村镇，乡党委改称镇党委。

1993年，有党员515人，同年发展党员9人。

1994年，有党员528人，同年发展党员13人。

1995年，有党员552人，同年发展党员25人。共有党支部35个，包括羊毛衫、棉织厂、胶木厂、电镀厂、建筑公司、集镇、学校、卫生院、农服站、工办、电缆厂、机关、染厂等13个企业事业单位支部及22个村支部。

1996年，有党员573人，同年发展党员26人。新建立工商支部，共有支部36个。

1997年，有党员593人，同年发展党员25人，党支部38个。新建立小学、信用社支部，共有支部38个。

1999年10月轧村镇并入织里镇，轧村镇党委、漾西镇党委终止，并入织里镇党委。

4.漾西镇（乡、公社）党组织

1954年6月，中共漾西乡支部建立。

1954 年 6 月，中共常乐乡支部建立。

1958 年 10 月，太湖人民公社（大公社）党委建立，由原织里、轧村、太湖 3 个乡党委合并而成，先下设织里、织东、大河、云村、骥村、轧村、漾西、常乐、义皋、东桥等 10 个大队，1959 年 3 月均改称管理区，并建立管理区总支，设中共漾西管理区总支、中共常乐管理区总支。

1961 年 6 月，太湖人民公社终止，其辖区划分为 4 个农村人民公社。由原太湖人民公社党委下属的漾西、常乐总支合并建成漾西公社委员会，1965 年 11 月"漾西"更名"洋西"。

1968 年，各公社、镇先后建立革命委员会，实行党、政、财、文"一元化"领导，原区、公社、镇党委中止。

1969 年，洋西公社革命委员会党的核心小组成员有 9 人。1970 年 6 月 15 日，洋西公社革命委员会党的核心小组成员有姚友仁、潘益卿、顾义荣、钱阿根、闵怡林等 5 人。

1969 年 8 月，曙光村进行整党建党试点，1970 年 2 月，5 个大队开始整党。公社党的核心小组在 6 月底和 7 月初先后召开整党建党誓师大会，到会人员 1200 多人。召开座谈会 20 多次，各大队召开的誓师大会、学习班 1037 次，参加 21 288 人次。全公社建立 114 所"五七"政治夜校，"敬购"新党章 3264 本。通过大讲用、大学习，全公社有 5500 多人能背诵毛主席"五十字"建党纲领，有 750 人能背诵新的党章总纲，有 60 多人能背诵出新党章全文。通过整党分析摸排，符合条件的党员 167 名，不完全具备党员条件需要进行教育的党员 46 名，不够党员条件的 12 名，有严重政治问题的 6 名。通过整党建党，全社有 71% 的大队（单位）建立了党支部。各大队、各党支部"努力活学活用毛泽东思想，坚持天天读制度，逢十（一个月学习 3 次）或逢"3、6、9"夜校学习。通过整党建党，种植面积比上年增加 26%，"双抢"任务比往年提前 5～6 天完成。不少党员和社员带病"开夜工""开早工"参加义务劳动。曙光大队社员在学习讨论到晚上 9 点多后，与会的社员全部下田参加义务劳动，直到天亮，割早稻 18 亩。6 队贫下中农在晚上结束学习后，还去劳动，完成早稻 20 多亩的脱粒任务。

1970 年 8 月 31 日和 9 月 7 日，召开筹建新党委动员大会，到会人数 1400 人，大会实况并转播到各生产队组织全体社员收听。9 月 22 日至 24 日召开代表大会成立新党委。通过四上四下的办法，于 9 月 17 日协商产生新党委委员姚友仁、潘益卿、顾文荣、闵怡林、计阿毛、钱阿根、朱金荣等7人。

1970年9月，洋西有16个支部（15个大队支部和1个公社支部），有党员231名。

1977年，共有党员320人，建立党委1个，支部18个，其中工业支部1个，商业金融支部1个，机关支部1个。15个生产大队中，建立支部个，115个生产队中建立党小组47个，仅有个别党员的生产队57个。

1980年，有党员374人，支部20个，其中胡溇16人，乔溇24人，宋溇15人，汤溇23人，新浦18人，钱溇23人，常乐20人，沈家湾22人，东阁兜24人，陆家湾23人，钱家兜25人，董家甸8人，费家汇29人，南河里18人，中兜村22人，工交31人，财贸6人，事业6人，教育9人，机关12人。

1981年11月，"洋西"复名"漾西"，公社党委改名为漾西公社党委。

1981年，有党员381人，同年发展党员6名。有支部21个，其中新增种子场支部。

1984年9月，改名中共漾西乡委员会。

1985年9月，有党员418人，同年发展党员15人，有党支部20个。

1986年，有党员数433人，同年发展党员8名。有支部24个，包括机关、胡溇、乔溇、宋溇、汤溇、新浦、钱溇、常乐、沈家湾、东阁兜、陆家湾、钱家兜、董家甸、费家汇、南河村、中兜村、工办、化工厂、铝厂、蔬菜厂、事业、教育、财贸、建工队等。

1987年，有党员446人，同年发展党员15名，有支部24个。

1988年，有党员461人，同年发展党员20名，有支部24个。

1989年，有党员465人，同年发展党员13名，有支部24个。

1990年，有党员482人，同年发展党员6名，有支部26个（减少建工队支部，新增异材厂、棉纺厂、丝织厂支部）。

1991年，有党员484人，同年发展党员7名。

1992年，有党员507人，同年发展党员19名。

1993年，有党员518人，同年发展党员13名，新增加一个支部，共有支部27个。

1994年，有党员532人，同年发展党员13人。

1995年，有党员549人，同年发展党员16个。

1996 年，有党员 561 人，同年发展党员 18 人。新成立 2 个支部，减少化工厂、蔬菜厂、建工队、异材厂等 4 个支部，支部总数 25 个，其中有 15 个村支部，有机关、卫生院、铝厂、教育、事业、财贸、棉纺厂、工办、集镇（新建）、食品厂（新建）等 10 个企业事业单位支部。

1994 年 12 月，漾西乡改称漾西镇，乡党委改称镇党委。

1999 年 10 月，漾西镇并入织里镇，漾西镇党委终止，并入织里镇党委。

5. 晟舍乡（公社）党组织

1954 年 10 月建立中共云村乡支部。

1954 年 10 月建立中共大河乡支部。

1958 年 10 月建立太湖人民公社（大公社）党委，由原织里、轧村、太湖 3 个乡党委合并而成，下设织里、织东、大河、云村、骥村、轧村、漾西、常乐、义皋、东桥等 10 个大队，1959 年 3 月均改称管理区，并建立管理区总支，设中共织东管理区总支、中共大河管理区总支、中共云村管理区总支。

1961 年 6 月，太湖人民公社终止，其辖区划分为 4 个农村人民公社。由原太湖人民公社党委下属的云村、大河两管理区总支合并建成中共晟舍公社委员会。

1965 年 11 月"晟舍"更名"仁舍"。

1968 年，各公社、镇先后建立革命委员会，实行党、政、财、文"一元化"领导，原区、公社、镇党委中止。

1970 年 10 月，建立中共仁舍公社委员会。

1977 年，仁舍公社共有党员 231 人，建立党委 1 个，支部 18 个，其中工业支部 1 个，机关支部书记个。17 个生产大队中，建立支部 16 个，仅有个别党员的生产大队 1 个，88 个生产队中建立党小组 32 个，仅有个别党员的生产队 47 个，没有党员的 9 个。

1979 年，仁舍公社共有党员 253 名，同年发展党员 3 名。党支部 20 个（机关支部、红星大队、东升大队、红旗大队、东兜大队、前锋大队、先锋大队、东方红大队、新胜大队、胜利大队、红卫大队、五星大队、立新大队、向阳大队、永跃大队、东风大队、社办企业、供销社、文卫大队）。同年对前几年突击发展的 16 名党员承认 10 名，除名 6 名。

1980 年，仁舍党支部 21 个（增加电器厂支部），党员 276 名，发展党员 8 名。

1981 年，有党员 277 名，同年发展 8 名。

1982 年，有党员 289 名，同年发展 4 名。

1983 年，有党员 300 名，同年发展 3 名。

1984 年 9 月改名中共晟舍乡委员会。

1984 年，有党员 309 名，其中正式党员 298 名，预备党员 11 名，女党员 16 名，同年发展 10 名。

1985 年，有党员 331 名，同年新增支部 4 个，累计 25 个（晒家兜 9 名、庙岐山 14 名、旧馆 15 名、东兜 15 名、云村 25 名、晟舍 24 名、白鹤兜 15 名、下水湾 16 名、河西 19 名、朱湾 12 名、秦家港 11 名、官田巷 10 名、陶家湾 14 名、曹家兜 7 名、西车兜 16 名、荡田圩 12 名、乡机关 13 名、新建乡经委 21 名、电镀厂 5 名、丝织厂 6 名、造漆厂 7 名、文卫 11 名、涵管厂 13 名、供销社 12 名、电器厂 9 名）。

1986 年，有党员 340 名（其中正式党员 324 名，预备党员 16 名，女党员 17 名），同年发展 5 名，增加化纤厂、教育支部，乡经委改名农业服务站支部，累计有支部 27 个。

1988 年，有党员 359 名（其中正式 349 名，预备 10 名，女 18 名），同年发展 10 名，增加拉丝厂支部，支部总数 28 个。

1989 年，有党员 361 名，同年发展 6 名，累计支部 29 个，其中村 16 个，其他支部 13 个，包括乡机关（9 名党员）、造漆厂（6 名党员）、文卫（7 名党员）、供销社（10 名党员）、电器厂（9 名党员）、信用社（3 名党员），农业服务站（10 名党员），工业公司（15 名党员），化纤厂（5 名党员），生日化厂（8 名党员），教育支部（11 党员），金属拉丝厂（7 人党员），建工队（6 人党员）。

1990 年，有党员 376 名，（其中正式党员 360，预备党员 16 名，女党员 24 名），发展 2 名，支部 29 个。晒家兜 13 名、庙岐山 11 名、旧馆 14 名、东兜 15 名、云村 27 名、晟舍 28 名、白鹤兜 14 名、下水湾 16 名、河西 20 名、朱湾 17 名、秦家港 15 名、官田巷 12 名、陶家湾 23 名、曹家兜 9 名、西车兜 15 名、荡田圩 14 名、乡机关 17 名、供销社 10 名、电器厂 11 名，教育 10 名，文卫 8，信用社 10，农业服务站 9 名，工业公司 16 名，化纤厂 6 名，申晟日化厂 8 名，漆厂 5 名，建工队 5 人，金属拉丝厂 4 名。

1991 年，有党员 377 名，其中正式党员 367，预备党员 10 名，女党员 27 名。同年发展新党员 10 名，累计有支部 29 个。

1993 年 10 月，撤销晟舍乡建制，除 3 个村并入旧馆镇，其余村并入织里镇，晟舍乡党委终止，并入织里镇党委。

三、区、镇（乡、公社）党委班子成员名录

1.划乡建乡后

中共织里区委员会

书记　武继鹏（1949 年 10 月至 1950 年 5 月）

　　　李安得（1951 年 6 月至 1952 年 8 月。1949 年 5 月至 1951 年 6 月为副书记）。

　　　吕金浩（1952 年 8 月至 1953 年 8 月）

　　　刘心德（1953 年 8 月至 1955 年 10 月）

　　　杜子舟（1955 年 12 月至 1956 年 6 月）

副书记　焉立江（1952 年 9 月至 1954 年 12 月）

　　　　钱之良（1954 年 5 月至 1956 年 6 月）

中共织里乡支部

书记　闵达（1954 年 6 月至 1955 年 4 月）

　　　薄金林（1955 年 4 月至 1956 年 6 月）

中共织东乡支部

书记　潘厚德（1954 年 5 至 1955 年 5 月）

　　　乔云生（乔騠翎，1955 年 5 月至 1956 年 6 月）

中共大河乡支部

书记　陶勤修（1954 年 10 月至 1956 年 6 月）

中共云村乡支部

书记　沈文财（1954 年 10 月至 1955 年 5 月）

　　　潘厚德（1955 年 5 月至 1956 年 6 月）

中共轧村乡支部

书记　张松生（1954 年 3 月至 12 月）

　　　周和请（1954 年 12 月至 1956 年 6 月）

中共骥村乡支部

书记　韦阿三（1955 年 6 月至 1956 年 6 月）

中共漾西乡支部

书记　王阿荣（1954 年 6 月至 10 月）

　　　陈芝荣（1954 年 10 月至 1956 年 6 月）

中共常乐乡支部

书记　朱家振（1954 年 6 月至 1956 年 6 月）

中共义皋乡支部

书记　秦森林（1953 年 6 月至 1954 年 4 月）

　　　王泽民（1954 年 4 月至 10 月）

　　　吴凤高（1954 年 10 月至 1956 年 6 月）

中共东桥乡支部

书记　芮桂法（1954 年 8 月至 1956 年 6 月）

2.“撤区并乡”后

中共织里区委员会

书记　张汉源（兼，1957 年 4 月至 9 月）

　　　祝岐耕（兼，1957 年 10 月至 1958 年 3 月）

　　　吕金浩（1958 年 3 月至 9 月）

副书记　刘长吉（1957 年 11 月至 1958 年 9 月）

中共织里乡委员会

书记　茹学琛（1956 年 10 月至 1957 年 11 月。1957 年 11 月至 1958 年 9 月
为副书记）

　　　李老四（1957 年 11 月至 1958 年 9 月）

副书记　许柏森（1956 年 10 月至 1958 年 9 月）

　　　　许金泉（1956 年 10 月至 1958 年 9 月）

　　　　薄金林（1956 年 10 月至 1958 年 9 月）

　　　　张德朴（1957 年 3 月至 1958 年 3 月）

中共轧村乡委员会

书记　周和清（1956 年 10 月至 1957 年 5 月。1957 年 5 月至 1958 年 9 月为
副书记）

　　　张松生（1957 年 5 月至 1958 年 9 月）

副书记　顾义荣（1956 年 10 月至 1958 年 9 月）

褚和根（1956 年 10 月至 1958 年 9 月）

中共义皋乡委员会

第一书记　张松生（1956 年 10 月至 1957 年 10 月）

第二书记　陈芝荣（1956 年 10 月至 1957 年 10 月。1957 年 10 月至 1958 年 9 月为副书记）

书记　周荣泉（1957 年 10 月至 1958 年 4 月。1958 年 4 月至 9 月为副书记）

钟耕葆（1958 年 4 月至 9 月）

副书记　吴凤高（1956 年 10 月至 1958 年 9 月）

朱家振（1956 年 10 月至 1957 年 10 月）

周文敏（1958 年 4 月至 9 月）

3.人民公社初建期间

中共太湖人民公社委员会

书记　吕金浩（1958 年 10 月至 11 月）

李长平（1959 年 3 月至 1961 年 6 月）

副书记　刘长吉（1958 年 10 月至 1960 年 5 月。其中 1958 年 11 月至 1959 年 3 月主持工作）

张松生（1958 年 10 月至 1961 年 6 月）

李老四（1958 年 10 月至 1961 年 6 月）

钟耕葆（1958 年 10 月至 1961 年 6 月）

薛德臣（1959 年 3 月至 1961 年 6 月）

邵永庚（1959 年 3 月至 1961 年 6 月）

潘厚德（1960 年 10 月至 1961 年 6 月）

沈介敏（1960 年 10 月至 1961 年 6 月）

陆焕文（1961 年 2 月至 6 月）

中共织里管理区总支

书记　茹学琛（1959 年 3 月至 1961 年 6 月）

副书记　薄金林（1959 年 3 月至 1961 年 6 月）

潘益卿（1960 年 3 月至 1961 年 6 月）

中共织东管理区总支

书记　史晓林（1959 年 3 月至 1960 年 3 月）

陶家诗（1961 年 4 月至 6 月）

副书记　徐金泉（1959 年 3 月至 1961 年 6 月）

潘小毛（1959 年 3 月至 1961 年 6 月）

蔡跟林（1959 年 3 月至 1961 年 6 月）

中共大河管理区总支

书记　沈土根（1959 年 3 月至 1961 年 6 月）

副书记　周和清（1959 年 3 月至 6 月）

杨元林（1959 年 3 月至 6 月）

范大仁（1959 年 10 月至 1960 年 1 月）

中共云村管理区总支

书记　钟耕葆（兼，1959 年 3 月至 1960 年 3 月）

吴志明（1960 年 3 月至 1961 年 2 月）

乔云生（1961 年 2 月至 6 月）

副书记　沈文财（1959 年 3 月至 1960 年 4 月）

沈永寿（1959 年 3 月至 1961 年 2 月）

中共轧村管理区总支

书记　褚和根（1959 年 3 月至 5 月。1959 年 5 月至 1960 年 2 月为副书记）

张松生（兼，1959 年 5 月至 1960 年 2 月）

李林宝（1960 年 2 月至 1961 年 6 月）

副书记　蒋新田（蒋心田，1959 年 3 月至 1961 年 6 月）

宋水标（1959 年 3 月至 1961 年 6 月）

韦阿三（1959 年 5 月至 1960 年 2 月）

中共骥村管理区总支

1959 年 5 月党的组织并入轧村管理区总支。

书记　张松生（兼，1959 年 3 月至 5 月）

副书记　顾义荣（1959 年 3 月至 5 月）

中共漾西管理区总支

书记　李林宝（1959 年 3 月至 1960 年 2 月）

沈永林（1960 年 3 月至 1961 年 6 月）

副书记　潘益卿（1959 年 3 月至 12 月）

中共常乐管理区总支

书记　潘阿根（1959 年 3 月至 7 月）

　　　蒋眉清（1959 年 7 月至 1961 年 6 月）

副书记　袁克仁（1959 年 3 月至 1961 年 6 月）

中共义皋管理区总支

书记　周荣泉（1959 年 3 月至 1960 年 3 月）

　　　吴凤高（1960 年 3 月至 1961 年 6 月。1959 年 3 月至 1960 年 3 月为

副书记）

中共东桥管理区总支

书记　周文敏（1959 年 3 月至 1961 年 6 月）

副书记　芮桂发（1959 年 3 月至 9 月）

　　　　范大仁（1960 年 1 月至 4 月）

4.区、人民公社、镇委调整后

中共织里区委员会

书记　李长平（1961 年 12 月至 1963 年 4 月）

　　　董淑铎（1963 年 4 月至 9 月）

副书记　席家荣（1962 年 6 月至 1963 年 2 月）

中共织里公社委员会

书记　周文敏（1962 年 6 至 1963 年 5 月。1961 年 12 月至 1962 年 6 月为代

书记。1963 年 5 月至 1966 年 5 月为副书记）

　　　席家荣（1963 年 5 月至 10 月。1963 年 2 月至 5 月为副书记）

　　　国鸿祺（1963 年 10 月至 1966 年 5 月）

副书记　邵永庚（1961 年 6 月至 12 月主持工作）

　　　　潘厚德（1961 年 6 月至 11 月）

　　　　杨孝彬（1962 年 8 月至 1966 年 5 月）

　　　　殷新梦（1963 年 1 月至 1964 年 1 月）

中共晟舍公社委员会

书记　李老四（1961 年 8 月至 1966 年 5 月）

副书记　周文敏（1961 年 8 月至 11 月）

　　　　李锦祥（1963 年 10 月至 1966 年 5 月）

中共轧村公社委员会

书记　薛德臣（1961 年 12 月至 1966 年 5 月）

副书记　沈介敏（1961 年 12 月至 1966 年 5 月）

　　　　钱之良（1962 年 10 月至 1963 年 5 月）

　　　　周家保（1963 年 10 月至 1964 年 1 月）

　　　　孙关麟（1965 年 9 至 1966 年 5 月）

　　　　马继舜（回族，1965 年 12 月至 1966 年 5 月）

中共漾西公社委员会

书记　张松生（1961 年 8 月至 1966 年 5 月）

副书记　顾义荣（1961 年 12 月至 1966 年 5 月）

中共太湖公社委员会

书记　席家荣（1961 年 8 月至 1962 年 6 月）

　　　茹学琛（1962 年 6 月至 1966 年 5 月。1961 年 8 月至 1962 年 6 月为副书记）

副书记　王才生（1961 年 8 月至 1961 年 11 月）

　　　　潘厚德（1961 年 12 月至 1962 年 7 月）

5.“文革”初期

中共织里公社委员会

书记　国鸿祺（1966 年 5 月至 1968 年 7 月）

副书记　周文敏（1966 年 5 月至 1968 年 7 月）

　　　　杨孝彬（1966 年 5 月至 1968 年 7 月）

中共晟舍公社委员会

书记　李老四（1966 年 5 月至 1968 年 4 月）

副书记　李锦祥（1966 年 5 月至 1968 年 4 月）

中共轧村公社委员会

书记　薛德臣（1966 年 5 月至 1968 年 4 月）

副书记　沈介敏（1966 年 5 月至 1968 年 4 月）

　　　　孙关麟（1966 年 5 月至 1968 年 4 月）

　　　　马继舜（回族，1966 年 5 月至 1968 年 4 月）

中共漾西公社委员会

书记　张松生（1966 年 5 月至 1968 年 3 月）

副书记　顾义荣（1966 年 5 月至 1968 年 3 月）

中共太湖公社委员会

书记　茹学琛（1966 年 5 月至 1968 年 1 月）

6.重新建立区、人民公社、镇党组织时期

中共织里区工作委员会

书记　戴松樵（1975 年 12 月至 1976 年 10 月）

副书记　李老四（1975 年 12 月至 1976 年 10 月）

中共织里公社委员会

书记　韩永勤（1970 年 10 月至 1972 年 6 月）

　　　李老四（1972 年 6 月至 1976 年 10 月）

副书记　杨孝彬（1970 年 10 月至 1971 年 12 月）

　　　　施荣培（1971 年 12 月至 1975 年 12 月）

　　　　周文敏（1973 年 1 月至 1976 年 10 月）

　　　　董涵中（1975 年 12 月至 1976 年 10 月）

中共晟舍公社委员会

书记　国鸿祺（1970 年 10 月至 1971 年 12 月）

　　　戴景山（1971 年 12 月至 1973 年 9 月）

副书记　李锦祥（1970 年 10 月至 1976 年 10 月。其中 1973 年 9 月至 1976 年 10 月主持工作）

　　　　潘益卿（1972 年 4 月至 1976 年 10 月）

中共轧村公社委员会

书记　陈阿明（1970 年 10 月至 1973 年 3 月）

　　　殷必成（1973 年 3 月至 1976 年 10 月）

副书记　胡程（1970 年 10 月至 1976 年 10 月）

　　　　邬志文（1972 年 1 月至 1973 年 7 月）

　　　　叶虎林（1975 年 12 月至 1976 年 10 月）

中共太湖公社委员会

书记　戴松樵（1971 年 1 月至 1976 年 10 月）

副书记　王才生（1971年1至月1976年10月）

归文莲（1971年12月至1976年10月）

曲绵国（1974年7月至1975年4月）

陈长云（1975年11月至1976年10月）

中共漾西公社委员会

书记　姚友仁（1970年9月至1972年1月）

沈根林（1972年1月至1973年9月）

周必成（1973年9月至1976年10月。1973年1月至9月为副书记）

副书记　潘益卿（1970年9月至1972年4月）

顾义荣（1972年5月至1976年10月）

周小毛（1974年9月至1976年10月）

7.区委和人民公社、镇党委时期

中共织里区委员会

书记　戴松樵（1976年10月至1984年1月）

副书记　李老四（兼，1976年10月至1981年8月）

中共织里公社委员会

书记　李老四（1976年10月至1978年1月）

副书记　周文敏（1976年10月至1982年2月。其中1978年1月至1979年5月主持工作）

董涵中（1976年10月至1980年1月）

张肇廉（1979年1月至1980年5月）

杨孝彬（1979年5月至1981年12月主持工作）

薄金林（1981年1月至1984年1月）

叶虎林（1981年1月至1984年1月）

章启舜（1981年12月至1984年10月。其中1982年2月至1984年1月主持工作）

中共晟舍公社委员会

书记　潘益卿（1978年9月至1984年1月。1976年10月至1978年9月为副书记，其中1978年4月至9月主持工作）

副书记　李锦祥（1976年10月至1978年4月主持工作）

丁厚德（1978 年 4 月至 1984 年 1 月）

袁阿团（1981 年 9 月至 1984 年 1 月）

中共轧村公社委员会

书记 殷必成（1976 年 10 月至 1978 年 11 月）

方新泉（1979 年 1 月至 1984 年 1 月）

副书记 胡程（1976 年 10 月至 1980 年 6 月）

叶虎林（1976 年 10 月至 1980 年 12 月）

赵雪清（1977 年 10 月至 12 月）

李林宝（1977 年 10 月至 1981 年 10 月）

韦强民（1981 年 9 月至 1984 年 1 月）

中共太湖公社委员会

书记 戴松樵（兼，1976 年 10 月至 1977 年 8 月）

陈长云（1977 年 8 月至 1981 年 10 月。1976 年 10 月至 1977 年 8 月为副书记）

胡明昌（1981 年 10 月至 1984 年 1 月。1980 年 11 月至 1981 年 10 月为副书记）

副书记 归文莲（1976 年 10 月至 1977 年 7 月）

王才生（1976 年 10 月至 1980 年 10 月）

朱水乔（1979 年 4 月至 1984 年 1 月）

中共漾西公社委员会

书记 周必成（1976 年 10 月至 1977 年 12 月）

赵雪清（1978 年 9 月至 1984 年 1 月。1977 年 12 月至 1978 年 9 月为副书记）

副书记 顾义荣（1976 年 10 月至 1980 年 11 月）

王金发（1981 年 1 月至 1984 年 1 月）

陈培钦（1981 年 1 月至 1983 年 10 月）

8.分区委和乡、镇党委

中共织里分区委员会

书记 戴松樵（1983 年 11 月至 1984 年 9 月）

胡明昌（1986 年 3 月至 1988 年 11 月。1985 年 7 月至 1986 年 3 月为

副书记）

　　副书记　沈毓麟（1984 年 9 月至 1985 年 12 月主持工作）

　　　　　　吴顺康（1986 年 3 月至 11 月）

　　　　　　吴荣江（1988 年 1 月至 11 月）

　　中共织里镇委员会

　　书记　胡明昌（1984 年 2 月至 9 月）

　　　　　赵雪清（1984 年 9 月至 1988 年 3 月）

　　　　　沈淦亭（1988 年 4 月至 11 月。1984 年 2 月至 1988 年 4 月为副书记）

　　副书记　叶虎林（1984 年 1 月至 2 月）

　　　　　　薄金林（1984 年 2 月至 9 月）

　　　　　　沈振荣（1984 年 2 月至 1985 年 12 月）

　　　　　　何松才（1987 年 1 月至 1988 年 11 月）

　　　　　　沈志云（1988 年 8 月至 11 月）

　　中共轧村乡委员会

　　书记　方新泉（1984 年 2 月至 1988 年 11 月）

　　副书记　韦强民（1984 年 2 月至 7 月）

　　　　　　郁才康（1985 年 7 月至 1987 年 1 月）

　　　　　　陈明宝（1985 年 7 月至 1988 年 11 月）

　　　　　　姚松泉（1987 年 1 月至 1988 年 11 月）

　　中共太湖乡委员会

　　书记　何松才（1984 年 2 月至 1986 年 11 月）

　　　　　吴顺康（1986 年 11 月至 1988 年 11 月）

　　副书记　王金发（1984 年 2 月至 1988 年 11 月）

　　　　　　吴荣江（1985 年 3 月至 4 月）

　　　　　　董建平（1987 年 1 月至 1988 年 11 月）

　　中共漾西乡委员会

　　书记　赵雪清（1984 年 2 月至 9 月）

　　　　　顾进才（1985 年 3 月至 1988 年 11 月）

　　副书记　吴文清（1984 年 2 月至 1987 年 7 月。其中 1984 年 10 月至 1985 年 3 月主持工作）

朱春荣（1985 年 3 月至 1988 年 11 月）

中共晟舍乡委员会

书记　潘益卿（1984 年 2 月至 1985 年 7 月）

朱水乔（1986 年 5 月至 1987 年 1 月。1984 年 2 月至 1986 年 5 月为副书记）

袁阿团（1987 年 1 月至 1988 年 11 月）

副书记　丁厚德（1984 年 2 月至 4 月）

潘根发（1984 年 2 月至 1985 年 7 月）

陈惠民（1985 年 7 月至 1988 年 11 月）

叶再明（1987 年 1 月至 1988 年 11 月）

表 5-1-2　1988 年前各镇（乡、公社）党委委员名录

姓名	任职时间	职务
王金根	1980 年 12 月至 1984 年 4 月	织里镇党委委员
朱玉春	1980 年 12 月至 1984 年 4 月	织里镇党委委员
李新妹	1980 年 12 月至 1984 年 4 月	织里镇党委委员
周文善	1980 年 12 月至 1984 年 4 月	织里镇党委委员
沈振荣	1980 年 12 月至 1984 年 4 月	织里镇党委委员
曹荣江	1976 年 7 月至 1995 年 3 月	织里镇党委委员
薄金林	1980 年 12 月至 1987 年 2 月	织里镇党委委员
陈国荣	1981 年 12 月至 1984 年 2 月	织里公社党委委员
沈岳年	1984 年 4 月至 1987 年 2 月	织里镇党委委员
沈志云	1986 年 10 月至 1988 年 7 月	织里镇党委委员
沈少青	1961 年 6 月至 1980 年 4 月	晟舍公社党委委员
郁阿黑	1970 年 10 月至 1980 年 4 月	晟舍公社党委委员
吴志明	1970 年 10 月至 1980 年 4 月	晟舍公社党委委员
潘财发	1970 年 10 月至 1980 年 4 月	晟舍公社党委委员
潘益卿	1985 年 8 月至 1986 年 5 月	晟舍乡书记级巡视员
郑惠民	1984 年 3 月至 1985 年 7 月	晟舍乡党委委员
叶央毛	1980 年 4 月至 1987 年 4 月	晟舍公社党委委员
闵水根	1981 年至 1984 年 2 月	晟舍乡党委委员
	1984 年 2 月至 1988 年 11	晟舍乡党委委员、人武部部长
叶再明	1986 年 4 月至 1987 年 3 月	晟舍乡党委委员
杨发根	1987 年 4 月至 1988 年 11 月	晟舍乡党委委员

（续）

姓名	任职时间	职务
闵水根	1984 年 6 月至 1988 年 11 月	晟舍乡党委委员
陈长云	1980 年 10 月至 1984 年 3 月	太湖公社党委委员
朱水乔	1980 年 10 月至 1984 年 3 月	太湖公社党委委员
陈佰成	1980 年 10 月至 1984 年 3 月	太湖公社党委委员
沈云泉	1980 年 10 月至 1984 年 3 月	太湖公社党委委员
胡明昌	1980 年 10 月至 1984 年 3 月	太湖公社党委委员
叶再明	1980 年 10 月至 1984 年 3 月	太湖公社党委委员
	1984 年 3 月至 1985 年 10 月	太湖公社党委委员
	1985 年 10 月至 1986 年 4 月	太湖公社党委委员、经委主任
陈法林	1980 年 10 月至 1984 年 3 月	太湖公社党委委员
李荣法	1980 年 11 月至 1985 年 4 月	太湖公社党委委员
陆云泉	1980 年 10 月至 1984 年 3 月	太湖公社党委委员
吴荣江	1984 年 3 月至 1987 年 3 月	太湖公社党委委员
周福明	1981 年 6 月至 1988 年 11 月	太湖乡党委委员
李林宝	1980 年 4 月至 1984 年 3 月	轧村乡党委委员
叶虎林	1980 年 4 月至 1984 年 3 月	轧村乡党委委员
郑新土	1980 年 4 月至 1984 年 3 月	轧村乡党委委员
汤和林	1980 年 4 月至 1984 年 2 月	轧村乡党委委员
王新宝	1980 年 4 月至 1987 年 2 月	轧村乡党委委员
陈明宝	1984 年 4 月至 1987 年 1 月	轧村公社党委委员
姚阿根	1980 年 11 月至 1988 年 11 月	轧村公社党委委员
陈阿荣	1980 年 2 月至 1988 年 11 月	轧村公社党委委员
费祥华	1986 年 6 月至 1988 年 11 月	轧村乡党委委员
钱阿根	1970 年 9 月至 1980 年 11 月	漾西公社党委委员
闵怡林	1970 年 9 月至 1980 年 11 月	漾西公社党委委员
计阿毛	1970 年 9 月至 1980 年 11 月	漾西公社党委委员
朱金荣	1970 年 9 月至 1980 年 11 月	漾西公社党委委员
陈培钦	1980 年 11 月至 1984 年 4 月	漾西公社党委委员
王金法	1977 年 8 月至 1981 年 1 月	漾西公社党委委员
沈淦亭	1979 年 12 月至 1984 年 6 月	漾西公社党委委员
朱春荣	1981 年 1 月至 1985 年 3 月	漾西公社党委委员
沈根泉	1984 年 4 月至 1987 年 3 月	漾西镇党委委员
李荣法	1985 年 4 月至 1988 年 11 月	漾西乡党委委员
钱水根	1986 年 8 月至 1988 年 11 月	漾西乡党委委员

9.1986 年至 2019 年乡镇党委、人大、政府领导班子成员名单

1986 年至 2019 年织里各乡镇党委、人大及政府领导班子成员名录见下面各表。

表 5-1-3　1986—2021 年织里镇党政领导班子成员名录

姓名	任职时间	职务
曹荣江	1988 年 10 月至 1995 年 3 月	织里镇党委委员
	1995 年 3 月至 1996 年 11 月	织里镇人大副主席
陈国荣	1993 年 10 月至 1994 年 4 月	织里镇副镇长
	1994 年 4 月至 1998 年 10 月	织里镇党委委员、副镇长
沈淦亭	1988 年 4 月至 1989 年 1 月	织里镇党委记
沈梅英	1984 年 4 月至 1987 年 4 月	织里乡副乡长
沈志云	1988 年 11 月至 1990 年 3 月	织里镇党委副书记、镇长
	1993 年 10 月至 1994 年 5 月	织里镇党委委员、副镇长
史福根	1987 年 2 月至 1990 年 3 月	织里镇党委委员
	1988 年 11 月至 1991 年 8 月	织里镇副镇长
杨水根	1987 年 2 月至 1993 年 1 月	织里镇党委委员
吴坤林	1987 年 4 月至 1999 年 8 月	织里镇副镇长
叶央毛	1988 年 11 月至 1999 年 2 月	织里镇副镇长
	1999 年 2 月至 1999 年 10 月	织里镇人大副主席
唐根法	1987 年 3 月至 1991 年 8 月	织里镇党委委员
	1991 年 8 月至 1993 年 1 月	织里镇党委委员、副镇长
	1997 年 5 月至 1998 年 4 月	织里镇主任科员兼党委委员、镇长助理
郁才康	1989 年 1 月至 1992 年 4 月	织里镇委书记
	1992 年 4 月至 1992 年 10 月	织里镇委书记、人大主席团常务主席
	1998 年 10 月至 2008 年 6 月	织里镇党委委员、副书记
柳照华	1990 年 3 月至 1992 年 8 月	织里镇党委副书记、镇长
胡凤林	1986 年 1 月至 1998 年 1 月	织里镇党委委员
	1999 年 11 月至 2003 年 1 月	织里镇党委委员
	2003 年 1 月至 2005 年 3 月	织里镇党委委员
	2005 年 3 月至 2006 年 3 月	织里镇党委副书记
许坤洪	1990 年 3 月至 1993 年 1 月	织里镇党委委员
方新泉	1991 年 1 月至 1993 年 12 月	织里区区委委员
倪林泉	1992 年 8 月至 1993 年 11 月	织里镇副镇长
	1993 年 11 月至 1998 年 10 月	织里镇党委副书记镇长
吴子性	1993 年 1 月至 1993 年 10 月	织里镇党委书记

（续）

姓名	任职时间	职务
冯荣根	1992 年 8 月至 1993 年 10 月	织里镇党委副书记、镇长
	1993 年 11 月至 1996 年 3 月	织里镇人大主席
	1993 年 10 月至 1996 年 1 月	织里镇党委书记
郁培荣	1991 年 7 月至 1991 年 9 月	织里镇党委委员
	1991 年 9 月至 1992 年 11 月	织里镇党委委员、纪委书记
	1992 年 11 月至 1998 年 10 月	织里镇党委副书记、纪委书记
朱海毛	1992 年 10 月至 1994 年 4 月	织里镇党委副书记
陈惠林	1992 年 2 月至 1999 年 10 月	织里镇副镇长
项群英	1996 年 3 月至 1999 年 2 月	织里镇副镇长
胡伟	1996 年 1 月至 1999 年 1 月	织里镇党委书记、人大主席
陈明宝	1999 年 1 月至 2002 年 1 月	织里镇党委书记
	1999 年 2 月至 2001 年 12 月	织里镇人大主席
吴柏林	1992 年 8 月至 1994 年 8 月	织里镇副镇长
	1994 年 8 月至 1996 年 5 月	织里镇党委委员、副镇长
	1996 年 5 月至 1998 年 1 月	织里镇党委副书记、副镇长
	1998 年 10 月至 2001 年 12 月	织里镇党委副书记、镇长
沈应华	1992 年 6 月至 1997 年 9 月	镇党委委员
	1997 年 10 月至 2006 年 12 月	织里镇党委副书记、副镇长
王金法	1990 年 1 月至 1992 年 3 月	织里区委委员
	1998 年 5 月至 2002 年 12 月	织里镇党委委员、副镇长
邱新华	1997 年 10 月至 1999 年 10 月	织里镇党委委员
沈利剑	1999 年 1 月至 2002 年 1 月	织里镇党委委员
徐芳	1993 年 10 月至 1999 年 10 月	织里镇党委委员
潘小平	1998 年 9 月至 1999 年 10 月	织里镇党委委员
戴志华	1999 年 10 月至 2001 年 12 月	织里镇党委副书记、副镇长
费祥华	1999 年 10 月至 2003 年 12 月	织里镇人大副主席
芮惠斌	1998 年 12 月至 1999 年 10 月	织里镇副镇长
潘惠良	1999 年 10 月至 2000 年 7 月	织里镇党委委员、纪委书记
杨永林	1999 年 10 月至 2007 年 3 月	织里镇人大主席
徐华	2002 年 8 月至 2005 年 2 月	织里镇副镇长
杨六顺	2001 年 12 月至 2005 年 6 月	织里镇党委书记
朱建豪	2001 年 12 月至 2005 年 6 月	织里镇党委副书记、镇长
	2005 年 6 月至 2008 年 1 月	织里镇党委书记

（续）

姓名	任职时间	职务
柳松明	2001 年 12 月至 2005 年 3 月	织里镇党委副书记
	2005 年 3 月至 2006 年 8 月	织里镇党委副书记、纪委书记
冯建强	2002 年 12 月至 2005 年 3 月	织里镇党委委员、副镇长
沈林庆	1999 年 10 月至 2002 年 12 月	织里镇副镇长
沈跃伟	1999 年 10 月至 2002 年 12 月	织里镇副镇长
	2008 年 11 月至 2010 年 1 月	织里镇副镇长
闵国荣	2000 年 8 月至 2006 年 8 月	织里镇党委委员
沈林江	1999 年 10 月至 2009 年 4 月	织里镇党委委员
叶银梅	1999 年 10 月至 2005 年 3 月	织里镇党委委员
	2005 年 3 月至 2011 年 7 月	织里镇党委委员、副镇长
施元璋	2002 年 1 月至 2006 年 12 月	织里镇党委委员
陶承欢	2002 年 1 月至 2007 年 3 月	织里镇副镇长
柳学林	2002 年 1 月至 2007 年 3 月	织里镇副镇长
	2007 年 3 月至 2009 年 5 月	织里镇人大副主席
周建荣	2005 年 6 月至 2010 年 4 月	织里镇党委副书记、镇长
韦勤	2005 年 3 月至 2005 年 6 月	织里镇副镇长
	2005 年 6 月至 2006 年 8 月	织里镇党委副书记、副镇长
	2006 年 8 月至 2009 年 4 月	织里镇党委委员、副镇长
	2009 年 4 月至 2011 年 7 月	织里镇人大主席
孙水荣	2005 年 3 月至 2008 年 10 月	织里镇党委委员
胡旋波	2005 年 3 月至 2012 年 9 月	织里镇党委委员、副镇长
章继林	2005 年 3 月至 2008 年 6 月	织里镇副镇长
梅冰	2006 年 8 月至 2008 年 3 月	织里镇副镇长
潘新林	2005 年 3 月至 2014 年 2 月	织里镇副镇长
	2014 年 2 月至 2020 年 5 月	织里镇人大副主席
王仕乐	2007 年 3 月至 2009 年 5 月	织里镇人大主席
朱永林	2008 年 4 月至 2010 年 1 月	织里镇副镇长
费斌	2006 年 8 月至 2010 年 4 月	织里镇党委委员、纪委书记
	2010 年 4 月至 2014 年 1 月	织里镇党委副书记、纪委书记
	2014 年 1 月至 2016 年 3 月	织里镇人大主席，轧村办事处党工委书记、主任
陈鑫堂	2008 年 1 月至 2012 年 1 月	织里镇党委书记
丁芳芳	2012 年 1 月至 2014 年 3 月	织里镇党委书记
陈永华	2014 年 3 月至 2016 年 8 月	织里镇党委书记
沈惠玉	2010 年 1 月至 2011 年 12 月	织里镇副镇长

（续）

姓名	任职时间	职务
费学梅	2014年2月至2015年3月	织里镇党委副书记、纪委书记
杨勇	2010年4月至2015年4月	织里镇党委副书记、镇长
陈彬	2010年8月至2012年8月	织里镇党委副书记
邱国强	2011年1月至2011年12月	织里镇副镇长
王小明	2011年7月至2014年11月	织里镇党委委员、副镇长
黄新发	2008年6月至2011年7月	织里镇党委副书记
	2011年7月至2014年1月	织里镇人大主席
沈波	2014年5月至2018年5月	织里镇副镇长
周功剑	2011年7月至2014年6月	织里镇党委委员、副镇长
黄永强	2011年8月至2015年9月	织里镇党委委员
王道文	2011年8月至2013年4月	织里镇党委委员、副镇长
彭鼎顺	2011年12月至2016年12月	织里镇副镇长
蒋锦荣	2011年8月至2012年11月	织里镇党委委员
	2012年11月至2016年9月	织里镇党委委员、副镇长
	2016年11月至2018年7月	织里镇党委委员（挂职）
	2018年7月至2019年10月	织里镇党委委员（挂职）
	2018年9月至2019年12月	轧村办事处党工委书记
温建飞	2016年8月至2018年5月	织里镇党委书记
王国华	2013年4月至2014年5月	织里镇副镇长
	2014年5月至2016年4月	织里镇党委委员、副镇长
	2016年4月至2016年9月	织里镇党委委员、副镇长、轧村办事处党工委书记、主任
	2016年9月至2018年5月	织里镇党委副书记、轧村办事处党工委书记、主任
何震旼	2013年6月至2016年12月	织里镇副镇长
宁云	2008年6月至2009年5月	织里镇党委副书记、镇长助理
	2009年5月至2011年7月	织里镇副镇长
	2015年4月至2018年6月	织里镇党委副书记、镇长
	2018年6月至2021年4月	织里镇党委书记
史宁慧	2014年4月至2021年7月	织里镇人大副主席
盛舸	2014年1月至2016年9月	织里镇党委副书记
	2016年9月至2019年1月	织里镇党委副书记、正科级组织员
杨枫	2011年7月至2014年2月	织里镇人大副主席
	2014年2月至2014年6月	织里镇副镇长
	2014年6月至2017年10月	织里镇党委委员

（续）

姓名	任职时间	职务
温绿琴	2017 年 10 月至 2020 年 11 月	织里镇党委委员
	2020 年 11 月至 2021 年 12 月	织里镇党委副书记
汤雪东	2012 年 11 月至 2014 年 1 月	织里镇副镇长
	2014 年 1 月至 2017 年 10 月	织里镇党委委员、振兴街道党工委书记
	2017 年 10 月至 2019 年 1 月	织里镇党委副书记
周郑洁	2015 年 11 月至 2016 年 9 月	织里镇党委委员、副镇长
	2016 年 9 月至 2017 年 10 月	织里镇党委委员、晟舍街道工作委员会书记、办事处主任
	2017 年 10 月至 2020 年 3 月	织里镇党委委员、副镇长
钱伟忠	2009 年 4 月至 2010 年 11 月	织里镇党委副书记、镇长助理
	2010 年 11 月至 2011 年 7 月	织里镇人大副主席
	2011 年 7 月至 2014 年 10 月	织里镇副镇长
	2014 年 10 月至 2017 年 4 月	织里镇党委委员、副镇长
章惠民	2014 年 2 月至 2016 年 9 月	织里镇党委委员
蔡梅建	2015 年 3 月至 2019 年 3 月	织里镇党委委员、纪委书记
彭建国	2014 年 8 月至 2015 年 1 月	织里镇党委副书记（下派）
	2015 年 1 月至 2016 年 10 月	织里镇人大主席、党委副书记
	2016 年 10 月至 2018 年 7 月	织里镇人大主席
舒忠明	2011 年 7 月至 2014 年 1 月	织里镇党委委员（挂职）
	2014 年 1 月至 2016 年 9 月	织里镇党委委员
	2016 年 9 月至 2019 年 6 月	织里镇副镇长
	2019 年 6 月至 2021 年 4 月	织里镇党委委员
	2021 年 4 月至 2021 年 12 月	织里镇人大副主席
朱根初	2011 年 7 月至 2014 年 4 月	政协主任
郑智慧	2014 年 4 月至 2015 年 2 月	政协主任
陈云	2015 年 6 月至 2017 年 6 月	织里镇副镇长
张力	2019 年 1 月至 2019 年 11 月	党委副书记
陈荣畯新	2019 年 12 月至 2021 年 12 月	织里镇副镇长
丁百川	2020 年 9 月至 2021 年 7 月	党委副书记
黄栩	2014 年 10 月至 2018 年 9 月	织里镇副镇长
	2018 年 9 月至 2020 年 3 月	织里镇党委委员、副镇长
潘斌松	2017 年 7 月至 2019 年 12 月	织里镇副镇长
费一鸣	2018 年 1 月至 2019 年 12 月	织里镇副镇长

(续)

姓名	任职时间	职务
陈勇杰	2018 年 7 月至 2021 年 12 月	织里镇党委副书记、镇长
薄国欣	2018 年 7 月至 2021 年 12 月	织里镇人大主席
沈国强	2017 年 7 月至 2019 年 10 月	织里镇党委委员
	2019 年 10 月至 2020 年 9 月	织里镇党委副书记
刘玉军	2015 年 9 月至 2019 年 6 月	织里镇党委委员
	2019 年 6 月至 2021 年 11 月	织里镇党委委员、副镇长
	2021 年 11 月至 2021 年 12 月	织里镇党委委员
何良	2018 年 9 月至 2019 年 12 月	织里镇副镇长
	2021 年 4 月至 2021 年 12 月	织里镇党委委员
唐晖	2019 年 3 月至 2021 年 7 月	织里镇党委委员、纪委书记
张波	2020 年 3 月至 2021 年 12 月	织里镇副镇长
戴占平	2020 年 11 月至 2021 年 12 月	织里镇党委书记
陆钺伟	2020 年 3 月至 2021 年 12 月	织里镇党委委员、副镇长
杨治	2021 年 4 月至 2021 年 12 月	织里镇党委书记
卢晓亮	2021 年 7 月至 2021 年 12 月	织里镇党委委员、纪委书记
黄大春	2021 年 7 月至 2021 年 12 月	织里镇党委副书记
谈晔	2021 年 10 月至 2021 年 12 月	织里镇党委委员、副镇长
吴谦	2021 年 10 月至 2021 年 12 月	织里镇党委委员
归佳琪	2021 年 12 月至 2021 年 12 月	织里镇副镇长
朱双双	2021 年 12 月至 2021 年 12 月	织里镇副镇长
江波	2021 年 12 月至 2021 年 12 月	织里镇副镇长

表 5-1-4　1986—1999 年太湖镇（乡）党政领导班子成员名录

姓名	任职时间	职务
李荣法	1998 年 10 月至 1999 年 10 月	太湖镇党委委员、副镇长
王金法	1988 年 11 月至 1990 年 1 月	太湖乡党委副书记、乡长
周福明	1988 年 11 月至 1995 年 10 月	太湖乡党委委员
吴顺康	1988 年 11 月至 1993 年 1 月	太湖乡党委书记
董建平	1988 年 11 月至 1993 年 1 月	太湖乡党委副书记、副乡长
郑永庆	1987 年 3 月至 1990 年 3 月	太湖乡党委委员
	1990 年 3 月至 1993 年 1 月	太湖乡党委副书记
邱柏林	1989 年 9 月至 1990 年 11 月	太湖乡党委委员
	1990 年 11 月至 1994 年 3 月	太湖乡党委副书记、纪委书记
吴柏林	1990 年 2 月至 1992 年 11 月	太湖乡副乡长

（续）

姓名	任职时间	职务
吴土林	1989 年 3 月至 1993 年 5 月	太湖乡副乡长
朱建飞	1990 年 3 月至 1993 年 1 月	太湖乡党委委员
闵国荣	1990 年 7 月至 1995 年 10 月	太湖乡党委委员
史福根	1992 年 11 月至 1996 年 3 月	太湖乡副乡长
曾国兴	1993 年 1 月至 1996 年 1 月	太湖乡党委书记
吴建民	1992 年 12 月至 1996 年 1 月	太湖乡党委副书记
	1993 年 5 月至 1995 年 9 月	太湖乡乡长
陈元青	1992 年 1 月至 1993 年 5 月	太湖乡党委委员
	1993 年 5 月至 1995 年 8 月	太湖乡党委委员、副乡长
	1995 年 9 月至 1995 年 10 月	太湖乡副书记、乡长
	1996 年 1 月至 1999 年 10 月	太湖乡党委书记、人大主席
汤和林	1992 年 7 月至 1995 年 10 月	太湖乡党委委员
	1995 年 10 月至 1998 年 10 月	太湖乡人大副主席
费祥华	1994 年 4 月至 1995 年 10 月	太湖乡党委副书记、纪委书记
邱新华	1994 年 8 月至 1995 年 3 月	太湖乡党委委员、乡长助理
	1995 年 3 月至 1997 年 10 月	太湖乡副乡长
褚建山	1995 年 9 月至 1998 年 11 月	太湖乡副乡长
郁才康	1995 年 10 月至 1998 年 10 月	太湖乡副书记、乡长
潘惠良	1995 年 10 月至 1998 年 10 月	太湖乡党委副书记、纪委书记
	1998 年 10 月至 1999 年 10 月	太湖乡党委副书记、镇长
孙水荣	1995 年 10 月至 1999 年 10 月	太湖乡党委委员
沈林庆	1994 年 5 月至 1999 年 12 月	太湖乡党委委员、副镇长
宋明祥	1991 年 2 月至 1998 年 11 月	太湖乡副乡长、副镇长
	1996 年 1 月至 1999 年 2 月	太湖乡党委委员
黄宝明	1995 年 10 月至 1998 年 10 月	太湖乡党委委员
龚新霞	1995 年 7 月至 1999 年 10 月	太湖乡党委委员、纪委书记
胡凤林	1998 年 1 月至 1999 年 1 月	太湖镇党委副书记
薛跃伟	1998 年 10 月至 1999 年 10 月	太湖镇党委委员
蒋锦荣	1998 年 10 月至 1999 年 10 月	太湖镇党委委员
陆阿根	1998 年 11 月至 1999 年 10 月	太湖镇副镇长

表 5-1-5　1986—1999 年轧村镇（乡）党政领导班子成员名录

姓名	任职时间	职务
罗伯群	1986 年 4 月至 1987 年 4 月	轧村乡副乡长

（续）

姓名	任职时间	职务
方新泉	1988 年 11 月至 1989 年 12 月	轧村乡党委书记
陈明宝	1988 年 11 月至 1992 年 3 月	轧村乡党委副书记、乡长（后任镇长）
	1994 年 4 月至 1999 年 1 月	轧村乡人大主席
	1992 年 3 月至 1998 年 10 月	轧村乡党委书记
姚阿根	1988 年 11 月至 1992 年 10 月	轧村乡党委委员
	1992 年 10 月至 1995 年 10 月	轧村镇党委委员
	1995 年 10 月至 1998 年 10 月	轧村镇人大副主席
姚松泉	1988 年 11 月至 1990 年 3 月	轧村镇党委副书记
陈阿荣	1987 年 4 月至 1992 年 3 月	轧村乡党委委员、副乡长
费祥华	1988 年 11 月至 1994 年 4 月	轧村乡党委委员
	1998 年 10 月至 1998 年 12 月	轧村乡人大主席
	1998 年 12 月至 1999 年 10 月	轧村镇党委副书记、人大副主席
李劲	1990 年 4 月至 1992 年 3 月	轧村乡副乡长
朱淦江	1987 年 1 月至 1992 年 6 月	轧村乡党委委员
	1992 年 7 月至 1998 年 10 月	轧村镇党委委员
侯金根	1988 年 11 月至 1993 年 1 月	轧村镇党委委员、副乡长
曹会明	1989 年 12 月至 1992 年 3 月	轧村镇党委书记
沈土根	1990 年 3 月至 1995 年 10 月	轧村镇党委副书记
潘惠良	1989 年 9 月至 1995 年 10 月	轧村党委委员、副镇长
朱春荣	1992 年 3 月至 1995 月 9 月	轧村镇党委副书记、镇长
钱水根	1992 年 12 月至 1997 年 1 月	轧村镇党委委员、副镇长
王金法	1992 年 3 月至 1995 年 5 月	轧村乡副乡长
	1995 年 5 月至 1998 年 5 月	轧村镇副镇长
朱海毛	1994 年 4 月至 1995 年 9 月	轧村镇党委副书记、纪委书记
	1995 年 9 月至 1998 年 10 月	轧村镇党委副书记、镇长
闵国荣	1995 年 10 月至 1999 年 10 月	轧村镇党委副书记
沈林江	1994 年 4 月至 1999 年 10 月	轧村镇党委委员
冯建强	1995 年 1 月至 1998 年 10 月	轧村镇党委委员
	1999 年 2 月至 1999 年 10 月	轧村镇副镇长
沈福荣	1995 年 11 月至 1999 年 2 月	轧村镇副镇长
倪林泉	1998 年 10 月至 1999 年 10 月	轧村镇党委书记、人大主席
杨永林	1998 年 10 月至 1999 年 10 月	轧村镇党委副书记、镇长
叶银梅	1998 年 10 月至 1999 年 10 月	轧村镇党委委员

（续）

姓名	任职时间	职务
费旭敏	1995 年 11 月至 1999 年 2 月	轧村镇副镇长
	1998 年 10 月至 1999 年 10 月	轧村镇党委委员
潘新林	1998 年 10 月至 1999 年 10 月	轧村镇党委委员、副镇长
王战荣	1998 年 10 月至 1999 年 10 月	轧村镇党委委员、副镇长
姜吴刚	1999 年 2 月至 1999 年 10 月	轧村镇副镇长

表 5-1-6　1986—1999 年漾西镇（乡）党政领导班子成员名录

姓名	任职时间	职务
计阿毛	1987 年 3 月至 1990 年 3 月	漾西公社党委委员
朱春荣	1988 年 11 月至 1992 年 3 月	漾西乡党委副书记、乡长
	1995 年 9 月至 1998 年 12 月	漾西镇人大主席
	1998 年 12 月至 1999 年 10 月	漾西镇人大副主席
顾金才	1988 年 11 月至 1990 年 3 月	漾西镇党委书记
李荣法	1988 年 11 月至 1990 年 4 月	漾西乡党委委员、副乡长
	1990 年 4 月至 1994 年 8 月	漾西乡副乡长
	1994 年 8 月至 1998 年 10 月	漾西镇党委委员、副镇长
钱水根	1988 年 11 月至 1992 年 12 月	漾西乡党委委员、副乡长
沈林庆	1988 年 11 月至 1994 年 4 月	漾西乡副乡长
朱林山	1987 年 3 月至 1992 年 11 月	漾西乡党委委员
	1992 年 11 月至 1995 年 9 月	漾西镇党委副书记
汤和林	1987 年 3 月至 1991 年 9 月	漾西乡党委委员
金新龙	1990 年 3 月至 1993 年 1 月	漾西乡党委书记
卢细毛	1990 年 3 月至 1993 年 1 月	漾西乡党委副书记
姚松泉	1993 年 1 月至 1995 年 11 月	漾西乡人大主席
	1993 年 1 月至 1998 年 10 月	漾西乡党委书记
陈阿荣	1992 年 3 月至 1995 年 9 月	漾西镇党委副书记、镇长（前任乡长）
姚志凌	1993 年 1 月至 1996 年 1 月	漾西镇党委委员、副乡长
	1995 年 10 月至 1999 年 10 月	漾西镇党委副书记、镇长
王战荣	1992 年 11 月至 1995 年 3 月	漾西镇党委委员
	1995 年 3 月至 1998 年 10 月	漾西镇党委委员、副镇长
徐贵华	1991 年 1 月至 1994 年 4 月	漾西乡党委委员
冯水根	1993 年 1 月至 1999 年 1 月	漾西镇党委委员
费祥华	1995 年 10 月至 1998 年 10 月	漾西镇党委副书记、纪委书记
费正荣	1995 年 10 月至 1997 年 1 月	漾西镇党委委员

（续）

姓名	任职时间	职务
方安明	1997 年 3 月至 1999 年 2 月	漾西镇副镇长
芮惠斌	1997 年 1 月至 1998 年 10 月	漾西镇党委委员
戴志华	1998 年 10 月至 1999 年 10 月	漾西镇党委书记
朱淦江	1998 年 10 月至 1999 年 1 月	漾西镇党委副书记
程大川	1998 年 10 月至 1999 年 10 月	漾西镇党委委员
宋明祥	1999 年 1 月至 1999 年 10 月	漾西镇党委委员、副镇长
沈跃伟	1997 年 3 月至 1999 年 10 月	漾西镇副镇长
杨新林	1994 年 4 月至 1995 年 3 月	漾西镇党委委员
	1995 年 3 月至 1998 年 10 月	漾西镇副镇长
	1998 年 10 月至 1999 年 10 月	漾西镇党委委员、副镇长
陈晓华	1998 年 10 月至 1999 年 10 月	漾西镇党委委员

表 5-1-7　1988—1997 年晟舍乡党政领导班子成员名录

姓名	任职时间	职务
郑惠民	1988 年 11 月至 1990 年 4 月	晟舍乡党委副书记、乡长
	1990 年 4 月至 1997 年 7 月	党委书记
闵水根	1988 年 11 月至 1990 年 4 月	晟舍乡党委委员、人武装部部长
袁阿团	1988 年 11 月至 1990 年 4 月	晟舍乡党委书记
叶再明	1988 年 11 月至 1993 年 10 月	晟舍乡党委副书记、经委书记
杨发根	1988 年 11 月至 1990 年 4 月	晟舍乡党委委员
	1990 年 4 月至 1993 年 5 月	晟舍乡副乡长
姚荣坤	1990 年 4 月至 1993 年 5 月	晟舍乡副乡长
闵水根	1988 年 11 月至 1993 年 10 月	晟舍乡党委委员
汤荣成	1987 年 4 月至 1990 年 4 月	晟舍乡党委委员、副乡长
杨阿毛	1989 年 3 月至 1990 年 4 月	晟舍乡副乡长
	1990 年 4 月至 1993 年 5 月	晟舍乡党委副书记、乡长
陈国荣	1988 年 11 月至 1990 年 2 月	晟舍乡副乡长
	1990 年 2 月至 1993 年 10 月	晟舍乡党委委员、副乡长
叶理中	1989 年 2 月至 1991 年 3 月	晟舍乡党委委员
徐芳	1989 年 3 月至 1993 年 10 月	晟舍乡党委委员
杨水根	1991 年 7 月至 1993 年 10 月	晟舍乡党委委员、党委副书记
朱海毛	1990 年 1 月至 1992 年 10 月	晟舍乡党委委员
侯金根	1993 年 5 月至 1997 年 7 月	晟舍乡副乡长
高树林	1993 年 5 月至 1997 年 7 月	晟舍乡副乡长

第三节　镇、乡、公社、大公社党员代表大会

一、织里镇（乡、公社）历次党员代表大会

1. 中国共产党织里公社第一次代表大会

1961年6月，原太湖人民公社党委下属的织里、织东管理区总支合并建成织里公社党委。约于1962年召开第一次党员代表大会。

2. 中国共产党织里公社第二、第三次代表大会

由于受社会主义教育运动和"文化大革命"运动等因素影响，未能正常召开。

3. 中国共产党织里公社第四次代表大会

织里公社党的核心小组于1970年10月召开织里公社第四次代表大会，大会成立中共织里公社委员会（新党委），韩永勤任书记，杨孝彬任副书记。

4. 中国共产党织里公社第五次代表大会

1980年12月9日至10日召开，应出席的正式代表136名，代表全社27个支部，列席代表3名。大会首先听取并讨论了中共织里区委副书记、公社党委书记李老四所作的《关于粉碎'四人帮'以来的工作总结和提出会后全社党的奋斗任务》的报告，10日上午由薄金林作《关于学习"准则"和新党章》的报告。区委书记戴松樵到会讲话。

大会确定1981年农业生产目标是："粮食总产3250万斤（与1979年持平），油菜籽总产100万斤，亩产170斤。蚕茧总产6780担，张产73斤。水产品总产1270担，生猪年饲养量24 000头，湖羊饲养量13 000头，长毛兔饲养量22 000只。社员年平均收入190元，人口出生203人，社办企业总产值200万元，利润40万元。要求大力改桑种桑，改桑200亩，新种桑330亩。"

129名代表参加大会投票选举，王金根、朱玉春、李老四、李新妹、沈振荣、周文善、杨孝彬、曹荣江、薄金林等9人当选为公社第五届委员会委员。

5. 中国共产党织里乡第六次代表大会

1984年4月召开，大会选举产生乡第六届委员会委员胡明昌、沈淦亭、沈振荣、沈岳年、曹荣江、薄金林等6人，胡明昌任书记，沈淦亭、沈振荣任副书记。

6.中国共产党织里镇第七次次代表大会

1987 年 2 月 26 日至 27 日召开，应到正式代表 110 人，代表全镇 34 个党支部的 477 名党员，实到 95 人。

大会批准赵雪清所作的工作报告，确定今后三年的工作目标和方向是："坚持四项基本原则，反对资产阶级自由化；开展增产节约，增收节支运动，把农村改革引向深入，稳定发展农业，大力发展镇村工业，鼓励发展家联工业，加快城镇建设和各项事业的发展，努力把我镇建设成为具有经济特色、繁荣富庶的水乡文明城镇。"

大会选举产生镇第七届委员会委员赵雪清、沈淦亭、何松才、沈志云、史福根、曹荣江、杨水根、唐根法等 8 人，赵雪清当选为书记，沈淦亭、何松才当选为副书记。选举产生出席郊区第二次党代会代表 7 名。

7.中国共产党织里镇第八次代表大会

1990 年 3 月 27 日至 28 日召开，应到代表 115 名，实际到会 110 人。大会选举产生新一届委员会委员郁才康、柳照华、何松才、胡凤林、唐根法、杨水根、许坤洪、曹荣江等 8 人，郁才康当选为书记，柳照华、何松才为副书记。

8.中国共产党织里镇第九次代表大会

1993 年 1 月 11 日至 12 日召开，应到正式代表 99 名，代表全镇 35 个支部的 541 名党员。

大会批准吴子性代表镇上届委员会所作的题为《多轮驱动，多业并举，力争我镇两个文明建设上新台阶》的工作报告，批准郁培荣代表镇第七届纪委所作的工作报告，确定今后工作的指导思想和工作措施是："以十四大精神为指针，以经济建设为中心，进一步解放思想，转变观念，坚持以市场建设为龙头，以加快发展第三产业为重点，回绕市场办工业，积极开发一优两高农业，多种经济成分长期并存，多轮驱动、多业并举，全方位、多层次发展织里社会主义市场经济。坚持两手抓，力争使我镇两个文明建设上一个新台阶。"

大会选举产生镇第八届委员会委员吴子性、冯荣根、何松才、郁培荣、唐根法、沈志云、曹荣江、胡凤林、朱海毛等 9 人，吴子性当选为书记，冯荣根、何松才、郁培荣当选为副书记，郁培荣当选为纪委书记。

9.中国共产党织里镇第十次代表大会

1995 年 10 月召开。

10. 中国共产党织里镇第十一次代表大会

1999 年 1 月 6 日在织里镇政府三楼会议室召开，应到正式代表 88 人，代表全镇 61 个党支部，列席代表 27 名。

大会批准陈明宝代表镇第十届委员会所作的题为《抓住机遇、团结奋进、再创辉煌，为全面建设跨世纪发展的新织里而努力》的工作报告，批准镇纪委工作报告，听取《党费收缴报告》，确定今后三年全镇经济和社会发展的工作要求和指导思想是："高举邓小平理论的伟大旗帜，全面贯彻落实党的十五大和十五届三中全会精神，紧紧围绕经济建设这个中心，继续实施'以市兴镇'发展战略，坚持以市场为龙头，以童装产业为依托，以农业为基础，以工业为重点，加快城镇建设步伐，大力发展第三产业，努力争创新优势，再上新台阶，实现新跨越，全面加强精神文明建设和民主法制建设，进一步强化党的建设和反腐败斗争，为把我们织里镇建设成为市场更发达、城镇更繁荣、经济更活跃、人民更富裕、社会更进步的现代化新型城镇而努力奋斗。"大会确定十件大事："建设童装工业园区；兴建利济文化城；实现村村通公路；部分砂改油，东连轧村、西通戴山；易地新建镇中心小学；建立联托运市场；建设南北两座农贸市场；兴建南北两个公用停车场；建造排污处理站；落实水厂四期扩建工程；实现全镇农田标准化，全面完成农田整治。

大会选举产生镇十一届委员会委员王金法、吴柏林、邱新华、沈应华、沈利剑、陈明宝、郁才康、徐芳、潘小平等 9 人，陈明宝当选为书记，吴柏林、沈应华、郁才康当选为副书记。选举产生纪委委员闵吉清、陈新娣、潘小平等 3 人，潘小平当选为纪委书记。

11. 中国共产党织里镇第十二次代表大会

2002 年 1 月 27 日在织里镇梦园大酒店召开，大会应到正式代表 128 名，代表全镇 91 个基层党组织的 3178 名党员，实到正式代表 123 名。

大会批准杨六顺代表镇十一届委员会所作的《建设现代化工贸城市，为实现织里经济社会跨越式发展而努力奋斗》工作报告，批准镇纪律检查委员会工作报告。大会确定今后三年经济社会发展的指导思想是："高举邓小平理论的伟大旗帜，以'三个代表'重要思想为指导，围绕提前基本实现现代化的战略目标，牢牢把握'坚持发展、维护稳定'的主题，坚持走'以市兴镇、以工强镇'的发展路子，实现经济社会跨越式发展，切实加强精神文明、民主法制和党的建设，把织里建设成为市场繁荣、经济发达、人民富裕、社会文明、充满活力的现代化工贸城市而努力。"

大会选举产生中共织里镇第十二届委员会委员杨六顺、朱建豪、郁才康、柳松明、沈应华、冯建强、胡凤林、闵国荣、沈林江、叶银梅、施元璋等11人，杨六顺当选为党委书记，朱建豪、郁才康、柳松明、沈应华当选为党委副书记。选举产生中共织里镇第十二届纪律检查委员会委员闵国荣、蔡梅建、潘小平、温建飞、蒋根泉，闵国荣当选纪委书记。

12. 中国共产党织里镇第十三次代表大会

2006年12月6日在织里镇行政中心召开，大会应到正式代表122名，代表全镇93个基层党组织的3586名党员，实到正式代表119名。

大会批准朱建豪代表镇十二届委员会所作的《加快科学发展，构建和谐织里，为全面打造现代化工贸新区而努力奋斗》工作报告，批准费斌代表镇上届纪律检查委员会所作的工作报告，通过《关于开展党代表活动制度的决议》。大会确定今后五年全镇经济社会发展的指导思想是："高举邓小平理论和'三个代表'重要思想伟大旗帜，以'科学发展观'统领经济社会发展全局，坚持'发挥优势、率先发展'，围绕'加快科学发展，构建和谐织里'的总体目标，加速产业集聚，提升招商质量，转变增长方式，增强创新能力，推进城乡统筹，发展社会事业，维护安全稳定，提高党的执政能力，为全面打造现代化工贸新区，实现经济社会的又好又快发展而努力奋斗。"

大会选举产生中共织里镇第十三届委员会委员韦勤、叶银梅、朱建豪、孙水荣、沈林江、郁才康、周建荣、胡旋波、费斌等9人，朱建豪当选为党委书记，周建荣、郁才康当选为党委副书记。选举产生中共织里镇第十三届纪律检查委员会委员朱平良、钟继清、费斌、蔡斌滨、潘小平等5人，费斌当选为纪委书记、蔡斌滨当选为纪委副书记。选举产生出席中共吴兴区第二次党代会代表43人。

13. 中国共产党织里镇第十三次代表大会第二次会议

2010年12月28日在织里镇行政中心召开，应出席的正式代表113名。

大会批准陈鑫堂代表镇十三届委员会所作的题为《加快提升发展，推进转型升级，全面打造现代化生态型工贸小城市》的工作报告，批准纪委工作报告。确定今后五年全镇经济社会发展的指导思想是："高举中国特色社会主义伟大旗帜，以邓小平理论和'三个代表'重要思想为指导，深入贯彻落实科学发展观，全面落实市委'增强三力，奋力崛起'发展战略和区委'开放带动、创新驱动、城乡互动、转型推动'四大战略，紧紧围绕'浙北雄镇、童装之都、魅力小城、幸福织里'发展目标，全力实施'工业强镇、童装富镇、商贸活动镇、生态优镇、文明塑镇'五大战略，以提升发展为主题，以转型升级为主线，以小城市试点培育为契机，着力强化创业创新引领、产业集群提升、和谐民生构建和城乡统筹发展，加强党的建设，全力打造转型升级引领镇、创业富民样板镇、加快建设现代童装之都、浙北第一经济重镇和现代化生态型工贸小城市，为率先全面建成小康社会打下更加坚实的基础。"大会收到提案、意见、建议共11件。

14.中国共产党织里镇第十四次代表大会

2011年9月8日在织里镇行政中心召开，大会应到正式代表123名，代表全镇182个基层党组织的4026名党员，实到正式代表119名。

大会批准陈鑫堂代表镇十三届委员会所作的《提升优势、率先发展，为全面打造中国童装之都、浙北经济雄镇、太湖魅力新城而努力奋斗》工作报告，批准上届纪律检查委员会所作的工作报告，通过《镇党委关于党代会代表任期制若干活动制度的决议》。大会确定今后五年全镇经济社会发展的指导思想是："高举中国特色社会主义伟大旗帜，以邓小平理论和'三个代表'重要思想为指导，深入贯彻落实科学发展观，全力实施'工业强镇、童装富镇、商贸活镇、生态优镇、文明塑镇'五大战略，以提升发展为主题，以转型升级为主线，以小城市试点培育为契机，着力强化创业创新引领、产业集群提升、和谐民生构建和城乡统筹发展，加强党的建设，全面打造中国童装之都、浙北经济雄镇、太湖魅力新城。"

大会选举产生中共织里镇第十四届委员会委员王小明、汤雪东、杨勇、沈波、陈彬、陈鑫堂、周功剑、胡旋波、费斌、黄永强、蒋锦荣等11人，陈鑫堂当选为党委书记，杨勇、陈彬、费斌当选为党委副书记。选举产生中共织里镇第十三届纪律检查委员会委员朱平良、吴丽英、钟继清、费斌、徐云峰、樊军、潘斌松等7人，费斌当选为纪委书记，钟继清、蔡斌滨、樊军当选为纪委副书记。选举产生出席中共吴兴区第二次党代会代表43人。

15.中国共产党织里镇第十四次代表大会第二次会议

2012年12月30日下午在织里镇行政中心召开，应到正式代表108名。

大会批准丁芳芳代表十四届委员会所作的题为《实施五大战略，推进五大转型，打造五个织里，全面加快小城市建设步伐》的工作报告，批准纪委工作报告，听取第十四次一次会议代表提案办理情况的报告，听取镇 22 位领导班子成员述职述廉报告，并进行民主测评。大会确定 2013 年全镇工作的指导思想是："以邓小平理论和'三个代表'重要思想为指导，认真贯彻落实党的十八大精神，深入践行科学发展观，紧紧围绕'提升优势、率先发展'的总体要求，以省小城市培育试点为龙头，大力实施工业强镇、产城融合、城乡联动、开放带动、创新驱动战略，全力推进经济、社会、城市、管理、队伍转型，着力打造实力织里、智慧织里、清洁织里、文化织里、平安织里，努力保持全镇经济持续较快发展和社会和谐稳定，加快中国童装之都、浙北经济雄镇、太湖魅力新城建设步伐。"

16. 中国共产党织里镇第十四次代表大会第三次会议

2014 年 1 月 8 日下午在织里镇行政中心召开，应到正式代表 102 名。大会批准丁芳芳所作的《全面深化改革，激发创新活力，加快中国童装之都建设步伐》工作报告，批准纪委工作报告，对镇领导班子成员进行民主测评。

大会确定 2014 年全镇工作的指导思想是："以邓小平理论、'三个代表'重要思想、科学发展观为指导，全面贯彻党的十八届三中全会和省、市、区全委会精神，坚持以省小城市培育试点为龙头，以科学发展为主题，以转型升级为主线，以深化改革为主动力，坚定不移地实施'五大战略'，大力开展'深化改革提速年''转型升级提质年''践行宗旨提效年'，加快推进'五个转型'，着力建设实力织里、智慧织里、清洁织里、文化织里、平安织里，加快打造中国童装之都。"

17. 中国共产党织里镇第十四次代表大会第四次会议

2015 年 1 月 21 日下午在织里镇行政中心召开，应到正式代表 108 名，实到 98 名。

大会批准陈永华所作的 2014 年工作报告，批准纪委工作报告，听取 27 位镇领导班子成员述职述廉报告，并进行民主测评。收到提案、意见、建议共 13 件。大会确定 2015 年工作的指导思想是："坚定不移地贯彻落实党的十八大、十八届三中、四中全会精神和省、市、区的各项决策部署，坚持以科学发展为主题，以小城市综合改革为总抓手，以平安建设为保障，深入实施'五大战略'，推动'五大转型'，全力深化产业转型，推进城乡一体，加强社会治理，巩固基层基础，不断促进经济社会健康快速发展，全力打造中国国际童装之都、太湖南岸工贸新城。"

18.中国共产党织里镇第十四次代表大会第五次会议

2016年1月5日在织里镇行政中心召开，应到正式代表106名，实到95名。大会批准陈永华所作《创新实干、克难奋进，全力争当湖州赶超发展的领跑者》的工作报告。大会确定2016年工作的指导思想是："坚定不移地贯彻落实党的十八届五中全会、省市区委全会精神，坚定不移地聚集小城市发展能级提升，坚定不移地打好产业转型、城乡一体、社会治理组合拳，着力打造吴兴发展的稳压器、永动机，争当湖州市赶超发展的领跑者，加快打造'中国国际童装之都、太湖南岸工贸新城'。"

19.中国共产党织里镇第十五次代表大会

2016年10月30日在织里镇行政中心召开，大会应到正式代表110名，代表全镇88个选举单位，3925名党员（其中预备党员69名），实到正式代表110名。

大会批准温建飞代表镇十四届委员会所作的《产城融合发展，城乡统筹推进，全民和谐共处，努力打造国家新型城镇化综合试点样板区》工作报告，批准镇十四届纪律检查委员会所作的题为《落实责任，完善机制》的工作报告，通过《织里镇整镇推进基层党建的实施意见》。大会确定今后五年全镇经济社会发展的指导思想是：高举中国特色社会主义伟大旗帜，全面贯彻落实党的十八大和十八届三中、四中、五中、六中全会精神，以马克思列宁主义、毛泽东思想、邓小平理论、"三个代表"重要思想和科学发展观为指导，深入贯彻习总书记系列重要

中共织里镇第十五次代表大会召开

讲话精神，按照中央和省、市、区委的决策部署，按照"五位一体"总体布局和"四个全面"战略布局，坚持创新、协调、绿色、开放、共享的发展理念，牢固树立以人民为中心的发展思想，以改革创新为抓手，以转型升级为主线，以平安建设为保障，持续助推产城融合发展、城乡统筹推进、全民和谐共处，全力打造更具影响力、更具引领力、更具向心力的国家新型城镇化综合试点样板区，加快建设"中国国际童装之都、太湖南岸工贸新城"。

大会选举产生中共织里镇第十五届委员会委员王国华、宁云、汤雪东、杨枫、周郑洁、钱伟忠、盛舸、温建飞、蔡梅建等9人，温建飞当选为党委书记，王国华、宁云、盛舸当选为党委副书记。选举产生镇十五届纪律检查委员会委员马晓斌、李亮、吴丽英、张王锋、张宇峰、蔡梅建、潘斌松等7人，蔡梅建当选为纪委书记，张王锋当选为纪委副书记。

20.中国共产党织里镇第十五次代表大会第二次会议

2018年1月20日下午在织里镇行政中心召开，应到正式代表105名，列席代表177名。

大会批准温建飞代表十五届委员会所作的题为《全面落实"以人民为中心"的发展思想，开创织里"二次腾飞新时代"，打造东部"宜居宜业"新城区》的工作报告，批准纪委工作报告，听取第十五次代表大会代表提案办理情况的报告，听取镇24位领导班子成员述职述廉述学述德述法报告，并进行民主测评。通过《织里镇2018年党内重要事项》，收到代表议案、意见、建议共12件。大会确定2018年全镇工作的指导思想是："以习近平新时代中国行色社会主义思想为指导，按照省、市、区委党代会精神和'四新'主题实践的总体部署，以省级小城市培育和第三批国家新型城镇化'两个试点'为总抓手，继续锁定'对齐在全市比肩县区高起点、在全省争先晋位作示范、在全国改革试点成样板'的新标杆，创造'产城融合发展、城乡统筹推进、全民和谐共处、率先实现两高'的新业绩，树立'忠诚干净、激情担当、团结务实'的织里团队新形象，走好织里'二次腾飞'的新征程的奋斗目标，全面落实'以人民为中心'的发展思想，'靠前站、马上办、讲实效'，全力打造东部宜居宜业新城区，加快建设'中国国际童装之都，太湖南岸工贸新城'。"

21.中国共产党织里镇第十五次代表大会第三次会议

2019年1月12日在织在织里镇行政中心召开，应到正式代表103名，实际出席 89 名，列席代表 156 名。

大会批准宁云代表镇第十五届委员会所作的题为《奋力当好市区赶超发展排头兵，亮出新时代改革创新新举措，跑出织里高质量发展新速度》的工作报告，批准纪委工作报告，通过《织里镇 2019 年党内重要事项》，听取第十五次代表大会第二次会议代表提案办理情况的报告。镇领导班子集体述职述廉述学述德述法报告，23 位领导班子成员进行实绩公示，并进行民主测评。3 位基层党组织书记进行大会发言。收到代表议案、意见、建议共 8 件。大会确定 2018 年全镇工作的指导思想是："以新时代中国特色社会主义思想为指导，按照省委第十四次党代会精神、市委第八次党代会精神和'一四六十'工作方针的总体部署、区委第四次党代会精神和'靠前站、马上办、讲实效'的要求，围绕省级小城市培育和第三批国家新型城镇化'两个'试点为总抓手，按照'产城融合发展、城乡统筹推进、全民和谐共处'的理念，站在'八八战略再深化、改革开放再出发'新的历史起点上，团结带领 45 万新老居民，继续当好全市'稳压器'和'增长极'，展示蓬勃发展的织里速度、打造上下同欲的织里环境、锻造昂扬向上的织里铁军，跑出织里高质量发展新速度，奋力当好市区赶超发展排头兵，加快建设'中国国际童装之都，太湖南岸工贸新城'。"

22.中国共产党织里镇第十五次代表大会第四次会议

2020 年 1 月 6 日召开在织里镇行政中心召开，应到正式代表 101 人，实际出席 91 人，列席代表 181 人。

大会批准宁云代表镇第十五届委员会所作的题为《加强谋篇布局，保持战略定力，坚持稳中求进，全力打造"社会治理先行地，美好生活试验区"》的工作报告，批准纪委工作报告，通过《织里镇 2019 年党内重要事项》，表决通过《织里镇 2020 年度党内重要事项》，听取第十二次代表大会第二次会议代表提案办理情况的报告。通报 2019 年镇党委书记履行抓党建责任清单和领办党建设项目的情况，通报党费收缴、使用和管理情况，通报 2019 年度代表提案办理情况和 2020 年度代表提案审查情况。镇领导班子及其成员述职并进行民主评议。大会确定 2020 年全镇工作总的指导思想是："坚持以习近平新时代中国特色社会主义思想为引领，深入学习贯彻党的十九大、十九届二中、三中、四中全会和省委、市委、区委全会精神，继续坚定'八八战略'再深化，改革开放再出发主题，深入落实市委'一四六十'工作方针和区委'靠前站、马上办、讲实效'的要求，围绕省级小城市培育和第三批国家新型城镇化'两个试点'为抓手,团结带领织里45万新老居民,全力打造'社会治理先行地,美好生活试验区',加快建设'中国国际童装之都,太湖南岸创业新城'。"

23.中国共产党织里镇第十六次代表大会

2021年10月27日在织里镇行政中心召开,应到正式代表115人,实际出席113人。

大会批准杨治代表镇第十五届委员会所作的题为《产城人文融合、全域协调发展,奋力打造织里镇建设共同富裕示范区先行样本》的工作报告。批准纪委工作报告。大会确定今后五年全镇工作的指导思想是:"高举习近平新时代中国特色社会主义思想伟大旗帜,深入学习贯彻党的十九大和十九届二中、三中、四中、五中全会精神,全面贯彻党的基本理论、基本路线、基本方略,坚决落实省、市、区各级党委总体工作部署,坚持党的全面领导,坚持以人民为中心,践行新发展理念,对标吴兴区打造共同富裕示范区的模范生目标要求,以系统思维、全局站位、长远眼光,积极扬优势补短板,谋定而后动,做到面上统筹兼顾,片上各有特色,点上出彩出新,全力推进产城人文深度融合,实现织里镇经济社会发展新跨越,加快建设'中国国际童装之都、太湖南岸创业新城'。"确定今后五年的工作目标是:地区生产总值突破500亿元,进出口贸易总额突破500亿元,财政收入突破50亿元,常住人口突破50万人。重点推动5大板块规划建设:以织里老街为核心的织北历史文化商业板块,以童装城为核心的织西跨境贸易板块,以城际轨道织里站为核心的织南城际互动板块,以电子信息与高端智造为核心的织东绿色智造科创板块,以太湖溇港片区为核心的乡村振兴板块。

大会选举产生新一届委员会委员卢晓亮、刘玉军、杨治、吴谦、何良、陆铖伟、陈勇杰、谈晔、黄大春、温绿琴、戴占平等11人,杨治当选为书记,陈勇杰,黄大春,温绿琴当选为副书记。选举产生新一届纪律检查委员会委员王利萍、卢晓亮、朱泽毓、张宇峰、柳川、姚国琴、楼赞峰等7人,卢晓亮当选为书记,张宇峰当选为副书记。

二、太湖镇(乡、公社)历次党员代表大会

1.中国共产党太湖人民公社(小公社)第一次代表大会

1962年底召开,大会听取了1962年度工作的总结报告,报告回顾了一年的

工作，总结了经验教训。

出席代表有：吴兴法、王阿团、叶金炎、沈根泉、王才生、朱邓生、李金泉、朱阿坤、张阿毛、王寿林、沈连青、周法宝、蒋阿六、蒋水宝、朱阿二、戴永才、褚泉生、陈六庆、钱应夫、黄阿毛、吴杏林、何阿水、叶志坚、叶菊年、潘长法、金兴法、万古宝、陈佰成、潘厚德、茹学琛、莫锡林、劳坤元、朱建华、李火娥、沈杏生、施阿二、张小毛、徐成仙、金文春、吴阿金、吴天才、顾桂林、何依忠、崔金坤、吴美珍、沈阿荣、孙阿二、沈永生、蒋百方、施德宝、陆阿团、吴仁金、潘细毛、乌发顺、姚阿荣、沈群元、沈梯生、彭才林、叶正林、戴金明、徐元法、朱阿奎、练根宝、张直生、李杏林、张海江、蒋云桥。

2. 中国共产党太湖公社第二次、第三次代表大会

由于受社会主义教育运动和"文化大革命"运动等因素影响，未能正常召开。

3. 中国共产党太湖公社第四次代表大会

太湖公社党的核心小组于 1971 年 1 月召开太湖公社第四次代表大会，大会成立中共太湖公社委员会（新党委），选举戴松樵为书记，王才生，归文莲为副书记。

4. 中国共产党太湖公社第五次代表大会

1980 年 10 月 26 至 27 日召开，应参加正式代表 133 人，实际参加 128 人，代表全社 324 名党员。大会 26 号上午由朱水乔主持，大会主席团成员陈长云、陈佰成、陈法林、王才生、朱水乔、陈云泉、叶再明、沈云泉、胡明昌、吴荣法、吴凤高、陶旭初、刘雄安、潘细毛、李小金、莫阿连、夏承翔、万古宝、周祥才，区委孙祖荣在主席台就座。27 号上午由沈云泉主持，胡明昌介绍委员候选人情况，下午由陈长云主持，胡明昌对选举问题作说明。

大会听取公社第四届委员会的总结报告，选举产生太湖乡第六届委员会委员，陈长云、朱水乔、陈佰成、沈云泉、胡明昌、叶再明、陈法林、李荣法、陆云泉等 9 人。

5. 中国共产党太湖乡第六次代表大会

1984 年 3 月 24 日召开，选举产生太湖乡第六届委员会委员何松才、王金法、叶再明、李荣法、吴荣江、周福民等 6 人，何松才当选为书记，王金法当选为副书记。

1984年中共太湖乡第六次代表大会召开

6. 中国共产党太湖乡第七次代表大会

1987年3月召开，大会选举产生太湖乡第七届委员会委员吴顺康、王金法、董建平、郑永庆、周福民等5人，吴顺康当选为书记，王金法、董建平当选为副书记。

7. 中国共产党太湖乡第八次代表大会

1990年3月召开，大会选举生产第八届委员会委员吴顺康、郑永庆、邱柏林、董建平、周福民、朱建飞、闵国荣等7人当选，吴顺康当选为书记，郑永庆、邱柏林2人当选为副书记。

8. 中国共产党太湖乡第九次代表大会

1993年1月6至7日召开，正式代表77人，代表全乡416名党员。

大会批准曾国兴所作的题为《抓住时机，大干快上，推进我乡经济建设超常规、跳跃式发展》的工作报告，批准纪律检查委员会工作报告。大会确定今后三年工作的指导思想是："以党的十四大精神为指针，进一步解放思想，加大责任，加快改革开放和经济建设步伐，优化第一产业，加速第二产业，大力发展第三产业，加强党的建设和精神文明建设，把我乡建设成为经济繁荣兴旺，社会安定团结，两个文明协调发展的社会主义新农村。"今后三年经济发展的目标是："全乡工农业总产值三年内力争达到3个亿，全乡农民人均收入力争达到1500元。"

大会选举产生第九届委员会委员曾国兴、吴建民、邱佰林、闵国荣、陈元清、周福明、汤和林等7人，曾国兴当选为书记，吴建民当选为副书记。选举产生纪律检查委员会委员，吴水江、邱佰林、陈建林等3人当选，邱佰林当选为纪委书记。

9.中国共产党太湖乡第十次代表大会第一次会议

1996年1月18至19日如日召开，应到代表66人，实到代表63人。

大会批准陈元青所作的题为《团结拼搏，务实创业，努力开创太湖经济繁荣，社会进步的新局面》的政府工作报告，通过了《太湖乡经济和社会发展三年计划和五年规划》，确定今后三年工作指导思想是："继续贯彻党的十四届四中、五中全会精神、坚定信念，振奋精神，进一步深化农村改革，强化农业这个基础，突出工业这个重点，加快社会事业发展步伐，加强党的建设和基层组织建设，继续坚持解放思想、敢为人先、团结进取、善谋实干、艰苦创业、负重发展的工作方针，努力倡导精神文明新风尚，建设太湖社会主义新农村。"

大会选举产生第九届委员会委员孙水荣、沈林庆、宋明祥、陈元青、郁才康、黄宝明、龚新霞、潘惠良等8人，陈元青当选为书记，郁才康、潘惠良当选为副书记。选举产生纪律检查委员会委员，吴土林、吴水江、潘惠良等3人当选，潘惠良当选为纪委书记。

10.中国共产党太湖乡第十次代表大会第二次会议

1998年2月26日召开，应到代表64人，实到53人。

大会批准陈元青所作的《解放思想、开拓进取、艰苦创业、致力发展、努力开创全乡工作新局面》工作报告，批准纪委工作报告，听取乡团委蔡梅建、乡妇联龚新霞的工作发言，通过《关于改革党代表大会制度的决定》，党委班子成员作述职报告，并进行民主评议，通过《加强党员干部从政道德建设的决定》。大会确定今后工作的指导思想是："高举邓小平理论伟大旗帜，深入贯彻党的十五大精神，进一步解放思想，转变观念，树立信心，振奋精神，抓住机遇，致力发展，艰苦创业，团结拼搏，继续推进经济总量的扩张和个体经济的发展，进一步强化农业基础地位，继续以股份制企业为经济增长点，加大经济结构调整力度，提高经济运行质量，加强党的建设，努力造就一支高素质的干部队伍，加强精神文明建设，加快社会发展步伐，实现社会稳定、经济持续健康发展、人民生活水平不断提高的目标，树立太湖新形象，开创工作新局面"。

11.中国共产党太湖镇第十一次代表大会

1999年2月1日召开，大会应到正式代表58人，实到57人。

大会批准陈元青所作的工作报告，批准龚新霞所作的纪委工作报告。大会确定1999年工作的指导思想是："高举邓小平理论伟大旗帜，深入贯彻党的十五大、十五届三中全会精神，紧紧围绕经济建设这个中心，大力发展效益农业，积极发展工业，加快发展第三产业，努力推进社会主义新农村建设，切实加强精神文明建设，共塑新形象，建设跨世纪发展的太湖镇。"

大会选举产生新一届镇党委委员陈元青、潘惠良、胡风林、沈林庆、李荣法、龚新霞、薛跃伟等7人，陈元青当选为书记，潘惠良、胡风林当选为副书记。选举产生纪律检查委员会委员龚新霞、蒋锦荣、吴土林等3人，龚新霞当选为纪委书记。

三、轧村镇（乡、公社）历次党员代表大会

1.中国共产党轧村公社第一次代表大会

1961年6月，由原太湖人民公社党委下属的轧村管理区总支改建为轧村公社党委，1962年召开第一次代表大会。

2.中国共产党轧村公社第二、第三次代表大会

由于受社会主义教育运动和"文化大革命"运动等因素影响，未能正常召开。

3.中国共产党轧村公社第四次代表大会

轧村公社党的核心小组于1970年10月召开轧村公社第四次代表大会，大会成立中共轧村公社委员会（新党委），陈阿明当选为书记，胡程当选为副书记。

4.中国共产党轧村公社第五次代表大会

1980年4月13日至14日召开。方新泉作题为《动员起来，为实现四个现代化这一千秋万代的伟大事业作出贡献》的报告，报告指出："1970年公社第四次党代会以来同林彪、'四人帮'两个反革命阴谋集团展开激烈的、尖锐的、复杂的斗争。"报告总结过去工作的经验是"必须坚定不移地贯彻党的政治路线和思想路线，毫不动摇地坚持四项基本原则"，大会确定"今后二年，要继续坚持'以粮为纲，全面发展，因地制宜，适当集中'的方针，积极稳步的做好工作，充分利用我社的自然有利条件，夺取粮食生产的持续增产和蚕桑、畜牧、水产等

多种经营以及社队企业的全面发展。我们的口号是狠抓粮食持续夺高产，猛攻蚕桑超过历史关，猪羊兔禽满栏圈，社队企业多种经营大发展，要使集体、社员同时富起来"。

大会选举产生公社第五届委员会委员方新泉、李林宝、叶虎林、胡程、郑新土、汤和林、王新宝等7人，方新泉当选为书记。

5.中国共产党轧村乡第六次代表大会

1984年3月22日至24日在轧村影剧院召开，应出席代表128人，代表全镇28个支部的411名党员。

大会批准方新泉代表乡第五届委员会所作的《动员起来，努力开创我乡工作新局面》的工作报告。大会确定今后工作的指导思想是："坚决贯彻执行中央一号文件，加强思想政治工作，狠抓两个文明建设，稳健完善责任制，决不放松粮食生产，广开生产门路，大力发展商品生产，力争经济总收入1400万元，人均收入超600元。"

大会选举产生乡第六届委员会委员方新泉、韦强民、王兴宝、陈明宝、姚阿根、胡程等6人，方新泉当选为书记，韦强民当选为副书记。选举产生出席郊区第一届代表大会代表3人。

6.中国共产党轧村乡第七次代表大会第一次会议

1987年2月25日至26日在轧村影剧院召开，应出席代表110人，代表全乡34个支部的466名党员，实到105人。

大会主席团成员是：方新泉、陈明宝、姚阿根、李林宝、陈阿荣、费祥华、侯金根、朱淦江、王阿荣、吴金林、杨小毛、陈木根。大会批准方新泉代表乡六届委员会所作的题为《动员起来，为振兴轧村经济而奋斗》的工作报告。确定今后工作的方针是："加强思想政治工作，坚持四项基本原则，旗帜鲜明地反对资产阶级自由化。以经济建设为中心，稳定农业基础，发展集体工业，普及家庭工业，发展多种经营，提高经济效益，搞活农村经济，力争两个文明建设有新的提高。"

大会选举产生乡第七届委员会委员方新泉、陈明宝、姚松泉、陈阿荣、姚阿根、费祥华、朱淦江、侯金根等8人，方新泉当选为书记，陈明宝、姚松泉当选为副书记。选举产生出席中共湖州市郊区第二次代表大会代表8人。

7. 中国共产党轧村乡第七次代表大会第二次会议

1989年9月20日在轧村影剧院召开，应到102人，实到96人，选举产生徐丽珍出席市第二次党代会。

8. 中国共产党轧村乡第八次代表大会

1990年3月27日至28日在轧村乡政府召开，应到正式代表90人，代表全乡32个基层支部的正式党员478人，实到87人。

大会批准曹会明代表乡第七届委员会所作的工作报告，通过纪律检查委员会工作报告，通过《关于进一步端正党风，健全党内民主生活制度的决定》，通过《关于加强党的建设，切实转变作风，密切联系群众的决定》。大会确定今后一个时期的工作思路是："以党的十三届五中、六中全会精神为指导，坚持'两手抓'的方针，加强党员教育，加强党的基层组织建设，加强廉政建设，加强对全乡人民群众的思想政治工作，更好地发挥党的领导作用、党支部战斗堡垒作用和党员的先锋模范作用，保证党的基本路线和上级党委指示精神的贯彻落实，保证治理整顿、深化改革方针的正确实施，促进轧村两个文明建设。"

大会选举产生中共轧村乡第八届委员会委员曹会明、陈明宝、沈土根、侯金根、朱淦江、姚阿根、潘惠良、费祥华等8人，曹会明当选为书记，陈明宝、沈土根当选为副书记。选举产生纪律检查委员会委员，沈土根当选为纪委书记。

9. 中国共产党轧村乡第九次代表大会

1993年1月6日至7日在轧村影剧院召开，应到正式代表90人，代表全乡33个基层党组织的519名党员，实到84人。

大会批准陈明宝代表乡第八届委员会所作的题为《解放思想，勇于开拓，力求备实，团结拼搏，加强党建，发展经济，为两个文明建设而努力奋斗》的工作报告，强调"坚持多轮驱动，乡办、村办、户办、私营办、联营办、股份合作等多个轮子一起转，多种形式一起上，促进农村经济持续、稳定、协调发展"。批准乡第八届纪律检查委员会的工作报告。

大会选举产生乡第九届委员会委员陈明宝、朱春荣、沈土根、姚阿根、王金法、费祥华、朱淦江等7人，陈明宝当选为书记，朱春荣、沈土根当选为副书记。选举产生乡第九届纪律检查委员会委员费祥华、吴金根、沈林江，费祥华当选为书记。

10.中国共产党轧村镇第十次代表大会

1995年10月26日在轧村镇政府召开,应出席代表68人,代表全镇537名党员。大会批准陈明宝代表镇九届委员会所作的题为《认真贯彻五中全会精神,抓住机遇,团结拼搏,为奋斗四年再造轧村而努力》的工作报告。批准纪委关于《深入持久更有成效地加强党风廉政建设,为我镇经济再上一个新台阶而努力工作》的工作报告。大会确定今后三年工作的指导思想是:"以建设有中国特色的社会主义理论为指针,认真贯彻党的十四届四中、五中全会精神,围绕全党工作大局,以经济建设为中心,全面落实六项任务,解放思想,抓住机遇,奋发图强,再次创业,进一步动员全镇上下,为顺利完成党代会提出的各项目标任务,把轧村建设成为经济强镇,实现'奋斗四年,再造轧村'而努力!"

大会选举产生镇第十届委员会委员陈明宝、朱海毛、闵国荣、王金法、朱淦江、沈林江、冯建强等7人,陈明宝当选为书记,朱海毛、闵国荣当选为副书记。大会选举产生镇纪委第十届委员会委员闵国荣、沈林江、蒋根泉等3人,闵国荣当选为书记。

11.中国共产党轧村镇第十一次代表大会

1999年1月8日至9日召开,参加的正式代表66名,代表38个党支部。

大会选举产生新一届委员会委员倪林泉、杨永林、闵国荣、叶银梅、沈林江、费旭敏、冯建强、潘新林、王战荣等9人,倪林泉当选为书记,杨永林、闵国荣当选为副书记。

四、漾西镇(乡、公社)历次党员代表大会

1.中国共产党漾西公社第一次代表大会

1961年6月由原太湖人民公社党委下属的漾西、常乐两管理区总支合并建成漾西公社党委,1965年11月"漾西"更名"洋西"。约于1962年召开第一次代表大会。

2.中国共产党漾西公社第二、第三次代表大会

由于受社会主义教育运动和"文化大革命"运动等因素影响,未能正常召开。

3.中国共产党漾西公社第四次代表大会(成立漾西公社党委)

1970年9月22日召开,批准姚友仁代表中共漾西公社核心小组所作的《工

作报告》。

大会成立漾西公社党委，选举产生漾西公社委员会委员姚友仁、潘益卿、顾义荣、钱阿根、闵怡林、计阿毛、朱金荣等7人，姚友仁当选为书记，潘益卿当选为副书记。选举产生出席中共吴兴县党员代表大会代表姚友仁、赵志成、陈芝荣、尹永法、吴阿毛、沈阿春、李阿毛、陆阿宝、徐梅庆、朱金荣、潘小根等11名。

4.中国共产党漾西公社第五次代表大会

1980年11月23日至24日召开，应出席正式代表126人，实际出席121人。

大会确定1981年农业生产总要求是："在保证粮食产量比今年有较大幅度增长的前提下，大力发展蚕桑生产，发挥我社蚕茧高产稳产的优势，继续恢复和发展畜牧生产，积极开展多种经营，下决心发展社队企业，增加经济收入，改善社员生活，为国家提供更多的粮食、蚕茧、油料，生猪和黄麻、百合等经济作物产品，以及其他农副产品。"

大会通过差额选举，产生新一届委员会委员赵雪清、陈培钦、王金法、沈淦亭、朱春荣等6人，赵雪清当选为书记。

5.中国共产党漾西乡第五次代表大会第二次会议

1982年4月29日召开，应到正式代表125人，实到112人，大会选举产生出席市第五届党代表沈三毛、陈阿康、陆阿宝、赵雪清。

6.中国共产党漾西乡第六次代表大会

1984年4月召开，大会选举产生乡第七届委员会委员赵雪清、吴文清、顾进才、朱春荣、沈根泉等5人，赵雪清当选为书记，吴文清当选为副书记。

7.中国共产党漾西乡第七次代表大会

1987年3月26至27日召开，应出席的正式代表102人，代表全乡24个支部，实际出席95名。大会批准顾进才代表上届委员会所作的《认真总结经验，继续振奋精神，坚持改革创新，促进经济发展》的工作报告，通过《关于加强党的自身建设，健全落实各项制度的实施意见》，确定了今后工作的指导思想是："以中共十二届六中全会《关于社会主义精神文明建设指导方针的决议》为指针，以'七五'计划为指导，进一步更新观念，开拓进取，发展多种经济成分，深化企业改革，稳定农业基础，增加投入，提高经济效益，推进精神文明建设有新的发展，确保党的思想，组织和作风建设顺利进行，使我乡两个文明建设上一个新的台阶。"

大会选举产生乡第七届委员会委员顾进才、朱春荣、李荣法、钱水根、朱林山、潘阿毛、汤和林等7人，顾进才任书记，朱春荣任副书记。选举产生出席郊区第二届党代会代表3名。

8.中国共产党漾西乡第八次代表大会

1990年3月29至30日召开，应到正式代表83人，实到83人。大会批准金新龙代表上届委员会所作的题为《认真总结经验，继续振奋精神，坚持党的路线，夺取新的胜利》的工作报告，大会确定今后三年工作的指导思想是："坚持党的基本路线，进一步贯彻党的十三届四中、五中、六中全会精神，发挥党的政治优势，发扬艰苦奋斗的革命精神。认清形势，正视困难，抓住机遇，振奋精神，走重工、强农、兴各业的路子。实现我乡工业、农业及其他各业生产的持续、稳定、协调增长，夺取两个文明建设的新胜利。"

大会选举产生乡第八届委员会委员金新龙、朱春荣、卢细毛、朱林山、汤和林、钱水根等6人，金新龙当选为书记，朱春荣、卢细毛当选为副书记；

9.中国共产党漾西乡第九次代表大会

1993年1月4日至5日召开，应到正式代表85人。大会批准姚松泉所作的题为《抓住有利时机，加快经济发展，为推进漾西两个文明建设而奋斗》的工作报告，批准纪委工作报告。大会确定今后三年工作的指导思想是："坚持有中国特色的社会主义理论和党的基本路线，进一步解放思想，以十四大精神为指针，以市场经济为导向，以提高经济效应为中心，立足基础上效益，重视投入增后劲，抓好外资增'三资'，以强化农业为基础，以加强党建作保证，多层次全方位地实现我乡两个文明上新台阶。"

大会选举产生新一届委员会委员姚松泉、陈阿荣、朱林山、姚志凌、王战荣、徐贵华、冯水根等7人，姚松泉当选为书记，陈阿荣、朱林山当选为副书记。朱林山当选为纪委书记。

10.中国共产党漾西镇第十次代表大会第一次会议

1996年1月18日至19日在漾西影剧院召开，应到正式代表66人，代表全镇524人党员。

大会批准姚松泉代表上届党委所作的题为《锐意改革，加快发展，不断推动漾西两个文明建设再上新台阶》的工作报告，批准纪委工作报告，批准《中共漾西镇委员会关于制定漾西镇经济和社会发展三年计划、"九五"规划和2010年远景发展目标规划》。确定今后三年工作总的指导思想是："以邓小平同志建设有中国特色的社会主义理论为指针，认真贯彻落实党的十四届四中、五中全会精神，以'三个有利于'为标准，坚持以经济建设为中心，以加大改革力度为动力，以提高经济效益为关键，强化农业为基础，以坚持两手抓为保证，依靠全镇共产党员和广大干部群众的团结拼搏，开拓创新，努力在改革上有个新发展，经济上有个新飞跃，党的建设有个新起色，各项工作有个新变化。突出重点抓经济，巩固发展镇村办，大力发展三产，四个轮子同步上。"大会确定到2010年远景发展的基本思路是："进一步解放思想，牢牢把握发展机遇，深化改革，扩大开放，促进发展，保持稳定这个全党工作大局，加大改革力度，推进科技进步，以'三个有利于'为标准，坚持多轮驱动，多业并举，全方位、多层次发展经济的路子，持续扩大总量，加快基础设施建设。通过优化结构，提高质量，增进效益，转变经济增长方式，使漾西形成经济实力较强，第三产业发达，社会各项事业配套，科学技术比较先进的崭新漾西。"确定今后十五年经济和社会发展的奋斗目标是："全镇经济、社会发展主要指标达到目前中等发达城镇水平，力争成为全市率先实现集镇现代化的乡镇之一，把漾西建设成为太湖南岸一颗灿烂的明珠集镇。"

大会选举产生镇第十届委员会委员姚松泉、姚志凌、费祥华、王战荣、冯水根、李荣法、费正荣等7人，姚松泉当选为书记，姚志凌、费祥华当选为副书记。选举费祥华为纪委书记，杨培林为副书记，杨发根、姚法龙、倪根清为纪委委员。

11. 中国共产党漾西镇第十次代表大会第二次会议

1998年2月28日召开。

12. 中国共产党漾西镇第十一次代表大会

1999年1月30日在镇大礼堂召开，应出席代表61人，代表全镇26个党支部。

大会批准戴志华代表上届委员会所作的《解放思想、抓住机遇、团结拼搏、开拓创新、为建设跨世纪发展的新漾西而奋斗》的工作报告，批准程大川代表纪委所作的工作报告。大会确定今后三年漾西镇目标任务和总体要求是："高举邓小平理论伟大旗帜，全面贯彻落实党的十五大、十五届三中全会和省十次党代会、市四次党代会精神，紧紧围绕经济建设这个中心，进一步解放思想、实事求是、

中共漾西镇第十一次代表大会

再接再厉、开拓进取，积极实施'科教兴镇、内外带动、规模经济'三大战略。在工作上致力于稳定基础抓农业，突出重点抓工业，扩大总量抓个私，发展三产抓城建。加强党建作保证，进一步推进全镇两个文明建设和民主法制建设，促进社会各项事业的全面协调发展，为把漾西建设成为经济繁荣、人民富裕、环境优美、社会进步的现代化新漾西而奋斗。"

大会选举产生镇第十一届委员会委员戴志华、姚志凌、朱淦江、程大川、杨新林、宋明祥、陈晓华等7人，戴志华当选为书记，姚志凌、朱淦江当选为副书记。选举产生镇十一届纪律检查委员会委员，程大川、姚发龙、李建华等3人当选，程大川当选为纪委书记。

五、晟舍乡（公社）历次党员代表大会

1.中国共产党晟舍公社第一次代表大会

1961年6月，原太湖人民公社党委下属的云村、大河两管理区总支合并建成晟舍公社党委。1965年11月"晟舍"更名"仁舍"。约于1962年召开党员代表大会。

2.中国共产党晟舍公社第二次、第三次代表大会

由于受社会主义教育运动和"文化大革命"运动等因素影响，未能正常召开。

3. 中国共产党晟舍公社第四次代表大会

晟舍公社党的核心小组于 1970 年 10 月召开晟舍公社第四次代表大会，大会通过建立晟舍公社委员会（新党委），选举产生公社委员会委员国鸿祺、李锦祥、沈少清、郁阿黑、吴志明、潘财发 6 人，国鸿祺当选书记，李锦祥当选副书记。

1970 年 10 月 26 日，吴兴区革命委员会（中共吴兴县核心小组）吴革核〔70〕398 号文件批复，《同意建立中共晟舍公社委员会和晟舍公社委员会组成成员》。吴兴县党的核心小组在批复中要求："更高地举起毛泽东思想的伟大红旗，把活学活用毛泽东思想的群众运动推向新阶段，紧密结合三大革命运动的实践，自觉改造世界观。要紧紧抓住两个阶级、两条道路、两条路线斗争这个纲，'认真搞好斗、批、改'。深入持久地开展革命大批判，彻底肃清刘少奇反革命修正主义路线的余毒。把'一打三反'运动继续抓紧，有力地打击一小撮破坏社会主义革命和建设，妄图复辟资本主义的反革命分子，进一步巩固和加强无产阶级专政。以两个'决议'为指针，坚持突出无产阶级政治，广泛开展'四好'、'五好'群众运动。继续全面地执行'抓革命、促生产，促工作，促战备'和'备战、备荒、为人民'的伟大战略方针，发扬艰苦奋斗，自力更生的革命精神，掀起工农业生产新高潮，鼓足干劲，力争上游，多快好省地建设社会主义。"

4. 中国共产党晟舍乡第五次代表大会

1980 年 4 月召开。

5. 中国共产党晟舍乡第六次代表大会

1984 年 3 月 25 日至 26 日召开，应出席正式代表 106 人，代表全乡 300 多名党员，实到 102 人。

大会批准第五届委员会的工作报告。大会确定今后的工作是："必须树立两个文明一起抓的指导思想，在经济建设上必须坚持以计划经济为主，市场调节为辅的原则。在农业生产上，坚持执行决不放松粮食生产，积极发展多种经营的生产方针，促进我乡农、工、商全面以发展，把我乡建设成为繁荣昌盛的新型乡村。"

大会选举产生中共晟舍乡第六届委员会委员潘益卿、朱水乔、潘根法、郑惠民、叶央毛等 5 人，潘益卿当选为党委书记，朱水乔、潘根法当选为副书记，选举潘益卿等 4 人出席郊区首次党代会。

6.中国共产党晟舍乡第七次代表大会

1987 年 4 月 26 日至 27 日在晟舍乡政府三楼会议室召开，应出席的正式代表 102 人，代表全乡 337 人党员，实到 101 人。

大会批准袁阿团代表第六届委员会所作的《坚持四项基本原则，为发展晟舍经济而奋斗》工作报告，通过《关于坚持四项基本原则，加强社会主义精神文明建设的决议》。确定今后三年的工作任务是："坚持四项基本原则，坚持贯彻执行党的十一届三中全会以来的路线、方针、政策，坚持改革，积极努力，持续稳定地发展农村商品经济，继续发扬艰苦奋斗的优良传统，坚持物质文明和精神文明一起抓的方针，为使晟舍经济跨上一个新台阶而努力奋斗。"

大会选举产生晟舍乡第七届委员会委员袁阿团、郑惠民、叶再明、杨发根、闵水根、汤荣成等 6 人，袁阿团当选为书记，郑惠民、叶再明当选为副书记。选举袁阿团、柳泽镍、陈六庭等 3 人为郊区第二次党代会代表。

7.中国共产党晟舍乡第八次代表大会第一次会议

1990 年 4 月 3 日至 4 日召开，应到正式代表 71 人，实到 69 人，代表全乡 357 人党员。

大会批准郑惠民所作的题为《坚持党的基本路线，艰苦创业，团结一致，为振兴晟舍而奋斗》的工作报告，确定今后三年工作的指导思想是："坚持党的基本路线，以党的十三届五中、六中全会精神为指导，发挥我党的政治优势，密切联系群众，认清形势，振奋精神，努力实现政治、经济和社会的稳定，努力搞好治理整顿和深化改革，巩固壮大乡村集体经济，稳定发展农业，支持引导家庭工业，实现国民经济的持续、稳定、协调发展，夺取我乡两个文明建设的新胜利。"

大会选举产生第七届委员会会员郑惠民、杨阿毛、叶再明、陈国荣、叶理中、闵水根、汤荣成等 7 人，郑惠民当选为书记，杨阿毛、叶再明当选为副书记。

8.中国共产党晟舍乡第八次代表大会第二次会议

1991 年 9 月 21 日至 21 日召开，应到正式代表 68 人，实到 62 人。

大会批准郑惠民代表乡第八届委员会所作的《坚持走中国特色的社会主义道路，为推进晟舍两个文明建设而奋斗》工作报告。大会确定今后工作的指导思想是："坚持党的基本路线，坚定不移地走社会主义道路，紧密联系晟舍实际，全面加强党的建设，重点抓好领导班子建设、基层组织建设和党员队伍建设，经受住

中共晟舍乡第八次代表大会

执政、改革开放和发展商品经济、反对和平演变的考验。充分发挥基层党组织的战斗堡垒作用和共产党员的先锋模范作用，带领全乡干部群众为完成各项工作任务而奋斗。"

大会新成立中共晟舍乡纪律检查委员会，杨水根、陆新法、俞水江当选为纪委委员，杨水根为纪委书记。选举袁阿团、叶再明为湖州市第二次代表大会代表。

六、中国共产党太湖公社（大公社）第一次代表大会

1959 年 3 月在织里中学大礼堂召开，代表 150 人左右，李长平当选为书记，薛德臣、邵永庚当选为副书记。

第四节　镇机关党政内设机构及职位设置

一、内设机构设置

2019 年经过改革，镇党委、人大、政府机构和群团组织综合设置党政综合办公室等 11 个内设机构。

1.党政综合办公室（挂人大办公室牌子）

主要职责：负责承办党委、人大和政府机关的日常工作，做好政协综合协

调等工作；承担会务、文秘、档案、保密、保卫、后勤服务、党委（政务）信息等工作；负责组织拟订机关内部规章制度和有关综合性材料、重要文件的起草工作；负责全面推进党务公开、政务公开等工作；负责牵头小城市培育工作；牵头负责智慧织里工作。

岗位设置：主任、副主任，人大、督查、秘书（信息）、文书档案（保密）、小城市培育、智慧织里、后勤管理等岗位。

2. 党建工作办公室

主要职责：承担基层党建工作，组织开展党的政治建设、组织建设、作风建设、制度建设和各项活动。负责组织、机构编制、人事、人才、统战、侨务、民族宗教、老干部和关心下一代工作；指导协调工会、共青团、妇联等群团工作。

岗位设置：主任、副主任，组织、人事、人才、统战（民族宗教）、机构编制等岗位。

3. 社会治理办公室（挂综合信息指挥室、综合行政执法办公室牌子）

主要职责：负责社会治安综合治理工作，落实综治工作责任制，综合协调平安建设工作，维护社会稳定；负责处理人民群众来信来电来访，化解各类社会矛盾和民间纠纷，保护公民合法权益；承担"基层治理四平台"的运行管理，各平台接收信息事件的受理、交办、跟踪和督办工作；负责依托各平台加强对突发性案件进行实时监控、协调指挥和联动处置工作；负责协调区域内综合行政执法工作；协助做好法治宣传教育、人民调解、法律服务、社区矫正、刑释人员帮教等工作。

岗位设置：主任、副主任，综治、信访、调解、系统运维、行政执法、普法等岗位。

4. 经济发展办公室

主要职责：负责编制并组织实施全镇经济发展规划、年度计划和工业、第三产业等专项规划与年度计划；组织实施国家及地方产业政策，协调解决经济发展中的重大问题，培育重点优势企业，推进企业科技创新、人才引育，规范企业经营行为，保护各种经济组织的合法权益；承担园区管理、平台建设、招商引资、对外合作、市场管理工作；负责节能减排工作；负责经济调查和统计分析；协助做好环境保护等工作。

岗位设置：主任、副主任，工业经济、招商、环保、科技、统计、服务业等岗位。

5.童装产业发展办公室

主要职责：负责全镇童装产业的长期规划、中期规划、近期规划；协助做好童装企业注册、年检、咨询、指导、协调工作，做好统计分析及总结报告工作；负责童装产业业务培训计划的制订、组织实施和总结报告工作；做好童装产业发展趋势、发展方向的理论调研工作，引导童装产业步入规范管理；负责童装园区和市场的培育管理工作。

岗位设置：主任、副主任，童装产业发展、联络、平台管理等岗位。

6.农业农村办公室

主要职责：负责农业、林业、水利和美丽乡村建设工作；统筹推动发展农村社会事业、农村公共服务、农村文化、农村基础设施和乡村治理；承担深化农村经济体制改革和巩固完善农村基本经营制度的工作；负责村级"三资"监督管理、指导服务；负责高效生态农业产业体系建设；负责种植业、畜牧业、渔业、农业机械化等农业各产业的监督管理；负责农产品质量安全监督管理；负责农业资源管理；负责有关农业生产资料和农业投入品的监督管理；负责农作物重大病虫害监测防治工作；负责农业投资管理；负责农业综合开发项目管理；负责农村土地综合整治工作；负责农村水利指导工作；推动农业科技体制改革和农业技术推广队伍体系建设；指导农业农村人才工作；组织开展农业对外合作工作，参与有关农业援外援助项目；完成上级扶贫机构交办的有关工作；会同有关部门衔接重点帮扶工作。

岗位设置：主任、副主任，农业、林业、水利、动物防疫、农业项目管理、农产品质量安全等岗位。

7.城市建设管理办公室

主要职责：负责城镇规划、建设工作；负责编制并组织实施城镇建设发展规划和年度计划；负责市容环卫、园林绿化、综合整治、城镇建设和管理等工作；负责城镇建设综合开发，负责联系协调城建、交通、电力、邮电等部门，协助做好基础设施建设等工作。

岗位设置：主任、副主任，规划建设、道路交通、市容环卫、园林绿化等岗位。

8.社会事务办公室（挂宣传文化办公室牌子）

主要职责：负责承担党的宣传思想工作，推进精神文明建设和各项活动；负责编制并组织实施全镇社会发展规划和年度计划；负责教育、卫生健康、医疗保障、人口监测与家庭发展、文化和广电旅游体育、社会保障、民政、残联、退役军人等管理工作；负责指导推进村（社区）公共服务、民主法治、基层自治建设；负责国防教育、兵役登记、征兵、民兵训练等人民武装工作。

岗位设置：主任、副主任，宣传、教育、卫生健康、医疗保障、文化体育、旅游、社会保障、人口监测与家庭发展、民政、残联、退役军人、社区建设等岗位。

9.安全监督管理办公室（挂应急管理办公室牌子）

主要职责：负责区域内公共安全生产监督管理、防灾减灾、消防监管以及各类应急管理工作；负责全镇消防安全教育与培训工作；协调公安、消防等部门纠正消防违法行为，督促整改火灾隐患，协助公安、消防开展消防监督管理工作；指导社会主义新农村消防建设工作和社区、居委会消防工作职责的落实；加强城镇公共基础消防设施的管理，指导各种形式消防队伍建设；负责食品安全协调工作；督促指导辖区内生产经营单位规范安全生产；依法检查、督促安全生产隐患的整改；严厉打击各类安全生产违法行动；及时如实上报本辖区内发生的生产安全事故，配合生产安全事故调查处理，分析掌握安全生产情况，积极报送有关安全生产信息；统筹做好防汛防台、森林防火、抢险救灾等各类应急救援等职责。

岗位设置：主任、副主任，应急协调、督查反馈、安全生产、消防监管、食品药品、质量安全等岗位。

10.财政局

主要职责：负责财政管理日常工作，协助上级财税部门做好税费征缴有关工作；负责编制乡镇本级财政综合预算、决算草案，执行本级综合预算；负责本级财政及所属行政事业单位集中核算和行政事业单位资产、国有企业资产监督管理工作；负责乡镇政府债务风险管理工作；负责乡镇内部审计；参与村级财务管理、农民负担监管等工作。

岗位设置：设主任、副主任，财政管理、财政税收、资产管理、财务监管、审计、会计、出纳等岗位。

11.开发区管理办公室

主要职责：负责全镇综合开发，做好平台、开发建设项目的征地、拆迁、安置工作。

岗位设置：设主任、副主任，拆迁、征地、安置等岗位。

乡镇人大、纪委（监察办公室）、人民武装等机构和工会、共青团、妇联等组织按有关规定设置。

二、片区工作机构

设立振兴、利济、织里、晟舍、轧村、漾西等六个办事机构，为织里镇人民政府派驻各片区的工作机构。（见三卷第五章小城市培育，街道、办事处）

三、所属事业单位

整合原有事业机构资源，综合设置便民服务中心、公共事业服务中心等2家事业单位。

1.便民服务中心（挂退役军人服务站牌子）

主要职责：承担公共管理、公用事业、教育卫生、民政残联等政务办事和便民服务事项办理工作；负责便民服务中心窗口的日常运行管理，为企业和群众办事提供服务；协助做好宣传教育和精神文明建设工作；协助做好文化、体育、旅游市场的管理和文保工作，开展辖区内的重大社会文化、群众性体育和旅游活动，指导开展各类群众性文化活动和全民健身活动；受托承担机关、事业单位社会保险基金的征缴工作，协助监督管理国有和集体资产；承担劳动就业服务，协

织里镇退役军人服务站

助处理劳动保障监察事项，协调劳动关系；办理社会保险相关业务，做好辖区内城乡居民医疗保险参保登记和缴费工作；负责退役军人信息数据采集、甄别、录入、分析，负责退役军人就业形势等数据统计、分析、研究，为退役军人提供政策咨询、政策落实、困难帮扶以及承担来信来电来访工作；负责行政事业单位及村级财务集中核算工作；承担村级财务的指导和监督工作，做好财务公开工作。

单位类别：公益一类事业单位。

经费形式：全额拨款。

2.公共事业服务中心

主要职责：承担经济信息发布、政策咨询与服务工作，协助企业做好各项报批办证手续，参与工业平台开发建设和招商引资工作，指导企业开展科技创新、制度创新；承担企业统计汇总、调查分析工作；为企业人才招聘、智力引进提供服务；负责辖区内安全生产、消防安全、交通安全、环保安全等方面各项任务的贯彻落实，协助有关部门做好综合行政执法相关工作；承担本乡镇农业、林业、渔业、畜禽等新品种、新技术、耕地质量管理和农机新技术引进、试验、示范、推广和服务；动植物病虫害及灾情的监测、预报、防治、处置；农产品生产过程质量安全的监测与配套服务，农业生态环境和农业投入品使用监测，农业公共信息服务和技术培训；承担动物诊疗防疫免疫任务；负责当地水资源管理、水利设施的建设和维护，做好防汛抗旱技术服务；负责农村水利新技术示范推广和农村水利技术人员培训工作；做好水土保持、小流域治理、水利年度统计等工作；协助承担气象信息传递、应急联络、灾害报告、设施维护和科普宣传等公共服务职责；负责城乡环卫一体化，辖区垃圾的清运处理，辖区道路清扫保洁、公厕保洁管理，环卫社会化有偿服务等工作；负责辖区范围内建设项目前期的报批与工程项目后期施工服务等工作，协助做好村镇规划建设管理等工作。

单位类别：公益一类事业单位。

经费形式：全额拨款。

四、人员编制和领导职数

行政机关编制数：核定织里镇党政机关乡镇行政编制92人。

事业单位编制数：核定织里镇所属事业单位编制129人，其中便民服务中心64人；公共事业服务中心65人。

科级领导职数：党政领导及人大领导等科级领导职数，根据乡镇换届时省委关于乡镇领导班子配备有关规定执行。

股级职数：党政内设机构与所属事业单位股级职数按总量控制、统筹使用原则设置。核定织里镇机关内设机构股级职数 33 人，其中股级正职 11 人；核定织里镇机关所属事业单位股级职数 14 人，其中便民服务中心主任 1 人，副主任 6 人；公共事业服务中心主任 1 人，副主任 6 人；核定织里镇片区工作机构股级职数 30 人，其中股级正职 6 人。

第二章　民主党派和人民政协

　　境域的民主党派成员在新中国成立后陆续有人参加，至 2019 年止，有中国民主同盟会、中国民主建国会、中国民主促进会、中国农工民主党、九三学社等民主党派的会员。各民主党派在织里镇均未设立支部，党派人士分别编入市区的支部。

　　1984 年起，各乡镇由一名党委委员兼管人民政协工作。2008 年 9 月 26 日，设置织里镇政协工作联络组。政协委员主要通过委员议案参政议政。2019 年 2 月在义皋村设立委员会客厅，同年 5 月在利济文化公园建立政协委员之家。

第一节　民主党派

一、中国民主同盟会

　　2018 年有会员郁红亚、周晴安、叶虹、吴建滨、周兵等 5 人。

二、中国民主建国会

　　2019 年有会员吴建勇、潘水琴等 2 人。吴建勇 2013 年 4 月入会，任飞英支部主委，市第十届民主建国会委员，市十一届民主建国会常委。

三、中国民主促进会

　　2019 年有会员陆建方、刘利华、沈萍等 3 人。

四、中国农工民主党

　　2019 年有党员邱凯、王峰等 2 人。

五、九三学社

2019 年有社员沈哲婷、陈柳等 2 人。

第二节 人民政协

一、机构沿革

1984 年，政协工作由一名党委委员兼管。

1996 年，政协工作由乡镇党委分管统战的领导负责。

2008 年 9 月 26 日，政协第一届吴兴区委员会决定设置织里镇政协工作联络组，办公地址设在织里镇政府。

郁才康，2008 年 9 月至 2011 年 7 月任组长；

朱根初，2011 年 7 月至 2014 年 3 月任主任；

郑智慧，2014 年 4 月至 2015 年 2 月任主任；

黄国华，2015 年 2 月至 2018 年 5 月任主任；

张力，2018 年 5 月至 2019 年 10 月任主任；

丁百川，2019 年 10 月至 2019 年 12 月任主任。

政协委员会客厅

二、政协工作

1996 年至 2007 年，政协工作主要是围绕政治协商和民主监督开展工作。

2008 年至 2014 年，政协工作联络组围绕镇党委政府中心，服务全镇工作大局，发挥政协委员政治协商、民主监督、参政议政职能，开展视察、调研等活动，为全镇社会与经济的全面协调发展献智出力。

2015 年至 2019 年五年中，政协工作联络组推进"法制下乡"活动，开展民主监督活动 20 余次，提供产业发展、垃圾精准分类、民生实施项目等民主监督建议书 10 余份，撰写调研报告 27 篇。23 名委员实行所在区域联系监督机制，通过"一社一村一委员"，定员负责、定期活动、定点监督。成立湖州市东北商会公共法律服务站。

2019 年 2 月，在义皋村设立委员会客厅。同年 5 月，在利济文化公园建立政协委员之家。

三、政协委员

名单见下表。

表 5-2-1　吴兴区第三届政协委员织里名单

序号	姓名	界别	工作单位及职务
1	杨勇	工商联	湖州倍格曼新材料股份有限公司总裁
2	费松根	工商联	吴兴区织里南众布业有限公司总经理
3	白雅芳	工会	万邦德新材股份有限公司副总经理
4	丁百川	特邀	织里镇党委副书记
5	吴建勇	科技	湖州统艺广告装潢有限公司总经理
6	姚春梅	科技	浙江贝盛集团副董事长
7	蒋潇杨	经济	湖州琴尔诺针织制衣有限公司设计部总监
8	胡琼琼	经济	吴兴区织里镇财政局局长
9	濮新泉	经济	湖州今童王制衣有限公司董事长
10	朱会强	经济	浙江不可比喻服饰有限公司总经理
11	黄云娣	经济	帕罗羊绒制品有限公司总经理
12	吴建滨	经济	织里镇经发办干部
13	罗志桥	农业	织里镇港西村党总支书记
14	杨万青	农业	织里镇红门馆社区书记、主任

（续）

序号	姓名	界别	工作单位及职务
15	陈新根	教育	织里镇轧村中学校长
16	许羽	新闻	湖州书法家协会理事、湖州市文联理事
17	释常进（廖美锋）	民族宗教	湖州市佛教协会副会长，吴兴区佛教协会会长，晟舍利济禅寺住持
18	李奋荣	民族宗教	吴兴区基督教协会总干事，织里基督教堂负责人
19	温绿琴	特邀	织里镇党委委员
20	金云良	特邀	永义实业(湖州)有限公司副总经理
21	苏波明	特邀	湖州中瑞税务师事务所织里分所所长
22	方红斌	卫文体	吴兴区人民医院党总支书记
23	刘宏明	特邀	湖州童幻乐诚网络科技有限公司董事长，湖州市辽宁商会会长

表 5-2-2　2019 年在织里工作的市政协委员名单

序号	姓名	界别	工作单位及职务
1	潘水琴	特邀	浙江布衣草人服饰有限公司总经理
2	潘丽	教育	湖州市第十一中学教务处副主任（织里实验小学教育集团支教）
3	魏力	经济	万邦德新材股份有限公司副总经理
4	李会江	文艺	浙江华鹏建设集团有限公司湖州分公司总经理兼湖州九天阁艺术馆馆长
5	沈坚强	工商联	浙江家业控股集团有限公司董事长
6	邱小永	科技	湖州贝盛光伏股份有限公司董事长

第三章　政　权

　　乡里制度，是中国古代县以下的各级基层行政区划的制度。历代乡里制度都是以对全体乡村居民进行什伍编制为起点，以"什伍相保""什伍连坐"为基本组织原则。历朝历代乡里制度在名称上、形式上虽有变革，但作为乡村社会实行乡里制行政管理的基本形态一直沿袭。宋朝后，"废乡分为管"，管与里一样，成为宋代乡村基层组织。北宋熙宁新政时期又实施"保甲制度"，直到南宋末，保甲制度一直是乡村统治的基层行政制度。南宋时，乡与都保从北宋时期的无隶属关系发展到都保成为乡以下的一个行政单位。明代境域"区"的设置，由征粮单位逐渐转变为与乡平行的地域单元。清雍正七年（1729），实行顺庄法，以区为界，按烟户住址挨顺编庄。中华民国20年，各区之里改为镇，村改为乡，境域设立织里镇、晟舍镇、轧村乡、骥村乡、义皋镇、五和乡、东桥乡。抗日战争时期设立治安维持会。

　　中华人民共和国成立初，乡、镇行政机关先沿用乡、镇公所名称，后称乡、镇人民政府。1949年5月，织里区人民政府建立，下辖织里、义和、洽济、晟

织里镇首届人民政府工作人员

舍、东桥等 5 个乡（镇）。织里镇人民政府 1949 年 10 月建立，义和镇人民政府 1949 年 9 月建立，洽济乡人民政府 1949 年 6 月建立，晟舍镇人民政府 1949 年 10 月建立，东桥乡人民政府 1949 年 6 月建立。20 世纪 90 年代，先后将晟舍乡、太湖镇、轧村镇、漾西镇合并成织里镇。乡镇人民政府建立后，实行民主管理，建立人民代表大会制度，每届任期 3 至 5 年，每年召开一次例会。大会主要审议政府工作报告、审议财政预算和决算报告，通过重大决议，选举产生政府领导班子成员。

第一节　乡镇政权组织

一、1911 年以前政权组织

唐代实行的是乡、里、村三级制。五代吴越国时期，其乡里制度沿袭隋唐，少有更易。

宋实行"废乡分为管"，即废除乡级设置，将原来的乡分为若干"管"。管与里一样，成为宋代乡村基层组织。宋代保留了名义上的乡里制，但乡不再是居民村落以上的一级行政机构，而只是编制户籍和稽征赋税的计算单位和实施单位。北宋熙宁新政时期又实施"保甲制度"，直到南宋末，保甲制度一直是乡村统治的基层行政制度。南宋时，乡与都保从北宋时期的无隶属关系发展到都保成为乡以下的一个行政单位。乌程县到南宋时，已完成了都保的改造，共五十六都，都下设有"都副"和"都独"。

南宋的乡都制，元明皆因之。"乡"属于宋前旧制，仍保留为地域区划单位，但"乡"已非基层行政实体，真正的基层组织是乡下的"都保"。明代都保制承袭宋元旧制，在明代文献中多载为"都"。织里辖域的乡都区划主要为常乐乡所辖的二十九都至三十四都；震泽上乡所辖的三十五都、三十六都以及震泽下乡所辖的四十一都。通过对田土和人户的重新调查，明洪武年间在乡都之下的乡村社会中建立起了以百十户编成的里甲组织。人户依照登记在里甲黄册中的人丁事产，以十年轮役的固定次序纳粮当差。都保制失去了基层行政组织功能，成为一种地籍管理的区划单位。

明代湖州地区"区"的设置，非常具有地域性色彩，由征粮单位逐渐转变为与乡平行的地域单元。"区"的命名按数字顺序编号。"区"的设置程度不同地打破了原有乡都的界限，同一都的上下扇可分属不同的区。织里辖域主要为十区至十四区。清雍正七年（1729），乌程县实行顺庄法，以区为界，按烟户住址挨顺编庄，打乱了原有区都图规制，如原十区三十一都的骥村编入了十一区第一百十三庄。据清同治《湖州府志》和光绪《乌程县志》的记载，2019 年的织里辖域主要为第十区至十五区，在一百十一庄至一百五十八庄之间。

二、1912 年至 1949 年政权组织

中华民国元年（1912）乌程、归安两县撤销置吴兴县，至中华民国 17 年（1928）织里区域隶吴兴县第二区。

1. 织里镇

中华民国 20 年（1931），各区之里改为镇，村改为乡。中华民国 24 年（1935），织里乡改为织里镇，并划出五个村建立织北乡。织里镇辖织里里、谈港村、大邽村、麒麟村，隶属吴兴县第二督察区。中华民国 24 年，在原织里乡划出五个村建立织北乡。中华民国 35 年（1946），织里镇、织北乡合并为织里镇，直隶吴兴县。

2. 晟舍镇

中华民国元年至 17 年置苕东镇。中华民国 24 年改为晟舍镇，隶属吴兴县第二督导区。中华民国 28 年仍为晟舍镇，隶属吴兴县织里区。中华民国 35 年仍为晟舍镇，直隶吴兴县。

3. 轧村、骥村、义皋、五和、东桥、义和

中华民国初期设东北镇，隶属吴兴县第二区。辖轧西村、上林西村、中三村、轧东村、骥西村、骥东村、妙村村、义皋里、金幻村、祥聚村、钱新村、四维村、两宜村、大乐村、观葭村、东联村、维新村、六合村、即南村、怡孚村、东桥村、濒湖村、信孚村。中华民国 24 年（1935），隶属吴兴县第二督察区。分置轧村乡，骥村乡，义皋镇，五和乡，东桥乡。中华民国 35 年（1946），轧村、骥村两乡合并为洽济乡，义皋镇、五和乡合并为义和镇。

三、治安维持会

1937 年 11 月日军侵入湖州后，在织里组织"治安维持会"。据郑港村村民韦阿团口述回忆，1938 年 12 月 6 日，日军进入郑港村扫荡，挨家挨户抓青壮年，

并放火烧房子。维持会人员韦阿华（韦阿团的爷爷）赶过去给日本兵送东西。看到日本兵在放火烧房子，前去救火，即被日本兵开枪打死在白云桥南侧，时年62岁。维持会人员吴长富（韦阿团的伯父），救火时也被日本兵开枪打死在白云桥边，时年66岁。

1945年8月，"治安维持会"解体。

四、区、乡、镇公所

1950年6月，织里区人民政府改称织里区公所，所辖乡经划乡建乡增至10个，即织里、织东、大河、云村、轧村、骥村、漾西、常乐、义皋、东桥。1956年6月，织里区公所撤销。

五、1949年中华人民共和国成立后政权组织

1.新中国成立初期

解放初，乡、镇行政机关先沿用乡、镇公所名称，后称乡、镇人民政府。1949年5月，织里区人民政府建立，下辖织里、义和、洽济、晟舍、东桥等5个乡（镇）织里镇人民政府1949年10月建立，义和镇人民政府1949年9月建立，洽济乡人民政府1949年6月建立，晟舍镇人民政府1949年10月建立，东桥乡人民政府1949年6月建立。

2.划乡建乡时期

1950年1月22日，织里区改辖10个乡镇。织里乡人民政府于1950年6月由织里镇划建，织东乡人民政府于1950年3月由织里镇划建，大河乡人民政府于1950年5月由晟舍镇划建，云村乡人民政府于1950年5月由晟舍镇划建，轧村乡人民政府于1950年4月由洽济乡划建，骥村乡人民政府于1950年4月由洽济乡划建，漾西乡人民政府于1950年5月由义和镇划建，常乐乡人民政府于1950年5月由义和镇划建，义皋乡人民政府于1950年5月由义和镇划建，东桥乡人民政府保持1949年6月建制。

3.乡人民委员会时期

1955年11月县人民政府改称县人民委员会后，各乡、镇人民政府亦随之改称乡、镇人民委员会。

1956年7月改称乡、镇人民委员会。1958年10月，实行人民公社化后，

乡、镇人民委员会职能由人民公社管理委员会行使。这一时期，由于县、市分合，土地改革，农业合作化，人民公社化和贯彻《农村人民公社工作条例（草案）》等原因，各乡（公社）的规模经历了由大分小、由小并大数度调整。

织里乡人民委员会，由织里、织东、大河、云村四个乡合并建立。

轧村乡人民委员会，由轧村、骥村与漾西、常乐两乡一部分合并建立。

义皋乡人民委员会，由义皋、东桥两乡及漾西、常乐两乡大部合并建立。

4.太湖人民公社管理委员会（大公社）时期

1958年10月，织里、义皋、轧村等3个乡合建为太湖人民公社，同时建立公社管理委员会。太湖人民公社先下设10个大队。1959年3月，10个大队改建为织里、织东、大河、云村、骥村、轧村、漾西、常乐、义皋、东桥等10个管理区。同年5月，骥村管理区并入轧村管理区。

5.人民公社管理委员会时期

织里人民公社管理委员会于1961年5月由太湖人民公社分出建立，其所辖即织里、织东管理区范围。

晟舍人民公社管理委员会于1961年5月，晟舍人民公社由太湖人民公社分出建立，其所辖即大河、云村管理区范围。1965年11月，更名为仁舍人民公社。

轧村人民公社管理委员会于1961年5月由太湖人民公社分出建立，其所辖即轧村、骥村管理区范围。

太湖人民公社管理委员会于1961年5月由原太湖人民公社分出建立，其所辖即义皋、东桥管理区范围。

漾西人民公社管理委员会于1961年6月，由太湖人民公社分出建立，其所辖即漾西、常乐管理区范围。1965年11月，漾西人民公社更名为洋西人民公社。

6.人民公社革命委员会时期

织里人民公社革命委员会于1968年7月建立，仁舍人民公社革命委员会于1968年4月建立，轧村公社革命委员会于1968年4月建立，太湖人民公社革命委员会于1968年1月建立，漾西人民公社革命委员会于1968年3月建立。

7.恢复人民公社管理委员时期

设织里人民公社管理委员，晟舍人民公社管理委员会（1981年11月由仁舍人民公社更名），轧村人民公社管理委员会。太湖人民公社管理委员会。漾西人民公社管理委员会（1981 年 11 月由洋西人民公社更名。）

8.乡、镇人民政府初期

设织里乡人民政府，晟舍乡人民政府，轧村乡人民政府，太湖乡人民政府，漾西乡人民政府。1984 年 9 月，织里乡改为镇建制。

9.1988 年至 1998 年小乡镇时期

1993 年 10 月，撤销晟舍乡建制，并入织里镇。

1993 年 6 月 19 日，轧村撤乡建镇。1994 年 12 月 8 日，漾西撤乡建镇。1998 年 8 月，太湖撤乡建镇。

10.1999 年至 2019 年大乡镇时期

1999 年 10 月，行政区域调整，撤销太湖镇、轧村镇、漾西镇建制，并入织里镇。

2012 年 9 月，由湖州市人民政府批准成立湖州高新技术开发区，其中原属织里镇的大港村、郑港村、凌家汇村、联漾村、元通桥村、水产村、沈溇村、东桥村、大溇村、幻溇村、许溇村、杨溇村等 12 个村划归高新区。但法律上仍归属织里镇，织里镇人民代表大会仍包含划归高新区的 12 个村。

第二节　镇（乡、公社）人民代表大会

一、织里镇（乡、公社）人民代表大会

1.织里乡、织东乡第一届人民代表大会

1953 年 11 月分别召开。

2.织里乡第二届人民代表大会

1956 年 11 月 30 日召开，大会听取并批准谢信良代表上届乡人委所作的关于并乡以来 7 个月的工作总结，听取并批准陶勤修代表本届乡人民委员会所作的关于今后工作任务的报告，会议确定今后要切实做好以下工作："一是迅速完成秋收冬种工作，继续巩固发好现有高级社的经营管理；二是加强秋收分配的领导，宣传国家、合作社、社员三者之间的利益关系；三是将国家征购的粮食任务如数入库存；四是兵役工作，动员应征公民参加体检；五是财经工作，凡是到期的贷款一律收回；六是文教卫生工作，大力开展扫盲工作，做好民师培育。管理好粪

便、水源；七是治保工作，加强对地主分子，反革命分子的管制督促，并做好四防工作。"

3.织里乡第三届人民代表大会

1958 年 5 月 7 日召开，出席大会的正式代表 96 人，列席代表 9 人。

4.织里管理区第四届人民代表大会

1961 年召开。

5.织里人民公社第五届人民代表大会

1963 年 5 月 20 日召开，全体代表听取和讨论党委书记的政治形势报告，听取并通过上届公社管理委员会工作总结。会议认为，"二年来我社在总路线、大跃进、人民公社三面红旗的光辉照耀下，水利基本建设方面、农业方面以及其他方面都获得了很大成就"。会议作出如下决议："1.必须坚决贯彻落实中共中央关于巩固人民公社集体经济、发展农业生产的'60 条'；2.积极养好春蚕，并收集桑果子，培育桑苗；3.迅速抓好早稻管理，大搞晚稻肥料。加固加宽圩埂、土坝，修好管好渠道；4.加强对社员、干部新风尚、新道德教育；5.积极做好精简和安置下放人员的工作。"

大会选举周文敏为公社管理委员会社长，张肇廉、潘慧文、李良等 3 人为副社长，郑六平、曹根生、王应宝、秦寿铭、郑六应、沈会珍、黄培章、傅阿大、朱荣奎、王水晶、潘丽英等 11 人为委员。选举产生监察委员会，郑新土当选为主任，姚新宝、杨海乔、周六丙、徐阿毛等 4 人当选为委员。选举周文敏、潘慧文、曹根生、潘丽英、秦寿铭、郑六应、朱金男等 7 人为出席县人民代表大会代表。

6.织里人民公社第六届人民代表大会

1966 年春天召开。

7.织里乡第七届人民代表大会第一次会议

1981 年 11 月召开。

8.织里乡第八届人民代表大会第一次会议

1984 年 7 月 15 日至 17 日召开，应出席正式代表 116 人，实到 110 人。大会主席团人员胡明昌、沈淦亭、沈振荣、沈岳年、曹荣江、叶虎林、沈志云、沈梅英、史福根、王阿江、来水华、王金根、张顺林、叶香林、甄林芳、朱玉根、潘阿林。特邀区委杨孝彬。

大会批准代乡长沈淦亭所作的《工作报告》，通过《织里乡建设的基本规划》，通过《织里乡村镇建房用地管理规定》。大会确定今后工作的中心任务是："继续贯彻执行中央〔84〕1号文件精神和今年四月份乡党代会决议，集中精力，发展商品生产，进一步把经济建设推向前进。不断巩固和发展农村政治、经济体制改革的成果，把我乡建设成为经济繁荣、文化昌盛、人民富裕、生活安定，具有中国特色的四个现代化的社会主义新乡镇。"

大会选举沈淦亭为第八届乡人民政府乡长，沈志云、沈梅英为副乡长。

9.织里镇第九届人民代表大会第一次会议

1987年4月7日至8日在织里镇影剧院举行，应出席的正式代表61人，实际出席59人。

大会批准沈淦亭代表镇八届人民政府所作的工作报告，通过《1986年财政决算和1987年财政预算的决议》，通过《关于筹措教育经费的决议》，通过《关于镇树镇花的决议》，把广玉兰作为镇树，月季花作为镇花。大会确定今后三年的工作任务是："按照中央〔87〕5号文件的精神，继续深入农村改革，并通过艰苦努力，做好充实、巩固、配套、提高工作，促进新体制的成长。要在坚持四项基本原则的前提下，大力发展农村商品经济，使我镇人民在今后的三年中生活更加富裕。在新形势下，我们要积极开展增产节约、增收节支运动。要在稳定发展农业的同时，大力发展镇村集体工业，鼓励发展家庭联户工业。要加快城镇建设的发展及各项事业的发展，努力把我镇建设成为具有经济特色、繁荣富庶的水乡文明城镇。"

大会通过选举，沈淦亭当选为镇人民政府镇长，沈志云、史福根、叶央毛、吴坤林当选为副镇长，沈阿元、高培林当选为人民陪审员。

10.织里镇第九届人民代表大会第三次会议

1989年4月8日召开，大会批准《政府工作报告》，批准《财政预决算报告》，通过《关于私人建房用地管理办法的有关规定》，通过《关于加强计划生育管理的有关规定》。

11.织里镇第十届人民代表大会第一次会议

1990年4月12日到13日召开，应到正式代表76名，实到代表73名。

大会批准柳照华代表九届人民政府所作的题为《振奋精神，齐心协力，为建设繁荣、文明的织里镇而努力奋斗》的工作报告，批准《关于1989年财政结算和 1990 年财政预算的报告》，通过《关于农村建房用地管理的实施办法》和《关于加强计划生育管理的规定》。大会确定今后三年改革和建设事业总的指导思想是："以党的十三届四中、五中、六中全会精神为指针，认真贯彻中央关于进一步治理、整顿、深化改革的方针。坚持四项基本原则，反对资产阶级自由化，加强民主法制建设，加强社会主义精神文明建设，同群众保持密切联系，发扬自力更生，艰苦奋斗精神。走重工强农兴各业的路子，夺取物质文明和精神文明的双胜利，为建设繁荣、文明的织里镇而努力奋斗。"大会收到代表议案、意见、建议 25 份 39 件。

大会通过选举，柳照华当选为镇长，史福根、叶央毛、吴坤林当选为副镇长，吴元林、高培林当选为人民陪审员。

12. 织里镇第十届人民代表大会第二次会议

1991 年 4 月 9 日召开，应到正式代表 76 人，列席代表 39 人。

大会批准柳照华代表第十届人民政府所作的《工作报告》，批准《镇财政 1990 年决算和 1991 年预算报告》，通过《关于加强镇建规划和镇容镇貌管理的若干规定》。大会确定 1991 年工作的指导思想是："坚定不移地贯彻执行党的基本路线，坚持以经济建设为中心，坚持四项基本原则，坚持改革开放，紧紧依靠全镇人民，积极组织"八五"计划、十年规划的实施，积极推行治理整顿和深化改革，大力加强社会主义精神文明建设和民主法制建设，为建设繁荣文明的织里镇而努力奋斗。"大会通过十项主要工程："1. 开通程控电话；2. 新建一个农贸市场；3. 改造镇政府办公大楼；4. 区中心教育大楼全面竣工；5. 新建镇文化中心；6. 办好敬老院；7. 村村灌制三面光渠道；8. 扩建自来水厂；9. 搞好镇区闭路电视网建设；10、配合区委建设戴山—织里—轧村公路。"

13. 织里镇第十届人民代表大会第三次会议

1991 年 8 月 6 日在镇政府三楼会议召开，应到正式代表 76 人，实到 68 人，列席代表 3 人。大会批准史福根辞去副镇长职务，补选唐根法为副镇长。

14. 织里镇第十届人民代表大会第四次会议

1992 年 4 月 2 日召开，应到正式代表 72 人，实到 67 人。大会批准柳照华代表镇人民政府所作的工作报告，批准《镇财政 1991 年决算和 1992 年预算报告》。

大会通过选举，郁才康当选为人大主席团常务主席。

15.织里镇第十届人民代表大会第五次会议

1992 年 8 月 15 日召开，应到正式代表 72 人，实到 62 人。

大会批准柳照华辞去镇长职务的请求，批准郁才康辞去人大主席职务的请求，批准吴坤林辞去副镇长职务的请求。通过补选，冯荣根当选为镇人民政府镇长，沈志云、吴柏林、倪林泉当选为副镇长。

16.织里镇第十一届人民代表大会第一次会议

1993 年 5 月 21 日至 22 日召开，应到正式代表 76 名，代表全镇 34 个选区，实到 74 名。

大会批准冯荣根代表镇十届人民政府所作的工作报告，批准《关于 1992 年财政决算和 1993 年财政预算报告》，通过《织里镇农村私人建房用地管理办法》，通过《关于加强计划生育的有关规定》。大会确定今后三年全镇经济建设总的指导思想是："以十四大精神为指针，以经济建设为中心，坚持'两手抓'，进一步解放思想、转变观念，始终坚持以市场建设为龙头，以加快发展第三产业为重点，围绕市场办工业，积极开发"一优二高"农业，多种经济成分长期并存，多轮驱动，多业并举，全方位、多层次发展织里经济，力争我镇两个文明建设有一个跳跃式的巩固和发展。"

通过选举，冯荣根当选为镇第十一届人民政府镇长，叶央毛、吴柏林、沈志云、倪林泉当选为副镇长，吴元林、高培林当选为人民陪审员。

17.织里镇第十一届人民代表大会第二次会议

1993 年 11 月 26 日召开，应到正式代表 127 人，实到 124 人。

大会批准冯荣根所作的《政府工作报告》，通过《织里镇农村建房用地管理的实施办法》，通过《关于加强计划生育管理的有关规定》。

通过选举，冯荣根当选为镇人大主席团常务主席，倪林泉当选为镇长，叶央毛、吴柏林、沈志云、陈国荣当选为副镇长。选举产生吴元林、高培林、高根荣、朱新铭为人民陪审员。

18.织里镇第十一届人民代表大会第五次会议

1995 年 7 月 5 日在织里镇镇政府四楼会议室召开，应到正式代表 115 名，实到 112 名。大会通过《织里进镇公路拓宽工程实施计划》，通过《关于拓宽织里进镇公路集资办法》。

19. 织里镇第十一届人民代表大会第六次会议

1995 年 11 月 16 日在织里镇政府四楼会议室召开，应到正式代表 122 人，实到 106 人。大会增选陈惠林为副镇长。

20. 织里镇第十二届人民代表大会

1996 年 3 月 13 日在织里政府召开，应到正式代表 63 人，实到 62 人。

大会批准倪林泉代表镇十一届人民政府所作的工作报告，批准曹荣江代表镇第十一届人民代表大会主席团所作的工作报告，批准《关于 1995 年财政决算和 1996 年财政预算报告》，通过《关于织里镇人民政府土地管理若干规定》，通过《关于织里镇人民政府计划生育若干规定》。大会确定今后三年工作的指导思想是："以建设有中国特色的社会主义理论为指针，认真贯彻落实党的十四大和十四届五中全会精神，以经济建设为中心，处理好改革、发展、稳定的关系，强化农业基础，抓住市场龙头，加快城建步伐，寻找工业经济新的增长点，大力发展第三产业，两个文明一起抓，切实搞好小城镇综合改革试点工作，全方位、多层次、高起点、高标准发展织里，建设织里，为实现'奋斗三年，再造织里'的宏伟目标而努力奋斗。"

通过选举，胡伟当选为镇第十二届人民代表大会主席团主席，曹荣江当选为副主席。倪林泉当选为镇十二届人民政府镇长，叶央毛、吴柏林、陈国荣、陈惠林、项群英选为副镇长。朱新铭、吴元林当选为人民陪审员。

21. 织里镇第十三届人民代表大会第一次会议

1999 年 2 月 5 日在织里镇政府四楼会议室召开。应到正式代表 65 人，实到 65 人，代表全镇 36 个选区。

大会批准吴柏林所作的《政府工作报告》，批准《人大主席团工作报告》，批准《1998 年镇财政决算和 1999 年财政预算报告》，通过《关于计划生育的若干规定》，通过《织里镇市容和环境卫生管理办法》，通过《织里镇农业发展基金、合作基金、土地承包金和农村劳动积累工、义务工制度》，通过了《织里镇合作医疗细则》。

通过选举，陈明宝当选为镇人大主席，叶央毛为副主席，吴柏林当选为镇人民政府镇长，王金法、芮惠斌、沈应华、陈惠林为副镇长。

22. 织里镇第十四届人民代表大会

因 1999 年 10 月行政区划调整，依法重新选举。于 2000 年 1 月 26 日召开，应到正式代表 105 人，实到 103 人。

大会批准吴柏林所作的《工作意见》，确定新一届政府工作的指导思想是："高举邓小平理论伟大旗帜，以党的十五大和十五届三中、四中全会精神为指导，紧紧围绕经济建设这个中心，继续实施'以市兴镇'发展战略，坚持以市场为龙头，以工业为重点，加快推进城镇建设，大力发展第三产业，切实加强精神文明建设和民主法制建设，全方位、多层次推动全镇经济社会发展，逐步把织里镇建设成初具规模的具有现代化气息的商贸型中心城镇。"

通过选举，杨永林当选为镇人大主席，费祥华当选为副主席，吴柏林当选为镇人民政府镇长，戴志华、沈应华、王金法、沈林庆、沈跃伟当选为副镇长。

23.织里镇第十五届人民代表大会第一次会议

2002 年 1 月 31 日在织里镇梦圆大酒店召开，大会应到正式代表 130 人，代表全镇 71 个选区，实到正式代表 125 人。

大会批准朱建豪代表镇十四届人民政府所作的工作报告，批准杨永林代表镇第十四届人民代表大会主席团所作的工作报告，批准沈应华所作的《织里镇 2001 年财政决算和 2002 年财政预算报告》。大会确定今后五年政府工作的指导思想是："高举邓小平理论伟大旗帜，以'三个代表'重要思想为指导，围绕提前基本实现现代化的战略目标，牢牢把握'坚持发展、维护稳定'的主题，坚持走'以市兴镇、以工强镇'的发展路子，实现经济社会跨越式发展和社会的全面进步，切实加强精神文明和民主法制建设，进一步转变政府职能，改进作风，团结一致，奋发进取，为把织里建设成为市场繁荣、经济发达、人民富裕、社会文明、充满活力的现代化工贸城市而努力奋斗。"

通过选举，杨永林当选为镇第十五届人民代表大会主席团主席，费祥华当选为副主席。朱建豪当选为镇第十五届人民政府镇长，沈应华、冯建强、陶承欢、柳学林当选为副镇长。

24.织里镇第十六届人民代表大会第一次会议

2007 年 3 月 15 日在织里镇行政中心召开，大会应到正式代表 130 人，代表全镇 69 个选区 82 084 个选民。实到正式代表 121 人。

大会批准周建荣代表镇十五届人民政府所作的政府工作报告，批准王仕乐代表镇第十五届人民代表大会主席团所作的工作报告，批准韦勤所作的《2006 年财政决算和 2007 年财政预算的报告》。大会确定今后五年政府工作的指导思想是："高举邓小平理论和'三个代表'重要思想伟大旗帜，以科学发展观统领经济社会发展全局，坚持'提升优势、率先发展'，紧紧围绕镇十三次党代会提出的'加快科学发展，构建和谐织里'总体目标，加速产业集聚，提升招商质量，转变增长方式，增强创新能力，推进城乡统筹，发展社会事业，维护安全稳定，为全面打造现代化工贸新区，实现经济社会的又好又快发展而努力奋斗。"

通过选举，王仕乐当选为镇第十六届人民代表大会主席团主席，柳学林当选为副主席。周建荣当选为镇第十六届人民政府镇长，韦勤、胡旋波、叶银梅、章继林、潘新林、梅冰当选为副镇长。

25.织里镇第十六届人民代表大会第二次会议

2008年4月18日在织里镇行政中心召开，应出席的正式代表129人，实际出席113人。

大会批准周建荣所作的工作报告，批准人大主席团工作报告，批准《2007年财政决算和2008年财政预算报告》。大会确定2008年工作的指导思想是："深入贯彻落实科学发展观，围绕实现经济社会又好又快发展这一主线，按照'提升优势、率先发展'要求，进一步增强走在前列意识，突出童装产业健康发展和工业经济结构调整，加快转变发展方式；突出生态环境改善和资源要素集约节约，提高发展质量；突出新农村建设的纵深推进和社会事业的加强，着力改善民生；突出城市管理的规范和社会的稳定和谐，努力优化发展环境；突出政府自身建设和效能提高，营造良好创业氛围，开创新局面，打造新织里。"

大会批准梅冰辞去副镇长职务的请求，补选朱永林为副镇长。

26.织里镇第十六届人民代表大会第三次会议

2009年5月27日召开，应到正式代表127人，列席代表154人。

大会批准周建荣代表镇第十六届人民政府所作的工作报告，批准人大主席团工作报告，批准《关于2008年财政决算和2009年财政预算报告》。大会确定2009年全镇工作总体要求是："以科学发展观为指导，围绕实现经济社会稳步协调发展这一主线，进一步增强科学发展的紧迫感和责任感，大力提升城市品位，加快童装企业转型升级，大力发展现代服务业，提升平台承载能力，有效盘活存量资产，加大招商引资力度，全力推进项目建设，加快市场改造提升，高度重视安全生产，全力打造现代童装之都和浙北经济第一镇，努力实现提升优势，率先发展。"

大会批准王仕乐辞去人大主席团主席的请求，批准柳学林辞去人大副主席的请求，批准韦勤辞去副镇长的请求，批准章继林辞去副镇长的请求，批准闵元根辞去人大代表的请求。补选韦勤为人大主席，补选宁云为副镇长。

27.织里镇第十六届人民代表大会第四次会议

2010年1月29日在织里镇行政中心召开，应到正式代表126人，实到代表111人，列席代表162人。

大会批准周建荣代表镇第十六届人民政府所作的工作报告，批准人大主席团工作报告，批准《关于2009年财政决算和2010年财政预算的报告》。大会确定2010年全镇工作总体要求是："按照中央和省市区委的要求，深入贯彻落实党的十七届三中、四中全会精神和科学发展观，紧紧围绕'提升优势、率先发展'的奋斗目标，把保持经济平稳较快发展作为首要任务，着力解放思想抢抓机遇，着力转变方式转型升级，着力统筹城乡协调发展，着力维护和谐稳定，着力改进干部作风，实现选商择资质量更好，项目建设进度更快，平台打造力度更大，产业发展水平更优，城乡建管水平更强，民生改善成效更显，推动全镇经济社会在更高的起点上实现新跨越。"

大会批准朱永林辞去副镇长职务的请求，补选沈惠玉为镇人民政府副镇长。

28.织里镇第十六届人民代表大会第五次会议

2010年6月12日在织里镇行政中心召开，应到正式代表124人，实际到会正式代表114人。

大会批准周建荣辞去织里镇人民政府镇长的请求，补选杨勇为镇人民政府镇长。

29.织里镇第十六届人民代表大会第六次会议

2011年1月21日在织里镇行政中心召开，应到正式代表123人，实到代表113人。

大会批准杨勇代表镇第十六届人民政府所作的工作报告，批准人大主席团工作报告，批准《关于2010年财政决算和2011年财政预算的报告》，通过《织里镇国民经济和社会发展第十二个五年规划纲要》。大会确定2011年全镇经济社会总的指导思想是："高举中国特色社会主义伟大旗帜，以邓小平理论和'三个代表'重要思想为指导，深入贯彻落实科学发展观，全面落实市委'增强三力，奋力崛起'发展战略和区委'开放带动、创新驱动、城乡互动、转型推动'四大战略，紧紧围绕'浙北雄镇、童装之都、魅力小城、幸福织里'发展目标，全力实施'工业强镇、童装富镇、商贸活镇、生态优镇、文明塑镇'五大战略，以提升发展为主题，以转型升级为主线，以小城市试点培育为契机，着力强化创业创新引领、产业集群提升、和谐民生构建和城乡统筹发展，加强党的建设，全力打造转型升级引领镇、生态文明先行镇、和谐民生示范镇、创新发展实验镇、创业富民样板镇，加快建设中国童装之都、浙北第一经济重镇和现代化生态型工贸小城市，为率先全面建成小康社会打下更加坚实的基础。"

大会补选钱伟忠为镇人大副主席，补选邱国强为镇人民政府副镇长。

30.织里镇第十七届人民代表大会第一次会议

2011 年 12 月 30 日在织里镇行政中心召开，大会应到正式代表 139 人，代表全镇 71 个选区 86 876 个选民。实到正式代表 136 人。

大会批准杨勇代表镇十六届人民政府所作的政府工作报告，批准黄新发代表镇第十六届人民代表大会主席团所作的工作报告，批准胡旋波所作的《2011 年财政决算和 2012 年财政预算的报告》。大会确定今后五年政府工作的指导思想是："高举中国特色社会主义伟大旗帜，以邓小平理论和'三个代表'重要思想为指导，深入贯彻落实科学发展观，全力实施'工业强镇、童装富镇、商贸活镇、生态优镇、文明塑镇'五大战略，以提升发展为主题，以转型升级为主线，以小城市试点培育为龙头，着力强化创业创新引领、产业集群提升、和谐民生构建和城乡统筹发展，全面打造中国童装之都、浙北经济雄镇、太湖魅力新城。"

大会通过选举，黄新发当选为镇第十七届人民代表大会主席团主席，潘新林、杨枫等 2 人当选为副主席。杨勇当选为镇第十七届人民政府镇长，胡旋波、王小明、周功剑、王道文、钱伟忠、彭鼎顺当选副镇长。

31.织里镇第十七届人民代表大会第三次会议

2013 年 6 月 26 日在织里镇行政中心召开，应到正式代表 138 人，实到代表名 130 人。

大会批准王道文辞去副镇长职务的请求，补选王国华、何震旼为织里镇人民政府副镇长。

32.织里镇第十七届人民代表大会第四次会议

2014 年 3 月 8 日召开，应到正式代表 139 人，实到会 125 人，列席代表 159 人。

大会上批准杨勇代表镇第十七届人民政府所作的工作报告，批准《镇人大主席团工作报告》，批准《关于 2013 年财政决算和 2014 年财政预算报告》。大会确定 2014 年政府工作的总体要求是："以邓小平理论、'三个代表'重要思想、科学发展观为指导，全面贯彻党的十八届三中全会和省、市、区全委会精神，坚持以省小城市培育试点为龙头，以科学发展为主题，以转型升级为主线，以深化改革为主动力，坚定不移地实施'五大战略'，大力开展'深化改革提速年''转型升级提质年''践行宗旨提效年'，加快推进'五个转型'，着力建设实力织里、智慧织里、清洁织里、文化织里、平安织里，加快打造中国童装之都。"

大会批准黄新发辞去镇人大代表、镇人大主席职务的请求，批准杨枫辞去镇人大主席团副主席职务的请求，批准汤旭东辞去副镇长职务的请求。补选费斌为镇人大主席，补选史宁慧为镇人大副主席，补选杨枫为镇人民政府副镇长。

33.织里镇第十八届人民代表大会第一次会议

2016 年 12 月 25 日在织里镇行政中心召开，大会应到正式代表 139 人，代表全镇 70 个选区。实到正式代表 136 人。

大会批准宁云代表镇十七届人民政府所作的政府工作报告，批准彭建国代表镇第十七届人民代表大会主席团所作的工作报告，批准史宁慧所作的《2016 年财政预算和 2017 年财政决算报告》，通过《关于 2017 年政府民生实事项目人大代表票决办法》。大会确定今后五年政府工作的指导思想是："高举中国特色社会主义伟大旗帜，全面贯彻落实党的十八大和十八届三中、四中、五中、六中全会

2016 年 12 月 26 日，织里镇第十八届人民代表大会第一次会议

精神，以马克思列宁主义、毛泽东思想、邓小平理论、'三个代表'重要思想和科学发展观为指导，深入贯彻习总书记系列重要讲话精神，按照中央和省、市、区委的决策部署，按照'五位一体'总体布局和'四个全面'战略布局，坚持创新、协调、绿色、开放、共享的发展理念，牢固树立以人民为中心的发展思想，以改革创新为抓手，以转型升级为主线，以平安建设为保障，持续助推产城融合发展、城乡统筹推进、全民和谐共处，全力打造更具引领力、更具向心力的国家新型城镇化综合试点样板区，加快建设'中国国际童装之都、太湖南岸工贸新城'。

大会通过选举，彭建国当选为镇第十八届人民代表大会主席团主席，潘新林、史宁慧当选为副主席。宁云当选镇为第十八届人民政府镇长，钱伟忠、舒忠明、沈波、黄栩当选为副镇长。

34.织里镇第十八届人民代表大会第第二次会议

2017年7月29日召开，应到正式代表139人，实到会125人。

大会批准宁云代表镇第十八届人民政府所作的2017年上半年工作报告，批准《2017年上半年度镇财政预算执行情况的报告》。大会确定下半年政府工作的重点是："1.坚持转型提升，拓展平台，培育产业升级新优势；2.坚持建管并重，提升品质，构筑城市发展新格局；3.坚持绿色发展，优化环境，建设生态宜居新家园；4.坚持共建共享，改善民生，谋求社会事业新发展。"

大会补选潘斌松为织里镇人民政府副镇长。

35.织里镇第十八届人民代表大会第三次会议

2018年1月26日召开，应到正式代表139人，实际到会134人，列席代表219人。

大会批准宁云代表镇第十八届人民政府所作的政府工作报告，批准镇人大主席团工作报告，批准《2017年财政预算执行情况和2018年财政预算报告》，批准《2017年环境质量状况与环境目标完成情况的报告》，通过《织里镇2018年度政府民生实事项目人大代表》。大会确定2018年政府工作的指导思想是："以习近平新时代中国特色社会主义思想为指导，按照省、市、区委党代会的精神和'四新'主题实践的总体部署，以省级小城市培育和第三批国家新型城镇化'两个试点'为总抓手，继续锁定对齐'全市比肩县区高起点、在全省争先晋位作示范、在全国改革试点成样板'的新标杆，创造'产城融合发展、城乡统筹推进、全民和谐共处、率先实现两高'的新业绩，树立'忠诚干净、激情担当、团结务实'的织里团队新形象，走好'织里二次腾飞'的新征程的奋斗目标，全面落实'以人民为中心'的发展思想，'靠前站、马上办、讲实效'，全力打造东部宜居宜业新城区，加快建设'中国国际童装之都，太湖南岸工贸新城'。"

大会补选费一鸣为织里镇人民政府副镇长。

36.织里镇第十八届人民代表大会第四次会议

2018年9月7日在织里镇政府召开，应到正式代表138人，实际到会125人，列席代表226人。

大会批准陈勇杰代表镇第十八届人民政府所作的2018年半年度工作报告，批准《2018年半年度财政预算执行情况报告》，听取镇党委书记宁云讲话。大会确定2018年下半年政府工作的重点是："聚焦产业发展，构建更具实力的经济体系；聚焦城市更新，打造更有活力的发展高地；聚焦城乡统筹，建设共建共享的美好家园；聚焦社会治理，建立平安稳定的发展大局；聚焦要素保障，打造全面加速的动力引擎。"

大会批准宁云辞去镇长职务的请求，批准舒忠明辞去副镇长职务的请求，批准黄栩辞去副镇长职务的请求。

大会补选陈勇杰为镇人民政府镇长，补选薄国欣为镇人大主席，补选刘玉军、何良为镇人民政府副镇长。

37.织里镇第十八届人民代表大会第五次会议

2019年3月7日在织里镇政府召开，应到正式代表136人，实际到会127人，列席代表224人。

大会批准陈勇杰代表镇第十八届人民政府所作的政府工作报告，批准镇人大主席团工作报告，批准《2018年财政预算执行情况和2019年财政预算报告》，批准《2018年环境质量状况与环境目标完成情况的报告》，通过2019年政府民生实事项目。大会确定2019年政府工作的指导思想是："以习近平新时代中国特色社会主义思想为指导，按照省委第十四次党代会、市委第八次党代会精神和'一四六十'工作体系的总体部署，区委第四次党代会精神和'靠前站、马上办、讲实效'的要求，围绕省级小城市培育试点和第三批国家新型城镇化综合试点为总抓手，按照'产城融合发展、城乡统筹推进、全民和谐共处'的理念，站在'八八战略'再深化、改革开放再出发新的历史起点上，团结带领45万新老居民，继续当好全市全区'稳压器'和'增长极'，展示蓬勃发展的织里速度、打造上下同欲的织里环境，锻造昂扬向上的织里铁军，跑出织里高质量发展新速度，奋力当好市区赶超发展排头兵，加快建设'中国国际童装之都、太湖南岸创业新城'。"

38.织里镇第十八届人民代表大会第六次会议

2019年7月21日在织里镇政府召开，应到正式代表136人，实际到会124人，列席代表218人。

大会批准陈勇杰代表镇第十八届人民政府所作的《2019年上半年政府工作报告》，批准《2019年上半年财政预算执行情况报告》，大会确定2019年下半年政府工作的计划是："围绕项目双进，坚守实体经济根据，厚植高质量发展新优势；围绕改革创新，进一步激发赶超发展新动能；围绕城市能级，拓展功能保障，进一步打造发展高地；围绕乡村振兴，开创兴农富民举措，进一步拼出农业农村新面貌。"

39.织里镇第十八届人民代表大会第七次会议

2020年1月11日在织里镇政府召开，应到正式代表137人，实际到会127人，列席代表223人。

大会批准陈勇杰代表镇第十八届人民政府所作的政府工作报告，批准镇人大主席团工作报告，批准《2019年财政预算执行情况和2020年财政预算报告》，批准《2019年环境质量状况与环境目标完成情况的报告》，通过《织里镇2020年度

织里镇第十八届人民代表大会第七次会议召开

政府民生实事项目票决制票决办法》。大会确定 2020 年政府工作的指导思想是："高举习近平新时代中国特色社会主义思想伟大旗帜，继续坚定'八八战略'再深化，改革开放再出发主题，深入落实市委'一四六十'工作体系和区委'靠前站、马上办、讲实效'的要求，围绕省级小城市培育和第三批国家新型城镇化'两个试点'为总抓手，牢牢把握经济建设这个中心不动摇，紧扣高质量发展主线，坚持稳中求进工作总基调，聚集效益品质，聚力改革创新，大力发展织里精神，团结带领织里 45 万新老居民，全力打造'社会治理先行地、美好生活试验区'，加快建设'中国国际童装之都、太湖南岸创业新城'。"

大会批准潘新林辞去镇人大副主席的请求，补选陈荣趑新为织里镇人民政府副镇长。

40.织里镇第十八届代表大会第八次会议

2020 年 8 月 14 日在织里镇行政中心召开，应到正式代表 136 名，实到 118 名。大会批准陈勇杰向大会所作的织里镇 2020 年半年度政府工作报告，听取区委副书记、政法委书记，织里镇党委书记宁云讲话。

大会确定 2020 年工作的指导思想是："以'两山'理念为引领，全面贯彻市委'一四六十'工作体系和区委'靠前站、马上办、讲实效'的总体要求，牢固树立'以人民为中心'思想，紧扣高质量发展主线，坚持稳中求进工作主基调，聚焦效益品质，聚力改革创新，大力发扬织里精神，团结带领织里 45 万新老居民，全力打造'社会治理先行地、美好生活试验区'。"

大会补选张波为织里镇第十八届人民政府副镇长。

41.织里镇第十八届代表大会第九次会议

2021 年 1 月 23 日在织里镇行政中心召开，应到正式代表 136 名，实到 118 名。

大会批准陈勇杰向大会所作的织里镇 2020 年政府工作报告，听取区委副书记、政法委书记，织里镇党委书记宁云讲话。大会确定 2021 年工作的指导思想是："坚持以习近平新时代中国特色社会主义思想为指导，深入学习贯彻党的十九大、十九届二中、三中、四中、五中全会和省、市、区委全会精神，按照市委'一四六十'工作方针的总体部署和区委建设'重要窗口'示范样本排头兵的总体要求，以新一轮'五区联创''十大专班'为重点，在镇党委的坚强领导下，充分把握新时代新背景，紧扣高质量发展主题，精准对接新部署新要求。围绕国家市场采购贸易方式试点和第三批国家新型城镇化'两个试点'为总抓手，团结带领织里45万新老居民，全力打造'社会治理先行地、美好生活试验区'，加快建设'中国国际童装之都、太湖南岸创业新城'。"

42.织里镇第十八届代表大会第十次会议

2021年8月6日在织里镇行政中心召开，应到正式代表135名，实到114名。

大会批准陈勇杰向大会所作的2021年半年度工作报告。大会确定2021年工作的指导思想是："坚持以习近平新时代中国特色社会主义思想为指导，紧紧围绕省委忠实践行'八八战略'、奋力打造'重要窗口'主题主线，深入落实市委市政府聚力'三服务''五战'开新局和区委区政府新一轮'五区联创''十大专班'的总体要求，始终坚持'以人民为中心'理念，回应全镇45万人民群众对美好生活的共同期盼，全面推动产城人文深度融合，全力探索共同富裕的有效路径，在大战大考中交出了亮丽答卷。"

区委常委、织里镇党委书记杨治讲话。杨治提出，2021年是中国共产党成立100周年，也是"十四五"规划的开局之年。站在新的历史起点上，织里镇产业活力持续迸发，城市品位不断彰显，人文风采充分展现，全域美丽加速提升，凝聚起打造共同富裕2.0先行样本的磅礴力量，掀开高质量赶超发展的崭新篇章。杨治强调：今年下半年，我们要锚定航向、矢志前行，力争打造产业"共富"新高地、构建城市"共富"新格局、展现品质"共富"新面貌、开启城乡"共富"新气象，全力争当高质量发展建设共同富裕示范区的模范生。杨治要求，要以更高标准做好新时期人大工作，真正把党委的各项决策部署转化为全镇人民的共同意志，做到"党委有号召，人大有响应；党委有部署，人大有行动"。人大代表要提高政治站位，积极宣传党的路线、方针、决策部署，当好形势政策的"宣导员"。要围绕中心大局，积极投身织里产业发展、城乡统筹、民生优化等各个战场，当好服务发展的"参谋员"。要厚植为民情怀，始终同人民想在一起、干在一起，为民发声、给民谋利、替民解忧，当好履职担当的"联络员"。

大会补选江波为织里镇第十八届人民政府副镇长。

43、织里镇第十九届人民代表大会第一次会议

2021年12月22日在织里镇行政中心召开，大会应到正式代表159人，代表全镇87个选区。实到正式代表153人。

大会批准陈勇杰代表镇十八届人民政府所作的《织里镇政府工作报告》，批准薄国欣代表镇第十八届人民代表大会主席团所作的《织里镇人大主席团工作报告》，批准镇财政局书面所作的《织里镇2021年财政预算执行情况和2022年财政预算报告》，批准镇人民政府书面所作的《织里镇2021年环境状况与环境目标完成情况的报告》，通过《关于2022年政府民生实事项目人大代表票决办法》。大会确定今后五年政府工作的总体思路是："坚持以习近平新时代中国特色社会主义思想为指导，认真贯彻党的十九大和十九届二中、三中、四中、五中、六中全会精神，全面落实省、市、区委的决策部署，按照镇第十六次党代会确定的发展思路，立足新发展阶段，贯彻新发展理念，全面融入新发展格局，全力推动经济社会高质量发展，以改革创新为根本动力，以实现共同富裕为根本目标，促进产城人文深度融合，为加快建设"中国国际童装之都、太湖南岸创业新城"展现政府作为。"

大会通过选举，薄国欣当选为镇第十九届人民代表大会主席团主席，舒忠明当选为副主席。陈勇杰当选为镇第十九届人民政府镇长，归佳琪、朱双双、江波、张波、谈晔当选为副镇长。

二、太湖镇（乡、公社）人民代表大会

1.东桥乡、义皋乡第一届人民代表大会

1953年11月分别召开。

2.义皋乡第二届人民代表大会

1956年11月召开。

3.东桥管理区、义皋管理区第三届人民代表大会

1958年5月分别召开。

4.太湖人民公社管理委员会第四届人民代表大会

1961年召开。

5.太湖公社第五届人民代表大会

1963年5月18至20日召开，应到正式代表179人，参加选举175人。

大会选举产生乡人民委员会组成成员，潘厚德当选为乡（社）长，陈佰成为副乡（社）长，选举产生公社管理委员会委员莫雪林、何依忠、王建生、庄杰、邹杏林、万古宝、韦五金、柏加林、李和尚、黄阿寿、叶阿友等11人。选举产

生监察委员会组成人员，韩石庭当选为太湖乡（公社）监察主任，叶正林、朱荣康、吴阿棠、朱廿兴当选为监察委员。

6.太湖公社第六届人民代表大会

1966 年 2 月召开，出席代表 245 人，其中党员 86 人，男 175 人，女 70 人。

大会通过选举，潘厚德当选为乡（社）长，陈佰成、莫锡林当选为副乡长，何依忠、王建生、庄杰、吴建清、万古宝、叶阿友、黄阿寿、柏加林、李和尚、韦五金等 10 人当选为委员。选举产生监察委员会，赵茂祥当选为主任，叶正林、沈阿连、徐才生、俞大宝等 4 人当选为委员。选举袁钟铨、徐振华、徐成仙、彭才林、万古宝、朱荣康、韦五金、朱宝珠、潘厚德等 9 人为出席县第六届人民代表大会代表。

7.太湖公社第七届人民代表大会

1981 年 11 月 24 至 27 日召开，应出席 196 人，实到 192 人，列席代表 17 人，邀请代表 2 人。大会日程安排是 24 日上午预备会议、开幕式，下午听取工作报告并分组讨论，观看电影；25 日上午听取吴荣江所作的代表资格审查报告，听取胡明昌关于如何选举公社管委会、人民陪审员的发言，分组酝酿提出第一次候选人名单。下午协商确定候选人名单，观看电影；26 日上午通过选举办法、通过监票计票人员名单，投票选举社主任和副主任。下午投票选举管委会委员，举手表决产生人民陪审员，观看电影；27 日上午听取并通过叶再明所作的关于代表议案审查报告，通过大会工作报告的决议。下午朱水乔致闭幕词，区委领导讲话观，看电影。

大会确定今后工作重点是："进一步认真落实党在农村的各项经济政策，加强生产责任制，发展多种经营，执行'决不放松粮食生产，积极发展多种经营的方针。向农业生产的深度和广度进军，把农业提高到一个新的水平'。"

大会通过选举，朱水乔当选为公社主任，叶再明、郑永庆、吴顺康当选为副主任，王才生、朱宝珠、叶阿华、周福明、吴土林、陈佰成、闵建英等 7 人当选为委员。

8.太湖公社第八届人民代表大会第一次会议

1984 年 7 月 14 日至 15 日在太湖影剧院召开，应到代表 117 人，实到 113 人，列席 19 人。

大会批准王金法所作的《政府工作报告》，通过《关于村镇建房用地管理规定》，通过《关于治安管理条例的决议》。大会确定今后三年农村工作方针是："绝不放松粮食生产，积极发展多种经营，大力发展商品生产。结合我乡实际，在稳定粮食生产和蚕桑生产有所发展的基础上，狠抓经济特产（百合），要大力发展乡村工业、联户工业，梳理流通渠道，使全乡的经济得到全面发展。"

大会通过选举，王金法当选为乡长，郑永庆、李荣法当选为副乡长，徐宝法、刘荣林为人民陪审员。

9. 太湖公社第八届人民代表大会第二次会议

1985年6月25至27日在太湖影剧院召开，应到代表115人，实际到会105人，列席代表47人。大会批准王金法所作的政府工作报告，批准财政预决算报告，通过《关于教育事业领导管理体制的暂行规定》，通过《关于土地管理村建规划村民建房的规定》，通过《关于治安管理暂行条例》，通过《关于新建太织公路集资问题的决议》，通过《关于计划生育的有关规定》。大会指出："今年是六五计划的最后一年，又是经济体制实行全面改革的一年，大会通过了'二个报告五个规定'，是代表们认真履行代表职责。"大会号召："闭幕之后要广泛深入地贯彻这次大会的精神，狠抓落实，进一步激发全乡人民的斗志，充分调动广大人民群众的积极性、创造性，把这次会议通过的各项决议成为全乡人民的实际行动，为我乡国民经济在1985年实现翻一翻，加速我乡两个文明建设作贡献。"

10. 太湖乡公社第八届人民代表大会第三次会议

1986年6月21至22日召开，应到正式代表105人，实到96人。主席团成员何松才、王金法、郑永庆、周福明、董建平、陈佰成、朱大根、潘细毛、李振敏、叶百民、沈忠贤、吴建良、李水根、吴玉林、邹胜荣。大会开幕式由何松才主持，大会批准王金法所作的政府工作报告，通过财政预决算报告，通过《关于筹建幻溇到毛巾厂公路和村村通水泥路的决议》，通过《太湖乡建房规定》，通过《关于搞好村镇规划，加强土地管理的规定》。

大会增选韦强明为副乡长。

11. 太湖公社第九届人民代表大会

1987年4月召开。

12. 太湖乡第十届人民代表大会第一次会议

1990年4月，正式代表77人，其中男61人，女16人，代表全镇总人口21 916人，选民17 603人。

大会选举产生乡长 1 人，副乡长 3 人，董建平、吴柏林、吴土林当选为副乡长。

13. 太湖乡第十一届人民代表大会第一次会议

1993 年 5 月 22 至 23 日召开，大会应到正式代表 77 人，实到 75 人，代表全乡 33 个选区，213 个选民小组，19 039 个选民。

大会批准吴建民代表上届政府所作的政府工作报告，通过《1992 年财政预决算执行情况和 1993 年财政预决算报告》，通过《关于计划生育若干规定的决议》，通过《关于加强土地管理规定的决议》。大会确定今后三年工作的指导思想是："以党的十四大精神为指针，进一步解放思想、加大责任，加快改革开放和经济建设步伐，优化第一产业，加速第二产业，大力发展第三产业，加强社会主义精神文明建设，把我乡建设成为经济繁荣兴旺、社会安定团结、两个文明建设协调发展的新农村"。大会提出的工作措施是："1.进一步转换企业经营机制，加速发展乡村工业；2.加快农业产业结构调整，大力发展'一优两高'农业；3.加快发展第三产业，鼓励、引导发展个体经济；4.以经济建设为中心，促进各项事业全面发展。"

大会通过选举，吴建民当选为乡长，史福根、宋明强、陈元青当选为副乡长。

14. 太湖乡第十一届人民代表大会第四次会议

应到正式代表 69 人，实到 63 人。大会批准陈元青辞去人民乡长职务的请求，批准曾国兴辞去人大代表的请求，选举陈元青为人大主席，汤和林为人大副主席，选举郁才康为乡长，褚建山为副乡长。

15. 太湖乡第十二届人民代表大会第一次会议

1996 年 3 月 12 至 13 日召开，应到正式代表 56 人，实到会代表 56 人，列席代表 59 人。

大会批准郁才康代表上届政府所作的政府工作报告，批准陈元青代表人大主席团所作的人大主席团工作报告，批准《1995 财政决算和 1996 年财政预算的报告》，通过《代表预案、意见、批评的审议处理报告》，通过《关于计划生育若干政策的规定》，通过《关于土地管理规定》。大会确定今后政府工作的指导思想是："坚持以党的基本路线为指针，认真贯彻党的十四届四中、五中全会精神，把握改革、发展、稳定的工作大局，坚持以经济建设为中心，强化农业基础，突出工业重点，发展第三产业，加快集镇建设，坚持'二手抓，做到二手硬'，为把太湖建设成为经济发达、社会稳定、人民富裕的社会主义新农村团结拼搏，负重奋进。"

大会选举陈元青为人大主席，汤和林为人大副主席，选举郁才康为乡长，沈林庆、宋明祥、邱新华、褚建山为副乡长。

16.太湖乡第十二届人民代表大会第二次会议

1997年3月26日召开，应到正式代表56人，实到55人，列席代表84人。

大会批准郁才康所作的政府工作报告，批准汤和林所作的人大主席团工作报告，批准《乡财政预算和决算报告》。大会确定1997年工作总的指导思想是："坚持以邓小平同志建设有中国特色的社会主义理论和党的基本路线为指导，全面贯彻党的十四届五中、六中全会精神和市区有关会议精神，紧紧围绕建设社会主义新农村这个目标，继续坚持稳定农业，突出工业，发展个体，增强集体，加快镇建，稳定社会的工作路子，加大工作力度，促进全乡两个文明协调发展。"

17.太湖乡第十二届人民代表大会第三次会议

1998年3月18日召开，应到正式55人，实到50人。

大会批准郁才康所作的政府工作报告，批准人大主席团工作报告，通过《1997年财政决算和1998年财政预算的报告》。大会确定1998年政府工作的指导思想是："高举邓小平理论伟大旗帜，深入贯彻党的十五大精神，进一步解放思想、转变观念、振奋精神、树立信心、抓住机遇、致力发展、艰苦创业、团结拼搏，坚持以经济建设为中心，以改革促发展，继续推动经济总量的扩张和经济结构的调整，进一步强化农业基础地位，发展工业经济，加快两个转变，提高经济质量和效益，切实转变政府职能，提高工作效率，加快社会发展步伐，实现经济持续、快速、健康发展，使人民生活水平不断提高。"

18.太湖镇第十二届人民代表大会第四次会议

1998年11月12日召开，应到正式代表51人，实到44人，列席代表56人。

大会批准郁才康辞去镇长职务的请求，批准宋明祥辞去人大代表、副镇长职务的请求，批准褚建山辞去副镇长职务的请求。选举产生潘惠良为镇人民政府镇长，李荣法、陆阿根为镇人民政府副镇长。

19.太湖镇第十三届人民代表大会第一次会议

1999年2月5日至6日召开，出席大会的正式代表56人，实到55人，代表

25 个选区，列席代表 57 人。

　　大会批准陈元青所作的人大主席团工作报告，批准潘惠良所作的政府工作报告，批准《1998 年财政决算和 1999 年财政预算报告》，通过《代表议案和意见处理办法的规定》。大会收到议案、批评建议和意见 22 件，其中农业 3 件、工业 1 件、村镇建设 7 件、文教卫生 4 件、环保 2 件、社会治安 2 件、农民负担 3 件。大会确定今后政府工作的指导思想是："高举邓小平理论伟大旗帜，深入贯彻十五大和十五届三中全会精神，进一步解放思想、振奋精神、团结拼搏、艰苦创业，要坚持以经济建设为中心，以改革促发展，推动经济总量的扩张和结构调整，进一步加强农业基础，大力发展股份制和个体私营经济，积极推进第三产业，加快两个根本性转变，提高经济质量和效益。要切实转变政府职能，提高工作效率，加快社会主义精神文明建设和民主法制建设，努力促进国民经济持续、稳定、健康发展和社会事业全面进步，不断提高和改善人民生活质量。"

　　大会选举产生镇人大主席陈元青，选举产生镇人民政府镇长潘惠良，选举产生镇人民政府副镇长沈林庆、李荣法、陆阿根等 3 人，选举产生人民陪审员戴水珠、沈新荣等 2 人。

三、轧村镇（公社、乡）人民代表大会

1. 轧村乡、骥村乡第一届人民代表大会

1953 年 11 月分别召开。

2. 轧村乡第二届第人民代表大会

1956 年 11 月 15 日召开，大会作出决议如下："一、及时完成秋收冬种，11 月底前完成；二、做好农业社秋收分配，保证 60%～70% 分配给社员，保证 90% 以上的社员增加收入；三、在适当安排好秋收冬种的前提下开展积肥运动；四、大张旗鼓地宣传国家粮食、兵役制度；五、在不影响秋收冬种的前提下开展多种经营，增加社员更多的收入；六、在秋收冬种前做好文教卫生事业，12 月中旬全面开展冬季扫盲工作；七、商业要查货物、找货源，开展社会主义劳动竞赛，在可能条件下做到旺季不脱销。"

3. 轧村乡第三届人民代表大会

1958 年 5 月召开。

4.轧村管理区第四届人民代表大会

1961年分别召开。

5.轧村人民公社第五届人民代表大会

1963年5月21日，中共吴兴县委员会批复，同意轧村公社管理委员会、监察委员会和县人民代表大会代表候选人为"社长钱志良，副社长褚和根、王宝仁、宗建萍，委员薛德臣、张永浩、胡程、王济民、杨梅林、刘阿六、李甫仁、李金林、陈法珍、刘巧英、倪阿桥。监察委员会主任周家保，副主任沈永林，委员王兴宝、朱阿毛、严卯生、黄菊珍、杨美珍。出席县人民代表大会代表钱志良、宗建萍、王宝仁、刘巧英、李金林、严火林"。后召开第五届人民代表大会。

6.轧村人民公社第六届人民代表大会

1966年春天召开。

7.轧村乡第七届人民代表大会

1981年10月召开，共50个选区，应到代表150人，选举产生出席湖州市第四届人民代表大会代表7人。

8.轧村乡第八届人民代表大会

1984年7月12日到13日在轧村影剧院召开，应到正式代表113人，代表50个选区19 000位选民。

大会批准郁才康所作的政府工作报告，确定今后工作的指导思想是："坚决贯彻执行中央一号文件，加强两个文明建设，以提高经济效益为中心，稳定完善生产责任制，决不放松粮食生产，广开企业门路，大力发展商品生产，力争1984年经济总收入1400万元，人均收入超600元。"

大会选举郁才康为乡长，罗伯群、王阿荣为副乡长，选举王战荣、赵小林为人民陪审员。

9.轧村乡第九届人民代表大会第一次会议

1987年4月8日至9号在轧村影剧院召开，应到代表59人，实到47人。

大会批准陈明宝代表第八届人民政府所作的题为《坚持四项基本原则，坚持改革、开放、搞活，再接再厉，努力加快我乡两个文明建设的步伐》的工作报告。批准《乡财政预算和预算执行情况的报告》，通过《轧村乡人民政府关于贯彻执行浙江省土地管理实施办法的意见》，通过《关于贯彻执行浙江省计划生育条例的意见》，通过《关于轧村乡农业发展基金制度实施办法》。大会确定1987

年的奋斗目标是："响应乡第七届党代会提出的各项任务，坚持四项基本原则，反对资产阶级自由化，以经济建设为中心，稳定农业基础，发展集体工业，普及家庭工业，发展多种经营，提高经济效益，压缩开支，开展增产节约、增收节支运动，争取一九八七年两个文明建设有一个新的提高。"

大会选举陈明宝为乡长，选举副乡长 2 人。

10.轧村乡第九届人民代表大会第二次会议

1988 年 6 月 28 日在轧村影剧院召开。

11.轧村乡第九届人民代表大会第三次会议

1989 年 1 月 3 日在轧村影剧院召开。

12.轧村乡第九届人民代表大会第四次会议

1989 年 4 月 2 日在轧村影剧院召开，应到正式代表 59 人，实到代表 44 人，列席代表 55 人。大会批准乡政府工作报告，批准《1988 年财政预算执行和 1989 年财政预算决议》，听取《征收财产更新费提议》的决议，批准《轧村乡中心小学关于征收财产更新费的决议》，《决议》规定"轧村乡中心小学每个学生在小学读书阶段只收一次财产更新费计 10 元"。

大会增选陈阿荣为副乡长。

13.轧村乡第十届人民代表大会第一次会议

1990 年 4 月 12 日在轧村镇政府召开，应到正式代表 75 人，代表全镇 34 个选区 20 404 人 15 880 个选民，实到 73 人。

大会批准陈明宝代表镇第八届人民政府所作的政府工作报告，批准王金法所作的《1989 年财政决算和 1990 年财政预算的报告》。

大会通过选举，陈明宝当选为镇第十一届人民政府镇长，侯金根、陈阿荣、李劲当选为副镇长，王战荣、吴美丽当选为人民陪审员。

14.轧村乡第十届人民代表大会第二次会议

1991 年 4 月 2 日至 3 日召开，应到正式代表 75 人。

大会批准陈明宝代表十届政府所作的工作报告，批准《1990 年财政预算的执行情况和 1991 年财政预算报告》，通过《关于装卸搬运市场管理若干规定》。大会明确 1991 年政府工作的指导思想："以党的十三届七中全会精神为指针，坚持农村改革是社会主义方向，坚持以经济建设为中心，坚持'两个文明'一起抓，继续发扬自力更生、艰苦奋斗的优良传统，加强农业基础，稳定发展工业，狠抓经济效益，提高班子素质，强化保证作用，充分发挥基层一级政府的职能。以'廉政勤政，务实创新'的工作要求，深入实际，转变作风；以'强农、重工、兴各业'的工作思路，狠抓农业丰收计划的落实，尤其要突出粮食、蚕桑生产发展，稳定协调发展乡村工业，支持和引导家庭联户个体工业，不断壮大集体经济，积极发展社会事业，为实现十年规划和'八五'计划提出的各项奋斗指标而努力！"

15. 轧村乡第十届人民代表大会第三次会议

1992年3月19日召开，应到正式代表71人，实到代表66人。

大会批准陈明宝代表十届政府所作的工作报告，通过《1991年财政预算的执行情况和1992年财政预算报告》，通过《关于征收教育事业附加费的若干规定》。确定1992年政府工作的工作重点是："一要着眼'八五'，立足今年，抓基层、打基础，要继续扎扎实实开展'质量、品种、效益年'活动。积极稳步发展乡村集体工业，致力于提高企业经济效益，切实搞好产品、产业和企业调查，提高现有企业的整体素质，促进农村经济进一步发展。二要坚持农业是国民经济的基础思想。强化农业基础，继续重视、支持粮食、蚕桑等生产的稳定发展，动员全社会力量增加投入、集中力量搞好农田水利基础设施建设，依靠科技兴农，积极开展'吨粮'工程建设和其他各业的增产活动。三要坚持两手抓的方针，着眼于提高人民群众的科学文化水平和思想道德素质，切实加强农村思想政治工作，继续加强和改善教育、文化、邮电等方面的各项事业发展。四要进一步强化管理意识，把加强管理纳入乡政府的各项工作，加强乡政府的自身建设，努力提高工作办事效率，牢固树立管理就是服务的思想。"

大会批准陈明宝辞去乡长职务的请求，批准陈阿荣辞去副乡长职务的请求，批准李劲辞去副乡长职务的请求，补选朱春荣为乡长，补选王金法、潘惠良为副乡长。

16. 轧村乡第十届人民代表大会第四次会议

1992年12月29日召开，应到正式代表70人，实到代表55人。

大会批准侯金根辞去副乡长职务的请求，补选钱水根为副乡长。

17. 轧村镇第十一届人民代表大会第一次会议

1993年5月21日至22日召开，应到正式代表75人，实到74人。

大会批准朱春荣所作的政府工作报告，通过财政预决算报告，通过《征收教育事业附加费的决议》，通过《轧村镇土地管理的若干规定的决议》，通过《关于贯彻湖州市计划生育条例的决议》。

大会选举朱春荣为镇长，王金法、钱水根、潘惠良为副镇长，选举产生人民陪审员。

18. 轧村镇第十一届人民代表大会第二次会议

1994 年 4 月 11 日至 12 日在轧村镇政府召开，应到正式代表 75 人，实到 75 人。

大会批准朱春荣代表镇第八届人民政府所作的政府工作报告，批准王金法所作的财政预决算报告，批准《轧村镇城镇建设总体规划》。大会收到代表议案和意见 12 件，其中工业 1 件、农业 1 件、教育卫生 1 件、集镇建设 1 件、民政福利 1 件、综合治理 1 件。大会确定 1994 年政府工作的指导思想是："以党的十四大、十四届三中全会精神和邓小平同志建设有中国特色的社会主义理论为指针，以经济建设为中心，以市场为导向，以转换经营机制为动力，以科技进步求发展，抓住改革、发展、稳定这个主线，发展外向，加快三产，狠抓投入，继续走多轮驱动、多业并举、多种经济形式并存，全方位、多层次发展经济的路子。狠抓集镇建设，改善农业基础设施，调整产业结构，发展'一优二高'农业。加强政府机关的廉政勤政建设，坚持'两手抓'方针，齐心协力，化解困难，解放思想，放开手脚，开拓创新，促进全镇经济发展社会稳定。"

大会选举陈明宝为镇人大主席团常务主席，朱春荣为镇长，王金法、钱水根、潘惠良为副镇长。

19. 轧村镇第十一届人民代表大会第三次会议

1995 年 4 月 7 日召开。大会批准朱春荣所作的政府工作报告，通过财政预决算报告，通过《计划生育条例实施意见》。大会明确了 1995 年政府工作的指导思想是："全面贯彻落实党的十四大精神和八届全国人大一次会议精神，坚持以经济建设为中心，坚持改革开放，按照建立社会主义市场机制的要求，走'多轮驱动，各业并进'的经济发展路子，轮换企业经营机制，加强乡村工业发展，大力支持家联工业和第三产业发展，加强农业基础设置建设，调整产业结构，发展'一优二高'农业。坚持两手抓方针，加强社会主义精神文明建设，加强社会主义民主和法制建设，加强社会综合质量立，保证经济建设和改革开放的顺利进行。加强政府工作的领导，牢固树立为基层、为人民服务的思想，切实转变工作作风和领导作风，健全乡村两级班子建设，加强勤政廉政建设，努力推进我乡两个文明建设。"

20.轧村镇第十二届人民代表大会第一次会议

1995 年 11 月 6 日在轧村镇政府召开，大会正式代表 54 人。

大会批准镇人大主席团工作报告，批准朱海毛所作的政府工作报告。通过《轧村镇关于土地管理的若干规定》，通过《轧村镇农业发展基金、合作基金、土地承包金和劳动义务工、劳动结累工制度（三金二工）实施办法》，通过《轧村镇关于计划生育若干规定》，通过《关于轧村镇城镇建设总体规划》。大会确定今后三年工作的指导思想是："以党的十四届四中、五中全会精神为指针，继续把握全党工作大局，认真贯彻镇党代会的精神，以经济建设为中心，以稳定粮食生产、开发'优高'农业为基础，以提高工业经济质量和效益为重点，以深化农村产权制度改革为动力，以加快小城镇建设、发展个体私营经济和第三产业作为新的经济增长点，以加强基层组织和政府自身建设为保证，坚持'两手抓，两手都要硬'的方针，促进全镇社会稳定，经济持续、快速、健康发展，为奋斗四年、再造轧村而努力。"

大会选举陈明宝为人大主席，姚阿根为副主席，朱海毛为镇长，王金法、沈福荣、费旭敏、钱水根为副镇长。

21.轧村镇第十三届人民代表大会第一次会议

1999 年 2 月 3 日在轧村镇影剧院召开，大会应到正式代表 54 人，代表全镇 27 个选区 16 320 位选民。

大会批准杨永林代表镇十二届人民政府所作的政府工作报告，批准费祥华代表镇第十届人民代表大会主席团所作的工作报告，批准潘新林所作的财政预决算报告，通过《加强土地管理的决议》。大会确定今后三年政府工作的指导思想是："高举邓小平理论的伟大旗帜，认真贯彻落实党的十五大和市第四次党代会精神，进一步解放思想，实事求是，围绕经济建设这个中心，抓住机遇，开拓进取，致力发展，大力推进经济体制和经济增长方式两个根本转变，以稳定粮食总产和提高农业效益为重点，以提高工业经济质量和效益为目标，以发展个体私营经济为动力，以创办股份合作制企业和集体企业为新的经济增长点，以打开南大门、搞活三济桥市场、拓宽进镇大道为新优势，坚持"两手抓，两手都要硬"，进一步加强精神文明建设和民主法制建设，为我镇提前基本实现现代化打下坚实基础。"

大会选举倪林泉为镇第十三届人民代表大会主席团主席，费祥华为副主席。杨永林当选镇第十三届人民政府镇长，潘新林、冯建强、王战荣、姜吴刚当选为副镇长。

四、漾西镇（公社、乡）人民代表大会

1.漾西乡、常乐乡第一届人民代表大会

1953 年 11 月分别召开。

2.漾西乡第二届人民代表大会

1956 年 11 月召开（见义皋乡第二届人民代表大会）。

3.漾西乡第三届人民代表大会

1958 年 5 月召开（见义皋乡第三届人民代表大会）。

4.漾西管理区第四届人民代表大会

1961 年召开。

5.漾西公社第五届人民代表大会

1963 年 5 月召开。

6.漾西公社第六届人民代表大会

1966 年 4 月召开。

7.漾西公社第七届人民代表大会

1981 年 11 月 27 到 29 日召开，应到正式代表 119 人，实到 110 人。

大会批准赵雪清所作的工作报告，报告内容第一部分是"经历'内乱'与'转折'的 16 年"，第二部分是"集中精力狠抓经济建设，大力加强社会主义精神文明"，第三部分是"充分发扬民主，加强人民政权建设"。大会确定今后工作任务是："我们农村人民公社就是要在党的领导下，加快发展农业生产，实行农工商综合经营，让社员群众尽的大事。我们要树立大农业和大粮食的观念，在决不放松粮食生产、积极发展多种经营的生产方针指导下，解放思想，快富起来。农业是国民经济的基础，发展农业是全局，克服单一经营，力争粮食稳产高产，同时因地制宜，扬长避短，努力发展多种经营，逐步改善农业内部的经济结构，增加经济收入，增加商品生产，活跃城乡交流，全面发展农村经济。"

8.漾西乡第八届人民代表大会第一次会议

1984 年 7 月 12 日至 13 日召开，应出席正式代表 105 人，实际到会 98 人。

大会选举顾金才为乡长，钱水根、沈林庆为副乡长。

9.漾西乡第八届人民代表大会第三次会议

1985年6月24日至25日召开，应到正式代表105人，实到91人。

大会批准题为《勇于改革，大胆实践，扎实工作，为漾西乡的经济腾飞而奋斗》的工作报告。大会确定1985年经济工作的要求和任务是："以中央（1985）一号文件为指针，围绕翻三番目标，实事求是，坚定不移地贯彻开放、搞活的方针，在基本稳定粮食的前提下，大力调整产业结构，狠抓工作，发展副业和其他各业，力争全乡人民生活达到一个新的水平。"

10.漾西乡第八届人民代表大会第四次会议

1986年6月22至24日召开，应到正式代表102人，实到正式代表96人。

大会通过《1985年财政决算和1986年财政预算的报告》，通过《关于基本普及法律常识的实施意见》，批准《漾西乡建房用地管理规定的决议》《漾西乡集镇规划》《关于计划生育规定的补充规定》等。

11.漾西乡第九届人民代表大会第一次会议

1987年4月9日至10日召开，应到正式代表55人，实到正式代表48人。

大会批准朱春荣代表上届政府所作的工作报告，通过《1986年乡财政决算和1987年乡财政预算报告》，通过《关于认真落实教育体制改革实施九年制义务教育的规定》。大会确定今后三年政府工作的指导思想和方针是："在继续深入农村改革的前提下，坚持以经济建设为中心，以乡村工业为重点，以农业为基础，大力开拓新产业领域，走农工商综合经营、三大产业协调发展的路子。保证社会稳定，促进市场繁荣，确保人民生活水平有一个新的提高。"

大会选举朱春荣为乡长，沈林庆、李荣华、钱水根为副乡长，选举费林弟，陆小花为人民陪审员。

12.漾西乡第九届人民代表大会第二次会议

1988年6月27至28日召开，应到正式代表55人，实到正式代表48人。

大会批准朱春荣代表第九届人民政府所作的政府工作报告，批准《1987年财政预算执行情况和1988年财政预算报告》。大会确定1988年工作的指导思想和主要任务是："在深入改革的前提下，坚持以经济建设为中心，以乡村工业为重点，积极扶持发展家庭联户工业，以农业为基础，力保粮食生产和多种经营的稳定增长，使人民生活有一个新的提高。大力转变领导作风，总结经验，讲究效率，多办实事，发扬民主，健全法制，为繁荣我乡经济，推进我乡两个文明建设而共同努力。"大会共收到议案29件，其中农业基础7件，工业、交通8件，教育卫生2件，政法、民政8件，其他4件。

13.漾西乡第九届人民代表大会第三次会议

1989年4月6日至7日召开，应到正式代表54人，实到53人。

大会批准朱春荣代表第九届人民政府所作的工作报告，批准《1988年财政预算执行情况和1989年乡财政预算的报告》，通过《漾西乡集镇建设管理办法的决议》。确定1989年政府工作的指导思想是："以七届全国人大二次会议精神为指针，认真贯彻党的农村政策和改革方针，突出以发展生产力为标准，围绕经济建设这个中心，紧抓以公路建设为重点的社会发展事业，提高人民的物质文化水平，实现社会风气的根本好转。"

大会增选李荣法为副乡长。

14.漾西乡第十届人民代表大会第一次会议

1990年4月6日至7日在漾西乡铝合金厂三楼会议室召开，应参加的正式代表70人，实际到会70人。

大会批准朱春荣代表上届政府所作的政府工作报告，批准《1989年财政预算执行情况和1990年财政预算的报告》，通过《漾西乡集体、社员建房用地管理规定修改、补充条款》，通过《漾西乡有关计划生育的规定》。大会确定今后三年政府工作总的指导思想是："坚持一个中心、二个基本点的基本路线，以乡村工业的稳定发展为重点，强化农业基础，完善各种服务，大力发展以蚕桑为主的其他各业生产，开拓新的产业领域，优化产业结构。加强勤政廉政建设，改进工作方法，转变工作作风，密切政府同人民群众之间的联系，保证社会安定，促进人民生活水平稳定提高。要认真总结经验教训，要回头看，要分析我们的现状，既要看到我们工作的成绩，又要看到某些失误。"

大会选举朱春荣为漾西乡人民政府乡长，李荣法、钱水根、沈林庆为副乡长。

15.漾西乡第十届人民代表大会第二次会议

1991年4月3日至4日，应到正式代表70人，实到63人。

大会批准朱春荣代表第十届人民政府所作的工作报告，通过《1990年财政预算执行情况和1991年财政预算》的报告，通过《漾西乡村级财务制度管理办法

（试行）的决议》，通过《关于征收教育经费附加的决议》。大会确定1991年政府工作的指导思想："以党的基本路线为指针，进一步贯彻党的十三届六中、七中全会精神，坚持四项基本原则，围绕'稳定、鼓励、抓关键、打基础'的要求，认清形势、克服困难、抓住机遇、振奋精神，走强农、重工、兴各业的路子，实现工业、农业等其他各业生产的持续、稳定、协调发展，扎扎实实迈好'八五'计划第一步，夺取我乡两个文明建设的新胜利。"

16.漾西乡第十届人民代表大会第三次会议

1992年3月19日至20日在漾西铝合金型材厂召开，应到正式代表68人，实到代表63人。

大会批准副乡长钱水根代表第十届人民政府所作的政府工作报告，批准《1991年财政预算执行情况和1992年财政预算》的报告，通过《漾西乡计划生育晚婚登记的补充规定》，通过《关于增加教育经费附加标准的决议》。

大会批准朱春荣辞去漾西乡乡长职务的请求，补选陈阿荣为漾西乡人民政府乡长。

17.漾西乡第十届人民代表大会第四次会议

1992年12月5日在镇政府三楼会议室召开，应到正式代表66人，实到53人。大会批准钱水根辞去副乡长职务的请求，增选姚杰凌为漾西乡人民政府副乡长。

18.漾西乡第十一届人民代表大会第一次会议

1993年5月21日至22日召开，应到正式代表70人，实到66人。

大会批准陈阿荣所作的政府工作报告，通过《1992年财政预算执行情况和1993年财政预算的报告》。大会确定今后三年的指导思想是："以党的十四大精神为指导，坚持'一个中心，两个基本点'不动摇，以市场经济为龙头，围绕市场办工业，抓好外资增'三资'，强化农业为基础，发展'一优二高'。加强政权建设，全方位、多层次地实现我乡两个文明建设上一个新的台阶。"

大会选举陈阿荣为乡长，李荣法、沈林庆、姚杰凌为副乡长，选举姚发龙、吴志方为人民陪审员。

19.漾西乡第十一届人民代表大会第二次会议

1994年4月8日召开，应到正式代表70人。

大会批准陈阿荣所作的政府工作报告，通过《镇公益事业资金筹措的决议》，通过《1993 年财政决算和 1994 年财政预算》的报告。确定 1994 年政府工作总的要求是："紧紧抓住改革、发展、稳定这条主线，围绕建设社会主义市场经济体制目标，进一步解放思想，抓住机遇，加大改革力度，加快发展步伐，强化农业基础，优化农业结构，增加基础投入，突出重点抓工业，巩固发展乡村办，抓好外资增'三资'，大力推进股份合作制，坚持'四个轮子'一起上，促进我乡两个文明建设再上一个新台阶，提前两年基本实现我乡第八个五年计划目标。"

大会批准沈林庆辞去副乡长的请求，补选副乡长 1 名。

20. 漾西乡第十一届人民代表大会第三次会议

1994 年 8 月 26 日在漾西礼堂召开，应到正式代表 68 人，实到 55 人。大会通过《关于建造漾西变电所资金筹措的规定》，通过《漾西乡建房用地管理的规定》。

21. 漾西镇第十一届人民代表大会第四次会议

1995 年 4 月 8 日召开，应到正式代表 67 人，实到 61 人。

大会批准陈阿荣代表镇第十一届人民政府所作的工作报告，通过《关于 1994 年财政决算和 1995 年财政预算的报告》。大会确定 1994 年政府工作的指导思想："要以邓小平同志建设有中国特色的社会主义理论和党的基本路线为指导，全面贯彻党的十四届三中、四中全会和市第三次党代会、市三届人大三次会议精神，继续把握全党工作大局，进一步处理好改革、发展、稳定的关系，统一思想，总揽全局，加强协调，扎实工作。切实加强农业，积极深化企业改革，加快结构调整，加快科技进步，加大开放力度，着力提高经济增长的质量和效益，不断壮大集体企业，全力发展个体私营企业，确保经济持续、快速、健康发展。坚持'两手抓、两手都要硬'的方针，切实加强社会主义精神文明建设和民主法制建设，进一步提高全镇经济建设和社会各项事业的发展水平。"

22. 漾西镇第十一届人民代表大会第五次会议

1995 年 11 月 15 日在漾西镇中心小学召开，应出席的正式代表 67 人，实到 57 人。大会通过《关于漾西镇征兵工作的决议》。

大会批准陈阿荣辞去漾西镇镇长的请求，批准姚松泉辞去人大主席团主席的请求。补选朱春荣为镇人大主席团主席，姚志林为镇人民政府镇长。

23. 漾西镇第十二届人民代表大会第一次会议

1996 年 3 月召开，通过《关于建房用地、计生、城镇建设、公路建设的若干规定》。

大会选举朱春荣为人大主席，姚志凌为镇长，王战荣、杨新林、李荣法等3人为副镇长。

24.漾西镇第十二届人民代表大会第二次会议

1997年3月22日召开，大会增选方安明（下派）为副镇长。

25.漾西镇第十二届人民代表大会第三次会议

1998年3月召开。

26.漾西镇第十二届人民代表大会第四次会议

1998年11月16日召开。

27.漾西镇十三届人民代表大会第一次会议

1999年2月5日在漾西镇在机关礼堂召开，应到正式代表51人，实到48人。

大会选举戴志华为人大主席团主席，朱春荣为副主席，选举姚志凌为镇长，杨新林、沈跃伟、宋明强为副镇长。

五、晟舍乡（公社）人民代表大会

1.大河乡第一届人民代表大会

1953年11月4日至5日召开，大会选举新的乡人民政府委员会委员，听取新任乡长关于今后一个月工作任务的报告，代表进行了讨论并提出议案。

大会通过如下决议："一、为了支援国家建设，响应政府号召，开展增加生产、增加收入、履行节约的运动。目前应动员群众尽一切力量扩大春花面积，实行同坢同作。改造耕作方法，提高产量，确保明年春花丰收。加强秋收领导，发动群众防止自然灾害，尽最大努力，使秋收中稻谷损失减少到最低限度；二、加强互助合作运动领导，向群众进行组织起来的前途教育，有重点的总结组织起来的好处，帮助群众解决目前存在的问题，达到牢固提高原有互助组，通过秋收冬种开展临时季节性互助组，解决劳力不足、工具不足的困难，使秋收冬种能顺利进行；三、号召群众在收割前选好良种，做到家家选种、户户留种，并多留种子，为明年浸水选种作好准备。通过总结交流生产经验，达到明年改进生产技术的目的。减少虫害，秋收时做到齐泥割稻，并普遍彻底地实行冬耕灌水，即春花田亦不使有稻根露在外面，为明年丰收打下良好基础；四、为了响应政府号召，教育群众在增产节约基础上，把多余粮食全部卖给国家，不卖给私商，以支援工业建设，并把售谷所得，购买或订购好肥料，及增加自然肥料，并及时归还贷款；五、教育群众，说明国家税收与人民群众的切身关系，发动群众开展爱国缴税运动，做到不偷税、勿漏税，并向偷税漏税者展开斗争。同时在思想上、物资上作好缴爱国粮的一切准备工作；六、认真执行政府的政策法令，并向群众进行宣传解释；七、向群众讲明民主集中制原则，拥护自己选举的乡人民政府委员会，服从组织领导，并树立主人翁态度，随时有组织、有领导地提出正确的意见，达到为全乡人民更好的利益而努力奋斗；八、以上决议立即向群众进行贯彻，并在教育群众、提高觉悟基础上，发动群众签订爱国公约，开展爱国增产竞赛，以保证以上任务的胜利完成。以上各项，经我们全体代表举手表决，一致通过，作为正式决议，并交给乡人民政府委员会认真执行。"

2. 云村乡第一届人民代表大会

1953 年 11 月召开。

3. 云村乡第二届人民大会

1956 年 11 月召开（见织里乡第二次人民代表大会）。

4. 云村乡第三届人民大会

1958 年 5 月召开（见织里乡第三次人民代表大会）。

5. 云村管理区第四届人民代表大会

1961 年召开。

6. 晟舍人民公社第五届人民代表大会

1963 年 5 月召开。

7. 晟舍人民公社第六届人民代表大会

1966 年 1 月 19 日，中共吴兴县委员会批复，同意晟舍公社管理委员会、监察委员会和县人民代表大会代表候选人："社长沈少清，副社长李林宝、徐荣珍，委员陶勤修、李云章，殷汉民、吴志明、严阿金、杨梅林、叶阿毛、王娥英、陈甫珍、吴阿兴、徐应福、朱长命。监察委员会主任李锦祥，委员潘学楷、潘进法、李阿毛、陈杏元。县第六届人民代表沈少清、徐荣珍、陈根珍、陶金水、吴阿兴、朱际。"后召开代表大会。

8. 晟舍乡第七届人民代表大会

1981 年 11 月召开。

9.晟舍乡第八届人民代表大会一次会议

1984年7月17日至18日召开。应到正式代表102人，实际到会97人。

大会选举朱水乔为乡长，汤荣成、叶央毛为副乡长。

10.晟舍乡第八届人民代表大会第三次会议

1986年5月14日到15日在乡政府会议室召开，应到正式代表98人，实际到会88人，列席代表47人。

大会批准政府工作报告，批准财政预算决算报告，通过《关于保护水利设施的规定》。

大会选举郑惠民为乡长、叶再明为副乡长。

11.晟舍乡第八届人民代表大会第四次会议

1987年1月20日下午召开，应到正式代表97人，实到63人，列席代表34人。

大会批准叶央毛辞去晟舍乡副乡长的请求，批准叶再明辞去晟舍乡副乡长的请求。

12.晟舍乡第九届人民代表大会第一次会议

1987年召开，与会正式代表54人，代表全乡26个选区、10 230位选民。

13.晟舍乡第九届人民代表大会第二次会议

1988年6月29日在乡政府三楼会议室召开，应出席正式代表54人，实到48人。主席团成员袁阿团、郑惠民、叶再明、顾团毛、闵吉清、黄明珠、陈子汶。

大会批准郑惠民所作的政府工作报告，通过财政预算决算报告。大会确定1988年工作总的指导思想和主要任务是："以党的十三大精神为指针，以经济建设为中心，坚持四项基本原则和改革开放，持续发展农业，大力发展乡村工业，积极发展家庭工业，使全乡经济上一个新的台阶。在保证经济持续稳定的同时，进一步加强精神文明建设和民主法制建设。"

14.晟舍乡第九届人民代表大会第三次会议

1989年4月4日召开，大会通过《关于实施九年制义务教育的决议》。

15.晟舍乡第十届人民代表大会第一次会议

1990年4月9日至10日召开，应出席的正式代表64人，实际出席63人。

大会批准杨阿毛所作的《齐心协力，艰苦创业，为推进晟舍两个文明建设而奋斗》的工作报告。通过《关于土地管理的实施意见的决议》，通过《关于实行计划生育的意见的决议》，通过《关于依法服兵役的奖惩意见的决议》，通过《关于认真实施九年制义务教育的意见的决议》。确定今后三年政府工作的总的指导思想是："以七届全国人大三次会议为指导，以稳定为前提，坚持以经济建设为中心，坚持四项基本原则和改革开放，坚持从群众中来到群众中去的群众路线，坚持实事求是的思想路线，坚持精神文明和物质文明一起抓，继续治理经济环境，整顿经济秩序，努力稳定政治、经济，提高全社会文化素质。巩固发展乡村工业，支持引导家联工业，稳定开发农业经济，使我乡持续、稳定、协调地发展，夺取两个文明建设新胜利，为振兴晟舍经济而努力奋斗。"

大会选举杨阿毛为乡长，选举陈国荣、杨发根、姚荣坤为副乡长，选举汤根江、郑利群为人民陪审员。

16.晟舍乡第十届人民代表大会第二次会议

1991 年 4 月 8 日至 9 日召开，应到正式代表 64 人，实到 61 人。

大会批准杨阿毛所作的《团结一致，艰苦创业，为完成晟舍乡各项任务而奋斗》工作报告。通过《关于筹集教育经费的决议》，通过《关于修改晟舍乡实行计划生育的意见的决议》，通过《关于晟舍乡'八五'计划和十年规划的决议》。大会确定 1991 年工作的指导思想和要求是："全面正确地贯彻党的十三届七中全会精神，坚持社会主义方向，以经济建设为中心，稳步发展农业，重视加强工业，努力发展乡村集体经济，增加品种，提高质量和效益。同时继续加强党的建设和精神文明建设，保证政治、社会安定，保证经济稳定协调发展，扎扎实实迈好'八五'计划的第一步。"大会确定到 2000 年办好八件大事："一是扩建乡中心小学，二是新建乡文化中心，三是新建乡卫生院门诊楼，四是规划好晟舍集镇，五是建好乡村道路，使 80% 的村通公路，六是村村用上自来水，七是村村安装程控电话，八是全面完成农业小圩区改造。"

17.晟舍乡第十一届人民代表大会

1993 年 5 月 20 日至 21 日召开，应出席正式代表 64 人，实到 63 人。

通过选举，郑惠民当选为第十一届人民政府乡长，陈国荣、侯金根、高树林当选为副乡长。

第三节 乡镇人民政府及领导班子名录

一、新中国成立初期

织里区公所

区长 任正玉（1949 年 5 月至 10 月）

张成志（1951 年 5 月至 1952 年 11 月）

焉立江（1952 年 11 月至 1954 年 12 月）

王传芳（1954 年 12 月至 1955 年 5 月）

王兆华（1955 年 5 月至 1956 年 6 月）

副区长 高明（1949 年 10 月至 1951 年 5 月主持工作）

顾良臣（1951 年 5 月至 1952 年 9 月）

厉浩（1952 年 9 月至 1953 年 5 月）

董学德（1953 年 3 月至 1954 年 12 月）

茹天顺（1954 年 11 月至 1956 年 6 月）

织里镇人民政府

镇长 任国桢（1949 年 10 月至 1950 年 3 月）

代镇长 吴新林（1950 年 3 月至 6 月）

义和镇人民政府

镇长 马少良（1949 年 9 月至 1950 年 5 月）

副镇长 徐仁杰（1949 年 9 月至 12 月）

洽济乡人民政府

乡长 张贵冉（1949 年 9 月至 1950 年 3 月）

副乡长 周荣泉（1949 年 6 月至 1950 年 5 月）

晟舍镇人民政府

镇长 王金煜（1949 年 10 月至 1950 年 5 月）

东桥乡人民政府

1949 年 6 月建立。

乡长 朱尚斌（1949 年 6 月至 1950 年 3 月）

周士（1950 年 4 月至 5 月）

副乡长　徐仁杰（1949 年 12 月至 1950 年 4 月）

徐金奎（1950 年 4 月至 5 月）

二、划乡建乡时期

织里乡人民政府

乡长　秦希达（1950 年 6 月至 1951 年 3 月）

高阿团（1951 年 3 月至 1956 年 6 月）

副乡长　闵达（1953 年 4 月至 1956 年 6 月）

沈和宾（1953 年 4 月至 1956 年 6 月）

织东乡人民政府

乡长　陆一鸣（1950 年 3 月至 7 月）

凌俊贤（1950 年 7 月至 10 月）

闵晓毛（1950 年 10 月至 1952 年 5 月。1950 年 7 月至 10 月为副乡长）

闵锦林（1952 年 5 月至 1956 年 6 月）

副乡长　潘厚德（1953 年 4 月至 1954 年 8 月）

屠金田（1953 年 4 月至 1956 年 6 月）

大河乡人民政府

乡长　吴顺元（1950 年 5 至 1951 年 3）

陶天赦（1951 年 3 至 10）

陶勤修（1951 年 10 至 1956 年 6）

副乡长　陶瑞林（1950 年 5 至 1951 年 3）

许伯森（1951 年 12 至 1956 年 6）

高瑞珠（女，1953 年 11 至 1954 年 8）

云村乡人民政府

乡长　叶金娥（1950 年 5 月至 12 月）

沈文财（1950 年 12 月至 1956 年 6 月）

副乡长　叶金奎（1950 年 5 月至 1951 年 3 月）

闵细毛（1951 年 8 月至 1956 年 6 月）

黄丽琴（女，1953 年 11 月至 1955 年 3 月）

轧村乡人民政府

乡长　赵顺长（1950 年 5 月至 12 月）

　　　　沈金山（1950 年 12 月至 1951 年 9 月）

　　　　张松生（1951 年 9 月至 1956 年 6 月）

副乡长　吴梅庆（1950 年 12 月至 1952 年 4 月）

　　　　顾义荣（1951 年 10 月至 1956 年 6 月）

骥村乡人民政府

乡长　吴梅庆（1950 年 4 月至 12 月）

　　　　王阿渭（1950 年 12 月至 1955 年 7 月）

　　　　韦阿三（1955 年 8 月至 1956 年 6 月）

副乡长　茹学琛（1951 年 6 月至 1956 年 6 月）

　　　　徐金奎（1951 年 10 月至 1952 年 10 月）

漾西乡人民政府

乡长　陈炳泉（1950 年 5 月至 12 月）

　　　　陈芝荣（1951 年 1 月至 1956 年 6 月）

副乡长　陆一鸣（1950 年 6 月至 12 月）

　　　　潘益卿（1953 年 10 月至 1956 年 2 月）

　　　　徐根荣（1953 年 10 月至 1954 年 6 月）

　　　　许春生（1953 年 10 月至 1954 年 4 月）

常乐乡人民政府

乡长　徐和生（1950 年 5 月至 10 月）

　　　　施顺章（1950 年 10 月至 1951 年 1 月）

　　　　王荣林（1951 年 1 月至 1953 年 11 月）

代理乡长　沈连宝（1953 年 11 月至 1954 年 9 月，常乐乡人）

负责人　赵鹤荣（1954 年 9 月至 1956 年 6 月）

副乡长　徐琴生（1950 年 5 月至 11 月）

　　　　潘金凤（女，1953 年 11 月至 1954 年 10 月）

　　　　董涵中（1953 年 11 月至 1955 年 8 月）

义皋乡人民政府

乡长　陆兴友（1950 年 5 月至 1951 年 4 月）

吴凤高（1951 年 4 月至 1956 年 6 月）

副乡长　王泽民（1952 年 5 月至 1954 年 12 月）

耿美华（女，1953 年 9 月至 1956 年 6 月）

东桥乡人民政府

乡长　周士（1950 年 5 月至 1951 年 4 月）

胡阿乔（1951 年 4 月至 1953 年 4 月）

李悟生（1953 年 4 月至 1956 年 6 月）

副乡长　徐金奎（1950 年 5 月至 1951 年 10 月）

吴蕊秋（女，1953 年 9 月至 1955 年 6 月）

万古宝（女，1953 年 9 月至 1956 年 6 月）

三、乡人民委员会时期

织里乡人民委员会

乡长　陶勤修（1956 年 10 月至 1958 年 4 月）

刘国华（1958 年 4 月至 9 月）

副乡长　谢信良（1956 年 10 月至 1958 年 9 月）

朱丽华（女，1956 年 10 月至 1958 年 9 月）

闵细毛（1956 年 10 月至 1957 年 12 月）

沈和宾（1956 年 10 月至 1958 年 4 月）

高阿团（1956 年 10 月至 1957 年 3 月）

闵水清（1958 年 4 月至 9 月）

轧村乡人民委员会

乡长　韦阿三（1956 年 10 月至 1958 年 4 月。1958 年 4 月至 9 月为副乡长）

褚和根（1958 年 4 月至 9 月）

副乡长　吴兴福（1956 年 10 月至 1958 年 9 月）

严金发（1956 年 10 月至 1958 年 9 月）

朱荣华（1956 年 10 月至 1958 年 7 月）

朱法珍（女，1956 年 10 月至 1957 年 4 月）

义皋乡人民委员会

乡长　李悟生（1956 年 10 月至 1958 年 4 月。1958 年 4 月至 9 月为副乡长）

王根生（1958 年 4 月至 9 月）

副乡长　耿美华（女，1956 年 10 月至 1958 年 9 月）

赵鹤荣（1956 年 10 月至 1958 年 9 月）

潘益卿（1956 年 10 月至 1958 年 9 月）

万古宝（女，1956 年 10 月至 1958 年 9 月）

李林宝（1958 年 4 月至 9 月）

四、太湖人民公社管理委员会（大公社）时期

太湖人民公社管理委员会

社长　刘长吉（1958 年 9 月至 1960 年 5 月）

薛德臣（1960 年 5 月至 1961 年 6 月）

副社长　周荣泉（1958 年 10 月至 1961 年 6 月）

沈永寿（1958 年 10 月至 1961 年 2 月）

沈阿会（女，1958 年 10 月至 1961 年 2 月）

潘阿佩（1958 年 10 月至 1961 年 6 月）

何志根（1958 年 10 月至 1961 年 6 月）

杨元林（1958 年 10 月至 1961 年 6 月）

闵彩宝（1958 年 10 月至 1961 年 6 月）

茹学琛（1958 年 10 月至 1961 年 6 月）

吴凤高（1958 年 10 月至 1961 年 6 月）

张肇廉（1958 年 10 月至 1961 年 6 月）

潘慧文（女，1959 年 4 月至 1961 年 6 月）

杨孝彬（1959 年 6 月至 1961 年 6 月）

织里管理区

主任　殷汉民（1959 年 3 月至 1960 年 3 月）

潘益卿（1960 年 3 月至 1961 年 6 月）

副主任　钱柳毛（1959 年 3 月至 1961 年 6 月）

谢信良（1959 年 3 月至 1960 年 5 月）

织东管理区

主任　沈和宾（1959 年 3 月至 1961 年 6 月）

副主任　杨阿毛（1959年3月至1961年6月）

　　　　劳坤元（1959年10月至1960年4月）

大河管理区

主任　钱之良（1959年3月至1961年6月）

副主任　莫锡林（1959年3月至1961年6月）

云村管理区

主任　乔云生（1959年3月至1960年8月）

　　　　沈伯兴（1960年8月至1961年6月。1959年3月至1960年8月为副主任）

骥村管理区

主任　韦阿三（1959年3月至5月）

主任　何志根（兼，1959年3月至5月）

　　　　陈伯成（1959年5月至1960年6月）

　　　　宋水标（1960年6月至1961年6月）

副主任　顾宝珠（女，1960年2月至1961年6月）

漾西管理区

主任　任毓坤（1959年3月至1961年6月）

副主任　曹阿大（1959年7月至1961年6月）

常乐管理区

主任　何依忠（1959年3月至9月）

　　　　刘国华（1959年9月至1961年6月）

副主任　潘阿佩（1959年3月至1961年5月）

义皋管理区

主任　沈永林（1959年3月至1960年1月）

　　　　王才生（1960年1月至1961年6月）

副主任　张阿毛（1959年3月至9月）

东桥管理区

1961年1月至6月无主任、副主任。

主任　李悟生（1959年3月至1960年12月）

五、人民公社管理委员会时期

织里人民公社管理委员会

社长　周文敏（1961 年 8 月至 1962 年 6 月和 1963 年 5 月至 1966 年 5 月）

　　　杨孝彬（1962 年 6 月至 1963 年 5 月。1961 年 12 月至 1962 年 6 月为副社长）

副社长　潘慧文（女，1961 年 8 月至 1963 年 6 月）

　　　　张肇廉（1961 年 12 月至 1966 年 5 月）

　　　　李良（1962 年 10 月至 1963 年 11 月）

　　　　杨建歧（1963 年 10 月至 1966 年 5 月）

　　　　陈友仁（1965 年 9 月至 1966 年 5 月）

晟舍人民公社管理委员会

社长　沈少青（1961 年 8 月至 1966 年 5 月）

副社长　李林宝（1962 年 10 月至 1966 年 5 月）

　　　　徐荣珍（女，1962 年 10 月至 1966 年 5 月）

轧村人民公社管理委员会

1962 年 10 月至 1963 年 4 月由公社党委兼管。

社长　宋水标（1961 年 6 月至 1962 年 10 月）

　　　钱之良（1963 年 4 月至 1966 年 5 月）

副社长　宗建萍（女，1961 年 12 月至 1966 年 5 月）

　　　　褚和根（1962 年 10 月至 1963 年 12 月）

　　　　王宝仁（1963 年 5 月至 1964 年 2 月）

　　　　邬志文（1965 年 9 月至 1966 年 5 月）

太湖人民公社管理委员会

社长　茹学琛（1961 年 6 月至 1962 年 6 月）

　　　潘厚德（1962 年 6 月至 1966 年 5 月）

副社长　陈伯成（1961 年 8 月至 1966 年 5 月）

　　　　莫锡林（1965 年 11 月至 1966 年 1 月）

漾西人民公社管理委员会

社长　吴凤高（1961 年 8 月至 1966 年 5 月）

副社长 李德根（1964 年 4 月至 1966 年 5 月）

织里人民公社管理委员会

社长 周文敏（1966 年 5 月至 1968 年 7 月）

副社长 张肇廉（1966 年 5 月至 1968 年 7 月）

杨建歧（1966 年 5 月至 1968 年 7 月）

陈友仁（1966 年 5 月至 1968 年 7 月）

晟舍人民公社管理委员会

社长 沈少青（1966 年 5 月至 1968 年 4 月）

副社长 李林宝（1966 年 5 月至 1968 年 4 月）

徐荣珍（女，1966 年 5 月至 1968 年 4 月）

轧村人民公社管理委员会

社长 钱之良（1966 年 5 月至 1968 年 4 月）

副社长 宗建萍（女，1966 年 5 月至 1968 年 4 月）

邬志文（1966 年 5 月至 1968 年 4 月）

太湖人民公社管理委员会

社长 潘厚德（1966 年 5 月至 1968 年 1 月）

副社长 陈伯成（1966 年 5 月至 1968 年 1 月）

漾西人民公社管理委员会

社长 吴凤高（1966 年 5 月至 1968 年 3 月）

副社长 李德根（1966 年 5 月至 1968 年 3 月）

六、人民公社革命委员会时期

织里人民公社革命委员会

主任 韩永勤（1970 年 5 月至 1972 年 6 月）

李老四（1972 年 6 月至 1976 年 10 月）

第一副主任 杨孝彬（1968 年 7 月至 1970 年 5 月）

晟舍人民公社革命委员会

主任 李老四（1968 年 4 月至 1969 年）

国鸿祺（1970 年 5 月至 1971 年 12 月）

戴景山（1971 年 12 月至 1973 年 9 月）

第一副主任　李锦祥（1969 年 1 月至 1970 年 5 月，1973 年 9 月至 1976 年 10 月）

轧村人民公社革命委员会

主任　马继舜（回族，1968 年 4 月至 1970 年 12 月）

　　　陈阿明（1970 年 12 月至 1973 年 6 月）

　　　殷必成（1973 年 6 月至 1976 年 10 月）

太湖人民公社革命委员会

主任　王建生（1968 年 1 月至 1970 年 5 月）

　　　戴松樵（1970 年 5 月至 1976 年 10 月）

漾西人民公社革命委员会

主任　张松生（1968 年 3 月至 1970 年 5 月）

　　　姚友仁（1970 年 5 月至 1972 年 1 月）

织里人民公社革命委员会

主任　李老四（1976 年 10 月至 1977 年 12 月）

副主任　董涵中（1976 年 10 月至 1981 年 11 月。其中 1977 年 12 月至 1979 年 3 月主持工作）

　　　　杨孝彬（1979 年 3 月至 1981 年 11 月主持工作）

　　　　钱柳毛（1976 年 10 月至 1981 年 10 月）

　　　　周文敏（1976 年 10 月至 1979 年 5 月）

　　　　张肇廉（1979 年 1 月至 1980 年 5 月）

晟舍人民公社革命委员会

主任　潘益卿（1978 年 9 月至 1981 年 11 月。1976 年 10 月至 1978 年 9 月为副主任，其中 1978 年 4 月至 9 月主持工作）

第一副主任　李锦祥（1976 年 10 月至 1978 年 4 月主持工作）

副主任　吴志明（1976 年 10 月至 1981 年 11 月）

　　　　丁厚德（1978 年 4 月至 1981 年 11 月）

轧村人民公社革命委员会

主任　殷必成（1976 年 10 月至 1979 年 1 月）

　　　方新泉（1979 年 1 月至 1981 年 11 月）

副主任　胡程（1976 年 10 月至 1980 年 6 月）

太湖人民公社革命委员会

主任 戴松樵（1976 年 10 月至 1977 年 9 月）

　　陈长云（1977 年 9 月至 1981 年 10 月。1976 年 10 月至 1977 年 8 月

为副主任）

副主任 沈云乔（1976 年 10 月至 1981 年 11 月）

　　　　陈伯成（1976 年 10 月至 1981 年 11 月）

　　　　朱水乔（1979 年 5 月至 1981 年 11 月）

漾西人民公社革命委员会

主任 周必成（1976 年 10 月至 1978 年 9 月）

　　赵雪清（1978 年 9 月至 1981 年 11 月。1977 年 12 月至 1978 年 9 月

为副主任）

副主任 顾义荣（1976 年 10 月至 1980 年 11 月）

　　　　周和清（1976 年 10 月至 1978 年 7 月）

七、恢复人民公社管理委员时期

织里人民公社管理委员

主任 薄金林（1981 年 11 月至 1984 年 2 月）

副主任 沈鹤年（1981 年 11 月至 1984 年 2 月）

　　　　周文善（1981 年 11 月至 1984 年 2 月）

晟舍人民公社管理委员会

主任 袁阿团（1981 年 11 月至 1984 年 2 月）

副主任 郑惠民（1981 年 11 月至 1984 年 2 月）

轧村人民公社管理委员会

主任 韦强民（1981 年 11 月至 1984 年 2 月）

副主任 王阿荣（女，1981 年 11 月至 1984 年 2 月）

　　　　姚阿根（1981 年 11 月至 1984 年 2 月）

太湖人民公社管理委员会

主任 朱水乔（1981 年 11 月至 1984 年 2 月）

副主任 吴顺康（1981 年 11 月至 1984 年 2 月）

　　　　叶再明（1981 年 11 月至 1984 年 2 月）

漾西人民公社管理委员会

主任 王金发（1981 年 11 月至 1984 年 2 月）

副主任 朱春荣（1981 年 11 月至 1984 年 2 月）

李家芳（1983 年 10 月至 1984 年 2 月）

八、乡、镇人民政府初期

织里镇人民政府

镇（乡）长 沈淦亭（1984 年 2 月至 1988 年 6 月，乡长）

沈志云（1988 年 6 月至 11 月。1984 年 2 月至 9 月为副乡长。

1984 年 9 月至 1988 年 6 月为副镇长）

副镇长 吴顺康（1984 年 2 月至 6 月，副乡长）

沈梅英（女，1984 年 2 月至 1987 年 4 月）

史福根（1985 年 6 月至 1988 年 11 月）

叶央毛（1987 年 4 月至 1988 年 11 月）

何松才（1988 年 6 月至 11 月）

晟舍乡人民政府

乡长 朱水乔（1984 年 2 月至 1986 年 5 月）

郑惠民（1986 年 5 月至 1988 年 11 月）

副乡长 汤荣成（1984 年 2 月至 1987 年 4 月）

叶央毛（1984 年 7 月至 1987 年 1 月）

叶再明（1986 年 4 月至 1987 年 1 月）

陈国荣（1987 年 1 月至 1988 年 11 月）

杨发根（1987 年 4 月至 1988 年 11 月）

轧村乡人民政府

乡长 韦强民（1984 年 2 月至 7 月）

郁才康（1984 年 7 月至 1987 年 1 月。1984 年 2 月至 7 月为副乡长）

陈明宝（1987 年 1 月至 1988 年 11 月）

副乡长 王阿荣（女，1984 年 2 月至 1988 年 11 月）

罗伯群（1984 年 2 月至 1986 年 4 月）

陈阿荣（1986 年 7 月至 1987 年 4 月）

侯金根（1986 年 11 月至 1988 年 11 月）

太湖乡人民政府

乡长 王金法（1984 年 2 月至 1988 年 11 月）

副乡长 李荣法（1984 年 2 月至 1985 年 3 月）

郑永庆（1984 年 2 月至 1988 年 11 月）

叶再明（1985 年 10 月至 1986 年 4 月）

韦强民（1986 年 4 月至 1988 年 11 月）

漾西乡人民政府

乡长 顾进才（1984 年 2 月至 1985 年 3 月）

朱春荣（1985 年 3 月至 1988 年 11 月）

副乡长 钱水根（1984 年 2 月至 1988 年 11 月）

沈林庆（1984 年 7 月至 1988 年 11 月）

李荣法（1985 年 3 月至 1987 年 4 月）

九、1988 年至 2021 年期间

详见本卷第一章第二节相关内容。

第四节 村居自治组织

一．里村、保甲制

1.里村制

中华民国 17 年（1928）织里隶吴兴县第二区（共三里五十村），为晟舍里、织里里、义皋里。实行县、区、里、村的四级管理体制。

2.保甲制

保甲制度是宋朝时期开始带有军事管理的户籍管理制度。保甲制度是中国封建王朝时代长期延续的一种社会统治手段，它的最本质特征是以"户"（家庭）为社会组织的基本单位。保甲制也是南京国民政府时期县以下的基层行政组织制度。1932 年 8 月蒋介石颁布《剿匪区内各县编查保甲户口条例》后，正式开始在豫鄂皖三省红军革命根据地周围地区施行。后来先后扩大到陕西、江苏、甘肃、宁夏、湖南、绥远、福建、浙江、山东、江西、四川等省及北平（今北京）、南京市。

1937 年 2 月由行政院公布修正《保甲条例》，推行全国后，镇域实行保甲制度。

南京国民政府保甲制的基本形式是 10 进位制（10 户为甲，10 甲为保，10 保以上为乡镇）。以后鉴于各地地理、交通、经济情况各异，镇域在实行"新县制"时采取了有弹性的办法。保设保办公处，有正副保长及民政、警卫、经济、文化干事各一人，保长兼任保国民兵队队长和保国民学校校长，与乡（镇）长一样，亦实行政、军、文"三位一体"。国民党对保甲长人选极为重视，竭力通过保甲长牢牢控制民众，"使每一保甲长均能兼政治警察之任务"。国民党当局虽对保甲制寄望极大，而保甲制的推行却收效甚少，其原因是"一般公正人士多不愿担任保甲长，一般不肖之徒又多以保甲长有利可图，百般钻营"，"正人不出，自然只有坏人的世界，良好的制度也就变成剥削人民的工具，因此民众怨声载道"。1949 年中华人民共和国成立后，保甲制度彻底退出了历史舞台。

二、行政村

行政村介绍详见本志第一卷第三章第一节。织里镇各村村级党组织书记（负责人）名录见下面各表。

东湾兜村村级党组织书记（负责人）

历史时期	村级组织形式	党组织名称（含小村）	姓名	任职年月
人民公社（1958—1968）	生产大队	杨湾大队党支部	黄细毛	1961 年 3 月至 1969 年 12 月
"文革"时期（1968—1978）		织里大队党支部	侯六寿	1970 年 1 月至 1978 年 12 月
人民公社管委会（1978—1984）		红丰大队党支部	侯六寿	1979 年 1 月至 1984 年 3 月
1984 年至 2021 年 12 月	村	东湾兜村党支部	李水庆	1985 年 3 月至 1990 年 4 月
			侯国民	1990 年 4 月至 2020 年 11 月
			钱利平	2020 年 11 月至 2021 年 12 月

晓河村村级党组织书记（负责人）

历史时期	村级组织形式	党组织名称（含小村）	姓名	任职年月
1956 年以前	初级社	福水桥联丰社党小组	闵宝珠	1953 年 1 月至 1955 年 12 月
		后降村民心社党小组	蔡银林	1953 年 1 月至 1955 年 12 月
		晓河村丰收社党小组	周春林	1953 年 1 月至 1955 年 12 月
		环桥南永丰社党小组	邱阿江	1953 年 1 月至 1955 年 12 月
		环桥北光明社党小组	金茂顺	1953 年 1 月至 1955 年 12 月

（续）

历史时期	村级组织形式	党组织名称（含小村）	姓名	任职年月
1956 年至 1958 年	高级社	黎明社党支部	蔡银林	1956 年 1 月至 1958 年 5 月
人民公社 （1958—1968）	生产大队	麒麟大队党支部	蔡银林	1958 年 6 月至 1960 年 10 月
		后降大队党支部	蔡银林	1960 年 11 月至 1968 年 12 月
		晓河大队党支部	王滋权	1960 年 11 月至 1968 年 12 月
		环桥大队党支部	王瑞荣	1960 年 11 月至 1968 年 12 月
"文革"时期 （1968—1978）		后降大队党支部	蔡银林	1969 年 1 月至 1970 年 12 月
		晓河大队党支部	王滋权	1969 年 1 月至 1970 年 12 月
		环桥大队党支部	王瑞荣	1969 年 1 月至 1970 年 12 月
人民公社管委会 （1978—1984）		朝阳大队党支部	蔡银林	1971 年 1 月至 1980 年 12 月
		晓河大队党支部	王滋权	1981 年 1 月至 1984 年 12 月
1984 年至 2021 年 12 月	村	晓河村党支部	谈新泉	1984 年 1 月至 1998 年 12 月
			俞建新	1999 年 1 月至 1999 年 12 月
			唐根法	2000 年 1 月至 2002 年 12 月
			谈新泉	2003 年 1 月至 2009 年 5 月
			蔡顺山	2009 年 6 月至 2018 年 4 月
		晓河村党总支部	蔡顺山	2018 年 5 月至 2021 年 12 月

大邽村村级党组织书记（负责人）

历史时期	村级组织形式	党组织名称（含小村）	姓名	任职年月
人民公社 （1958—1968）	生产大队	清墩漾大队党支部	王金根	1960 年 3 月至 1961 年 10 月
		立新大队党支部	王金根	1961 年 11 月至 1966 年 12 月
		和平大队党支部	王志权	1960 年 3 月至 1961 年 10 月
		国华大队党支部	朱小毛	1961 年 11 月至 1966 年 12 月
		大邽大队党支部	沈细毛	1961 年 11 月至 1966 年 12 月
"文革"时期 （1968—1978）		先锋大队党支部	不详	1967 年 1 月至 1970 年 9 月
人民公社管委会 （1978—1984）		先锋大队党支部	王金根	1970 年 10 月至 1984 年 6 月
1984 年至 2021 年 12 月	村	大邽党支部	王金根	1984 年 7 月至 1991 年 8 月
			王阿江	1991 年 9 月至 2008 年 5 月
			俞新荣	2008 年 6 月至 201 年 12 月

李家坝村村级党组织书记（负责人）

历史时期	村级组织形式	党组织名称（含小村）	姓名	任职年月
人民公社 （1958—1968）	生产大队	小朱大队党支部	张火林	1958 年 2 月至 1968 年 12 月
		林圩大队党支部	沈文珍	1958 年 2 月至 1968 年 12 月
		李家坝大队党支部	李仁才	1958 年 3 月至 1968 年 12 月

(续)

历史时期	村级组织形式	党组织名称（含小村）	姓名	任职年月
"文革"时期 （1968—1978）	生产大队	小朱大队党支部	朱洪宝	1969 年 1 月至 1978 年 12 月
		林圩大队党支部	沈文珍	1969 年 1 月至 1978 年 12 月
		李家坝大队党支部	朱玉春	1969 年 1 月至 1978 年 12 月
人民公社管委会 （1978—1984）		李家坝大队党支部	朱玉春	1979 年 1 月至 1979 年 12 月
			沈文荣	1980 年 1 月至 1981 年 12 月
			沈水章	1982 年 1 月至 1984 年 12 月
1984 年至 2021 年 12 月	村	李家坝党支部	凌兴根	1985 年 1 月至 1990 年 12 月
			方林生	1991 年 1 月至 1997 年 12 月
			徐根宝	1998 年 1 月至 2001 年 12 月
			沈根林	2002 年 1 月至 2005 年 8 月
		李家坝党总支部	沈根林	2005 年 9 月至 2010 年 12 月
			唐发泉	2011 年 1 月至 2020 年 11 月
			朱小平	2020 年 11 月至 2021 年 12 月

王母兜村村级党组织书记（负责人）

历史时期	村级组织形式	党组织名称（含小村）	姓名	任职年月
人民公社 （1958—1968）	生产大队	王母兜大队党支部	胡永林	1958 年 1 月至 1968 年 12 月
"文革"时期 （1968—1978）		朝阳大队党支部	蔡银林	1968 年 12 月至 1979 年 1 月
人民公社管委会 （1978—1984）		王母兜村党支部	郁根水	1979 年 1 月至 1980 年 5 月
			潘阿土	1980 年 5 月至 1984 年 12 月
1984 年至 2021 年 12 月	村	王母兜村党支部	潘阿土	1984 年 12 月至 2005 年 3 月
			徐建华	2005 年 3 月至 2020 年 11 月
			罗顺富	2020 年 11 月至 2021 年 12 月

香圩墩村村级党组织书记（负责人）

历史时期	村级组织形式	党组织名称（含小村）	姓名	任职年月
1956 年至 1958 年	高级社	梅林港高级社党支部	潘阿林	1957 年 6 月至 1958 年 4 月
人民公社 （1958—1968）	生产大队	梅林港大队党支部	潘阿林	1958 年 5 月至 1968 年 3 月
		项祝兜大队党支部	叶木林	1961 年 4 月至 1968 年 3 月
"文革"时期 （1968—1978）		梅林港大队党支部	潘阿林	1968 年 4 月至 1978 年 4 月
		项祝兜大队党支部	叶木林	1968 年 4 月至 1969 年 2 月
			周虎成	1969 年 3 月至 1978 年 3 月

（续）

历史时期	村级组织形式	党组织名称（含小村）	姓名	任职年月
人民公社管委会 （1978—1984）	生产大队	梅林港大队党支部	潘阿林	1978 年 5 月至 1984 年 4 月
		项祝兜大队党支部	周虎成	1978 年 4 月至 1984 年 7 月
1984 年至 2021 年 12 月	村	梅林港村党支部	潘阿林	1984 年 5 月至 1995 年 3 月
			潘小根	1995 年 4 月至 2001 年 10 月
		郎二兜村党支部	王水荣	1984 年 3 月至 2000 年 8 月
			费新华	2000 年 9 月至 2001 年 10 月
		项祝兜村党支部	潘荣林	1984 年 8 月至 1991 年 12 月
			徐水荣	1992 年 1 月至 2001 年 10 月
		香圩墩村党支部	徐水荣	2001 年 11 月至 2005 年 9 月
		香圩墩村党总支部	徐水荣	2005 年 9 月至 2020 年 11 月
			陈勤建	2020 年 11 月至 2021 年 12 月

清水兜村村级党组织书记（负责人）

历史时期	村级组织形式	党组织名称（含小村）	姓名	任职年月
"文革"时期 （1968—1978）	生产大队	清水兜大队党支部	蔡阿三	1968 年 6 月至 1978 年 1 月
人民公社管委会 （1978—1984）			闵阿毛	1978 年 2 月至 1984 年 3 月
1984 年至 2021 年 12 月	村	清水兜村党支部	闵火法	1984 年 4 月至 1993 年 3 月
			蔡生江	1993 年 4 月至 2000 年 12 月
			闵淦荣	2001 年 1 月至 2015 年 12 月
			潘丽根	2016 年 1 月至 2017 年 4 月
			周佳敏	2017 年 5 月至 2021 年 12 月

云村村村级党组织书记（负责人）

历史时期	村级组织形式	党组织名称（含小村）	姓名	任职年月
1956 年以前	初级社	云村社党支部	沈文财	1954 年 1 月至 1956 年 6 月
1956 年至 1958 年	高级社	云村党支部	沈永寿	1956 年 7 月至 1958 年 12 月
人民公社 （1958—1968）	生产大队	云村大队党支部	沈文财	1959 年 1 月至 1968 年 11 月
			姚文生	1966 年 12 月至 1968 年 11 月
			姚金乔	1958 年 12 月至 1968 年 12 月
"文革"时期 （1968—1978）		前锋大队党支部	姚金乔	1969 年 1 月至 1978 年 11 月
人民公社管委会 （1978—1984）		云村党支部	姚洪泉	1978 年 12 月至 1980 年 1 月
			潘大毛	1980 年 2 月至 1985 年 4 月

（续）

历史时期	村级组织形式	党组织名称（含小村）	姓名	任职年月
1984 年至 2021 年12 月	村	云村村党支部	范金水	1985 年 5 月至 1993 年 4 月
			沈阿三	1993 年 5 月至 2008 年 4 月
			姚金江	2008 年 5 月至 2014 年 1 月
		云村村党总支部	沈阿三	2014 年 2 月至 2017 年 3 月
			姚小根	2017 年 1 月至 2020 年 11 月
			姚学建	2020 年 11 月至 2021 年 12 月

东兜村村级党组织书记（负责人）

历史时期	村级组织形式	党组织名称（含小村）	姓名	任职年月
人民公社（1958—1968）	生产大队	东兜大队党支部	叶阿毛	1958 年 3 月至 1968 年 10 月
"文革"时期（1968—1978）		东方大队党支部	叶阿毛	1968 年 11 月至 1978 年 6 月
人民公社管委会（1978—1984）		东方大队党支部	闵明	1978 年 7 月至 1982 年 5 月
			周火宝	1982 年 6 月至 1984 年 4 月
1984 年至 2021 年12 月	村	东兜村党支部	闵毛宝	1984 年 5 月至 1989 年 11 月
			闵晋轩	1989 年 12 月至 2004 年 9 月
			闵为民	2004 年 10 月至 2006 年 3 月
			陈金方	2006 年 4 月至 2011 年 3 月
			韦香林	2011 年 4 月至 2017 年 4 月
			杨建平	2017 年 5 月至 2021 年 12 月

旧馆村村级党组织书记（负责人）

历史时期	村级组织形式	党组织名称（含小村）	姓名	任职年月
人民公社（1958—1968）	生产大队	红旗大队党支部	潘根林	1958 年至 1968 年
		东升大队党支部	朱金林	1960 年 4 月至 1968 年 4 月
		红星大队党支部	王阿海	不详
"文革"时期（1968—1978）		红旗大队党支部	沈淦林	1968 年至 1978 年 11 月
		东升大队党支部	朱金林	1968 年 4 月至 1978 年 11 月
		红星大队党支部	徐细毛	不详
人民公社管委会（1978—1984）		红旗大队党支部	沈淦林	1978 年 12 月
		东升大队党支部	朱金林	1978 年 12 月至 1980 年 10 月
		红星大队党支部	杨阿龙	暂缺

（续）

历史时期	村级组织形式	党组织名称（含小村）	姓名	任职年月
1984 年至 2021 年 12 月	村	晒甲兜村党支部	李水泉	1984 年 7 月至 1998 年 5 月
			潘水江	1998 年 6 月至 2001 年 4 月
		庙岐山村党支部	陈金根	1984 年 7 月至 1988 年 8 月
		旧馆村党支部（小村）	方志坤	1984 年 7 月至 2001 年 10 月
		旧馆村党支部（大村）	朱根元	2001 年 10 月至 2005 年 4 月
		旧馆村党总支部	陈炳元	2005 年 5 月至 2015 年 4 月
			杨正芳	2015 年 5 月至 2021 年 12 月

织里村村级党组织书记（负责人）

历史时期	村级组织形式	党组织名称（含小村）	姓名	任职年月
1956 年以前	初级社	织里社党支部	郑志高	至 1956 年 12 月
1956 年至 1958 年	高级社	织里社党支部	潘春山	1956 年 12 月至 1958 年 11 月
人民公社（1958—1968）	生产大队	织里大队党支部	闵阿福	1958 年 12 月至 1968 年 11 月
"文革"时期（1968—1978）		织里大队党支部	姚兴宝	1968 年 12 月至 1978 年 11 月
人民公社管委会（1978—1984）		织里大队党支部	郑志高	1981 年 12 月至 1984 年 11 月
1984 年至 2021 年 12 月	村	织里村党支部	郑志高	1972 年 1 月至 1984 年 12 月
			潘春喜	1984 年 12 月至 2005 年 9 月
		织里村党总支部	潘春喜	2005 年 9 月至 2008 年 11 月
			沈群康	2008 年 12 月至 2017 年 5 月
			唐金根	2017 年 6 月至 2021 年 12 月

秧宅村村级党组织书记（负责人）

历史时期	村级组织形式	党组织名称（含小村）	姓名	任职年月
人民公社（1958—1968）	生产大队	中心大队党支部	叶香林	1959 年 1 月至 1968 年 12 月
"文革"时期（1968—1978）				1968 年 12 月至 1978 年 12 月
人民公社管委会（1978—1984）				1978 年 1 月至 1984 年 1 月
1984 年至 2021 年 12 月	村	秧宅村党支部	徐根林	1984 年 1 月至 1998 年 7 月
			朱新铭	1998 年 7 月至 2000 年 5 月
			叶金泉	2000 年 5 月至 2004 年 4 月
			镇派工作组	2004 年 4 月至 2005 年 5 月

（续）

历史时期	村级组织形式	党组织名称（含小村）	姓名	任职年月
1984 年至 2021 年 12 月	村	秧宅村党支部	叶荣勤	2005 年 5 月至 2008 年 4 月
			徐根林	2008 年 4 月至 2020 年 11 月
			沈永萍	2020 年 11 月至 2021 年 12 月

大河村村级党组织书记（负责人）

历史时期	村级组织形式	党组织名称（含小村）	姓名	任职年月
1956 年以前	初级社	陶家湾社党小组	陶金水	1954 年至 1956 年
1956 年至 1958 年	高级社	陶家湾社党小组	陶金水	1956 年 1 月至 1958 年 12 月
		西车兜社党小组	朱金江	1956 年至 1957 年
			潘进法	1957 年至 1958 年
人民公社（1958—1968）	生产大队	陶家湾大队党支部	陶金水	1958 年 12 月至 1965 年 12 月
		西车兜大队党支部	潘进法	1958 年至 1968 年
		荡田圩大队党支部	施金如	1958 年至 1959 年
			吴桂生	1959 年至 1966 年
			沈玉宝	1966 年至 1968 年
		曹家兜大队党支部	陶瑞林（支部委员）	1964 年至 1968 年
"文革"时期（1968—1978）		陶家湾大队党支部	姚金法	1970 年至 1973 年
			潘阿丽	1974 年至 1980 年
		西车兜大队党支部	潘进法	1968 年至 1978 年
		荡田圩大队党支部	沈玉宝	1968 年至 1978 年
		曹家兜大队党支部	陶瑞林（支部委员）	1968 年至 1978 年
人民公社管委会（1978—1984）		陶家湾大队党支部	陶财庆	1981 年 3 月至 1984 年 12 月
		西车兜大队党支部	潘进法	1978 年至 1983 年 2 月
			潘进轩	1983 年 3 月至 1984 年 12 月
		荡田圩大队党支部	沈玉宝	1978 年 1 月至 1984 年 12 月
		曹家兜大队党支部	陶明江	1978 年 1 月至 1984 年 12 月
1984 年至 2021 年 12 月	村	陶家湾党支部	陶财庆	1984 年 12 月至 1986 年 3 月
			管金法	1986 年 4 月至 1998 年 6 月
			姚金法	1998 年 7 月至 2001 年 10 月
		西车兜党支部	潘进轩	1984 年 12 月至 1986 年 10 月
			吴全新	1986 年 11 月至 2001 年 10 月
		荡田圩党支部	沈玉宝	1984 年 12 月至 1991 年 1 月
			沈和兴	1991 年 2 月至 2001 年 1 月

（续）

历史时期	村级组织形式	党组织名称（含小村）	姓名	任职年月
1984 年至 2021 年 12 月	村	曹家兜党支部	陶荣春	1984 年 12 月至 2001 年 10 月
		大河村党支部	姚金法	2001 年 1 月至 2005 年 4 月
		大河村党总支部	沈和新	2005 年 4 月至 2008 年 10 月
			施新强	2008 年 6 月至 2013 年 12 月
			吴培坤	2013 年 12 月至 2018 年 8 月
			陶忠明	2018 年 9 月至 2021 年 12 月

朱湾村村级党组织书记（负责人）

历史时期	村级组织形式	党组织名称（含小村）	姓名	任职年月
人民公社（1958—1968）	生产大队	朱湾村党支部	潘财法	1960 年至 1962 年
			陈阿团	1962 年至 1968 年
"文革"时期（1968—1978）		朱湾村党支部	陈阿团	1968 年至 1975 年
			陈阿多	1975 年至 1978 年
人民公社管委会（1978—1984）		朱湾村党支部	陈阿多	1978 年至 1984 年
1984 年至 2021 年 12 月	村	朱湾村党支部	陈阿多	1984 年 4 月至 2002 年 4 月
			朱阿宝	2002 年 4 月至 2009 年 4 月
			陈火金	2009 年 4 月至 2017 年 4 月
			唐新江	2017 年 4 月至 2021 年 12 月

晟舍村村级党组织书记（负责人）

历史时期	村级组织形式	党组织名称（含小村）	姓名	任职年月
1956 年以前	初级社	晟舍党支部	闵彩宝	1951 年 1 月至 1955 年 12 月
		白鹤兜党支部	范大生	1951 年 1 月至 1955 年 12 月
1956 年至 1958 年	高级社	晟舍党支部	闵彩宝	1956 年 1 月至 1960 年 8 月
		白鹤兜党支部	范大生	1956 年 1 月至 1960 年 8 月
人民公社（1958—1968）	生产大队	先锋大队党支部	陈六庭	1960 年 8 月至 1968 年 12 月
		东方红大队党支部	张仁山	1960 年 8 月至 1968 年 12 月
"文革"时期（1968—1978）		先锋大队党支部	陈六庭	1969 年 1 月至 1978 年 12 月
		东方红大队党支部	闵阿大	1969 年 1 月至 1978 年 12 月
人民公社管委会（1978—1984）		先锋大队党支部	陈六庭	1979 年 1 月至 1984 年 11 月
		东方红大队党支部	闵阿大	1979 年 1 月至 1984 年 3 月
1984 年至 2021 年 12 月	村	晟舍村党支部（小村）	徐土根	1984 年 11 月至 2001 年 3 月
		白鹤兜党支部	姚定荣	1984 年 3 月至 2001 年 3 月
		晟舍村党支部（大村）	徐土根	2001 年 3 月至 2025 年 9 月

（续）

历史时期	村级组织形式	党组织名称（含小村）	姓名	任职年月
1984 年至 2021 年 12 月	村	晟舍村党总支部（大村）	徐土根	2005 年 9 月至 2011 年 3 月
			闵锦水	2011 年 3 月至 2020 年 11 月
			张念祖	2020 年 11 月至 2021 年 12 月

秦家港村村级党组织书记（负责人）

历史时期	村级组织形式	党组织名称（含小村）	姓名	任职年月
人民公社 （1958—1968）	生产大队	秦家港大队党支部	王娥英	1959 年 11 月至 1968 年 12 月
		官田巷大队党支部	吴阿庆	1961 年 3 月至 1963 年 3 月
			杨子桥	1963 年 4 月至 1968 年 3 月
"文革"时期 （1968—1978）		秦家港大队党支部	王娥英	1969 年 1 月至 1978 年 10 月
		官田巷大队党支部	吴阿庆	1968 年 4 月至 1977 年 12 月
人民公社管委会 （1978—1984）		秦家港大队党支部	王娥英	1978 年 11 月至 1989 年 9 月
		官田巷大队党支部	李福根	1978 年 1 月至 1979 年 6 月
			潘勤夫	1979 年 6 月至 1982 年 6 月
			闵雪林	1982 年 6 月至 1983 年 12 月
1984 年至 2021 年 12 月	村	秦家港村党支部（小村）	陈炳林	1989 年 10 月至 1997 年 4 月
			朱阿二	1997 年 5 月至 2001 年 10 月
		官田巷村党支部	闵雪林	1984 年 1 月至 1989 年 12 月
			闵连荣	1990 年 1 月至 2001 年 10 月
		秦家港村党总支部（大村）	朱阿二	2005 年 9 月至 2014 年 2 月
		秦家港村党总支部	王培林	2014 年 3 月至 2020 年 11 月
			杨晓军	2020 年 11 月至 2021 年 12 月

河西村村级党组织书记（负责人）

历史时期	村级组织形式	党组织名称（含小村）	姓名	任职年月
1956 年以前	初级社	河西社党支部	郁阿黑	1951 年 3 月至 1956 年 4 月
1956 年至 1958 年	高级社	河西社党支部	郁阿黑	1956 年 5 月至 1958 年 10 月
人民公社 （1958—1968）	生产大队	河西大队党支部	郁阿黑	1958 年 11 月至 1961 年 7 月
			钱如芳	1961 年 8 月至 1964 年 6 月
			郁阿黑	1964 年 7 月至 1968 年 10 月
		下水湾大队党支部	姚金炳	1961 年 4 月至 1968 年 10 月
"文革"时期 （1968—1978）		兴无大队党支部	郁阿黑	1968 年 11 月至 1972 年 2 月
		新胜大队党支部	姚金炳	1968 年 11 月至 1985 年 3 月
		兴无大队党支部	高阿团	1972 年 3 月至 1977 年 7 月
			郁阿团	1977 年 8 月至 1978 年 12 月

（续）

历史时期	村级组织形式	党组织名称（含小村）	姓名	任职年月
人民公社管委会（1978—1984）	生产大队	河西大队党支部	郁阿团	1979 年 1 月至 1984 年 12 月
			郁阿团	1985 年 1 月至 1986 年 6 月
		下水湾大队党支部	徐彩毛	1985 年 4 月至 1999 年 8 月
			翟金水	1999 年 9 月至 2001 年 9 月
1984 年至 2021 年 12 月	村	河西村党支部	郁水乔	1986 年 7 月至 1993 年 3 月
			郁根发	1993 年 4 月至 2005 年 8 月
		河西村党总支部	郁根发	2005 年 9 月至 2008 年 9 月
			徐顺庆	2008 年 10 月至 2014 年 3 月
			江新明	2014 年 3 月至 2021 年 12 月

增圩村村级党组织书记（负责人）

历史时期	村级组织形式	党组织名称（含小村）	姓名	任职年月
1956 年以前	初级社	增圩村南片党支部	沈阿吉	1950 年 1 月至 1955 年 11 月
		增圩村北片党支部	陆兰定	1950 年 1 月至 1955 年 11 月
1956 年至 1958 年	高级社	增圩村南片党支部	吴少廷	1955 年 12 月至 1958 年 4 月
		增圩村北片党支部	陆瑞荣	1955 年 12 月至 1958 年 4 月
人民公社（1958—1968）	生产大队	增圩大队党支部	陈阿荣	1958 年 5 月至 1968 年 3 月
"文革"时期（1968—1978）			闵阿淦	1968 年 4 月至 1977 年 4 月
人民公社管委会（1978—1984）			陈阿培	1977 年 4 月至 1984 年 4 月
1984 年至 2021 年 12 月	村	增圩村党支部	陈阿培	1984 年 5 月至 1987 年 3 月
			闵新田	1987 年 4 月至 1993 年 3 月
			徐兴龙	1993 年 4 月至 1998 年 3 月
			吴阿金	1998 年 4 月至 1999 年 3 月
			严水田	1999 年 4 月至 2000 年 3 月
			闵为民	2000 年 4 月至 2005 年 1 月
			郁云方	2005 年 2 月至 2007 年 12 月
			费新华	2008 年 1 月至 2008 年 4 月
			朱和勇	2008 年 4 月至 2013 年 6 月
			郁林强	2013 年 6 月至 2017 年 3 月
			闵新敏	2017 年 4 月至 2018 年 7 月
			郁林强	2018 年 7 月至 2020 年 11 月
			闵国强	2020 年 11 月至 2021 年 12 月

港西村村级党组织书记（负责人）

历史时期	村级组织形式	党组织名称（含小村）	姓名	任职年月
1956年至1958年	高级社	轧村水产社党支部	朱世雄	1956年3月至1958年3月
		罗姚社党支部	罗阿才	1956年3月至1958年3月
		轧西社党支部	朱法珍	1957年12至1958年9月
人民公社（1958—1968）	生产大队	轧村水产大队党支部	朱世雄	1958年3月至1968年3月
		罗姚大队党支部	黄阿三	1958年3月至1962年3月
			潘六桂	1962年3月至1968年3月
		轧西大队党支部	黄胜宝	1965年3月至1968年7月
"文革"时期（1968—1978）		水产大队党支部	朱世雄	1968年3月至1978年3月
		罗姚大队党支部	潘六桂	1968年3月至1978年3月
		轧西大队党支部	李雨泉	1968年7月至1974年7月
			朱阿毛	1974年7月至1978年7月
人民公社管委会（1978—1984）		罗姚大队党支部	王阿叙	1978年3月至1984年8月
		轧西大队党支部	朱阿毛	1978年7月至1984年3月
		轧村水产大队党支部	朱世雄	1978年3月至1984年3月
1984年至2021年12月	村	轧村水产村党支部	朱世雄	1984年3月至1996年9月
			沈春生	1996年9月至2001年11月
		轧西村党支部	黄胜宝	1984年3月至1987年6月
			闵玉林	1987年7月至2001年10月
		轧村居委会党支部	沈金荣	1995年4月至2001年10月
		罗姚村党支部	王阿叙	1984年8月至1987年6月
			罗志桥	1987年7月至1993年4月
			顾根荣	1993年4月至1998年5月
			罗志桥	1998年5月至2001年11月
		港西村党支部	闵玉林	2001年10月至2005年9月
		港西村党总支部	闵玉林	2005年9月至2008年3月
			罗志桥	2008年4月至2020年11月
			顾跃跃	2020年11月至2021年12月

上林村村级党组织书记（负责人）

历史时期	村级组织形式	党组织名称（含小村）	姓名	任职年月
人民公社（1958—1968）	生产大队	上林村大队党支部	杨金和	1961年6月至1968年12月
		陈家圩大队党支部	徐阿传	1958年7月至1961年5月
			陈根生	1961年6月至1968年12月

（续）

历史时期	村级组织形式	党组织名称（含小村）	姓名	任职年月
"文革"时期 （1968—1978）	生产大队	上林村大队党支部	杨金和	1969 年 1 月至 1978 年 12 月
		陈家圩大队党支部	陈根生	1969 年 1 月至 1979 年 7 月
人民公社管委会 （1978—1984）		上林村大队党支部	杨金和	1979 年 1 月至 1979 年 7 月
			杨阿毛	1979 年 8 月至 1984 年 8 月
		陈家圩大队党支部	陈阿二	1979 年 8 月至 1984 年 8 月
1984 年至 2021 年 12 月	村	上林村党支部	杨阿毛	1984 年 9 月至 1992 年 7 月
			沈阿荣	1992 年 8 月至 1994 年 5 月
			张小娥	1994 年 6 月至 1996 年 5 月
			林志祥	1996 年 6 月至 1998 年 4 月
			陈阿团	1998 年 5 月至 1999 年 11 月
			蒋根泉	1999 年 12 月至 2001 年 3 月
		陈家圩村党支部	陈阿二	1984 年 9 月至 1995 年 5 月
			宋阿虎	1995 年 6 月至 2001 年 10 月
		上林村村党支部	张小娥	2001 年 11 月至 2002 年 4 月
			宋阿虎	2002 年 5 月至 2005 年 9 月
			宋阿虎	2005 年 9 月至 2009 年 12 月
			张雪方	2010 年 1 月至 2013 年 2 月
			陈荣轩	2013 年 3 月至 2017 年 1 月
			沈如方	2017 年 2 月至 2021 年 12 月

轧村村村级党组织书记（负责人）

历史时期	村级组织形式	党组织名称（含小村）	姓名	任职年月
人民公社 （1958—1968）	生产大队	齐家湾大队党支部	朱云龙	1958 年 5 月至 1962 年 10 月
			吴真乐	1962 年 11 月至 1966 年 4 月
			沈阿凤	1966 年 5 月至 1968 年 4 月
		轧村大队党支部	朱法珍	1959 年 5 月至 1964 年 8 月
			吴阿毛	1959 年 9 月至 1969 年 8 月
"文革"时期 （1968—1978）		齐家湾大队党支部	潘阿祥	1968 年 5 月至 1981 年 5 月
		轧村大队党支部	陈玉坤	1969 年 9 月至 1994 年 4 月
1984 年至 2021 年 12 月	村	齐家湾村党支部	吴继承	1981 年 6 月至 1994 年 7 月
			吴阿新	1994 年 7 月至 2000 年 10 月
		轧村村党支部	陈华明	1994 年 5 月至 1996 年 10 月
			徐国民	1996 年 11 月至 1998 年 7 月
			戴福民	1998 年 8 月至 2000 年 10 月

（续）

历史时期	村级组织形式	党组织名称（含小村）	姓名	任职年月
1984 年至 2021 年 12 月	村	轧村村党总支部	吴阿新	2000 年 10 月至 2020 年 11 月
			罗浩	2020 年 11 月至 2021 年 12 月

骥村村级党组织书记（负责人）

历史时期	村级组织形式	党组织名称（含小村）	姓名	任职年月
1956 年至 1958 年	高级社	骥村社党支部	严火林	1956 年 4 月至 1958 年 4 月
		范村社党支部	陈宝夫	1956 年 1 月至 1958 年 1 月
人民公社 (1958—1968)	生产大队	骥村大队党支部	严火林	1958 年 4 月至 1968 年 4 月
		范村大队党支部	陈宝夫	1958 年 1 月至 1968 年 1 月
"文革"时期 (1968—1978)	生产大队	骥村大队党支部	严火林	1968 年 4 月至 1970 年 1 月
			严阿锡	1970 年 1 月至 1973 年 6 月
			田阿水	1973 年 6 月至 1984 年 3 月
		范村大队党支部	陈宝夫	1968 年 1 月至 1978 年 1 月
人民公社管委会 (1978—1984)		范村大队党支部	陈宝夫	1978 年 4 月至 1980 年 1 月
			程土根	1980 年 1 月至 1986 年 4 月
1984 年至 2021 年 12 月	村	骥村村党支部	周阿四	1984 年 3 月至 1996 年 4 月
			方俊宏	1996 年 4 月至 2001 年 11 月
		范村村党支部	陈木根	1986 年 4 月至 1989 年 3 月
			陆吉良	1989 年 3 月至 1994 年 12 月
			钱金狗	1995 年 1 月至 1998 年 2 月
			沈林法	1998 年 2 月至 2000 年 4 月
			钱金狗	2000 年 4 月至 2001 年 11 月
		骥村村党支部	周阿四	2001 年 11 月至 2005 年 9 月
		骥村村党总支部	周阿四	2005 年 9 月至 2011 年 6 月
			钱金狗	2011 年 6 月至 2020 年 3 月
			宋建明	2020 年 3 月至 2021 年 12 月

石头港村村级党组织书记（负责人）

历史时期	村级组织形式	党组织名称（含小村）	姓名	任职年月
1956 年至 1958 年	高级社	石头港社党支部	徐火林	1956 年 3 月至 1960 年 12 月
人民公社 (1958—1968)	生产大队	吴家兜大队党支部	朱阿良	1958 年 4 月至 1960 年 3 月
			汪士山	1960 年 3 月至 1961 年 5 月
		南湾大队党支部	宋荣法	1960 年 3 月至 1973 年 10 月
		红武大队党支部	沈发财	1960 年 12 月至 1968 年 12 月

（续）

历史时期	村级组织形式	党组织名称（含小村）	姓名	任职年月
"文革"时期 （1968—1978）	生产大队	吴家兜大队党支部	李毛狗	1961 年 5 月至 1975 年 3 月
		南湾大队党支部	朱阿三	1973 年 10 月至 1975 年 6 月
			宋银泉	1975 年 6 月至 1985 年 1 月
		红武大队党支部	沈发财	1969 年 1 月至 1974 年 10 月
人民公社管委会 （1978—1984）		吴家兜大队党支部	潘法根	1975 年 3 月至 1986 年 3 月
		南湾大队党支部	张新民	1985 年 1 月至 1985 年 12 月
		红武大队党支部	沈林法	1974 年 10 月至 1988 年 3 月
1984 年至 2021 年 12 月	村	南湾村党支部	张金根	1985 年 12 月至 2000 年 10 月
		阮家兜村党支部	沈阿四	1988 年 3 月至 1999 年 11 月
			宋小林	1999 年 11 月至 2000 年 3 月
			沈林法	2000 年 3 月至 2000 年 10 月
		吴家兜村党支部	吴小林	1986 年 3 月至 2001 年 10 月
		石头港村党支部	吴小林	2000 年 3 月至 2001 年 9 月
		石头港村党总支部	吴小林	2001 年 10 月至 2012 年 6 月
			陆阿根	2012 年 6 月至 2013 年 12 月
			潘宝根	2013 年 11 月至 2021 年 12 月

孟乡港村村级党组织书记（负责人）

历史时期	村级组织形式	党组织名称（含小村）	姓名	任职年月
1956 年以前	初级社	孟乡港社党支部	郑阿宝	解放初期至 1956 年 1 月
		抗三圩社党支部	陆顺发	解放初期至 1956 年 1 月
1956 年至 1958 年	高级社	孟乡港社党支部	郑阿宝	1956 年 1 月至 1958 年 3 月
		抗三圩社党支部	陆顺发	1956 年 1 月至 1958 年 3 月
		孟乡港社党支部	郑阿宝	1958 年 3 月至 1958 年 5 月
人民公社 （1958—1968）	生产大队	孟乡港大队党支部	胡阿坤	1958 年 5 月至 1959 年 5 月
		孟乡港大队党支部	郑阿宝	1959 年 5 月至 1961 年 6 月
		抗三圩大队党支部	茹连根	1959 年 5 月至 1968 年 1 月
"文革"时期 （1968—1978）		孟乡港大队党支部	朱阿团	1961 年 6 月至 1978 年 1 月
		抗三圩大队党支部	茹连根	1968 年 1 月至 1978 年 1 月
人民公社管委会 （1978—1984）		孟乡港大队党支部	朱阿团	1978 年 1 月至 1984 年 1 月
		抗三圩大队党支部	茹连根	1978 年 1 月至 1984 年 6 月
1984 年至 2021 年 12 月	村	孟乡港村（小村）党支部	朱阿团	1984 年 1 月至 1998 年 6 月
			陆泉根	1998 年 6 月至 1998 年 12 月
			叶培民	1998 年 12 月至 2001 年 11 月

（续）

历史时期	村级组织形式	党组织名称（含小村）	姓名	任职年月
1984 年至 2021 年 12 月	村	抗三圩村党支部	徐水发	1984 年 6 月至 1992 年 7 月
			金子林	1992 年 7 月至 2001 年 11 月
		孟乡港村（大村）党支部	金子林	2001 年 11 月至 2005 年 4 月
		孟乡港村（大村）党总支部	沈金全	2005 年 4 月至 2021 年 12 月

潘塘桥村村级党组织书记（负责人）

历史时期	村级组织形式	党组织名称（含小村）	姓名	任职年月
人民公社（1958—1968）	生产大队	潘塘桥大队党支部	宋六根	1958 年 6 月至 1965 年 8 月
"文革"时期（1968—1978）		潘塘桥大队党支部	陈金宝	1965 年 8 月至 1969 年 12 月
			宋六根	1969 年 12 月至 1971 年 12 月
			杨燕林	1972 年 12 月至 1973 年 6 月
			张法根	1973 年 6 月至 1978 年 6 月
人民公社管委会（1978—1984）		潘塘桥大队党支部	张法根	1978 年 6 月至 1984 年 8 月
1984 年至 2021 年 12 月	村	潘塘桥村党支部	张法根	1984 年 9 月至 2005 年 5 月
			潘金水	2005 年 5 月至 2013 年 12 月
			王金龙	2013 年 12 月至 2017 年 12 月
			暂缺	2018 年 1 月至 2018 年 4 月
			杨建山	2018 年 5 月至 2021 年 12 月

曹家䈹村村级党组织书记（负责人）

历史时期	村级组织形式	党组织名称（含小村）	姓名	任职年月
1956 年至 1958 年	高级社	孟婆兜社党支部	曹阿大	1956 年 12 月至 1958 年 12 月
人民公社（1958—1968）	生产大队	大漾其大队党支部	曹生林	1961 年 6 月至 1965 年 12 月
			褚和林	1965 年 12 月至 1968 年 12 月
		孟婆兜大队党支部	李集法	1961 年 12 月至 1968 年 12 月
"文革"时期（1968—1978）		大漾其大队党支部	褚和林	1968 年 12 月至 1978 年 12 月
		孟婆兜大队党支部	李集法	1968 年 12 月至 1973 年 8 月
			张和林	1973 年 8 月至 1978 年 12 月
		姚泥水大队党支部	潘阿毛	1968 年 12 月至 1973 年 12 月
			叶阿毛	1973 年 12 月至 1976 年 12 月
			倪金龙	1976 年 12 月至 1978 年 12 月
人民公社管委会（1978—1984）		孟婆兜大队党支部	张和林	1978 年 12 月至 1984 年 7 月
		大漾其大队党支部	曹云祥	1978 年 12 月至 1984 年 12 月
		姚泥水大队党支部	倪金龙	1978 年 12 月至 1984 年 12 月

（续）

历史时期	村级组织形式	党组织名称（含小村）	姓名	任职年月
1984 年至 2021 年 12 月	村	孟婆兜村党支部	陈泉根	1984 年 7 月至 1995 年 12 月
			徐华明	1995 年 12 月至 1998 年 9 月
			张水毛	1998 年 9 月至 2001 年 10 月
		大漾其村党支部	曹云祥	1984 年 12 月至 1993 年 12 月
			褚国群	1993 年 12 月至 2001 年 10 月
		姚泥水村党支部	汤阿团	1984 年 12 月至 2001 年 7 月
			潘金田	2001 年 8 月至 2001 年 10 月
		曹家簖村党支部	褚国群	2001 年 10 月至 2005 年 9 月
		曹家簖村党总支部	褚国群	2005 年 9 月至 2020 年 3 月
			费建华	2020 年 11 月至 2021 年 12 月

乔溇村村级党组织书记（负责人）

历史时期	村级组织形式	党组织名称（含小村）	姓名	任职年月
1956 年至 1958 年	高级社	乔溇合作社党支部	吴阿三	1956 年 4 月至 1957 年 3 月
			李哈清	1957 年 4 月至 1958 年 3 月
人民公社（1958—1968）	生产大队	乔溇大队党支部	闻宝法	1958 年 4 月至 1968 年 3 月
"文革"时期（1968—1978）		乔溇村大队党支部	任阿毛	1968 年 4 月至 1978 年 3 月
		胡溇大队党支部	赵志成	1968 年 4 月至 1978 年 3 月
		宋溇大队党支部	王有宝	1968 年 4 月至 1978 年 3 月
人民公社管委会（1978—1984）		乔溇村大队党支部	任阿毛	1978 年 4 月至 1983 年 3 月
		胡溇大队党支部	赵志成	1978 年 4 月至 1983 年 3 月
		宋溇大队党支部	王有宝	1978 年 4 月至 1983 年 3 月
1984 年至 2021 年 12 月	村	乔溇村（小村）党支部	蒋月明	1983 年 4 月至 1997 年 9 月
			朱明星	1997 年 10 月至 1998 年 4 月
			王战荣	1998 年 5 月至 1999 年 4 月
			宋千夫	1999 年 5 月至 2001 年 4 月
		胡溇村党支部	郑同法	1985 年 1 月至 1986 年 12 月
			沈炳荣	1983 年 4 月至 1984 年 12 月
			马烽	1987 年 1 月至 1997 年 12 月
			赵海林	1998 年 1 月至 2001 年 10 月
		宋溇村党支部	王金山	1983 年 8 月至 2001 年 10 月
		乔溇村（大村）党支部	汤根荣	2001 年 10 月至 2004 年 10 月
		乔溇村（大村）党总支部	汤根荣	2004 年 9 月至 2020 年 11 月
			沈会江	2020 年 11 月至 2021 年 12 月

陆家湾村村级党组织书记（负责人）

历史时期	村级组织形式	党组织名称（含小村）	姓名	任职年月
1956 年以前	初级社	陆家湾社党支部	张连辰	1952 年 3 月至 1956 年 3 月
1956 年至 1958 年	高级社		张连辰	1956 年 3 月至 1958 年 5 月
人民公社 （1958—1968）	生产大队	陆家湾大队党支部	张连辰	1958 年 5 月至 1963 年 10 月
			吴庚生	1963 年 10 月至 1968 年 3 月
		钱家兜大队党支部	徐雪林	1960 年 3 月至 1967 年 6 月
			徐美清	1967 年 6 月至 1968 年 10 月
"文革"时期 （1968—1978）		陆家湾大队党支部	吴庚生	1968 年 3 月至 1978 年 3 月
		钱家兜大队党支部	徐美清	1968 年 10 月至 1976 年 11 月
			陆金龙（大）	1976 年 11 月至 1978 年 3 月
		董家甸大队党支部	任阿毛	1970 年 3 月至 1973 年 9 月
			费卫根	1973 年 9 月至 1978 年 3 月
人民公社管委会 （1978—1984）		陆家湾大队党支部	费新宝	1978 年 3 月至 1984 年 3 月
		钱家兜大队党支部	陆金龙（大）	1978 年 3 月至 1984 年 3 月
		董家甸大队党支部	沈夫荣	1978 年 3 月至 1981 年 6 月
			沈三毛	1981 年 6 月至 1984 年 3 月
1984 年至 2021 年 12 月	村	钱家兜村党支部	陆金龙（大）	1984 年 3 月至 1989 年 3 月
			许应高	1989 年 3 月至 1995 年 9 月
			张阿金	1995 年 9 月至 2001 年 3 月
		董家甸村党支部	沈三毛	1984 年 3 月至 1986 年 7 月
			董阿毛	1986 年 7 月至 1994 年 12 月
			费阿金	1994 年 12 月至 2001 年 10 月
		陆家湾村（小村）党支部	费新宝	1984 年 3 月至 1985 年 3 月
			曹有权	1985 年 3 月至 1986 年 5 月
			陆金龙（小）	1986 年 5 月至 1992 年 11 月
			董炳荣	1992 年 11 月至 2005 年 9 月
		陆家湾村（大村）党支部	董炳荣	2001 年 10 月至 2005 年 9 月
		陆家湾村（大村） 党总支部	董炳荣	2005 年 9 月至 2011 年 3 月
			吴金辉	2011 年 3 月至 2021 年 12 月

汤溇村村级党组织书记（负责人）

历史时期	村级组织形式	党组织名称（含小村）	姓名	任职年月
1956 年以前	初级社	汤溇社党支部	徐勤生	1949 年 5 月至 1956 年 6 月
1956 年至 1958 年	高级社	汤溇社党支部	宋金生	1956 年 6 月至 1958 年 6 月
		钱溇社党支部	凌英	1956 年 6 月至 1958 年 6 月

（续）

历史时期	村级组织形式	党组织名称（含小村）	姓名	任职年月
人民公社 （1958—1968）	生产大队	汤溇大队党支部	宋金生	1958 年 6 月至 1964 年 6 月
		钱溇大队党支部	凌英	1958 年 6 月至 1961 年 6 月
			邵洪福	1961 年 6 月至 1964 年 6 月
			杨六锦	1964 年 6 月至 1968 年 6 月
		新浦大队党支部	冯六兴	1958 年 6 月至 1968 年 6 月
"文革"时期 （1968—1978）		汤溇大队党支部	陈志荣	1964 年 6 月至 1975 年 6 月
			尹永法	1975 年 6 月至 1978 年 6 月
		钱溇大队党支部	杨六锦	1968 年 6 月至 1978 年 6 月
		新浦大队党支部	吴阿金	1968 年 6 月至 1978 年 6 月
人民公社管委会 （1978—1984）		汤溇大队党支部	尹永法	1978 年 6 月至 1981 年 6 月
			吴才宝	1981 年 6 月至 1984 年 6 月
		钱溇大队党支部	杨六锦	1978 年 6 月至 1984 年 6 月
		新浦大队党支部	姚松涛	1978 年 6 月至 1984 年 6 月
1984 年至 2021 年 12 月	村	钱溇村党支部	吴阿毛	1984 年 6 月至 1989 年 6 月
			吴金林	1989 年 6 月至 1992 年 6 月
			吴阿毛	1992 年 6 月至 2001 年 11 月
		新浦村党支部	姚松涛	1984 年 6 月至 2001 年 11 月
		汤溇村（小村）党支部	吴才宝	1984 年 6 月至 1985 年 6 月
			山云才	1985 年 6 月至 2001 年 10 月
		汤溇村（大村）党支部	山云才	2001 年 10 月至 2005 年 9 月
		汤溇村（大村）党总支部	山云才	2005 年 9 月至 2013 年 12 月
			韦树斌	2013 年 12 月至 2021 年 12 月

伍浦村村级党组织书记（负责人）

历史时期	村级组织形式	党组织名称（含小村）	姓名	任职年月
人民公社 （1958—1968）	生产大队	伍浦大队党支部	顾桂林	1958 年 5 月至 1968 年 1 月
"文革"时期 （1968—1978）			沈阿荣	1968 年 1 月至 1978 年 5 月
人民公社管委会 （1978—1984）			沈阿荣	1978 年 1 月至 1984 年 5 月
1984 年至 2021 年 12 月	村	伍浦村党支部	邹胜荣	1984 年 5 月至 2002 年 5 月
			陈三毛	2003 年 5 月至 2005 年 9 月
		伍浦村党总支部	舒忠明	2005 年 9 月至 2015 年 3 月
			卢云旗	2015 年 3 月至 2021 年 12 月

庙兜村村级党组织书记（负责人）

历史时期	村级组织形式	党组织名称（含小村）	姓名	任职年月
人民公社 （1958—1968）	生产大队	漾湾大队党支部	胡财林	1958 年至 1968 年
		庙兜大队党支部	陈六信	1958 年至 1968 年
"文革"时期 （1968—1978）		漾湾大队党支部	胡财林	1968 年至 1978 年
		向阳大队党支部	褚泉生	1968 年至 1978 年
人民公社管委会 （1978—1984）		漾湾大队党支部	胡财林	1979 年至 1984 年 4 月
		庙兜大队党支部	褚泉生	1979 年至 1984 年 4 月
1984 年至 2021 年 12 月	村	漾湾村党支部	张小毛	1984 年 5 月至 1996 年 5 月
			王宝法	1996 年 5 月至 2001 年 11 月
		庙兜村（小村）党支部	闵和林	1984 年 4 月至 2005 年 9 月
		庙兜村（大村）党总支部	闵和林	2005 年 9 月至 2008 年 3 月
			沈国强	2008 年 3 月至 2010 年 10 月
			吴炳江	2010 年 10 月至 2021 年 12 月

常乐村村级党组织书记（负责人）

历史时期	村级组织形式	党组织名称（含小村）	姓名	任职年月
人民公社 （1958—1968）	生产大队	东阁兜大队党支部	徐阿宝	1959 年 1 月至 1966 年 5 月
		油车桥大队党支部	杨阿荣	1959 年 1 月至 1966 年 5 月
		邵漾里大队党支部	沈法龙	1959 年 1 月至 1966 年 5 月
		东阁兜小村党支部	徐阿宝	1966 年 5 月至 1968 年 11 月
		常乐大队党支部	沈连根	1959 年 1 月至 1968 年 1 月
		沈家湾大队党支部	黄金龙	1959 年 1 月至 1967 年 1 月
			姚金龙	1967 年 1 月至 1968 年 1 月
"文革"时期 （1968—1978）		东阁兜小村党支部	杨阿荣	1968 年 11 月至 1971 年 4 月
			潘阿根	1971 年 4 月至 1975 年 3 月
			吴阿罗	1975 年 3 月至 1978 年 4 月
		常乐大队党支部	沈连根	1968 年 1 月至 1974 年 5 月
			李阿毛	1974 年 5 月至 1978 年 1 月
		沈家湾大队党支部	姚金龙	1968 年 1 月至 1973 年 3 月
			朱春荣	1973 年 3 月至 1978 年 1 月
人民公社管委会 （1978—1984）		东阁兜大队党支部	陶林生	1978 年 4 月至 1984 年 3 月
		常乐大队党支部	李阿毛	1978 年 1 月至 1980 年 2 月
			沈三林	1980 年 2 月至 1984 年 1 月
		沈家湾大队党支部	朱春荣	1978 年 1 月至 1979 年 4 月
			陆六林	1979 年 4 月至 1983 年 12 月

（续）

历史时期	村级组织形式	党组织名称（含小村）	姓名	任职年月
1984 年至 2021 年 12 月	村	东阁兜小村党支部	徐根林	1984 年 3 月至 1994 年 4 月
			潘生泉	1994 年 4 月至 2001 年 10 月
		常乐（小村）党支部	沈三林	1984 年 1 月至 1984 年 12 月
			施坤仑	1985 年 1 月至 1993 年 3 月
			吴金田	1993 年 3 月至 1997 年 4 月
			周忠文	1997 年 4 月至 1998 年 4 月
			沈坤林	1998 年 4 月至 2001 年 10 月
		沈家湾村党支部	陆六林	1984 年 1 月至 1990 年 3 月
			董阿如	1990 年 3 月至 1997 年 12 月
			阮利明	1997 年 12 月至 2001 年 10 月
		常乐村（大村）党支部	吴志方	2001 年 10 月至 2005 年 9 月
		常乐村（大村）党总支部	吴志方	2005 年 9 月至 2013 年 12 月
		常乐村（大村）党总支部	周忠华	2013 年 12 月至 2017 年 1 月
			暂缺	2017 年 1 月至 2017 年 3 月
			李志方	2017 年 4 月至 2021 年 12 月

义皋村村级党组织书记（负责人）

历史时期	村级组织形式	党组织名称（含小村）	姓名	任职年月
1956 年以前	初级社	义皋社党支部	王阿狗	1953 年 4 月至 1955 年 12 月
1956 年至 1958 年	高级社	义皋社党支部	王阿狗	1956 年 1 月至 1957 年 12 月
人民公社（1958—1968）	生产大队	义皋大队党支部	王才生	1958 年 1 月至 1967 年 12 月
"文革"时期（1968—1978）		义皋大队党支部	王才生	1968 年 1 月至 1973 年 12 月
			刘雄安	1974 年 1 月至 1977 年 12 月
人民公社管委会（1978—1984）		义皋大队党支部	刘雄安	1978 年 1 月至 1984 年 4 月
1984 年至 2021 年 12 月	村	义皋大队党支部	吴正明	1984 年 4 月至 1998 年 4 月
			周建华	1998 年 4 月至 2005 年 9 月
		义皋大队党总支部	周建华	2005 年 9 月至 2017 年 4 月
			钟良	2017 年 4 月至 2021 年 12 月

曙光村村级党组织书记（负责人）

历史时期	村级组织形式	党组织名称（含小村）	姓名	任职年月
1956 年以前	初级社	费家汇社党支部	陆福山	1952 年 11 月至 1956 年 11 月
		交界社党支部	朱阿信	1952 年 11 月至 1956 年 11 月
		长兜社党支部	董宝生	1952 年 11 月至 1956 年 11 月

（续）

历史时期	村级组织形式	党组织名称（含小村）	姓名	任职年月
1956 年至 1958 年	高级社	费家汇社党支部	陆福山	1956 年 11 月至 1958 年 11 月
		交界社党支部	朱阿信	1956 年 11 月至 1958 年 11 月
		长兜社党支部	董宝生	1956 年 11 月至 1959 年 11 月
人民公社（1958—1968）	生产大队	漾南大队党支部	陆仲火	1959 年 11 月至 1960 年 11 月
			张巧生	1960 年 11 月至 1961 年 11 月
		长兜大队党支部	韦阿三	1961 年 11 月至 1965 年 11 月
		费家汇大队党支部	朱仁根	1961 年 11 月至 1968 年 11 月
		南河大队党支部	陆福山	1958 年 11 月至 1960 年 11 月
			吴有才	1963 年 11 月至 1965 年 11 月
		红心大队党支部	潘小根	1965 年 11 月至 1968 年 11 月
"文革"时期（1968—1978）		红心大队党支部	潘小根	1968 年 11 月至 1981 年 11 月
		曙光大队党支部	朱金荣	1968 年 11 月至 1974 年 11 月
			陈玉林	1974 年 11 月至 1977 年 11 月
		费家汇大队党支部	陈阿康	1977 年 11 月至 1978 年 11 月
		胜利大队党支部	杨桂发	1965 年 11 月至 1974 年 11 月
			陆培荣	1974 年 11 月至 1975 年 11 月
			钱玉龙	1975 年 11 月至 1976 年 11 月
		南河大队党支部	张关生	1976 年 11 月至 1978 年 11 月
人民公社管委会（1978—1984）		费家汇大队党支部	陈阿康	1978 年 11 月至 1981 年 11 月
		南河大队党支部	张关生	1978 年 11 月至 1983 年 11 月
		中兜大队党支部	孙明新	1981 年 11 月至 1984 年 11 月
1984 年至 2021 年 12 月	村	中兜党支部	孙明新	1984 年 11 月至 1986 年 11 月
			吴天宝	1986 年 11 月至 1991 年 11 月
		费家汇村党支部	沈水林	1981 年 11 月至 1990 年 11 月
			张其龙	1990 年 11 月至 1991 年 11 月
			潘凤祥	1991 年 11 月至 1992 年 11 月
			朱美生	1993 年 11 月至 1995 年 11 月
		中兜村党支部	潘三毛	1991 年 11 月至 1995 年 11 月
		费家汇村党支部	朱其林	1995 年 11 月至 2001 年 11 月
		中兜村党支部	李火生	1995 年 11 月至 2001 年 11 月
		南河村党支部	吴林才	1983 年 11 月至 2001 年 11 月
		曙光村党支部	吴林才	2001 年 11 月至 2008 年 5 月
			宋新泉	2008 年 5 月至 2021 年 12 月

大港村村级党组织书记（负责人）

历史时期	村级组织形式	党组织名称（含小村）	姓名	任职年月
1956 年至 1958 年	高级社	大潘兜社党支部	朱发林	1959 年 3 月至 1960 年 3 月
人民公社（1958—1968）	生产大队	沈家漾大队党支部	张小毛	1960 年至 1968 年
		大潘兜大队党支部	沈阿海	1960 年 3 月至 1970 年 3 月
"文革"时期（1968—1978）		沈家漾大队党支部	张小毛	1968 年至 1978 年
		太平大队党支部	沈永富	1968 年 12 月至 1970 年 3 月
		红光村大队党支部	陈梅林	1970 年 3 月至 1973 年 3 月
			周勤富	1973 年 3 月至 1977 年 12 月
		沈家洋大队党支部	沈红卫	1969 年 3 月至 1978 年 3 月
		大潘兜大队党支部	朱林宝	1970 年 3 月至 1978 年 12 月
人民公社管委会（1978—1984）		沈家漾大队党支部	张小毛	1978 年至 1984 年
		红光村大队党支部	杨海桥	1978 年 1 月至 1984 年 3 月
		沈家漾大队党支部	沈红卫	1978 年 4 月至 1988 年 3 月
		大潘兜大队党支部	朱林宝	1978 年 12 月至 2000 年 3 月
1984 年至 2021 年 12 月	村	同心村党支部	蒋关宝	1984 年 3 月至 1985 年 9 月
			郑新林	1985 年 9 月至 1995 年 7 月
			郑淦新	1995 年 7 月至 1996 年 11 月
			王水凤	1996 年 11 月至 2000 年 3 月
		红光村党支部	沈海根	1984 年 3 月至 1990 年 3 月
			沈金根	1990 年 3 月至 1996 年 12 月
			沈金水	1996 年 12 月至 2000 年 6 月
		沈家漾村党支部	沈红卫	1988 年 4 月至 2000 年 3 月
		大港村党总支部	朱新康	2000 年 3 月至 2002 年 11 月
		大港村党委	朱新康	2002 年 11 月至 2018 年
			暂缺	2018 年至 2020 年 10 月
			沈煜燊	2020 年 10 月至 2021 年 12 月

郑港村村级党组织书记（负责人）

历史时期	村级组织形式	党组织名称（含小村）	姓名	任职年月
人民公社（1958—1968）	生产大队	郑港大队党支部	邵定良	1960 年至 1970 年
		谭港大队党支部	潘海林	1960 年至 1970 年
"文革"时期（1968—1978）		新联大队党支部	邵定良	1971 年至 1977 年
人民公社管委会（1978—1984）		新联大队党支部（副书记全面负责）	郑阿金	1978 年至 1983 年 6 月

（续）

历史时期	村级组织形式	党组织名称（含小村）	姓名	任职年月
1984年至2021年12月	村	郑港村党支部	赵顺林	1983年7月至1993年6月
			潘引江	1993年7月至2014年8月
			沈子良	2014年8月至2020年10月
			潘林芳	2020年10月至2021年12月

高新区水产村村级党组织书记（负责人）

历史时期	村级组织形式	党组织名称（含小村）	姓名	任职年月
1984年至2021年12月	村	织里水产村党支部	张林宝	1986年5月至1993年5月
			杨新宝	1993年6月至2001年10月
			施淦江	2001年10月至2005年3月
			褚阿林	2005年3月至2013年3月
			沈根林	2013年3月至2018年4月
			暂缺	2018年4月至2019年7月
			居央毛	2019年7月至2021年12月

凌家汇村村级党组织书记（负责人）

历史时期	村级组织形式	党组织名称（含小村）	姓名	任职年月
"文革"时期（1968—1978）	生产大队	永丰大队党支部	孙金元	1968年1月至1978年3月
人民公社管委会（1978—1984）		永丰大队党支部	孙金元	1978年4月至1984年3月
1984年至2021年12月	村	凌家汇村党支部	甄林方	1984年3月至1998年3月
			郑新江	1998年4月至2012年3月
			甄新初	2012年4月至2021年12月

联漾村村级党组织书记（负责人）

历史时期	村级组织形式	党组织名称（含小村）	姓名	任职年月
人民公社（1958—1968）	生产大队	联漾大队党支部	高阿坛	1958年7月至1968年12月
"文革"时期（1968—1978）		联漾大队党支部	高阿坛	1968年12月至1981年3月
人民公社管委会（1978—1984）		联漾大队党支部	高明泉	1981年3月至1984年6月
			沈土生	1984年6月至1985年11月
1984年至2021年12月	村	联漾村党支部	章汉雄	1985年11月至1992年8月
			闵松云	1992年8月至2002年3月
			高安民	2002年3月至2005年9月
		联漾村党总支部	高安民	2005年10月至2021年12月

元通桥村村级党组织书记（负责人）

历史时期	村级组织形式	党组织名称（含小村）	姓名	任职年月
1956 年以前	初级社	白桥坝社党支部	诸阿猫	1949 年 11 月至 1956 年 11 月
		蚕环田一社党支部	钱阿金	1949 年 11 月至 1956 年 11 月
		蚕环田二社党支部	潘和尚	1949 年 11 月至 1956 年 11 月
1956 年至 1958 年	高级社	白桥坝社党支部	邱生桂	1956 年 11 月至 1958 年 3 月
		蚕环田一社党支部	钱阿金	1956 年 11 月至 1958 年 11 月
		蚕环田二社党支部	潘和尚	1956 年 11 月至 1958 年 10 月
人民公社（1958—1968）	生产大队	白桥坝大队党支部	吴梅庆	1958 年 3 月至 1968 年 9 月
		蚕环田大队党支部	严阿林	1958 年 11 月至 1968 年 2 月
"文革"时期（1968—1978）		白桥坝大队党支部	潘细毛	1968 年 9 月至 1978 年 11 月
		蚕环田大队党支部	姚阿明	1968 年 2 月至 1973 年 3 月
			李林江	1973 年 3 月至 1978 年 11 月
人民公社管委会（1978—1984）	生产大队	白桥坝大队党支部	潘细毛	1978 年 11 月至 1984 年 3 月
		蚕环田大队党支部	姚新宝	1978 年 11 月至 1984 年 8 月
1984 年至 2021 年 12 月	村	白桥坝党支部	潘细毛	1984 年 3 月至 1984 年 11 月
		蚕环田党支部	潘根新	1994 年 8 月至 2001 年 11 月
		白桥坝党支部	王伯勤	1984 年 11 月至 2001 年 11 月
		元通桥村党支部	王伯勤	2001 年 11 月至 2005 年 9 月
		元通桥村党总支部	王伯勤	2005 年 10 月至 2020 年 10 月
			李健华	2020 年 10 月至 2021 年 12 月

沈溇村村级党组织书记（负责人）

历史时期	村级组织形式	党组织名称（含小村）	姓名	任职年月
人民公社（1958—1968）	生产大队	沈溇村大队党支部	邹寿宝	1959 年 1 月至 1961 年 10 月
			沈子彬	1961 年 10 月至 1964 年 8 月
			沈根泉	1964 年 8 月至 1968 年 12 月
		诸溇村大队党支部	王阿坛	1961 年 10 月至 1968 年 12 月
"文革"时期（1968—1978）		沈溇村大队党支部	沈根泉	1968 年 12 月至 1978 年 12 月
		诸溇村大队党支部	王阿坛	1968 年 12 月至 1978 年 12 月
人民公社管委会（1978—1984）		沈溇村大队党支部	沈根泉	1978 年 12 月至 1984 年 12 月
		诸溇村大队党支部	王阿坛	1978 年 12 月至 1982 年 4 月
			沈桂如	1982 年 4 月至 1984 年 12 月
1984 年至 2021 年 12 月	村	沈溇村（小村）党支部	沈根泉	1984 年 12 月至 1992 年 4 月
			叶伯民	1992 年 4 月至 1995 年 4 月
			沈建民	1995 年 4 月至 1998 年 4 月

（续）

历史时期	村级组织形式	党组织名称（含小村）	姓名	任职年月
1984 年至 2021 年 12 月	村	沈溇村（小村）党支部	张静江	1984 年 4 月至 2000 年 4 月
			卢火根	2000 年 4 月至 2001 年 11 月
		诸溇村党支部	沈桂如	1984 年 12 月至 1985 年 12 月
			杨金根	1985 年 12 月至 2001 年 11 月
		沈溇村（小村）党支部	杨金根	2001 年 11 月至 2005 年 9 月
		沈溇村（大村）党总支部	杨金根	2005 年 9 月至 2011 年 3 月
			卢火根	2011 年 3 月至 2021 年 12 月

东桥村村级党组织书记（负责人）

历史时期	村级组织形式	党组织名称（含小村）	姓名	任职年月
人民公社（1958—1968）	生产大队	东桥大队党支部	张海江	至 1965 年 3 月
"文革"时期（1968—1978）		东桥大队党支部	董武备	1965 年 4 月至 1978 年 3 月
			叶正林	至 1978 年 3 月
人民公社管委会（1978—1984）		严家兜大队党支部	蒋云乔	1978 年 4 月至 1981 年 3 月
			徐惠甫	1981 年 4 月至 1984 年 12 月
		东桥兜大队党支部	莫阿连	1978 年 4 月至 1982 年 3 月
			沈梯生	1982 年 4 月至 1984 年 3 月
1984 年至 2021 年 12 月	村	严家兜村党支部	徐惠甫	1985 年 1 月至 1994 年 3 月
			徐永康	1994 年 4 月至 2001 年 3 月
		东桥村党支部	徐玉林	1984 年 4 月至 1990 年 3 月
			吴友仕	1990 年 4 月至 2005 年 9 月
		东桥村（大村）党支部	吴友仕	2001 年 10 月至 2004 年 9 月
		东桥村总党支部	吴友仕	2004 年 9 月至 2008 年 3 月
			叶连庆	2008 年 4 月至 2016 年 10 月
			暂缺	2016 年 11 月至 2017 年 3 月
			刘伟强	2017 年 4 月至 2021 年 12 月

大溇村村级党组织书记（负责人）

历史时期	村级组织形式	党组织名称（含小村）	姓名	任职年月
人民公社（1958—1968）	生产大队	张降村大队党支部	朱阿奎	1958 年 2 月至 1968 年 12 月
		大溇大队党支部	朱会先	1961 年 3 月至 1968 年 12 月
"文革"时期（1968—1978）		张降村大队党支部	朱阿奎	1969 年 1 月至 1970 年 1 月
			朱建法	1971 年 2 月至 1978 年 12 月
		大溇大队党支部	朱会先	1969 年 1 月至 1978 年 12 月

（续）

历史时期	村级组织形式	党组织名称（含小村）	姓名	任职年月
人民公社管委会 （1978—1984）	生产大队	张降村大队党支部	朱建法	1979 年 1 月至 1984 年 12 月
		大溇大队党支部	闵阿满	1979 年 1 月至 1981 年 12 月
			李如宝	1982 年 1 月至 1984 年 1 月
1984 年至 2021 年 12 月	村	张降村党支部	朱建法	1984 年 2 月至 1994 年 11 月
			朱荣仕	1994 年 12 月至 1997 年 12 月
			郑庆泉	1998 年 1 月至 1999 年 1 月
			邵富根	1999 年 2 月至 2001 年 10 月
		大溇村（小村）党支部	潘永泉	1984 年 2 月至 1995 年 12 月
			王锦坛	1996 年 1 月至 2001 年 10 月
		大溇村（大村）党支部	邵富根	2001 年 11 月至 2005 年 9 月
		大溇村党总支部	邵富根	2005 年 9 月至 2009 年 4 月
			李小金	2009 年 5 月至 2013 年 11 月
			陈学良	2013 年 12 月至 2015 年 5 月
			蒋银廷	2015 年 6 月至 2015 年 11 月
			胡文龙	2015 年 12 月至 2019 年 8 月
			胡建军	2019 年 8 月至 2020 年 10 月
			陈荣飞	2020 年 10 月至 2021 年 12 月

幻溇村村级党组织书记（负责人）

历史时期	村级组织形式	党组织名称（含小村）	姓名	任职年月
1956 年以前	初级社	金溇社党支部	何阿水	1953 年 11 月至 1956 年 1 月
		潘溇社党支部	徐成仙	1953 年 11 月至 1956 年 12 月
1956 年至 1958 年	高级社	金溇社党支部	何阿水	1956 年 1 月至 1958 年 1 月
		潘溇社党支部	徐成仙	1957 年 1 月至 1958 年 12 月
人民公社 （1958—1968）	生产大队	金溇大队党支部	何阿水	1958 年 1 月至 1967 年 7 月
			潘长法	1967 年 7 月至 1968 年 1 月
		潘溇大队党支部	徐成仙	1959 年 1 月至 1968 年 12 月
"文革"时期 （1968—1978）		金溇大队党支部	潘长法	1968 年 1 月至 1978 年 1 月
		潘溇大队党支部	徐成仙	1969 年 1 月至 1970 年 2 月
			徐金龙	1970 年 3 月至 1970 年 12 月
			吴根年	1971 年 1 月至 1978 年 12 月
人民公社管委会 （1978—1984）		金溇大队党支部	陆云泉	1978 年 1 月至 1984 年 12 月
		潘溇大队党支部	吴根年	1979 年 1 月至 1982 年 3 月
			金火林	1982 年 4 月至 1984 年 12 月

（续）

历史时期	村级组织形式	党组织名称（含小村）	姓名	任职年月
1984 年至 2021 年 12 月	村	金溇村党支部	沈新荣	1985 年 1 月至 1985 年 10 月
			叶大毛	1985 年 11 月至 1990 年 2 月
			叶元庆	1990 年 2 月至 1998 年 12 月
			吴土林	1998 年 12 月至 1999 年 4 月
			吴杏根	1999 年 5 月至 2001 年 10 月
		潘溇村党支部	金火林	1985 年 1 月至 1986 年 3 月
			吴根年	1986 年 4 月至 1992 年 3 月
			钱兴如	1992 年 3 月至 1995 年 3 月
			朱晓明	1995 年 4 月至 1995 年 8 月
			沈桂如	1995 年 9 月至 1998 年 3 月
			何柏芳	1998 年 4 月至 2001 年 10 月
		太湖水产村党支部	孟法泉	1992 年 3 月至 2001 年 10 月
		幻溇村党支部	何柏芳	2001 年 10 月至 2005 年 4 月
			吴杏根	2005 年 4 月至 2005 年 9 月
		幻溇村党总支部	吴杏根	2005 年 9 月至 2014 年 4 月
			闵锦芳	2011 年 4 月至 2013 年 1 月
			叶建华	2014 年 4 月至 2021 年 12 月

许溇村村级党组织书记（负责人）

历史时期	村级组织形式	党组织名称（含小村）	姓名	任职年月
1956 年以前	初级社	汤家甸初级社党支部	周祥财	1950 年 5 月至 1955 年 12 月
1956 年至 1958 年	高级社	汤家甸高级社党支部	周祥财	1956 年 1 月至 1958 年 12 月
人民公社（1958—1968）	生产大队	汤家甸大队党支部	周祥财	1959 年 1 月至 1968 年 12 月
		许溇大队党支部	蒋水宝	1962 年 5 月至 1967 年 12 月
			蒋阿六	1968 年 1 月至 1968 年 12 月
"文革"时期（1968—1978）		汤家甸大队党支部	周祥财	1961 年 1 月至 1970 年 3 月
			朱火根	1970 年 4 月至 1978 年 12 月
		许溇大队党支部	蒋阿六	1969 年 1 月至 1974 年 3 月
			沈时根	1974 年 3 月至 1977 年 12 月
人民公社管委会（1978—1984）		汤家甸大队党支部	朱火根	1979 年 1 月至 1984 年 12 月
		许溇大队党支部	沈时根	1978 年 1 月至 1983 年 12 月
1984 年至 2021 年 12 月	村	汤家甸村党支部	朱火根	1985 年 1 月至 1994 年 5 月
			卞林萍	1994 年 6 月至 2001 年 10 月

（续）

历史时期	村级组织形式	党组织名称（含小村）	姓名	任职年月
1984 年至 2021 年 12 月	村	许溇村（小村）党支部	陈巧生	1984 年 1 月至 1993 年 3 月
			邹建群	1993 年 4 月至 1996 年 5 月
			沈阿坛	1996 年 6 月至 1997 年 6 月
			沈锦江	1997 年 7 月至 1999 年 3 月
			蒋银庭	1999 年 4 月至 1999 年 8 月
			张银方	1999 年 8 月至 2001 年 10 月
		许溇村（大村）党支部	张银方	2001 年 10 月至 2003 年 3 月
		许溇村（大村）党总支部	姚赛	2003 年 3 月至 2021 年 12 月

杨溇村村级党组织书记（负责人）

历史时期	村级组织形式	党组织名称（含小村）	姓名	任职年月
1956 年以前	初级社	杨溇社党支部	谢淦成	1952 年 4 月至 1956 年 3 月
1956 年至 1958 年	高级社	杨溇社党支部	谢淦成	1956 年 4 月至 1958 年 3 月
		谢溇社党支部	吴六炳	1957 年 4 月至 1958 年 3 月
人民公社（1958—1968）	生产大队	杨溇大队党支部	谢淦成	1958 年 4 月至 1958 年 12 月
			周坛宝	1959 年 1 月至 1966 年 3 月
			柏金华	1966 年 4 月至 1968 年 3 月
		谢溇大队党支部	陆锦方	1958 年 4 月至 1959 年 3 月
			谢淦成	1959 年 4 月至 1961 年 3 月
			施德宝	1961 年 4 月至 1969 年 3 月
"文革"时期（1968—1978）		杨溇大队党支部	柏金华	1968 年 4 月至 1978 年 3 月
		谢溇大队党支部	施德宝	1969 年 4 月至 1979 年 3 月
人民公社管委会（1978—1984）		杨溇大队党支部	潘阿九	1978 年 4 月至 1984 年 3 月
		谢溇大队党支部	曹金毛	1979 年 4 月至 1984 年 3 月
1984 年至 2021 年 12 月	村	杨溇村（小村）党支部	朱法林	1984 年 4 月至 1986 年 3 月
			潘文江	1986 年 4 月至 1994 年 3 月
			潘阿九	1994 年 4 月至 2001 年 4 月
		谢溇村党支部	曹金毛	1984 年 4 月至 2001 年 10 月
		杨溇村（大村）党支部	潘阿九	2001 年 11 月至 2004 年 3 月
			吴会珍	2004 年 4 月至 2005 年 9 月
		杨溇村（大村）党总支部	吴会珍	2005 年 9 月至 2011 年 3 月
			柏治中	2011 年 4 月至 2021 年 12 月

东湾兜村级行政组织负责人

历史时期	村级行政负责人职务	村级组织名称（含小村）	姓名	任职年月
解放初期 （1949 年）	保长	杨湾村	陆连章	1949 年 2 月至 1949 年 12 月
土改时期 （1950—1952）	农委主任或村长	云村乡第一村	吴金六	1950 年 1 月至 1950 年 12 月
		云村乡第一村	侯六寿	1951 年 1 月至 1952 年 12 月
1952 年至 1956 年	初级社社长	云村乡民主合作社	侯六寿	1952 年 12 月至 1953 年 12 月
		勤兴初级合作社	李顺林	1953 年 1 月至 1953 年 12 月
		勤民初级合作社	周阿三	1953 年 1 月至 1953 年 12 月
1956 年至 1958 年	高级社社长或贫代会主任	第一高级合作社	李连夫	1955 年 1 月至 1958 年 12 月
人民公社 （1958—1968）	生产大队大队长	杨湾大队	钱和宝	1961 年 1 月至 1967 年 12 月
"文革"时期 （1968—1978）	生产大队革委会主任	红丰大队	黄细毛	1969 年 1 月至 1970 年 12 月
人民公社管委会 （1978—1984）	生产大队大队长	红丰大队	侯阿三	1981 年 1 月至 1984 年 3 月
1984 年至 2021 年 12 月	村主任	东湾兜村	侯国民	1984 年 3 月至 1990 年 4 月
			陆荣炳	1990 年 4 月至 1992 年 4 月
			侯玉平	1994 年 3 月至 2011 年 4 月
			侯金芳	2011 年 4 月至 2017 年 5 月
			钱利平	2017 年 5 月至 2020 年 3 月
			侯国民	2020 年 3 月至 2020 年 11 月
			钱利平	2020 年 11 月至 2021 年 12 月

晓河村村级行政组织负责人

历史时期	村级行政负责人职务	村级组织名称（含小村）	姓名	任职年月
解放初期 （民国至 1950 年）	保长	十二保	王乃晟	1945 年至 1950 年
土改时期 （1950—1952）	农委主任或村长	麒麟村	邱文彩	1950 年 1 月至 1952 年 12 月
		麒麟村	金云峰	1950 年 1 月至 1955 年 12 月
1952 年至 1956 年	初级社社长	麒麟村后降民心社	沈金荣	1953 年 1 月至 1955 年 12 月
		麒麟村晓河丰收社	王乃晟	1953 年 1 月至 1955 年 12 月
		麒麟村环桥北光明社	金茂顺	1953 年 1 月至 1955 年 12 月
		麒麟村南永丰社	王阿六	1953 年 1 月至 1955 年 12 月
		麒麟村福水桥联丰社	周阿荣	1953 年 1 月至 1955 年 12 月

（续）

历史时期	村级行政负责人职务	村级组织名称（含小村）	姓名	任职年月
1956年至1958年	高级社社长或贫代会主任	黎明社	金茂顺	1956年1月至1957年6月
			王滋权	1957年7月至1958年5月
人民公社（1958—1968）	生产大队大队长	麒麟大队	蔡阿土	1958年6月至1960年10月
		后降大队	蔡水顺	1960年11月至1969年6月
		环桥大队	金炳法	1960年11月至1970年3月
		晓河大队	张小毛	1960年11月至1969年8月
"文革"时期（1968—1978）	生产大队革委会主任	后降大队	柳吉林	1969年7月至1970年12月
		环桥大队	邱阿黑	1970年4月至1970年12月
		晓河大队	周法林	1969年9月至1970年12月
		朝阳大队	闵阿团	1971年1月至1978年12月
人民公社管委会（1978—1984）	生产大队大队长	朝阳大队	闵阿团	1979年1月至1980年12月
		晓河村	金炳法	1981年1月至1984年6月
1984年至2021年12月	村主任	晓河村	柳桂法	1984年7月至1986年8月
			金炳法	1986年9月至1992年2月
			邱银泉	1992年3月至1998年10月
			俞乾坤	1998年11月至2008年9月
			吴阿四	2008年10月至2017年3月
			周建中	2017年4月至2020年3月
			蔡顺山	2020年3月至2021年12月

大邾村村级行政组织负责人

历史时期	村级行政负责人职务	村级组织名称（含小村）	姓名	任职年月
解放初期（民国至1950年）	保长	珍珠桥村	吴金波	1950年2月至1950年10月
			杨阿毛	1951年1月至1951年12月
		高厦村	俞春保	1950年3月至1950年12月
			朱海林	1951年1月至1951年12月
		大邾村	沈六康	1950年2月至1950年11月
			沈金法	1950年12月至1951年12月
土改时期（1950—1952）	农委主任或村长	不详	不详	1952年1月至1952年12月
1952年至1956年	初级社社长	珍珠桥社	杨阿毛	1953年1月至1956年12月
		高厦社	钱金星	1953年1月至1956年12月
		大邾社	沈金法	1953年1月至1956年12月

（续）

历史时期	村级行政负责人职务	村级组织名称（含小村）	姓名	任职年月
1956年至1958年	高级社社长或贫代会主任	珍珠桥社	杨阿毛	1957年1月至1958年12月
		高厦社	钱金星	1957年1月至1958年12月
		大邾社	沈细毛	1957年1月至1958年12月
人民公社（1958—1968）	生产大队大队长	珍珠桥大队	杨阿毛	1959年1月至1960年2月
		高厦大队	钱金星	1959年1月至1960年2月
		大邾大队	沈金法	1959年1月至1960年2月
		清墩漾大队	杨金法	1960年3月至1961年10月
		和平大队	朱海林	1960年3月至1961年10月
		立新大队	杨金法	1961年11月至1968年12月
"文革"时期（1968—1978）	生产大队革委会主任	立新大队	杨金法	1968年12月至1970年9月
		国华大队	钱金星	1961年11月至1970年9月
		大邾大队	沈金法	1961年11月至1970年9月
		先锋大队	沈金法	1970年10月至1978年12月
人民公社管委会（1978—1984）	大队长	先锋大队	沈金法	1978年12月至1984年6月
1984年至2021年12月	村主任	大邾村	王阿江	1984年7月至1991年9月
			陆新江	1991年10月至1996年8月
			俞新荣	1996年9月至2008年5月
			王锋	2008年6月至2020年3月
			俞新荣	2020年3月至2021年12月

李家坝村级行政组织负责人

历史时期	村级行政负责人职务	村级组织名称（含小村）	姓名	任职年月
解放初期（民国至1950年）	保长	林圩村	沈永宝	1946年2月至1950年12月
		李家坝村	朱金生	1946年2月至1950年12月
土改时期（1950—1952）	农委主任或村长	小朱村	朱有福	1950年1月至1952年10月
		林圩村	王应宝	1950年1月至1952年10月
		李家坝村	屠兴福	1950年2月至1952年10月
1952年至1956年	初级社社长	小朱社	朱有福	1952年11月至1956年12月
		林圩社	方阿桥	1952年11月至1956年12月
		李家坝社	朱仲轩	1952年11月至1956年12月
1956年至1958年	高级社社长或贫代会主任	小朱社	朱阿初	1957年1月至1958年12月
		林圩社	沈福元	1957年1月至1958年12月
		李家坝社	李火林	1957年1月至1958年12月

（续）

历史时期	村级行政负责人职务	村级组织名称（含小村）	姓名	任职年月
人民公社 （1958—1968）	生产大队大队长	小朱大队	严阿玉	1959 年 1 月至 1968 年 12 月
		林圩大队	沈福元	1959 年 1 月至 1968 年 12 月
		李家坝大队	李火林	1959 年 1 月至 1968 年 12 月
"文革"时期 （1968—1978）	生产大队革委会主任	小朱大队	叶阿三	1969 年 1 月至 1978 年 12 月
		林圩大队	沈文荣	1969 年 1 月至 1978 年 12 月
		李家坝大队	凌兴根	1969 年 1 月至 1978 年 12 月
人民公社管委会 （1978—1984）	生产大队大队长	李家坝大队	叶阿三	1979 年 1 月至 1981 年 12 月
			凌兴根	1982 年 1 月至 1984 年 12 月
1984 年至 2021 年 12 月	村主任	李家坝村	沈水章	1985 年 1 月至 1990 年 12 月
			朱土根	1991 年 1 月至 1997 年 12 月
			沈根林	1998 年 1 月至 2001 年 12 月
			徐根宝	2002 年 1 月至 2004 年 12 月
			朱小平	2005 年 1 月至 2020 年 3 月
			唐发泉	2020 年 3 月至 2020 年 11 月
			朱小平	2020 年 11 月至 2021 年 12 月

王母兜村村级行政组织负责人

历史时期	村级行政负责人职务	村级组织名称（含小村）	姓名	任职年月
解放初期 （民国至 1950 年）	保长	甲造河村	徐毛生	1944 年 1 月至 1947 年 1 月
			徐六进	1947 年 1 月至 1949 年 12 月
		王母兜村	严六宝	1942 年 1 月至 1944 年 1 月
			郁兰进	1944 年 1 月至 1946 年 1 月
			郁阿根	1946 年 1 月至 1948 年 1 月
			严六贵	1948 年 1 月至 1949 年 12 月
土改时期 （1950—1952）	农委主任或村长	王母兜村	郁六宝	1950 年 1 月至 1952 年 12 月
		甲造河村	闵尚德	1950 年 1 月至 1952 年 12 月
1952 年至 1956 年	初级社社长	无初级社直接跃入高级社		
1956 年至 1958 年	高级社社长或贫代会 主任	新建社	严三毛	1956 年 1 月至 1957 年 6 月
			潘水林	1957 年 6 月至 1958 年 12 月
人民公社 （1958—1968）	生产大队大队长	甲造河大队	徐金荣	1958 年 12 月至 1968 年 12 月
		王母兜大队	严金林	1958 年 12 月至 1968 年 12 月
"文革"时期 （1968—1978）	生产大队革委会主任	并入朝阳大队至 1980 年		
人民公社管委会 （1978—1984）	生产大队大队长	王母兜大队	徐金荣	1980 年 1 月至 1984 年 12 月

（续）

历史时期	村级行政负责人职务	村级组织名称（含小村）	姓名	任职年月
1984年至2021年12月	村主任	王母兜村	徐金根	1984年7月至2002年4月
			郁金山	2002年5月至2005年4月
			罗顺富	2005年5月至2008年4月
			潘月铭	2008年5月至2020年3月
			徐建华	2020年3月至2020年11月
			罗顺富	2020年11月至2021年12月

香圩墩村村级行政组织负责人

历史时期	村级行政负责人职务	村级组织名称（含小村）	姓名	任职年月
土改时期（1950—1952）	农委主任或村长	郎二兜互助组	杨金才	1949年10月至1952年4月
1952年至1956年	初级社社长	郎二兜初级社	杨金才	1952年5月至1956年4月
1956年至1958年	高级社社长或贫代会主任	郎二兜高级社	杨金才	1956年5月至1958年3月
人民公社（1958—1968）	生产大队大队长	郎二兜大队	杨金才	1958年4月至1959年3月
			杨炳福	1959年4月至1966年4月
			杨长法	1966年5月至1968年4月
		项祝兜大队	金财发	1959年3月至1968年4月
"文革"时期（1968—1978）	生产大队革委会主任	郎二兜大队	杨长法	1968年5月至1978年3月
		项祝兜大队	金财发	1968年5月至1978年3月
人民公社管委会（1978—1984）	生产大队大队长	郎二兜大队	杨长法	1978年4月至1982年3月
			王水荣	1982年4月至1984年3月
		梅林港大队	宋金发	1980年7月至1984年6月
		项祝兜大队	金财发	1978年4月至1984年6月
1984年至2021年12月	村主任	郎二兜村	王水荣	1984年4月至1986年3月
			王泉宝	1986年4月至1995年2月
			杨金庆	1995年3月至2000年8月
			费新华	2000年9月至2001年10月
		梅林港村	宋金发	1984年月至1989年7月
			潘小根	1989年8月至1994年3月
			闵国民	1994年4月至1998年4月
			潘勇杰	1998年5月至2001年10月
		项祝兜村	陈水江	1984年7月至1989年4月
			徐水荣	1989年5月至1991年12月
			潘会宝	1992年1月至2001年10月

（续）

历史时期	村级行政负责人职务	村级组织名称（含小村）	姓名	任职年月
1984 年至 2021 年 12 月	村主任	香圩墩村	潘小根	2001 年 11 月至 2014 年 5 月
			杨建国	2014 年 6 月至 2020 年 3 月
			徐水荣	2020 年 3 月至 2020 年 11 月
			陈勤建	2020 年 11 月至 2021 年 12 月

清水兜村村级行政组织负责人

历史时期	村级行政负责人职务	村级组织名称（含小村）	姓名	任职年月
解放初期（民国至 1950 年）	保长	清水兜村	周火生	1948 年 3 月至 1950 年 3 月
土改时期（1950—1952）	农委主任或村长	清水兜村	蔡志林	1950 年 4 月至 1952 年 3 月
1952 年至 1956 年	初级社社长	清水兜社	闵阿毛	1952 年 4 月至 1956 年 3 月
1956 年至 1958 年	高级社社长或贫代会主任	清水兜社	闵阿毛	1956 年 4 月至 1958 年 5 月
人民公社（1958—1968）	生产大队大队长	清水兜大队	蔡洪庆	1958 年 5 月至 1968 年 5 月
"文革"时期（1968—1978）	生产大队革委会主任	朝阳大队	闵阿毛	1968 年 6 月至 1978 年 1 月
人民公社管委会（1978—1984）	生产大队大队长	清水兜大队	闵火法	1978 年 2 月至 1984 年 3 月
1984 年至 2021 年 12 月	村主任	清水兜村	蔡生江	1984 年 4 月至 2000 年 12 月
			闵兴宝	2001 年 1 月至 2005 年 3 月
			蔡财根	2005 年 4 月至 2013 年 12 月
			周佳敏	2014 年 1 月至 2017 年 4 月
			金剑平	2017 年 5 月至 2020 年 3 月
			周佳敏	2020 年 3 月至 2021 年 12 月

云村村村级行政组织负责人

历史时期	村级行政负责人职务	村级组织名称（含小村）	姓名	任职年月
解放初期（民国至 1950 年）	保长	云村村	姚六应	1950 年 1 月至 1952 年 10 月
土改时期（1950—1952）	农委主任或村长	云村村社	程金荣	1952 年 10 月至 1952 年 12 月
1952 年至 1956 年	初级社社长	云村村社	程金荣	1953 年 1 月至 1955 年 12 月
1956 年至 1958 年	高级社社长或贫代会主任	云村村社	程有金	1956 年 1 月至 1958 年 12 月
人民公社（1958—1968）	生产大队大队长	云村大队	程有金	1959 年 1 月至 1967 年 12 月

（续）

历史时期	村级行政负责人职务	村级组织名称（含小村）	姓名	任职年月
"文革"时期 （1968—1978）	生产大队革委会主任	前锋大队	程炳龙	1968 年 1 月至 1977 年 12 月
人民公社管委会 （1978—1984）	生产大队大队长	前锋大队	姚阿五	1978 年 1 月至 1984 年 2 月
		云村大队	姚阿五	1984 年 3 月至 1985 年 2 月
1985 年到 2021 年 12 月	村主任	云村村	姚细宝	1985 年 3 月至 1990 年 2 月
			沈阿三	1990 年 3 月至 1993 年 4 月
			姚金江	1993 年 5 月至 2008 年 4 月
			姚小根	2008 年 5 月至 2017 年 4 月
			姚学建	2017 年 5 月至 2020 年 3 月
			姚小根	2020 年 3 月至 2020 年 11 月
			姚学建	2020 年 11 月至 2021 年 12 月

东兜村村级行政组织负责人

历史时期	村级行政负责人职务	村级组织名称（含小村）	姓名	任职年月
解放初期 （民国至 1950 年）	保长	东兜村	周六炳	1948 年至 1949 年 12 月
			闵阿荣	1949 年 12 月至 1950 年 10 月
土改时期 （1950—1952）	农委主任或村长	东兜村	杨六进	1950 年 10 月至 1952 年 12 月
1952 年至 1956 年	初级社社长	东兜社	叶金奎	1952 年 12 月至 1954 年 10 月
			闵根生	1954 年 10 月至 1956 年 12 月
1956 年至 1958 年	高级社社长或贫代会 主任	东兜社	叶阿毛	1956 年 12 月至 1958 年 12 月
人民公社 （1958—1968）	生产大队大队长	东兜大队	陈金六	1958 年 12 月至 1962 年 10 月
			叶阿另	1962 年 10 月至 1968 年 10 月
"文革"时期 （1968—1978）	生产大队革委会主任	东方大队	周火宝	1968 年 10 月至 1975 年 6 月
			闵晋轩	1975 年 6 月至 1978 年 10 月
人民公社管委会 （1978—1984）	生产大队大队长	东方生产大队	闵晋轩	1978 年 10 月至 1984 年 10 月
1984 年至 2021 年 12 月	村主任	东兜村	闵晋轩	1984 年 10 月至 1989 年 9 月
			谢阿团	1989 年 9 月至 1996 年 7 月
			杨根江	1996 年 7 月至 2003 年 5 月
			闵新江	2003 年 5 月至 2019 年 1 月
			暂缺	2019 年 1 月至 2019 年 7 月
			杨建平	2019 年 7 月至 2021 年 12 月

旧馆村村级行政组织负责人

历史时期	村级行政负责人职务	村级组织名称（含小村）	姓名	任职年月
解放初期 （民国至1950年）	保长	旧馆村	宋阿仁	1946年至1948年
		庙岐山村	丁法财	1945年至1954年
		晒甲兜村	高阿林	1946年至1948年
土改时期 （1950—1952）	农委主任或村长	旧馆村	姚央花	不详
		庙岐山村	丁法财	1954年后
		晒甲兜村	王阿财	1950年至1952年
1952年至1956年	初级社社长	旧馆村社	朱金坤	1956年11月之前
1956年至1958年	高级社社长或贫代会主任	旧馆村社	朱金坤	1956年12月后
人民公社 （1958—1968）	生产大队大队长	旧馆大队	朱桂林	不详
		庙岐山大队	朱金林	不详
		晒甲兜大队	杨阿龙	1958年5月至1966年7月
"文革"时期 （1968—1978）	生产大队革委会主任	旧馆大队	楼方清	不详
		庙岐山大队	朱阿兴	1970年3月至1976年10月
		晒甲兜大队	俞水法	不详
人民公社管委会 （1978—1984）	生产大队大队长	旧馆大队	陈新发	暂缺
		庙岐山大队	冯百明	暂缺
		晒甲兜大队	钱水林	暂缺
1984年至2021年 12月	村主任	晒甲兜村	杨阿林	1984年7月至1998年5月
			俞建乔	1998年6月至2001年10月
		庙岐山村	冯阿娥	1998年6月至2001年10月
		旧馆村（小村）	朱根元	1988年5月至2001年10月
		旧馆村（大村）	冯阿娥	2001年10月至2011年3月
			俞建乔	2011年3月至2017年5月
			郑忠	2017年5月至2019年4月
			杨正芳	2019年4月至2021年12月

织里村村级行政组织负责人

历史时期	村级行政负责人职务	村级组织名称（含小村）	姓名	任职年月
解放初期 （民国至1950年）	保长	织里村	闵嘉福	1945年至1950年
土改时期 （1950—1952）	农委主任或村长	织里村	闵嘉福	1950年1月至1952年12月
1952年至1956年	初级社社长	织里社	邵顶生	1953年1月至1955年12月
1956年至1958年	高级社社长或贫代会主任	织里社	郑志高	1956年1月至1958年5月

（续）

历史时期	村级行政负责人职务	村级组织名称（含小村）	姓名	任职年月
人民公社（1958—1968）	生产大队大队长	织里大队	唐四宝	1958 年 6 月至 1969 年 8 月
"文革"时期（1968—1978）	生产大队革委会主任	织里大队	郑志高	1969 年 7 月至 1978 年 12 月
人民公社管委会（1978—1984）	生产大队大队长	织里大队	唐四宝	1979 年 1 月至 1984 年 6 月
1984 年至 2021 年 12 月	村主任	织里村	唐四宝	1984 年 7 月至 1984 年 8 月
			郑林芳	1984 年 9 月至 1995 年 2 月
			吴元林	1995 年 3 月至 2005 年 10 月
			沈群康	2005 年 11 月至 2008 年 9 月
			唐金根	2008 年 10 月至 2017 年 3 月
			沈群康	2017 年 4 月至 2020 年 3 月
			唐金根	2020 年 3 月至 2021 年 12 月

秧宅村村级行政组织负责人

历史时期	村级行政负责人职务	村级组织名称（含小村）	姓名	任职年月
解放初期（民国至 1950 年）	保长	秧宅村	胡三元	1948 年 2 月至 1949 年 12 月
土改时期（1950—1952）	农委主任或村长	秧宅村	胡阿德	1950 年 1 月至 1952 年 1 月
			徐阿江	1950 年 1 月至 1952 年 1 月
1952 年至 1956 年	初级社社长	秧宅社	徐泉林	1952 年 1 月至 1956 年 2 月
			胡阿乔	1952 年 1 月至 1956 年 2 月
			沈松林	1952 年 1 月至 1956 年 2 月
			许友贵	1952 年 1 月至 1956 年 2 月
1956 年至 1958 年	高级社社长或贫代会主任	中心高级社	周定奎	1956 年 3 月至 1958 年 6 月
人民公社（1958—1968）	生产大队大队长	中心大队	徐林宝	1958 年 7 月至 1963 年 12 月
			沈阿永	1964 年 1 月至 1968 年 5 月
"文革"时期（1968—1978）	生产大队革委会主任	中心大队	胡永康	1968 年 6 月至 1971 年 12 月
			徐根林	1972 年 1 月至 1978 年 1 月
人民公社管委会（1978—1984）	生产大队大队长	中心大队	徐根林	1978 年 1 月至 1984 年 1 月
1984 年至 2021 年 12 月	村主任	秧宅村	陈水江	1984 年 1 月至 1998 年 7 月
			叶金泉	1998 年 7 月至 2000 年 5 月
			徐新林	2000 年 5 月至 2004 年 5 月

（续）

历史时期	村级行政负责人职务	村级组织名称（含小村）	姓名	任职年月
1984 年至 2021 年 12 月	村主任	秧宅村	镇派工作组	2004 年 5 月至 2005 年 5 月
			徐根林	2005 年 5 月至 2014 年 5 月
			胡剑美	2014 年 5 月至 2018 年 5 月
			徐根林	2018 年 5 月至 2020 年 11 月
			沈永萍	2020 年 11 月至 2021 年 12 月

大河村村级行政组织负责人

历史时期	村级行政负责人职务	村级组织名称（含小村）	姓名	任职年月
解放初期（民国至 1950 年）	保长	荡田圩村	施金桥	1949 年至 1950 年
土改时期（1950—1952）	农委主任或村长	陶家湾村	陶海宝	1950 年至 1952 年 12 月
		西车兜村	朱胜庆	1950 年至 1952 年 12 月
		荡田圩村	施金桥	1950 年 1 月至 1952 年 12 月
		曹家兜村	潘天生	1950 年至 1952 年
1952 年至 1956 年	初级社社长	陶家湾社	陶阿火	1952 年至 1956 年
		西车兜社	朱胜庆	1952 年至 1953 年
			潘财法	1954 年至 1956 年 12 月
		荡田圩社	施金桥	1952 年 12 月至 1955 年 12 月
		曹家兜社	陶阿海	1952 年至 1956 年
1956 年至 1968 年	高级社社长或贫代会主任	陶家湾社	陈荣生	1956 年 3 月至 1966 年 4 月
		西车兜社	潘财法	1956 年至 1958 年 12 月
			潘勤夫	1958 年至 1968 年
		荡田圩社	施炳成	1956 年 10 月至 1960 年 10 月
			边梅林	1961 年 3 月至 1967 年 5 月
			沈阿三	1967 年 6 月至 1968 年 12 月
		曹家兜社	潘金法	1956 年 1 月至 1958 年
			陶祥生	1958 年至 1968 年
"文革" 时期（1968—1978）	生产大队革委会主任	向阳大队	姚金法	1968 年至 1970 年
			潘阿丽	1970 年至 1973 年
			陶财庆	1974 年至 1978 年
		永跃大队	吴财富	1968 年至 1978 年
		东风大队	沈阿三	1968 年 12 月至 1978 年 12 月
		立新大队	陶明江	1968 年至 1978 年

（续）

历史时期	村级行政负责人职务	村级组织名称（含小村）	姓名	任职年月
人民公社管委会（1978—1984）	生产大队大队长	向阳大队	陶财庆	1978 年至 1981 年
			张立贵	1981 年 4 月至 1984 年 6 月
		永跃大队	朱子庆	1978 年至 1984 年
		东风大队	沈阿三	1978 年 12 月至 1984 年 12 月
		立新大队	施柏清	1978 年至 1984 年
1984 年至 2021 年 12 月	村主任	陶家湾村	张立贵	1984 年 7 月至 1998 年 6 月
			高根荣	1998 年 6 月至 1999 年 6 月
			范淦方	1999 年 6 月至 2001 年 10 月
		西车兜村	朱子庆	1984 年至 1986 年
			吴竹林	1986 年 4 月至 1990 年 10 月
			吴阿二	1990 年 11 月至 2001 年 10 月
		荡田圩村	沈阿三	1984 年 12 月至 1991 年 10 月
			吴新根	1991 年 10 月至 2001 年 10 月
		曹家兜村	施柏清	1984 年至 2001 年 10 月
		大河村	吴阿二	2001 年 11 月至 2005 年
			朱百荣	2005 年至 2013 年
			陶忠明	2013 年至 2021 年 12 月

朱湾村村级行政组织负责人

历史时期	村级行政负责人职务	村级组织名称（含小村）	姓名	任职年月
1956 年至 1958 年	高级社社长或贫代会主任	朱湾社	潘财法	1956 年 4 月至 1958 年 4 月
人民公社（1958—1968）	生产大队大队长	朱湾大队	陈阿多	1965 年 5 月至 1975 年 4 月
"文革"时期（1968—1978）	生产大队革委会主任	朱湾大队	朱阿宝	1975 年 5 月至 2002 年 4 月
1984 年至 2021 年 12 月	村主任	朱湾村	闵元根	2002 年 4 月至 2008 年 4 月
			暂缺	2008 年 4 月至 2009 年 4 月
			陈桂清	2009 年 4 月至 2017 年 5 月
			陈小强	2017 年 5 月至 2020 年 3 月
			唐新江	2020 年 3 月至 2021 年 12 月

晟舍村村级行政组织负责人

历史时期	村级行政负责人职务	村级组织名称（含小村）	姓名	任职年月
解放初期（民国至 1950 年）	保长	晟舍村	陈东生	1949 年 1 月至 1950 年 1 月
		白鹤兜村	张阿毛	1949 年 1 月至 1950 年 1 月

（续）

历史时期	村级行政负责人职务	村级组织名称（含小村）	姓名	任职年月
土改时期 （1950—1952）	农委主任或村长	晟舍村	范大生	1950 年 1 月至 1952 年 12 月
1952 年至 1956 年	初级社社长	晟舍社	闵彩宝	1953 年 1 月至 1956 年 12 月
		白鹤兜社	范大生	1953 年 1 月至 1956 年 12 月
1956 年至 1958 年	高级社社长或贫代会主任	晟舍社	闵彩宝	1957 年 1 月至 1958 年 10 月
		白鹤兜社	范大生	1957 年 1 月至 1958 年 10 月
人民公社 （1958—1968）	生产大队大队长	晟舍	闵彩宝	1958 年 10 月至 1960 年 8 月
		东方红大队	张仁山	1958 年 10 月至 1968 年 10 月
		先锋大队	陈六庭	1960 年 9 月至 1968 年 8 月
"文革"时期 （1968—1978）	生产大队革委会主任	东方红大队	闵阿大	1968 年 11 月至 1978 年 12 月
		先锋大队	陈六庭	1968 年 8 月至 1978 年 12 月
人民公社管委会 （1978—1984）	生产大队大队长	东方红大队	周根山	1979 年 1 月至 1981 年 3 月
		先锋大队	沈阿毛	1979 年 1 月至 1983 年 3 月
			闵根宝	1983 年 3 月至 1984 年 11 月
1984 年至 2021 年 12 月	村主任	晟舍村（小村）	闵根宝	1984 年 11 月至 1989 年 11 月
			杨友宝	1989 年 12 月至 2001 年 10 月
		白鹤兜村	陶根锁	1981 年 3 月至 2001 年 10 月
		晟舍村（大村）	周志群	2001 年 10 月至 2008 年 3 月
			闵锦水	2008 年 3 月至 2011 年 3 月
			闵阿根	2011 年 3 月至 2020 年 3 月
			闵锦水	2020 年 3 月至 2020 年 11 月
			张念祖	2020 年 11 月至 2021 年 12 月

秦家港村村级行政组织负责人

历史时期	村级行政负责人职务	村级组织名称（含小村）	姓名	任职年月
解放初期 （民国至 1950 年）	保长	秦家港村（罗古桥）	陶应福	1948 年 7 月至 1950 年 3 月
土改时期 （1950—1952）	农委主任或村长	官田巷村	曹桂林	1950 年 1 月至 1954 年 2 月
		秦家港村	叶进才 秦阿和	1950 年 4 月至 1952 年 12 月
1952 年至 1956 年	初级社社长	秦家港社（佛师桥）	方阿毛	1953 年 1 月至 1956 年 12 月
		官田巷社	吴桂轩	1954 年 3 月至 1956 年 3 月
1956 年至 1958 年	高级社社长或贫代会 主任	秦家港社（罗古桥）	周大毛	1957 年 1 月至 1958 年 11 月
		官田巷社	闵金桥	1956 年 4 月至 1958 年 10 月

(续)

历史时期	村级行政负责人职务	村级组织名称（含小村）	姓名	任职年月
人民公社 （1958—1968）	生产大队大队长	秦家港大队	周大毛	1958 年 12 月至 1966 年 12 月
		官田巷大队	杨子桥	1958 年 11 月至 1963 年 11 月
		官田巷大队（陈店坝）	吴阿庆	1963 年 12 月至 1967 年 12 月
"文革"时期 （1968—1978）	生产大队革委会主任	红卫大队	胡法林	1967 年 1 月至 1978 年 4 月
		官田巷大队	杨子桥	1968 年 1 月至 1980 年 12 月
人民公社管委会 （1978—1984）	生产大队大队长	秦家港大队	方寿林	1978 年 5 月至 1981 年 12 月
			陈炳林	1982 年 1 月至 1984 年 12 月
		官田巷大队	吴凤林	1981 年 1 月至 1983 年 12 月
1984 年至 2021 年 12 月	村主任	官田巷村	闵连荣	1984 年 1 月至 1989 年 12 月
			吴勤明	1990 年 1 月至 2000 年 9 月
		秦家港村（小村）	杨阿黑	1985 年 1 月至 1995 年 12 月
			陈炳林	1996 年 1 月至 1997 年 4 月
			朱阿二	1997 年 5 月至 2001 年 10 月
			朱阿二	2001 年 10 月至 2005 年 10 月
		秦家港村（大村）	吴勤明	2005 年 10 月至 2011 年 2 月
			杨晓军	2011 年 3 月至 2020 年 3 月
			王培林	2020 年 3 月至 2020 年 11 月
			杨晓军	2020 年 11 月至 2021 年 12 月

河西村村级行政组织负责人

历史时期	村级行政负责人职务	村级组织名称（含小村）	姓名	任职年月
解放初期 （民国至 1950 年）	保长	河西材西片	沈阿伏	1941 年 5 月至 1950 年 3 月
		河西材东片	陈阿长	1941 年 5 月至 1950 年 3 月
土改时期 （1950—1952）	农委主任或村长	河西材农委	徐松林	1950 年 4 月至 1952 年 3 月
			严阿进	1950 年 4 月至 1952 年 3 月
1952 年至 1956 年	初级社社长	河西社	郁阿黑	1952 年 4 月至 1956 年 10 月
1956 年至 1958 年	高级社社长或贫代会主任	河西社	郁阿黑	1956 年 11 月至 1961 年 2 月
人民公社 （1958—1968）	生产大队大队长	下水湾大队	王梅章	1961 年 4 月至 1966 年 10 月
			王永寿	1966 年 11 月至 1968 年 12 月
		河西大队	宁根才	1961 年 3 月至 1963 年 6 月
			闵定方	1963 年 7 月至 1968 年 12 月
"文革"时期 （1968—1978）	生产大队革委会主任	新胜大队	王永寿	1969 年 1 月至 1978 年 12 月
		兴无大队	闵定方	1969 年 1 月至 1971 年 2 月
			郁阿团	1971 年 3 月至 1977 年 7 月
			郁水乔	1977 年 8 月至 1978 年 12 月

（续）

历史时期	村级行政负责人职务	村级组织名称（含小村）	姓名	任职年月
人民公社管委会（1978—1984）	生产大队大队长	新胜大队	王永寿	1979年1月至1996年6月
			姚根荣	1996年7月至1998年12月
		兴无大队	郁水乔	1979年1月至1984年12月
		河西大队	郁水乔	1985年1月至1986年6月
1984年至2021年12月	村主任	河西村	郁根发	1986年7月至1993年3月
			徐顺庆	1993年4月至2001年10月
		下水湾村	姚根荣	1999年1月至2001年10月
		河西村	翟金水	2001年11月至2008年10月
			徐顺庆	2008年11月至2011年3月
			寿荣新	2011年3月至2020年3月
			江新明	2020年3月至2021年12月

增圩村村级行政组织负责人

历史时期	村级行政负责人职务	村级组织名称（含小村）	姓名	任职年月
人民公社（1958—1968）	生产大队大队长	增圩大队	陆瑞荣	1958年至1968年
"文革"时期（1968—1978）	生产大队革委会主任	增圩生产大队	陆瑞荣	1968年至1978年
人民公社管委会（1978—1984）	生产大队大队长	增圩大队	陆瑞荣	1978年至1983年
			闵新田	1983年至1984年
1984年至2021年12月	村主任	增圩村	闵新田	1984年5月至1987年4月
			吴阿金	1987年5月至1998年4月
			陈法江	1998年5月至2002年4月
			郁云方	2002年5月至2005年4月
			陈晓华	2005年5月至2007年12月
			吴明亮	2008年1月至2008年5月
			闵新敏	2008年5月至2017年4月
			陈晓华	2017年5月至2020年3月
			郁林强	2020年3月至2020年11月
			闵国强	2020年11月至2021年12月

港西村村级行政组织负责人

历史时期	村级行政负责人职务	村级组织名称（含小村）	姓名	任职年月
土改时期（1950—1952）	农委主任或村长	罗姚村	赵小狗	1952年3月至1952年12月
1952年至1956年	初级社社长	罗姚社	赵小狗	1952年12月至1956年12月

(续)

历史时期	村级行政负责人职务	村级组织名称（含小村）	姓名	任职年月
1956 年至 1958 年	高级社社长或贫代会主任	罗姚社	赵小狗	1956 年 12 月至 1957 年 12 月
		轧西社	叶杏江	1956 年 12 月至 1958 年 2 月
人民公社（1958—1968）	生产大队大队长	轧西大队	叶杏江	1958 年 2 月至 1968 年 2 月
"文革"时期（1968—1978）	生产大队革委会主任	轧西大队	黄胜宝	1968 年 3 月至 1978 年 3 月
		轧村水产大队	章丫庭	1971 年 2 月至 1978 年 12 月
		罗姚大队	王阿叙	1968 年 3 月至 1974 年 3 月
			潘阿毛	1974 年 3 月至 1978 年 3 月
人民公社管委会（1978—1984）	生产大队大队长	罗姚大队	潘阿毛	1978 年 3 月至 1984 年 7 月
		轧村水产大队	章丫庭	1978 年 12 月至 1979 年 12 月
		轧西大队	李根泉	1978 年 3 月至 1984 年 7 月
1984 年至 2021 年 12 月	村主任	轧西村	李仁荣	1984 年 7 月至 1990 年 7 月
			陈新荣	1990 年 7 月至 1991 年 7 月
			朱学明	1991 年 7 月至 1996 年 7 月
			宋新华	1996 年 7 月至 2001 年 10 月
		罗姚村	罗志桥	1984 年 8 月至 1987 年 8 月
			顾根荣	1987 年 8 月至 1993 年 4 月
			罗月明	1993 年 4 月至 2001 年 2 月
			罗权正	2001 年 3 月至 2001 年 11 月
		轧村水产村	沈春生	1984 年 3 月至 1996 年 12 月
			章丫庭	1996 年 12 月至 2001 年 11 月
		轧村居委会	张小娥	1995 年 4 月至 2001 年 10 月
		港西村	罗志桥	2001 年 11 月至 2008 年 4 月
			宋新华	2008 年 5 月至 2009 年 2 月
			朱金新	2009 年 3 月至 2020 年 3 月
			罗志桥	2020 年 3 月至 2020 年 11 月
			顾跃跃	2020 年 11 月至 2021 年 12 月

上林村村级行政组织负责人

历史时期	村级行政负责人职务	村级组织名称（含小村）	姓名	任职年月
解放初期（民国至 1950 年）	保长	上林村一保	张阿品	1948 年 2 月至 1949 年 12 月
		陈家圩一保	叶友宝	1948 年 2 月至 1949 年 12 月
土改时期（1950—1952）	农委主任或村长	上林村	张阿品	1950 年 1 月至 1952 年 12 月
		陈家圩村	叶友宝	1950 年 1 月至 1952 年 12 月

（续）

历史时期	村级行政负责人职务	村级组织名称（含小村）	姓名	任职年月
1952 年至 1956 年	初级社社长	上林村社	张阿品	1953 年 1 月至 1953 年 4 月
			吴阿根	1953 年 5 月至 1956 年 12 月
			杨阿连	1953 年 5 月至 1956 年 12 月
		陈家圩村	叶友宝	1953 年 1 月至 1956 年 5 月
1956 年至 1958 年	高级社社长或贫代会主任	上林村村	吴阿根	1957 年 1 月至 1958 年 6 月
			杨阿连	1957 年 1 月至 1958 年 6 月
		陈家圩村	徐阿传	1956 年 6 月至 1958 年 6 月
人民公社（1958—1968）	生产大队大队长	上林村大队	张明法	1958 年 7 月至 1961 年 5 月
			宋阿大	1961 年 6 月至 1967 年 12 月
		陈家圩大队	陈根生	1958 年 7 月至 1961 年 5 月
			叶友宝	1961 年 6 月至 1963 年 5 月
			孙永生	1963 年 6 月至 1967 年 12 月
"文革"时期（1968—1978）	生产大队革委会主任	上林村大队	孟根才	1968 年 1 月至 1969 年 12 月
			宋阿大	1970 年 1 月至 1978 年 12 月
		陈家圩大队	徐根尧	1968 年 1 月至 1972 年 12 月
			陈阿二	1979 年 8 月至 1984 年 8 月
人民公社管委会（1978—1984）	生产大队大队长	上林村大队	宋阿大	1979 年 1 月至 1979 年 12 月
			沈阿荣	1980 年 1 月至 1984 年 8 月
		陈家圩大队	陈阿二	1979 年 1 月至 1979 年 7 月
			吴阿新	1979 年 8 月至 1984 年 8 月
1984 年至 2001 年	村主任	上林村村（小村）	沈阿荣	1984 年 9 月至 1994 年 5 月
			林志祥	1994 年 6 月至 1996 年 5 月
			胡雪方	1996 年 6 月至 2001 年 3 月
		陈家圩	吴阿新	1984 年 9 月至 1998 年 4 月
			宋战华	1998 年 5 月至 2001 年 10 月
2001 年至 2021 年 12 月	村主任	上林村（大村）	宋阿虎	2001 年 11 月至 2002 年 4 月
			张雪方	2002 年 5 月至 2009 年 12 月
			陈荣轩	2010 年 1 月至 2013 年 2 月
			周国新	2013 年 3 月至 2017 年 1 月
			费新华	2017 年 2 月至 2020 年 3 月
			沈如方	2020 年 3 月至 2021 年 12 月

轧村村村级行政组织负责人

历史时期	村级行政负责人职务	村级组织名称（含小村）	姓名	任职年月
人民公社（1958—1968）	生产大队大队长	轧村大队	刘阿六	1960 年 5 月至 1972 年 10 月

（续）

历史时期	村级行政负责人职务	村级组织名称（含小村）	姓名	任职年月
"文革"时期 （1968—1978）	生产大队革委会主任	齐家湾大队	王阿毛	1973年5月至1978年1月
		轧村大队	潘荣生	1972年11月至1978年12月
人民公社管委会 （1978—1984）	生产大队大队长	齐家湾大队	王阿毛	1978年2月至1987年12月
		轧村大队	潘荣生	1979年1月至1984年6月
1984年至2021年 12月	村主任	齐家湾村	吴阿新	1988年1月至1994年6月
			王水金	1994年6月至2000年11月
		轧村村（小村）	陈华明	1984年7月至1994年5月
			张文焕	1994年6月至2000年10月
			戴福民	2000年10月至2001年10月
		轧村村（大村）	戴福民	2001年10月至2005年5月
			罗浩	2005年5月至2020年3月
			吴阿新	2020年3月至2020年11月
			罗浩	2020年11月至2021年12月

骥村村级行政组织负责人

历史时期	村级行政负责人职务	村级组织名称（含小村）	姓名	任职年月
1956年至1958年	高级社社长或贫代会主任	十九社	程金宝	1956年3月至1958年3月
		十八社	郭吉宝	1956年3月至1958年6月
人民公社 （1958—1968）	生产大队大队长	范村大队	程金宝	1958年3月至1968年6月
		骥村大队	郭吉宝	1958年6月至1968年3月
"文革"时期 （1968—1978）	生产大队革委会主任	范村大队	程金宝	1968年6月至1971年3月
			程土根	1971年3月至1978年1月
		骥村大队	郭吉宝	1968年3月至1973年6月
			严阿锡	1973年6月至1977年4月
人民公社管委会 （1978—1984）	生产大队大队长	范村大队	程土根	1978年1月至1980年6月
			钱长法	1980年6月至1984年4月
		骥村大队	周阿四	1977年4月至1984年3月
1984年至2021年 12月	村主任	范村村	钱长法	1984年4月至1986年4月
			钱金狗	1986年4月至1995年3月
			陈小毛	1995年3月至1998年4月
			吴月明	1998年4月至2001年11月
		骥村村	沈佰良	1984年3月至1996年3月
			郭凤林	1996年3月至1996年6月
			严凤泉	1996年6月至2001年11月

（续）

历史时期	村级行政负责人职务	村级组织名称（含小村）	姓名	任职年月
1984 年至 2021 年 12 月	村主任	骥村村（大村）	钱金狗	2001 年 11 月至 2011 年 6 月
			宋建明	2011 年 6 月至 2020 年 3 月
			钱金狗	2020 年 3 月至 2020 年 11 月
			宋建明	2020 年 11 月至 2021 年 12 月

石头港村村级行政组织负责人

历史时期	村级行政负责人职务	村级组织名称（含小村）	姓名	任职年月
土改时期（1950—1952）	农委主任或村长	南湾社	沈夏宝	1950 年 3 月至 1952 年 4 月
1952 年至 1956 年	初级社社长	南湾社	赵六安	1952 年 4 月至 1956 年 3 月
1956 年至 1958 年	高级社社长或贫代会主任	阮家兜社	潘梅生	1956 年 4 月至 1960 年 3 月
		吴家兜社	叶华庭	1956 年 4 月至 1958 年 3 月
		南湾社	赵六安	1956 年 4 月至 1958 年 4 月
人民公社（1958—1968）	生产大队大队长	阮家兜大队	曹元林	1960 年 4 月至 1973 年 6 月
		吴家兜大队	李富贵	1958 年 3 月至 1961 年 2 月
		南湾大队	赵六安	1958 年 4 月至 1964 年 5 月
			沈林宝	1964 年 5 月至 1967 年 3 月
			潘鑫森	1967 年 3 月至 1972 年 4 月
"文革" 时期（1968—1978）	生产大队革委会主任	阮家兜大队	刘小毛	1973 年 6 月至 1982 年 5 月
		吴家兜大队	潘法根	1961 年 2 月至 1975 年 5 月
			施荣成	1975 年 5 月至 1980 年 3 月
			吴小林	1980 年 3 月至 1986 年 3 月
		南湾大队	宋银泉	1972 年 4 月至 1975 年 6 月
人民公社管委会（1978—1984）	生产大队大队长	阮家兜大队	姚永江	1982 年 5 月至 1985 年 7 月
			沈阿四	1985 年 7 月至 1988 年 3 月
			张小毛	1988 年 3 月至 1999 年 12 月
			沈金华	1999 年 12 月至 2000 年 3 月
		吴家兜大队	沈金桥	1986 年 3 月至 2001 年 10 月
		南湾大队	张新民	1975 年 6 月至 1985 年 3 月
1984 年至 2021 年 12 月	村主任	阮家兜村	汪天生	2000 年 3 月至 2001 年 10 月
		南湾村	张金根	1985 年 3 月至 1994 年 3 月
			潘月明	1994 年 3 月至 2001 年 10 月
		石头港村村	沈林法	2001 年 10 月至 2002 年 3 月
			张金根	2002 年 3 月至 2012 年 6 月

（续）

历史时期	村级行政负责人职务	村级组织名称（含小村）	姓名	任职年月
1984 年至 2021 年 12 月	村主任	石头港村村	暂缺	2012 年 6 月至 2012 年 11 月
			潘宝根	2012 年 11 月至 2013 年 12 月
			暂缺	2013 年 12 月至 2014 年 3 月
			吴利华	2014 年 3 月至 2020 年 3 月
			潘宝根	2020 年 3 月至 2021 年 12 月

孟乡港村村级行政组织负责人

历史时期	村级行政负责人职务	村级组织名称（含小村）	姓名	任职年月
1956 年至 1958 年	高级社社长或贫代会主任	孟乡港社	胡阿坤	1958 年 3 月至 1958 年 5 月
人民公社 （1958—1968）	生产大队大队长	抗三圩大队	陆金才	1958 年 5 月至 1962 年 6 月
			金银林	1962 年 6 月至 1967 年 7 月
			金子林	1967 年 7 月至 1968 年 1 月
		孟乡港大队	郑阿宝	1961 年 6 月至 1968 年 1 月
"文革"时期 （1968—1978）	生产大队革委会主任	抗三圩大队	金子林	1968 年 1 月至 1978 年 1 月
		孟乡港大队	郑阿宝	1968 年 1 月至 1978 年 1 月
人民公社管委会 （1978—1984）	生产大队大队长	抗三圩大队	金子林	1978 年 1 月至 1984 年 1 月
		孟乡港大队	郑阿宝	1978 年 1 月至 1982 年 6 月
			潘荣庆	1982 年 6 月至 1984 年 6 月
1984 年至 2021 年 12 月	村主任	抗三圩村	金子林	1984 年 1 月至 1992 年 7 月
			茹进才	1992 年 7 月至 2001 年 11 月
		孟乡港村（小村）	俞阿华	1984 年 6 月至 1990 年 6 月
			叶培民	1990 年 6 月至 1995 年 3 月
			沈金全	1995 年 3 月至 2001 年 11 月
		孟乡港村（大村）	沈金全	2001 年 11 月至 2005 年 4 月
			胡玉根	2005 年 4 月至 2016 年 12 月
			茹燕锋	2017 年 5 月至 2020 年 3 月
			沈金全	2020 年 3 月至 2021 年 12 月

潘塘桥村村级行政组织负责人

历史时期	村级行政负责人职务	村级组织名称（含小村）	姓名	任职年月
解放初期 （民国至 1950 年）	保长	潘塘桥村	潘德明	1945 年 1 月至 1950 年 1 月
土改时期 （1950—1952）	农委主任或村长	盛家桥村	高惠庆	1950 年 1 月至 1952 年 1 月
		两家桥村	张德宝	1952 年 1 月至 1952 年 12 月
1952 年至 1956 年	初级社社长	高家弄社	盛水庆	1953 年 1 月至 1955 年 12 月
		两家桥社	张德宝	1956 年 1 月至 1956 年 12 月

（续）

历史时期	村级行政负责人职务	村级组织名称（含小村）	姓名	任职年月
1956 年至 1958 年	高级社社长或贫代会主任	潘塘桥 24 社	潘来仁	1957 年 1 月至 1958 年 12 月
人民公社（1958—1968）	生产大队大队长	潘塘桥大队	盛阿水	1959 年 1 月至 1960 年 10 月
			宋六根	1960 年 11 月至 1969 年 6 月
"文革" 时期（1968—1978）	生产大队革委会主任	潘塘桥大队	许金宝	1969 年 7 月至 1970 年 12 月
			杨燕林	1971 年 1 月至 1971 年 12 月
			蒋火宝	1972 年 1 月至 1978 年 12 月
人民公社管委会（1978—1984）	生产大队大队长	潘塘桥大队	暂缺	暂缺
1984 年至 2021 年 12 月	村主任	潘塘桥村	许金宝	1984 年 7 月至 1994 年 8 月
			潘金水	1994 年 9 月至 2005 年 4 月
			王金龙	2005 年 4 月至 2013 年 11 月
			杨建山	2013 年 11 月至 2021 年 12 月

曹家簖村级行政组织负责人

历史时期	村级行政负责人职务	村级组织名称（含小村）	姓名	任职年月
解放初期（民国至 1950 年）	保长	大漾其村	曹和生	1940 年 12 月至 1950 年 12 月
		孟婆兜村	曹申宝	1949 年 12 月至 1950 年 12 月
土改时期（1950—1952）	农委主任或村长	大漾其村	曹宝坤	1950 年 12 月至 1952 年 12 月
		孟婆兜村	曹申宝	1950 年 12 月至 1952 年 12 月
1952 年至 1956 年	初级社社长	大漾其社	费美生	1952 年 12 月至 1956 年 12 月
		孟婆兜社	张和林	1952 年 12 月至 1956 年 12 月
1956 年至 1958 年	高级社社长或贫代会主任	大漾其社	费美生	1956 年 12 月至 1958 年 12 月
		孟婆兜社	张和林	1956 年 12 月至 1958 年 12 月
人民公社（1958—1968）	生产大队大队长	胜利大队	汤成生	1958 年 6 月至 1968 年 12 月
		立公大队	张和林	1960 年 10 月至 1968 年 12 月
		大漾其大队	戴水宝	1958 年 12 月至 1968 年 12 月
"文革" 时期（1968—1978）	生产大队革委会主任	胜利大队	汤成生	1968 年 12 月至 1978 年 12 月
		立公大队	张和林	1968 年 12 月至 1973 年 8 月
			陈金毛	1973 年 8 月至 1978 年 8 月
		大漾其大队	戴水宝	1968 年 12 月至 1978 年 12 月
人民公社管委会（1978—1984）	生产大队大队长	胜利大队	汤成生	1978 年 12 月至 1984 年 6 月
		大漾其大队	曹云祥	1979 年 1 月至 1980 年 2 月
			褚玉根	1980 年 2 月至 1984 年 2 月
		立公大队	陈金毛	1978 年 8 月至 1984 年 9 月

（续）

历史时期	村级行政负责人职务	村级组织名称（含小村）	姓名	任职年月
1984 年至 2021 年 12 月	村主任	姚泥水村	杨云法	1984 年 6 月至 1998 年 5 月
		孟婆兜村	陈金毛	1984 年 9 月至 1986 年 9 月
			徐华明	1986 年 9 月至 1995 年 9 月
			张水毛	1995 年 9 月至 1998 年 5 月
		大漾其村	曹庆荣	1984 年 2 月至 2001 年 10 月
		曹家簖村	徐华明	2001 年 6 月至 2014 年 3 月
			费建华	2014 年 3 月至 2020 年 3 月
			褚国群	2020 年 3 月至 2020 年 11 月
			费建华	2020 年 11 月至 2021 年 12 月

乔娄村村级行政组织负责人

历史时期	村级行政负责人职务	村级组织名称（含小村）	姓名	任职年月
解放初期（民国至 1950 年）	保长	乔娄村	任毓坤	1949 年 4 月至 1950 年 3 月
		胡娄村	严增荣	1949 年 4 月至 1950 年 3 月
		宋娄村	沈金奎	1949 年 4 月至 1950 年 3 月
土改时期（1950—1952）	农委主任或村长	乔娄村	任毓坤	1950 年 4 月至 1952 年 3 月
		胡娄村	严增荣	1950 年 4 月至 1952 年 3 月
		宋娄村	沈金奎	1950 年 4 月至 1952 年 3 月
1952 年至 1956 年	初级社社长	乔娄社	任毓坤	1952 年 4 月至 1956 年 3 月
		胡娄社	王加明	1952 年 4 月至 1956 年 3 月
		宋娄社	沈金奎	1952 年 4 月至 1956 年 3 月
1956 年至 1958 年	高级社社长或贫代会主任	乔娄社	沈金奎	1956 年 4 月至 1958 年 3 月
人民公社（1958—1968）	生产大队大队长	乔娄大队	任阿毛	1958 年 4 月至 1968 年 3 月
"文革"时期（1968—1978）	生产大队革委会主任	东方红大队	钱有宝	1968 年 4 月至 1978 年 3 月
		向阳大队	郑志海	1968 年 4 月至 1978 年 3 月
		五星大队	沈阿金	1968 年 4 月至 1978 年 3 月
人民公社管委会（1978—1984）	生产大队大队长	乔娄大队	蒋月明	1978 年 3 月至 1983 年 3 月
		胡娄大队	沈炳荣	1978 年 3 月至 1983 年 3 月
		宋娄大队	沈阿宝	1978 年 3 月至 1983 年 3 月
1984 年至 2021 年 12 月	村主任	胡娄村	沈鑫荣	1983 年 4 月至 1993 年 2 月
			沈炳荣	1993 年 3 月至 2001 年 3 月
		宋娄村	沈阿宝	1983 年 4 月至 1992 年 2 月
			沈新江	1992 年 3 月至 1993 年 3 月
			汤根荣	1993 年 4 月至 2001 年 3 月

（续）

历史时期	村级行政负责人职务	村级组织名称（含小村）	姓名	任职年月
1984 年至 2021 年 12 月	村主任	乔溇村（小村）	朱明法	1983 年 4 月至 1984 年 12 月
			顾松泉	1985 年 1 月至 1998 年 6 月
			闻森林	1998 年 6 月至 2001 年 10 月
		乔溇村（大村）	闻森林	2001 年 10 月至 2020 年 3 月
			汤根荣	2020 年 3 月至 2020 年 11 月
			沈会江	2020 年 11 月至 2021 年 12 月

陆家湾村村级行政组织负责人

历史时期	村级行政负责人职务	村级组织名称（含小村）	姓名	任职年月
土改时期（1950—1952）	农委主任或村长	钱家兜村	钱阿三	1950 年 3 月至 1952 年 6 月
		陆家湾村	张连辰	1950 年 3 月至 1952 年 4 月
		董家甸村	董阿连	1950 年 3 月至 1952 年 10 月
1952 年至 1956 年	初级社社长	钱家兜社	钱阿三	1952 年 6 月至 1956 年 12 月
		陆家湾社	吴庚生	1952 年 4 月至 1956 年 3 月
		董家甸社	董阿连	1952 年 10 月至 1955 年 6 月
			施淦生	1955 年 6 月至 1956 年 3 月
1956 年至 1958 年	高级社社长或贫代会主任	钱家兜社	伍正才	1956 年 12 月至 1958 年 3 月
		陆家湾社	吴庚生	1956 年 3 月至 1958 年 3 月
		董家甸社	施淦生	1956 年 3 月至 1958 年 3 月
人民公社（1958—1968）	生产大队大队长	钱家兜大队	伍正才	1958 年 3 月至 1967 年 2 月
			陆金龙（大）	1967 年 2 月至 1968 年 3 月
		陆家湾大队	吴庚生	1958 年 3 月至 1963 年 2 月
			费新宝	1963 年 2 月至 1968 年 6 月
		董家甸大队	施淦生	1958 年 3 月至 1968 年 3 月
"文革" 时期（1968—1978）	生产大队革委会主任	钱家兜大队	陆金龙（大）	1968 年 3 月至 1976 年 9 月
			许应高	1976 年 9 月至 1978 年 6 月
		董家甸大队	沈仁生	1968 年 3 月至 1973 年 3 月
			沈夫荣	1973 年 3 月至 1978 年 5 月
		陆家湾大队	费新宝	1968 年 6 月至 1978 年 3 月
人民公社管委会（1978—1984）	生产大队大队长	钱家兜队长	许应高	1978 年 6 月至 1984 年 3 月
		董家甸队长	费金龙	1978 年 5 月至 1981 年 11 月
			董阿毛	1981 年 11 月至 1984 年 3 月
		陆家湾队长	汪志林	1978 年 3 月至 1981 年 3 月
			陆金龙（小）	1981 年 3 月至 1984 年 3 月

（续）

历史时期	村级行政负责人职务	村级组织名称（含小村）	姓名	任职年月
1984 年至 2021 年 12 月	村主任	钱家兜村	许应高	1984 年 3 月至 1989 年 11 月
			钱元兴	1989 年 11 月至 1996 年 4 月
			钱林法	1996 年 4 月至 2001 年 10 月
		董家甸村	董阿毛	1984 年 3 月至 1986 年 3 月
			费阿金	1986 年 3 月至 1994 年 3 月
			施培荣	1994 年 3 月至 2001 年 10 月
		陆家湾村（小村）	陆金龙（小）	1984 年 3 月至 1986 年 5 月
			董炳荣	1986 年 5 月至 1992 年 11 月
			胡根明	1992 年 11 月至 2001 年 10 月
		陆家湾村（大村）	倪会荣	2010 年 2 月至 2020 年 3 月
			吴金辉	2020 年 3 月至 2021 年 12 月

汤娄村村级行政组织负责人

历史时期	村级行政负责人职务	村级组织名称（含小村）	姓名	任职年月
解放初期（民国至 1950 年）	保长	晟娄村	宋友山	1947 年 5 月至 1949 年 5 月
		汤娄村	宋勤宝	1947 年 5 月至 1949 年 5 月
		石桥浦村	李顺祥	1947 年 5 月至 1949 年 5 月
		钱娄村	潘佰夫	1947 年 5 月至 1949 年 5 月
土改时期（1950—1952）	农委主任或村长	汤娄村	李阿大	1949 年 5 月至 1952 年 5 月
		钱娄村	冯金生	1950 年 5 月至 1952 年 6 月
1952 年至 1956 年	初级社社长	汤娄社	李阿大	1952 年 5 月至 1955 年 5 月
			吴才宝	1955 年 5 月至 1956 年 5 月
		建固社	陈钰林	1952 年 6 月至 1956 年 6 月
		建丰社	吴建宝	1952 年 6 月至 1956 年 6 月
		联合社	吴定宝	1953 年 6 月至 1956 年 6 月
1956 年至 1958 年	高级社社长或贫代会主任	新浦社	董新法	1556 年 6 月至 1958 年 6 月
		幸福高级社	吴才宝	1956 年 5 月至 1958 年 5 月
人民公社（1958—1968）	生产大队大队长	汤娄大队	吴才宝	1958 年 5 月至 1968 年 3 月
		钱娄大队	吴建宝	1958 年 6 月至 1960 年 6 月
			杨六锦	1960 年 6 月至 1963 年 6 月
			李金林	1963 年 6 月至 1968 年 6 月
			董新法	1958 年 6 月至 1960 年 6 月
		新浦大队	吴阿金	1960 年 6 月至 1968 年 6 月

（续）

历史时期	村级行政负责人职务	村级组织名称（含小村）	姓名	任职年月
"文革"时期 （1968—1978）	生产大队革委会主任	汤溇大队	尹永法	1968 年 3 月至 1978 年 6 月
		钱溇大队	李金林	1968 年 6 月至 1978 年 6 月
		新浦大队	冯六兴	1968 年 6 月至 1978 年 6 月
人民公社管委会 （1978—1984）	生产大队大队长	汤溇大队	姚根生	1978 年 6 月至 1981 年 2 月
			山福紫	1981 年 2 月至 1984 年 2 月
		钱溇大队	李金林	1978 年 6 月至 1984 年 6 月
		新浦大队	费林弟	1978 年 6 月至 1984 年 6 月
1984 年至 2021 年 12 月	村主任	汤溇村	山福紫	1984 年 2 月至 1995 年 5 月
		钱溇村	李金林	1984 年 6 月至 1984 年 6 月
			潘银安	1988 年 6 月至 1996 年 6 月
			周菊明	1996 年 6 月至 2001 年 11 月
		新浦村	费林弟	1984 年 6 月至 1998 年 6 月
			沈柏松	1998 年 6 月至 2001 年 11 月
		汤溇村（小村）	韦树斌	1995 年 5 月至 2001 年 11 月
		汤溇村（大村）	吴阿毛	2001 年 11 月至 2005 年 11 月
			韦树斌	2005 年 11 月至 2013 年 12 月
			顾坤林	2013 年 12 月至 2020 年 3 月
			韦树斌	2020 年 3 月至 2021 年 12 月

伍浦村村级行政组织负责人

历史时期	村级行政负责人职务	村级组织名称（含小村）	姓名	任职年月
解放初期 （民国至 1950 年）	保长	伍浦村	钟官生	1949 年 10 月至 1950 年 5 月
土改时期 （1950—1952）	农委主任或村长	伍浦村	吴阿吾	1950 年 5 月至 1953 年 1 月
			李聪之	1950 年 5 月至 1953 年 1 月
1952 年至 1956 年	初级社社长	光明社	吴阿吾	1953 年 2 月至 1956 年 12 月
			陆正生	1953 年 2 月至 1956 年 12 月
			沈阿二	1953 年 2 月至 1956 年 12 月
1956 年至 1958 年	高级社社长或贫代会主任	光明社	崔金坤	1957 年 1 月至 1958 年 5 月
人民公社 （1958—1968）	生产大队大队长	伍浦大队	沈阿荣	1958 年 5 月至 1968 年 5 月
"文革"时期 （1968—1978）	生产大队革委会主任		沈阿荣	1968 年 5 月至 1978 年 5 月
人民公社管委会 （1978—1984）	生产大队大队长		孙六法	1978 年 5 月至 1984 年 5 月

（续）

历史时期	村级行政负责人职务	村级组织名称（含小村）	姓名	任职年月
1984年至2021年12月	村主任	伍浦村	董火荣	1984年5月至1992年5月
			崔会中	1992年5月至2003年5月
			宋松元	2003年5月至2011年5月
			叶根林	2011年5月至2020年3月
			卢云旗	2020年3月至2021年12月

庙兜村村级行政组织负责人

历史时期	村级行政负责人职务	村级组织名称（含小村）	姓名	任职年月
解放初期（民国至1950年）	保长	庙兜村	潘宝林	1949年2月至1950年12月
		漾湾里村	沈福林	1949年2月至1950年12月
		庙兜村	钱叙云	1949年2月至1950年12月
土改时期（1950—1952）	农委主任或村长	漾湾里村	张阿连	1950年2月至1952年12月
		庙兜村	褚培法	1950年2月至1952年12月
1952年至1956年	初级社社长	漾湾里初级社	张阿连	1952年5月至1956年5月
		庙兜村初级社	褚培法	1952年5月至1956年5月
1956年至1958年	高级社社长或贫代会主任	漾湾里高级社	张阿连	1956年6月至1958年5月
		庙兜村高级社	褚培法	1956年5月至1958年5月
人民公社（1958—1968）	生产大队大队长	漾湾里大队	张小毛	1958年5月至1968年5月
		向阳大队	吴杏林	1958年5月至1968年5月
"文革"时期（1968—1978）	生产大队革委会主任	漾湾里大队	张新法	1968年5月至1976年5月
			张小毛	1976年5月至1978年5月
		向阳大队	陈六信	1968年5月至1978年5月
人民公社管委会（1978—1984）	生产大队大队长	漾湾里大队	张小毛	1978年6月至1984年5月
		庙兜村大队	闵和林	1978年5月至1984年5月
1984年至2021年12月	村主任	漾湾里村	吴火林	1984年5月至2001年11月
		庙兜村	张阿桥	1984年5月至2001年11月
		漾湾里村	王宝法	2001年11月至2008年5月
		庙兜村	潘金如	2008年5月至2017年5月
			钱会根	2017年5月至2020年3月
			吴炳江	2020年3月至2021年12月

常乐村村级行政组织负责人

历史时期	村级行政负责人职务	村级组织名称（含小村）	姓名	任职年月
解放初期（民国至1950年）	保长	东阁兜村	潘阿雪	1949年10月至1950年12月
		油车桥村	杨阿荣	1949年10月至1950年12月

（续）

历史时期	村级行政负责人职务	村级组织名称（含小村）	姓名	任职年月
解放初期 （民国至 1950 年）	保长	邵漾里村	吴文元	1949 年 10 月至 1950 年 12 月
		常乐村	周颖莲	1949 年 10 月至 1950 年 12 月
		沈家湾村	朱海林	1949 年 10 月至 1950 年 12 月
土改时期 （1950—1952）	农委主任或村长	东阁兜村	潘阿雪	1950 年 12 月至 1952 年 12 月
		油车桥村	杨阿荣	1950 年 12 月至 1952 年 12 月
		邵漾里村	吴文元	1950 年 12 月至 1952 年 12 月
		常乐村	周颖莲	1950 年 12 月至 1952 年 12 月
		沈家湾村	朱海林	1950 年 12 月至 1952 年 12 月
1952 年至 1956 年	初级社社长	东阁兜社	徐阿宝	1952 年 12 月至 1956 年 12 月
		油漾桥社	杨阿荣	1952 年 12 月至 1956 年 12 月
		邵洋里社	吴文元	1952 年 12 月至 1956 年 12 月
		常乐社	周颖莲	1952 年 12 月至 1953 年 12 月
			沈连根	1954 年 1 月至 1956 年 12 月
		沈家湾社	朱海林	1952 年 12 月至 1956 年 10 月
1956 年至 1958 年	高级社社长或贫代会 主任	东阁兜社	徐阿宝	1956 年 12 月至 1958 年 12 月
		油车桥社	杨阿荣	1956 年 12 月至 1958 年 1 月
		邵漾里社	吴文元	1956 年 12 月至 1958 年 1 月
		常乐社	沈连根	1956 年 12 月至 1958 年 1 月
		沈家湾社	黄金龙	1956 年 10 月至 1958 年 1 月
人民公社 （1958—1968）	生产大队大队长	东阁兜大队	潘阿雪	1958 年 12 月至 1958 年 12 月
			金满堂	1959 年 1 月至 1962 年 4 月
			徐凤仙	1962 年 4 月至 1966 年 5 月
		油车桥大队	杨阿荣	1958 年 1 月至 1958 年 12 月
			潘志清	1959 年 1 月至 1966 年 5 月
		邵漾里大队	吴文元	1958 年 1 月至 1958 年 12 月
			陶阿毛	1959 年 1 月至 1966 年 5 月
		东阁兜大队	杨阿荣	1966 年 5 月至 1968 年 11 月
		常乐大队	沈连根	1958 年 1 月至 1958 年 12 月
			李阿毛	1959 年 1 月至 1968 年 1 月
		沈家湾大队	黄金龙	1958 年 1 月至 1958 年 12 月
			姚金龙	1959 年 1 月至 1966 年 12 月
			黄金龙	1967 年 1 月至 1968 年 1 月
"文革"时期 （1968—1978）	生产大队革委会主任	东阁兜大队	陶阿毛	1968 年 11 月至 1971 年 4 月
			严阿海	1971 年 4 月至 1978 年 1 月

（续）

历史时期	村级行政负责人职务	村级组织名称（含小村）	姓名	任职年月
"文革"时期 （1968—1978）	生产大队革委会主任	常乐大队	李阿毛	1968 年 1 月至 1974 年 5 月
			周小毛	1974 年 5 月至 1978 年 1 月
		沈家湾大队	黄金龙	1968 年 1 月至 1973 年 3 月
			陆六林	1973 年 3 月至 1978 年 1 月
人民公社管委会 （1978—1984）	生产大队大队长	东阁兜大队	严阿海	1978 年 1 月至 1984 年 3 月
		常乐大队	周小毛	1978 年 1 月至 1980 年 2 月
			倪来新	1980 年 2 月至 1984 年 1 月
		沈家湾大队	陆六林	1978 年 1 月至 1979 年 4 月
			沈阿坤	1979 年 4 月至 1984 年 1 月
1984 年至 2021 年 12 月	村主任	东阁兜村	潘生泉	1984 年 3 月至 1994 年 4 月
			吴志方	1994 年 4 月至 1996 年 3 月
			董平方	1996 年 3 月至 2001 年 10 月
		常乐村（小村）	倪来新	1984 年 1 月至 1984 年 12 月
			沈小和	1985 年 1 月至 1987 年 12 月
			吴金田	1988 年 1 月至 1993 年 12 月
			沈坤林	1993 年 12 月至 1997 年 12 月
			赵凌凤	1997 年 12 月至 2001 年 10 月
		沈家湾村	沈阿坤	1984 年 1 月至 2001 年 10 月
		常乐村（大村）	阮利明	2001 年 10 月至 2004 年 12 月
			沈坤林	2005 年 1 月至 2007 年 12 月
			董阿四	2008 年 1 月至 2013 年 12 月
			李志方	2013 年 12 月至 2017 年 5 月
			潘国荣	2017 年 5 月至 2020 年 3 月
			李志方	2020 年 3 月至 2021 年 12 月

义皋村村级行政组织负责人

历史时期	村级行政负责人职务	村级组织名称（含小村）	姓名	任职年月
土改时期 （1950—1952）	农委主任或村长	义皋村	吴凤高	1950 年 4 月至 1952 年 4 月
1952 年至 1956 年	初级社社长	民生社	李金泉	1952 年 5 月至 1956 年 4 月
		胜利社	吴凤高	1952 年 5 月至 1956 年 4 月
		同心社	张阿毛	1952 年 5 月至 1956 年 4 月
1956 年至 1958 年	高级社社长或贫代会 主任	义皋联合社	王才生	1956 年 5 月至 1958 年 1 月

（续）

历史时期	村级行政负责人职务	村级组织名称（含小村）	姓名	任职年月
人民公社（1958—1968）	生产大队大队长	义皋大队	张阿毛	1958 年 2 月至 1968 年 4 月
"文革"时期（1968—1978）	生产大队革委会主任	义皋大队	王才生	1968 年 4 月至 1973 年 12 月
			刘雄安	1974 年 1 月至 1978 年 4 月
人民公社管委会（1978—1984）	生产大队大队长	义皋大队	吴正明	1978 年 5 月至 1984 年 4 月
1984 年至 2021 年 12 月	村主任	义皋村	李振敏	1984 年 5 月至 1988 年 4 月
			黄三葆	1988 年 4 月至 1998 年 4 月
			潘水芳	1998 年 4 月至 2017 年 4 月
			钟良	2017 年 4 月至 2021 年 12 月

曙光村村级行政组织负责人

历史时期	村级行政负责人职务	村级组织名称（含小村）	姓名	任职年月
解放初期（民国至 1950 年）	保长	交界村	吴阿多	1949 年 11 月至 1950 年 11 月
		费家汇村	陆福山	1949 年 11 月至 1950 年 11 月
		中兜村	吴宝	1949 年 11 月至 1950 年 11 月
土改时期（1950—1952）	农委主任或村长	交界村	朱阿信	1950 年 11 月至 1952 年 11 月
		费家汇村	陆福山	1950 年 11 月至 1952 年 11 月
		中兜村	董宝生	1950 年 11 月至 1952 年 11 月
1952 年至 1956 年	初级社社长	南河社	朱阿信	1952 年 11 月至 1956 年 11 月
		费家汇社	陆福山	1952 年 11 月至 1956 年 11 月
		中兜社	董宝生	1952 年 11 月至 1956 年 11 月
1956 年至 1958 年	高级社社长或贫代会主任	漾南社	陆福山	1956 年 11 月至 1958 年 11 月
		南河社	俞水宝	1956 年 11 月至 1957 年 11 月
		中兜社	潘根善	1956 年 11 月至 1957 年 11 月
人民公社（1958—1968）	生产大队大队长	南河大队	陆才生	1958 年 11 月至 1968 年 11 月
		费家汇大队	陆福山	1958 年 11 月至 1962 年 11 月
			朱仁根	1963 年 11 月至 1968 年 11 月
		中兜大队	陆阿林	1958 年 11 月至 1962 年 11 月
			陆九如	1963 年 11 月至 1968 年 11 月
"文革"时期（1968—1978）	生产大队革委会主任	南河大队	吴有才	1968 年 11 月至 1973 年 11 月
			张关生	1974 年 11 月至 1978 年 11 月
		费家汇大队	陈玉林	1968 年 11 月至 1973 年 11 月
			朱美生	1974 年 11 月至 1978 年 11 月
		中兜大队	陆九如	1968 年 11 月至 1978 年 11 月

（续）

历史时期	村级行政负责人职务	村级组织名称（含小村）	姓名	任职年月
人民公社管委会（1978—1984）	生产大队大队长	南河大队	吴林才	1978 年 11 月至 1984 年 11 月
		费家汇大队	陈阿康	1978 年 11 月至 1984 年 11 月
		中兜大队	路九如	1978 年 11 月至 1981 年 11 月
			吴天宝	1981 年 11 月至 1984 年 11 月
1984 年至 2021 年 12 月	村主任	南河村	陆如敏	1985 年 11 月至 1989 年 11 月
			陆培荣	1990 年 11 月至 1995 年 11 月
			吴引珠	1996 年 11 月至 2001 年 11 月
		费家汇村	陆仁泉	1984 年 11 月至 1991 年 11 月
			陈志明	1991 年 11 月至 1995 年 11 月
			宋新泉	1995 年 11 月至 2001 年 11 月
		中兜村	吴天宝	1984 年 11 月至 1991 年 11 月
			陆文龙	1991 年 11 月至 1992 年 11 月
			李火生	1992 年 11 月至 1995 年 11 月
			陆金泉	1995 年 11 月至 2001 年 11 月
		曙光村村	宋新泉	2001 年 11 月至 2008 年 5 月
			吴引珠	2008 年 5 月至 2017 年 5 月
			程明	2017 年 5 月至 2020 年 3 月
			宋新泉	2020 年 3 月至 2021 年 12 月

郑港村村级行政组织负责人

历史时期	村级行政负责人职务	村级组织名称（含小村）	姓名	任职年月
解放初期（民国至 1950 年）	保长	十二保	朱加寿	1945 年 1 月至 1949 年 12 月
土改时期（1950—1952）	农委主任或村长	谭港村	李明宝	1950 年 1 月至 1951 年 12 月
			傅如宝	1952 年 1 月至 1954 年 12 月
			谢阿江	1954 年 12 月至 1955 年 6 月
		郑港村	邵鼎生	1950 年 1 月至 1953 年 6 月
			郑金富	1953 年 7 月至 1954 年 6 月
			徐阿毛	1954 年 7 月至 1955 年 6 月
1952 年至 1956 年	初级社社长	谭港社	谢金林	1955 年 7 月至 1956 年 7 月
		郑港社	邵阿团	1955 年 8 月至 1956 年 7 月
1956 年至 1958 年	高级社社长或贫代会主任	大社社	邵阿团	1956 年 8 月至 1959 年 12 月
人民公社（1958—1968）	生产大队大队长	谭港大队	陆永林	1960 年 1 月至 1968 年 2 月
		郑港大队	傅阿大	1960 年 3 月至 1968 年 2 月

（续）

历史时期	村级行政负责人职务	村级组织名称（含小村）	姓名	任职年月
"文革"时期 （1968—1978）	生产大队革委会主任	谭港大队	郑阿金	1968 年 3 月至 1970 年 3 月
			戴毛宝	1968 年 3 月至 1970 年 3 月
人民公社管委会 （1978—1984）	生产大队大队长	新联大队	潘海林	1970 年 4 月至 1977 年 3 月
			傅阿大	1977 年 4 月至 1983 年 3 月
1984 年至 2021 年 12 月	村主任	郑港村	傅根荣	1983 年 4 月至 1993 年 6 月
			周阿坤	1993 年 7 月至 2002 年 6 月
			谢民强	2002 年 7 月至 2008 年 6 月
			潘林芳	2008 年 7 月至 2021 年 12 月

高新区水产村村级行政组织负责人

历史时期	村级行政负责人职务	村级组织名称（含小村）	姓名	任职年月
人民公社 （1958—1968）	生产大队大队长	织里水产大队	金加宝	1961 年 1 月至 1968 年 6 月
"文革"时期 （1968—1978）	生产大队革委会主任	织里水产大队	金加宝	1968 年 6 月至 1977 年 6 月
人民公社管委会 （1978—1984）	生产大队大队长	织里水产大队	宋永林	1977 年 6 月至 1982 年 5 月
1984 年至 2021 年 12 月	村主任	织里水产村	张林宝	1982 年 5 月至 1986 年 5 月
			杨新宝	1986 年 6 月至 1996 年 5 月
			沈和林	1996 年 6 月至 1999 年 3 月
			褚阿林	1999 年 4 月至 2005 年 3 月
			张林清	2005 年 3 月至 2008 年 3 月
			居央毛	2008 年 3 月至 2021 年 12 月

凌家汇村村级行政组织负责人

历史时期	村级行政负责人职务	村级组织名称（含小村）	姓名	任职年月
解放初期 （民国至 1950 年）	保长	北谈峰村	甄忠荣	1947 年 1 月至 1950 年 12 月
土改时期 （1950—1952）	农委主任或村长	联丰村	金新夫	1950 年 1 月至 1951 年 12 月
		永红村	张淦江	1950 年 1 月至 1951 年 12 月
1952 年至 1956 年	初级社社长	联丰社	郑大毛	1952 年 1 月至 1956 年 12 月
		永红社	孙金元	1952 年 1 月至 1956 年 12 月
1956 年至 1958 年	高级社社长或贫代会 主任	联丰社	甄二男	1956 年 1 月至 1958 年 12 月
		永红社	孙金元	1956 年 1 月至 1958 年 12 月
人民公社 （1958—1968）	生产大队大队长	联丰大队	甄二男	1958 年 12 月至 1968 年 12 月
		永红大队	沈青山	1958 年 12 月至 1968 年 12 月

（续）

历史时期	村级行政负责人职务	村级组织名称（含小村）	姓名	任职年月
"文革"时期 （1968—1978）	生产大队革委会主任	永丰大队	沈明春	1968 年 7 月至 1978 年 6 月
人民公社管委会 （1978—1984）	生产大队大队长	永丰大队	郑阿坛	1978 年 7 月至 1984 年 12 月
1984 年至 2021 年 12 月	村主任	凌家汇村	郑海林	1985 年 1 月至 1991 年 4 月
			郑新江	1991 年 5 月至 1998 年 4 月
			孙金发	1998 年 5 月至 2004 年 4 月
			甄新初	2004 年 5 月至 2012 年 4 月
			沈连江	2012 年 5 月至 2020 年 4 月
			甄新初	2020 年 4 月至 2021 年 12 月

联漾村村级行政组织负责人

历史时期	村级行政负责人职务	村级组织名称（含小村）	姓名	任职年月
1952 年至 1956 年	初级社社长	联漾社	周桂福	1950 年 5 月至 1956 年 10 月
1956 年至 1958 年	高级社社长或贫代会主任	联漾社	高法林	1956 年 10 月至 1958 年 3 月
人民公社 （1958—1968）	生产大队大队长	联漾大队	高明泉	1958 年 3 月至 1968 年 10 月
"文革"时期 （1968—1978）	生产大队革委会主任	联漾大队	邱大毛	1968 年 10 月至 1976 年 3 月
			章汉雄	1976 年 3 月至 1985 年 11 月
人民公社管委会 （1978—1984）	生产大队大队长	联漾村	周金毛	1985 年 11 月至 1988 年 3 月
			倪根宝	1988 年 3 月至 1992 年 8 月
1984 年至 2021 年 12 月	村主任	联漾村	邱美伦	1992 年 8 月至 1993 年 8 月
			倪根宝	1993 年 8 月至 2002 年 3 月
			邱慈伟	2002 年 3 月至 2020 年 4 月
			高安民	2020 年 4 月至 2021 年 12 月

元通桥村级行政组织负责人

历史时期	村级行政负责人职务	村级组织名称（含小村）	姓名	任职年月
解放初期 （民国至 1950 年）	保长	白桥坝村	诸阿猫	1949 年 11 月至 1950 年 11 月
		蚕环田一村	钱阿金	1949 年 11 月至 1950 年 11 月
		蚕环田二村	潘和尚	1949 年 11 月至 1950 年 11 月
土改时期 （1950—1952）	农委主任或村长	白桥坝村	诸阿猫	1950 年 12 月至 1952 年 11 月
		蚕环田一社	钱阿金	1950 年 12 月至 1952 年 11 月
		蚕环田二社	潘和尚	1950 年 12 月至 1952 年 11 月

（续）

历史时期	村级行政负责人职务	村级组织名称（含小村）	姓名	任职年月
1952年至1956年	初级社社长	白桥坝社	诸阿猫	1952年12月至1956年11月
		蚕环田一社	钱阿金	1952年12月至1956年11月
		蚕环田二社	潘和尚	1952年12月至1956年11月
1956年至1958年	高级社社长或贫代会主任	白桥坝社	邱生桂	1956年12月至1958年3月
		蚕环田一社	钱阿金	1956年12月至1958年11月
		蚕环田二社	潘和尚	1956年12月至1958年10月
人民公社（1958—1968）	生产大队大队长	白桥坝大队	吴梅庆	1958年4月至1968年9月
		蚕环田大队	严阿林	1958年11月至1968年2月
"文革"时期（1968—1978）	生产大队革委会主任	白桥坝大队	潘细毛	1968年10月至1978年11月
		蚕环田大队	姚阿明	1968年3月至1973年3月
			李林江	1973年4月至1978年11月
人民公社管委会（1978—1984）	生产大队大队长	白桥坝大队	潘细毛	1978年12月至1984年3月
		蚕环田大队	潘阿顺	1978年12月至1984年2月
1984年至2021年12月	村主任	白桥坝村	诸粉林	1984年4月至1998年11月
			蒋淦清	1998年12月至2001年11月
		蚕环田村	候法林	1996年3月至2001年11月
		元通桥村	潘根新	2001年12月至2007年11月
			李健华	2007年12月至2020年4月
			王伯勤	2020年4月至2020年10月
			李健华	2020年10月至2021年12月

沈溇村村级行政组织负责人

历史时期	村行政负责人职务	村级组织名称（含小村）	姓名	任职年月
解放初期（民国至1950年）	保长	诸溇村	周士	1949年1月至1950年12月
土改时期（1950—1952）	农委主任或村长	沈溇村	朱阿金	1950年3月至1952年10月
		诸溇村	周士	1950年12月至1952年12月
1952年至1956年	初级社社长	沈溇社	朱坛毛	1952年10月至1956年12月
		诸溇社	周士	1952年12月至1956年12月
1956年至1958年	高级社社长或贫代会主任	沈溇社	周坛毛	1956年12月至1958年12月
		诸溇社	周士	1956年12月至1958年12月
人民公社（1958—1968）	生产大队大队长	沈溇大队	邹寿宝	1959年1月至1961年12月
			叶金炎	1961年12月至1964年8月
			沈子彬	1968年8月至1968年12月

（续）

历史时期	村级行政负责人职务	村级组织名称（含小村）	姓名	任职年月
人民公社 （1958—1968）	生产大队大队长	诸溇大队	沈和庆	1958 年 12 月至 1960 年 12 月
			沈法林	1961 年 1 月至 1968 年 12 月
"文革"时期 （1968—1978）	生产大队革委会主任	沈溇大队	朱六根	1969 年 1 月至 1978 年 12 月
		诸溇大队	沈桂如	1969 年 1 月至 1978 年 12 月
人民公社管委会 （1978—1984）	生产大队大队长	沈溇大队	叶伯民	1978 年 12 月至 1984 年 12 月
		诸溇大队	沈桂如	1978 年 12 月至 1980 年 12 月
			邱金荣	1981 年 1 月至 1984 年 12 月
1984 年至 2021 年 12 月	村主任	沈溇村（小村）	叶伯民	1985 年 1 月至 1992 年 3 月
			沈建民	1992 年 3 月至 1995 年 3 月
			高柏勤	1995 年 3 月至 1998 年 3 月
			陈松江	1998 年 3 月至 2001 年 11 月
		诸溇村	邱金荣	1985 年 1 月至 1986 年 4 月
			王小元	1986 年 4 月至 2001 年 11 月
		沈溇村（大村）	卢火根	2001 年 11 月至 2011 年 3 月
			沈水强	2011 年 3 月至 2020 年 4 月
			卢火根	2020 年 4 月至 2021 年 12 月

东桥村村级行政组织负责人

历史时期	村级行政负责人职务	村级组织名称（含小村）	姓名	任职年月
人民公社 （1958—1968）	生产大队大队长	严家兜大队	徐会林	1961 年 3 月至 1962 年 3 月
			邹阿淦	1962 年 4 月至 1968 年 3 月
"文革"时期 （1968—1978）	生产大队革委会主任	东桥大队	莫阿连	1968 年 4 月至 1978 年 3 月
		严家兜大队	徐富贵	1968 年 4 月至 1978 年 3 月
人民公社管委会 （1978—1984）	生产大队大队长	东桥大队	徐玉林	1978 年 4 月至 1980 年 3 月
			吴根江	1980 年 4 月至 1984 年 12 月
		严家兜大队	徐惠甫	1978 年 4 月至 1981 年 3 月
			蒋荣明	1981 年 4 月至 1982 年 3 月
			蒋云乔	1982 年 4 月至 1983 年 3 月
			邹寿宝	1983 年 4 月至 1984 年 12 月
1984 年至 2021 年 12 月	村主任	严家兜村	邹寿宝	1985 年 1 月至 1989 年 3 月
			徐永康	1989 年 4 月至 1994 年 3 月
			王阿细	1994 年 4 月至 2001 年 3 月
			徐永康	2001 年 4 月至 2001 年 11 月
		东桥村（小村）	吴根江	1985 年 1 月至 1994 年 3 月
			莫泉林	1994 年 4 月至 2001 年 3 月

（续）

历史时期	村级行政负责人职务	村级组织名称（含小村）	姓名	任职年月
1984 年至 2021 年 12 月	村主任	东桥村（大村）	徐永康	2001 年 12 月至 2011 年 3 月
			邹金财	2011 年 4 月至 2020 年 4 月
			刘伟强	2020 年 4 月至 2021 年 12 月

大娄村村级行政组织负责人

历史时期	村级行政负责人职务	村级组织名称（含小村）	姓名	任职年月
解放初期 （民国至 1950 年）	保长	大娄村	沈梅生	1946 年 2 月至 1949 年 12 月
		张降村村	邱法生	1946 年 2 月至 1949 年 12 月
土改时期 （1950—1952）	农委主任或村长	大娄村	阮集财	1950 年 2 月至 1952 年 10 月
		张降村村	沈阿吉	1950 年 2 月至 1952 年 10 月
1952 年至 1956 年	初级社社长	大娄村	芮桂法	1952 年 11 月至 1956 年 12 月
		张降村村	陈阿炳	1952 年 11 月至 1956 年 12 月
1956 年至 1958 年	高级社社长或贫代会主任	大娄社	芮桂法	1957 年 1 月至 1958 年 12 月
		张降村社	朱阿奎	1957 年 1 月至 1958 年 12 月
人民公社 （1958—1968）	生产大队大队长	大娄大队	闵阿满	1959 年 1 月至 1968 年 12 月
		张降村大队	杨泉林	1959 年 1 月至 1968 年 12 月
"文革"时期 （1968—1978）	生产大队革委会主任	大娄大队	李和尚	1969 年 1 月至 1978 年 12 月
		张降村大队	练根宝	1969 年 1 月至 1978 年 12 月
人民公社管委会 （1978—1984）	生产大队大队长	大娄大队	闵阿满	1979 年 1 月至 1984 年 12 月
		张降村大队	邱梅江	1979 年 1 月至 1984 年 12 月
1984 年至 2021 年 12 月	村主任	大娄村（小村）	闵阿满	1985 年 1 月至 1993 年 12 月
			吴会林	1994 年 1 月至 2001 年 11 月
			陈安夫	1985 年 1 月至 1996 年 12 月
			朱荣仕	1997 年 1 月至 1999 年 7 月
			李小金	1999 年 8 月至 2001 年 11 月
		大娄村（大村）	吴会林	2001 年 11 月至 2003 年 6 月
			闵陆军	2003 年 7 月至 2017 年 5 月
			胡建军	2017 年 5 月至 2020 年 10 月
			陈荣飞	2020 年 10 月至 2021 年 12 月

幻娄村村级行政组织负责人

历史时期	村级行政负责人职务	村级组织名称（含小村）	姓名	任职年月
解放初期 （民国至 1950 年）	保长	金娄村一保	叶兴宝	1947 年 10 月至 1950 年 7 月
		金娄村二保	朱同生	1948 年 2 月至 1950 年 7 月
		潘娄村	吴龙寿	1947 年 5 月至 1950 年 1 月

（续）

历史时期	村级行政负责人职务	村级组织名称（含小村）	姓名	任职年月
土改时期 （1950—1952）	农委主任或村长	金溇村	叶桂生	1950 年 8 月至 1952 年 12 月
		金溇村	何宝生	1950 年 8 月至 1952 年 12 月
		潘溇村	闵臣	1950 年 2 月至 1952 年 12 月
1952 年至 1956 年	初级社社长	金溇村	金法宝	1952 年 12 月至 1956 年 9 月
		金溇村	叶岳林	1952 年 12 月至 1956 年 9 月
		金溇村	陆云州	1952 年 12 月至 1956 年 9 月
		潘溇村	吴阿堂	1953 年 1 月至 1955 年 8 月
		潘溇村	吴连堂	1955 年 9 月至 1956 年 12 月
1956 年至 1958 年	高级社社长或贫代会主任	金溇高级社一社	金进元	1956 年 9 月至 1958 年 12 月
		金溇高级社二社	何云九	1956 年 9 月至 1958 年 12 月
		金溇高级社三社	叶金林	1956 年 9 月至 1958 年 12 月
		潘溇社	吴根林	1957 年 1 月至 1958 年 12 月
人民公社 （1958—1968）	生产大队大队长	金溇大队	叶菊年	1958 年 12 月至 1962 年 9 月
		金溇大队	潘长法	1962 年 9 月至 1968 年 1 月
		潘溇大队	吴天才	1959 年 1 月至 1968 年 10 月
		太湖水产大队	施阿毛	1962 年 10 月至 1968 年 12 月
"文革"时期 （1968—1978）	生产大队革委会主任	金溇大队	潘长法	1968 年 1 月至 1977 年 11 月
		金溇大队	叶大毛	1977 年 11 月至 1978 月 12 月
		潘溇大队	吴天才	1968 年 11 月至 1970 年 1 月
		潘溇大队	金火林	1970 年 2 月至 1978 年 3 月
		太湖水产大队	金连根	1969 年 1 月至 1974 年 3 月
		太湖水产大队	施阿毛	1974 年 4 月至 1978 年 12 月
人民公社管委会 （1978—1984）	生产大队大队长	金溇大队	叶大毛	1978 年 12 月至 1980 年 3 月
		金溇大队	何福康	1980 年 3 月至 1984 年 4 月
		潘溇大队	金火林	1978 年 4 月至 1982 年 3 月
		潘溇大队	钱兴如	1982 年 4 月至 1984 年 3 月
		太湖水产大队	金连根	1979 年 1 月至 1984 年 12 月
1984 年至 2021 年 12 月	村主任	金溇村	叶元庆	1984 年 4 月至 1990 年 4 月
		金溇村	何福康	1990 年 4 月至 1998 年 5 月
		金溇村	吴杏根	1998 年 5 月至 1999 年 5 月
		金溇村	沈新荣	1999 年 5 月至 2001 年 10 月
		潘溇村	钱兴如	1984 年 4 月至 1992 年 3 月
		潘溇村	吴水根	1992 年 4 月至 1995 年 8 月
		潘溇村	何柏芳	1995 年 9 月至 1998 年 3 月
		潘溇村	朱火成	1998 年 4 月至 2001 年 10 月

（续）

历史时期	村级行政负责人职务	村级组织名称（含小村）	姓名	任职年月
1984 年至 2021 年 12 月	村主任	太湖水产村	金连根	1984 年 12 月至 1988 年 12 月
			宋巧根	1989 年 1 月至 1993 年 3 月
			金锦根	1993 年 3 月至 2001 年 10 月
		幻溇村	吴杏根	2001 年 10 月至 2005 年 4 月
			朱火成	2005 年 4 月至 2008 年 4 月
			闵锦芳	2008 年 4 月至 2011 年 4 月
			叶建华	2011 年 4 月至 2014 年 3 月
			吴钰卫	2014 年 3 月至 2020 年 4 月
			叶建华	2020 年 4 月至 2021 年 12 月

许溇村村级行政组织负责人

历史时期	村级行政负责人职务	村级组织名称（含小村）	姓名	任职年月
解放初期（民国至 1950 年）	保长	许溇十八保	沈福来	1934 年 4 月至 1944 年 4 月
			谢才宝	1944 年 5 月至 1950 年 4 月
土改时期（1950—1952）	农委主任或村长	许溇互助组	谢和生	1950 年 5 月至 1952 年 3 月
1952 年至 1956 年	初级社社长	许溇初级社	谢和生	1952 年 4 月至 1956 年 3 月
1956 年至 1958 年	高级社社长或贫代会主任		蒋水宝	1956 年 4 月至 1958 年 10 月
		汤家甸高级社	张金荣	1956 年 4 月至 1958 年 12 月
人民公社（1958—1968）	生产大队大队长	许溇大队	蒋阿六	1958 年 11 月至 1967 年 12 月
			戴永财	1968 年 1 月至 1968 年 12 月
		汤家甸大队	徐元法	1959 年 1 月至 1968 年 12 月
"文革"时期（1968—1978）	生产大队革委会主任	许溇大队	戴永财	1969 年 1 月至 1978 年 12 月
		汤家甸大队	徐元法	1969 年 1 月至 1978 年 12 月
人民公社管委会（1978—1984）	生产大队大队长	许溇大队	戴永财	1979 年 1 月至 1984 年 12 月
		汤家甸大队	徐元法	1979 年 1 月至 1980 年 4 月
			卞林萍	1980 年 5 月至 1987 年 3 月
1984 年至 2021 年 12 月	村主任	许溇村（小村）	戴永财	1985 年 1 月至 1989 年 4 月
			谢根明	1989 年 5 月至 1995 年 5 月
			黄玉方	1995 年 5 月至 1999 年 1 月
			姚赛	1999 年 2 月至 2001 年 11 月
		汤家甸村	秦林宝	1987 年 4 月至 1990 年 3 月
			张林元	1990 年 4 月至 2002 年 5 月
		许溇村（大村）	姚赛	2001 年 11 月至 2002 年 5 月

（续）

历史时期	村级行政负责人职务	村级组织名称（含小村）	姓名	任职年月
1984 年至 2021 年 12 月	村主任	许溇村（大村）	朱子林	2002 年 5 月至 2020 年 4 月
			姚赛	2020 年 4 月至 2021 年 12 月

杨溇村村级行政组织负责人

历史时期	行政负责人职务	村级组织名称（含小村）	姓名	任职年月
解放初期（民国至 1950 年）	保长	杨溇村	周贵成	1947 年 10 月至 1950 年 3 月
		谢溇村	孙玉轩	1948 年 2 月至 1950 年 3 月
土改时期（1950—1952）	农委主任或村长	杨溇村	宋立元	1950 年 4 月至 1952 年 3 月
		谢溇村	陆锦方	1950 年 4 月至 1952 年 3 月
1952 年至 1956 年	初级社社长	杨溇社	谢淦成	1952 年 4 月至 1956 年 3 月
1956 年至 1958 年	高级社社长或贫代会主任	杨溇社	周坛宝	1956 年 4 月至 1958 年 3 月
		谢溇社	吴阿兴	1957 年 4 月至 1958 年 3 月
人民公社（1958—1968）	生产大队大队长	杨溇大队	柏加林	1958 年 4 月至 1966 年 3 月
		谢溇大队	吴阿兴	1958 年 4 月至 1960 年 3 月
			吴顺金	1960 年 4 月至 1966 年 3 月
			柏广才	1966 年 4 月至 1968 年 3 月
"文革"时期（1968—1978）	生产大队革委会主任	杨溇大队	周坛宝	1966 年 4 月至 1979 年 3 月
		谢溇大队	柏广才	1966 年 4 月至 1971 年 3 月
			朱阿明	1971 年 4 月至 1978 年 3 月
人民公社管委会（1978—1984）	生产大队大队长	谢溇大队	朱阿明	1978 年 4 月至 1984 年 3 月
		杨溇大队	朱法林	1979 年 4 月至 1984 年 3 月
1984 年至 2021 年 12 月	村主任	杨溇村（小村）	柏向荣	1984 年 4 月至 2001 年 10 月
		谢溇村	朱阿明	1984 年 4 月至 2001 年 10 月
		杨溇村（大村）	吴会珍	2001 年 11 月至 2004 年 3 月
			柏向荣	2004 年 4 月至 2011 年 3 月
			高建新	2011 年 4 月至 2020 年 4 月
			柏治中	2020 年 4 月至 2021 年 12 月

注：以上各表由各村于 2021 年调查上报。

三、社区居委会

社区居委会介绍详见本志第六卷第二章第二节。

第四章　社会团体

　　织里的社会团体，自村落形成后出现雏形，主要在治水治田、抗洪抢险、防火救火、纠纷调解等方面，由区域内的居民组成，以口头约定为主，大家共同遵守。抗日战争时期，成立青年救国会。新中国成立初期，农民协会建立并开展分田分地等工作。20世纪50年代始，工会、共青团、妇女联合会、中国少年先锋队等组织建立。20世纪80年代始，计划生育协会、科学技术协会、农民代表组织等先后建立，并在中国共产党的领导下，根据各自的特点开展活动。

第一节　工　会

一、工会组织

1.织里区工会

　　1951年成立，辖织里区10个乡，由吴兴县总工会颁发会员证。工会主席杨德年、副主席闵月林。下设建筑工会、店员工会、教育工会等分工会。建筑工会有会员100多人。1956年社会主义改造后，建筑工会改名为建筑合作社工会，店员工会改名为供销合作社工会。

2.织里镇工会

　　1985年3月29日建立镇工会筹备领导小组。1987年12月正式成立工会工作委员会，朱根初任主席，高培林、姚建国任副主席，陶伟、曹阿如、潘立人、俞新龙任委员。办公地点设在织里影剧院对面，开盘经费2000元。同年有基层工会9个，镇办企事业单位22个，会员376人。1999年10月行政区划调整时太湖、漾西镇工会并入织里镇工会。1999年10月至2001年8月，徐芳任工会主席。2001年8月至2003年4月，芮惠斌任工会主席。2003年4月至2005年4月，吴吉琴任工会主席。2005年4月至2005年6月，龚新霞任工会主席。

3.太湖镇工会

1999 年 8 月成立，工会工作委员会由胡凤林、沈林庆、龚新霞、蔡梅建、严培鑫等 5 人组成，胡凤林任主任，沈林庆任副主任，工会地点设在太湖镇政府大院内。1999 年 10 月行政区划调整后并入织里镇工会。

4.漾西镇工会

1999 年 5 月 26 日成立，主席朱淦江，副主席杨新林，委员温建飞、顾培华、胡佩君、王棉纯、金小英。1999 年 10 月行政区划调整后并入织里镇工会。

5.织里镇总工会

2005 年 7 月 26 日召开织里镇工会第一次代表大会，正式宣告成立。参会正式代表 100 人，选举产生第一届工会委员会委员龚新霞、宋冬民、李立群、李荣法、邵建群、吴玉林、吴荣江、吴美丽、陆阿根、姚志学、钱悦和等 11 人；常委龚新霞、宋冬民、李立群、李荣法、邵建群等 5 人；龚新霞当选为工会主席，宋冬民当选为副主席。截至 2005 年共建立基层工会 83 家（其中联合工会 12 家）覆盖企业、家庭作坊 5000 多家，有工会会员 2.5 万多人。

2010 年 7 月 21 日召开工会第二次代表大会，参会正式代表 110 人，大会批准题为《坚持科学发展、凝聚职工力量、在推动织里经济社会发展中展现新作为》的工作报告，选举产生第二届委员会委员龚新霞、王道文、吴荣江、吴美丽、朱林法、陆阿根、芮惠斌、朱淦江、李立群、钱悦和、戴国平等 11 人；常委龚新霞、王道文、吴荣江、李立群、钱悦和等 5 人；龚新霞当选为主席，王道文当选为副主席。截至 2010 年，共有基层工会 237 家（其中企业工会 144 家，工会联合委员会 17 家，行业工会 2 家，村、路段联合工会 74 家），共有工会会员 80 309 人。2011 年 9 月 6 日召开二届二次全委会议，大会选举潘新林为工会主席，龚新霞、吴美丽为副主席。2014 年 10 月 17 日召开镇总工会二届三次会议，大会选举费学梅为主席，闵国荣、吴美丽为副主席。

2017 年 3 月 3 日召开工会第三次代表大会，有正式代表 108 人，大会批准题为《立足职能定位、强化履职担当、在推动织里经济社会发展中展现新作为》的工作报告。选举产生第三届委员会委员朱凯、闵国荣、姚玲芬、章陈辉、项卫平、潘剑荣、朱新根、潘林会、沈泱、姚国琴、朱新铭、程明强、施松江、沈哲婷、何良、郁敏杰、朱新江、汪燕萍、陈小红、范玲伟、吴燕燕、徐建峰、沈月利、潘水荣、罗国良、朱林法、王少鹏、杨睿浠、罗志桥、刘美娟、杨小毛、姚明海、施旭东、冯海明、潘云初等 35 人；常委朱凯、朱新根、朱新铭、闵国荣、沈泱、项卫平、胡金海、施松江、姚国琴、姚玲芬、章陈辉、程明强、潘剑荣等 13 人；朱凯当选为主席，闵国荣、姚玲芬当选为副主席，项卫平、潘剑荣、朱新根当选为兼职副主席。截至 2017 年，有基层工会 237 家（其中 6 家街道办事处工会，115 家企、事业工会，58 家村、社区工会，58 家路段工会），共有工会会员 83 725 人。2018 年 5 月 18 日召开工会三届三次会议，大会应到委员 35 名，实到委员 33 名。选举何良为工会主席，马晓丽、姚玲芬为副主席，项卫平、潘剑荣、朱新根、冯海明为兼职副主席。2020 年 1 月 19 日召开工会三届四次会议，大会应到委员 35 名，实到委员 30 名。大会选举闵为民为工会主席，马晓丽、姚玲芬为副主席，项卫平、潘剑荣、朱新根为兼职副主席。截至 2020 年 1 月，有基层工会 230 家（其中 6 家街道办事处工会，108 家企、事业工会，58 家村、社区工会，58 家路段工会），共有工会会员 82 685 人。

二、工会工作

1958 年，建筑合作社工会派出 10 多名木匠，到杭州参与浙江大学校舍建造。

2006 年开始，创建劳动关系和谐企业，形成"党委领导、政府主导、工会牵头、部门协作、企业主体"的创建工作格局，共有省级劳动关系和谐企业 4 家、市级和谐企业 12 家、区级和谐企业 34 家。搭建劳模培养选拔平台，完善劳模评选机制，规范劳模选拔程序，自总工会成立以来，共评选出全国劳模 1 人、省级劳模 3 人、市级劳模 5 人、区级劳模 25 人、市五一劳动奖状三家、区级模范集体 7 家。

2007 年 9 月成立"新织里人"艺术团，举办大型外来建设者卡拉OK大赛和文艺演出 26 次，进企业、社区、工地开展大型文艺慰问演出 10 场，送电影 6 场，开展镇相亲交友大会 5 场，为全镇 1000 余人青年职工搭建婚恋交友平台。同年开始，每年组织全镇职工开展"安康杯"竞赛活动，由各建会企业的职工参加。

2009 年开始开展"四送活动"。"春送岗位"，发布各类空岗信息，发放岗位信息表和各类宣传资料，为织里镇的外来务工人员免费提供就业创业政策咨询和法律维权援助。"夏送清凉"，慰问环卫工人、企业一线职工，为他们送去防暑降温用品。"秋送助学"，秋季为困难职工子女发放"金秋助学"基金。"冬送温暖"，冬季为困难职工发放慰问金和慰问品。

2011年开展以"五比五赛"为主要内容，组织开展钢筋工、电焊工、服装制作工、童装设计师、叉车工等技能大赛。金洁实业、阿祥集团、漾西铝业、珍贝羊绒、米皇羊绒等7家企业分别被评为省、市、区级先进职工之家。秦家港社区、朱湾社区等4家基层工会分别被评为省级职工书屋示范点。

从2011年到2019年，全镇共创建区级示范型工会10家、优秀村社区工会1家、先进职工之家6家。

2014年3月，建立4个街道办事处工会工作委员会，形成镇总工会、办事处工会、村（社区）工会的"网格化"管理体系。

截至2020年6月，全镇共成立基层工会237家，吸纳工会会员近11万人。

第二节 中国共产主义青年团

一、共青团织里镇（乡、公社）委员会

1.组织沿革

1939年，建立"青年救国团"，参加的团员有闵达、蒋月和、郑湘、郑友红、郑友益、徐加林等30余人。

1960年，建立织里乡团组织。

1971年，成立织里公社团委。

1993年10月行政区划调整，晟舍乡团委并入织里镇团委。

1999年10月行政区划调整，太湖镇团委、轧村镇团委、漾西镇团委并入织里镇团委。

2014年，划分街道、办事处后，设立6个相应的团工委。

2019年底，共有基层团组织69个，其中行政村团组织34个，社区团组织18个，学校团组织7个，企业团组织7个，机关及事业单位团组织3个。有团工委6个。全镇团员1596人。

2.代表大会

共青团织里公社第四次代表大会 1972年召开，大会通过选举，李新妹当选为团委书记（兼），潘阿林当选为副书记，冷新珍等人当选为团委委员。

共青团织里公社第五次代表大会 1979年7月17日召开，参加正式代表

147 人。大会选举产生新一届团委会委员，郑惠明、唐利荣、王少美、蒋关宝、高安明、朱文琴、凌侠乐等 7 人当选，郑惠明当选为团委书记。

共青团织里公社第六次代表大会 1982 年 7 月 13 日召开，史福根当选为团委书记。

共青团织里镇第七次代表大会 1984 年 8 月 16 日召开，选举产生新一届团委委员，朱根初、孙建成、钱新良、刘新雄、顾新财、叶新珍、俞力佳等 7 人当选，朱根初当选为团委书记。

共青团织里镇第八次代表大会 1987 年 8 月 25 日在织里镇影剧院召开，应到正式代表 58 名，代表全镇 32 个团支部、680 名团员。大会批准第七届委员会所作的《献青春，作贡献，努力开创织里镇共青团工作新局面》的工作报告，选举产生八届委员会委员，朱根初、屠宏伟、姚建荣、刘新雄、钱国良、陆新江、郑丽新等 7 人当选，朱根初当选为团委书记，屠宏伟、姚建荣当选为副书记。选举产生出席共青团郊区第二次代表大会代表 7 人。

共青团织里镇第九次代表大会 1990 年 1 月召开，参加正式代表 60 人，大会选举产生第九届委员会委员，朱根初、项群英、刘新雄、姚建荣、陆新江、郑丽新、方云泉等 7 人当选，朱根初当选为书记，项群英、刘新雄当选为副书记。

共青团织里镇第十次代表大会。1993 年 6 月 25 日召开，应到正式代表 69 人，代表 37 个团支部的 614 名团员。大会选举产生第十届委员会委员，项群英、陈新娣、刘新荣、陈剑、李林根、汤月芳、周捍成等 7 人当选，项群英当选为团委书记。

共青团织里镇第十一次代表大会 1996 年召开，陈新娣当选为团委书记。

共青团织里镇第十二次代表大会 1999 年 9 月召开，陈新娣当选为团委书记。

共青团织里镇第十三次代表大会（未召开） 1999 年 12 月织里镇党委研究决定，四镇合一后的共青团织里镇委员会由陈新娣、蔡滨斌、温建飞、蔡梅建、傅军、周汉文、姚建强、闵淦明、莫浩、蔡小江、吴建青、李志方、吴秀华等 13 人组成，陈新娣任团委书记，蔡滨斌、温建飞、蔡梅建任副书记。

共青团织里镇第十四次代表大会 2005 年 11 月 11 日在织里镇政府召开，大会选举产生新一届委员 9 人，徐颖当选为团委书记。

共青团织里镇第十五次代表大会 2008 年 12 月 25 日召开，应到正式代表

83 人，实到 78 人。大会选举产生新一届团委委员，王伟、朱凯、杜继文、沈梅华、周泉、范亚萍、濮玉如、茹燕锋、徐颖、徐珏、戴国平等 11 人当选，徐颖当选为团委书记，朱凯当选为副书记。

共青团织里镇第十六次代表大会　2012 年 8 月 13 日在织里镇政府召开，应到正式代表 106 人，实到 92 人。大会选举产生新一届团委委员，吴谦、丁鑫泉、朱会明、朱凯、陈小龙、陈佳尔、闵少平、闵海燕、汪渊、吴平、杨正伟、张冰强、范亚萍、周丽、郭舒、徐珏、徐律至、曹佳、章赟、潘红霞、濮玉如等 21 人当选，吴谦当选为团委书记。

共青团织里镇第十七次代表大会　2015 年 12 月 12 日在织里镇政府召开，大会应到正式代表 103 人，实到 96 人。大会确定今后 3 年共青团工作的指导思想是："以邓小平理论和'三个代表'重要思想为指导，深入贯彻落实科学发展观，以服务团员青年为宗旨，以加强能力建设为重点，坚持党建带团建、团建抓创新，扎实履责，突出重点，凸显特色，团结带领广大团员青年为实现我镇'中国国际童装之都太湖南岸工贸新城'的目标贡献青春力量。"大会选举产生新一届团委委员，丁鑫泉、卞国新、朱会明、杜雅英、李菲、吴海燕、吴谦、沈俊峰、张冰强、陆丹、陈凯、陈斌、邵龙斌、谈云云、曹佳、谢作慧、谢智灵、潘怡辉、濮玉如等 19 人当选，吴谦当选为书记，朱会明、陈斌、邵龙斌、曹佳、谢作慧等 5 人当选为副书记。

共青团织里镇第十八次代表大会　2019 年 3 月 26 日在织里镇政府召开，大会应到正式代表 103 人，实到 93 人。大会确定今后三年共青团工作的指导思想是："以习近平新时代中国特色社会主义思想为指导，深入贯彻落实党的十九大精神，以服务团员青年为宗旨，以加强能力建设为重点，以'践行新思想，拥抱新时代'行动为载体，坚持党建带团建、团建抓创新，扎实履责，突出重点，凸显特色，团结带领广大团员青年'努力奔跑展现青年新作为，奋力追梦谱写工作新篇章'开拓进取，为加快建设'中国国际童装之都，太湖南岸工贸新城'贡献青春力量。"大会选举产生新一届委员会委员，杨明、李菲、肖冬、吴凌艳、吴海燕、吴谦、沈林星、沈杰耀、沈俊峰、陆培荣、陈洪娟、陈新华、邵龙斌、钟振宇、费巍、姚宁宁、徐建学、谢学明、谢智灵、潘森旌等 19 人当选，吴谦当选为团委书记，邵龙斌、钟振宇、沈林星、姚宁宁当选为团委副书记。

3.团委书记、副书记名录

1971 年前，沈佰兴任团委书记。

1972 年至 1976 年 9 月，李新妹兼任团委书记，潘阿林任副书记。

1976 年 10 月至 1978 年 9 月，谈月明任团委书记。

1978 年 10 月至 1982 年 6 月，郑惠明任团委书记。

1982 年 7 月至 1984 年 7 月，史福根任团委书记。

1984 年 8 月至 1993 年 5 月，朱根初任团委书记。

1987 年 8 月至 1990 年 1 月，屠宏伟、姚建荣任团委副书记。

1990 年 1 月至 1993 年 6 月，项群英、刘新雄任副书记。

1993 年 6 月至 1996 年，项群英任团委书记。

1996 年至 1999 年 9 月，陈新娣任团委书记。

1999 年 10 月至 2001 年 12 月，陈新娣任行政区划调整后的织里镇团委书记，蔡滨斌、温建飞、蔡梅建任副书记。

2002 年 1 月至 2002 年 5 月，温建飞任团委副书记（主持工作）。

2002 年 6 月至 2005 年 3 月，傅宇成任团委书记。

2005 年 4 月至 2012 年 7 月，徐颖任团委书记，朱凯任团委副书记。

2012 年 8 月至 2019 年 10 月，吴谦任团委书记。

2015 年 12 月，朱会明、陈斌、邵龙斌、曹佳、谢作慧任副书记。

2019 年 3 月至 2019 年 12 月，邵龙斌、沈林星、姚宁宁任副书记。

2019 年 3 月至 2019 年 11 月，钟振宇任团委副书记。

2019 年 12 月，钟振宇任团委书记。

二、共青团太湖镇（乡、公社）委员会

1.组织沿革

1958 年，建立太湖公社团组织。

1972 年，成立太湖公社团委。

1999 年 10 月，行政区划调整时并入织里镇团委。

2.代表大会

共青团太湖公社第四次代表大会　1971 年 3 月召开，胡明昌当选为团委书记。

共青团太湖公社第五次代表大会 1978年12月召开，叶再明当选为团委书记。

共青团太湖公社第六次代表大会 1984年3月28日召开，张正康当选为团委书记，董建平、朱水群当选为团委副书记，高慧元、吴昌平等当选为团委委员。

共青团太湖乡第七次代表大会 1986年6月召开，徐林财当选为团委书记。

共青团太湖乡第八次代表大会 1986年6月召开，闵国荣当选为团委书记，蔡三毛、闵建勤当选为团委副书记，吴昌平、吴淦方、吴水琴当选为团委委员。

共青团太湖乡第九次代表大会 1990年8月召开，大会选举产生乡第九届委员会委员陆坤荣、费建华、潘忠妹、周炳芳、张林妹、吴宏权、张学忠等7人组成，陆坤荣当选为团委书记，费建华、潘忠妹当选为副书记。

共青团太湖乡第十次代表大会 1993年9月召开，吴吉琴当选为团委副书记（主持工作）。

共青团太湖镇第十一次代表大会 1995年12月召开，蔡梅建当选为团委书记，吴吉琴、潘忠妹当选为副书记。

共青团太湖镇第十二次代表大会 1999年9月16日召开，出席的正式代表56人。大会听取党委领导讲话，审议并批准镇十一届团委工作报告，差额选举产生团委委员，候选人沈永成、赵旭东、陈学良、莫永成、钱新祥、蔡梅建、樊军、潘忠妹等8人（含差额），7人当选，蔡梅建当选为书记，沈永成、钱新祥当选为副书记。

3.共青团书记、副书记名录

1966年至1978年11月，胡明昌兼任太湖公社团委书记，叶再明任副书记（团委专职干部）。

1978年12月至1984年2月，叶再明任团委书记。

1984年3月28日至1985年，张正康任团委书记。

1984年3月28日至1986年5月，董建平、朱水群任团委副书记。

1985年至1986年5月，徐林财任团委书记。

1986年6月至1990年7月，闵国荣任团委书记，蔡三毛、闵建勤任团委副书记。

1990年8月至1991年，陆坤荣任团委书记。

1990 年 8 月至 1999 年 8 月，潘忠妹任副书记。

1990 年 8 月至 1991 年，费建华任团委副书记。

1991 年至 1992 年，费建华任团委书记。

1992 年至 1993 年 8 月，程珊珊任团委书记。

1993 年 9 月至 1995 年 11 月，吴吉琴任团委副书记（主持工作）。

1995 年 12 月至 1999 年 9 月，蔡梅建任书记。

1995 年 11 月至 1999 年 8 月，吴吉琴任副书记。

1999 年 9 月，沈永成、钱新祥任团委副书记。

三、共青团轧村镇（公社、乡）委员会

1.组织沿革

1960 年，建立轧村公社团组织。

1971 年，成立轧村公社团委。

1999 年 10 月，行政区划调整时并入织里镇团委。

2.代表大会

共青团轧村公社第四次代表大会 1971 年 1 月召开，大会确定今后团委的工作是："要继续高举毛泽东思想伟大红旗，坚决执行毛主席的无产阶级革命路线和政策，继续完成党的'九大'提出的各项战斗任务。"大会选举产生第四届委员会委员，赵雪清、沈永林、汤和林、吴小章、陈国强、潘发根、杨新妹、王惠珍、俞永明、陶荣根、陈仁达等 11 人当选，赵雪清当选为团委书记。

共青团轧村公社第五次代表大会 1972 年 1 月召开，大会选举产生新一届团委委员，汤和林、潘发根、陶荣根、吴小章、陈国强、王惠珍、杨新妹等 7 人当选为团委委员，汤和林当选为团委书记。

共青团轧村公社第六次代表大会 1974 年召开，大会选举产生新一届团委委员，汤和林、潘发根、陶荣根、吴小章、陈国强、王惠珍、杨新妹等 7 人当选，汤和林当选为团委书记。

共青团轧村公社第九次代表大会 1978 年 12 月 26 日召开，大会听取叶虎林代表团委所作的报告。大会选举汤和林为团委书记。

共青团轧村公社第十次代表大会 1981 年召开，汤和林当选为团委书记。

共青团轧村公社第十一次代表大会 1984 年 3 月 28 日召开，姚松泉当选为

团委书记。

共青团轧村乡第十二次代表大会 1987年9月在轧村影剧院召开，大会选举产生新一届团委委员，陈建平、沈林江、俞华珍、潘培根、沈如方、顾水根、杨阿六等7人当选，陈建平当选为书记，沈林江当选为副书记。

共青团轧村乡第十三次代表大会 1990年8月在轧村影剧院召开，大会选举产生镇第十三届委员会委员，沈林江、芮惠斌、徐惠锋、杨阿六、闵海林、宋小林、潘炳美等7人当选，沈林江当选为团委书记，芮惠斌、徐惠锋当选为副书记。

共青团轧村镇第十四次代表大会 1993年9月28日在轧村影剧院召开，应到正式代表80人，实到正式代表73人，代表全镇720名团员。大会选举产生新一届团委委员，严丽霞、闵海林、沈林江、邱建凤、芮惠斌、徐惠锋、潘炳妹等7人当选，沈林江当选为团委书记，芮惠斌、徐惠锋当选为副书记。

共青团轧村镇第十五次代表大会 1996年10月3日在轧村镇政府召开，应到正式代表66人，代表全镇749名团员。大会批准芮惠斌代表上届委员会所作的题为《明确历史重任，迎接新世纪。投身"九五"实践，再创新业绩》的工作报告。大会选举产生新一届团委委员，芮惠斌、蔡滨斌、邓卓勋、邱娟凤、吴秀华、陈建荣、潘金田等7人当选，芮惠斌当选为团委书记，邓卓勋当选为副书记。

共青团轧村镇第十六次代表大会 1999年9月在轧村镇政府召开，大会选举产生新一届团委委员，蔡滨斌、朱平良、陈燕、邱建凤、吴秀华、陈建荣、胡新方、盛建峰等8人当选，蔡滨斌当选为团委书记，朱平良当选为副书记。

3.共青团书记、副书记名录

1960年至1971年12月，赵雪清兼任团委书记。

1970年至1971年12月，汤和林任团委副书记（团委专职干部）。

1972年1月至1982年2月，汤和林任团委书记。

1982年3月至1987年8月，姚松泉任团委书记。

1987年9月至1990年7月，陈建平任团委书记，沈林江任副书记。

1990年8月至1994年4月，沈林江任团委书记，芮惠斌任副书记。

1990年8月至1996年10月，徐惠锋当任副书记。

1994年5月至1997年9月，芮惠斌任团委书记。

1996 年 10 月至 1999 年 9 月，邓卓勋任副书记。

1997 年 10 月至 1999 年 9 月，蔡滨斌任团委书记。

1999 年 9 月至 10 月，朱平良任团委副书记。

四、共青团漾西镇（公社、乡）委员会

1.组织沿革

1958 年，建立漾西公社团组织。

1970 年，开展整团建团运动，全公社建立团支部 12 个，全年发展新团员 15 名，收到入团申请书 300 份，有 2 个团支部筹建之中。

1970 年 11 月 25 日，成立共青团漾西公社委员会。

1999 年 10 月，行政区划调整时并入织里镇团委。

2.代表大会

共青团漾西公社第四次代表大会　1970 年 11 月 25 日召开，大会成立共青团漾西公社委员会。经公社党委研究决定九名团委委员民主协商产生，袁克成当选团委书记。新团委发出《新团委诞生号召书》。

共青团漾西乡第五次代表大会　1977 年 8 月召开，历时 3 天。大会听取公社党委赵雪清书记的报告，学习共青团第十次全国代表大会工作报告，大会批准王金法代表公社团委所作的工作报告，大会确定的指导思想是："高举毛主席的伟大旗帜，遵循党的十一大路线，以揭批林彪、'四人帮'为纲，认真总结全社第四次团代会以来青年战线两条路线斗争的经验教训，学习贯彻共青团第十次全国代表大会的精神，制定今后一个时期共青团的工作任务，动员全体团员青年为实现新时期的总任务而奋斗。"大会选举产生共青团漾西公社第五届委员会。

共青团漾西乡第六次代表大会　1982 年召开，顾进财当选为团委书记，龚新霞、姚志凌等当选为委员。

共青团漾西乡第七次代表大会　1984 年 3 月 28 日召开，宋明强当选为团委书记，朱林法当选为委员。

共青团漾西乡第七次（2）代表大会（次数重复）　1987 年 9 月 5 日至 6 日召开，应到正式代表 60 名，实到 55 名，大会批准杨新林代表七届委员会所作的工作报告，确定今后各级团组织的主要任务是："在乡党委和上级团委的领导下，牢固树立'以四化建设为中心，活跃团的工作'的指导思想，深入贯彻乡第八次

党代会精神，坚持以马列主义思想教育青年，围绕两个文明建设，开展团的社会活动，加强自身建设，增强团的战斗力，维护青年权益，关心青年的健康成长，为培养一代有理想、有道德、有文化、有纪律的社会主义新人，为建设文明、繁荣、富裕的社会主义贡献青春、智慧和力量。"大会选举产生新一届团委委员。杨新林、朱林法、徐贵华、吴金田、周忠文、汪明富、周晓燕等7人当选，杨新林当选为书记，朱林法当选为副书记。

共青团漾西乡第八次代表大会 1991年2月2日召开，应到正式代表70人，实到68人。大会选举产生第八届团委委员，朱林法、王勇泉、韦树斌、李水珍、李建华、邹六根等6人当选，朱林法当选为团委副书记（全面负责）。

共青团漾西乡第九次代表大会 1993年9月20日召开，应到正式代表63人，实到60人。大会批准陈晓华代表上届团委所作的题为《艰苦创业，勇于创新，为漾西的繁荣昌盛贡献青春》的工作报告，确定今后三年共青团工作总的指导思想和要求是："以十四大精神为指针，坚持党的基本路线，围绕建立社会主义市场经济体制和乡人代会提出的各项经济指标，进一步发挥共青团的政治优势，发挥青年突击队作用，全面提高团员青年的思想道德素质和文化科学素质，坚持实事求是，认清形势，正视困难，抓住机遇，振奋精神，切实抓好自身建设，主动配合中心工作，鼓励全乡团员青年进一步解放思想，转变观念，敢闯新路，敢创新业，把团工作提高到一个新的水平。"大会选举产生第九届团委委员，陈晓华、朱林法、顾培华、伍建民、李水珍、施培荣、沈旭裕、赵玲凤等7人当选，陈晓华当选为团委书记，朱林法当选为副书记。

共青团漾西镇第十次代表大会 1996年10月12日召开，应到正式代表53人，实到51人，代表全镇425名团员。大会批准陈晓华代表上届团委所作的题为《团结奋进、开拓创新，为漾西的繁荣、富裕贡献青春》的工作报告，确定今后三年全镇共青团工作的指导思想："以党的十四届五中全会和团的十三届四中全会精神为指导，用建设有中国特色的社会主义理论教育青年，团结带领青年投身经济建设主战场，不断加强团的建设，充分发挥共青团的突击队和生力军作用，全面提高团员青年的思想道德素质和文化科学素质，实事求是，抓住机遇，振奋精神，为全镇'九五'期间的两个文明建设而奋斗。"大会选举产生第十届团委委员，朱林法、沈旭裕、陈建琴、陈晓华、金晓英、胡国强、董惠忠等7人当选。陈晓华当选为书记，朱林法当选为副书记。

共青团漾西镇第十一次代表大会　1999年9月8日召开，应到正式代表45人，实到43人。大会选举产生第十一届团委委员，温建飞、潘斌松、沈旭裕、韦云泉、金晓英、李志方、潘雪琴等7人当选，温建飞当选为书记，潘斌松当选为副书记。

3.共青团书记、副书记名录

1970年前至1975年，袁克成任团委书记。

1975年至1977年7月，顾义荣兼任团委书记，王金法任漾西公社团委副书记。

1977年7月至1982年，王金法任团委书记。

1982年至1984年2月，顾进财任团委书记。

1984年3月至1987年8月，宋明强任团委书记。

1987年9月至1990年2月，杨新林任团委书记。

1987年9月至1991年1月，朱林法任副书记。

1990年3月至1991年1月，王新利任团委书记。

1991年2月至1992年1月，朱林法任团委副书记（全面负责）。

1992年1月至1993年8月，梅雪峰任团委书记。

1992年1月至1999年8月，朱林法任副书记。

1993年9月到1999年8月，陈晓华任团委书记。

1999年9月，温建飞任团委书记，潘斌松任副书记。

五、共青团晟舍乡（公社）委员会

1.组织沿革

1958年，建立晟舍公社团组织。

1971年，成立晟舍公社团委。

1993年10月，行政区划调整时并入织里镇团委。

2.代表大会

共青团晟舍乡第十次代表大会　1987年9月召开，大会选举产生乡第十届委员会委员，潘惠良、汤根江、陆新法、冯建强、谢建强、陶王瑛、张军伟等7人当选，潘惠良当选为书记，汤根江当选为副书记。

共青团晟舍乡第十一次代表大会　1990年8月20日召开，大会提出"以

'四化'为中心活跃团的工作，以培养'四有'新人作为共青团工作的出发点和落脚点，深入开展学雷锋和团员'十带头'活动。"大会选举产生乡第十一届委员会委员，陈晓华、冯建强、莫畏、袁建荣、程绘英等5人当选，陈晓华当选为团委书记，冯建强当选为团委副书记。

3.共青团书记、副书记名录

1964年至1970年前后，陶勤秀兼任团委书记。

1970年前后到1978年，潘学楷兼任团委书记。

1978年至1979年12月，袁阿团任团委书记。

1979年1月至1979年12月，姚松泉任团委副书记。

1980年1月至1984年2月，陈惠明任团委书记。

1984年3月至1989年7月，潘惠良任团委书记。

1987年9月至1990年8月，汤根江任副书记。

1989年8月至1990年7月，陈晓华任团委副书记（主持工作）。

1990年8月至1993年10月，陈晓华任团委书记，冯建强任副书记。

六、织里区共青团

1.组织沿革

1980年10月，织里区6个公社共有团支部143个，共青团员5016人，其中女团员1947人，20岁以下团员1078人，团员占青年比例22.9%。1980年1月至10月发展新团员770人，其中女团员319人。25周岁以下的团支部书记42人，28周岁以上的76名。有公社团委委员56人，平均年龄28周岁，其中中共党员16人。

2.代表大会

太湖公社（大公社）首届团代会　1960年10月1日召开，参加代表共136名，其中正式代表117名，列席代表19名。大会的重点任务是："继续大鼓干劲，大抓先进，学习鲍肖明爱国爱社精神，开展增干劲、比效率、比质量的劳动竞赛，充分发挥青年突击队作用，争取全年大丰收。"大会作了总结工作报告，报告指出："这次团员代表大会是在公社化以来的第一次大会，是在庆祝大丰收，继续鼓干劲、争上游，开展双超运动的气氛中召开的。""公社化以来团在公社党委的关怀和直接领导下，取得了巨大的成绩，以团支部为核心，团结和带动广大团员青年在各项运动中'立雄心、出大志、创奇迹、立功勋'。"大会选举产生共青团太湖公社委员会委员，选举产生出席县团员代表大会代表。

七、共青团工作

1927年，织里广大青年配合中共地下党组织，宣传党的土地革命纲领，提出打倒土豪劣绅、减租减息的口号。

抗日战争初期，建立织里"青年救国团"，为地下党组织送茶送水，开展群众教育工作。随后许多团员加入中国共产党。

1939年春，织里许多青年开展抗日救亡运动。先以出墙报、刷标语、散发传单、上街演讲等形式，开展抗日宣传，团结广大爱国青年。成立歌咏队、演剧队，教唱抗日歌曲，演出《放下你的鞭子》等话剧。创办夜校、文化室和青年训练班，组织青年学习《社会发展史》《政治经济学》《论持久战》等进步书籍。

1960年，太湖公社（大公社）在大批劳力支援大炼钢铁的情况下，青年人搞突击运动完成秋收冬种任务，采取多样化积肥、捻泥，大搞试验田。供销社团支部组织送货下乡。一些团员青年响应国家号召，到宁夏去"插队"，第一批93人，第二批131人，并做到去者愉快，留者安心。

1961年团员合影

1969年，轧村公社团委提出工作要求是："组织广大团员和青年认真活学活用毛主席的光辉哲学思想，遵照毛主席'虚心使人进步，骄傲使人落后'的指示，不断斗私批修，努力改造世界观，以阶级斗争为纲，在深入开展'一打三反'运动中，在'农业学大寨'的新高潮中，在抓革命、促生产、促工作、促战备的斗争中，充分发挥团组织的突击作用和助手作用。继续开展革命大批判，进一步肃清刘少奇反革命修正主义建团路线的余毒，坚决贯彻执行毛主席的建团路线。对团员和青年'进行一次思想和政治路线方面的教育'，提高执行毛主席革命路线的自觉性，以'模范共青团员'胡业桃为榜样，加强团的思想和组织建设，积极慎重地做好'吐故纳新'和超龄团员的离团工作。紧密团结在毛主席为首、林副主席为副的党中央周围，谦虚谨慎，戒骄戒躁，沿着毛主席的无产阶级革命路线前进！"

1970年，漾西公社新团委发出了《新团委诞生号召书》："全社各团支部，广大团员和青年要更高地举起马克思、列宁主义毛泽东思想伟大红旗、突出无产阶级政治，进一步掀起更大规模的活学活用毛泽东思想的群众运动新高潮，要认真学习毛主席关于在无产阶级专政下继续革命的伟大学说，认真学习，积极宣传，全面贯彻党的'九届二中'全会公报，大学大用新党章，大学大用'两个决议'，大学大用毛主席的光辉哲学思想，要学出新水平，用出新水平，进一步提高阶级斗争，路线斗争和继续革命三大觉悟，真心做到在任何时候，任何情况下都要把政治摆在第一位，把活学活用毛泽东思想放在首位，坚定不移地把毛泽东思想伟大红旗高举再高举，把无产阶级政治突出再突出，要心往世界革命上想，劲往更大贡献上使，永远心向红太阳，步步紧跟红太阳。伟大领袖毛主席教导我们：'千万不要忘记阶级斗争。'我们一定要紧紧抓住两个阶级、两条道路、两条路线斗争这个纲，进一步落实中共中央（70）3、5、6、20号文件，把'一打三反'运动抓紧抓好，继续深入，持久地开展革命大批判，彻底批判刘贼的'阶级斗争熄灭论''公私熔化论'等反革命修正主义建团路线，牢记新党章中的'四个存在'，念念不忘阶级斗争，念念不忘无产阶级专政，坚决落实毛主席的战斗号令，克服麻痹轻敌思想，认真落实毛主席的各项无产阶级政策，巩固和加强无产阶级专政。要用毛主席的光辉哲学思想指导我们共青团和青年的一切行动，用新党章中的'五个必须做到'为标杆，严格要求自己，自觉改造主观世界，狠抓自身思想革命化，不断解决在思想上入团的问题，认真做好'吐故纳新'工作和超龄团员的离团工作，充分发挥青年团在三大革命运动中的突击作用和党的助手作用，活学活用毛泽东思想，坚持政治建团，抓好四好、五好运动，把共青团建设成为无限忠于毛主席、无限忠于毛泽东思想、无限忠于毛主席革命路线的共青团，建设成活学活用毛泽东思想的大学校。'农业学大寨'是伟大领袖毛主席的伟大号召，我们广大团员和青年必须在党的一元化领导下，进一步掀起农业学大寨的群众运动新高潮，学习大寨，坚持政治挂帅、思想领先的原则，自力更生、艰苦奋斗的精神，爱国家爱集体的共产主义风格，走大寨路，举大寨旗，创大寨业，坚持独立自主、自力更生、鼓足干劲、力争上游，多快好省地建设社会主义，做抓革命的闯将，促生产的模范，在阶级斗争、生产斗争和科学实验三大革命运动中创立新的功绩。广大团员和青年，一定要遵照伟大领袖毛主席'提高警惕、保卫祖国''备战、备荒为人民'的教导，以战备为纲，用战备观点观察一切，排查一切，落实一切，推动一切工作，做好反侵略战争的准备，随时准备参军参战，认真抓好民兵三落实，抓紧做好知识青年教育工作，大力提倡晚婚、节育，在反对帝、修、反的伟大斗争中，为中国革命和世界革命作出新的更大贡献。全公社广大共青团员、革命青年，广大贫下中农同志们，形势喜人、形势逼人、形势急人，革命在深入，形势无限好，让我们更高地高举毛泽东思想伟大红旗，紧密团结在毛主席为首、林副主席为副的党中央周围，紧跟毛主席伟大战略部署，沿着'九大'指行的航向，从胜利走向更大的胜利，作出优异成绩，迎接全国"四届人大"胜利召开，迎接中国共产主义青年团漾西公社委员会的光荣诞生。"

1971 年，漾西公社团委"遵照毛主席的无产阶级路线，认真学习了马列主义毛泽东思想，狠批刘少奇反革命修正主义路线"。

1976 年 1 月 1 日，轧村公社团委组织 118 对青年在三门前举行集体婚礼，倡导移风易俗，破旧立新。

1977 年，漾西公社团委要求："全社团员青年一定要高举毛主席的伟大旗帜，把毛主席的旗帜当作传家宝，世世代代传下去。一定要紧跟华主席为首的党中央，坚决执行党的十一大路线和各项方针政策，并同违背党的十一大的路线、违背党中央的各项方针政策、损坏党的团结的行为做坚决斗争。一定要密切联系青年工作实际，进一步揭露和批判林彪、'四人帮'的反革命罪行，彻底肃清他们的流毒和影响。一定要把学习作为青年在新时期更加突出的任务，努力学习马列主义和毛泽东思想，完整地、准确的学习和领导毛泽东思想体系，努力学习科学技术知识，提高科学文化水平，在三大革命运动中同广大工农群众结合在一起，把自己锻炼成为又红又专的无产阶级革命事业接班人。一定要积极投入工业学大庆，农业学大在寨的群众运动，为实现四个现代化大干快上，思想再解放一点，胆子再大一点，办法再多一点，为加速国民经济发展的步伐担负起党和人民赋予青年一代的历史重任。一定要在党的绝对领导下，不断加强团的建设，积极发挥助手作用，围绕党的中心任务，照顾青年特点，生动活泼地开展团的工作。使我们青年一代努力做到身体好、学习好、工作好，以优异的成绩迎接共青团吴兴县大会的胜利召开。"

1981年，漾西公社共青团开展"一长六能手"活动，包括青年生产队长赛（含正副队长）、养蚕能手赛（全年养蚕长班）、插秧能手赛、拖拉机能手赛、植保能手赛、农业技术能手赛、会计能手赛。

1981年5月7日，漾西公社组织全社团员开展"三抢一养"战斗："一要广泛深入地学习贯彻中央工作会议精神，认真学习党在农村现阶段的方针、政策、带头执行党的方针政策，为促进健全农业生产责任制，调整农业内部结构、改善经营管理中充分发挥智慧，坚持四项基本原则，维护安定团结的政治局面，发扬艰苦奋斗的创业精神，同心同德进行农业现代化建设。二要在'三抢一养'中发扬吃苦耐劳的精神。敢于挑战重担、攻难关、打硬仗、起骨干作用，要克服消极、畏难、埋怨情绪，树立荣誉感。三是在'三抢一养'中积极维护社会治安，保卫'三抢'大忙顺利进行。四是围绕'三抢一养'生产开展创先进活动。"

1981年全区团工作主要活动是："一是加强对青年的思想政治工作，开展社会道德风尚教育。二是开展青年新长征突击队、突击手活动。包括农科攻关竞赛、青年生产队长竞赛，围绕生产中心开展突击活动。三是开展创建先进团支部活动。抓好团支部建设，围绕党的中心开展适合青年特点的活动，健全'三会一课'制度。"

1989年轧村乡实行团员证制度，从6月开始到9月全部结束。

1990年，晟舍乡团委开展学雷锋和团员"十带头"活动。带头执行党的路线、方针、政策；带头读好书、唱好歌看好片、做好事；带头查赌、禁赌、破除封建迷信；带头婚事新办、移风易俗，反对铺张浪费；带头文明经商业、服务，依法纳税；带头执行两个国策和兵役法；带头完成国家任务、上缴集体承包金；带头义务投工、兴修水利；带头科学种田、科技开发；带头创优降耗，争当技术能手。

织里镇共青团员参加冬修水利劳动

1999 年，漾西镇团委紧紧围绕"教育、带领、服务青年"这个中心任务，在教育上以提高团员干部和青年学生的综合素质为重点，在带领服务上，以青年联谊会为突破口，继续深化服务万村致富行动和"一号二能手三争当"活动，不断强化团的自身建设，积极探索农村青少年社会化服务体系的新途径和新方法。以团校为阵地，以"四个团员教育日"为重点，以"三庆一迎"为契机，大力加强青少年的思想道德建设。大力推广两项工程，继续推进服务万村致富行动，积极探索农村青少年社会化服务体系建设的新途径和新方法。继续巩固"党团共建"成果，全面实施"向心力工程"建设，不断强化团的自身建设。继续发扬全团带队的优良传统，加强对少先队的工作领导。

2013 年至 2015 年，开展"中国梦，我的梦"大讨论、"解放思想大行动"、"我的价值观"演讲比赛、青少年助力"五水共治"大行动等主题教育活动。推进"青年文明号"争创活动，先后有 11 家单位获得市、区"青年文明号"称号，开展团委系统"推优入党"工作，推荐 17 名团干部和团员加入中国共产党组织。

2013 年至 2015 年，以"让爱成为一种习惯"为主题，搭建志愿者交流平台。与湖州师院、湖州职业技术学院合作，在通益学校和蓝天学校设立服务基地；通过与上海红十字志愿队的合作，每年选派不少于 5 名骨干赴上海交流学习。共有织里爱心群、爱心妈妈团、织里二中志愿队、冯志强志愿队、区人民医院志愿队、爱心支教志愿队、平安志愿队、朝阳志愿队等特色志愿队伍 10 余支。三年来，开展各类志愿者活动 800 多次，参与人数 4000 多人，提供义诊、维权、理财等各类服务。针对新居民子女开展爱心助学服务 120 场，受益人数达 700 人。

2014 年至 2015 年，帮助 32 位创业青年申请小额贷款。在大家园职业技能学校建立青年电商孵化基地，定期邀请专家，开展高质量的培训，两年中受训人数超过 3000 人。

2017 年至 2018 年，推进"一学一做"，学习教育常态化制度化，开展"不忘初心牢记使命"主题教育及"青春中国梦""改革开放"等主题活动，参加人数 3400 余人次。依托安防基地，以公共安全为核心，设置互动体验展项，增强青少年的安全意识、法治意识和文明意识，累计接待 158 批次，教育 8000 余人次。开展"五好织里人"活动，评选 19 名织里好青年，组建"织里·知礼"青年宣讲团，开播"青年说"先进典型访谈节目 4 次。

2017 年至 2018 年，协同推进织里城市精细化管理、乡村振兴、五水共治等中心工作，选派 23 名优秀青年干部结对村、社区开展垃圾分类工作，青年村两委干部常态化开展"巡河治水"工作。创新探索商会联建模式，通过组团助学，帮助新居民青年更好融入织里。深化"青年路长""青年楼道长"工作，加强"网格管理、层级负责"，引导支持青年社会组织投身社会公益，参与社会治理。

2017 年至 2019 年，根据青年需求建立"跑小青"服务队，推进"最多跑一次"改革，上门宣讲党委、政府政策，提供工商执照代办等服务，公布的 400 项全部实现"最多跑一次"，网上办理 228 项实现"跑零次"。广泛打造"亲青恋"平台，累计组织 400 余人次开展活动。

第三节 妇女联合会

一、织里镇（乡、公社）妇女联合会

1.组织沿革

抗日战争初期，织里成立妇女救国委员会组织，由中年妇女组成。

新中国成立初期，妇女工作由 1 名乡政府领导兼管。

1961 年，各村建立妇代会，设立 1 名妇女代表（1970 年称妇女主任），村民小组设立妇女组长。

1971 年，成立织里公社革命妇女委员会。

1993 年 10 月，行政区划调整时，晟舍乡妇联并入织里镇妇联。

1999 年 10 月，行政区划调整时，太湖镇妇联、轧村镇妇联、漾西镇妇联并入织里镇妇联。

2014 年，童装企业实施"1+N+N+1"（1 家童装商会妇工委+N 个企业妇代会+N 个妇女之家+1 个女性社团）的妇联组织模式。

截至 2015 年，在"两新"组织中建妇女组织 82 家、妇女小组 15 个、"妇女之家"133 个、妇女工作联络员 15 名。非公经济领域采取"建、联、挂、靠"等不同模式。

2016 年，全镇 16 个社区均建立了妇女组织，配备专（兼）职妇女干部。

2019 年底，有基层妇联组织 104 家，其中在四新领域建妇联组织 54 家。建立"妇女之家"135 个，妇女微家 2 个。

2.代表大会

织里乡民主妇女联合会第一次代表大会　1956 年 11 月 7 日召开，实际到会代表 123 人，会期计划一天两晚，实际半天。大会听取党支部政治报告，听取妇女联合会总结报告及今后工作任务报告，听取乡保健所避孕节育知识宣传。大会号召全乡妇女要树立劳动光荣等思想，积极参加社内劳动。

织里公社革命妇女委员会第四次代表大会　1971 年召开，大会成立织里公社革命妇女委员会。

织里公社妇女联合会第七次代表大会　1983 年 3 月 8 日至 9 日召开，实际到会正式代表 141 名，列席 7 名。大会批准上届妇联工作报告。大会选举产生妇联七届委员会委员，李新美、陈玉新、沈梅英、郑团毛、郑宝珍、郑贵英、高培林、屠引娣、潘荣珍等 9 人当选，沈梅英当选为主任，李新美、屠引娣当选为副主任。大会通过出席市七次妇女代表大会代表 8 人。

织里公社妇女联合会第八次代表大会　1987 年 9 召开，大会选举产生新一届妇联委员，沈梅英、屠引娣、陈玉新、高培林、倪琴珠、闵琴珠、蔡根妹、章卸姣、金春妹等 9 人当选，沈梅英当选为妇联主任，屠引娣、陈玉新当选为妇联副主任。

织里镇妇女联合会第九届代表大会　1990 年 9 月 26 日召开，参加正式代表 60 人，大会选举产生新一届妇联委员，沈梅英、陈玉新、闵琴珠、周庆妹、高培林、沈佳红、沈锦培等7人当选，沈梅英当选为妇联主任，陈玉新、闵琴珠当选为副主任。

织里镇妇女联合会第十次代表大会 1993年11月3日下午1时在织里镇政府（中华路大楼）四楼会议室召开，会期半天。沈梅英当选为妇联主任，闵建英当选为妇联副主任。

织里镇妇女联合会第十一次代表大会 1996年召开，大会选举产生新一届妇联委员，沈梅英、赵心妹、姜秋红、闵锦水、沈锦培、闵琴珠、章卸姣、汤月芳、沈旭红等9人当选，沈梅英当选为妇联主任，赵心妹当选为妇联副主任。

织里镇妇女联合会第十二次代表大会 1999年9月召开，大会选举产生新一届妇联委员，沈梅英、赵心妹、姜秋红、闵锦水、沈锦培、闵琴珠、徐仙明、汤月芳等8人当选，沈梅英当选为妇联主任，赵心妹当选妇联副主任。

织里镇妇女联合会第十三次代表大会（未开） 1999年12月（行政区划调整后），镇党委批准新一届织里镇妇女联合会由龚新霞、俞仕华、朱惠珍、吴吉琴、赵心妹、吴引珠、陆生琴、陈根花、韩杏芬、闵锦水、徐永文、沈旭红、姜秋红等13人组成，龚新霞任妇联主席，俞仕华、朱惠珍、吴吉琴任妇联副主席。

织里镇妇女联合会第十四次代表大会 2005年12月23日召开，大会应到妇女代表118人，实到代表109人。大会选举产生新一届妇联委员会委员，朱惠珍、汤月芳、吴旭红、闵锦水、沈泱、张小平、陆生琴、陈芹、陈根花、姜秋红、韩杏芬、潘干琴、潘其英等13人当选，沈泱当选为妇联主席，朱惠珍当选为妇联副主席。

织里镇妇女联合会第十五次代表大会 2010年11月29日召开，大会选举产生王应妹、朱惠珍、朱美芳、孙莺、吴旭红、闵锦水、沈泱、张小平、秦娟英、陈根花、强火英、潘干琴、潘忠妹等13人为妇联委员会委员，沈泱当选为妇联主席，朱惠珍当选为妇联副主席。

织里镇妇女联合会第十六次代表大会 2015年12月4日在织里镇政府召开，大会应到妇女代表105人，实际出席代表105人。大会确定今后五年全镇妇女工作的指导思路和总体目标是："以邓小平理论和'三个代表'重要思想为指导，牢固树立科学发展观，深入贯彻党的十八大和十八届五中全会精神，紧紧围绕中心、服务发展，以妇女创业就业、建功成才、权益保障为重点，大力推进巾帼创业、文明、成才、维权'四大'行动，着力建设学习型、创新型、服务型妇联组织，为全面建设'中国国际童装之都、太湖南岸工贸新城'而努力。"大会选举产生新一届妇联委员，王丹萍、王景芝、王雅臻、朱芳芳、朱美芳、张小平、闵锦水、陈晓晓、姚国琴、莘欣、强火英、潘忠妹、潘新娥等13人当选，姚国琴当选为妇联主席，陈晓晓当选为副主席。

3.妇女主任、副主任名录

1961年至1965年，潘慧文任妇女主任。

1965年10月到1983年，李新美任妇女主任。

1982年至1983年，沈梅英任妇女副主任。

1983年到1999年9月，沈梅英任主任。

1983年到1987年，李新美、屠引娣任副主任。

1987年9月到1993年11月，陈玉新任副主任。

1993年11月至1996年，闵建英任妇联副主任。

1996年到1999年9月，赵心妹任妇联副主任。

1999年12月至2005年11月，龚新霞任主席。

1999年12月至2005年12月，俞仕华、朱惠珍、吴吉琴任副主席。

2005年12月至2015年11月，沈泱任妇联主席。

2005年12月至2015年11月，朱惠珍任副主席。

2015年12月到2019年12月，姚国琴任妇联主席。

2015年12月到2019年12月，陈晓晓任妇联副主席。

二、太湖镇（公社、乡）妇女联合会

1.组织沿革

新中国成立初期，妇女工作由1名乡政府领导兼管。

1960年，各村建立妇代会，设立1名妇女代表，村民小组设立妇女队长。

1972年3月30日成立太湖公社革命妇女委员会。

1999年10月，行政区划调整时，并入织里镇妇联。

2.代表大会

太湖公社革命妇女第四次代表大会　1972年3月30日在义皋茧站召开，大会成立太湖公社革命妇女委员会。大会选举产生何素凤、费阿水、吴惠珍、万古宝、朱宝珠、杨林娥、陈根英、沈根英、沈金毛、寿荣珍等 10 人为革命妇女委员会委员，何素凤当选为主任，费阿水、吴惠珍当选为副主任。大会提出公社革命妇女委员会成立后，要在党的领导下，发动广大妇女在"农业学大寨"的群众运动中，坚决响应公社党委 1972 年的战斗口号，充分发挥"半边天"的作用。同时要狠批剥削阶级的旧思想、旧风俗、旧习惯，发扬社会主义新道德、新风尚，争做贯彻执行毛主席政策的模范，在阶级斗争、生产斗争和科学实验三大革命运动中不断提高广大妇女干部的工作能力，促进思想革命化，成为全社广大妇女的表率。

太湖公社妇女联合会第六次代表大会　1981 年 10 月召开，吴蕊秋当选为妇联主任，闵建英当选为妇联副主任。

太湖乡妇女联合会第七次代表大会　1984 年 3 月召开，闵建英当选为妇联主任。

太湖乡妇女联合会第八次代表大会　1993 年 9 月召开，程珊珊当选为妇联主任，吴吉琴当选为妇联副主任。

太湖镇妇女联合会第九次代表大会　1999 年 9 月召开，正式代表 56 名，列席代表 4 名。大会选举产生妇联委员，吴吉琴、张锡芳、吴惠珍、蒋维敏、陆生琴、钟法英、潘忠妹、柏坤妹等 8 人当选，吴吉琴当选为妇联主任，张锡芳当选为妇联副主任。

3. 妇女主任、副主任名录

1970 年之前，陈伯成负责妇女工作。

1971 年至 1972 年 2 月，何素凤负责妇女工作。

1972 年 3 月至 1977 年 8 月，何素凤任主任。

1972 年 3 月至 1981 年 9 月，费阿水、吴惠珍任副主任。

1977 年 9 月至 1984 年 3 月，吴蕊秋任妇女主任。

1981 年 10 至 1984 年 2 月，闵建英任妇女副主任。

1984 年 3 月至 1992 年 11 月，闵建英任妇联主任。

1992 年 12 月至 1993 年 10 月，程珊珊任妇联主任。

1993 年 9 月至 1998 年 9 月，吴吉琴任妇联副主任（1993 年 11 月至 1994 年 9 月主持工作）。

1994 年 10 月至 1998 年 9 月，龚新霞任妇联主席。

1998 年 10 月至 1999 年 9 月，吴吉琴任妇联主席。

1999 年 9 月，张锡芳任副主任。

三、轧村（公社、乡、镇）妇女联合会

1.组织沿革

新中国成立初期，妇女工作由 1 名乡政府领导兼管。

1960 年，各村建立妇代会，设立 1 名妇女代表，村民小组设立妇女队长。

1971 年，建立轧村公社革命妇女委员会。

1999 年 10 月，行政区划调整时，并入织里镇妇联。

2.代表大会

轧村乡第一次妇女代表大会　1956 年 3 月 7 日报到，3 月 8 日开会，会期一天一晚，出席代表 116 人。7 日晚上听取工作报告，8 日上午讨论，下午 106 名代表参加大会选举。大会总结了原轧村乡 6 选区孟婆兜（轧村大乡一社）和原骥村乡四选区和平社在服兵役、粮食和互助组及妇女投入劳力中的成绩。大会确定成立妇女委员会组织，并举手表决选举 19 名乡委员，然后进行分工，确定 1 名主任，4 名副主任，5 个小组委员会（民政、生产、文教、托儿、绿化）。会后由徐美华形成简报上报给吴兴县民主妇女联合会。

轧村公社革命妇女委员会第四次代表大会　1971 年召开，大会成立轧村公社革命妇女委员会。

轧村乡妇女联合会第六次代表大会　1978 年 12 月召开，王根英、王阿荣、严金娥、杨玲惠、张年囡、张晓娥、徐丽珍等 7 人当选为委员，王阿荣当选为妇女主任。

轧村乡妇女联合会第七次代表大会　1984 年 3 月召开，王阿荣、王月琴、杨新妹、徐丽珍、张晓娥、杨玲惠、王根英等 7 人当选为委员，王阿荣当选为妇联主任（兼）。

轧村乡妇女联合会第八次代表大会　1987 年 9 月在轧村影剧院召开，大会选举产生乡妇联第八届委员会委员，王阿荣、王月琴、杨新妹、徐丽珍、张晓娥、杨玲惠、王根英等 7 人当选，王阿荣当选为主任，王月琴当选为副主任。

轧村镇妇女联合会第九次代表大会　1990 年 8 月 28 日召开，应到正式代表 76 名，实到 65 名。大会批准王阿荣所作的题为《全乡妇女团结奋斗，为轧村经

济稳定、繁荣发展做贡献》的工作报告,通过《在全乡妇女中广泛开展"双学双比"竞赛活动的决议》。选举产生王阿荣、王月琴、吴云妹、叶爱芳、张小娥、杨林惠、潘美华、徐丽珍人等8名委员,王阿荣当选为主任,吴云妹当选为副主任。

轧村镇妇女联合会第十次代表大会 1993年9月18日在轧村镇政府召开,应到正式代表75人,实到66人。大会批准王阿荣代表九届妇联所作的《开拓创新,为轧村镇繁荣昌盛努力奋斗》工作报告,通过《关于在全镇妇女中广泛深入开展"双学双比"竞赛活动的决议》。大会选举产生王月琴、王阿荣、叶飞、朱昇英、徐丽珍、张小娥、顾月莉、费玉娥、杨小英、潘美华等10名委员,王阿荣当选为妇联主任,王月琴、顾月莉当选为副主任。

轧村镇妇女联合会第十一次代表大会 1996年9月27日在轧村镇政府召开,正式代表58人,大会批准杨中琴代表第十届妇联所作的《围绕中心,求真务实,团结拼搏,为奋斗四年再造轧村做出新的贡献》工作报告,通过《在全镇妇女中广泛深入开展"双学双比"竞赛活动的决议》,大会号召:"全镇各界妇女组织和广大姐妹为轧村镇的经济发展和社会进步而努力。"大会选举产生叶飞、叶志英、杨小英、杨中琴、陈根花、俞仕华、费应娥、徐丽珍、韩杏芬等9名委员,杨中琴当选为妇联主任。

轧村镇妇女联合会第十二次代表大会 1999年9月召开,俞仕华当选为妇联主任。

3.妇女主任、副主任名录

新中国成立初期,朱发珍任妇女主任。

1960年前后至1966年,党委委员宗建萍兼任妇女主任。

1966年到1976年,王阿荣任专职妇联干部。

1976年至1996年8月,王阿荣任妇联主任。

1987年9月至1990年7月,王月琴任妇联副主任。

1990年8月至1993年9月,吴云妹任妇联副主任。

1993年9月至1996年8月,王月琴、顾月莉任妇联副主任。

1996年8月至1999年8月,杨中琴任妇联主任。

1999年9月,俞仕华任妇联主任。

四、漾西镇（公社、乡）妇女联合会

1.组织沿革

新中国成立初期，妇女工作由 1 名乡政府领导兼管。

1960 年，各村建立妇代会，设立 1 名妇女代表，村民小组设立妇女队长。

1971 年，建立漾西公社革命妇女委员会。

1999 年 10 月，行政区划调整时并入织里镇妇联。

2.代表大会

漾西公社革命妇女委员会第四次代表大会　1971 年召开，大会成立漾西公社革命妇女委员会。

漾西乡妇女联合会第六次代表大会　1983 年 1 月 30 日至 31 日召开，大会选举产生公社第六届妇联委员，李家芳、施凤秋、陆阿宝，潘月英、赵美珍、沈法娜、朱新娜、杨明星、伍新娥等 9 人当选。李家芳当选为妇联主任，施凤秋、陆阿宝当选为妇联副主任。

漾西乡妇女联合会第七次代表大会　1987 年 7 月 23 日至 24 日召开，应到正式代表 52 名，实到代表 50 名，大会批准徐贵华代表上届妇联所作的题为《锐意改革、开拓进取，争做“四自”“四有”新人，为开创漾西妇女工作新局面而努力》的工作报告，确定今后三年工作的指导思想。大会选举产生新一届妇联委员，陆阿宝、陈彩凤、沈卫琴、施凤秋、徐贵华、潘月英、杨明星等 7 人当选，徐贵华当选为妇联主任。选举产生出席郊区第二次妇女代表大会代表 5 人。

漾西乡妇女联合会第八次代表大会　1990 年 10 月 30 日至 31 日召开，应到正式代表 65 名，实到 64 名。大会批准徐贵华代表第七届妇代会所作的妇联工作报告，确定了今后三年的指导思想：“以党的五中、六中全会精神为指针，以‘双学双比’活动为中心，以托幼工作为重点，紧紧围绕党的中心，全面提高妇女素质，激励更多的妇女投入到商品生产领域中，为两个文明建设贡献才智。”大会选举产生新一届乡妇女联合会委员，徐贵华、施凤秋、杨明星、徐丽华、陈彩凤、潘月英、黄美华等 7 人当选，徐贵华当选为妇联主任，施凤秋当选为副主任。

漾西乡妇女联合会第九次代表大会　1993 年 10 召开，徐贵华任妇联主任，施凤秋、吴引珠任妇联副主任。陈彩凤、杨明星、徐丽华、黄美华为委员。

漾西镇妇女联合会第十次代表大会　1996 年 9 月召开，大会选举产生新一届乡妇女联合会委员，施凤秋、吴引珠、吴培芳、朱惠珍、陆美玲、吴晓娟、陈彩凤、黄美华等 8 人当选，施凤秋为主席。

漾西镇妇女联合会第十一次代表大会　1999 年 9 月 10 日召开，应到 46 名，实到 42 名。大会选举产生新一届乡妇女联合会委员，朱惠珍、郑美丽、张月仙、吴引珠、黄美华、吴晓娟、李开艳等 7 人当选，朱惠珍当选为主席，郑美丽当选副主席。

3.妇女主任、副主任名录

1965 年 6 月前，妇女工作由吴根法（男）负责。

1965 年 7 月，缺。

1965 年 8 月到 1975 年 2 月，蔡文美任妇代会主任。

1975 年 2 月至 1977 年 9 月，吴蕊秋任妇代会主任。

1977 年 9 月至 1984 年 4 月李家芳任妇代会主任。

1983 年 1 月至 1994 年 4 月，施凤秋任副主任。

1983 年 1 月至 1984 年 4 月，陆阿宝任副主任。

1984 年 5 月至 1986 年 5 月龚新霞任妇女主任。

1986 年 5 月至 1994 年 4 月，徐贵华任妇女主任

1993 年 11 月至 1999 年 8 月，吴引珠任妇联副主任。

1994 年 5 月至 1996 年 9 月，施凤秋（代管）。

1996 年 9 月至 1999 年 9 月，施凤秋任妇联主席。

1999 年 9 月，朱惠珍任主席，郑美丽任副主席。

五、晟舍乡（公社）妇女联合会

1.组织沿革

新中国成立初期，妇女工作由一名乡政府领导兼管。

1960 年，各村建立妇代会，设立一名妇女代表，村民小组设立妇女队长。

1971 年，建立晟舍公社革命妇女委员会。

1993 年 10 月，行政区划调整时，并入织里镇妇联。

2.代表大会

晟舍公社革命妇女委员会第四次代表大会　1971 年召开，大会建立晟舍公社

革命妇女委员会。

晟舍公社妇女联合会第七次代表大会 1983 年 3 月 17 日至 18 日召开，应到正式代表 132 人，实到正式代表 106 人，列席代表 8 人。大会选举产生第八届妇女联合委员会委员，杨正梅、姚静华、潘利萍、薛文华、闵美宝、闵锦水、朱荣弟、许新娥等 8 人当选。选举杨正梅为主任，姚静华、潘利萍为副主任。选举产生出席市妇女代表大会代表杨贞梅、施勤华、潘利萍、朱荣弟、殷引弟等 5 人、列席代表姚静华。

晟舍乡妇女联合会第八次代表大会 1987 年召开，大会选举产生第八届妇女联合委员会委员，杨正梅、俞丽欣、施琴华、陈维新、朱荣娣、黄明珠、陶小毛等 7 人当选，杨正梅当选为妇联主任，俞丽欣当选为妇联副主任。

3.妇女主任、副主任名录

1966 年 9 月前，徐永珍任妇联主任。

1966 年 10 月至 1980 年，杨正梅任妇女专职干部。

1980 年至 1987 年，杨正梅任妇联主任。

1985 年 3 月至 1987 年，俞丽欣任副主任。

1987 年至 1989 年 3 月，俞丽欣任副主任（主持工作）。

1989 年 3 月至 1993 年 10 月，徐芳任妇女主任。

六、妇联工作

抗日战争初期，妇救会成员安排地下党员到自己家居住，拿着盆、壶、瓢、水等到大路上为苏浙皖游击队送水，到塘南、练市寻找共产党组织，同反动派开展"说理斗争"。

1954 年 12 月，轧村乡妇女主任张玲玲晚上做通 2 名群年众工作，卖出余粮 500 斤。

1956 年，轧村乡妇联大会通过四条决议："1.要求每个妇女每人种上 10 棵树，达到初步绿化；捉麻雀 10 只、老鼠 4 只。2.要求各选区以大社、小社为单位，把所有的妇女劳动力组织起来，每天 100% 下田下地劳动。3.妇女代表在选区内办民校 1 所，在 1965 年底每个妇女识上 500 个字，并学会唱 3 首歌。4.以社为单位组织托儿组或托儿所。"

1963 年开始，织里各公社妇联组织动员妇女提倡计划生育，提出降低人口数量、提高人口质量、控制多胎生育的要求。1980 年, 妇联组织围绕计划生育开展各类计生宣传教育、避孕节育服务、非法怀孕排查等活动。

1975 年开始, 织里区各公社妇女参与绣花枕套、门帘、电风扇套、电视机套等, 并到外地兜售。

1987 年, 漾西乡"以党的文件精神为指针, 以'五好家庭'活动为中心, 以托幼工作为重点, 以维权工作为根本, 紧紧围绕党的中心, 全面提高妇女素质, 立足本地, 面向外地, 激励更多的妇女投入到商品生产领域中, 为社会主义两个文明建设贡献财富"。

1991 年太湖乡"双学双比"参赛人数 3317 名, 其中加工养蚕 2869 名、职工 97 名、绣花 26 名、养殖 5 名、经商 175 名、捕鱼 45 名, 参赛人数占总人数的 51.2%。

2011 年至 2015 年五年中, 织里镇共举办女性农业实用技术、就业技能、巾帼创业培训等各类培训班 153 期, 培训妇女 3 万余人次。

2011 年至 2015 年, 妇女联合会争取吴兴农村合作银行发放"巾帼创业创新贷款", 发放宣传资料 3000 多份, 累计为创业妇女积极争取"巾帼创业创新贷款"4099 万元, 惠及创业妇女户 78 户。

2011 年至 2015 年, 全镇共建立村（社区）家长学校 50 所, 设家庭教育讲座 300 多期, 受益家长 5000 余人次。通过开展"同建一个家, 共创一座城"、小手拉大手主题教育、"红领巾与中国梦"主题演出等活动, 促进未成年人健康成长。

2018 年, 参与"美丽庭院"建设, 全镇共有 309 户美丽庭院通过吴兴区美丽庭院考核组验收, 其中五星级美丽庭院 123 户、四星级美丽庭院 123 户、三星级美丽庭院 63 户。同年 1 月 21 日湖州市福建商会成立湖州市首家商会妇联, 11 月 29 日下午, 在织里镇童装产业示范园区召开第一次妇女代表大会。培育"妇女之家"示范点, 以香圩墩党群服务中心谈心谈话室、调解室、亲子书吧为基地, 建立童装园区的妇女之家。

2019 年 3 月, 镇妇联在织里成校挂牌成立"织里镇女子学院", 定期举办茶艺、插花、育婴师等培训班。同年为全镇 4 户家庭办理信用贷 120 万元。同年"平安大姐社会工作室"被评为全国"妇女儿童权益维护先进集体"、浙江省"三八红旗集体", 米皇羊绒有限公司的强火英被评为浙江省"三八红旗手", 萌

织里镇童装产业示范园区第一次妇女代表大会

聪服饰的徐维丽被评为湖州市"三八红旗手"。同年发动创业妇女参与吴兴—青川东西部扶贫协作活动。

第四节　中国少年先锋队

一、织里实验小学教育集团少先队大队

1.组织沿革

抗日战争时期，织里成立儿童团，参加地下党组织领导的抗日游击队开展的宣传工作。

1949 年 10 月 13 日，学校少先队组织成立。

1967 年，少先队改名为"红小兵"组织。

1977 年，恢复织里区中心学校，少先队组织随之调整。

1978 年 10 月 27 日团中央通过《共青团十届一中全会关于恢复中国少年先锋队名称的决议》之后，学校恢复建立"织里辅导区中心少先队大队"。

1986 年，撤销织里镇中心和织里分区教育办公室，恢复"织里辅导区中心学校"，成立织里辅导区中心少先队总部，负责织里片分区少先队工作。

1994 年，撤小区建大区，撤销织里辅导区中心学校、织里镇小、晟舍乡中心，建立织里镇中心小学少先队大队。

2000 年 5 月，学校被湖州市教育局批准为"湖州市织里实验小学"，成立织

里实验小学少先队大队。

2015 年 3 月，学校被吴兴区教育局批准为"湖州市织里实验小学教育集团"，成立织里实验小学教育集团少先队大队。

2.少先队组织

织里实验小学少先队组织情况见下表。

表 5-4-1　1998—2019 年织里少先队组织

学年	大队数	中队数	少先队员数	入队率
1998	1	22	1315	100%
1999	1	24	1500	100%
2000	1			100%
2001	1	39	1811	100%
2002	1			100%
2003	1	80	3892	100%
2004	1	81	4084	100%
2005	1	79	4005	100%
2006	1	76	3990	100%
2007	1	76	3950	100%
2008	4	76	3901	100%
2009	4	74	3874	100%
2010	4	75	3976	100%
2011	4	79	4358	100%
2012	4	82	4508	100%
2013	4	83	4562	100%
2014	4	84	4499	100%
2015	4	91	4460	100%
2016	3	95	4542	100%
2017	3	95	5352	100%
2018	1	63	2773	100%
2019	1	63	2680	100%

1978—2019 年织里少先队总辅导员分别为：

沈耘（1978 年 8 月至 1985 年 8 月）。

徐永文（1985 年 8 月至 1992 年 8 月）。

周汉文（1992 年 8 月至 1994 年 7 月）。

戴银凤（1994 年 8 月至 1998 年 7 月）。

闵华（1998 年 8 月至 2004 年 7 月）。

潘娟晶（2004 年 8 月至 2009 年 7 月）。

曹佳（2009 年 8 月至 2017 年 7 月）。

周军贝（2017 年 8 月至 2019 年 12 月）。

3. 少先队活动

抗日战争时期，儿童团帮助地下党组织和抗日游击队开展宣传工作。

1992 年 4 月建立"湖州市织里少年税校"。

1996 年 4 月 12 日，在《中国税务报》发表向全国小朋友提出学习税法、宣传税法"四个一"活动的倡议，即"学一点税法知识、参加一次税法实践活动、作一次'税收与家庭'的调查、写一篇'我与税收'的征文"。

1997 年 4 月，少先队与市国税、地税局发起组织"我是 21 世纪纳税人"的演讲比赛，来自广西、青岛、宁波、温岭等少年税校的 70 多名师生代表参加活动。少年税校四年级少先队员罗骁妮获得演讲比赛的一等奖。

1998 年 4 月至 8 月，在《中国税务报》与《中国少年报》联合组织的税法宣传"六个一"活动中，少年税校获得组织奖，少先队员赵丹萍等两位学生分获得征文二等奖、三等奖。

2019 年 6 月 1 日，举行"明礼博学立志奋进"十岁成长仪式。

2019 年 9 月 20 日，举行"庆壮丽七十年做文明知礼娃"第二季启蒙仪式。

2019 年 10 月 12 日，举行"童心跟党走共筑中国梦"庆祝建队 70 周年主题活动。

2019 年 11 月，开展"让同龄人过一个温暖的冬天"冬衣捐赠活动，为四川省青川县乐安寺乡中心小学、云南省大理州洱源县伟亮希望小学、云南省洱源县大庄中心完小三所学校的学生捐赠活动，共捐赠冬衣 1093 件、校服 467 套、学习用具若干。

4. 少年队荣誉

1987 年，学校少先队被评为全国红旗大队。

1992 年 4 月建立"湖州市织里少年税校"，团中央《辅导员》杂志以《中国第一校》对此做了专题特写。

1996 年 11 月，被市少工委授予"七星级大队"称号。

1997 年 1 月,《促进少年儿童法治素质发展的实验方案》被省教科院列为实施素质教育"百校工程"项目学校。

二、太湖小学少先队

1.组织沿革

1956 年太湖公社中心学校成立后,学校少先队组织建立。

1983 年,学校改名为太湖乡中心小学,辖区内各小学均设立少先队组织,少先队总辅导员组织设在太湖乡中心小学。

1999 年 10 月,织里镇撤乡改镇,学校改名为"织里镇太湖小学",少先队组织同时改名。

2011 年,撤销完小后,少先队总部设幻楼校区。

2012 年,学校改名为"吴兴区太湖小学",学校少先队组织同时改名。

2.少先队组织

太湖少先队组织情况见下表。

表 5-4-2　2012—2019 年太湖小学少先队组织

学年	大队数	中队数	小队数	队员数	入队率
2012	1	21	84	905	100%
2014	1	21	84	834	100%
2015	1	23	92	856	100%
2017	1	23	92	871	100%
2018	1	23	92	904	100%
2019	1	23	92	864	100%

1993—2019 年太湖小学少先队总辅导员分别为:

钱建荣(1993 年 8 月至 1996 年 7 月)。

谭在华(1996 年 8 月至 2001 年 7 月)。

张海英(2001 年 8 月至 2004 年 7 月)。

徐雅锋(2004 年 8 月至 2007 年 7 月)。

沈丽芳(2007 年 8 月至 2011 年 7 月)。

闵秋霞(2011 年 8 月至 2014 年 7 月)。

尹桑桑(2014 年 8 月至 2018 年 7 月)。

蔡淑敏(2018 年 8 月至 2019 年 7 月)。

卞青青（2019 年 8 月至 2019 年 12 月）。

3.少先队活动

2018 年 1 月，开展"双禁"宣传员——红领巾学雷锋环保小队志愿活动。

2018 年 3 月，开展"护一棵小树，绿一方净土"植树节活动。

2018 年 3 月，开展"珍惜水资源，环保我先行"节约用水资源活动。

2018 年 4 月，开展"清明时节缅怀先烈"主题教育活动。

2018 年 12 月，开展"远离毒品，珍爱生命"活动。

2019 年 2 月，开展以"扬帆太湖，规范行为"为教育重点的始业教育。

2019 年 4 月，开展"新时代好少年"评选活动。

2019 年 5 月，开展"民族魂·中国梦——阳光下成长"主题班会和书画大赛。

2019 年 5 月，开展"模拟法庭进校园"普法教育活动。

2019 年 9 月，开展少先队员庆祝教师节活动。

2019 年 10 月，开展"为祖国喝彩，向祖国致敬"庆新中国成立 70 周年主题活动。

2019 年 10 月，开展"学校活动我做主"少先会活动。

2019 年 12 月，开展"从小学先锋，长大做先锋"活动。

三、轧村小学少先队

1.组织沿革

轧村小学始创于 1924 年，校名为"洽济小学"。1949 年 10 月 13 日，学校少先队组织成立。1950 年春，学校改名"轧村小学"，学校少先队组织同时改名。1952 年下半年起，学校改名"织里区第二中心小学"，学校少先队组织同时改名。

1966 年，学校少先队改名为红小兵组织。1968 年，学校一分为三，分别为罗姚小学、轧西小学和向阳小学，少先队组织同时调整。1968 年 8 月，学校改名为"轧村公社中心学校"，学校少先队组织同时改名。

1976 年，红小兵组织复名为少年先锋队。1984 年 7 月，学校改名为"轧村乡中心小学"，原罗姚、向阳、轧西三处学校合并，学校少先队同时调整。轧村辖区内各小学均设立少先队组织，少先队总辅导员设在中心小学。

1999 年，织里镇撤小镇并大镇，学校改名为"轧村中心小学"，少先队组织同时改名。

2.少先队组织

轧村小学少先队组织情况见下表。

表 5-4-3　2013—2019 年轧村小学少先队组织

学年	大队数	中队数	小队数	队员数	入队率
2013	1	25	100	1201	100%
2014	1	25	100	1208	100%
2015	1	25	100	1210	100%
2016	1	25	100	1203	100%
2017	1	26	104	1119	100%
2018	1	27	108	1230	100%
2019	1	27	108	1217	100%

2002—2019 年轧村小学少先队总辅导员分别为：

吴勤晔（2002 年 8 月至 2004 年 7 月）。

曹翠红（2004 年 8 月至 2008 年 7 月）。

沈建强（2009 年 8 月至 2011 年 7 月）。

郭舒（2011 年 8 月至 2013 年 1 月）。

孙苗雨（2013 年 2 月至 2014 年 7 月）。

谈云云（2014 年 8 月至 2017 年 7 月）。

潘森旌（2017 年 8 月至 2019 年 12 月）。

3.少先队活动

1968 年，组织队员吃"忆苦饭"。

1970 年，参加学校"牧场、农场"劳动。

1975 年，开展"斗私批修"活动。

2019 年 2 月 21 日，开展"奔跑吧，'敬行'少年向新征程出发！"活动。"晓之"和"以理"知礼娃娃来到现场，带着全校少先队员跳起文明礼仪操。各年级的敬行美少年代表介绍他们的寒假"敬行"小事。

2019 年 6 月 1 日，开展"庆六一"传统游戏体验活动。有射箭、投壶、布袋跳跳、滚铁环、齐心协力竞速走等传统游戏活动。

2019 年 9 月 1 日，举行"我爱我的祖国"开学典礼。高年级的少先队员给一年级小朋友戴上学校校徽，少先队员手拿各省地图上台，先简要介绍该省份，随后把它贴到祖国的版图上，拼成一个完整的中国地图。

2019 年 12 月 16 日，参与"红领巾公益基金"捐款活动。

2019 年 12 月 26 日，举行第十五届"五好"少先队活动。

四、漾西学校少先队

1.组织沿革

1934 年，"私立连奎义务小学"创办，有学生 100 多人，学校成立儿童团。

新中国成立后，"第四保校"停办，创办起"陆家湾村校"，同时成立中国少年先锋队，队员约 60 人。

1959 年，"陆家湾完小"有学生约 170 人，设 5 个班级，建立相应少先队组织。

1967 年，校名改为"红卫学校"，少先队改名为红小兵组织，队员成为红小兵。

1978 年，重建漾西社中心，学生组织复名为中国少年先锋队。

1984 年，中小学分设，漾西社中心改为"漾西乡中心小学"，少先队组织随之改名。

1986 年，成立漾西辅导区中心少先队总部，负责漾西辖区内少先队工作。

2.少先队组织

漾西小学少先队组织情况见下表。

表 5-4-4　1988—2019 年漾西小学少先队组织

学年	大队数	中队数	小队数	队员数	入队率
1988	1	6	24	234	100%
1997	1	18	72	876	100%
2000	1	18	72	824	100%
2005	1	18	72	837	100%
2010	1	18	72	844	100%
2012	1	18	72	826	100%
2015	1	18	72	829	100%
2017	1	18	72	823	100%
2018	1	18	72	831	100%
2019	1	18	72	825	100%

1982—2019 年漾西小学少先队总辅导员分别为：

钱云芳（1982 年 8 月至 1986 年 8 月）。

周汉文（1986 年 8 月至 1990 年 8 月）。

胡国强（1990 年 8 月至 1997 年 8 月）。

任云峰（1997 年 8 月至 2003 年 8 月）。

濮玉茹（2003 年 8 月至 2012 年 8 月）。

吴小燕（2012 年 8 月至 2017 年 8 月）。

王萍萍（2017 年 8 月至 2019 年 12 月）。

3.少先队活动

1974 年 4 月，聘请转业军人讲抗美援朝故事。

1975 年 3 月，开展"忆苦思甜"，辅导员和队员吃糠圆子。

1976 年 9 月，毛泽东主席逝世，全校辅导员和队员做白花、戴黑纱。

1979 年，开展远足活动，进行排"地雷（消防隐患）"演习。

1982 年 3 月，举行"学雷锋"讲故事比赛。

1996 年 5 月，到布金寺周边春游，烧野火饭。

2000 年 6 月，举行"手拉手，心连心，迎接新世纪"六一儿童节会演。

2008 年 5 月，为汶川地震举行捐款活动。

2008 年，参与湖州市十校"红领巾珍爱太湖"联合行动。

2012 年，配合织里镇政府开展"同建一个家，共创一座城"主题活动。

2017 年 5 月，开展"小河长护绿治水保环境"雏鹰假日小队活动。

2018 年 9 月，开展"垃圾分类实践站"活动。

2018 年 11 月，开展"进社区参观历史文脉"活动。

2019 年 1 月，开展"传承传统文化"元旦游园活动。

2019 年 3 月，开展"35812"（活动始于 1981 年湖州市东风小学少先队大队一项活动制度。"35812"包含三月份的三个纪念日：3·5 学雷锋日、3·8 国际妇女节、3·12 中国植树节）赞美德、践美行活动。

2019 年 4 月，开展"清明祭英烈"主题活动。

2019 年 5 月，开展学生研学暨"传统文化"进社区展示实践活动。

2019 年 6 月，举行"金色童年，飞舞梦想"六一会演活动。

2019 年 10 月，开展"为祖国喝彩，向祖国致敬"庆祖国 70 周年主题活动。

2019 年 12 月，举行"学宪法，讲宪法"主题活动。

五、晟舍小学少先队

1.组织沿革

1943 年，"晟舍培民义务小学"开办，3 个班级，校舍在晟舍利济寺庙宇，有少年儿童组织。

1949 年后，校舍在云村乡政府所在地云村庙，成立中国少年先锋队组织。1950 年秋，学校有 2 个少年儿童队。

1967 年，少先队改名为"红小兵"组织，队员成为红小兵。

1976 年至 1980 年，学校"红小兵"组织负责指导协调全社各小学 40 个班、1500 人左右少先队员的工作。

1978 年，红小兵改为中国少年先锋队。

1984 年 7 月，中小学分设，新建社中心。全乡 13 所小学，学生人数 1000 人左右，均建立少先队组织。

1994 年晟舍乡与织里镇合并，少先队隶属织里实验小学少先队管理。

2018 年 7 月，晟舍小学位于晟舍乡栅庄头（织里文教路），从织里实验小学教育集团分立出来，为独立法人学校。有学生 1704 人，班级 34 个，成立织里镇晟舍小学少先队。

2.少先队组织

1993—2019 年晟舍少先队组织情况见下表。

表 5-4-5　1993—2019 年晟舍小学少先队组织

学年	大队数	中队数	小队数	队员数	入队率
1993	1	12	4	480 左右	100%
2000	1	12	4	600 左右	100%
2008	1	18	4	838	100%
2009	1	18	4	845	100%
2010	1	18	4	898	100%
2011	1	19	4	995	100%
2012	1	17	4	1079	100%
2013	1	21	4	1141	100%
2014	1	22	4	1157	100%

（续）

学年	大队数	中队数	小队数	队员数	入队率
2015	1	24	4	1175	100%
2016	1	26	4	1335	100%
2017	1	28	4	1386	100%
2018	1	30	4	1421	100%
2019	1	32	4	1557	100%

1993—2019 年晟舍小学少先队总辅导员分别为：

周莉英（1993 年 8 月至 1999 年 7 月）。

闵甜英（1999 年 8 月至 2003 年 7 月）。

闵国锋（2003 年 8 月至 2004 年 7 月）。

俞炎萍（2004 年 8 月至 2008 年 7 月）。

费方斌（2008 年 8 月至 2009 年 7 月）。

陆利娟（2009 年 8 月至 2019 年 7 月）。

沈海华（2019 年 8 月至 2019 年 12 月）。

3.少先队活动

1993 年至 2009 年，每年的 3 月 5 日队员到晟舍敬老院慰问老人，每年的 3 月 12 日队员参加植树节活动，每年的 6 月 1 日队员参加六一儿童节庆祝活动。

2018 年 9 月 1 日，开展"满校风车秋意浓，转动童年炫彩梦"活动。

2018 年 10 月 13 日，开展"扬匠新文化，做美行少年"建队节庆祝活动。

2018 年 11 月 2 日，开展"美行少年，习得之旅"秋季研学活动。

2019 年 2 月 22 日，开展"红红火火迎新，甜甜蜜蜜开学"活动。

2019 年 3 月 5 日，开展"学雷锋，争当小小志愿者"活动。

2019 年 3 月 12 日，开展"播种绿色，保护环境"活动。

2019 年 4 月 19 日，到原乡小镇参加春季研学旅行活动。

2019 年 6 月 1 日，开展"我的'六一'我做主，我是匠娃我炫酷"欢庆儿童节系列活动。

2019 年 9 月 1 日，开展"开学献礼，匠娃追梦"系列活动。

2019 年 9 月 30 日，开展"点亮五颗星，礼赞新中国"欢庆国庆节系列活动。

2019 年 10 月 11 日，开展"争艳新时代队旗"建队节主题庆祝活动。

2019 年 10 月 29 日，开展"精彩纷呈研学线，实践视野双丰路"秋季研学活动。

2019 年 12 月 24 日，开展"无书包日畅游书海"活动。

2019 年 12 月 31 日，开展"'鼠'我匠娃有匠心"迎新教育活动。

六、织里通益学校少先队大队

1.组织沿革

2003 年，创立晓河希望小学，成立晓河希望小学少先队大队。

2005 年，合并晓河希望小学、织里利民学校、织里育人学校，搬迁至原织里中学，改名织里镇通益学校，同时成立通益学校少先队大队。

2.少先队组织

2003—2019 年织里通益少先队组织情况见下表。

表 5-4-6　2003—2019 年织里通益学校少先队组织数

学年	大队数	中队数	少先队员数	入队率
2003	1	4	68	100%
2004	1	4	120	100%
2005	1	17	580	100%
2006	1	17	740	100%
2007	1	17	776	100%
2008	1	18	825	100%
2009	1	19	928	100%
2010	1	20	984	100%
2011	1	20	1029	100%
2012	1	21	1044	100%
2013	4	21	1078	100%
2014	4	22	1145	100%
2015	4	23	1181	100%
2016	4	22	1213	100%
2017	4	23	1214	100%
2018	4	25	1414	100%
2019	4	24	1265	100%

2003—2019 年织里通益学校少先队总辅导员分别为：

杜连华（2003 年 1 月至 2005 年 8 月）。

应韦萍（2005 年 9 月至 2007 年 8 月）。

吴坡（2007 年 9 月至 2009 年 8 月）。

叶军（2009 年 9 月至 2012 年 8 月）。

蔡娜（2012 年 9 月至 2016 年 8 月）。

诸雨兰（2016 年 9 月至 2017 年 8 月）。

吴坡（2017 年 9 月至 2018 年 8 月）。

王烨（2018 年 9 月至 2019 年 12 月）。

3. 少先队活动

2017 年至 2019 年，学校少先队每周召集队员去校外组织拓展活动。

2019 年 9 月 10 日，举行"尊师献爱心"主题大队会。

2019 年 10 月 13 日，举行"红领巾召唤我前进"2019 年新队员入队仪式。

2019 年 10 月 21 日，举行爱国主义诗歌朗诵比赛。

2019 年 11 月 6 日，大队部和校安全工作领导小组联合举行了"扫雷行动"即消防演习。

2019 年 11 月 20 日，大队部举行冬季趣味运动会。

2019 年 12 月 30 日，大队部主办庆元旦文艺汇演活动以及垃圾分类宣讲。

第五节　其他社会组织及代表大会

一、织里区第一届第一次各界人民代表大会

1951 年 9 月 10 日下午代表报到。出席大会的代表共 202 名，其中政府代表 20 名，农民代表 80 名，青年代表 112 名，妇女代表 32 名，职工代表 2 名，教育代表 9 名，工商界代表 8 名。

11 日上午由区长作总结报告，相关领导布置今后工作任务，并分小组进行讨论，下午进行大会总结。会议的重点是"开展增产捐献缴款，并结合镇压反革命"。

大会成立"优置工作委员会"和"区各界人民代表会议常务委员会"。

二、大河乡第一届人民代表大会

详见本卷第三章第二节。

三、轧村乡第三届社员代表大会

1957 年 10 月 22 日召开，大会主要进行"秋收分配大放大鸣大辩论"，大会通过 1957 年秋收分配政策，共 4 条。

四、太湖人民公社（大公社）首届社员代表大会

1958 年 10 月 18 日在织里镇召开。会上总结织里区近一年来工作成绩，选举刘长吉等 19 人为首届社务管理委员会委员，选举张松生等 9 人为监察委委员。

大会讨论今后工作任务，指出："在社会主义建设总路线的光辉照耀下、织里区和全国各地一样工农业生产和各项工作飞速跃进、空前高涨，已取得了巨大成就，在此形势下，建立了农林牧渔全面发展、工农商学兵相结合的太湖人民公社，为提前建成社会主义和逐步过渡到共产主义奠定了良好的基础。全体代表在研究工作任务时，首先分析目前面临的形势是公社建立后，全体社员生产积极性大大提高，为此，必须坚持政治挂帅，广泛深入的进行社会主义与共产主义宣传教育，进一步贯彻工农业并举方针，掀起一个工农业生产新高潮。"

大会作出如下决议："一、大抓钢铁生产，不折不扣地完成今年生产 680 吨的生铁任务。大会决定从钢铁团过渡到建立太湖钢铁厂，以晟舍为钢铁基地，调配劳力 400 名，做长期打算。二、适时秋收冬种，争取明年农业生产大跃进，具体任务是开展突击积肥周，千方百计找肥源，本月 25 日前达到亩积标准肥 1500 担。适时秋收，保证不误农时，颗粒回家。保证完成 100% 的冬种任务，提高土地利用率 100% 以上，并保证合乎技术标准。普遍进行深耕，一般 8 寸到一尺。试验田要求深耕 1 尺 5 寸至 2 尺。三、广泛深入进行社会主义和共产主义教育运动，克服本位主义、个人主义、资产阶级思想，树立相互协作、共同发展，我为人人、人人为我的共产主义思想，在宣传的形式上多样化，声势要大，达到家喻户晓，深入人心。"

五、太湖公社贫佃农代表大会

1960 年年中召开，大会总结 1960 年上半年全社的各项工作，"特别是夏季农业大丰收，又一次显示了总路线、大跃进、人民公社三面红旗的伟大胜利。小麦总产量达 5 346 343 斤，比去年增产 51%，蚕豆总产 4 239 112 斤，比去年增产

165%，油菜籽总产 984 187 斤，比去年增产 182 713 斤，春茧总产量 846 640 斤，比去年增产 21%，而且早稻改制面积 54 500 亩，比去年扩大 96%"，"改造了旧馆、晟舍、朱湾、秦家港、河西、石头港等 6 个后进生产队"。

中共太湖公社党委在大会上作检查报告。

六、太湖人民公社管理委员会贫协大会

1965 年 1 月 22 日至 27 日召开，出席大会总人数 259 人。其中正式代表 257 人，到位列席代表 40 人；代表中男代表 217 人、女代表 40 人，共产党员 6 名，共青团员 12 名；参加选举人数 226 人，其中男代表 194 名，女代表 32 名，缺席 14 名。筹委会主任茹学琛。大会选举产生委员金福年、俞阿大、金顺宝、吴元珍、沈如根、沈宝田、钱开林、乌顺夫、朱金凤、邱阿二，选举产生出席县贫协代表茹学琛等 27 人。

七、太湖公社第一届贫代会（筹）

1969 年 10 月 2 日召开，应选太湖公社贫下中农代表常委 9 名，常委候选人名单 22 人：伍浦大队许海江、向阳大队戴金法、义皋大队王才生、义皋大队刘雄安、洋湾大队潘阿明、谢溇大队潘阿九、汤家田大队陆荣金、许溇大队沈如根、金溇大队万古宝（女）、金溇大队金小团、蚕环田大队朱火林、红胜大队诸法宝、潘溇大队吴天财、潘溇大队金火林、大溇大队严根江、张降村大队陈根宝、严家兜大队董武备、东桥大队刘承宠、沈溇大队沈继尧、诸溇大队潘厚仁、诸溇大队沈子娥（女），建新大队施阿毛。

八、太湖公社第三届贫代会

1978 年 1 月 11 日至 12 日召开，参加大会的贫下中农共代表 378 名，主席团成员 24 名。公社党委书记陈长云致开幕词，县贫协副主任刘新讲话，徐玉林致闭幕词，张降村大队朱阿奎、潘溇大队徐宝法、谢溇大队金大宝在闭幕式上表决心。

大会号召："高举毛主席的伟大旗帜，在党的领导下，充分发挥贫下中农组织的作用，把重点转移到四个现代化上来，集中精力，抓好农业生产，为把我社在 1979 年建成大寨式公社而奋斗。"大会要求："要有领导、有计划、有步骤

地把我社各大队级贫协建立起来，把贫农、下中农的阶级力量组织起来，在党的一元化领导下充分发挥贫协的作用。要坚持以粮为纲，全面发展的方针，努力完成和超额完成粮食生产指标。畜牧、蚕桑、水产、多种经营等都要有个较大的增长，大力发展社队企业，要大搞农田基本建设，要根据毛主席'三要三不要'的基本原则，认真解决'四人帮'破坏而造成的思想不纯，组织不纯和作风不纯的问题。"

大会选举产生第三届贫下中农协会委员王才生、俞大宝、徐玉林、孟宝法、钱应夫、崔阿毛、朱二宝、谢水法、蒋水宝、施阿桃、何应法、沈小狗、徐宝法、戴根先、陈阿毛、朱阿奎、柴桂林、沈会林、沈常生、王大宝。

1978年，中共吴兴县委员会批准织里公社、轧村公社建立贫协委员会。周文敏任织里公社贫协主任，蔡银林、姚兴宝、高大阿团任副主任，方新泉任轧村公社贫协主任，潘阿毛、褚和根、程土根任副主任。

九、织里经济开放区供销社第五届社员代表大会

1990年11月召开，正式代表123名，其中织里17名、晟舍17名、轧村22名、漾西15名、太湖19名、供销社职工代表33名。

大会批准《织里经济开放区供销合作社理事会工作报告》，批准《织里经济开放区供销合作社监事会工作报告》，批准《织里经济开放区供销合作社四届代表大会以来财务状况报告》，修改《织里经济开放区供销合作社章程》，通过《织里经济开放区供销合作社主任工作条例》，选举产生织里经济开放区供销合作社第五届社员代表大会社务委员会。

十、轧村镇首届农民代表大会

1997年9月17日召开，共有代表58名，其中经济合作社社长22名，重点骨干企业厂长（经理13名），公务员代表14名，企事业单位代表9名。实际到会53人。陈明宝作工作报告，大会通过《轧村镇集体资产管理委员会章程》，通过《轧村镇资产经营公司章程》，通过《轧村镇土地资产存续保用暂行办法》，通过《轧村镇集体资产经经营管理试行办法》。

大会选举产生轧村镇首届集体资产管理委员会委员王金法、朱海毛、宋冬明、陈明宝、徐水荣、潘阿祥、潘新林等7名，陈明宝当选董事长，朱海毛、王

轧村镇首届农民代表大会

金法、潘新林当选为副董事长。选举产生监事会监事闵国荣、赵水章、蒋根泉等3名，闵国荣当选为监事会主任。聘请宋冬明为资产经营公司总经理。

第六节　其他团体

一、计划生育协会

计划生育协会介绍详见本志第六卷第一章第四节。

二、乡镇科学技术协会

1.织里镇第一届科学技术协会代表大会

1985年10月召开，大会通过织里镇科协技术普及章程，共4章41条。大会选举沈志云为科协主任，沈根法为副主任，杨水根为秘书长，王洛民、李立群、许羽、沈志雄、郑志远、郭忠琴、潘玉林、潘晓明8人为委员。聘请徐振华担任名誉主任。

2.织里镇第二届科学技术协会代表大会

1990年9月27日召开，代表总数69名，大会选举产生科协委员，叶央毛、沈根法、杨水根、潘小平、李立群、王济民、潘会江等7人当选。

3.轧村乡第一届科学技术协作委员会

1987 年 9 月 3 日召开，大会选举产生第一届科学技术协作委员会委员，陈阿荣、王阿荣、陈阿团、宋银泉、宋冬民、陈建平、吴连根、罗演初、唐峰等 9 人当选，陈阿荣任主席，王阿荣、陈阿团、宋银泉任副主席，宋冬民任秘书长。

4.漾西镇第二届科学技术协会代表大会

1991 年 6 月 29 日召开，大会选举产生漾西乡科协第二届委员会委员，沈林庆、张正康、钱小青、沈新方、潘生泉、顾培华、徐丽华（女）等 7 人当选。沈林庆当选为主席，张正康、钱小青当选为副主席，顾培华当选为秘书长，徐丽华当选为副秘书长。

第五章 军　事

　　滨湖是吴越国北部重要的边防线，吴越文穆王钱元瓘曾长期带兵驻扎于此，并置都水营建立了太湖撩浅军。五代至清，朝廷一直在滨湖设有巡检司。清代境域还设有湖协营晟舍汛和伍浦江南水师太湖营。中华民国的清剿太湖匪患也曾在滨湖驻扎军队。滨湖的优越地理位置和荻塘的交通优势既有利于织里境域的发展，但也常常给织里带来战火与灾祸。元末朱元璋与张士诚争夺江南的战役、清军和太平军的拉锯战、日军入侵的烧杀抢掠等，曾对镇域产生了巨大影响，荻塘沿线的晟舍与旧馆就多次毁于战火。1949 年以后，镇域建立民兵组织，并成立了人民武装部，主要负责织里的民兵和兵役工作。

第一节　历代驻军

一、驻防、屯兵

1.太湖撩浅军（五代吴越国）

　　吴越国钱氏始终没有完全控制整个太湖流域，湖州始终位于北部边防线的中心位置。从湖州的滨湖地带通往太湖，是吴越的北上交通要道，明末清初地理学家顾祖禹明确指出："吴越时恃为北面重镇，淮南来攻，由宣州出广德必道吴兴之郊，而后及于余杭，余杭之安危，湖州实操也。"所以钱镠从李师悦父子手中夺取湖州之后，一直牢牢地把守住太湖南面这条边防线。

　　吴越天宝八年（915），武肃王钱镠于太湖旁置都水营，吴仕臣《十国春秋》载："时置都水营以主水事，募卒为都，号曰撩浅军，亦谓之撩清。命于太湖旁置撩清卒四部，凡七八千人，常为田事，治河筑堤。"清王凤生在《浙西水利考》中分析指出："自吴越天宝八年（915），置都水营田使，募卒为部，号撩浅军，使撩清于太湖旁，一名撩清卒，四部，凡七八千人，专为田事，治湖筑堤，居民遇旱则运水种田，涝则引水出田，即湖溇所由始。"

撩浅军是吴越时期独有的水利制度，吴越国的政府对撩浅军的管理十分严格，"又使名卿重臣，专董其事，富豪上户簧言不能乱其法，财货不能动其心"。七八千人的撩浅军驻扎在太湖岸边，对溇港进行统一的挑挖，并在太湖南岸筑堤防卫，才可能在太湖南岸形成这样大规模的水利工程。而且在实践中认识到防洪是经常性任务，需要制度化和组织化，除了撩浅军承担水利工程外，还从军队中抽调健壮的士兵成立"营田军"，动员农民组织"撩浅夫"，在都水营使统一指挥下创建低地漫长的"防水护田土堤"，营造大面积圩田。军民配合防洪护田，使过去经常遭遇洪涝的低地，也可以旱涝保收。吴越国出于军事和农业生产的双重需要，成就了太湖溇港。

2. 巡检司（宋代至清前中期）

巡检司始于五代，盛于两宋。官署名巡检司，官名巡检使，省称巡检。宋时于京师府界东西两路，各置都同巡检二人，京城四门巡检各一人。又于沿边、沿江、沿海置巡检司，掌训练甲兵，巡逻州邑，职权颇重，后受所在县令节制。元朝沿袭宋制。所设巡检司主要为州县所属捕盗官，在元代官署中，巡检司是品秩最低的一种，而且在宋元明清巡检司系列中，社区捕盗官属性最为典型。元代在水陆要隘设立巡检司，乌程、归安两县在乌镇、永新、后潘、常乐、湖秀、施渚、千金、琏市共设立巡检司8所。常乐即在织里境域内。

明清时，凡镇市、关隘要害处俱设巡检司，巡检为主官正九品，归县令管辖，主管治安巡逻、防盗抓贼。据清同治《湖州府志》载："大钱镇，在府城北二十里太湖口，有巡司驻扎。"此太湖口即今大钱口，湖口巡检司于清同治十一年（1872）移驻陈溇（今陈溇村）。据清代《大清一统志·湖州府全图》载，溇港沿岸有陈溇市，陈溇在义皋以东，北滨太湖。明清时名为"陈溇市"，商市繁荣，文风颇盛。清光绪《乌程县志》载："陈溇市在府城东北五十二里。"光绪《乌程县志》卷三十六收录陈根培写的《湖滨寇灾纪略》，较为详细地记录了太平天国时期湖滨地区的灾祸及破坏，但也反映了特殊历史时期带给诸溇区的特殊商机，"自苏城失守，东北商船南来多由杨钱吴等溇交易，钱溇尤盛，庐舍增平时三之一，圜阓增四之三，一如镇市，西贼觊觎。"苏州和湖州双城的经年累月的激烈战事，严重影响了输送上海出口的丝绸交易等，因此交易转移到湖滨诸溇集市，钱溇一处的"圜阓"即街市居然增加了四分之三。西贼是陈根培对太平军的蔑称，太平军控制湖滨后也在此设卡收税。战乱平定后，溇市交易一直延续至清末民初。因此，同治十一年（1872）知府杨荣绪把原驻于大钱镇的大钱巡检司移驻陈溇，成为湖滨要塞。标志着地处溇港中心节点的陈溇正式成为整个滨湖溇港区的管理中枢。

3.湖协营晟舍汛（清晚期）

清同治七年（1868），驻扎湖州德仁湖协营的步马战守兵丁共 510 人，左、右营驻乌程、归安两县，共设十二汛，其中有晟舍汛。在清代兵制中的塘汛制度中，凡千总、把总、外委所统率的绿营兵均称"汛"，其驻防巡逻的地区称"汛地"。一汛，也就是一个驻地，士兵由十数名到上百名不等。

4.20 军织里三千亩屯田（1960 年代）

1962 年夏，中国人民解放军 6546 部队（20 军）某营奉命织里囤田。营部驻老街西市，三个连队分别驻织里村漾西滩，大河陶家湾，旧馆村。由官兵耕种农田 160 余亩，并协助地方治安，参加兴修水利填坝等，1965 年秋撤离。

二、驻军

1.伍浦江南水师太湖营驻兵（清）

江南水师太湖营，驻乌程县大钱、伍浦，有步战守兵丁 152 人。湖协营有炮船 21 只。明嘉靖三十五年（1556），因倭患殃及太湖，又在用头设太湖营游击衙署，负责西山及太湖的治安。清雍正十三年（1735），在东山设太湖厅，属苏州府。乾隆中期后，西山民事亦由太湖厅管辖。江南太湖营，由参将驻守，参将官职为正三品。清末，更名为江南太湖水师营。副将官职为从二品。

2.中华民国太湖沿岸剿匪驻军

中华民国 18 年（1929）1 月，浙江省防军第三团，进驻湖州、长兴、酒安进剿太湖盗匪。8 月，国民革命军第六师十八旅三十五团，进驻湖州剿太湖土匪，同年 10 月调离。国民革命军一二九团进驻湖州。浙江保安第二团，进驻湖州、长兴进剿太湖盗匪。中华民国 19 年（1930）3 月，国民革命军第五师十三旅旅长胡祖玉出任太湖剿匪指挥部指挥，率部驻湖州、长兴太湖沿岸剿匪。4 月国民革命军五十二师一五五旅一团，进驻湖州，加入剿匪行列，不久撤离。中华民国 23 年（1934），浙江保安第二团再次进驻湖州、长兴剿匪，枪决匪首郑憨大、太保阿书等，太湖匪势渐平。

第二节　战事兵祸

一、朱元璋、张士诚织里战事（元至正二十六年八月至十一月）

朱元璋占领淮东地区后，对张士诚实施第二阶段攻势，采取攻取湖州、杭州，断其两臂的作战方针。至正二十六年（1366）八月初四，朱元璋以徐达为大将军，常遇春为副，率军20万由应天（今江苏南京）出发向太湖进军。十二日，徐达率军进入太湖。二十日至二十四日，徐达军先后在港口（今大钱口）、毗山击败张士诚的阻击军，并乘胜进至湖州城外之三里桥，并击败守军，乘势进围湖州城。张士诚又派平章朱暹、王晟、同佥戴茂、吕珍，院判李茂和他的养子五太子率领号称三十万大军增援，实际上带来的兵力只有六万。他们屯驻于湖城东的旧馆，修筑五寨固守，与湖州守军遥相呼应。徐达、常遇春、汤和分兵占领东阡（今东迁）镇南的姑嫂桥，修筑工事，阻绝旧馆与平江间的通道，"连筑十垒，以绝旧馆之援"（《明太祖实录》）。徐达还派兵"填塞沟港"，切断湖州的粮道。自此，湖州、旧馆均陷入孤立无援的境地。

张士诚又派右丞徐义到旧馆观察形势，可是常遇春率兵阻断其归路，徐义进退维谷，于是暗中派人给张士诚的弟弟张士信送信，约他一起出兵，与旧馆的兵力一起攻击朱元璋军队。收到消息后，张士诚又把赤龙船亲兵派来相救，徐义逃脱后与潘元绍一起屯兵于平望，很快又放弃赤龙船，改乘小船，潜行至乌镇，打算支援旧馆。常遇春从别港一路追袭，追到平望后，纵火烧了赤龙船，军资器械全被烧毁，徐义、潘元绍所率舟师顿时慌乱，四处逃散。自此，旧馆的张士诚军队外援断绝，粮草不继，陷入绝境，大批兵士投降。常遇春奔袭至湖州与旧馆之间的昇山，攻破张士诚守将王晟的防线，陆寨残部逃奔旧馆的东壁，同佥戴茂出来请降，王昇随之投降。十月三十，徐达又率军进攻昇山水寨，"顾时引数舟，绕张士诚兵船，船上人俯视而笑"（《明太祖实录》），待其放松警惕，带兵奋击。张士诚的五太子从旧馆集结重兵来援，常遇春抵挡不住，薛显率舟师径直向前，拼力奋战，火烧五太子的战船，大败五太子。五太子、朱暹、吕珍被迫率六万部众投降，朱元璋军队占领旧馆。十一月初六，守将李伯昇也被众人裹挟着投降了朱元璋。

元末朱元璋与张士诚江南大战把胡漊也推到了历史的前台。嘉定《安亭志》

卷四"选举"记载了沈万二（传奇沈万三之兄）有关情况："沈真二，即万二。分宅湖州府乌程县胡溇邨。中书左丞相徐达等东征张士诚，真二献饷劳军。以平吴功，优叙都指挥使、漂骑司马。辞职不受，封朝奉大夫，子孙传袭恩荫。"《安亭志》还记载："（徐达等人）见其堂宇轩昂，遂传令暂驻其家。万二迎接诸帅至家，供设御座于百尺楼。屯一十八寨于家之前后。（万二）日献量万石，表散各营军士。"说明徐达曾将总司令部设在了乌程县胡溇邨沈万二的家中。据传徐达派兵"填塞沟港"，切断的湖州粮道就是北横塘，俗称运粮河。

二、太平军、清军织里战事（清同治三年）

1864 年（清同治三年）3 月 30 日，杭州失守，湖州成为太平军在浙江的最后一个重要据点。4 月，浙江、苏南各地撤退的太平军纷纷退向湖州，各路将领集会紧急商讨下一步军事行动。会后，所有将领达成一致决定，分兵为二：一由侍王李世贤、听王陈炳文、康王汪海洋、戴王黄呈忠、来王陆顺德率大军自德清经昌化，进皖南，然后入江西筹粮、募兵；一由堵王黄文金、辅王杨辅清、佑王李远继、匡王赖文鸿、昭王黄文英等留守湖州牵制清军主力，并策应天京方向。为抵御清军即将展开的进攻，堵王黄文金、辅王杨辅清督军在湖州外围附近二三十里的村镇构筑防御工事。以外围菱湖、东林为第一道防线，袁家汇、荻港为第二道防线。湖州周围的晟舍、思溪、双福桥、超山等地都以重兵镇守。

1864 年 4 月 21 日，淮军首先从织里北面攻击，进攻钱溇，攻克太平军营垒。24 日，李朝斌部陷杨溇。之后聂桂荣又率淮军水陆 5 营驻扎在滨湖的吴溇，与潘鼎新部相互声援。6 月 10 日，长兴守将襄王刘官芳、昭王黄文英、乐王谭应芝部数万将湖州以北吴溇淮军逐退，并推进至陆家湾、丁公桥一线。潘鼎新率军反攻，击败太平军，攻毁丁公桥、天到桥太平军营垒。13 日，淮军将领潘鼎新命唐宏成部进攻吴溇，聂桂荣部为后援，经过激战，淮军夺回吴溇。6 月 14 日，淮军又分三路齐进，击败自中塘、轧村、织里等处来援的太平军，攻毁太平军营垒两座。两个月时间内，织里滨湖的太平军据点尽为淮军所克。

紧接着淮军和太平军在织里南部的晟舍展开激烈争夺。7 月 23 日，潘鼎新部在晟舍安营扎寨，7 月 27 日，淮军发起攻势，炮船将晟舍北街及临河一线太平军营垒摧毁，太平军援军赶至，自西发起反击，依靠两河为壕，以洋枪阻击，淮军攻势受阻。7 月 28 日，淮军水师李朝斌部从太湖赶来增援。30 日，淮军发起猛攻，太平军顽强抵抗，淮军未能取得进展。8 月 2 日，淮军水陆协同再攻晟舍，再被守军击退。8 月 12 日，淮军迂回至晟舍北路，昼夜抢筑浮桥。14 日，淮军由李朝斌、张景梁水陆发起佯攻，潘鼎新则率部从浮桥上发起主攻，太平军晟舍以北原以水路为屏护，防御营垒较弱，未曾判断淮军主攻方向，故而大败，淮军从北一路攻毁太平军营垒 11 座，守军溃败，晟舍易手。

三、抗日战争

1937 年 11 月 19 日，日军第 10 军第 6 师团从江苏震泽出发，在半路亭兵分水陆两路进犯南浔。当日，湖州东大门南浔镇沦陷。日军占领南浔后，兵分三路向吴兴发动猛攻。中路日军为主力部队，沿浔湖公路、頔塘经东迁、祜村、旧馆、晟舍，水路并进吴兴城东。21 日，日军侵入吴兴县织里镇大港、云村、河西、朱湾等村，杀害村民 137 人，另有 27 人失踪。11 月 24 日，吴兴沦陷。

1.云村村民合力抗击日本侵略军

1937 年 11 月 20 日，日军第六师团从南浔至湖州公路和荻塘水陆并进，向湖州进攻，一路烧杀掳掠，无恶不作。为了配合国军抗击日军，吴兴县政府进行了广泛的民众动员，人们响应政府的号召，有的连夜挖泥挑泥，填堵太湖溇港，阻滞日军舟桥部队沿太湖溇港进攻湖州，有的拆了自家的门板，帮助守军构筑防御工事，有十九个勇敢的姚家兜青年拿起鸟枪，配合国军 170 师一部在三济桥伏击了一艘日军的木质机动船，消灭了船上的几十个日本鬼子。这一仗取得了胜利，但也付出了极为惨重的代价，十九个小伙子战死了十八个，姚家兜、旧馆和晟舍都被日军一把大火烧光，来不及逃走的村民也惨遭杀害。日寇在烧姚家兜的民房时，村民存放在家里的火药竹筒纷纷爆炸，不明就里的日本鬼子还以为遭到了中国军队的炮击。

大部分姚家兜人在日军报复"扫荡"前，摇着船逃走了。村子被烧毁以后，幸存下来的村民无家可归，被迫背井离乡，依靠船只流浪在纵横交错的河港和湖漾里。因为他们手里有枪，在那个兵荒马乱的乱世，多少能够起到看家护院的作用，因此受到不少地方的欢迎和善待。十九个青年中唯一的幸存者范大毛，一直活到了 20 世纪初。

姚家兜人打鬼子的故事，还被徐迟写成了一部中篇小说《武装的农村》，于1938 年 3 月由上海明明书局出版发行。徐迟还特别说明，这是一部"事实小说"，是他根据"听到的连十句话也不到的"故事创作而成的。小说写了"我"听从医生的劝告，到湖州晟舍一带休养，小镇纯朴、恬淡，具有原始的生命力，这里的人们快乐、健康、诙谐，是治疗"城市病"的好地方。休养中认识了那里的猎户，并和他们一起打猎。这些猎户原本是农民，只是在农闲时打猎，女人们以缫丝为副业。战争爆发了，日本鬼子来了，打破了这里平静的生活，在一位钱姓朋友的指挥下，"我"与猎户们一起和日本鬼子打了几仗，取得几次胜利之后撤退到太湖里去了。小说通过对"世外桃源"般环境和生活的描写，反映了战争的残酷。普通民众保卫家园、抗击侵略的决心和勇气成为这温柔水乡的一记强音。

后来，姚家兜人和邻近地区的村民为了食盐又和日本鬼子干了一仗。日军为了加强对占领区的控制，打击和封锁抗日武装，对民生最关键、素被称为"百味之首"的食盐实行统制，为此在姚家坝附近的月影桥（改建后叫弋行桥）设立了一个检查站，日军的巡逻艇也在荻塘上游弋巡逻、游动检查，给民众的生活造成了很大的困难。

有一天夜里，以姚家兜人为骨干的云村鸟枪队，联络邻近东兜、清水兜、旧馆等地的志愿者，共一百零五条船，三四百人，带着鸟枪和两支散落民间的军用步枪，啸聚升山南面的义家漾，准备袭击驻旧馆日伪军设在月影桥上的检查站。因为当时的月影桥是湖浔公路上只有一个桥孔的平桥，是从荻塘进入晟舍一代的唯一水上通道。他们挑选了十条船，五十个人作为突击队，每条船五个人，一人摇橹，其余四人分成两个组，在前后舱持枪应战。大队船只作为机动力量，见机行事。

突击队刚刚从义家漾进入荻塘，就遇上了一艘由东向西巡逻的日军巡逻艇。队员们太激动了，有人率先开枪，打灭了巡逻艇上的探照灯，于是，双方在漆黑的夜里爆发了激烈的枪战。日军虽有机枪，火力强大，但这边也不弱，除了五十名突击队，其他人和船也很快迎上来投入战斗，三百来条枪同时迎战，枪声大作，场面十分壮观。有人弃船登岸，从荻塘两岸夹击日军。日军不敢出船应战，只好驾驶弹痕累累的巡逻艇向湖州方向逃跑。

村民们没有追击落荒而逃的日军巡逻艇，转而去围攻月影桥上的日伪检查站。他们除了驾船在水上发起攻击外，还组织部分力量冲上公路，从桥的东西两端夹击。二十多个日伪守军在这黑乎乎的夜里哪里经得起三四百有枪的村民的三路进攻，死的死，伤的伤，没死的带着伤的逃向了旧馆。月影桥战斗在天亮以前就胜利结束。

关于义家漾和月影桥的战斗，曾经是云村村干部、今年已经八十岁的程炳龙根据他三爷爷的讲述和自己的调查，在一篇《历史上的云村人打过日本鬼子传说不假》的文章里有比较详细的记叙。

2.舍头村吴德顺义愤杀日寇

1939 年春，晟舍官田巷舍头自然村（现属织里镇秦家港村）。三个日本兵窜到村里，一人身佩指挥刀，三人均未带枪。鬼子到处找花姑娘，这时村里年轻妇女都躲藏起来了，鬼子兵哇啦哇啦乱叫。

村民吴德顺身强力壮，幼时学过武术。这天他让妻子藏在家中阁楼上，自己准备出门。忽然，那为首的鬼子闯入吴德顺家，要他搬好梯子，鬼子要上阁楼寻找女人。吴德顺满腔怒火，顺手拿了一把菜刀，趁鬼子爬上木梯时，向鬼子右手和背上猛砍几刀，鬼子鲜血直流，疼得跌下梯子，因右手被砍伤，鬼子不能拔军刀，就向门处逃窜。吴德顺边追边砍，此时其侄子吴阿根也持刀赶来，叔侄两人终于将鬼子兵活活杀死，随后与乡亲出去躲藏。

另两日本兵见到同伙尸体，就到晟舍搬来援兵报复。因为找不到村民，鬼子兵就胡乱开了一阵子枪，并在陈店坝村放火，丧心病狂地把整个村庄数十间民房燃为灰烬。

因为徒手杀死了日本兵，吴德顺一时名气大振，被吴兴县政府任命为大河乡鸟枪队队长。为了避免日本鬼子复仇，不久，吴德顺就参加了新四军郎玉麟的部队，后来因家庭原因，离开了郎部。新中国成立后在家务农，80 多岁时亡故。

抗日战争中，秦家港村村民吴长生、高顺先、高少芬等被日军枪杀，几十间民房被焚烧。国耻家仇，子孙后代刻骨铭心。

3.芦东血案

湖州之西的长兴、安吉山区，食盐紧缺。而日占区沿途各城镇都有日寇及伪军把守，严查私盐。故山区的老百姓和驻扎山里的抗日军队没有盐吃，人心不稳。当时国共合作，一致抗日，长兴山区对贩盐市场放开。山区一百斤食盐可换米三百斤，而上海附近海滩则一百斤大米可换食盐三百斤。贩盐利润之高，风险也很大。很多贩盐者为此付出了惨重代价。一个小小的田畈里自然村有五人贩私盐，其中死亡 2 人，伤残 3 人。曹家兜村有七只船贩盐时，被日军发现，总共 14 人，被枪杀 11 人、重伤 2 人，仅 1 人活着回来。这一事件被称为"芦东血案"。

"芦东血案"发生在 1939 年农历正月，是日寇的一次严重的报复行为而殃及无辜老百姓。事发前一天，驻在松江县城的日军派一艘汽船二十余名士兵出去扫荡，被中国抗日军队芦东游击队包围，全歼了这股侵略强盗。次日侵略军出来报复，寻找芦东游击队不着，此时正巧曹家兜的盐船摇来，他们就疯狂滥杀。血案中仅曹富林一家就死伤 5 人。弟弟寿林重伤，大儿子进发重伤，三子、四子及外甥共 3 人被枪杀。

4. 大港村田畈里自然村盐商吴炳生被日寇活埋

吴炳生是大港村田畈里自然村人，生于民国初年，经营盐业生意，抗日战争期间被日寇杀害。吴炳生之父吴银宝是个勤劳朴实的农民，家庭非常贫穷，终年靠管租田维持生计。炳生从小较懂事，十二三岁就串村卖"黄莲头"，身上背着盛放黄莲头的小篓箕，手提一面小铜锣，边喊边敲："镗镗蝗，卖黄莲头喽"，因此，本村的小同伴都叫他"镗镗阿炳"。炳生的母亲早年就在湖州利生绸厂当保姆。炳生稍稍长大后，母亲就把他送进利生厂当学徒。1937 年日寇铁蹄踏入江南，湖州沦陷，人们四处避难，利生绸厂很快关闭。小炳生失业了，随母亲返回田畈村。兵祸战乱年代，家庭生活更是艰辛。炳生只好经常帮人打工。有一次，炳生帮后林乡吊田圩自然村的祥宝摇船去泗安镇卖盐，以后就发生一串颇具传奇色彩的故事。

在泗安吴炳生机缘巧合结识当地国民党驻军的高层。此时部队正缺食盐，问炳生能否帮助解决一些，炳生满口答应，部队专门设立盐务处，委任吴炳生为主任，为抗日将士筹集食盐。军部发给通行证，吴炳生负责之盐务处的盐船，中国军队防区须准予放行。能为抗日做点事，又可以从中赚到钱，吴炳生非常乐意为之。此后，田畈里自然村就热闹起来，南港里里外外停满了商船，外地人越来越多。江西人、湖南人都有，除了供应湖州城西的部队，也把食盐一批批运到安徽等地交易。

湖州城里有两个大汉奸。一个名殷应生，另一人名周淦臣。为了方便运盐，吴炳生托人重金买通殷、周两人。本来大船经湖州出太湖走新塘，可以缩短路程又较安全。可是农船太小，必须走上港以避太湖风浪。一次吴炳生租来农船四十条运盐去泗安，本村有十多人参加。吴炳生以为买通了汉奸已平安无事，船队就出北塘河经王母来桥，穿过龙溪港，走市陌路背后，从南皋桥南穿过机坊港，进庞儿港分水桥驶入牛龙港。这牛龙港又小又长，东头就是湖州西门青塘桥的南边，西头则是西苕溪，转弯即是去长兴的水桥。船队出了牛龙港就平安无事。

谁知殷应生、周淦成是铁杆汉奸，一心为日寇效劳，得知船队出发，他们立即向日军报告消息。日军听说运的是抗日部队的食用盐，即调动军队埋伏在牛龙港两岸。船队进入设伏圈后，在日寇武力威胁下，四十余条盐船被迫靠岸。盐船被押运到湖州日军宪兵队，所有食盐全部没收。吴炳生向日军提出要求：我是老板，其他人员和船只都是我花钱雇佣的。他们都是良民，一切责任由我一人承担，请求将人员和船只全部放还。日军翻译经过调查，认为这是事实，释放了被押船夫和全部船只，只关押了吴炳生一人，严刑逼供。

1944年，在又一次酷刑拷打后，吴炳生被灭绝人性的日寇活埋杀害，年仅三十岁出头。1945年8月日寇投降，八年抗战终于胜利。湖州人民在庆祝胜利的同时，开展清算汉奸的卖国罪行。大汉奸殷应生、周淦臣被国民政府判处死刑，执行枪决。后来国民党吴兴县政府颁发给吴炳生家属大米七石，以示抚恤。同时专门请人为吴炳生做了一次追祭道场。

5.蔡金花太湖第一军太湖歼日军

蔡金花，苏北海州人，从小在杂技团里闯江湖，表演马术、抛缸、走索，武艺超群。1930年在湖州北门表演杂技时，结识了长兴土匪头子郑憨大，便离开杂技团，随郑来到长兴天平龙山。郑憨大手下有匪徒三百多人，经常在长（兴）安（吉）边界抢劫骚扰百姓。1932年，浙江省派保安二团来长兴围剿，郑、蔡带领匪徒逃入太湖，抢劫商船和沿岸村镇，出没无常。蔡金花双手持枪，弹无虚发，郑憨大似虎添翼，弄得省保安团也没有办法。团长王治岐见围剿无效，改用"招抚"。郑应招后，被封为独立营营长。次年，王治岐将郑、蔡两人诱到团部（湖州海岛，今为湖州市全民健身中心），郑被处死，蔡被判无期徒刑，关押在长兴监狱。

1937年11月，淞沪沦陷，从淞沪战场撤退的10余万中国军队过境长兴。21日，国民政府军高级将领张发奎、白崇禧随军过境来到长兴，并在县政府大堂召开应变会议。县长王文贵命警察局将狱中罪犯押到县府庭院，白崇禧指示王文贵，将汉奸押到北门外枪决，其他释放回家。这时白崇禧看见蔡金花，便问王文贵"女犯何人？所犯何罪？"警察局司法科长马宏代王文贵做了回答。白崇禧当场叫蔡金花作了一番武艺表演。白崇禧看到她确有本领，便吩咐随同副官赠给蔡金花两支短枪，一叠钞票，叫她回去打鬼子，不要再抢劫民财。

离开县城后，蔡金花回到龙山组织了一支百余人的游击队。1937年冬，在港口至梅溪一带伏击日军，击沉日军汽艇一艘，击毙日军十余人。日军出动两架飞机，在长（兴）安（吉）边境低空侦察。蔡部埋伏在龙山树林中，用步枪击伤日机一架。1939年，蔡率部重返太湖，在吴江、南浔、乌镇一带活动。这时部队扩充到近千人，有人向她提出：我们这支部队也该有个番号、头衔，她很有风趣地说："太湖第一军，我就是总司令。"她在南浔至乌镇一带港口设卡收税，又派人在长兴泗安、海盐等地往返贩运大米、食盐、药品、杂货，解决部队给养。1940年春，盘踞在苏州的日军，常驾汽艇在湖面巡逻，蔡部化装成渔民，乘渔舟击沉日艇一艘，毙敌5名，生擒日军队长相田一秋。5月上旬，日军汽艇停在湖中，正在打捞已沉三载的"新太湖号"轮船时，又遭蔡部突然袭击，被击毙30余人。

1943年，伪苏浙绥靖军司令程万军，派参谋王达，带着金银财宝到乌镇面见蔡金花，要她接受汪伪收编。蔡金花哈哈一笑，说："我是中国人，誓死不做汉奸兵。"王参谋听蔡金花口气很硬，苗头不对，只好灰溜溜地退出客堂。从此，日伪对蔡金花更加恨之入骨，日夜派重兵围剿。

1945年春，蔡金花率部退至吴江县境太湖边区，不料遭到土匪部队的袭击，战了五天五夜，蔡部死的死，逃的逃，剩下30余人，退至震泽北面的一个农村，蔡金花等人精疲力竭，就倒在一间草屋里宿营，深夜被日伪军包围。在乱枪声中，蔡金花中弹身亡。

第三节　地方武装

一、旧政时地方武装

1.抗日反汪军（抗日反汪同盟军）

1939年底，中共吴兴县委组织抗日武装，翌年3月，袭击吴兴织里镇以南土匪武装一股，部队增到10余人和枪。中共浙西特委为部队命名"抗日反汪军"，又称"抗日反汪同盟军"第一支队第二大队。8月，部队发展到20余人，队长郑子平，指导员贺友辖，下辖两个班，先后袭击了湖州北门市陌路日伪警察所，吴兴县第五区署（塘北区署）自卫队，毙伤敌多人，缴获步枪4-5支，截获运往敌占区震泽土丝一船，不久部队遭土匪武装袭击，队长郑子平牺牲，由中共党员宋新（又名熊飞）任队长。8月7日，吴兴县自卫大队二中队100余人，突然包围袭击"抗日反汪军"驻地，武器被缴，主要骨干被擒，部队解体。

2.吴兴抗日游击大队

1938 年 3 月，湖州第一支由中共领导的"吴兴抗日游击大队"大队长郎玉麟等，曾在东桥村牌楼前广场舌战"红枪会"，宣传团结抗日，并取得成功。

3.金家骧部队（金阿三部队）

金阿三，原名金家骧，漾西胡溇村人，是太湖一带有名的江湖草莽英雄，他的地方抗日队伍后被武装收编，纳入忠义救国军。他任国民党忠义救国军吴嘉湖行动纵队司令。他手下有三个大队，标榜为"忠义救国"的国民党部队。其实都是一些乌合之众，经常在皖浙交界处流窜。这些人经常打家劫舍，勒索绑票，强行收捐，鱼肉乡民，戕害百姓。1945 年抗战胜利后，金家骧成了"抗日有功"之人，带了他的吴（兴）嘉（兴）吴（江）行动队进驻庙港，接收庙港的日伪政权。1949 年，他随国民党反动派逃往台湾，后又受命潜回大陆企图搞特务活动。在我党对国民党投诚人员的宽处政策的感召下，金家骧主动与中共领导人取得联系，向人民投诚。因此，按照人民政府对投诚人员立功受奖的政策，对金家骧的工作做了妥善安排。

二、人民武装部

1.人武部组织沿革

1949 年中华人民共和国成立后，县区人民政府派出武装排帮助织里境内建立村级组织，农会组织时建立民兵组织。

1950 年，建立人武装治安委员会，治安保卫委员会，开展征兵工作。

1958 年，太湖公社人民武装部成立。1961 年，织里公社、、轧村公社、漾西公社、晟舍公社人民武装部成立。

1972 年 6 月 10 日，整顿太湖公社武装连，指导员戴松乔（公社党委书记），连长吴水虎（党委委员、人武部副部长），副指导员沈时根（县革命委员会委员、许溇大队党支部副书记），副指导员黄志才（红胜大队党支部副书记），副连长朱水乔（公社人武部干事），副连长施雪林（许溇大队党支部委员、民兵连长）。

1993 年，晟舍公社人民武装部并入织里镇人武部。

1999 年 10 月，太湖镇、轧村镇、漾西镇人武部并入织里镇人武部。

2019 年织里人武部有部长 1 人，副部长、干事 3 人，有办公室 1 间、装备库室 1 间、资料室 1 间。

2.人武部历任部长名录

织里镇（公社、乡）

钱柳毛（1961 年至 1980 年）

沈振荣（1980 年至 1986 年）

胡凤林（1986 年至 1998 年）

唐小平（1998 年 10 月至 1999 年 10 月）

胡凤林（1999 年 10 月至 2005 年 3 月）

孙水荣（2005 年 3 月至 2008 年 10 月）

章国强（2008 年 10 月至 2011 年 7 月）

蒋锦荣（2011 年 7 月至 2012 年 7 月）

彭鼎顺（2012 年 7 月至 2014 年 2 月）

章惠民（2014 年 2 月至 2016 年 9 月）

刘玉军（2016 年 9 月至 2018 年 7 月）

舒忠民（2018 年 7 月至 2021 年 4 月）

何良（2021 年 4 月至 2021 年 12 月）

太湖镇（公社、乡）

王建生（1980 年之前）

周福民（1980 年至 1996 年）

孙水荣（1997 年至 1998 年）

蒋锦荣（1998 年 10 月至 1999 年 10 月）

轧村镇（公社、乡）

胡程（1980 年之前）

陈明宝（1980 年至 1986 年）

朱淦江（1986 年至 1998 年）

费旭敏（1998 年至 1999 年）

漾西镇（公社、乡）

孙大洪（1980 年之前）

计阿毛（1980 年至 1986 年）

冯水根（1986 年至 1998 年）

朱淦江（1998 年至 1999 年）

晟舍乡（公社）

吴志明（1980 年之前）

孙大洪（1980 年至 1986 年）

闵水根（1986 年至 1994 年）

三、民兵

1.民兵组织

1949 年至 1957 年，织里各村成立民兵队，配民兵队长。

1958 年始，"大办民兵师"，各村建立民兵连，配民兵连长，村党组织书记兼任民民兵指导员。各公社设置民兵营，配民兵正副营长。

1958 年，武器配发到各民兵连，配枪民兵称武装民兵。有 38 式步枪、苏联式步枪，1970 年始改为 56 式步枪。

1966 年至 1975 年，各公社设置民兵营。1972 年晟舍公社有步枪 100 支、机枪 3 艇，大湖公社有步枪 80 支、高射机枪 3 艇，轧村公社有步枪 120 支，漾西公织里公社有步枪 200 支，其中陆家湾大队陆家兜生产队有 2 支步枪。各公社对持枪民兵都配发子弹，每支枪配子弹 10 发左右。

1968 年至 1975 年，镇域各公社，生产大队生产队组织民兵开挖地道。

1976 年始恢复民兵营建制，民兵由 18 周岁至 35 周岁身体健康、政治历史问题清白的人员组成。同年武装民兵改名为基干民兵，基干民兵由年龄 18 至 28 周岁、经过训练的普通民兵，和选定参加军事训练的普通民兵，及退出现役的士兵组成。

2019 年，有 34 个民兵连，普通民兵 4600 余人。有区应急连直属排 1 个，镇应急排 1 个，对口军兵种保障分队 1 个。

2.军事训练

1958 年至 1973 年，以生产大队（民兵连）为单位进行训练，每年 7 天左右，训练内容包括实弹训练。1972 年，晟舍公社组织民兵投掷手榴弹实弹训练时，晒介兜一民兵手榴弹落到后方，被指挥人员扔出后在空中爆炸。1974 年到 1984 年，民兵训练由公社（民兵营）为单位组织，每年 10 天左右。1985 年始至 1999 年，参加县区组织的训练，每年 15 天左右。2000 年始，以镇为单位进行，其中新入队民兵训练 3 天。2015 年始，建立应急连直属排，并由区人武部每年组织 12 天的专项训练。镇建立应急排，每年对入队人员由镇人武部开展为期 7 天的专项训练。

3.民兵整组

民兵组织成立后，每年进行民兵整组，主要是调整编组、配齐干部、清点装备，每年由各乡镇民兵营召开民兵点验大会一次，一般由基干民兵参加。

4.民兵参建

民兵组织平时担任安全值勤、抢险救灾、重点工程建设等。1968 年 5 月至 1971 年 4 月，抽调民兵到"八三八三"工地参加军事建设。1969 年 11 月 4 日，织里公社沈阿章在施工中遇到意外严重险情时，为抢救其他人员脱险而献身，被授予烈士称号，并追认为中共党员。同年 11 月 30 日，织里公社委员会作出《关于深入开展向烈士沈阿章同志学习的决定》。

1975 年，各公社民兵营选派民兵参加赋石水库建设。1980 年至 1981 年，参加老虎潭水库建设。

1991 年冬天，织里镇、轧村乡、漾西乡、太湖乡组织民兵参加旄儿港工程会战。织里镇完成筑堤土方工程 45 228 立方米，12 月 13 日织里镇委表彰市旄儿港工程大会中的先进个人 53 名。

1993 年 9 月，全市调动 8 万民兵对胡溇到渚溇全长 11 公里环湖大堤开展土方会战工程。漾西乡负责安置南浔区 3 万民兵安置，被授予 1993 年度"环湖大会战"先进单位。

2018 年地理信息安保大会期间，组织 130 个民兵配合公安，进行 24 小时巡逻。大雪期间出动应急民兵 320 余人协助铲雪破冰。2019 年台风"利奇马"登陆前夕，30 名应急民兵 24 小时战备待命。

5.历届民兵营长、营长名录

民兵营长由人武部部长兼任（见历任人武部长名录），教导员由党委书记兼任（见党委班子成员名录）。

第四节　兵役征兵

一、旧时兵役

清以前，实行经兵制补充兵员，兵丁出缺由出缺之兵家庭成员中的壮丁补充。

清光绪二十九年（1903）彻底废除经兵制，织里实行征募结合办法补充兵员。

民国元年（1912）实行"募兵制"，政府以雇佣形式，在织里招募兵员，军阀部队在织里实行雇佣制。

中华民国22年（1933），国民政府颁布《兵役法》，实行征兵制，在织里境内按照户数"抽壮丁"。分常备兵役和国民兵役，正役6年，续役到40岁。对自愿投军者，给米若干担，称"买壮丁"，自愿人数少有。后按照户数对各保下达"抽壮丁"任务，各保各甲的住户，摊派出20担左右的大米，或折成银圆，补给被抽中壮丁的住户。政府出台《海陆空刑法》，对出逃壮丁以逃亡罪处之。

1948年，国民政府下达《征兵督征办法》，督区专员到织里督征，不愿者被绳索捆绑，武装押送等强征。

1949年前，中共地下党组织在织里鼓励进步人士参加新四军和解放军。

二、现役和预备役

1.现役制

1955年始，每年冬季征兵一次，兵役期3年。2000年始，兵役期由3年改为2年。2013年始，征兵工作从冬季改为夏季。2020年始，征兵工作改为"两征两退"，即春季兵（3月入伍）和夏秋季兵（9月入伍）。

2.复退军人预备役登记

部队退伍回来后，进行预备役登记。28周岁及以下的退伍军人为一类预备役，29周岁至35周岁为二类预备役。基干民兵为预备役。身体和政治上有问题的不列入预备役进行登记。

三、征兵

1.志愿兵（抗美援朝）

1951年抗美援朝，实行中国人民解放军志愿兵役制，织里各乡要求身体强壮人员报名参加志愿军。

2.义务兵

1955年，国家公布《中华人民共和国兵役法》，实行义务兵役制，开展冬季征兵,年满18周岁至24岁的织里公民,按照法律规定履行兵役登记义务。

1958年,征兵工作先由各大队、公社进行目测,身体和政治无明显问题的适龄青年,参加县里统一组织的体检。织里、太湖、晟舍一般到湖州参加体检,轧村、漾西一般到南浔小莲庄参加体检。20世纪70年代,要求参军人数增多,一些适龄青年写申请、写决心书要求参军,个别人写血书要求参军。

1978年至2000年,织里镇每年征兵人数15至25人,太湖乡(镇)10至16人,轧村乡(镇)10至18人,漾西乡(镇)7至10人,晟舍乡8至12人。

2000年,全镇征兵52人。2001年以后,每年征兵46人左右。

3.志愿、义务相结合兵役

1978年始,实行义务兵与志愿兵相结合的兵役制度。

4.拥军优属

1952年始,每年的建军节、春节期间,组织机关和村(大队)干部上门对烈属、军属和退伍军人进行慰问。抗美援朝退伍军人享受国家补贴。20世纪60年代,退伍后一般安排在政府机关、国营企业、集体企业工作。1978年始,退伍军人在各单位部门用工、企业招工中优先录用,有些部门有时明确面向退伍军人招收。1985年,实行先安置,后入伍,大部分退伍军人安排在集体企业工作。2018年8月7日织里镇退役军人服务站正式揭牌,年底各村均成立退役军人服务站。2019年全镇慰问金额50万元。

5.镇境现役军人

2019年,镇域现役军人94人,退伍军人1878人。

6.党管武装

织里各乡镇(公社)人武部从成立始,由党委书记任人民武装部第一书记。民兵组织成立时,党委书记兼任教导员。1973年至1975年不设教导员,由民兵营长全面负责。1976年始恢复党委书记兼任教导员。每年召开不少于一次的党委专题会议,讨论当年武装工作及后备力量建设,讨论武装工作经费。

第六卷

DILIUJUAN SHEHUI

社 会

第一章 人　口

清代闵宝梁《晟舍镇志·杂记》记载:"唐以前一芦荻之区耳,至宋而始有人烟,渐聚市。"西晋太康三年(282),分乌程县东乡置东迁县,县治在2019年属织里境域旧馆村。织里镇域利济寺始建于南朝宋代元嘉期间(425—453),因此,织里境域应在宋代以前已有人烟、聚落。唐宋时期太湖南岸形成一条地势较高的滨湖沉积带,吴越时在太湖湖滨开挖溇港,创建湖堤,滨湖高地"湖上"始成宜居之地。沿着太湖南岸的弧形高地,成规模的村落群与湖岸线几乎平行,也呈现弧形的带状分布,滨湖溇港高地是整个湖州乡村人口最为稠密的区域。

第一节　人口数量

一、户籍人口

1.织里区公所户籍人口(中华民国时期)

中华民国17年(1928),吴兴县分十区,织里自然镇为第二区公所所在地。第二区公所,辖3个镇、50个乡、918个里所、4577个邻所。中华民国22年(1933),织里区公所有普通户数23 683户,普通人口95 351人。

2.织里乡(公社)时期人口

中华人民共和国成立后,织里机构名称为织里乡人民政府。

1953年,织里乡(小乡)总户数2070户,户籍总人口7609人,其中农业人口7008人,非农业人口601人。

1955年,总户数2436户,农业户2176户,总人口7775人,其中农业人口7282人、非农业人口493人。总户数比1953年增加106户,总人口净增166人,其中农业人口净增274人、非农业人口减少108人,年均减少54人。

1958年,全乡(小乡)有自然村32个,总户数6893户,其中农业户6554

户、非农业户 339 户，总人口 26 913 人，男 13 913 人、女 12 979 人，农业人口 25 546 人，非农业人口 1367 人。总户数比 1953 年净增 4823 户，总人口净增 19 304 人。人户增加的主要原因是原织里、织东、云村、大河四个小乡合并为织里乡。

1962 年，全乡（小乡）总人口 15 039 人。1964 年，第二次人口普查时，全乡总人口为 17 359 人。

表 6-1-1　1964 年织里人民公社谈降生产大队人口基本情况　　　单位：人、户

生产队别	户数		总人口	其中		总劳动力	其中		
	总户数	其中农业户数		农业人口	非农人口		男正劳力	女正劳力	辅助劳力
第一队	23	19	63	56	7	26	11	6	9
第二队	18	16	38	34	4	18	11	0	7
第三队	24	22	68	66	2	30	17	10	3
第四队	25	21	88	78	10	45	24	5	16
第五队	22	20	72	65	7	41	22	5	14
第六队	17	15	62	57	5	37	15	9	13
第七队	21	19	88	83	5	50	23	7	20
合计	150	132	479	439	40	247	123	42	82

数据来源：《1964 年谈降生产大队统计年报》。

1970 年，全乡总户数 2995 户，总人口 11 978 人，男 6830 人、女 5648 人。

1974 年，全乡总户数 5146 户。总人口 20 186 人，男 10 835 人、女 9351 人。1974 年全镇总户数比 1970 年增加 2151 户，总人口增加 8208 人。其中男增加 4005 人、女增加 3703 人。

1975 年，全乡总人口 20 097 人。1976 年，总人口 20 231 人。1977 年，总人口 20 358 人。1978 年，总人口 20 377 人。

1979 年，全乡总户数 5182 户，总人口 20 312 人，男 10 690 人，女 9622 人。1979 年比 1953 年，全乡总户数户数翻了 2.5 倍，总人口净增 3081 人，增长 40.49%。

1980 年，全乡总户数 5172 户，总人口 20 290 人，男 10 652 人、女 9638 人。1981 年，总户数 5223 户，总人口 20 447 人，其中男 10 715 人，女 9732 人。

1981 年比 1970 年，户数增加 2228 户，人口增加 8469 人，11 年净增

770 人。

1982 年，全乡总户数户 5115 户，总人口 20 543 人（人口普查数据），其中男 10 760 人、女 9783 人。

3.1984 年后织里镇时期人口

1984 年，织里撤乡建镇。全镇总户数 5222 户，总人口 20 657 人，男 10 803 人、女 9854 人。

1985 年，全镇总户数 5585 户，总人口 20 722 人，男 10 814 人，女 9918 人。

2003 年，总户数 28 556 户，总人口 98 513 人，其中男性 49 208 人，女性 49 305 人。总人口中非农业人口 15 494 人。

2010 年，总户数 29 072 户，总人口 100 922 人，男 49 781 人，女 51 141 人。2010 年比 1990 年，全镇总户数增加 23 303 户，20 年，总人口增加 78 935 人，平均每年增加 3946 人。

织里镇历年人口总量及性别分布见下表。

表 6-1-2　织里镇部分年份人口总量及性别分布

年份	总户数	总人口	其中		备注
			男	女	
1970	2995	11 978	6330	5648	
1974	5146	20 186	10 835	9351	
1975	5146	20 097			摘市计生年报
1976	5175	20 231	10 734	9497	
1977	5281	20 293	10 723	9570	
1979	5182	20 312	10 690	9622	
1980	5172	20 290	10 652	9638	
1981	5223	20 447	10 715	9732	
1982	5115	20 543	10 760	9783	人口普查数据
1983	4741	19 217	9997	9220	
1984	5222	20 657	10 803	9854	
1985	5585	20 722	10 814	9918	
1986	5719	20 863	10 842	10 021	
1987	5831	21 162	10 992	10 172	
1988	5914	21 339	11 052	10 287	

（续）

年份	总户数	总人口	其中		备注
			男	女	
1989	5817	21 673	11 184	10 489	
1990	5769	21 987	11 310	10 677	
1991	5809	22 106	11 375	10 731	
1992	6162	22 305	11 441	10 864	
1993	9210	33 848	17 284	16 564	
1994	9325	34 042	17 363	16 679	
1995	9405	34 245	17 279	16 966	
1996	13 050	38 463	19 688	18 775	
1997	13 306	38 236	19 189	19 047	
1998	12 750	38 122	19 087	19 035	
1999	12 879	37 916	19 023	18 893	
2000	29 255	98 917	49 808	49 109	
2001	28 145	97 645	49 032	48 613	
2002	28 199	98 082	49 131	48 951	
2003	28 556	98 513	49 208	49 305	
2004	29 803	99 022	49 318	49 704	
2005	29 918	99 239	49 357	49 882	
2006	29 534	99 750	49 490	50 260	
2007	29 555	100 120	49 618	50 502	
2008	29 304	100 228	49 582	50 646	
2009	29 156	100 600	49 719	50 881	
2010	29 072	100 922	49 781	51 141	
2011	28 990	101 287	49 888	51 399	
2012	29 064	101 828	50 088	51 740	
2013	28 918	102 772	50 470	52 302	
2014	29 147	103 619	50 857	52 762	
2015	28 998	103 594	50 799	52 795	
2016	28 917	104 152	51 061	53 091	
2017	29 043	105 280	51 532	53 748	
2018	29 121	106 145	51 949	54 196	
2019	29 071	106 342	52 035	54 307	

4.轧村人口

表 6-1-3　1988 年轧村乡行政人口情况

村名	年末总户数	年末总人口	总人口			年内出生数	年内死亡数
			男性	女性	非农业人口		
合计	5819	20 280	10 548	9732	932	266	161
吴家兜	209	820	419	401	2	10	8
南湾	179	618	337	281	-	7	6
阮家兜	235	703	368	335	-	8	2
轧村	308	1049	531	518	7	14	7
轧西	230	814	420	394	6	16	5
罗姚	238	827	442	385	1	18	3
梅林港	211	775	405	370	1	11	7
骥村	372	1428	777	651	-	23	13
范村	302	1129	596	533	2	11	7
增圩	282	1176	617	559	-	17	8
抗三圩	163	643	319	324	-	7	4
孟相港	185	737	387	350	1	7	7
郎二兜	183	622	325	297	1	4	6
项祝兜	150	593	293	300	1	11	3
潘塘乔	295	1108	567	541	2	8	13
大漾其	121	493	258	235	-	7	3
孟婆兜	190	682	348	334	-	6	4
姚二水	375	1402	716	686	1	29	13
齐家湾	254	818	400	418	-	9	9
陈家圩	311	1178	616	562	2	16	10
上林村	365	1437	749	688	2	18	10
水产	85	325	164	161	-	5	5
镇上	576	903	494	409	903	4	8

数据来源:《轧村乡 1989 年统计年报》。

注：1.各村中的自理口粮人口统计在集镇上；2.非农业人口中，自理口粮 292 人。

表 6-1-4　1989 年轧村乡各村人口情况

单位：人

村名	年末总户数	年末总人口	总人口			年内出生数	年内死亡数
			男性	女性	非农业人口		
合计	5780	20 522	10 610	9912	910	348	175
吴家兜	211	841	438	403	2	13	5

（续）

村名	年末总户数	年末总人口	总人口			年内出生数	年内死亡数
			男性	女性	非农业人口		
南湾	182	624	329	295		14	7
阮家兜	238	716	369	347		13	9
轧村	200	1056	539	517	6	18	9
轧西	227	823	423	400	6	13	13
罗姚	242	847	449	398	1	14	3
梅林港	210	790	413	377	1	12	7
骥村	374	1461	778	683		30	11
范村	304	1138	597	541	2	21	9
增圩	282	1185	617	568		18	7
抗三圩	154	636	317	319		8	12
孟相港	185	738	393	345	1	12	4
郎二兜	188	624	325	299		5	5
项祝兜	150	600	296	304	1	6	3
潘塘乔	297	1124	573	551	2	27	6
大漾其	121	509	262	247		13	6
孟婆兜	186	687	350	337		10	4
姚二水	370	1405	709	696	1	25	17
齐家湾	254	842	396	446		16	6
陈家圩	311	1195	626	569	2	25	14
上林村	366	1460	757	703	1	25	10
水产	87	337	171	166		9	2
镇上	542	884	483	401	884	1	6

数据来源：《1989年轧村乡统计年报》。

注：1、各村自理口粮人口统计在集镇上；2、非农业人口中，自理口粮人口285人，吃商品粮的非农业人口625人。

5.织里区人口

1949年，织里全区有10个乡，总户数15 039户，人口总数54 586人，其中男31 468人、女23 118人。

1950年，区总户数17 583户，总人口数有63 943人，其中男35 016人、女28 927人。

1951年吴兴县开展户籍整改，据1951年10月20日统计，全区有发证总户数18 037户，总人口65 010人，其中农业人口62 927人，非农业人口2083人，男 36 766 人、女 29 743 人，与 1950 年相比，户数增加 454 户，增长 2.6%、总人口增加 1067 人，增长 1.67%。

1952 年，区总户数不详，总人口 64 803 人，其中农业人口 60 464 人，非农业人口 4337 人、非农业人口中，男 32 656 人、女 27 808 人。

1953 年，区有户 18 317 户，总人口 66 509 人，其中农业人口 63 215 人、非农业人口 3294 人，男 39 129 人、女 33 962 人。

1954 年（3 月 17 日统计），全区有农村总户数 17 652 户，总人口 63 763 人，其中男 34 825 人、女 28 938 人，农业人口 60 469 人、非农业人口 3294 人。同年 9 月全区有合作社 10 个，参加户数 247 户，入社人数男 579 人、女 459 人。参加入社劳动力，男 398 人、女 120 人。

1955 年，区总户数 14 681 户、其中农业户 14 059 户，总人口 54 200 人，其中农业人口 52 380 人。

1957 年，全区总户数 21 545 户，总人口 82 033 人，其中农业人口 78 032 人、非农业人口 4001 人。

1958 年，区总户数 18 148 户，总人口 67 139 人。

1961 年，全区参加分配 2683 户，人数 10 121 人（数据来源：1961 年区经济分配决算表）。1961 年末，漾西公社总人口 11 256 人。

1962 年，区总户数不详，人口 68 476 人，其中织里 15 039 人、晟舍 10 148 人、轧村 14 783 人、漾西 11 797 人、太湖 16 709 人。1962 年漾西公社合计户数 3176 户，其中农业户 3148 户、非农业户 28 户。总人口 11 797 人中，其中男 6155 人、女 5642 人。农业人口 11 731 人、渔业 1 人、非农人口 65 人。出生 390 人、死亡 121 人，迁入 332 人、迁出 64 人。

表 6-1-5　1955 年织里区各乡人口情况　　　　　　　　　　　位：人、户

乡名	户数		农业人口			非农业人口	总人口
	总户数	其中农业户数	总数	男	女		
骥北乡	1827	1869	6678	3625	3043	41	6719
常乐乡	1693	1541	5546	3051	2495	0	5546
义皋乡	1766	1731	6287	3396	2893	241	6528
织里乡	2436	2176	7282	未分	未分	493	7775
漾西乡	1920	1822	7839	4081	3767	256	8095
轧村乡	1767	1655	6119	3365	2754	777	6896

（续）

乡名	户数		农业人口			非农业人口	总人口
	总户数	其中农业户数	总数	男	女		
大河乡	1228	1221	4928	未分	未分	12	4940
东乔乡	2044	2044	7701	5391	2310	0	7701
合计	14 681	14 059	52 380	22 909	17 262	1820	54 200

表 6-1-6　织里区部分年份人口情况

年份	户数		人口			农业人口	非农人口	劳动力			备注
	总户数	其中农业户数	总人口数	男	女			合计	男	女	
1949	15 039		54 586	31 468	23 118						10 个乡
1950	17 583		63 943	35 016	28 927	60 722	2443				10 个乡
1951	17 844		64 803	35 408	29 395	62 927	1876				据税表及 10 个乡发证人数
1952			62 970	32 656	27 808	60 464	2506				10 个乡
1953	18 317		66 509	36 766	29 743	63 215	3294				10 个乡
1954	17 652	17 652	63 763	34 825	28 938	60 469	3294				
1955	14 681	14 059	54 200	29 909	24 291	52 380	1820				
1957	21 545	20 449	82 033	44 399	37 634	78 032	4001	40 653	26 410	14 243	织里、轧村、义皋、戴山 4 乡
1958	18 148		67 138	36 980	30 150			40 277	25 115	15 162	太湖：轧村、义皋、织里 3 乡 9 月数据
1960	10 903		41 039			40 281	758	19 808	12 100	7708	大队 34 个
1961	17 738		65 950								
1962			68 390					32 735			织里、晟舍、轧村、漾西、太湖 5 个乡
1964	21 936		84 779								据税表
1975			105 569								据 6 个乡镇计生年报数
1976			105 974								据 6 个乡镇计生年报数
1977			107 232								据 6 个乡镇计生年报数
1978			107 240								据 6 个乡镇计生年报数

（续）

年份	户数		人口			农业人口	非农人口	劳动力			备注
	总户数	其中农业户数	总人口数	男	女			合计	男	女	
1979			109 420								据6个乡镇计生年报数
1982			107 915								
1988	20 091		105 429					69 020			织里、晟舍、太湖、轧村、漾西、戴山6个乡镇
1989	28 256		106 718					69 556			织里、晟舍、太湖、轧村、漾西、戴山6个乡镇
1990	28 291		107 929					70 535			织里、晟舍、太湖、轧村、漾西、戴山6个乡镇
1991	28 325		108 495					70 960			织里、晟舍、太湖、轧村、漾西、戴山6个乡镇
1992	27 905		108 140					69 151			织里、晟舍、太湖、轧村、漾西、戴山6个乡镇

二、流动人口

20世纪90年代，织里童装业发展，流动人口大量增加。据2000年第五次人口普查，全镇外来人口29 266人，外出人口2826人。据2010年第六次人口普查，全镇外来人口100 033人，外出人口9424人。至2019年底，全镇外来人口30余万人，童装交易旺季时，外来流动人口达38万多人。

第二节 人口构成

一、各类构成

1.民族

据1982年第三次人口普查，全镇总人口20 543人，镇内主要以汉族为主，汉族人口20 537人，有畲族6人。

据 2010 年第六次人口普查，全镇总人口 186 609 人，有民族 24 个，汉族185 557 人，少数民族人口共 1052 人。少数民族人口具体情况见下表。

表 6-1-7　2010 年织里镇少数民族人口情况

民族	总人口（人）	民族	总人口（人）
蒙古族	8	土家族	84
回族	77	哈尼族	2
藏族	3	黎族	6
维吾尔族	6	佤族	2
苗族	365	畲族	33
彝族	49	水族	7
布依族	97	仫佬族	15
满族	20	羌族	24
侗族	10	其他民族	27
瑶族	17		
白族	10	合计	862

截至 2020 年 9 月，全镇有汉族 75 328 人、蒙古族 5 人、回族 17 人、藏族2 人、苗族 41 人、彝族 31 人、壮族 86 人、布依族 47 人、朝鲜族 2 人、满族 27人、侗族 4 人、瑶族 5 人、白族 6 人、土家族 42 人、黎族 1 人、畲族 10 人、水族 3 人、土族 5 人、仫佬族 2 人、仡佬族 6 人、锡伯族 3 人。

2.性别

据历次人口普查，全镇男女性别大体保持平衡。1990 年第四次人口普查显示，全镇总人口 22 131 人，其中男 11 345 人，女 10 786 人。性别比重男为51.26%、女为 48.74%，性别比为 105.65∶100。2010 年第六次人口普查数据显示，至 2010 年 10 月 31 日，全镇家庭户总人口 109 651 人，其中男 54 827 人、占比50%，女 54 824 人、占比 50%，男女性别比 100∶100。截至 2019 年底，全镇总人口 106 342 人，男 52 035 人、占比 48.93%，女 54 307 人、占比 51.07%，男女性别比 95.82∶100。

表 6-1-8　织里镇部分年份人口性别构成

年份	总人口（人）	男（人）	所占比例（%）	女（人）	所占比例（%）	男女性别比
1970	11 978	6330	52.85	5648	47.15	112.07∶100
1974	20 186	10 835	53.68	9351	46.32	115.87∶100
1976	20 231	10 734	53.06	9497	46.94	113.57∶100

（续）

年份	总人口（人）	男（人）	所占比例（%）	女（人）	所占比例（%）	男女性别比
1977	20 293	10 723	52.84	9570	47.16	112.05∶100
1979	20 312	10 690	52.63	9622	47.37	111.10∶100
1980	20 290	10 652	52.5	9638	47.5	110.52∶100
1981	20 447	10 715	52.4	9732	47.6	110.10∶100
1983	19 217	9997	52.02	9220	47.98	108.43∶100
1984	20 657	10 803	52.3	9854	47.7	109.63∶100
1985	20 722	10 814	52.19	9918	47.81	109.03∶100
1986	20 863	10 842	51，97	10 021	48.03	108.19∶100
1987	21 162	10 992	51.94	10 170	48.06	108.08∶100
1988	21 339	11 052	51.79	10 287	48.21	107.43∶100
1989	21 673	11 184	51.6	10 489	48.4	106.63∶100
1990	21 987	11 310	51.44	10 677	48.56	105.93∶100
1991	22 106	11 375	51.46	10 731	48.54	106.00∶100
1992	22 305	11 441	51.29	10 864	48.71	105.31∶100
1993	33 848	17 284	51.06	16 564	48.94	104.35∶100
1994	34 042	17 363	51	16 679	49	104.10∶100
1995	34 245	17 279	50.46	16 966	49.54	101.84∶100
1996	38 463	19 688	51.19	18 775	48.81	104.86∶100
1997	38 236	19 189	50.18	19 047	49.82	100.75∶100
1998	38 122	19 087	50.07	19 035	49.03	100.27∶100
1999	37 916	19 023	50.17	18 893	49.83	101.23∶100
2000	98 917	49 808	50.35	49 109	49.65	101.42∶100
2001	97 645	49 032	50.21	48 613	49.79	100.86∶100
2002	98 082	49 131	50.01	48 951	49.99	100.37∶100
2003	98 513	49 208	49.95	49 305	50.05	99.8∶100
2004	99 022	49 318	49.81	49 704	50.19	99.22∶100
2005	99 239	49 357	49.74	49 882	50.26	98.95∶100
2006	99 750	49 490	49.61	50 260	50.39	98.47∶100
2007	100 120	49 618	49.56	50 502	50.44	98.25∶100
2008	100 228	49 582	49.47	50 646	50.53	97.90∶100
2009	100 600	49 719	49.42	50 881	50.68	97.72∶100
2010	100 922	49 781	49.33	51 141	50.67	97.34∶100
2011	101 287	49 888	49.25	51 399	50.75	97.06∶100
2012	101 828	50 088	49.19	51 740	50.81	96.81∶100

（续）

年份	总人口（人）	男（人）	所占比例（%）	女（人）	所占比例（%）	男女性别比
2013	102 772	50 470	49.11	52 302	50.89	96.50∶100
2014	103 619	50 857	49.08	52 762	50.92	96.39∶100
2015	103 594	50 799	49.04	52 795	50.96	96.22∶100
2016	104 152	51 061	49.03	53 091	50.97	96.18∶100
2017	105 280	51 532	49.95	53 748	50.05	95.88∶100
2018	106 145	51 949	48.94	54 196	51.06	95.85∶100
2019	106 342	52 035	48.93	54 307	51.07	95.82∶100

表 6-1-9 1979 年与 1982 年织里 0～12 岁人口性别构成

年龄	1979 年				1982 年			
	合计	男	女	性别比 女=100	合计	男	女	性别比 女=100
0～1	134	54	80	67.5	378	187	191	97.9
1	165	76	89	85.39	215	108	107	100.93
2	256	121	135	89.3	189	100	89	112.36
3	251	126	125	100.8	269	106	163	65.03
4	223	123	100	123	240	127	113	112.39
5	213	107	106	100.94	284	137	147	93.20
6	226	134	92	145.65	233	125	108	115.74
7	276	141	135	104.44	202	93	109	85.32
8	342	190	152	125	220	109	111	98.20
9	424	226	198	114.14	295	156	139	113.23
10	453	242	211	114.69	326	173	153	113.07
11	428	218	210	103.81	396	219	177	123.73
12	353	198	155	127.74	430	233	197	118.27

3.年龄

根据 1964 年和 1982 年、1990 年和 2000 年人口年龄构成对比显示，全镇人口年龄结构变化的趋势：0～6 岁和 7～12 岁人口下降，男 60 岁以上、女 56 岁以上人口明显增加。

2002 年，全镇 18 岁以下人口有 21 022 人，18～35 岁 20 155 人，35～60 岁 40 967 人，60 岁以上 16 069 人。据 2010 年第六次人口普查，全镇 0～14 岁人口 15 219 人占总人口 8.16%，青少年人口明显下降，15～59 岁人口 152 083 人，占 81.49%，人口明显增加。60 岁以上老年人 19 307 人，占 10.35%。总抚养比为

22.7%，少儿抚养比为10.01%，老年抚养比为12.7%。2020年9月，全镇30岁以下人口有23 065人、50岁以下有20 438人、70岁以下26 465人、70岁以上9578人。

表6-1-10 1979年和2010年织里镇人口年龄结构状况

年龄组	1979年				2010年			
	总人口	男	女	占总人数的%	总人口	男	女	占总人数的%
合计	20 312	10 690	9622	100	186 609	49 340	50 693	100
0～4岁	1029	500	529	5.066	4890	2595	2295	2.62
5～9岁	1481	798	683	7.291	5139	2628	2511	2.75
10～14岁	2094	1099	995	10.31	5190	2625	2565	2.781
15～19岁	2065	1070	995	10.16	18 026	7995	10 031	9.66
20～24岁	1735	918	817	8.542	33 085	16 076	17 009	17.73
25～29岁	1947	957	990	9.585	21 939	11 272	10 667	11.76
30～34岁	1579	854	725	7.774	16 866	8792	8074	9.04
35～39岁	1106	559	547	5.445	15 976	7830	8146	8.56
40～44岁	1198	667	531	5.898	16 861	7804	9057	9.04
45～49岁	1307	739	568	6.435	13 122	6491	6631	7.03
50～54岁	1237	697	540	6.09	7820	4236	3584	4.19
55～59岁	971	547	424	4.78	8388	4399	3989	4.49
60～64岁	804	448	356	3.958	6558	3377	3181	3.51
65～69岁	640	366	274	3.151	3815	1914	1901	2.04
70～74岁	495	234	261	2.437	3496	1804	1692	1.87
75～79岁	318	138	180	1.565	2762	1379	1383	1.48
80～84岁	189	75	114	0.93	1738	762	976	0.93
85～89岁	101	23	78	0.5	712	261	451	0.382
90～94岁	15	1	14	0.074	192	75	117	0.1
95～99岁	1		1	0.004	33	9	24	0.018
100～103岁					1		1	

注：1979年最大年龄女95岁，2010年最大年龄为100～103岁之间的女性。

4.婚姻

随着中华人民共和国第一部《婚姻法》的颁布实施，公民结婚按《婚姻法》规定登记。乡镇民政部门负责婚姻登记发证、备案工作。夫妻离婚，由民政部门负责登记备案。1970年代起，开展移风易俗，婚姻登记规定男22周岁，女20周

岁。1974 年全镇新婚人数 72 人，平均初婚年龄男 23.8 岁、女 21.6 岁。1980 年
全镇新婚人数 134 人，平均初婚年龄男 26 岁、女 25 岁。1981 年全镇结婚人数
273 人，平均年龄男女 23 岁。1982 年全镇新婚人数 170 对，平均结婚年龄男 25
岁、女 22 岁，符合率 100%。

据 2010 年第六次人口普查，全镇有婚姻状况的 15 岁以上人口 15 437 人，未
婚 4266 人，有配偶 10 485 人，离婚 92 人，丧偶 594 人。

5.文化

据历次人口普查文化程度数据显示，全镇人口文化程度纵向比较在不断
提高。

表 6-1-11 织里镇历次人口普查时人口文化程度   单位：人

文化程度	1982 年	1990 年	2000 年	2010 年
研究生			9	42
大学本科	28	29	108	735
大专		74	196	1707
中专		95		
高中	802	949	995	12 142
初中	2866	4090	4015	107 800
小学	6952	8674	1604	48 022
文盲半文盲	8011	6356	271	10 164

表 6-1-12   2010 年织里区初中以上文化程度人数

文化程度	织里公社	晟舍公社	太湖公社	轧村公社	漾西公社	戴山公社
大学毕业	27	3	1	4	1	5
大学肄业或在校	1		1	1	3	
高中	802	435	718	574	603	621
初中	2866	1906	3058	2894	2597	2976
小学	6952	4291	7471	6632	5629	6331
文盲半文盲	8011	5524	8682	7475	4628	5709
小学及以上合计	10 648	6635	11 249	10 105	8833	9933

表 6-1-13   2010 年每千人拥有的小学以上文化程度人数

文化程度	织里公社	晟舍公社	太湖公社	轧村公社	漾西公社	戴山公社
大学毕业	1.31	0.23	0.05	0.21	0.07	0.27
大学肄业或在校	0.05		0.05	0.05	0.2	
高中	39.04	32.65	32.95	29.49	40.60	35.90

（续）

文化程度	织里公社	晟舍公社	太湖公社	轧村公社	漾西公社	戴山公社
初中	139.51	143.04	140.32	148.66	174.86	172.05
小学	338.41	322.02	342.82	340.68	379.01	366.02

6.职业

中华人民共和国成立初期，全镇主业为农业。从 1950 年代初开始，全镇乡村已有固定个体、流动手工业和郊区农民兼营小商品性手工业者发展。据 1952 年织里区对城镇乡村个体手工业调查统计，全镇从事个体户数有几百户，从业人员千余人。1954 年发展到千余户，二千余人。改革开放后，全镇主要职业随着童装业的发展，从第一产业农业为主，向第二、第三产业发展。

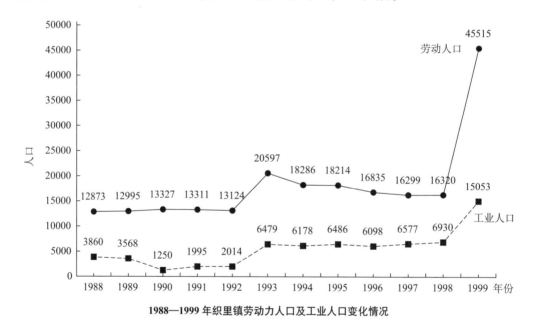

1988—1999 年织里镇劳动力人口及工业人口变化情况

二、著姓大姓

历史上织里的著姓大姓很多是通过经商发家致富，凡有资且有能之家"皆趋而贸易，咸谓容易发财"（同治《晟舍镇志》卷二《风俗》）。明崇祯《乌程县志》记载，"县南暨西少读书，读书类见东境，北多商于外者"；清康熙《乌程县志》记载，"商贾惟湖滨及南浔、乌镇之人往楚、豫间贸易"。重视文化教育是织里著姓大姓的一个重要特性，无不以诗书礼义持家，只要是财力雄厚的富民之家都设有读书以及藏书之所，以此来教导子孙后代以读书为治家之本。织里的富民之家很多通过科举使富民上升为地方望族。明清时期的晟舍闵氏、凌氏，不仅以科举闻名，又以从事雕版印刷著称于世，代代相传，繁衍生息，是江南历史上声势显赫的名门望族。

1. 东朱朱氏

元牟巘《朱雪崖朝奉墓志铭》详述了东朱朱氏的源流："徙扬十世祖巽，宋天圣中礼部尚书，巽生尚，尚生存之，其间仕者，不绝如线。当炎绍之际，避兵至郡之乌程常乐乡，地曰东朱，适与姓叶，遂占籍焉。曾祖说将将仕郎，祖信京学谕，父文质迪功郎，力善务本，益衍以裕。雪崖生端平甲午（1234），夙通敏嗜书，尝以登仕郎就，漕试不利，辄弃去。"东朱朱氏代表人物朱嗣发，字士荣，号雪崖，乌程常乐乡人。专志奉亲，宋亡，举充提学学官，不受。大德八年（1304）卒。南宋赵闻礼编《阳春白雪》卷八收有朱嗣发《摸鱼儿》词一首，入选朱孝臧编选的《宋词三百首》。

2. 晟舍闵氏

明潘季驯的《沈东园墓志铭》云："吴兴闵、沈及潘，颇称菰城著姓。"清钱大昕《吴兴闵氏家乘序》云："吴兴多望门世族，而闵氏为大。"明闵珪在《成化戊戌谱序》指出："吾闵氏本鲁人，有讳某者，为宋将仕郎，扈跸临安，世居吴兴晟溪之东。谱毁于兵。六世祖讳绶者，生元末，以将仕府君为一世，盖效先贤作谱之法，断自其所知者始。"清闵鹗元《甲寅重修宗谱叙》云："吾闵氏苕霅流长，自将仕公至中和公以孝友家法世德相承，梅隐公、竹深公埙篪一堂，耆年硕德，培植益深，庄懿公、午塘公、昭余公、曾泉公，宫保四尚书，遂相继而起，事业勋名，文物衣冠之盛，代有传人。为浙西望族，迄今四百余载，论者皆以为得忠厚之报焉。"晟舍闵氏，南宋时自山东南迁吴兴晟舍，始迁祖为将仕公，传至第八代闵珪，晟舍闵氏始大盛，为明清两代科举世家，"三世进士"，科甲连绵。闵氏有进士 20 人，举人 28 人，贡生 51 人，诸生不计其数。晟舍闵氏代表人物闵珪、闵如霖、闵洪学、闵梦得等均官至尚书，闵鹗元，历官布政使、巡抚。闵齐伋，字寓五，为万历间吴兴雕版套印的代表人物，当时称为"闵刻""寓五版"。

3. 晟舍凌氏

明骆从宇《广西右参政存彝凌公墓志铭》详述了晟舍凌氏的源流："上世籍安吉，元至元间，时中以进士官秘书监。子懋翁景定二年进士，官翰林院直学士，生二子，伯说至正八年进士，元乱归隐，著《六经疏义》，高皇帝召为卷帘使；

仲谦公始祖徙居归安之琏市，为归安人。再传贤，登洪武戊辰榜，历官京兆谪均州，宣帝朝征拜司马，行中丞事，固辞不拜，御史以'赐老堂'三字赐之，遣归。贤生晏如，博雅工书，召入中秘，与修《永乐大典》成，拜吏科给事中，迁右中丞，卒于官。五子最幼，为公高太父敷，赘晟舍闵家焉，遂为乌程人。"凌氏有进士 8 人，举人 7 人，贡生 24 人，诸生不计其数。晟舍凌氏代表人物凌濛初，明著名小说家、戏曲家、出版家，亦为万历间吴兴雕版套印的代表人物。

4. 晟舍黄氏

织里晟舍古荻塘上，有一座始建于南宋的黄闵桥。黄、闵为晟舍大姓，桥东为闵氏栖地，桥西为黄氏所居。明闵珪《成化戊戌谱序》云："将仕之孙衍，出嗣外祖笠泽黄氏，徙居晟溪之西，故溪上有黄闵桥。衍生五子，其第五子名逊者，复闵姓，其余黄姓焉。国初，闵以元义兵千户隶戎，黄尚民籍，未复其姓，五世祖讳毅者，析居栖梧村，去晟溪三里许。讳祺者，往继笠泽，籍于吴江。以毅之第五子分继其后，今闵黄，姓虽二，而宗则同，庆吊相通，伦序不失。"南宋嘉定年间，福建黄氏的第十五世孙黄和浦迁居晟舍。黄在晟舍结识闵氏始祖将仕公闵和平，黄和浦无子，闵和平大儿子闵仁心入赘黄家为婿，延续黄氏后代。而次子闵仁则仍从闵姓。闵仁心改黄姓，生子黄天衍，天衍生有五子。而闵仁则虽有一子，却无孙儿。黄天衍便按族规，让其第五子黄应逊复闵姓，更名为闵应逊。闵珪晚年还曾写下《黄闵共勉》七律云："黄闵传来本一宗，两家文运竞登庸。大参夛史先黄姓，都宪尚书后闵公。"明朝万历年间，黄氏十一世孙黄仰适率黄氏家族自晟舍迁居双林镇。晟舍黄氏有进士 1 人，举人 1 人，贡生 10 人，诸生 10 人，代表人物是进士黄著，其家族后寄籍吴江。

5. 晟舍陈氏、王氏、冯氏

世居晟舍著姓大姓，闵氏最大，其次凌氏，第三为黄氏，其他还有陈氏、王氏、冯氏等诸姓。晟舍陈氏代表人物陈锡辂，乾隆三十三年（1768）戊子举人，富阳教谕。陈锡辂子陈文济，嘉庆五年（1800）庚申举人。晟舍王氏代表人物王端宗，顺治五年（1648）戊子举人，临潼知县。晟舍冯氏代表人物冯文杏，乾隆二十一年（1756）丙子岁贡生；冯尔卓，光绪二十六年（1900）庚子恩贡生。

6. 胡溇沈氏

南宋滨湖溇港出现了不少"多田之家"，每个村落总有一个主要家族聚居。嘉泰《吴兴志》载："绍熙二年，知州事王回修之又改二十七溇名……桥榍（闸）

覆柱皆易以石，其牐（闸）钥付近溇多田之家。"元末朱元璋与张士诚江南大战，嘉定《安亭志》卷四《选举》记载了沈万二（沈万三之兄）有关情况："沈真二，即万二。分宅湖州府乌程县胡溇村。中书左丞相徐达等东征张士诚，真二献饷劳军，以平吴功，优叙都指挥使、骠骑司马，辞职不受。封朝奉大夫，子孙传袭恩荫。""（徐达等人）见其堂宇轩昂，遂传令暂驻其家。万二迎接诸帅至家，供设御座于百尺楼。屯一十八寨于家之前后。（万二）日献量万石，表散各营军士。"徐达曾将司令部设在了乌程县胡溇村沈万二的家中。献饷劳军、迎帅至家这些都说明沈万二有惊人的财富，也说明沈氏为滨湖溇港的世家大族，势力强大。

7. 东阁兜徐氏

东汉高士徐稺（徐稚），传至三十一世徐国亮生道隆。徐道隆，宋浙西提刑，德祐丙子奉诏入卫，殉难余杭宋村。赠少保，谥忠节。事迹详见《宋史·忠义传》。子孙家湖州安吉，所居称徐邨湾（简称徐湾），遂为"徐湾徐氏"，道隆为安吉"徐湾徐氏"始祖。明中叶的徐澜，举乡饮大宾，始籍乌程，世居乌程湖滨东阁兜，遂为东阁兜徐氏始迁祖。东阁兜徐氏代表人物徐有珂，恩贡生，直隶州判，同治丁卯科（1867）并补甲子科举人；徐凤衔，徐有珂子，湖州府乌程县学优行增广生，肄业江苏紫阳、正谊两书院，光绪二年（1876）丙子举人。据《徐凤衔硃卷·履历》（以下简称《硃卷》）统计，东阁兜徐氏有进士2人（徐德恕为武进士；徐德元、徐林春祖孙登科第，祖为举人，孙为进士）、举人3人，贡生6人，国（太）学生20人，庠（廪）生20人，从九品4人，乡饮大宾1人，职官11人，封赠（男性）2人，在滨湖溇港旧族罕有其匹。

8. 汤溇张氏

汤溇张氏的族源，据清进士张尧淦《硃卷·履历》云："始祖浚，字德远，号紫岩。宋太保封魏国公，赠太师，谥忠献。原籍绵州，建炎初扈从南渡。妣氏徐，封匡国夫人；妣氏宇文，封蜀国夫人。"江南诸多旧族奉忠献公为始祖，南渡后有一支定居于金华府汤溪县，《硃卷》指出，"始迁汤溪祖文瓒，字廷璋，妣氏徐。"但什么时候从汤溪迁"湖滨"，怎样迁来？俱不详，仅云："始迁湖滨祖应桂，字子馨，号兰斋，妣氏蒋。"汤溇张氏代表人物张尧淦，湖州府学拔贡生，光绪二年（1876）丙子举人，十二年（1886）丙戌进士。汤溇张氏有进士1人，举人2人，贡生2人，国（太）学生17人，庠（廪、增）生12人，从九品（含六品职衔1）6人。亦为明清滨湖溇港地区的科举家族。

9.晟（蒋）溇吴氏

清《晟（蒋）溇吴氏家谱》有翰林院侍讲钱塘梁同书、武英殿协修王以衔等名人为之撰序。王以衔《吴氏谱序》云："东南之族吴为钜，自泰伯受封以国为氏。浙西故吴地，则其瓜绵椒衍也。固宜汉魏以来代有闻人，炳在史策盖二千余年于兹矣。其在太湖之晟溇者，则自镇西公始，所谓别子为祖也。其在蒋溇者，则自镇西公五世孙柏新公始，所谓继别为宗也。吴子金南能文章，性恬退。其弟颖锋为余姊婿，亦善承家学。昆季六人怡怡如也，登其堂蔼然秩然，孝友之风闻于邻里。余窃心慕之。"十二世孙吴景贤《原序》云："我家自镇西公于明初登洪武戊午科贤书，由宜兴掌教来湖，遂家于湖之晟溇。晟界苏湖两境间，为勾吴旧壤。吴自泰伯以三让君南服，阅十数传至季子纯武让王屏迹延陵，以别为氏。凡我姓之隶籍吴郡者大率推为延陵后矣。"八角亭系吴晋鹤《蒋溇家谱序》云："吾家之确然可信者，则自唐肃宗朝奉政大夫讳廷珪者始，历宋至神宗时平章大学士正宪公讳光其九世孙也。越一世讳仰者，以枢密直学士出知苏州，遂家苏。再越一世而承事郎自诚公迁吴江之梅堰，为梅堰始祖。迨元时族繁折三十八家宗如初散处。乐间公迁乌程之东阁兜。其弟四子思贻公以姻戚继吴江八角亭之曹，遂承曹姓。余曾而本吴也，乾隆甲午迄戊戌间，先辑本支世系为曹吴合谱。家蒋溇者与东阁兜、八角亭两家，素有称谓第，谱牒不相通，推其派衍则籍自宜兴。夫吴兴、孝丰诸处吴姓皆其后裔。"同宗前丘吴氏与菱湖吴氏科举最盛，但晟（蒋）溇吴氏亦有进士1人，举人1人（不在湖州中式），贡生9人，国（太）学生56人，庠（廪、增）生55人，职官7人，议叙从（六、八、九）品17人，乡饮宾1人，封赠赐（男性）9人。

10.绿葭湾吴氏

清《绿葭湾吴氏族谱》陈廷璋《序》云："去湖滨南二里许有水焉，汇而为泽曰'绿葭漾'；其北有村曰'绿葭湾'，湾之著姓为吴氏。岁辛巳余录科至郡，晤吴君朴安，年未逾冠，恂雅有儒者风。是岁即游庠，后得见其诗文，文无时下恶俗习气；诗则冲和蕴酿具潇洒出尘之致，乃益信吴君之学正未可量也。兹以所辑族谱见示，且属为之序。观吴君所述之世系，则以思本公者由淳安迁此湾为始祖，思本公以前弗纪焉，其绝无附会可知矣！"吴谨《序》曰："吴以泰伯得姓，今无锡即其始封地，故墓在焉。传十九世至季子葬江阴申港，孔子题其碑曰乌乎有吴延陵季子之墓。故子姓居江浙者殆遍乡村。其始迁严州淳安者不知去季子几何世也，我族思本公由淳安迁此其为季子几世孙，则未有考也。闻淳安族称殷盛，故有泰伯祠焉。"江南吴氏俱奉延陵季子为始祖，绿葭湾吴氏从浙江严州府淳安县迁来，始迁祖为思本公。其代表人物为吴瑾，庠名仲瑜，榜名凤毛，官名熊，道光二十年（1840）庚子恩科举人，甲辰科考取教习，充补宗室右翼汉教习，期满以知县用。拣发湖南，署麻阳县知县，题补通道县知县，调补绥宁县知县，防贵州省苗案保举加知州衔，旋保同知尽先补用，庚申在绥宁守城殉职。绿葭湾吴氏有举人1人，贡生1人，国子监生13人，荫生1人，从九品3人，职官3人，封赠9人。

11.钱溇陈氏

钱溇陈氏其族源，据《陈逢熙硃卷·履历》中交代，"始迁祖君贞，元末由长兴石皮衖迁居钱溇"，说明钱溇陈氏是长兴陈氏的一个分支。钱溇陈氏代表人物陈逢熙，湖州府乌程府学附生，光绪十五年（1889）己丑举人。聘东阁兜徐凤衔长女，世居钱溇，后迁居邵漾里。钱溇陈氏有举人1人，贡生1人，太学生3人，庠生1人，职官1人，从九品2人，封赠（男性）1人。钱溇陈氏亦是滨湖溇港有影响的家族。

12.义皋陈溇潘氏

义皋陈溇潘氏族源，清《苕东湖滨义皋陈溇潘氏宗谱》潘文辉《潘氏家谱序》云："吾族自国初始居湖滨义皋村，后分居陈溇村，迄今百有余年。或谓自江苏分派，或谓自外溪迁来，耳食纷纷，各执己说。而究之远宗，不如近守多。闻尤贵阙疑，忆自振桥公以下今已有十一世。其可崖略而志者。"潘宇春《序》曰："吾家之始，肇自周文王毕公之子孙封辽鬃阳之邑为氏。追溯其源不亦大哉。我家纯孝公昆季有五，皆以堂名为号，自国初始迁义。"《总谱录》指出："始祖慈明，宋，字伯龙，纯孝乡人。绍兴间第进士，仕至秘书丞，判湖南路转运使具知江州。纯孝昆仲有五，迁徙五处，其余无从考证。国初时自外溪迁义皋塘北由来百有余年，茫乎莫辨。故我家族谱俱自公始分派。"明清两代湖州府主要的潘氏家族，以湖州郡城为核心，及其湖城乡脚。根据该家族家谱记载，义皋陈溇潘氏科举相对不显，有贡生1人，国（太）学生11人，庠（附）生2人。职官5人，议叙八、九品10人，封赠2人。但潘氏一直是滨湖溇港的一个大家族，从其婚姻关系来看，联系众多溇港的家族，织成连接溇港的社会网络。

13.乔溇韦氏

清韦孝吉《乔溇韦氏分五支小引》云:"吾族始于鄂州。自嵩公任武康尉,爱故郭山水之胜,卜居于安吉之崀山。嵩公传积公、梓公。梓公举淳熙进士。梓公传炅公,炅公之后无传焉。积公传炎公,举庆元进士,炎公传诚之公,举宝庆进士。诚之公传应祥公是为荆南一世祖。应祥公传宝泉、宝胄公。宝胄公传几世生伯珍公,为武康一世祖。宝泉公传允防、允诚公。允诚公为留居崀山之祖。允防公生朝仪、朝章公。朝仪公始迁南浔之祖;而朝章公则迁居于乔溇矣。"韦世跃《乔溇续谱跋》云:"牧斋、铭镜、龙鳞修之,诸兄能承尊长之命,劳劳于舟旅跋涉,而武康、乔溇及诸处同族有考,而散处者无不合而修之,固体祖宗百世一本之意。"体现了三家韦氏联宗的现象。乔溇韦氏代表人物是韦明杰,万历三十七年(1609)己酉举人,崇祯元年(1628)戊辰进士,知江西万载县,主张对百姓轻徭薄赋,做了许多诸如纂修志、修文庙等有利于地方上的公益事。工诗文,有《听雨斋集》。乔溇韦氏有进士1人,贡生2人,国(太)学生6人,庠(廪、增、附)生12人,祠生1人,职官1人,儒(业)医3人,乡饮宾2人,封赠2人。

14.东桥叶氏

宋叶梦得曾编撰了第一部吴中叶氏族谱。叶梦得在《族谱序》中阐明了吴中叶氏的渊源:"叶氏始自缙云迁湖州,凡再世,梦得之曾祖赠金紫光禄大夫讳纲葬苏州宝华山,今遂为吴郡人。而居乌程者以乌程雪川县中书里为定著,居苏州者以吴东洞庭震泽乡为定著,呜呼,世谱备矣。"吴中叶氏始祖是北宋刑部侍郎叶逵。叶逵,字造玄,原仕吴越国,宋太祖时吴越王归顺,因功授刑部侍郎。《吴中叶氏族谱》云,吴之有叶自刑部侍郎造玄公始,公侍吴越归宋娶乌程(即今湖州)羊氏,遂居乌程。滨湖溇港东桥村叶氏也属于吴中叶氏支脉,是宋石林先生叶梦得之后裔。原先东桥桥西有叶氏宗祠,还有叶氏莘辉堂、叶氏怡和堂等,叶氏宗祠南有"圣旨"二字的"忠孝节义"石牌坊,牌楼前有广场。

15.小湖王氏

小湖王氏源出琅玡,来自浙江会稽,与王瑄为代表的长兴小西街王氏、菱湖进士王继祀家族是为同宗。居住在织里小湖郎中湾,世代为医。明初谢贵,洪武朝以武功授指挥使,出守滁州。朱棣靖难起兵,谢贵抗争以殉,其三子谢公权葬父于滨湖谢溇。谢公权恐遭不测,遂讳谢,袭外家姓王,谢氏融入小湖王氏。其后裔王思沂"道光癸卯科浙江乡试殊卷",其履历记曰:"始祖讳公权,明洪武广威将军谢青萍公季子。靖难兵起,抗节以殉,遂讳姓,袭外家姓王,始居小湖。"公权玄孙王相在正嘉年间,历广东雷州府广仓大使、江西信丰县心田司巡检,走上仕途。后从公权昆孙王尚行登万历四十三年(1615)乙卯科举人开始,小湖王氏在登科录上榜上有名。入清,王銮于乾隆二十七年钦赐举人,往后遂科第联翩,王思沂于咸丰三年(1853)癸丑进士,又王兰光绪六年(1880)再登庚辰科进士。小湖王氏清代中后期成为湖州的重要望族。王氏有进士2人,举人7人,贡生4人,诸生72人。

16.骥村严氏

骥村严氏是湖州明清时期的重要望族,张鉴《国学生严君家传》云:"湖郡严氏其族之萃,处于骥村者,子姓尤繁衍。"骥村严氏代表人物严震直,明代名宦,明初累官工部尚书,著名水利学家,曾重浚灵渠。清代学者严可钧撰有《全上古三代秦汉三国六朝文》。骥村严氏有进士4人,举人9人。

17.瑞祥兜邱氏

清李煊在瑞祥兜《邱氏宗谱》的《旧序》中云:"在城北三十里得一壑焉曰松溪。溪之支流分南北,临水而居者凡数十家,鸡犬桑麻自成村落,询其氏皆邱氏。皆其耕读世其业。按邱氏系本出于吴兴,最著者为汉大司马腾,齐大中大夫灵鞠厥后。散居他郡,无可考证。逮前明时,始由马塘迁居于此,迄今几三百年,瓜衍椒蕃,族以滋大。"根据宗谱记载,瑞祥兜邱氏科举虽无进士、举人,但有五贡9人,国学生59人,庠生4人,议叙八品、九品,封授修职郎等13人,新式学校2人,其知识群体共87人。五贡中的代表人物邱曾任江苏巡检。从婚姻关系看,淮扬海河兵备道丁葆元娶邱森仲女,又同治庚午科举人费玉绌娶邱棣次女。其他郡城赵家、汤家亦与邱家有姻。综合各种因素评估,瑞祥兜邱氏亦是清代著姓大族。

第三节　人口自然增长

一、人口自然增长率

中华人民共和国成立初期至1970年代,全镇出生人口为高峰期,随着计划生育政策的实施,全镇出生人口明显下降。2003年,全年出生人口891人,人口出生率9.04‰，全年死亡人口889人，人口死亡率9.02‰，自然增长人口2人，自然增长率为0.02‰。

二、人口变动情况

表 6-1-14　1970—2019 年织里镇人口变动情况

年份	总人口	自然变动				机械变动			
		出生（人）	死亡（人）	自然增长		迁入（人）	迁出（人）	机械增长	
				人数	率‰			人数	率‰
1970	11 978								
1971									
1972									
1973									
1974	20 186	201	153			140	123		
1975	20 097	201	177		1.2‰				
1976	20 231	251	146			225	196		
1977	20 293	232	181		2‰	184	173		
1978					4.9				
1979	20 312	198	150		2.35	199	284		
1980	20 290	159	155			251	276		
1981	20 447	421	310			327	281		
1982									
1983	19 217	200	178			148	122		
1984	20 657	110	194			129	104		
1985	20 722	137	131			391	323		
1986	20 863	330	190			167	152		
1987	21 162	345	164			246	132		
1988	21 339	329	190			158	99		
1989	21 673	366	166			94	54		
1990	21 987	368	195			216	132		
1991	22 106	281	159			146	135		
1992	22 305	273	175			63	67		
1993	33 848								
1994	34 042	436	311			106	63		
1995	34 245	429	300			151	176		
1996	38 463	592	314			3448	781		

（续）

年份	总人口	出生（人）	死亡（人）	自然增长		迁入（人）	迁出（人）	机械增长	
				人数	率‰			人数	率‰
1997	38 236	401	343			2093	1320		
1998	38 122	371	335			419	331		
1999	37 916	302	262			234	477		
2000	98 917	1324	811			2833	1080		
2001	97 645	1212	781			512	2219		
2002	98 082	1087	748			716	493		
2003	98 513	891	889	2	0.02				
2004	99 022								
2005	99 239								
2006	99 750								
2007	100 120								
2008	100 228								
2009	100 600	880	772					366	
2010	100 922	946	825					294	
2011	101 287								
2012	101 828	1099	801	298				345	
2013	102 772	1151	745	406				481	
2014	103 619	1402	798	604				307	
2015	103 594	958	786	172				246	
2016	104 152								
2017	105 280	1302	860	442				691	
2018	106 145	1138	777	361				507	
2019	106 342	1025	775	250				-43	

第四节　计划生育

一、计划生育机构、机制

1.计划生育机构

20 世纪 70 年代，织里镇计划生育工作由公社妇女主任兼管，农村计划生育工作由各大队妇女主任及生产队妇女队长配合工作。20 世纪 90 年代，织里镇及晟舍、轧村、漾西、太湖四乡先后成立计划生育领导小组，一名副镇（乡）长兼任组长，具体工作由镇妇联主任负责。领导小组下设计划生育办公室，1979 年配计划生育专职干部 1 人。1985 年，各大队及企事业单位相应成立计划生育领导小组。1993 年 9 月晟舍并入织里镇，1999 年 10 月轧村、漾西、太湖三镇并入织里镇，原计划生育机构相应撤并。2002 年 5 月，改革织里人口计划生育领导小组，镇长兼组长、设副组长 1 人、组员 12 人。同月 16 日成立人口与计划生育管理稽查队，5 人组成。2003 年 1 月 16 日，成立人口与计划生育管理协作小组。成员有 14 人，参与部门有计生办、派出所、城管办、医院、工商分局、国税科、地税服务厅、企业服务中心、城建办、土管分局、广播站等。

2.计划生育政策

1980 年 2 月，吴兴县革命委员会给织里公社第一次下达出生人数计划 203 人，要求做好计划生育、控制人口增长，提倡一对夫妇最好生一个孩子，出生率稳定在千分之十左右。同年 9 月，织里公社发出"一对夫妇只生育一个孩子"倡议。

1981 年，中宣部、计生领导小组编发《控制人口增长的宣传要点》，大力宣传控制人口增长。

20 世纪 70 年代，织里公社制订计划生育目标管理责任制度，将计划生育工作列入政府重要工作目标任务。

20 世纪 80 年代，织里镇计划生育办公室制定实行独生子女养老保险制度。

1996 年 3 月，织里镇出台计划生育管理若干项规定。

2014 年 1 月 1 日，织里镇政府落实《计划生育基本技术服务经费使用管理办法》。办法规定："技术服务经费基数按年度户籍人口总育龄妇女数每人 8 元计算，流动人口四项节育手术经费专门结算管理。经费结算期限：从 2014 年 1 月 1 日至 2014 年 12 月 31 日为期；各行政村、社区在技术服务经费基数内实行记账累计，超出基数部分由镇承担报销 50%，余下 50% 直接由村、社区承担报销；计划生育基本技术服务经费实行专款专用，专项用于放（取）环、人流、引产、输卵管（输精管）结扎。"同年，提出免费基本技术服务经费享受对象："凡符合《计划生育技术服务管理条例》《浙江省人口与计划生育条例》等法律法规规定实行计划生育的育龄夫妻可享受：B 超孕情、环情监测、各类节育手术及技术常规所规定的各项医学检查等费；规定不给予享受报销对象有 5 个方面，手术经费报销及挂账的标准7项，计划生育手术奖励办法及工作补贴发放标准两个方面，免费基本技术服务经费管理4个方面。"

2016年，织里镇卫生计生办公室与镇计划生育协会对新居民出台12条计划生育优先优惠政策。具体规定："免费为新居民在镇内提供优生检测服务；免费为新居民在镇内办理结婚登记的育龄夫妇提供婚检服务；免费将新居民和户籍人口同等享受镇有关的独生子女优先优惠政策，如对贫困独生子女母亲的慰问和救助，贫困独生子女考上大学救助等（针对2016年1月1日之前出生的独生子女）。"

2016年，织里镇党代会报告提出："坚持计划生育基本国策，实施全面两孩政策，提高出生人口素质，提升家庭发展能力，促进人口长期均衡发展。"

3.计划生育服务站

2005年11月，织里镇计划生育服务站成立。服务站隶属织里镇人民政府下属的事业单位，设行政站长一名，由镇计生办副主任兼任；业务站长一名，由市计生指导站指派。服务站医务人员共4名，其中市计生指导站下派二名（其中一名任业务站长），镇计生办派业务员二名，业务人员根据业务需要，计生办统一调配。服务站另招聘勤杂工一名，负责全站的饮食、卫生工作及晚上值班。服务站配有临床经验的妇科医生及所需的医疗设备定期为已婚育龄妇女检查，为全镇育龄妇女提供生育、节育、优生、优育等服务。

同年11月，镇计划生育服务站制定《计划生育服务站管理办法》。为进一步规范镇计划生育服务镇的管理，提高服务质量和服务水平，依据湖州市计划生育委员会下发的《湖州市关于加强计划生育技术服务管理的若干意见》的通知精神制定《计划生育服务站管理办法》。办法明确了站服务四大功能："宣传教育、技术服务、药具管理、培训指导"。落实8个方面的服务范围："一是计划生育宣传教育；二是B超的定期访视；三是放取环及补救措施；四是发放避孕药具；五是计划生育和生殖健康门诊咨询；六是节育手术的术后随访；七是其他避孕方法的定期随访及副作用处理；八是四项手术的副反应、后遗症的防治。"

2007年8月26日，织里镇社区卫生服务中心，通过上半年普查普治，掌握了全镇妇女病发病率，已婚妇女23 108人，参加检查4026人，查出妇科病2837例。妇女患病率达70.46%，查出患阴道炎、宫颈炎病症的年龄都是25～40岁左右的已婚妇女较多，查出患子宫肌瘤病症的都是30～55岁年龄左右的已婚妇女较多。由此可见妇女病与大家自身卫生意识的重视、生活习惯、孕产次年龄等有密切关系，所以加强妇女病防治工作，做到早发现、早治疗，通过掌握社区妇科病防治方法来降低妇科病发病率。

2012年，镇计生服务站服务地址由原来的吴兴大道255号搬迁至康泰路458号。新搬迁的服务站设接待咨询室、成长测评室、亲子活动室、B超检查室、手术室和流动人口查环查孕室、休息室、配药窗口、化验室、宣教培训室。服务站配有站长1人，工作人员3人，主要负责查环查孕、流动人口办证、避孕药具发放及其他计生政策咨询。

2015年，晓河社区卫生服务站成立。同年，镇政府对社区服务站与计生服务站进行服务平台资源优化整合，创建了集卫生、医疗、办证、计划生育、三优教育等功能为一体的综合性平台，在此平台上，为群众提供"一站式"服务。

4.计划生育协会

织里镇计划生育协会

1989年召开第一次代表大会确定成立，参加会员228人。通过选举，史福根为第一届理事会会长，陈玉新、沈梅英为副会长，朱根初、金炳发、闵琴珠、王金根、沈海根、潘阿林、邬俊豪、高培林等为理事。

1990年10月22日，召开第二届代表大会，产生协会理事柳照华、史福根、陈玉新、沈梅英、朱根初、胡凤林、赵心妹、王济民、闵勤珠、潘阿林、高培林、潘春喜、王才根等13人。

1993年10月，行政区划调整，晟舍乡计划生育协会并入织里镇计划生育协会。

1999年10月，行政区划调整，太湖镇、轧村镇、漾西镇计划生育协会并入织里镇计划生育协会。

2006年至2011年，建立协会的组织网络，协会组织发展到66个（村34个、社区11个、企业21个）。与安徽省三县一市（望江县、歙县、广德县、宁国市）共同成立的流动人口双向管理计生协会。

2009年到2011年，每年向流动人口发放维权联系卡近40 000张。

2010年5月29日协会活动日，发放印有计生宣传语的乐口杯12 000只。

2011年7月11日世界人口日当天，开展大型宣传活动，发放优生二免宣传折页、流动人口须知、计生维权联系卡1350余份，发放计生宣传纪念品680

余件。

2011年，各村、社区计生协会秘书长牵头、发动女会员跳广场舞。举办"亲情织里·五项全能"宝宝大赛。结合青春期教育对不同年龄层次的中学生进行心理健康教育和指导。

2012年12月20日召开，召开第七次会员代表大会。应到代表140名，大会通过第六届计划生育协会理事会工作报告，通过《织里镇计划生育协会章程》，确定今后五年计生协会工作指导思想是："认真贯彻落实十八大精神，继续贯彻落实中央、省、市《两办》文件精神，结合计划生育工作总体要求，大力加强协会组织建设，进一步加强基层基础工作，积极参与计划生育村民自治工作，认真实施计划生育奖励扶持政策，创办项目基地，探索流动人口计生协会的管理模式，继续发挥计生协会职能作用，引导各村、社区积极争创双示范协会，以实现两个转变为目的，提高计划生育协会工作的整体水平。"大会选举产生第七届计生协会理事会29名、常务理事杨勇、黄新发、周功剑、舒忠明、陆阿根、朱林法、朱淦江、闵国荣、沈泱、吴谦、龚新霞、宋学萍、柏惠芳等13人，杨勇当选为会长，宋学萍当选为秘书长，聘请丁芳芳为名誉会长。

2016年12月，织里镇流动人口计划生育协会成立，管辖区域面积135.8平方公里，四个街道，二个办事处，辖34个行政村、16个居委会内，下设村级计生协会组织50个、企业计生协会组织37个，流动人口计生协会组织1个。共有协会会员8877名，会员小组851个，会员联系户26 726户，会员之家83家，宣传服务专栏83个。同年，协会把关爱流动育龄妇女作为协会工作的重点，引导对流动育龄妇女30人以上的企业建立计生协会，服务企业43家，新增避孕药具发放点10家，开展系列讲座6场，慰问困难职工50余人，对359人外来育龄妇女提供免费生殖健康服务。

2016年12月30日，镇计生协会选取帕罗企业创建省级母婴室示范点。帕罗羊绒有限公司共有352名女员工，根据年龄和婚姻情况分析，企业女工大多处于生育高峰期，随着全面二孩政策的实施，员工对创建母婴室的需求很大。企业共为爱心"母婴室"投入近3万元进行装修和布置，环境温馨，功能齐全，让企业女工有了一个舒适、便利的母乳喂养环境的母婴室。并将以帕罗企业创建的"省级母婴室"示范项目为契机，在全镇范围内示范推广。

2017年，为更好地服务管理流动人口，镇积极探索纵横交织的风格化服务管理机制，成立纵向以户籍地为管理方向的"商会计生协会""双向管理协会"两大协会组织，横向以"童装联合协会"为组织的协会网络，实现流动人口计生服务管理全覆盖。

2017年，镇计生协会下设村级庄重协会组织50个，企业计生协会组织37个，镇级流动人口计生协会组织1个。全镇共有协会会员9637名，会员小组921个，会员联系户28 796户，会员之家84家，宣传服务阵地84个。

太湖乡计划生育协会

1989年召开第一次代表大会，太湖计划生育协会正式成立。

1990年召开第二次代表大会，参加代表236人。

1993年8月9日，太湖乡计划生育协会召开第三届计划生育协会代表大会。会议批准宋明祥所作第二届理事会工作报告，通过了计划生育协会章程和管理办法、第三届理事会成员名单。第三届协会会员总数254名，比上届增加7.63%。其中有团体会员199名，个体会员55名，外来妇女会员40名，平均年龄39.5岁。理事会分设宣传组，组长周福明，技术服务组，组长邹渭芬，福利事业组，组长宋明祥，外来妇女组，组长陈表泉。本届协会工作提出："协会建在村上，活动搞在组上，联系到湖上"。会议推广谢溇村协会"开展三包四带头"经验。三包：包自己、包子女、包亲属；四事带头：带头学习计划生育政策，带头执行计划生育、晚婚晚育，带头落实相应的节育措施，带头做好联系户的思想工作。协会推进计划生育保险事业工作，全乡有1320人参加养老保险，保险金额达到17.245万元，对1831名育龄妇女进行免费检查，查出43名育龄妇女有不同程度的妇科疾病。全乡有乡村两级会议（人员）1397名，占全乡总人口的6.06%。

第三届理事会成员有宋明祥、周福民等19名，共推荐出会长、副会长、秘书长，聘请吴建民为名誉会长。

1999年10月，行政区划调整后，太湖镇计划生育协会并入织里镇计划生育协会。

轧村乡计划生育协会

1989年成立，陈明宝任会长，王阿荣、姚阿根任副会长，理事会由39人组成。

1999年10月，行政区划调整后，轧村镇计划生育协会并入织里镇计划生育协会。

漾西乡计划生育协会

1988年2月6日召开计划生育协会第一次代表大会，参加大会的会员有58人。大会确定成立计划生育协会，通过《漾西乡计划生育协会章程》，选举产生计划生育理事会成员20人，朱春荣任会长，汤和林、沈林庆当选为副会长，施凤秋当选为秘书长。

1989年9月16日，漾西乡南河成立村计划生育协会。村书记任会长，村长任副会长，村妇女主任任秘书长，理事7人。

1991年3月20日，漾西乡计划生育协会召开第二届协会代表大会，参加会议代表共157人，大会批准了第一届理事会的工作报告，通过了漾西乡计划生育协会管理办法，明确乡计划生育协会是在乡党委和政府领导下，依靠广大群众积极参加和自觉执行，依靠各部门的密切配合和大力支持，团结所有热心于计划生育事业的各界人士，紧密围绕计划生育这个中心积极开展有利于计划生育的各项活动，为控制人口数量提高人口素质作贡献。确定了漾西乡计划生育协会理事会，共有理事30人。乡长任名誉会长，分管领导任会长，分管计划生育的副乡长、乡妇联主任、乡计划生育积极分子、各界有名望性、先进性、专业性和计划积极分子及各级人士进乡理事会。乡协会下建立村计划生育协会，下设组织宣传组、技术服务组、福利事业组三个小组。

1992年各村建立村计划生育协会

1993年7月，漾西乡召开第三届计划生育协会代表大会，会议回顾三年来协会工作，提出计划生育协会工作意见，通过漾西乡计生协会管理办法。会议选举产生新一届协会领导，会长冯水根、常务副会长李荣法，副会长徐贵华、曹有权，秘书长施凤秋。聘请陈阿荣为名誉会长。理事会有陈阿英、朱林山等30人组成。

1997年1月9日，召开漾西乡第四届计划生育协会代表大会，大会批准朱惠珍所作的《筹备工作报告》，通过《漾西乡计划生育协会管理办法》。大会选举产生会长姚志凌，常务副会长王战荣，副会长朱春荣、费祥华，秘书长朱惠珍，计划生育协会理事共29人，其中常务理事5人。

1999年10月，行政区划调整后，漾西镇计划生育协会并入织里镇计划生育协会。

晟舍乡计划生育协会

1988年4月5日召开第一次代表大会，共有协会会员168人。大会确定成立晟舍乡计划生育协会，通过《晟舍乡计划生育协会章程》，选举产生计划生育协会理事会理事，会长1人、副会长3人、秘书长1人。

1989年10月，各村计划生育协会全部成立，共有会员420人，理事会成员75人。

1993年10月，行政区划调整时，晟舍乡计划生育协会并入织里镇计生协会。

二、计划生育工作

1.计划生育宣传

中央出台计划生育政策后，20世纪80年代，各镇（乡）组成领导宣传小组开展计划生育宣传工作，深入机关、企事业单位及各村大队宣传计划生育重要指示。1982年后，镇开展计划生育基本国策教育，并运用广播、报刊、宣传栏、宣传板、发小册子、挂图、幻灯、张贴宣传标语标语大力宣传教育只生一个好。

2.计划生育服务

1974年开始，镇计划生育办联合镇卫生院，不定期对育龄妇女开展妇女病检查，检查人数累计达万人，查出发病人数3000多人，治疗人数3000余人。其中1975年开展妇女病全镇检查3562人、查出发病人数942人、治疗人数942人。20世纪90年代建立计划生育指导服务站，配备多项检查仪器设备，组织对育龄妇女孕检服务、发放避孕药具等。1990年后，镇计生服办、计生中心开展"育龄妇女关爱"活动，提倡优生优育，提供计划生育技术服务，开展对结婚青年婚前健康检查，对已婚孕妇建立产前检查，术前、术中、术后随访、避孕指导随访监测。1985年起，镇计划生育办公室开办计划生育优生优学培训班。

3.计划生育管理

管理措施。1971年起，织里镇党委为提倡晚婚、推行计划生育，提出"一个不少、两个正好"的生育号召。1973年开始，各级党政部门把控制人口增长放到议事日程上，提出晚婚晚育，两胎间隔5年以上的"晚、稀、少"生育政策。免费发放避孕药具，育龄妇女接受节育、绝育手续可享受休假，休假期间工资照发，农村社员工分照记的优惠政策。1990年，实施独生子女父母养老保险制度。1991年根据浙江省颁布《计划生育条例实施细则》，出台独生子女各项优惠政策和对计划外生育者实施处罚规定。

人口计划。1974年，织里镇按照上级计划生育控制人口要求，提出人口出生计划，限制无计划生育，计划生育出生率要求控制在 10.3‰以内规定。自然增长率控制在 1.3‰。

奖励规定。1975 年，镇实行计划生育医疗就诊、挂号、手术医疗费免除政策，所有避孕药具免费供应。20 世纪 60 年代，提倡一对夫妻只生一个孩子。1982 年，强化一对夫妻只生一个孩子政策，二胎生育进一步控制，三胎管理加强。1980 年起，对只生一个孩子、保证不生第二个孩子的夫妇，经本人申请分发《独生子女光荣证》，每年发给独生子女保健费 50 元，夫妻双方各一半发给，直到 16 周岁为止，农村独生子女享受双份宅基地等。

三、晚婚晚育

新中国成立初期，境内婚育观念普遍受传统观念"早婚、早育、多子、多福"的影响，结婚年龄早、生育观念淡薄，据当时调查，结婚年龄普遍偏早。男结婚年龄 20 岁左右、女结婚年龄在 18 岁左右，农村一对夫妇普遍生育 2 至 3 个孩子比较普遍。

1951 年，实施婚姻登记制度，对早婚有一定的限制。

1963 年，开始提倡晚婚宣传。1971 年起，提倡晚婚，规定结婚男女年龄合计 50 周岁。1972 年提出"晚婚晚育计划生育""控制人口增长"的主张。多子夫妇要求响应计划生育号召，夫妇一方要求进行结扎。结扎费用由所在工作单位、村负担，单位工作的结扎夫妇工资照发、农村村劳动的夫妇工分照计，还发给一定的营养费。1973 年后，随着计划生育机构和计划生育政策的落实，镇政府把控制人口增长提到议事日程，计划生育工作逐步得到重视。1982 年，根据《浙江省计划生育条例》制定：男方 25 周岁、女方 23 周岁以上结婚为晚婚，已婚妇女 24 周岁以上生育第一个子女为晚育规定。为鼓励晚婚，规定新婚夫妇双方均系晚婚者增加 10 天婚假。据 1975—1982 年统计，全域初婚年龄从 1974 年的男 23.8 岁、女 21.6 岁到 1982 年男 25 岁、女 22 岁，晚婚率达 93%。其中 1980 年，新联、向阳、永丰、先锋、东方红、织里、红光、水产大队、镇社区居委会晚婚率达 100%。节育率平均达 91.21%。

2005 年，织里镇被评为全国婚育新风进万家活动先进乡镇。计划生育率连续达到 100%。

2013 年，织里镇被评为全国人口与计划生育依法行政示范乡镇，全省人口与计划生育依法行政示范乡镇。

四、二胎生育

1.特殊二胎

1987 年，对可照顾生育 2 胎的对象做如下规定，机关、企事业单位的干部、职工，城镇居民符合下列条件之一者可生育 2 胎："一是独生子与独生女结婚；二是第一个子女为非遗传性残废，不能成为正常劳动力；三是婚后 5 年不孕，收养一个孩子后怀孕；四是夫妻一方为烈士独生子女；五是夫妻一方为初婚或未生育过，另一方再婚照前只生育一个子女；六是一方为初婚或未生育过，另一方再婚前生育过两个子女后丧偶；七是夫妻一方连续从事矿井井下作业满 5 年以上，只生育一个女孩，并继续从事井下作业。"

农民除符合上述中的一条，或符合下列条件之一者可生育二胎："一是夫妻一方现代均为独生子女；二是男到有女无儿家结婚落户，并赡养女方老人；三是兄弟 2 人以上，其中只有一个有生育能力；四是夫妻一方为非遗传性残疾，丧失劳动能力；五是夫妻一方为少数民族。"

夫妻一方为干部职工，另一方是农民，只可生育一个孩子（包括女孩）。

2.独生子女生育放开

2011 年 11 月，全面实施双独二孩政策。2013 年 12 月，实施单独二孩政策。2015 年 10 月，党的十八届五次全会决定实施全面二孩政策，积极开展应对人口老龄化行动，《人口与计划生育法修正案》自 2016 年 1 月 1 日起施行，织里从 1980 年开始，推行了 35 年的城镇人口独生子女政策真正宣告结束。

第五节 户籍管理

一、户口清查、人口普查

1.户口清查（中华民国时期）

中华民国时期户籍管理继承保甲制度，当时户籍管理是由国民政府警察所负责。据记载，民国 30 年 6 月（1941 年 6 月），国民政府在吴兴县对 22 个镇 84 个乡的 1400 余个保 15 000 余个甲进行突击户口清查，以备抽丁赋税所用。

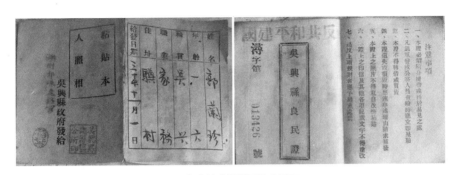

1942 年发给骥村村民的良民证

2.户口清查（中华人民共和国初期）

新中国成立后，湖州市各县先后建立公安局，县区内建立派出所，吴兴县织里区所辖派出所开展了第一次对全域内户口登记清查工作。截止到 1950 年，全域有总户数 17 583 户，总人口 64 043 人。1950 年后，实行居民委员会、居民小组制度，开展对人口年龄、职业状况登记，筹建居民会，选出了户籍委员。1951 年 7 月，公安部公布《城市户口管理暂行条例》后，湖州市公安机关对城市集镇的户口开展整顿，区镇根据户口整顿要求，开展人口户籍整改工作。同年 10 月，通过户籍整改，核实了全区各乡镇的总人口、总户数数据，并按核实数据核发了人户证（据 1951 年 10 月 20 日统计，织里区共发证总户数 18 037 户，总人口 65 010 人，其中农业人口 62 927 人，非农业人口 2083 人，男 35 267 人，女 29 743 人。与 1950 年相比，户数增加 454 户，增长 2.6%、总人口增加 1067 人，增长 1.67%）。

3.人口普查

第一次人口普查 1953 年 7 月 1 日，全国开展第一次大规模的人口普查，普查从姓名、性别、年龄、籍贯、民族、文化程度六个方面开展。

第二次人口普查 1964 年 7 月 1 日，全国开展第二次人口普查，第二次人口普查分别从姓名、性别、年龄、籍贯、民族、文化程度、工作单位、婚姻状况、常住户口所在地 9 个项目进行，全镇小乡查有总人口 17 329 人。

第三次人口普查 1982 年 7 月 1 日，全国开展第三次人口普查。织里区按全区人口总数 107 088 人，共配备普查员 294 名，指导员按 117 个居民会个数配备 117 人。为加强公社、镇、街道人口普查工作领导，要求规定领导小组必须由公社、镇、街道党委书记或副书记担任。织里镇由叶虎林任人口普查领导小组组长，李新妹任人口普查办公室主任。这次人口普查，比前两次人口普查工作要求高，规模空前。特别是对常住人口的登记，采用了按常住人口登记的原则，对五种人进行普查登记，普查项目增到19项，其中13个项目按人填报，6个项目按户填报。织里公社共查有5115户，其中有家庭户5086户，集体户29户。总人口20543人，其中男10760人、女9783人。常住本地户口在本地20287人，常住本地一年以上户口在外地26人，人住本地不到一年离开户口登记地一年以上的9人，人住本地户口待定9人，有常住户口已外出一年以上的人口83人。

从第二次人口普查到第三次人口普查，织里人口的变化见下表。

表6-1-15 1964、1982年织里各片区人口比较

	1964年人口	1982年人口	增加人口	增长率	年均增长率
晟舍公社	17 359	20 543	3184	18.34%	0.94%
太湖公社	17 967	21 793	3826	21.29%	1.08%
轧村公社	15 962	19 467	3505	21.96%	1.11%
漾西公社	12 511	14 852	2341	18.71%	0.96%
戴山公社	13 683	17 297	3614	26.41%	1.31%

第四次人口普查 1990年7月1日，全国开展第四次人口普查，登记项目共21项，其中按人登记15项，按户登记6项，织里镇共查有总户数5520户，总人口22131人，其中男11345人、女10786人。性别比重男为51.26%、女为48.74%，性别比为105.65:100。家庭户5483户、集体户39户，家庭户人口21906人、集体户人口225人。家庭户平均每户人口4人。居民户673户，居民人口2111人，其中男1102人、女1009人。农村户数4847户，农业人口20020人，其中男10243人、女9777人。镇非农业户口1689人，其中男941人、女748人。农业户口19791人，其中男10070人、女9721人。户口待定和暂无户口651人，其中男334人、女317人。非农业户口占7.63%。常住织里镇户口在全镇的有21189人，常住全镇一年以上，户口在外地的有265人，人住全镇不满一年，户口离开登记地一年以上的有29人，人住织里镇户口待定的647人，原住织里镇，普查时国外工作学习的1人。常住户口中已外出一年以上有196人。本次普查重点是全镇辖区内外人口所从事的职业状况。

第五次人口普查 2000年1月10日，全国开展第五次全国人口普查。全镇对49个普查项目进行登记普查，共查有总户数28226户（同第四次全国人口普查5520户相比，十年增加22706户），总人口130333人（同第四次全国人口普查22131人相比，十年总人口增加108202人），其中男60766人、女

69 567 人。有家庭户 27 461 户，集体户 765 户。家庭户总人口 124 521 人，其中男 57 726 人，女 66 795 人，平均家庭户规模每户 4.53 人。全镇有农业户口人数 119 995 人，其中男 55 399 人、女 64 596 人。非农业户口人数 35 275 人，其中男 18 139 人、女 17 136 人。非农业户口人数占总人口的比例为 77.14%，其中男占 74.76%、女占 79.84%。第五次人口普查重点突出辖区内流动人口、职业状况。长年居织里镇且户口在织里镇的有 89 329 人，其中男 44 844 人、女 44 485 人。居住织里镇半年以上且户口在外地的有 29 266 人，其中男 11 574 人、女 17 692 人。在织里镇居住不满半年，离开户口登记地半年以上的有 8911 人，其中男 2947 人、女 5964 人。居住织里镇，户口待定的有 2826 人，其中男 1400 人、女 1426 人。原住织里镇，现在国外工作学习，暂无户口 1 人。

第六次人口普查 2010 年 11 月 1 日零点，开展第六次全国人口普查。全镇共组织普查人员 150 余名，共查有总户数 40 135 户（同第五次全国人口普查 28 226 户相比，增加 11 909 户），常住总人口 186 609 人（同第五次全国人口普查 130 333 人相比，增加 56 276 人，十年总人口增加 108 202 人，增长%，年平均增长%）。其中男性人口 92 324 人，女性人口 94 285 人，性别比 97.92:100（女=100）。查有家庭户 32 172 户，集体户 7963 户。家庭户总人口 109 651 人，其中男 54 827 人、女 54 824 人，平均家庭户规模每户 3.41 人。全镇有农业户口人数 168 224 人，其中男 82 953 人、女 85 271 人。长年居住织里镇且户口在织里镇的有 85 574 人，其中男 42 498 人、女 43 076 人。居住织里镇半年以上且户口在外地的有 100 033 人，其中男 49 340 人、女 50 693 人。在织里镇居住不满半年，离开户口登记地半年以上的有 9424 人，其中男 4661 人、女 4763 人，外出半年以上人口占总人口比重为 9.41%。居住织里镇户口待定的有 989 人，其中男 478 人、女 511 人。原住织里镇，现在国外工作学习有 13 人，其中男 8 人、女 5 人。

第七次人口普查 2020 年 11 月 1 日零点（2019 年 11 月 1 日—2020 年 10 月 31 日），开展第七次全国人口普查。普查结果全镇（含划入高新区的村）总人口 268 272 人，其中男 141 612 人，女 126 660 人。织里本级（不含划入高新区的 12 个村，下同）人口 241 192 人，男 127 500 人，女 113 692 人。划入高新区的 12 个村人口 27 080 人，男 14 112 人，女 12 968 人。

户数、人口数和性别比。织里本级总户数 76 865 户，其中家庭户数 59 211 户，集体户数 17 654 户。总人口数 241 192 人，其中男性人口数 127 500 人，女性人口数 113 692 人，男女性别比 112.15。家庭户人口数 150 181 人，其中男 77 046 人，女性人口数 73 135 人，男女性别比 105.35。集体户总人口数 91 011 人，其中男性人口数 50 454 人，女性人口数 40 557 人，男女性别比 124.4。平均每个家庭规模 2.54 人。

原住织里镇、户口在织里镇人口数 61 479 人，其中男 30 483 人，女 30 996 人。原住织里镇、户口在外乡镇、离开户口登记地半年以上人口数 178 881 人，其中男 96 582 人，女 82 299 人。原住织里镇、户口待定人口数 778 人，其中男 413 人，女 365 人。原住织里镇、现在港澳台或外国工作或学习人数 54 人，其中男 22 人，女 32 人。

户口登记地在外乡镇的人口中，在吴兴区（市）其他乡镇街道 13 105 人，其中男 6450 人，女 6655 人。户口登记地在本省其他县（市）15 520 人，其中男 8351 人，女 7169 人。户口登记地在省外 150 256 人，其中男 81 781 人，女 68 475 人。

表 6-1-16　2020 年织里镇各村（社区）常住人口状况

村（社区）名称		常住人口数	性别		城乡		户口登记地			
			男	女	城镇人数	乡村人数	本镇	本区其他乡镇	本省其他县市	省外
织里镇各村及社区（不含高新区12个村）	织里居委会	15 138	7930	7208	15 138	0	1648	1685	733	11 072
	大郏社区居委会	5988	3261	2727	5988	0	2928	533	419	2108
	东盛居委会	11 513	5960	5553	11 513	0	1362	294	717	9140
	妙园居委会	3736	2096	1640	3736	0	811	177	180	2568
	振兴居委会	7736	4069	3667	7736	0	2730	1388	621	2997
	晟舍居委会	7913	4152	3761	7913	0	716	222	1082	5893
	大河社区居委会	7770	4499	3271	7770	0	1226	102	388	6054
	永安居委会	10 370	5302	5068	10 370	0	920	495	1052	7903
	河西社区居委会	13 255	7426	5829	13 255	0	1561	145	583	10 966
	秦家港社区居委会	8396	4496	3900	8936	0	954	176	387	6879
	朱湾村居委会	11 930	6102	5828	11 930	0	1269	522	1161	8978
	东湾兜居委会	7444	3785	3659	7444	0	2283	2028	510	2623
	清水兜居委会	12 122	6307	5815	12 122	0	2835	579	830	7878
	今海岸居委会	11 708	6023	5685	11 708	0	1161	445	1006	9096
	云村居委会	8909	4720	4189	8909	0	550	395	673	7291

（续）

村（社区）名称	常住人口数	性别		城乡		户口登记地			
		男	女	城镇人数	乡村人数	本镇	本区其他乡镇	本省其他县市	省外
晟东居委会	8547	4450	4097	8547	0	1237	627	1207	5476
晓河社区居委会	7132	3577	3555	7132	0	4358	870	621	1283
红门馆社区居委会	10 867	5762	5105	0	10 867	1683	666	739	7779
东兜社区居委会	4888	3030	1858	4888	0	90	45	248	4505
东安社区居委会	13 396	6767	6629	13 396	0	565	276	630	11 925
长安社区居委会	8738	4910	3828	8738	0	1433	588	655	6062
李家坝村委会	355	172	183	0	355	311	3	6	35
大邾村委会	326	162	164	0	326	322	0	2	2
王母亲兜村委会	250	121	129	0	250	245	0	2	3
晓河村委会	149	75	74	0	149	149	0	0	0
秧宅村委会	473	355	118	0	473	58	6	51	358
旧馆村委会	1436	743	693	0	1436	958	26	25	427
云村村委会	2965	1580	1385	0	2965	459	121	120	2265
石头港村委会	1840	940	900	0	1840	1559	24	44	213
轧村村委会	1759	914	845	0	1759	1301	43	27	388
港西村委会	3929	2104	1825	0	3929	2221	213	102	1393
香圩墩村委会	2694	1418	1276	0	2694	710	35	99	1850
骥村村委会	2466	1292	1174	0	2466	2009	77	41	339
增圩村委会	503	271	232	0	503	350	0	8	145
孟乡港村委会	687	355	332	0	687	653	4	9	21
潘塘桥村委会	869	455	414	0	869	685	4	27	153
曹家簎村委会	2532	1327	1205	0	2532	1968	7	75	482
上林村村委会	1968	1009	959	0	1968	1778	20	26	144
乔溇村委会	2214	1116	1098	0	2214	1662	27	38	487
汤溇村委会	3226	1666	1560	0	3226	2561	28	47	590
常乐村委会	3163	1655	1508	0	3163	2650	23	63	427
陆家湾村委会	3417	1772	1645	0	3417	2298	64	113	942
曙光村委会	2289	1152	1137	0	2289	1974	50	51	214
伍浦村委会	1182	591	591	0	1182	1082	30	19	51
义皋村委会	1196	625	571	0	1196	1000	30	32	134
庙兜村委会	1808	1006	802	0	1808	1028	12	51	717
织里本级合计	241 192	127 500	113 692	187 169	54 563	62 311	13 105	15 520	150 256

左侧纵列：织里镇各村及社区（不含高新区12个村）

（续）

村（社区）名称		常住人口数	性别		城乡		户口登记地			
			男	女	城镇人数	乡村人数	本镇	本区其他乡镇	本省其他县市	省外
高新区12个村	大港村委会	7052	3761	3291	0	7052	2134	58	109	4751
	郑港村委会	3012	1589	1423	0	3012	867	29	34	2082
	凌家汇村委会	1839	1022	817	0	1839	466	35	46	1292
	联漾村委会	2571	1298	1273	0	2571	508	16	44	2003
	杨溇村委会	1474	748	726	0	1474	1375	15	22	62
	许溇村委会	1614	830	784	0	1614	1519	4	30	61
	幻溇村委会	2939	1500	1439	0	2939	2542	88	40	269
	元通桥村委会	1253	651	602	0	1253	716		17	520
	水产村委会	（统计在郑港村委会）								
	大溇村委会	1695	878	817	0	1695	1538	12	41	104
	沈溇村委会	1415	690	725	0	1415	1314	25	18	58
	东桥村委会	2216	1145	1071	0	2216	2088	19	32	77
	高新区12个村合计	27 080	14 112	12 968	0	27 080	15 067	301	433	11 279
总计（含高新区12个村）		268 272	141 612	126 660	187 169	81 643	77 378	13 406	15 953	161 535

按性别、民族划分的人口数。织里本级有汉族234 249人，其中男123 651人，女110 598人。蒙古族49人，其中男28人，女21人。回族214人，其中男113人，女101人。藏族14人，其中男6人，女8人。维吾尔族5人，其中男5人。苗族2137人，其中男1154人，女983人。彝族548人，其中男295人，女253人。壮族868人，其中男452人，女416人。布依族744人，其中男433人，女311人。朝鲜族7人，其中男3人，女4人。满族128人，其中男69人，女59人。侗族245人，其中男138人，女107人。瑶族76人，其中男31人，女45人。白族95人，其中男54人，女41人。土家族704人，其中男435人，女269人。哈尼族19人，其中男6人，女13人。哈萨克族1人，其中女1人。傣族11人，其中男3人，女8人。黎族21人，其中男8人，女13人。傈僳族14人，其中男7人，女7人。佤族28人，其中男11人，女17人。畲族210人，其中男130人，女80人。拉祜族16人，其中男10人，女6人。水族105人，其中男59人，女46人。东乡族21人，其中男13人，女8人。景颇族5人，其中男3人，女2人。土族8人，其中男5人，女3人。达斡尔族1人，其中女1人。仫佬族68人，其中男35人，女33人。布朗族2人，其中女2人。毛南族6

人，其中男 5 人，女 1 人。仡佬族 350 人，其中男 205 人，女 145 人。锡伯族 2
人，其中男 2 人。阿昌族 1 人，其中女 1 人。普米族 1 人，其中男 1 人。怒族 1
人，其中女人。德昂族 1 人，其中女 1 人。保安族 2 人，其中男 1 人，女 1 人。
京族 1 人，其中男 1 人。未定族人口 210 人，其中男 125 人，女 85 人。未入籍 4
人，其中男 3 人，女 1 人。

　　按年龄段划分的人口数。织里本级 0 岁 1309 人，其中男 685 人，女 624
人。1～4 岁 6633 人，其中男 3443 人，女 3190 人。5～9 岁 7172 人，其中男
3707 人，女 3465 人。10～14 岁 5225 人，其中男 2746 人，女 2479 人。15～19
岁 6361 人，其中男 3671 人，女 2690 人。20～24 岁 16 713 人，其中男 9765 人，
女 6948 人。25～29 岁 30 991 人，其中男 16 631 人，女 14 360 人。30～34 岁
45 503 人，其中男 24 510 人，女 20 993 人。35～39 岁 25 685 人，其中男 14 440
人，女 11 245 人。40～44 岁 19 435 人，其中男 10 217 人，女 9218 人。45～49
岁 20 544 人，其中男 10 077 人，女 10 467 人。50～54 岁 19 165 人，其中男
9237 人，女 9928 人。55～59 岁 12 623 人，其中男 6334 人，女 6289 人。60～64
岁 6681 人，其中男 3650 人，女 3031 人。65～69 岁 6865 人，其中男 3479 人，
女 3386 人。70～74 岁 4721 人，其中男 2345 人，女 2376 人。75～79 岁 2487
人，其中男 1199 人，女 1288 人。80～84 岁 1771 人，其中男 821 人，女 956 人。
85～89 岁 958 人，其中男 435 人，女 523 人。90～94 岁 285 人，其中男 90 人，
女 195 人。95～99 岁 54 人，其中男 16 人，女 38 人。100 岁及以上 5 人，其中
男 2 人，女 3 人。

　　按教育程度划分的人口数。织里本级 3 岁及以上人口 236 801 人，其中男
125 242 人，女 111 559 人。未上过学的 4758 人，其中男 1574 人，女 3184 人。
学前教育 5432 人，其中男 2713 人，女 2719 人。小学 55 916 人，其中男 25 826
人，女 30 090 人。初中 131 725 人，其中男 72 387 人，女 59 338 人。高中
26 595 人，其中男 16 082 人，女 10 513 人。大学专科 8249 人，其中男 4541 人，
女 3708 人。大学本科 3963 人，其中男 2029 人，女 1934 人。硕士研究生 146
人，其中男 77 人，女 69 人。博士研究生 17 人，其中男 13 人，女 4 人。15 岁及
以上人口 220 853 人，其中男 116 919 人，女 103 934 人。文盲 2399 人，其中男
698 人，女 1701 人。

　　家庭规模。织里本级共有家庭户 59 211 户，一人户 15 827 户，占 26.73%。

二人户 21 561 户，占 36.41%。三人户 8699 户，占 14.69%。四人户 5647 户，占 9.54%。五人户 4098 户，占 6.92%。六人户 2338 户，占 3.95%。七人户 665 户，占 1.12%。八人户 220 户，占 0.37%。九人户 68 户，占 0.11%。十人及以上户 88 户，占 0.15%。

家庭户类别。织里本级共有家庭户 59 211 户，一代户 36 851 户，占 62.24%。二代户 12 985 户，占 21.93%。三代户 8569 户，占 14.47%。四代户 805 户，占 1.36。五代及以上户 1 户。

2019 年 11 月 1 日至 2020 年 10 月 31 日各月份出生人口。织里本级 2019 年 11 月 1 日至 2020 年 10 月 31 日出生人口 1309 人，其中男 685 人，女 624 人。2019 年 11 月出生人口 139 人，其中男 64 人，女 75 人。2019 年 12 月出生人口 142 人，其中男 63 人，女 79 人。2020 年 1 月出生人口 137 人，其中男 76 人，女 61 人。2020 年 2 月出生人口 95 人，其中男 47 人，女 48 人。2020 年 3 月出生人口 113 人，其中男 52 人，女 61 人。2020 年 4 月出生人口 98 人，其中男 63 人，女 35 人。2020 年 5 月出生人口 84 人，其中男 45 人，女 39 人。2020 年 6 月出生人口 105 人，其中男 49 人，女 56 人。2020 年 7 月出生人口 129 人，其中男 69 人，女 60 人。2020 年 8 月出生人口 95 人，其中男 62 人，女 33 人。2020 年 9 月出生人口 111 人，其中男 58 人，女 53 人。2020 年 10 月出生人口 61 人，其中男 37 人，女 24 人。

2019 年 11 月 1 日至 2020 年 10 月 31 日各月份死亡人口。织里本级 2019 年 11 月 1 日至 2020 年 10 月 31 日死亡人口 631 人，其中男 358 人，女 273 人。2019 年 11 月死亡人口 48 人，其中男 26 人，女 22 人。2019 年 12 月死亡人口 47 人，其中男 28 人，女 19 人。2020 年 1 月死亡人口 54 人，其中男 34 人，女 20 人。2020 年 2 月死亡人口 54 人，其中男 27 人，女 27 人。2020 年 3 月死亡人口 66 人，其中男 39 人，女 27 人。2020 年 4 月死亡人口 47 人，其中男 25 人，女 22 人。2020 年 5 月死亡人口 60 人，其中男 32 人，女 28 人。2020 年 6 月死亡人口 43 人，其中男 26 人，女 17 人。2020 年 7 月死亡人口 45 人，其中男 24 人，女 21 人。2020 年 8 月死亡人口 50 人，其中男 21 人，女 29 人。2020 年 9 月死亡人口 58 人，其中男 37 人，女 21 人。2020 年 10 月死亡人口 59 人，其中男 39 人，女 20 人。死亡人口中，1～4 岁 1 人，其中女 1 人。15～19 岁 1 人，其中男 1 人。20～24 岁 1 人，其中男 1 人。25～29 岁 7 人，其中男 5 人，女 2 人。

30～34岁2人，其中男1人，女1人。35～39岁2人，其中男2人。40～44岁2人，其中男1人，女1人。45～49岁4人，其中男3人，女1人。50～54岁14人，其中男12人，女2人。55～59岁15人，其中男9人，女6人。60～64岁35人，其中男22人，女13人。65～69岁45人，其中男33人，女12人。70～74岁77人，其中男50人，女27人。75～79岁73人，其中男40人，女33人。80～84岁132人，其中男73人，女59人。85～89岁124人，其中男69人，女55人。90～94岁73人，其中男31人，女42人。95～99岁21人，其中男4人，女17人。100岁及以上2人，其中男1人，女1人。

织里本级按现住地的户口登记地在外省的人口数。合计150 256人，其中男81 781人，女68 475人。北京市15人，其中男7人，女8人。天津市21人，其中男14人，女7人。河北省1077人，其中男500人，女577人。山西省498人，其中男275人，女223人。内蒙古自治区139人，其中男83人，女56人。辽宁省880人，其中男486人，女394人。吉林省634人，其中男354人，女280人。黑龙江省592人，其中男306人，女286人。上海市108人，其中男66人，女42人。江苏省6324人，其中男3765人，女2559人。安徽省81 948人，其中男42 649人，女39 299人。福建省1484人，其中男921人，女563人。江西省8883人，其中男5013人，女3870人。山东省1291人，其中男740人，女551人。河南省16 436人，其中男9493人，女6943人。河北省2994人，其中男1671人，女1323人。湖南省2887人，其中男1599人，女1288人。广东省576人，其中男328人，女248人。广西壮族自治区579人，其中男291人，女288人。海南省25人，其中男8人，女17人。重庆市1185人，其中男669人，女516人。四川省5314人，其中男3034人，女2280人。贵州省11 716人，其中男6821人，女4895人。云南省3316人，其中男1897人，女1419人。西藏自治区3人，其中男1人，女2人。陕西省631人，其中男379人，女252人。甘肃省564人，其中男336人，女228人。青海省51人，其中男30人，女21人。宁夏回族自治区20人，其中男12人，女8人。新疆维吾尔自治区65人，其中男33人，女32人。

织里本级按现住地、离开户口登记地时间分的户口登记地在外乡镇街道的人口数。合计178 881人。其中半年以上，不满一年43 321人。一年以上，不满二年14 937人。二年以上，不满三年13 974人。三年以上，不满四年14 351

人。四年以上，不满五年 13 159 人。五年以上，不满十年 33 279 人。十年以上 45 860 人。

织里本级按现住地、离开户口登记地时间分的户口登记地在外乡镇街道的人口中的省内人口数。合计 28 625 人。其中半年以上，不满一年 5784 人。一年以上，不满二年 2183 人。二年以上，不满三年 1976 人。三年以上，不满四年 1914 人。四年以上，不满五年 1810 人。五年以上，不满十年 5457 人。十年以上 9501 人。

织里本级按现住地、离开户口登记地时间分的户口登记地在外乡镇街道的人口中的省外人口数。合计 150 256 人，其中半年以上，不满一年 37 537 人。一年以上，不满二年 12 754 人。二年以上，不满三年 11 998 人。三年以上，不满四年 12 437 人。四年以上，不满五年 11 349 人。五年以上，不满十年 27 822 人。十年以上 36 359 人。

织里本级按现住地、户口登记地在本省其他乡镇街道的人口中的受教育人口数。合计 27 882 人，其中男 14 412 人，女 13 470 人。其中未上过学 481 人，男 158 人，女 323 人。学前教育 1031 人，男 527 人，女 504 人。小学 6856 人，男 3181 人，女 3675 人。初中 11 477 人，男 6109 人，女 5368 人。高中 4746 人，男 2723 人，女 2023 人。大学专科 2091 人，男 1108 人，女 983 人。大学本科 1138 人，男 569 人，女 569 人。硕士研究生 60 人，男 36 人，女 24 人。博士研究生 2 人，男 1 人，女 1 人。

织里本级按现住地、户口登记地在外省的人口中的受教育人口数。合计 148 806 人，其中男 81 029 人，女 67 777 人。未上过学 1588 人，其中男 470 人，女 1118 人。学前教育 2219 人，其中男 1158 人，女 1061 人。小学 25 186 人，其中男 11 414 人，女 13 772 人。初中 100 562 人，其中男 55 893 人，女 44 669 人。高中 14 801 人，其中男 9395 人，女 5406 人。大学专科 3266 人，其中男 1967 人，女 1299 人。大学本科 1160 人，其中男 715 人，女 445 人。硕士研究生 20 人，其中男 13 人，女 7 人。博士研究生 4 人，男 4 人。

织里本级按现住地、迁移原因分的户口登记地在本省其他乡镇街道的人口数。合计 28 625 人，其中男 14 801 人，女 13 824 人。人口中工作就业 16 209 人，其中男 8834 人，女 7375 人。学习培训 549 人，其中男 302 人，女 247 人。随同离开（投亲靠友）3714 人，其中男 1801 人，女 1913 人。拆迁（搬家）5710

人，其中男 2896 人，女 2814 人。寄挂户口 250 人，其中男 131 人，女 119 人。婚姻嫁娶 697 人，其中男 176 人，女 521 人。照料孙子女 302 人，其中男 85 人，女 217 人。为子女就学 21 人，其中男 12 人，女 9 人。养老（康养）269 人，其中男 120 人，女 149 人。其他 904 人，其中男 444 人，女 460 人。

织里本级按现住地、迁移原因分的户口登记地在省外的人口数。合计 150 256 人，其中男 81 781 人，女 68 475 人。人口中工作就业 139 201 人，其中男 76 220 人，女 62 981 人。学习培训 1412 人，其中男 774 人，女 638 人。随同离开（投亲靠友）6558 人，其中男 3378 人，女 3180 人。拆迁（搬家）549 人，其中男 285 人，女 264 人。寄挂户口 7 人，其中男 4 人，女 3 人。婚姻嫁娶 324 人，其中男 82 人，女 242 人。照料孙子女 624 人，其中男 181 人，女 443 人。为子女就学 19 人，其中男 3 人，女 16 人。养老（康养）51 人，其中男 24 人，女 27 人。其他 1511 人，其中男 830 人，女 681 人。

人口年龄构成和抚养比。织里本级 241 192 人中，0～14 岁 20 339 人，占总人口 8.43%。15～64 岁 203 701 人，占总人口 84.46%。65 岁及以上 17 152 人，占总人口 7.11%。总抚养比 18.4%，少儿抚养比 9.98%，老年抚养比 8.42%。

4.户政管理

日常户口管理　1953 年，织里镇建立派出所，并建立出生、死亡、迁入、迁出、来客住宿等报告制度。1954 年，取消了来客、迁入、迁出、外出需经小组长同意手续。1955 年 10 月，随着粮食统购统销政策的实施，镇机关、团体、学校、企业建立了公共户口的登记管理制度。在农村分批开展建立户口管理工作。开始，农村户口由民政部门管理，至 1956 年 4 月，对农村户籍、统计工作移交镇派出所管理，户籍由所在地派出所掌管。1958 年，户口登记分为城镇户口、农村户口、集体户口、船舶户口四类。

1976 年 1 月，户口管理按公安部要求，完善户口申报制度。规定农业人口转为非农业人口及申报的户口均由公安、粮食部门会审，批准后凭《准迁证》办理迁出、迁入手续申报入户。

改革开放后的 1981 年，根据公安部开展户口整顿要求，开展户口整顿工作。对全域居民、大队户口、人口进行排查、核实，共纠正内部户口册迁进、迁出、出生、死亡等未销户口差错人数 951 人。变更项目有职业、文化、婚姻、年龄等涉及人数 6132 人，并完善了户籍管理管理制度。

1980 年至 1985 年，凡已办理上调回城手续后，身边无子女的知青允许随带一名子女户口"农转非"。1983 年对"文化大革命"期间案件处理的人员进行平反纠错，恢复受株连下放农村家属及 15 岁以下子女为居民户口。

1988 年底，全镇对 542 人未落实常住户口，其中有 500 人是历年出生的婴儿（主要是未按计划生育规定擅自生产的"黑户人口"），进行清理整顿。

表 6-1-17　织里镇集镇部分年份未落实户口人员统计　　　　　　　　单位：人

年份	人口数			未落实常住户口人员分类					
	合计	男	女	超计划生育的婴儿	夫妻投靠	投靠其他亲属	投靠人员携带子女	流入谋生	其他
1987	391	208	183	355	19	0	17		
1988	542	286	256	500	25	0	17		

自理口粮户管理　1984 年起，随着农民进城打工经商增多，对进城的农民分为蓝印户口、自理户口（不吃商品粮）两种管理。截止到 1988 年底，全镇（织里公社）集镇户数 797 户，集镇人口 1646 人。其中非农业户 607 户、自理口粮户 190 户，非农业户人口 1328 人、自理口粮户人口 318 人。自理口粮户人数 318 人中，其中男 142 人、女 176 人。有从业者 224 人，主要从事工业 89 人、商业 55 人、建筑业 1 人、交通运输业 1 人、服务业 37 人、其他 41 人。被抚养人口 94 人。

表 6-1-18　织里镇部分年份集镇自理口粮常住人口统计

年份	集镇		自理口粮户数	自理口粮人数			从事行业						被抚养人口
	户数	人数		合计	男	女	工业	商业	建筑业	交通运输业	服务业	其他	
1987	772	1595	176	285	118	167	89	33	1	1	37	124	0
1988	797	1646	190	318	142	176	89	55	1		37	41	94

小城镇户籍改革　1998 年，公安部下发 35 号文件后，开始推进地方小城镇户籍管理制度改革。在规定区域内，取消农业户口、非农业户口、自理口粮户口、蓝印户口，一律按居住地登记为城镇常住户口。对建城区内出生婴儿按城镇常住户口登记。采取迁入地管理，户口准迁制度。每户发一本居民户口簿。对常住、暂时及四项变动及时进行登记。在织里镇居住已满二年，已购买商品房或自建房、镇域已征地无地户由镇安置者，都可申请城镇常住户口。

外来人口户政管理　改革开放后，镇域人口流动增大，外来人员增多。1992 年后，逐步建立外来人口登记临时户口制度，开始对暂住人口进行登记管理，制发暂住证。1998 年，镇发布并实施《织里镇暂住人口管理办法》及《房屋租赁管理办法》，对离开常住户口所在地到暂住地居住一个月以上、年满 16 周岁的外来人口，要求申报暂住户口登记，申领公安厅统一印制的暂住证和《租赁房屋核发私房出租许可证》。同年，镇党委、政府拨专款 14 万元租用织里粮管所原办公楼，抽调人员建立"劳动就业管理中心"，以加强对外来人员的日常管理工作。2012 年对外来人口登记，采取智能化信息登记管理，外来人员登记做到"人到信息清，人出就清零"，外来人口户政管理不断完善。

第六节　新居民管理

一、外来人口状况

1.外来人口数量

20 世纪 90 年代后期，随着织里童装业产业的发展，劳动力需求量大，吸引大批来自安徽宣城的民工来织里打工，外来人口从 1990 年的数千人，增至 2001 年 45 022 人，2004 年增至 142 649 人，十年间，增加十万多外来人口。到 2019 年登记的外来流动人口有 286 971 人，占常住人口的 269.86%。

表 6-1-19　2001—2019 年织里辖区外来人口情况

年份	流动人口登记人数	年份	流动人口登记人数
2001	45 022	2011	182 720
2002	36 088	2012	211 680
2003	49 390	2013	191 317
2004	142 649	2014	227 597
2005	142 933	2015	203 134
2006	204 630	2016	260 665
2007	160 257	2017	254 275
2008	205 054	2018	259 818
2009	180 711	2019	286 971
2010	171 725		

2.外来人口组成

据公安部门统计，2012 年底，镇域外来人员共计 211 680 人。其中安徽籍人员 136 965 人，占总数的 64.7%。安徽安庆市（安庆老城区）人员为 62 071 人，占总数的 29.3%；宣城老城区人员有 30 043 人，占总数的 14.2%。其中男性有 107 783 人，女性有 103 897 人，分别占总数的 50.9%、49.1%。以初中文化程度为主，共 168 003 人，占 79.4%，其次为小学文化程度，共 34 477 人，占 16.3%。有中共党员（含预备党员）72 人，共青团员 196 人，民主党派 101 人，分别占总数的 0.034%、0.05%、0.047%。外来人员年龄主要集中在 20～29 岁，占年龄段总数的 48.1%，16～49 岁人员占总数的 96.5%。

2017 年度镇域流动人口在册登记人数 254 275 人，登记率 91.9%，准确率 92.8%。其中男性 136 365 人，女性 117 910 人，性别比 1.16:1。年龄在 16 岁以下的有 13 178 人，16～19 岁有 10 332 人，20～29 岁有 86 335 人，30～39 岁有 76 567 人，40～49 岁有 46 656 人，50 岁以上 21 207 人。文化程度，研究生以上 37 人、本科 524 人、大专 1114 人、高中（含中专、中技）7479 人、大专以上 108 835 人、初中以下 136 286 人。地区分布：安徽籍新居民 140 804 人，占 55.37%，其中安庆籍 59 264 人，占总人数 23.3%，占安徽籍的 42.09%（安庆籍中望江县 26 777 人、潜山县 12 397 人、太湖县 8636 人、怀宁县 5940 人，其他县 5514 人），宣城地区 9263 人，黄山地区 16 256 人，其他安徽地区 56 021 人。其他省份新居民人数 113 471 人，占总流动人数 44.63%，其中河南省 23 034 人、浙江 13 146 人、贵州 11 613 人、江苏 10 288 人、江西 13 219 人、四川 6820 人、湖北 8507 人、湖南 6123 人、其他省 20 721 人。

3.外来人口居住地分布

2017 年住镇区片 16 个社区，流动人口数 218 140 人（占 85.79%），漾西办事处、轧村办事处的行政村 36 135 人。镇区片 16 个社区中住朱湾社区 20 965 人、东盛社区 27 182 人、清水兜社区 15 550 人、今海岸社区 18 187 人、秦家港社区 27 591 人、织里社区 14 937 人、云村社区 15 421 人、晟舍社区 13 894 人、永安社区 13 257 人、东湾兜社区 6821 人、河西社区 15 819 人，晟东社区 8820 人、大河社区 11 737 人、晓河社区 4241 人、振兴社区 2454 人、妙园社区 1258 人。农村片流动人口数 36 135 人。其中旧馆村 6244 人、李家坝村 3025 人、大邾村 2659 人、王母兜村 2582 人、香圩墩村 4061 人、增圩村 2823 人。在册 24 万多人集中在镇区域内的童装户内务工（占 90.6%）。据 2018 年统计，外来人口分布主要分布在织北辖区 11.59 万人，织南辖区 13.56 万人，织东辖区 1.25 万人。在册 21 万多人集中在镇区域内的童装户内务工（占 90.6%）

表 6-1-20 2015 年每月流动人口主要来源地数据统计

单位：人

月份	总人数	安徽									河南	贵州	本省
		安徽总人数	安庆			宣城			黄山				
			合计	望江	潜山	合计	广德	绩溪	合计	歙县			
1	222 069	141 358	60 942	26 917	13 171	23 321	8294	5458	15 955	13 025	17 034	9030	10 596
2	220 600	140 874	60 800	26 832	13 151	23 279	8279	5452	15 909	12 988	16 934	8940	10 383
3	175 904	107 388	45 634	19 826	9997	18 157	6364	4388	12 017	9861	13 594	7710	8033
4	219 428	141 905	61 240	26 275	13 319	27 817	9712	6737	16 443	13 323	18 174	9528	9807
5	218 787	134 568	57 348	24 228	12 511	26 942	9405	6624	15 507	12 576	17 509	9193	9401
6	216 521	133 003	56 698	23 944	12 359	26 786	9368	6568	15 324	12 416	17 426	9035	9321
7	214 785	132 031	56 174	23 764	12 233	26 709	9332	6551	15 222	12 328	17 283	8861	9207
8	202 290	123 537	52 950	22 281	11 553	25 699	9041	6284	14 530	11 734	16 513	8464	8676
9	202 367	124 894	54 294	23 033	11 834	26 573	9450	6469	14 825	12 003	14 279	8190	8473
10	206 263	127 483	55 415	23 619	12 101	27 392	9728	6627	15 304	12 351	16 463	8396	8699
11	204 173	126 368	55 015	23 524	12 031	27 373	9753	6592	15 191	12 268	16 273	8267	8578
12	202 816	125 262	54 457	23 349	11 906	27 205	9679	6575	15 081	12 183	16 124	8212	8663

数据来源：织里镇计划生育办公室。

表 6-1-21 2016 年、2018 年织里流动人口性别统计

年份	流动人口总数（万人）	男性人数（万人）	占比率（%）	女性人数（万人）	占比率（%）
2016	26.5	14.1	53	12.4	47
2018	26.28	14.56	55.4	11.72	44.6

表 6-1-22 2016 年、2018 年织里流动人口文化程度统计

| 年份 | 流动人口总数（万人） | 小学 | | 初中 | | 高中、中技、中专 | | 大专以上 | |
		人数（万人）	占比率（%）	人数（万人）	占比率（%）	人数（万人）	占比率（%）	人数（万人）	占比率（%）
2016	26.5	3.61	13.5	21.72	82	0.97	3.7	0.2	0.8
2018	26.28	3.42	13.01	14.42	54.88	6.9	26.25	1.54	5.86

表 6-1-23 2016 年、2018 年织里流动人口年龄分布统计

年份		2016	2018
流动人口总数（万人）		26.39	26.0283
19 岁以下	人数（万人）	2.44	1.98
	占比率（%）	9.2	7.6
20～29 岁	人数（万人）	10.38	8.15
	占比率（%）	39.2	31.3

（续）

年份		2016	2018
30～39岁	人数（万人）	7.28	8.30
	占比率（%）	27.5	31.9
40～49岁	人数（万人）	4.67	4.90
	占比率（%）	17.6	18.8
50岁以上	人数（万人）	1.73	2.70
	占比率（%）	6.5	10.4

注：2018年流动人口主要集中在20～40岁人群。

表6-1-24　2016年流动人口主要来源地统计　　　　　　　　　单位：人

排序	省份	人数	占总数（%）	其中人数较多市			
				名称		人数	占全省总数（%）
1	安徽省	153 512	57.9	安庆市	望江28 729	62 151	40.49
					潜山13 553		
					其他19 869		
				宣城市		27 267	17.76
				黄山市		15 917	10.37
				阜阳		4852	3.16
				其他		43 325	28.22
2	河南省	22 573	8.5	信阳		1591	7.0
3	浙江省	13 351	5.1	温州永嘉县		1826	13.7
				湖州长兴县		1763	13.2
4	江西省	12 136	4.6	景德镇		2640	21.75
5	贵州省	11 479	4.3	毕节市		2665	23.22
6	其它省	51 949	19.6				
	合计	26.5万人	100				

表6-1-25　2018年流动人口主要来源地统计　　　　　　　　　单位：人

排序	省份	人数	占比率%	其中人数较多市			
				名称		人数	占比率%
1	安徽省	134 274	51.59	安庆市	望江25 029	57 059	42.5
					潜山12 167		
				宣城市		23 630	
				黄山市		15 026	
				阜阳			

（续）

排序	省份	人数	占比率%	其中人数较多市		
				名称	人数	占比率%
2	河南省	26 059	10	信阳		
3	浙江省	13 914	5.3	温州永嘉县		
				湖州长兴县		
4	江西省	14 799	5.7	景德镇		
5	贵州省	13 001	5	毕节市		
合计		260 283				

数据来源：织里镇计划生育办公室。

4.外来人口事件

2011年10月26日，织里个别征税人员上门征税时，因工作方法不当引起安徽安庆籍童装业主不满，双方发生纠纷。当天这家业主纠集多名同乡聚集政府广场，引发数百人围观，第二天和第三天，事件演变为数千人参与的群体性事件，出现打砸警车、毁坏公共设施现象，至当月29日，经多方有效协调，合理合法处置后，事件平息。

二、织里新居民管理机制

1.外来人口管理

织里镇是国家综合改革试点城镇和浙江省首批现代化示范镇之一，有华东地区最大的棉坯布和童装两大市场，2001年底，区域面积135.8平方公里，辖有4个办事处，89个行政村，9个居委会，常住人口10.14万人，外来人口5万，年人员流动量超过20万人。

1992年后，经济以童装产业为龙头，棉布服装辅料、联托运等专业市场为依托的经济格局逐步形成，外来务工人员开始密集织里。2001年全镇有6600家童装企业，外来务工人员占全部职工的90%，建筑工地、联托运搬运市场、饮食服务、小推小贩等外来人口占全镇居住人口三分之一。外来人员"源杂、居散、面广"、一些"三无"人员甚至负案在逃人员，混在打工者其中，造成外来人口作案占到86%以上。对此，织里镇党委、镇政府着重抓社会综合治理工作，制定一系列外来人员管理办法、工作措施、制度。同时，按照"管得顺、管得住、管得好"的要求，在镇区及结合部重点实行分块负责、责任到人。将外来人口管理列入镇机关、村干部的工作考核。在全镇主要道口设治安岗亭和巡逻民警、建立保安队伍。在6个村建立村民义务夜防队。对联托运市场、劳动力市场、搬运市场、童装市场、棉坯布市场制定管理办法，建立不定期检查管理机制，确保对外来人口的有效管理。关心维护对外来务工人员的合法权益，建立"劳动就业管理中心"，提出"用人先育人"新理念，多管齐下，建设织里的新公民。从组织上关心外来人员，生活和情感上关心外来人员，在镇成校建立"民工学校"和"外来人员教育培训中心"。对外来三无人员建立"教育、服务、管理"为一体的"三无人员教育服务中心"。对外来人口高度集聚的社区、街道、村实施"服务全时空、管理定重点"方式。

2.组织机构

2012年4月，织里镇成立新居民事务所并下设流动人口管理办公室。新居民事务所所长费斌，副所长万汝宝。成员有计生办1人，综治办1人，司法所1人，街道办1人，派出所1人。流动人口管理办公室主任由综治办主任唐根法兼任，工作人员4人。办公室工作主要依托社区（村）和公安相结合的管理模式开展对流动人口管理。同年，成立流动人口社区服务管理委员会，镇委副书记兼主任，相关分管领导和派出所所长为副主任，组成成员有10人。

3.新居民协管员

2012年至2014年，织里镇为了加强对外来人口管理工作，以配备大学生村官、公开招考、公安协管员转岗共271人成为综合服务管理新居民协管员，专门负责对外来流动人口的登记和管理。2015年，镇新居民事务所又把此项工作分别外包给湖州市浙南和浙北两个保安公司，由保安公司派员负责登记流动人口，合同签订期为2015年至2018年三年，每年外包金额300万元，共计900万元。这三年，外来人口数量稳定增长，人数27万至28万人。2019年6月，织里公安分局成立流动人口管理大队，开发人口登记管理程序App，系统于同年7月23日正式投入使用，同年九月份，外来流动人口登记数量达到30万。

4.社区外来人员警务管理

2001年，织里镇建立社区警务室，设立行政村警务区，配备1名以上民警负责对高危人员的管理，协助综合监管员开展对社区外来人员业务工作指导。

5.新居民事务站示范点

2013年，在外来人口相对集聚村、社区组建新居民事务站29个，新居民达100人以上规模企业建成3个新居民事务点，创建东湾兜社区等示范点12个。

6.新居民事务网格管理

2014年，镇域16个社区、34个行政村共划分197个工作网格，每个网格落实1至2名网格员，网格管理员261人，对新居民事务、消防监管、维护稳定、计划生育等事项开展工作，工作到格、责任到人，格与格、上与下无缝对接管理。

7.智慧织里信息管理

2014年，按照"以房管人、以业管人"的要求，推出对外来人口管理与童装转型升级紧密结合制度、强化基础数据采集，完善人口、业主、住地三大数据库管理。

8.流动人口市场化管理

2016年1月，镇区织南、织北二个派出所辖区流动人口登记管理工作落实承包责任制，浙江剑盾保安服务有限公司和湖州众邦保安服务有限公司承包了外来人口管理工作，承包期三年。承包单位签订织里镇流动人口市场化承包管理责任书，掌握全镇外来人员情况，对外来人员进行登记、建立档案、定期将外来人员管理工作向镇新居民事务所和织里公安分局汇报，镇新居民事务所和织里公安分局对承包单位开展日考、月考、年考三次。承包当年统计显示，2015年流动人口登记数21.5万、在册人数20.5万，截至2016年11月21日，全镇流动人口登记数39.5万、在册人数26.5万，与上年同期相比，分别增加83.7%和29.3%。流动人口登记率和信息准确率比较，承包前流动人口登记率年均83%和信息准确率78%。承包后流动人口登记率年均90.2%、信息准确率88.5%、流入育龄妇女登记率90%、出租房屋登记备案率100%。

三、外来人口管理与服务

1.医疗管理服务

2012年，织里镇与黄山市歙县实施新农村合作医疗异地即时结报办法，推进新织里人参合群众的基本医疗保障权利。出台卫生信息化网络及公共卫生服务均等化制度，使新织里人与当地居民享受同城医疗服务待遇。累计为新织里人的已婚妇女进行"四项手术"110多例，检环检孕3000余例。

2.就读管理服务

2012年，织里镇制定《接受义务教育阶段新织里人子女入学实施办法（试行）》，累计安排新织里人子女入学8018人，其中安排到公办学校就读3348人，民办学校就读4670人。2013年镇创先试行"积分入学"工作，有741名新居民家长进行入学登记，有384名新居民提交申请表，提供相应佐证材料，根据排名，有320名新居民子女免费就读公办学校。2014年，根据对2013年积分入学经验总结，依据各学校规模、以及新居民在织里的工作、生活和生产经营情况，推出《织里镇新居民积分申请入学办法》，明确积分申请入学各项指标要求，相关辅证材料，开发积分入学软件，由相关部门分类打分，入围排名，按入学办法享受公办入学待遇。同年，有750多名新提交申请，294名新居民子女通过"积分入学"就读公办学校。

3."公寓化"管理服务

2014年，由企业出资建立和租用建立公寓，出租给外来打工职工，实行集中统一管理。

4.社会化管理服务

织里镇分别成立了织南、织北、织东调解中心和多个二级办事处调委会、村居调委会，并邀请"平安大姐""老兵驿站"等各类初会力量参与调解工作，探索实施"联调律师、治安调解、劳动保障、信访综治"+各类社会力量的'4+N'警调对接机制，形成了多元参与、依法调解的新模式。

2012年，制定为外来务工人员《构建织里镇和谐劳动关系三年行动计划》，落实六项保障制度，调解处理劳资纠纷400余起，追讨工资800多万元。2015年，镇各类企业劳动合同签订率达到90%以上，职工按时足额发放工资达90%以上，劳动纠纷就地调处率达80%以上，拖欠工资案件年均下降10%。

第二章　基层管理机构与自治组织

织里的基层管理机构从宋朝时期开始实行保甲制度，一直接延续到民国时期。新中国成立后建立乡镇人民政府，并设立村民自治组织。1958 年建立人民公社，基层自治组织为生产大队。20 世纪 50 年代，织里集镇有城镇居民约 2000 人，20 世纪 60 年代初期设立居民委员会，下设居民小组若干个。1984 年公社管理委员会改为乡镇人民政府，大队、生产队改为村、村民小组。1995 年 5 月，分设振兴、妙园社区居委会。轧村、漾西也建立社区居委会。2007 年织里再次调整社区居委会，社区居委会基本全面覆盖。2014 年，设立街道办事处，机关干部、公安警察，以及各个管理部门力量下沉，涉及群众所需要办理的事项，在社区基本可以办理。除政府机关和群众自治组织外，"吴美丽工作室""平安大姐""老兵驿站"等各类社会组织相继建立，各类商会（包括异地商会）在织里随之产生。

第一节　街道办事处

一、城区办事处

1.振兴办事处

2014 年 1 月 18 日经吴兴区人民政府批准正式成立，2019 年 5 月改名振兴办事处。位于织里城区东北侧，区域范围东至香圩墩村，南至吴兴大道，西至织里北路，北至南横塘，区域面积约 13 平方公里。

办公地址设在富民路 62 号，2019 年共有工作人员 78 人，其中公务员 5 人，事业编制 5 人，编外人员工 65 人，勤杂工 4 人。

下辖东湾兜村、大邾村、晓河村、李家坝村、王母兜村、香圩墩村等 6 个行政村，振兴社区、东安社区、东盛社区、晓河社区、东湾兜社区、大邾社区等 6 个社区居委会。辖区内 2019 年总人口 87 053 人，其中户籍人口 14 473 人，流动

振兴办事处

人口 72 580 人。

辖区内 2019 年有童装类企业共 4055 家，其中童装生产（加工）企业 2016 家、电商 125 家、挂样 302 家、辅料企业 136 家、其他童装类企业 1476 家。有九小行业 2405 家。有振兴小区、府前小区等老旧小区，富民路地下商业街道、人民路、农贸市场等街区，有吴兴区人民医院新大楼，农业银行、工商分局、财税分局等单位，有东尼电子，普洛斯物流园、永昌等规模企业 6 家，有碧桂园黄金时代、爱家三期等新住宅小区，有织里镇东部工业平台、香圩墩童装产业园。

2. 利济办事处

于 2014 年 1 月 18 日经吴兴区人民政府批准正式成立，2019 年 5 月改名利济办事处，位于织里城区东南侧。区域范围东至大港路，南到 318 国道，西至织里路，北到吴兴大道。辖区面积约 8.73 平方公里。

办公地址设在织里南路 6 号。2014 年有工作人员 103 人（含社区），2017 年 7 月城管队伍下沉社区，其中 4 个中队下沉至 4 个社区，1 个中队留在本部为机动中队。2019 年工作人员总数 47 人，其中公务员 5 人，事业编制 6 人，编外人员工 33 人，勤杂工 3 人。

下辖云村村、清水兜村、东兜村、旧馆村等 4 个行政村，清水兜社区、今海岸社区、云村社区、晟东社区、东兜社区等 5 个社区。辖区内 2019 年总人口 67 663 人，其中户籍人口 500 人，流动人口 59 692 人。

辖区内 2019 年有非童装类企业 7 家，童装类企业 4399 家（其中童装生产、

利济办事处

加工企业 2484 家、电商 89 家、挂样 984 家、辅料企业 325 家，其他童装类企业517 家），有九小行业 1430 家。企业中有规模企业 16 家。织里一号建材市场、晟舍农贸市场、中国童装城等市场，大家园培训学校，东盛幼儿园，利济寺、布金寺及利济文化公园。

3.织里办事处

2014 年 1 月 18 日经吴兴区人民政府批准正式成立，2019 年 5 月改名织里办事处，位于织里城区西北侧，区域范围东至织里北路，南至吴兴大道，西至与八

织里办事处

里店交界，北至湖织大道与高新区交界，辖区范围面积9.63平方公里。

办公地址位于织里北路108号，2014年有工作人员88人，2017年7月城管队伍下沉社区，其中4个中队下沉至4个社区，1个中队留在本部为机动中队。2019年工作人员总数55人，其中公务员5人，事业编制4人，编外人员工43人，勤杂工3人。

下辖大河村、织里村、秧宅村等3个行政村和大河社区、织里社区、朱湾社区、长安社区、妙园社区等5个社区。辖区内2019年总人口90 363人，其中户籍人口24 729人，流动人口65 634人。

辖区内2019年有非童装类工业企业139家，有童装类企业5755家（其中童装生产、加工企业2225家、电商1882家、挂样128家、辅料企业299家，其他童装类企业1221家），有九小行业1365家。有米皇羊绒、金洁水务、海童霸服饰、通益集团、阿龙衣族服饰、琴尔诺服饰、汇德集团、天立新材等10家规模企业。辖区内有织里镇卫生院、通益学校、吴兴区实验小学、苗苗幼儿园、大河幼儿园等单位，有棉布城、织里商城、织里中国童装城等市场。

4.晟舍办事处

于2014年1月18日经吴兴区人民政府批准正式成立，2019年5月改名晟舍办事处。位于织里城区西南侧，区域范围东至织里南路，南至318国道长湖申航道，西与八里店镇交界，北至吴兴大道，辖区范围面积8.35平方公里。

办公地点2014年设在织里中路313号，2017年7月搬迁至珍贝路901号。2014年有工作人员21人，2019年工作人员总数42人，其中公务员5人，事业

晟舍办事处

编制 4 人，编外人员 29 人，勤杂工 4 人。

下辖晟舍村、河西村、秦家港村、朱湾村等 4 个行政村，永安社区、河西社区、晟舍社区、秦家港社区、红门馆社区等 5 个社区居委会。辖区内 2019 年总人口 86 133 人，其中户籍人口 10 682 人，流动人口 75 451 人。

辖区内 2019 年有羊绒服饰、铝型特材等非童装类企业 20 家，有童装类企业 7509 家（其中童装生产加工企业 2644 家、电商 1350 家、挂样 1529 家、辅料企业 1986 家），有九小行业 1051 家。有栋梁新材、珍贝羊绒、帕罗羊绒、贝盛光伏、今童王、布衣草人、林仟国际等规模企业 19 家。晟舍新街卫生院，晟舍幼儿园等。

二、轧村、漾西办事处

1. 轧村办事处

1999 年 9 月以前属轧村镇政府管辖，1999 年 10 月轧村镇并入织里镇后设办事点，2004 年升格为轧村办事处。2014 年 1 月 18 日经吴兴区人民政府批准正式成立轧村办事处。区域范围 1999 年为原轧村镇政府辖区，2014 年划出香圩墩村后，东至南浔区，南至 318 国道长湖申航道，西与织里镇振兴街道交界，北至漾西办事处。

办公地址 1999 年 10 月设在南横塘南边的三济桥到轧村公路东侧，2016 年 11 月搬迁至振兴路 2 号。1999 年 10 月有工作人员 2 人，2004 年有工作人员 10 人。2019 年工作人员总数 75 人，其中公务员 5 人，事业编制 3 人，编外人员工

轧村办事处

67 人，勤杂工 3 人。

下辖曹家簖村、港西村、骥村、上林村、轧村村、孟乡港村、石头港村、潘塘桥村、增圩村等 9 个行政村。行政村多为传统农业村，以水产养殖、蔬菜种植等为主。辖区内 2019 年总人口 23 966 人，其中户籍人口 19 953 人，流动人口 4013 人。

床上用品生产销售、纺织印染、木业等产业是辖区的特色，2019 年有非童装类企业 86 家，有床上用品类企业 392 家，有九小行业 436 家。有金牛纺织印染等印染企业、晨航木业蓝鸽家纺等规模企业 10 家。有轧村卫生院，轧村农贸市场、轧村中学、轧村小学、振兴幼儿园、小花朵所幼儿园等单位。

2. 漾西办事处

1999 年 9 月前属漾西镇政府管辖，1999 年 10 月并入织里镇后设置漾西办事处。2014 年 1 月 18 日经吴兴区人民政府批准正式成立漾西办事处。位于织里镇东北部，区域范围 1999 年为原漾西镇政府辖区，2014 年增加伍浦村、义皋村、庙兜村三个村后，东临江苏省吴江区七都镇，南至轧村办事处，西与高新区交界，北滨太湖，区域内总面积 36.75 平方公里。

办公地址位于漾西集镇栋梁路 23 号。1999 年 10 月漾西办事处有工作人员 12 人。2019 年工作人员总数 73 人，其中公务员 2 人，事业编制 10 人，编外人员工 59 人，勤杂工 2 人。

下辖乔溇村、汤溇村、常乐村、陆家湾村、曙光村、伍浦村、义皋村、庙兜村等 8 个行政村。辖区内 2019 年总人口 27 975 人，其中户籍人口 21 750 人，流

漾西办事处

动人口 7156 人。

辖区内 2019 年共有铝合金、电线电缆、五金、羊毛衫、家具木业等非童装类企业 299 家，有童装类企业共 15 家，有九小行业 369 家。有华扬装饰、宏鑫铝业、宏叶铝业、漾西铝业、长江家私等规模企业 34 家。有漾西卫生院，漾西农贸市场、漾西中学、漾西小学，漾西中心幼儿园等公共设施和事业单位。

各办事处党组书记及行政负责人见下表。

表 6-2-1　办事处党组织书记名录

组织名称	姓名	任职时间
振兴办事处党支部	汤雪东	2014 年 1 月至 2018 年 9 月
	蔡建新	2018 年 9 月至 2019 年 1 月
	何良	2019 年 1 月至 2020 年 3 月
	陆铖伟	2020 年 11 月至 2021 年 12 月
利济办事处党支部	舒忠明	2014 年 1 月至 2017 年 10 月
	沈国强	2017 年 10 月至 2019 年 1 月
	潘斌松	2019 年 1 月至 2020 年 3 月
	温绿琴	2020 年 3 月至 2021 年 9 月
织里办事处党支部	蔡建新	2014 年 1 月至 2018 年 9 月
	闵为民	2018 年 9 月至 2019 年 12 月
晟舍办事处党支部	章国强	2014 年 1 月至 2015 年 8 月
	王宝龙	2015 年 8 月至 2016 年 9 月
	周郑洁	2016 年 10 月至 2017 年 10 月
	舒忠明	2017 年 10 月至 2020 年 11 月
	刘玉军	2020 年 11 月至 2021 年 12 月
轧村办事处党支部	费斌	2014 年 4 月至 2016 年 6 月
	王国华	2016 年 6 月至 2018 年 6 月
	盛舸	2018 年 6 月至 2018 年 8 月
	蒋锦荣	2018 年 8 月至 2020 年 12 月
	张波	2020 年 12 月至 2021 年 12 月
漾西办事处党支部	郑知慧	2014 年 1 月至 2015 年 2 月
	彭建国	2015 年 2 月至 2016 年 4 月
	钱伟忠	2016 年 4 月至 2017 年 9 月
	彭建国	2017 年 9 月至 2018 年 8 月
	薄国欣	2018 年 8 月至 2021 年 9 月
	温绿琴	2020 年 3 月至 2021 年 12 月

表 6-2-2　办事处行政负责人名录

办事处名称	姓名	任职时间
振兴办事处	闵为民	2017 年 6 月至 2018 年 9 月
	巩玉虎	2019 年 6 月至 2020 年 7 月
	潘林会	2020 年 7 月至 2021 年 12 月
利济办事处	舒忠明	2014 年 1 月至 2017 年 10 月
	沈国强	2017 年 10 月至 2019 年 1 月
	潘斌松	2019 年 1 月至 2019 年 6 月
	吴旭强	2019 年 6 月至 2019 年 12 月
织里办事处	暂缺	2014 年 1 月至 2017 年 6 月
	吴旭强	2017 年 6 月至 2019 年 5 月
	潘林会	2019 年 5 月至 2020 年 7 月
	巩玉虎	2020 年 7 月至 2021 年 12 月
晟舍办事处	章国强	2014 年 1 月至 2015 年 8 月
	王宝龙	2015 年 8 月至 2016 年 9 月
	周郑洁	2016 年 10 月至 2017 年 10 月
	舒忠明	2017 年 10 月至 2019 年 5 月
	葛迎武	2019 年 5 月至 2019 年 12 月
轧村办事处	费斌	2014 年 4 月至 2016 年 6 月
	王国华	2016 年 6 月至 2018 年 6 月
	盛舸	2018 年 6 月至 2018 年 8 月
	蒋锦荣	2018 年 8 月至 2019 年 6 月
	沈泱	2019 年 6 月至 2019 年 12 月
漾西办事处	郑知慧	2014 年 1 月至 2015 年 2 月
	彭建国	2015 年 2 月至 2016 年 4 月
	钱伟忠	2016 年 4 月至 2017 年 9 月
	彭建国	2017 年 9 月至 2018 年 8 月
	薄国欣	2018 年 8 月至 2019 年 12 月
	邵龙斌	2019 年 12 月至 2019 年 12 月

三、湖州南太湖高新技术产业园区

湖州南太湖高新技术产业园区（下称"高新区"）于 2012 年 9 月由湖州市人民政府批准成立，辖区范围西起 G50 高速环渚连接线（含延伸），东至 G50 高速织里连接线，南起中兴大道（含东部光电园），北至滨湖大道，总面积约 71 平方公里，下辖 25 个行政村、223 个自然村，总人口 5.7 万人，外来人口约 5 万人。其中由织里镇划入的有大港村、郑港村、凌家汇村、联漾村、元通桥村、水产村、沈溇村、东桥村、大溇村、幻溇村、许溇村、杨溇村等 12 个村。（从织里镇划入的 12 个村，法律上仍归织里镇所辖，人大工作属织里镇）。2019 年 12月有基层党组织 176 个，其中党委 6 个、党总支 26 个、党支部 144 个，党员2728 名。

高新区是吴兴区根据市委市政府"打造新动力、形成新增长"要求，举全区之力建立的新区，也是吴兴作为市本级"打造增长极、提高首位度"的重要举措，2019 年拥有国家级火炬计划特色产业基地、国家级绿色园区、国家农业改革与建设试点、国家农业综合开发现代农业园区试点、国家农业科技园区试点等"国字牌"，被认定为省级"湖州现代物流装备高新技术产业园区"、省级新型工业化产业示范基地、省级田园综合体。园区坚持"高端化、生态化、智慧化"发展方向，高起点规划、高层次引育、高标准建设、高效率推进，逐步形成产业特色鲜明、科技支撑有力、体制机制灵活的发展新区。经过七年多发展，到 2019年高新区发展格局呈现为三大板块。

高新技术产业板块　位于 G50 高速以南的核心区面积为 14.12 平方公里，拓展面积约 37 平方公里，2019 年已开发 8.68 平方公里。构建"一心五区"空间布局模式，"一心"为高新技术孵化中心，"五区"为智能物流装备制造区、汽车及关键零部件制造区、信息经济及智能装备产业区、循环经济综合整治区、综合配套服务区。2019 年新认定国家高新技术企业 10 家，累计培育达 47 家。新增省科技型中小企业 40 家，累计培育达 185 家。2019 年新增投产项目 15 个，世仓、精星、威途等企业实现当年投产当年升规。

科技创新板块　重点与杭州云栖小镇、阿里巴巴飞天园区、艺创小镇等联姻，积极为企业发展嫁接资源，优化平台个性化功能，提升培育特色化优势。2015 年以来，区委区政府打破条线、区域界限，以吴兴科创园、总部自由港、高新区科技加速器、省级工业设计基地等 4 家政府直接投资运营平台为核心组建区科技创新中心，整合中节能环保产业园、多媒体产业园、联创谷等企业级平台，总规划面积 187.9 万平方米。

现代农业板块　初步形成"三业三园四社区"发展格局，"三业"即生态高效种养业、农产品精深加工业、农业科研服务业，"三园"即重点培育优质粮油、果蔬园艺、特种水产三个万亩主导产业示范园，"四社区"即幻溇、常溪、戴山、郑港四大农民社区。持续推进"一村一品"形象打造，杨溇实现美丽乡村向美丽经济转变，逸璞、半边山下等市场主体正式运营并取得突破性成效。有"庙港人"万亩太湖蟹生态养殖基地，2次承办湖州市湖蟹节。建成1500平方米农业公共服务中心、15 000亩高标准农田，形成34平方公里农旅产业发展空间。

第二节　社区居委会

一、振兴社区居委会

20世纪50年代，织里集镇有城镇居民约2000人。20世纪60年代初期设立居民委员会，设居民小组若干个，居委会干部皆由居民兼职。1995年5月，分设振兴社区、妙园社区居委会。振兴社区居委会位于织里城区东北侧，区域范围1995年东至浒井港，南至商城路，西至织里北路，北至公园路。2001年调整为东至浒井港，南至商城路，西至织里北路，北至中华路。2007年再次调整，东至浒井港，南至商城路，西至织里北路，北至南横塘。

1995年办公租地在中华小区4号楼沈淦亭家中，2001年搬到中华路原镇政府东北侧楼上，2007年搬到富民路62号的东边一楼，2014年搬到富民路62号朝北房屋一楼。社区工作人员1995年有3人，2007年增加到6人，2014年有11人。2019年有社区工作人员35名，其中消防安全监管员9人，城管队员22人，交通协管员4人，有环卫工人49人。

2019年辖区总人口7997人，其中户籍人口1233人，流动人口4899人。有中华小区、振兴小区、凯旋小区、如意小区、府前小区等16个开放式小区，均系20世纪90年代初建造的老旧小区。2019年有7条主要干道和5条次干道。2019年有童装类企业共461家，其中电商33家、辅料企业110家，其他童装类企业318家。有九小行业823家，有群居出租房159户。有中国农业银行织里总行、中国邮政织里支局、织里实验小学、织北派出所、吴兴区市场监管局织里分局、织里镇振兴办事处等11家行政事业单位，有中国织里商城。

二、东安社区居委会

2020年4月成立。区域范围东至凯旋路，西至织里北路，南至吴兴大道单号，北至吉昌路双号。

办公地址在吴兴大道 199 号东湾兜村部。有社区工作人员 38 人，其中安全监管员 13 人，行政执法队员 17 人，交巡警协警 3 人，其他人员 5 人。

辖区内共有总户数 1776 户，总人口 19 930 人，其中常住人口约 5343 人，新居民人口约 14 587 人。有一横三纵 4 条主干道路，童装路段共 7 条，房屋 139 幢，共 1880 间。有居住小区 2 个，群居出租房 113 间，童装类生产经营企业 1467 户。其他娱乐场所、宾馆饭店及九小行业等商业企业 309 户。

三、晓河社区居委会

2012 年 7 月成立，位于织里城市东侧，区域范围北至中华路，南至吴兴大道，西至浒井港，东至大港路。

社区办公地址，2012 年 7 月在晓河村老村部办公，2017 年 3 月搬迁到大港路 1151 号晓河村新村部，2018 年 12 月搬迁到康泰路 500 号。居委会 2019 年有社区工作人员 23 名，其中消防安全监管员 9 人，城管队员 11 人，交通协管员 3 人，环卫工人 54 人。

2019 年辖区内总人口 11 200 人，其中户籍人口 1380 人，流动人口 8800 人。2019 年有童装类企业共 374 家，九小行业 255 家，群居出租房 45 户。有织里镇镇政府、织里镇行政服务中心、织里镇人民法院、织里消防中队等政府机关，织里镇实验小学东校区和织里镇中学。爱家、织里人家等居住小区。

四、大邾社区居委会

2016 年 10 月成立香圩墩社区居委会，区域范围东至田溪角河，南至织浔大道，西至园开路，北邻囊二兜东兜。2019 年区域范围调整为东至田溪角河，南至织浔大道，西近李义线，北邻囊二兜东兜。社区办公地址设在织浔大道 888 号童装产业示范园区 D7 幢 2 楼。2019 年有社区工作人员 9 名，其中消防安全监管员 6 人。香圩墩社区居委会辖区内 2019 年总人口 4162 人，其中户籍人口 382 人，流动人口 3780 人。2019 年有童装类企业共 51 家，其中童装生产（加工）企业 44 家、电商 7 家。有九小行业 31 家，有童装规模企业 14 家。园区二期于 2018 年开始建设。

2020 年 4 月成立大邾社区居委会，香圩墩社区居委会并入大邾社区居委会。

区域范围东到鹏飞路，南到长安路，西到浒井港路，北到湖织大道并延伸至香圩墩村中国童装示范产业园区。

办公地址，2020年4月设在大港路1314号。2021年有工作人员22人，其中3名交通协管员、9名安监员、7名城管队员。

2021年辖区内有居民户5465户，其中单身公寓3481户。总人口10 775人，其中户籍人口7891人，流动人口2884人。有7户群租房。有爱家华府、爱家柏景湾、碧桂园年华里等小区及辅料店、沿街商铺等。有中国童装示范园区、创特（英锋机器人）、普洛斯物流园、瑞真物流园、星火园区等8家大型园区，企业687家，配套商铺120家。有万顺、菠萝蜜、东尼、城秀、花田彩、康喆等童装规模企业6家。中国童装示范园区有织东派出所、织里调解中心织东片区、青少年矫正中心、织里城乡交通站。

五、东湾兜社区居委会

2007年4月从东盛社区单独划出成立，办公地址设在康泰路49号。位于织里城镇中心地段，区域范围东至浒井港，南至康泰路，西起织里北路，北起商城路。

2012年办公地址搬迁至康泰路126号，2020年1月搬迁至商城路666号。2019年有社区工作人员51名，其中消防安全监管员19人，城管队员28人，交通协管员4人，另有环卫工人73人。

2019年辖区内总人口19 781人，其中户籍人口865人，流动人口10 539人。有36条道路、14个居民小区。辖区内2019年有童装类企业共954家，其中童装生产（加工）企业371家、电商42家、挂样44家、辅料企业13家，其他童装类企业484家。有九小行业908家，有群居出租房131家。有环卫所、织里办事处、运管所、智慧消防站等政府和城市管理机构，有四季淘宝城、联华超市、东方大厦等商场，有长安幼儿园。

六、东盛社区管理委员会

2002年11月成立，位于织里城区中心，区域范围2002年东至浒井港，南至民盛路，西至织里北路，北至兴盛路，为村社合一型社区。2007年4月社区改革后调整为独立型社区，区域范围调整为东至浒井港，南至步行街，西至织里北路，区北至康泰路。2014年1月二级街道成立后，区域再次调整为东至浒井港，南至吴兴大道，西至织里北路，北至康泰路。2017年5月成立东盛社区管理委员会，下设综合管理办、城市管理办、安全监管办，将行政执法、安全监管、市场监管、交通管理、市政维护、环境卫生等6个条线的职能权限全部下放给社区，同步下沉工作力量。按照"网格化管理、组团式服务"的要求将社区划分为24个全科网格，安监、执法、公安等实现管理职能与全科网格的无缝对接。

办公地址，2002年设在康泰路49号，2007年4月搬迁到东盛路11号，2017年5月搬迁到湖滨路88号。2004年有工作人员3人，2007年增加至18人，2014年增加至24人，2017年5月工作人员增加到125人，其中安全监管25人、行政执法29人、交通管理4人、市场监管和市政维护各1人、环卫62人。

2019年辖区内总人口35 000人，其中户籍人口491人，流动人口34 509人。2019年有童装类企业共2212家，其中童装生产（加工）企业1431家、电商6家、挂样379家、辅料企业176家，其他童装配套类企业220家。有餐饮、娱乐、经营服饰等九小行业433家，有群居出租房187户。有居民小区4个，有凯旋警务室、农业银行、工商银行、泰隆银行、烟草公司等单位。富民路下有地下商业街，共806间店面，321户商家。

七、今海岸社区居委会

2007年3月成立，区域范围东至东尼路，南至利济中路，西至织里中路，北至富康路。

办公地址，2007年3月在钱塘江路22号，2013年1月搬迁至金都花园物业办公室，2013年5月搬迁至南湖路188号。2007年3月有工作人员4人，2019年有社区工作人员40名，其中消防安全监管员22人，城管队员14人，交通协管员4人。有环卫工人47人。

2019年辖区内总人口16 080人，其中户籍人口74人，流动人口16 006人。2019年有童装类企业共1568家，其中童装生产（加工）企业830家、电商2家、挂样548家、辅料企业91家，其他童装类企业97家。有九小行业126家，有其他工业企业1家。企业中规模企业1家。有金都花园、天使家园、绿景名苑三个小区，有东盛幼儿园、中国农业银行、贝元童装产业园。

八、云村社区居委会

2007 年成立，区域范围东至东尼路，南至晟舍新街西至织里南路，北至利济中路。

办公地址，2007 年 3 月在姚家兜自然村，2009 年搬迁至富民南路 298 号的星期八宾馆 6 楼，2011 年 4 月搬迁至市场中路 1 号，2019 年 5 月搬迁至利济文化公园 1 幢。2019 年有社区工作人员 39 名，其中消防安全监管员 20 人，城管队员 15 人，交通协管员 4 人。有环卫工人 43 人。

2019 年辖区内总人口 20 702 人，其中户籍人口 25 人，流动人口 17 532 人。2019 年有童装类企业共 1050 家，其中童装生产（加工）企业 741 家，电商 22 家，挂样 156 家，辅料企业 24 家，其他童装类企业 107 家。有娱乐场所、宾馆饭店及九小行业 273 家，有居住出租房 55 户。企业中规模企业 8 家。辖区内 2019 年有主干道路 26 条，房屋 143 幢。在建工地 5 个，其中 2 个居住小区。

九、晟东社区居委会

2007 年 3 月成立，位于织里集镇东南侧，区域范围东起大港路，南至 318 国道，西至织里南路，北至晟舍新街。2015 年 5 月调整为东至大港路，南至 318 国道，西至织里南路，北至利济桥南堍。2018 年 11 月再次调整为东至旧馆路，南至 318 国道，西至织里南路，北至利济桥南堍。

办公地址，2007 年 3 月设在织里南路 6 号三楼西侧，2018 年 12 月搬迁到织里南路 6 号一楼西侧。2007 年 3 月有工作人员 2 人。2019 年有社区工作人员 33 人，其中消防安全监管员 16 人，城管队员 13 人，交通协管员 4 人。有环卫工人 30 人。

2019 年辖区内总人口 12 029 人，其中户籍人口 180 人，流动人口 10 008 人。2019 年有童装类企业共 548 家，其中童装生产（加工）企业 266 家，电商 45 家，挂样 33 家，辅料企业 136 家，其他童装类企业 68 家。有九小行业 311 家，有其他工业企业 6 家，有朗田服饰、耀博玻璃厂、佳士汽配等新中新毛纺厂等规模企业 5 家。有织南派出所、交巡警大队、梦圆大酒店、织里一号、阿祥重工、大港路加油站等。

十、清水兜社区居委会

2007年7月成立，位于织里城区中心区域，区域范围2007年东起科技城，南至富康路，西至织里中路，北至东盛路。2014年调整为东起东尼路，南至富康路，西至织里中路，北至吴兴大道。

办公地址，2007年7月设在景富路175号，2010年12月搬至景富路196号，2017年6月搬至富康东路366号。居委会2019年有社区工作人员43名，其中消防安全监管员23人，城管队员16人，交通协管员4人。有环卫工人47人。

2019年辖区内总人口21 693人，其中户籍人口213人，流动人口17 154人。2019年有童装类企业共1233家，其中童装生产（加工）企业647家，电商20家，挂样247家，辅料企业74家，其他童装类企业245家。有九小行业720家，出租群租房72户。企业中规模企业2家。有渤海路、景富路、景江路、珠江路、新安路、东苑路、富民中路、珠江中路、永佳路、同芳路等13条道路，有富康花苑、今海岸小区、景富花园、清水园等4个小区，有在建的文体中心，有童装科技城。

十一、东兜社区居委会

成立于2020年6月，区域范围东起染店港，南至长湖申航道，西至大港路，北至吴兴大道。

办公地址在晟舍新街东路155号。有社区工作人员56人，其中消防安监员7名，城管队员6名，交巡警3名，环卫工人32名。划分为3个大网格、17个小网格。

辖区内2019年总人口6000余人，有东兜社区居住小区。童装类生产经营户586户，九小行业84户，各类经营企业共计703户。小微企业18家，规上企业15家，在建工地3个。有珍贝置地商业广场、大家园幼儿园。

十二、妙园社区居委会

1995年成立，位于织里城区北部，区域范围1995年东至安丰桥，南至公园路，西至织太公路，北至湖织大道。2000年调整为东至织晓大桥，南至中华路，西至织太路，北至市河。2007年社区重新划分后，区域范围东至安丰桥，南至中华路，西至栋梁路，北至湖织大道。2016 年老街拆迁后，东至安丰桥，西至栋梁路，南至商城西路，北至湖织大道。

办公地址，1995 年设在人民路吴兴大厦内三楼，1997 年搬迁至中华路镇政府东北侧楼上，2000 年搬迁至公园路 18-2 号。2007 年社区重新划分后搬迁至织里老街 122 号，2016 年 10 月因老街拆迁，社区搬迁至中华路 13 号。1995 年 6 月有工作人员 3 人，2007 年增加到 8 人。2019 年社区工作人员 24 名，其中消防安全监管员 11 人，城管队员 9 人，交通协管员 4 人。有环卫工人 10 人。

2019 年辖区内总人口 3895 人，其中户籍人口 412 人，流动人口 3483 人。2019 年有童装类企业共 412 家，其中童装生产（加工）企业 26 家，电商 159 家，辅料企业 61 家，其他童装类企业 166 家。九小行业 388 家，群租房 215 户，有其他工业企业 1 家，企业中规模企业 1 家。有苗苗幼儿园、织里实验小学东西两个校区、农业银行、物流公司、长途客运站、社区医疗网点、农贸市场等。

十三、织里社区居委会

2005 年 2 月成立织溪社区居委会，与织里村村居合一。2007 年 3 月正式为独立的社区，改名为织里社区居委会。位于织里城区的西北角，区域范围 2005 年 2 月东起织里北路，南至康泰西路，西至栋梁路，北至中华西路。2018 年 3 月调整为东起织里北路，南起康泰西路，西至栋梁路东侧，北至商城路。

办公地址，2005 年 2 月设在织里村村部，2014 年 8 月搬迁到中华西路 1 号，2014 年 9 月再次搬迁到商城西路 121 号。2005 年工作人员由村干部 1 人兼任，2007 年 3 月工作人员 5 名，2012 年扩招后工作人员 16 人，2014 年达到 22 人，2018 城管下社区，社区总人数达到 40 人，其中安监员 18 人，城管 16 人。2019 年有社区工作人员 44 名，其中消防安全监管员 24，城管队员 16 人，交通协管员 4 人。有环卫工人 68 人。

2019 年辖区内总人口 24 589 人，其中户籍人口 2203 人（其中纯居民 396 人），流动人口 22 386 人。2019 年有童装类企业共 2295 家，其中童装生产（加工）企业 573 家，电商 690 家，挂样 60 家，辅料企业 39 家，其他童装类企业 933 家。有九小行业 570 家，有其他工业企业 1 家。企业中规模企业 1 家。有交通银行、市政公司、派出所警务室、商城发展公司、棉布城等。

十四、朱湾社区居委会

2007年3月成立，区域范围东起珍贝路，南至利济路，西至栋梁路，北到康泰西路。2013年12月调整为东至织里北路，南至吴兴大道，北起康泰西路，西起栋梁路。

办公地址，2007年3月设在大将路9号，2015年8月11日搬至余杭路9号。居委会2019年有社区工作人员47名，其中消防安全监管员23人，城管队员20人，交通协管员4人。有环卫工人74人。

2019年辖区内总人口28 050人，其中户籍人口96人，流动人口27 954人（包括常住人口4550人）。社区主要以童装类企业为主，属商住型社区。2019年有童装类企业共1858家，其中童装生产（加工）企业1017家，电商245家，挂样89家，辅料企业245家，其他童装类企业150家。有九小行业416家，居住出租房127户。其他工业企业1家（属规模企业）。封闭式小区1个，在建小区1个。有财富广场、大成商贸、众盛广场、星隆大厦等四个大型商业综合体，及在建的华都广场。

十五、大河社区居委会

2012年2月成立，位于织里城区的西侧。区域范围东起栋梁路，南至吴兴大道，西至义山路，北至湖织大道。

办公地点设在大河新村一区2幢7号一楼。2012年2月社区工作人员6人，2014年社区扩招之后为10人，2019年社区工作人员31名，其中消防安全监管员12人，城管队员15人，交通协管员4人。另有环卫工人38人。

2019年辖区内总人口11 847人，其中户籍人口85人，流动人口11 762人。

2019年有童装类企业共1417家，其中童装生产（加工）企业55家，电商1071家，辅料企业15家，其他童装类企业214家。九小行业56家，阿龙衣族服饰、龙之翔服饰、优乐童、迈秀、奥斯卡等有湖州艾卡达金属制品有限公司、湖州莱斯奥美家用电器有限公司、湖州天立新材有限公司等规模工业企业58家。电子商务童装产业园，幼儿园，有吴兴实验小学、童装城新能源公交站一个，有中国织里童装城。

十六、长安社区居委会

2020 年 5 月成立，区域范围东起珍贝路，西至栋梁路，南起康泰西路，北至中华西路。

社区办公地点设在长安西路 207 号，工作人员 24 人，其中消防安全监管员 13 人，城管队员 8 人，交通协管员 3 人，环卫工人 34 人。

2020 年辖区总人口 8498 人，其中户籍人口 98 人，流动人口 8400 人。有中华西路，商城西路，长安西路，通益路，栋梁路等道路。有各类企业 1700 余户，其中童装类企业共 1344 户，其中童装生产（加工）82 户、童装网络销售 554 户、辅料生产经营 303 户，其他童装类企业 400 余户。餐饮、副食、汽车维修、美容美发等九小行业 240 余户。居住出租房 87 户。工业企业 2 家，规模以上企业 1 家。碧桂园嘉誉花苑、悦君府 2 个封闭式居民小区和 1 个开放式居民小区——康泰小区。有织北幼儿园嘉誉分校，有大型超市宾馆酒店共 7 家。

十七、永安社区居委会

2014 年成立，区域范围东起织里中路，南连利济西路，西至珍贝路，北临吴兴大道中路。2019 年 1 月调整东起织里中路，南至利达路，西至珍贝路，北临吴兴大道中路。

办公地点，2014 年设立在珠江西路 6 号，2017 年 12 月 8 日搬至织里中路 313 号。2014 年有工作人员 10 人，2017 年 5 月城管下社区，增至 19 人。2019 年有社区工作人员 27 名，其中消防安全监管员 13 人，城管队员 11 人，交通协管员 4 人。有环卫工人 36 人。

辖区内 2019 年总人口 13 624 人，其中户籍人口 11 人，流动人口 13 613 人。2019 年有童装类企业共 1049 家，其中童装生产（加工）企业 547 家，挂样 249 家，辅料企业 253 家。有九小行业 124 家，居住出租房 10 户，其他工业企业 1 家（属规模企业）。辖区内有富康花园住宅小区。

十八、晟舍社区居委会

1997 年成立，与晟舍村村居合一，2007 年 3 月成独立社区。区域范围 1997 年东起富民路，南至 318 国道，西至珍贝路，北至富康路。2006 年底将富康路至利济路区域划给今海岸社区，2019 年年初将利济西路至利达路划给永安社区后东起织里南路，南至 318 国道，西至珍贝路，北至利达路。

办公地址，1997 年在泽恩路利济商城，2003 年搬迁到织里南路 150 号，2005 年再次搬迁到彩云二路晟舍村老年活动室，2007 在彩云二路 9 号，2017 年又搬迁到珍贝路 901 号。1997 年有 2 个村干部兼任社区工作人员，2007 年增加到 4 人，2008 年扩招消防安监后累计 8 人，2017 年 14 人，2017 年社区新增至 25 人，2018 年扩招安监员 3 人。2019 年社区工作人员 32 名，其中消防安全监管员 17 人，城管队员 11 人，交通协管员 4 人。另有环卫工人 46 人。

2019 年辖区内总人口 15 812 人，其中户籍人口 132 人，流动人口 15 680 人。2019 年有童装类企业共 1912 家，其中童装生产（加工）企业 358 家，电商 49 家，挂样 1190 家，辅料企业 31 家，其他童装类企业 285 家。九小行业 249 家。区域内有织里童装城、晟舍街道、晟舍实验小学、晟舍中心幼儿园等。

十九、河西社区居委会

2012 年 2 月成立，位于织里城区西南侧，区域范围东临珍贝路，南靠 318 国道，西与八里店镇接壤，北至利强路。

办公地址位于河西新村 90 幢，与河西村共同设置村、社区便民服务中心。2012 年社区工作人员 8 人，2019 年有社区工作人员 34 人，其中消防安全监管员 16 人，城管队员 14 人，交通协管员 4 人。另有环卫工人 42 人。

2019 年辖区内总人口 20 637 人，其中户籍人口 1902 人，流动人口 18 735 人。

2019 年辖区内童装类企业共 1971 家，其中童装生产（加工）企业 830 家，电商 647 家，挂样 1 家，辅料企业 25 家，其他童装类企业 468 家。九小行业 167 家，有其他工业企业 15 家。企业中规模企业（名称）11 家。有垃圾中转站、百佳汽校、生猪屠宰场等。

二十、秦家港社区居委会

2012 年 2 月成立，区域范围东临珍贝路，南靠利强路，西邻阿祥路（以河为界），北至吴兴大道。2019 年 4 月单独成立红门馆社区后东至珍贝路，南至利强路，西至帕罗路，北至利安路、安康西路。

2012 年办公地址设在秦家港新村 84 幢，2013 年 2 月搬迁到红门馆小区 69

幢，2018 年 12 月设在吴兴大道与帕罗路口，2019 年 6 月搬迁至秦家港新村 50 幢 1 号。居委会 2019 年有社区工作人员 29 人，其中消防安全监管员 13 人，城管队员 12 人，交通协管员 4 人。有环卫工人 36 人。

2019 年辖区内共有 1340 户，16 000 余人，其中常住人口 3000 人，流动人口 13 000 人。2019 年童装类企业共 1470 家，其中童装生产（加工）企业 644 家，电商 470 家，挂样 4 家，辅料企业 30 家，其他童装类企业 136 家。九小行业 174 家，其他工业企业 1 家。有万邦德新材股份等规模企业 11 家。辖区内栋梁路以东为标准厂房，以西为农民新村，有秦家港农贸易市场等。

二十一、红门馆社区居委会

2019 年 4 月成立，由秦家港社区居民委员会划出一部分成立了红门馆社区居民委员会。位于织里城区西侧，区域范围东至珍贝路，南至安康西路、利安路，西接八里店镇，北至吴兴大道。

办公地址设在吴兴大道与帕罗路的交叉口，居委会 2019 年有社区工作人员 33 名，其中消防安全监管员 17 人，城管队员 16 人，交通协管员 4 人。环卫工人 46 人。

2019 年辖区总人口 19 634 人，其中户籍人口 134 人，流动人口 19 500 人。有童装类企业共 1214 家，其中童装生产（加工）企业 400 家，电商 226 家，挂样 58 家，辅料企业 42 家，其他童年装类企业 488 家。九小行业 334 家，其他工业企业 5 家。所有企业中规模企业 8 家。有中央底邸、红门馆小区等 2 个封闭居民小区，利安广场、茵特拉根小镇、汇德车际 3 个开放的商业广场。2019 年 10 月，社区成为织里镇首个全科网格实施试点社区。

二十二、轧村社区居委会

1970 年左右成立居民组，主要负责镇上非农业户籍人口的管理工作，以及发放粮票、布票等各类票证。1975 工作人员茹天顺、吴明宝，党组织关系编入供销社支部。1994 年 6 月成立居委会，并建立党支部。

成立初期办公地址设在轧村港西边市桥北侧，面积约 15 平方米。1994 年 6 月搬迁到轧村港西边南侧文化路南，办公面积约 200 平方米。2001 年 11 月并入港西村（村居合一），地址设在振兴路东侧港西村村委会内。

2019 年 12 月辖区内有非农业户籍人口 327 户，689 人。有振兴路、人民路、宋皇路、文化路等道路。2019 年非童装类企业 86 家，床上用品类企业 392 家，九小行业 436 家。金牛纺织印染等印染企业、蓝鸽家纺等规模企业 5 家。有轧村卫生院、轧村农贸市场、轧村中学、轧村小学、振兴幼儿园、小花朵所幼儿园，有农贸市场、文化中心、吴兴农商银行、湖州银行、轧村办事处等。

二十三、漾西社区居委会

1993 年以前居委会的相关工作由供销社带管。1994 年成立漾西社区居委会，区域范围东至汤溇港，南至陆家漾，西至西占桥，北至世明路。2006 年 5 月划归陆家湾村管理（村居合一）。

成立初期办公地址设在漾西成校楼上，曹友权任主任，工作人员 3 人。1997 年陆新生任主任。1999 年 10 月搬迁至漾西镇政府，由王月琴负责。2003 年李荣法任主任。2006 年 5 月划归陆家湾村管理，办公地址搬迁至陆家湾村部。

辖区 2019 年总人口 830 人，其中户籍人口 520 人，流动人口 310 人。有栋梁路、九江南路、九江北路、洪泽湖路、中河西路、世明路等道路，漾西办事处、漾西派出所等政府机构，中学、小学、幼儿园等学校，农贸市场等商场，海鑫铝业、金莱特铝业、鸿峰铝业、卓成铝材、金顺模具、鼎盛金属制品等企业。

表 6-2-3　社区居委会党组织书记（行政负责人）名录

社区名称	书记（主任）	任职年月
振兴办事处		
振兴社区（党支部）	郁水根	2001 年 1 月至 2003 年 12 月
	姚阿根	2004 年 1 月至 2005 年 12 月
	叶洪发	2006 年 1 月至 2006 年 12 月
	闵国荣	2007 年 1 月至 2007 年 12 月
	沈娟	2008 年 1 月至 2009 年 8 月
	施燕燕	2009 年 9 月至 2021 年 8 月
	吴再权	2018 年 12 月至 2020 年 4 月
	朱惠新（副主任）	2020 年 4 月至 2021 年 12 月
	朱惠新	2021 年 8 月至 2021 年 12 月
东湾兜社区（党支部）	吴丽英	2007 年 5 月至 2021 年 3 月
	卜国新	2021 年 3 月至 2021 年 12 月

（续）

社区名称	书记（主任）	任职年月
东盛社区居委会（党支部）	李林根	2002 年 11 月至 2007 年 3 月
	沈水娣	2007 年 4 月至 2018 年 7 月
	沈水娣	2018 年 8 月至 2020 年 4 月
	吴再权	2020 年 4 月至 2021 年 12 月
晓河社区（党支部）	费健	2018 年 8 月至 2020 年 6 月
	周耀庭	2020 年 6 月至 2021 年 12 月
香圩墩社区（党支部）	冯海明	2018 年 8 月至 2018 年 11 月
	施燕燕	2018 年 12 月至 2020 年 7 月
	陈勤建	2020 年 7 月至 2021 年 12 月
大邾社区（党支部）	施燕燕	2020 年 7 月至 2021 年 12 月
东安社区（党支部）	沈水娣	2020 年 7 月至 2021 年 12 月
利济办事处		
清水兜社区（党支部）	顾战琴	2007 年 7 月至 2018 年 12 月
	徐云峰	2019 年 1 月至 2020 年 4 月
	薛超君	2020 年 4 月至 2021 年 12 月
东兜社区（党支部）	徐云峰	2020 年 4 月至 2021 年 12 月
云村社区（党支部）	潘林会	2007 年 3 月至 2010 年 10 月
	徐云峰	2010 年 10 月至 2019 年 1 月
	朱育新	2019 年 1 月至 2020 年 4 月
	丁巨中	2020 年 4 月至 2021 年 8 月
	蔡莹莹	2021 年 8 月至 2021 年 12 月
晟东社区（党支部）	陈小渭	2007 年 3 月至 2015 年 3 月
	顾战琴	2019 年 1 月至 2020 年 4 月
	朱育新	2020 年 4 月至 2021 年 12 月
今海岸社区（党支部）	叶小莉	2007 年 7 月至 2017 年 9 月
	钱鹤鸣	2019 年 1 月至 2021 年 12 月
织里办事处		
织里社区（党支部）	谢小平	2007 年 3 月至 2016 年 2 月
	冯海明	2016 年 2 月至 2016 年 12 月
	钱会平	2017 年 1 月至 2018 年 9 月
	韦寅峰	2018 年 9 月至 2021 年 3 月
	段慧良	2021 年 3 月至 2021 年 12 月
妙园社区（党支部）	沈七斤	1995 年 6 月至 2007 年 2 月
	刘美娟	2007 年 3 月至 2012 年 11 月

（续）

社区名称	书记（主任）	任职年月
妙园社区（党支部）	李云华	2012 年 12 月至 2014 年 7 月
	费金芳	2014 年 8 月至 2021 年 12 月
朱湾社区（党支部）	杨万青	2009 年 3 月至 2013 年 12 月
	冯海明	2013 年 12 月至 2016 年 2 月
	谢小平	2016 年 2 月至 2017 年 9 月
	叶小莉	2017 年 9 月至 2021 年 12 月
大河社区（党支部）	陈美华	2018 年 8 月至 2021 年 12 月
长安社区（党支部）	陈旭强	2020 年 7 月至 2021 年 12 月
晟舍办事处		
晟舍社区（党支部）	蔡建华	2007 年 1 月至 2016 年 11 月
	蒋梅琴	2016 年 12 月至 2019 年 10 月
	吴东华	2019 年 10 月至 2020 年 7 月
	李媛	2020 年 7 月至 2021 年 12 月
秦家港社区（党支部）	华建海	2012 年 2 月至 2013 年 9 月
	刘美娟	2013 年 10 月至 2017 年 9 月
	杨万青	2017 年 10 月至 2019 年 4 月
	方栎成	2019 年 4 月至 2020 年 7 月
	吴东华	2020 年 7 月至 2021 年 12 月
永安社区（党支部）	杨万青	2014 年 1 月至 2017 年 9 月
	吴峥嵘	2017 年 10 月至 2019 年 1 月
	孙学华	2019 年 1 月至 2021 年 12 月
红门馆社区（党支部）	杨万青	2019 年 4 月至 2020 年 7 月
	方栎成	2020 年 7 月至 2021 年 12 月
河西社区（党支部）	丁鑫泉	2017 年 8 月至 2021 年 12 月
轧村办事处		
轧村居委会（党支部）	沈阿荣	1994 年 6 月至 1996 年 5 月
	张小娥	1996 年 5 月至 2001 年 11 月
	罗志桥	2001 年 11 月至 2020 年 11 月
	张银方	2021 年 3 月至 2021 年 12 月
漾西办事处下辖各社区居委会	漾西社区无单独设立（党支部）	
漾西社区居委会	曹有权（主任）	1994 年至 1997 年
	陆新生（主任）	1997 年至 1999 年 9 月
	王月琴（主任）	1999 年 10 月至 2003 年
	李荣法（主任）	2003 年至 2006 年 5 月

（续）

社区名称	书记（主任）	任职年月
漾西社区居委会	胡根明（主任）	2006 年 5 月至 2010 年 10 月
	倪会荣（主任）	2010 年 10 月至 2018 年 12 月
	未明确	2018 年 12 月至 2021 年 12 月

第三节　社会组织

一、吴美丽工作室

2009 年 12 月 28 日，"吴美丽工作室"正式挂牌成立，办公地址设在富民路 62 号社会治安综合治理中心。工作室依托织里司法所平台而建，承担化解矛盾纠纷案、开展法律服务和法制宣传、维护弱势群体特别是妇女儿童合法权益的任务。成立时有工作人员 6 名，吴美丽任主任。2010 年 3 月被全国妇联评为维护妇女儿童先进集体。至 2011 年 2 月，工作室共调处各类纠纷 438 件，其中劳资纠纷 260 件，追计劳动报酬、各类赔偿和补助款 440 万元。调处成功率 98% 以上。2019 年搬迁至利济文化公园。

二、平安大姐工作室

2000 年，徐维丽全家自辽宁鞍山迁至织里，开办童装厂，安家落户。2005 年 12 月 24 日，在家人的支持下牵头，与来自全国 9 个省份和香港特别行政区的 22 名女性组建社会公益组织——"平安大姐社会工作室"，为居民调解生活上和工作中的各类矛盾。同时，还组织给困难人群捐款捐物、助学养老等公益活动。"平安大姐"团队里的成员穿着红色套装并佩戴刻有"中国织里，真诚博爱，感恩奉献"字样的徽章。

2006 年，"平安大姐社会工作室"参与调解纠纷 700 多起，化解率达 95%，满意率达 100%。"平安大姐社会工作室"在织里镇织南调解中心设立值班室，每天由 2 名成员轮流值班，和调解中心工作人员一起调解新居民的矛盾纠纷。2017 年 9 月，"平安大姐社会工作室"众筹了湖州安姐实业有限公司，注册资金 1000 万元，至 2019 年，公司获得的收益全部投入公益事业。

三、新居民和谐促进会

新居民和谐促进会于 2014 年成立，由安庆、湖南、江西等 10 多个在织里的异地商会成员，以及在织里的新居民代表组成，并吸纳织里公安、教育、计划生育等职能部门为理事单位，共同承担就学、就医、就业、培训、矛盾纠纷调解、维权等职责，做好对新居民的服务管理，促进新老居民共建共融。会员由各社区推荐产生，以异地商会为主，兼顾其他省份的新居民，地点设在行政服务中心二楼。和谐促进会下设 2 个办事处、16 个社区基层工作网格、每个网格 4～6 名新居民代表，形成"2+16"工作网格。同年 9 月，选定晟舍社区、东湾兜社区等 4 个社区开展和谐促进会社区分会试点，试点工作主要有消防安全、新居民登记、税收征管、环境卫生、依法维权五大重点。

四、平安公益联盟

平安公益联盟于 2015 年 12 月创建，平安公益联盟秉承"服务、奉献"的联盟精神，以平安服务为主要内容，投身社区治安巡逻、交通秩序维护、消防隐患排查、民事纠纷调处化解、安全防范常识宣传等各类平台公益活动。2019 年有平安志愿分队 15 支，核心队员 800 余人，参与力量 2000 余人。

平安公益联盟团队

五、老兵驿站

2018 年 8 月，织里镇域内 1916 名退伍军人自发成立了"老兵驿站"，作为辅助力量和政府联动，共同参与社会治理。成立初期，老兵驿站从事上门为群众修理电瓶车、上牌照等简单的便民服务。2019 年，老兵驿站有 4 个常态化实体平台——"老兵警长陈建如慈善基金会""老兵法律援助中心""老兵创业就业工厂"以及"老兵夜茶馆"，为战友、群众提供多元化服务，并开展防止电信诈骗宣传等。

六、家园卫士

织里公安分局建立的立体化治安防控体系升级版，以"防为主、防为上"的工作方针，调动辖区内人民群众、社会组织参与社会治安防控的积极性，推进群防群治工作，促进完善"党委领导、政府负责、社会协同、公众参与、法治保障"的社会治理体制，形成共建共治共享社会治理格局。"家园卫士"开展"安全防范大宣传、遵规守法大教育、平安共建大动员"三大活动。"家园卫士"将织里的商协会、异地党支部、医生、律师、"楼长"监管员等力量吸纳进"家园卫士"卫队，并结合各卫队成员职业特点建立人岗相应的"家园卫士+"项目，全方位开展信息收集、矛盾纠纷化解、隐患排查整治等"家园+"活动。通过"织里城事"、大织里 App 等媒体平台和举办现场活动等方式进行宣讲，旨在提升广大人民群众的守法意识，增强广大人民群众的防范技能。

七、自媒体联合会

2019 年，整合织里镇 17 家官方新媒体与民间自媒体，成立织里镇自媒体联合会。通过开展舆情研判、舆论引导等培训活动，引导新媒体坚持正确舆论导向，弘扬正能量，营造风清气正的网络空间。同时，依托覆盖全镇的童装园区综合妇联、福建商会妇联和"书香微家""绣娘微家"等微阵地，挖掘城市文化内涵；发动自媒体从业女性组建"织里彩虹计划"巾帼志愿队，深入开展社会服务活动，助力提升织里文化软实力和城市影响力。

八、冯志强志愿服务队

冯志强志愿服务队成立于 2013 年，是织里镇 721 支志愿服务队伍中的一支。

成立初期队员 60 人左右，2019 年发展到 100 余人。志愿服务队在新织里人冯志强的影响和带动下，参与无偿献血、社会慰问、平安创建、爱心助学等公益活动。

九、"爱心妈妈"公益服务中心

2010 年，罗根娥和十多位妇女成立"爱心妈妈"公益服务中心，罗根娥担任会长，成员来自全国各地。"爱心妈妈"公益服务中心主要帮助弱势群体，去孤儿院、敬老院、智障学校等探望孤残儿童和孤寡老人，对接资助贫困学生等，时常给他们送去学习用具和生活用品，在帮助他们解决生活困难的同时，送去了温暖和关爱等精神慰藉。

2015 年，"爱心妈妈"公益服务中心成员罗根娥与邱惠群等人多次赴贵州省六盘水师范学院考察，访问贫困学子的家乡，为六盘水师范学院 70 多名贫困学生捐献了 20 余万元助学款。并与湖州两家高校的校方签订援助协议，将贫困学生确定为援助对象。

至 2019 年止，"爱心妈妈"公益服务中心成员发展到 48 人，为社会累计捐献 350 余万元。

2016 年 1 月，织里爱心妈妈协会成立

十、"彩虹计划"团队

2019 年 8 月，新时代文明实践活动"彩虹计划"团队成立并举行授旗仪式。"彩虹计划"团队以团结凝聚 45 万织里人民为目标，实行"湖小青"志愿者进社区"彩虹计划"，建立"红心向党"党团先锋青年军。成立"伴你橙长"结对帮扶青年军，引导社会组织和爱心人士开展爱心结对帮扶，不断改善困难群众生活条件。建立"青春力量"志愿服务青年军，围绕留守儿童、新居民子女等重点人群，开展留守儿童、小候鸟及"春泥计划"志愿服务活动。建立"蓝盔守护"平安建设青年军，围绕平安建设、安全生产、消防安全、医护救治等方面，提高织里人民的公共安全意识和自我保护能力。

十一、平安公益大联盟

平安公益大联盟于 2015 年 11 月建立，将织里各自类慈善组织聚集在一起。每天，联盟里的平安志愿者都根据安排，分街道分区域执勤，志愿参与织里的平安建设。截至 2019 年底，"织里平安公益大联盟"建立起 17 个分队，核心成员800 余人，参与人员 2000 余人。

第四节　商　会

一、织里镇商会

2000 年 8 月 28 日，湖州市工商联批准建立织里镇商会，第一次会员大会选举潘阿祥为会长。

二、织里童装商会

织里童装商会于 2005 年 9 月 15 日经批准成立，商会办公地址设在织里镇科技文化中心 4 楼，有会员 86 家。2010 年 10 搬迁至吴兴大道 2699 号织里中国童装城 4 楼。2013 年有会员 158 家，2015 年会员 202 家，2017 年会员 240 家，

织里童装商会成立大会

2019 年会员 389 家。2005 年 9 月至 2008 年 10 月濮新泉任会长,2008 年 10 月至 2012 年 9 月张连中任会长,2012 年 9 月至 2019 年 7 月杨建平任会长,2019 年 7 月至 2019 年 12 月沈强任会长。

三、湖州市安庆商会

湖州市安庆商会于 2013 年 6 月 4 日经批准成立,商会办公地址设在织里镇吴兴大道 33 号三楼,2016 年 1 月搬迁至织里镇珍贝路 457 号三楼,2019 年 9 月搬迁至织里镇富民中路 103 号。2013 年有会员 146 个,2015 年有会员 157 个,2017 年有会员 150 个,2019 年 12 月有会员 123 个。2013 年 6 月至 2019 年 12 月李结满任会长。

四、湖州市福建商会

湖州市福建商会于 2015 年 10 月 22 日经批准成立,商会办公地址设在织里镇中国童装城四楼 878 号办公室,成立当年有会员 235 个,2017 年有会员 235 个,2019 年 12 月有会员 217 个。2015 年 10 月至 2019 年 12 月柯文化任会长。

五、湖州市辽宁商会

湖州市辽宁商会于 2015 年 5 月 31 日经批准成立,商会办公地址设在织里镇长安路 349 号,2020 年 1 月搬迁至织里镇大港路 900 号朗田大厦内,2015 年成立当年有会员 200 余人,2017 年有会员 200 余人,2019 年 12 月有会员 200 余人。2015 年 5 月至 2019 年 12 月刘宏明任会长。

六、湖州市重庆商会

湖州市重庆商会 2014 年 8 月 26 日经批准成立,商会办公地址设在织里镇富民南路 328 号三楼,2017 年 9 月搬迁至织里镇棉布城 17 幢 52A 二楼,成立当年有会员 127 个,2018 年有会员 218 个,2019 年 12 月有会员 199 个。2014 年 8 月至 2019 年 12 月胡毅任会长。

七、湖州市河南商会

湖州市河南商会于 2013 年 9 月 12 日经批准成立,办公地址设在织里镇富民南路 159 号，2017 年 12 月搬迁至织里镇星隆大楼 637-638 室，同年有会员 68 个，2013 年会员 68 个，2015 年会员 85 个，2017 年有会员 120 个，2019 年 12 月有会员 150 个。2013 年 9 月至 2017 年 9 月高清波任首届会长，2017 年 9 月至 2019 年 12 月高立正任会长。

八、湖州市台州商会

湖州市台州商会于 2011 年 1 月 12 日经批准成立，商会办公地址设在织里镇利济中路 2 号，2016 年 1 月搬迁至织里镇珍贝路 588 号。同年有会员 168 个，2013 年会员 175 个，2015 年会员 163 个，2017 年有会员 158 个，2019 年 12 月有会员 150 个。2011 年 1 月至 2015 年 12 月杨冬生任会长，2016 年 1 月至 2019 年 12 月许连清任会长。

九、湖州市湖南商会

湖州市湖南商会于 2009 年 4 月 28 日经批准成立，办公地址设在织里镇利强路 156 号，2018 年 7 月搬迁至织里镇利强路 166 号三楼津津乐道服饰有限公司内。成立当年有会员 148 个，2013 年会员 189 个，2015 年会员 212 个，2017 年有会员 235 个，2019 年 12 月有会员 248 个。2009 年 4 月至 2019 年 12 月朱正彪任会长。

十、湖州市江西商会

湖州市江西商会于 2012 年 7 月 25 日经批准成立，商会办公地址设在织里镇珍贝路 561 号 3 楼，2016 年 10 月搬迁至织里镇财富广场 6 栋 4 楼 402B 室。成立当年有会员 56 个，2013 年会员 368 个，2015 年会员 256 个，2017 年有会员 280 个，2019 年 12 月有会员 320 个。宋茂伟于 2012 年 7 月至 2013 年 10 月任会长，2013 年 10 月至 2018 年 10 月帅国康任会长，2018 年 10 月至车严松任会长。

十一、湖州市武汉商会

湖州市武汉商会于 2013 年 10 月 21 日经批准成立，办公地址设在织里镇童装城北三门四楼，2014 年 8 月搬迁至织里镇利济中路 232-1 号 3 楼，2020 年 3 月搬迁至织里镇财富广场 6 号楼 502 室。成立当年有会员 167 个，2015 年有会员 163 个，2017 年有会员 165 个，2019 年 12 月有会员 175 个。2013 年 10 月至 2016 年 10 月，宋秋兵任会长；2016 年 10 月至 2019 年 12 月，姚林顺任会长。

十二、安徽望江鸦滩驻织里童装商会

安徽望江鸦滩驻织里童装商会于 2011 年 10 月 10 日经批准成立，商会办公地址设在织里镇珍贝路 801 号，2015 年 2 月搬迁至织里镇中华西路 999 号，2018 年 3 月搬迁至织里镇大港路 888 号。2019 年 12 月有会员 260 个。2011 年 10 月至 2019 年 12 月，何龙华任会长。

第三章 治安、司法、调解、环卫

旧时，织里的消防、调解、环境卫生等均以自我服务为主。新中国成立初期，织里配备1名公安特派员。至2019年,,建立吴兴区公安局织里分局，分织北、织南、织东三个派出所，实有民警128人，协警738人，分局下设办案大队、治安大队、刑侦大队、情指联勤中心、综合室。境域设有综合行政执法局，有工作人员470余人，下设3个科室和7个分队。1972年开始，成立织里法庭，织里消防支队，织里环卫所等机构。2020年1月，湖州市消防救援支队织里大队挂牌成立，人员46人，有执勤消防车5辆。

第一节 公安机构

一、织里公安派出所（分局、警署）

1.机构沿革

1956年，吴兴县公安局下派织里公安特派员何必瑞1人，配备手枪1支，办公地址在织里虹桥边民居房内，负责织里区内织里、晟舍、轧村、漾西、太湖、戴山等6个乡的治安工作。

1978年7月，成立太湖派出所，办公地址设在幻溇（幻溇街北面，太湖公社大门东侧），共2间平房约60平方米，挂有"太湖派出所"牌子一块，公安员何必瑞、徐金龙、余茂林等3人。

1979年2月，办公地址从幻溇搬迁到织里虹桥边公房内。"太湖派出所"牌子也搬至织里，有3名民警。

1982年，办公地址搬迁到织里老街影剧院东侧，共4间4层楼，约400平方米。同年增加警员1人，并招联防队员4名。

人民公社建立时，织里片区的织里、晟舍、轧村、漾西、太湖、戴山等各公社设立治保委员会，各配一名治保干部。1984年2月，撤公社变乡后，每个乡设一名公安员。

1988 年，在办公楼东侧扩建 4 间房子。

1989 年成立分局，同年公安民警共 12 人。

1992 年，有联防队员 12 人。1993 年 12 月 24 日，办公地址搬至富民路 62 号，占地面积 4000 多平方米。

1994 年，各乡镇建立派出所，织里派出所为中心所，对乡派出所进行业务指导和工作上协调。1995 年 7 月，中心所复名为派出所，共有民警 17 人，联防队员 16 人。

1997 年 9 月，派出所改名为织里警署，同年 12 月挂牌。

2012 年 4 月，改名为吴兴区公安局织里分局，同年 6 月，分织北、织南、织东三个派出所。办公地址于 2012 年 2 月搬迁到东尼路与富康路岔口，面积 6000 平方，有民警编制 130 人，2019 年实有民警 128 人，协警 738 人。分局下设办案大队、治安大队、刑侦大队、情指联勤中心、综合室。2015 年 9 月警务机制改革时撤销办案大队、治安大队、刑侦大队，设立情指联勤中心、刑侦二大队、综合室，2019 年 5 月成立人口大队。2019 年年底情指联勤中心有民警 5 人、协警 17 人，刑侦二大队有民警 14

2012 年 4 月湖州市公安局织里分局成立

人、协警 11 人，人口大队有民警 4 人、协警 19 人，政工综合室有民警 5 人、协警 14 人。

2.历任派出所负责人

1956 年至 1978 年，公安特派员何必瑞；

1978 年至 1979 年，何必瑞任所长；

1979 年至 1981 年，杨镇林任所长；

1981 年至 1989 年，姚柳春担任指导员；

1989 年至 1990 年 12 月年，金鑫根任分局长；

1990 年 12 月年至 1991 年 1 月，姚柳春任分局长；

1991 年 1 月至 1993 年 12 月 24 日，王建华任副分局长并全面负责；

1993 年 12 月 24 日至 1995 年 7 月，王建华任所长；

1995 年 7 月至 1997 年 9 月，顾海鸿任所长；

1997 年 9 月至 2000 年 4 月，沈利剑任警署署长；

2000 年 4 月至 2002 年 7 月，施元章任警署署长；

2002 年 7 月至 2004 年 8 月，警署改为派出所，施元章任所长；

2004 年 8 月至 2006 年 1 月，潘建忠任所长；

2006 年 1 月至 2008 年 3 月，高陆强任所长；

2008 年 3 月至 2010 年年底，蔡惠江任所长；

2010 年底至 2012 年 3 月，杨晓东任所长；

2012 年 3 月至 2014 年上半年，蔡惠江任分局长（同年 4 月改名为分局）；

2014 年上半年至 2016 年 4 月，单永杰任分局长

2016 年 4 月至 2020 年 1 月，周兴强任分局长；

2020 年 1 月，张振凯任分局长。

二、晟舍乡（公社）公安派出所

人民公社建立时，晟舍公社设立治保委员会，配一名治保干部。

1984 年 2 月，撤公社变乡，设一名公安员，同年建立乡民警办公室。1993 年 10 月晟舍乡并入织里镇后，公安工作一同并入织里派出所。

三、轧村镇（乡、公社）公安派出所

人民公社建立时，轧村公社设立治保委员会，配一名治保干部。

1984 年 2 月，撤公社变乡，设一名公安员。同年 7 月 16 日，轧村乡成立民警办公室，聘请费祥华、朱应德、王冠春三人为乡民警。

1994 年，以乡建所（各乡镇建立一个派出所），业务上受织里区中心派出所的指导和协调。轧村派出所办公地址设在轧漾公路东侧的轧村镇政府前面，有 3 间 2 层楼，建筑面积约 200 平方米，汤荣成任所长，民警及联防队员共 10 人。1999 年 10 月轧村镇并入织里镇。

四、漾西镇（乡、公社）公安派出所

人民公社时，漾西公社设立治保委员会，配一名治保干部。

1984 年 2 月，撤公社变乡，设一名公安员，同年建立乡民警办公室。

1991 年 2 月，漾西乡组建治安联防队，由沈卫忠、章百明、费宝法、陆小毛组成。经费由乡区域内的有关单位缴纳治安服务费。1994 年 10 月，漾西乡派出所成立，业务上受织里区中心派出所的指导和协调，邱连荣任所长，公安干警邬晓新、蒋朱陈，联防队员章百明、费宝法、陆小毛、顾卫忠、钱忠伟、吴小刚。民警及联防队员共 10 人。1996 年 6 月高新荣任所长，1997 年 7 月郑永庆任所长。1999 年 10 月漾西镇并入织里镇。

五、太湖镇（乡、公社）公安派出所

人民公社建立时，太湖公社设立治保委员会，配一名治保干部。

1984 年 2 月，撤公社变乡后，设公安员 1 人，同年建立乡民警办公室。

1994 年，以乡建所（各乡镇各建立一个派出所），业务上受织里区中心派出所的指导和协调。太湖乡派出所所长杨建新，民警及联防队员共 10 人，1997 年 7 月叶阿华人所长。1999 年 10 月太湖镇并入织里镇。

第二节　治安管理

一、改造"四类分子"

1962 年，太湖公社"四类分子"（即地主分子、富农分子、反革命分子和坏分子）共 256 人，其中劳改 7 人、管制 12 人、监督 49 人，确定候补"四类分子"131 人，列为正式 57 人。"四类分子"中有选举权的 158 人，无选举权的 98 人。

1980 年，轧村乡对 83 名戴帽四类分子按政策规定摘帽 76 名，右派摘帽 2 名。织里公社对在 1966 年到 1976 年间直接审查的案件共计 377 人进行复核，其中 16 人无材料无法核查，撤销原结论 291 人，恢复名誉 70 人，纠正错划右派的干部 2 人，对全社 83 名戴帽地富分子经过审查摘帽 82 人。

二、取缔道会门、邪教

1. 一贯道

中华民国时期开始，织里出现一贯道成员。1949 年开始镇压一贯道。1984 年"严打"期间，集中打击一贯道，同年 1 月晟舍开展打击一贯道的斗争，查出新老一贯道 143 人，退道 67 人，具结悔改 44 人。1985 年后一贯道基本消失。

2. 法轮功

1999 年，根据中共中央关于共产党员不得修炼"法轮大法"的通知，以及全国人大常委会取缔"法轮功"的要求，境域开展取缔"法轮功"工作。

3. 东方闪电教

2015 年，织里有 3 名东方闪电教成员开展活动，后被抓获，其中 2 人判刑。

三、禁毒、禁赌、禁黄

1. 禁毒

旧时，有少数村民吸食鸦片等毒品，亲属、族人、村民和甲长均给予规劝。

1997 年，太湖乡打击 15 名吸毒者，铲除了 48 株罂粟花。

1998 年开始，每年利用"6.26 禁毒宣传日"、平安志愿者服务活动、王金法广播等平台，开展禁毒知识宣传，深入工厂乡村，分局刑侦大队、各派出所走进

2012 年，织里镇召开"6.26"国际禁毒日宣传大会

中小学、企业、村庄、网吧、宾馆、棋牌室、KTV歌厅等人员密集场所，张贴宣传画报，督促公共场所落实日常检查巡查制度，利用警务站、街面的电子屏，分局老蔡驿站、织里警事等新媒体平台宣传。

2012年到2019年，共组织禁毒宣传活动200余场次，制作展板116块，发放禁毒资料10 000余份，发放检查巡查登记表516本，组织授课68场次。开展禁毒专项行动、发动群众举报等，强化毒品犯罪打击工作。

2014年至2018年，共办理涉毒类案件431起，其中刑事案件87起，抓获违法犯罪人员783人。

2019年度查获涉毒案件37起，抓获违法犯罪人员46人，查获涉案毒品1500余克。

2.禁赌

旧时，赌博被认为是恶习，遭到众人反对。

1958年人民公社建立后，将禁赌列入议事日程。

乡镇人民政府建立后，经常开展查赌、禁赌活动，每年春节上班后开始组织机关干部到各村抓赌，宣传禁赌意义。

1984年，织里镇抓赌90余人，查处300余人，因赌博劳教2人。

1985年10月22日，轧村乡民警办在织里派出所协助下，组织乡干部在全乡开展抓赌，抓到赌博人员52人。随后对赌博人员举办了学习班，通过"一学二帮三举四谈"的方法进行教育，39人被罚款5740元，警告2人，行政拘5人。

1989年，漾西乡在党员中进行排查赌博情况，全乡417名党员中，参与赌博党员121名。

1990年，织里镇开展刹"三风"、扫"六害"，至1992年，三年间共抓赌153次，处理参赌人员1014人次，没收赌具230余副。

1991年起，公安系统每年对辖区内的棋牌室、宾馆、网吧、游戏厅、老年活动室等易赌博场所加强巡查。并将报警、举报电话公开，24小时受理群众来电。同时结合日常清查、护卫平安等行动，突击查处赌博违法行为。利用案件公开办理平台，让参与赌博的违法人员现身说法。

2012年到2018年7年间，全镇共办理涉赌类案件674起，其中刑事案件64起。

2019年度查获涉赌案件189起，抓获违法犯罪人员786人。

3.禁"黄"

1979 年，织里出现"涉黄"行为。

1981 年开始，查处并打击涉黄类案件。

2012 年开始，重点对辖区美容美发店、洗浴中心、宾馆、织里老街、出租房屋等的检查巡控，对外公布举报电话，突击打击了一批影响大、涉案人员多的涉黄类案件。侦办张某某、陆某某组织卖淫案，抓获犯罪嫌疑人 13 人，卖淫嫖娼违法人员 23 名。

2014 年至 2018 年 5 年间，共办理涉黄类案件 186 起，其中刑事案件 25 起，抓获违法犯罪人员 393 人。

2019 年度查获涉黄案件 128 起，抓获违法犯罪人员 456 人。

四、接警、侦破案件数

1984 年到 1986 年，织里镇（小镇）共发生刑事案件 22 起，破案 20 起，逮捕 11 人，其中侦破一起盗窃 3000 元现金的大案。查处流氓、打架斗殴及其他案件 20 余件，行政拘留 20 余人。

1990 年，织里镇共发生治安案件 163 起，调解 98 起，治安处理 114 人。

2012 年 12 月，织里公安分局全年登记刑事发案 3203 起，同比下降 24.9%。破案 1117 起，同比上升 33.45%，查结治安案件 732 起，同比上升 61.23%。

2014 年度，全年接警 75 905 起，侦破各类刑事案件 435 起，抓获犯罪嫌疑人 490 人，其中侦破命案 1 起。查处各类行政案件 546 起，行政处罚 1172 人。

2015 年度，全年接警 79 800 起，侦破各类刑事案件 470 起，抓获犯罪嫌疑人 516 人（含交通类犯罪 84 人）。办理治安案件 592 起，治安处罚 1356 人。

2016 年度，全年接警 42 804 起，侦破各类刑事案件 494 起，抓获犯罪嫌疑人 602 人（含交通类犯罪 133 人）。办理行政案件 1771 起，行政处罚 2568 人。

2017 年度，全年接警 42 376 起，侦破各类刑事案件 404 起，抓获犯罪嫌疑人 473 人（含交通类犯罪 82 人）。办理行政案件 2323 起，行政处罚 3379 人。

2018 年度，全年接警 47 764 起，侦破各类刑事案件 478 起，抓获犯罪嫌疑人 530 人（含交通类犯罪 86 人）。办理行政案件 2217 起，行政处罚 3307 人。

2019 年度全年接警 51 352 起，侦破各类刑事案件 342 起，抓获犯罪嫌疑人 489 人（含交通类犯罪 99 人）。办理行政案件 2580 起，行政处罚 3465 人。

2015 年至 2019 年，破获各类刑事案件 2623 起，包括杀人、抛尸、绑架、放火、投毒、涉黑涉恶等重大案件，抓获各类犯罪嫌疑人 2616 名。

2015 年到 2019 年，先后开展普法宣传 8 次，走访企业商家 200 余家，不断提升企业的合法经营意识，同时对辖区涉及知识产权、非法融资、商业诈骗、非法经营、虚开增值税发票等经济违法犯罪问题打击。破获经济类刑事案件 22 起，抓获经济类犯罪嫌疑人 39 名。其中 2019 年破获经济刑事案件 8 起，抓获经济犯罪嫌疑人 9 名。

第三节　治安保卫

一、治安组织

1.行政村治安组织

旧时，村治安工作，逢年过节时由村民轮流夜间巡逻检查，提醒村民关好门窗防止小偷，并在村口放哨，防止小偷。

人民公社年代，各大队设治保委员会，配一名治保主任。1985 年开始，村自发组织夜防队，巡逻队，治安联防队，治安联防队业务上接受派出所指导管理。

2.企业治安组织

1970 年乡办企业发展后，配备保卫干部，并成立企业护厂队，工人纠察队，业务上接受公社治保委员会或公安机关指导管理。

二、基层警务机构

1.织北派出所

织北派出所创建于 2012 年 4 月，办公地址设在镇区中华路 77 号，建筑面积 2631.59 平方米。派出所管辖范围总面积约 18.56 平方公里，含织里、振兴两个二级街道 8 个村 8 个社区。辖区内有织里中国童装城、南京路童装精品街等批发交易区和品牌展示区，并有祥瑞物流等几个大型市场。辖区常住人口 26 730 人，流动人口数 119 615 人。辖区有旅馆 64 家，网吧 14 家，洗浴场所 16 家，规模以上企业 4 家。

2012 年成立时有民警 26 人、协警 60 人。2019 年 12 月共有民警 30 人，平均年龄 33.2 岁，辅警 85 人，工杂人员 7 人，辅警平均年龄 32 岁。

下辖警务站两个，分别为棉布城警务站和凯旋路警务站。棉布城警务站2012年8月建站，配备民警4人、协警17人。凯旋路警务站2012年8月建站，配备民警4人、协警17人。

历任所长情况。2012年4月到至2014年12月，所长杨可大；2014年12月至2015年10月，所长蒋聪；2015年10月至2017年2月，所长周兴强；2017年2月至2019年12月，所长蒋聪。

2.织南派出所

创建于2012年4月，办公地址设在织里镇佛仙路与晟舍新街岔口，建筑面积3900平方米。管辖范围总面积约13平方公里，含晟舍、利济两个二级街道8个村9个社区。辖区内有江南童装苑、广济童装苑、红门馆等几个精品童装生产园区，并有童装批发市场、联托运市场等几个大型市场。辖区常住人口12 136人，流动人口数15 324人。辖区有旅馆55家，网吧16家，洗浴场所31家，规模以上企业22家。

2019年12月全所共有民警29人，平均年龄34岁。协警84人，工杂人员7人，协辅警平均年龄34岁。

下辖警务站两个，分别为富康路警务站和晟舍警务站。晟舍警务站2012年9月建站，配备民警5人、协警8人。富康路警务站2013年4月建站，配备民警4人、协警8人。

2019年12月有警务网格9个，按照社区划分，每个网格配置民警1名，协警2人。

历任所长情况。2012年4月至2015年10月，所长蒋华；2015年10月至2017年2月，所长姚立；2017年2月至2019年11月，所长周斌；2019年11月至2019年12月，所长杨群勇。

3.织东派出所

成立于2012年4月，办公面积约1300平方米。管辖范围为织里镇东部，处于苏浙交界地带，辖区面积65平方公里，共有轧村片、漾西片行政村（社区）18个，常住居民4.3万人，流动人口1.8万人。2012年4月有民警5人、协辅警29人。2019年12月共有民警10人，平均年龄38.9岁，协辅警45人，工勤人员4人，协辅警平均年龄35.5岁。

2015年8月下设轧村警务站，位于轧村中学南面红绿灯路口，配备民警2

人，由织东所基础中队长陈建如长期驻站，辅警15名（其中香圩墩网格警务室4人）。

2019年有警务网格4个，按照社区划分，每个网格配置民警2名、协警5人。

历任所长情况。2012年4月至2015年9月，所长宋智良；2015年9月至2019年11月，所长吴雪松；2019年11月至2019年12月，所长刘玉锋。

三、保安组织

织里保安服务公司于1993年成立，地址设在老街电影院旁边，共3人，徐金龙为负责人。1993年12月份，搬迁至富民路62号。1996年，保安服务公司撤销。

四、治安设施

1.警务设施

1956年，共有手枪1把。

1978年，配备手铐、警棍等设备，1982年配备自行车。

1985年，乡镇民警办公室配备二轮摩托车；1987年，配备三轮摩托车，对讲机等。

1986年，开始配备警车。

2019年12月，公安系统共有各类装备8058件，其中警用车辆36台（汽车），摩托车30辆，对讲机293部，执法记录仪224台，移动警务终端28件，其他警用装备2284件。

2.智慧警务设施建设

2012年底，第一批镇区社会面监控视频开始安装。

2013年，智慧织里总计投入3380万元，全面启动基础信息采集平台、道路视频监控系统等9大项目建设，基本建成基础信息采集系统、综合指挥中心、通信基础设施、地下信息系统、道路视频监控系统等，建成区4G无线全覆盖。

2018年，推进"雪亮工程"建设，接入平台视频监控10 616路，人脸卡口287路，日均抓拍高清人像20万余张。

截至2019年12月，平台上接入监控16 023路，其中自建12 811路，外部接入 3212 路（辖区内的快递、危化品仓库、学校等场所）；车辆高清抓拍卡口 29 个（17 个移动、1 个联通、2 个华数、9 个电信）；微卡 65 路（安防小区），人脸识别 1205 路（接入的 17 路）；mac 采集点位 1314 个；智能门禁系统。共有 584 幢楼房安装门禁系统，合计 1406 扇门，门禁监控 2812 路。城泰 4G 执法记录仪 150 台，海康 42 台无电话卡；车载监控视频系统 18 套；便携式设备 2 套；路口及小区内安装应急广播 28 套（21 套市局安装，7 套安防小区）。

3.智慧警务设施运用

智慧人口管理　2015 年依托基础数据采集、流动人口物联网和新居民管理系统，专门开发了"家在织里"和"智慧流管"等 App 手机端自主申报系统，并建立流动人口登记"自主申报、社区审核，派出所审批、过程考核，量化监督"的工作制度。通过"智慧流管"App 手机端审核上报至辖区派出所，由派出所负责审批通过，并引导流动人口及时网上办理申请电子居住证等业务。

智慧安防　2016 先后投入资金 1.4 亿元，全面推进"智慧安防"项目建设，全镇社会治安视频监控达 14 297 路（其中社会接入 2986 路），全镇监控密度为每平方公里 140 路，中心镇区密度为每平方公里 420 路。安装 700 路人脸识别卡口，基本实现了车站、医院、学校及人员密集场所的人脸卡口全覆盖，平均每天采集人像 20 万余张。全镇所有 38 个小区全部建成物联网智慧安防小区。智慧安防建成以来，破案利用率达 60% 以上。强化深度实战运用。在原有智能采集设备的基础上，研发"鱼池"系统，实现数据自动采集、计算、分析、研判、告警。强化人脸识别系统运用，总结提炼人脸识别技战法 10 套，并在全市广泛推广。2016 年 9 月至 2018 年 12 月，通过该系统抓获各类违法犯罪嫌疑人 420 多名，全国逃犯 150 余人。构建精确指挥体系，建成集扁平、可视、实战为一体的实战型指挥中心，自主开发了可视化指挥系统，镇区内所有车辆与警力在地图上一图展示、实时定位，配装 192 套带人脸识别功能的 4G 无线传输执法记录仪和 14 套车载视频系统，实现处警过程全视频覆盖，视音频实时上传，人像实时比对，组建 16 人预警分析研判小组，24 小时实行视频监控同步处警、同步侦查，实现高效扁平指挥。

智慧安监　2018 年借助大数据、云计算、物联网等信息技术，实现安监的数字化、智能化和清单化。一是智慧用水系统。采用无线射频通信技术实现对全镇 575 个公共消防栓水压的 24 小时实时监控，一旦消防栓出现故障或水压不足，能第一时间在系统中产生预警，并在系统后台自动生成一张报表，由应急救援部门及时通知水务集团等维保部门前往维护。将北斗导航定位系统接入消防移动指挥平台，实现处警途中，车载设备自动显示 500 米内消火栓、自然水源、重要建筑位置以及消防重点单位数字化消防预案，帮助应急救援队员以最快的速度找到最近水源、选用最优处置预案，为后续进行精确处置奠定坚实基础。二是智慧用电系统。通过对电气引发火灾的主要因素（温度、电流、剩余电流）进行不间断的数据监测、跟踪、分析，实时发现用电设备和电气线路使用过程中出现的安全隐患，并第一时间向企业管理人员发送预警信息，确保隐患及时得到有效整改。该系统 2019 年具有 24 小时在线监测、异常情况短信提醒、大功率非正常用电自动强切、远程巡检服务、定期形成"体检"报告等功能，最大限度降低了电气火灾事故风险。2019 年，全镇共安装"智慧用电"系统 4352 套、"自动限荷器"7964 套，已成功发送监测预警 301 985 条，自动触发限荷 8631 次，电气火灾发生数与 2015 年、2016 年同期相比，分别下降了 5.8%、7.2%。三是智能消防预警系统。研发推广具有多重报警功能的"智能预警"系统。该系统由无线智能烟感、无线声光、无线手报、无线智能网关控制器和运营平台组成，能实现火灾早期发现和多级自动报警精确预警功能。系统触发时，一是能迅速通过声光唤醒所有现场人员，做到最快提醒，最快逃离，同时将警情第一时间报送业主；二是精确定位火灾位置，实现精确查找和灭火；三是精确报告设备故障，解决了传统烟感存在故障后用户不知道，无人维修的问题。2019 年，已在辖区江南东路、香圩墩童装产业园共试点安装了"智能预警"系统点位 2200 个，涉及 1000 余户（室），取得了预期效果。在 2017 年公安部召开的全国智慧消防建设推进会上，"智能消防预警系统"在全国推广。

第四节　消　防

一、消防组织

1.民间"火羊会"

火羊会，旧时民间消防和互助组织，一般以小自然村为单位。明以后，织里农村房屋大都砖木结构，易引发火灾。火羊会主要职责是消防安全，排查火灾隐患，秋冬干燥季节巡查提醒各农户火烛小心。一旦发生火灾，火羊会人员则尽全力救火，并做好受灾户生活安排和救助。每年农历三月、九月，火羊会举行祭拜仪式，称"退火羊"。

2. 民间洋龙会

民国时期，织里镇上有洋龙会，"洋龙"一部，靠人力一上一下揿压喷水，左右边各三四人，大家上下揿压，用力越猛出水量越大，喷射高度可达十几米。镇上各家各户轮流巡逻，手里拎一块"火蚀小心"四个红漆大字木牌，挨家逐户检查，查看灶前灶后是否堆积柴火，水缸是否装满等。每年农历六月某天，为"龙王"举行生日纪念活动。祭祀前两天各家磨粉做圆子，淘米裹粽子，仪式在傍晚酉时举行，附近四乡八里壮年小伙子都会不约而同到来。20 世纪 50 年代，洋龙会在今医院西面，紧贴"毛娘舅"小店东墙，面积 6 平方米，门面朝东，大门一半是栅栏门，里面有"洋龙"一部，有长供桌和挑水担桶 1 副。朝东墙上挂"龙王"神位，有红色木柄和斧头置神位两侧，救火用其他器材放在附近蒋阿文家楼上。祭祀仪式场地设在医院和茧站旁，现场放供桌（摆满供品）、"龙王神像"，"洋龙"等所有消防器材抬到现场，参与人员统一戴"铜铜帽"，站在供桌前虔诚祈祷，保佑地方四季平安，永无火灾隐患。60 年代，织里各处"铁器社"工人全都参加洋龙会，有蒋阿文、蒋阿土、郑志云（铁匠阿毛）、盛山林、盛根林、陆新大、沈师雄、沈淦清、朱金才、汤富根等。后来增加机器船救火，增机械师傅王大伟、薄根宝。这些人员每人身上都随带铜铸"警哨"，蒋阿文警哨是上级有关部门发的，其余警哨都是盛山林照样仿制。不管何时何地，只要"警哨"一响，以蒋阿文、吴子宝领头的一众救火人员就背着救火器材，抬着"洋龙"直奔火灾现场。洋龙会延续至 1969 年。

3. 义务消防队（兼职消防队）

1970 年前后，在狮子桥港北建造 20 平方米房屋，成立消防队，工作人员均为在附近上班的兼职人员，配备"洋龙"一部，接警后临时通知人员救火。

1986 年，在妙桥中学边造了 1 座 2 层楼，楼上放器材，楼下停放消防艇。消防工作由派出所牵头，湖州市消防支队负责火灾的灭火工作。1987 年 7 月，织里恢复义务消防队，由 14 名人员组成，闵炳章任队长、沈强任副队长。1992 年，消防管理人员用打火机检查时引起消防艇爆炸。

4. 社区消防安全监管队

2006 年始，各社区居委会配备消防安全监管员（互见社区居委会），分片划区巡回检查。各村落实消防安全人员，有的村设立微型消防站，配备小型消防设备。

5.专职消防队

2002年9月18日，在织里镇长安路296号开始建造镇消防站。政府划拨土地10亩，投资780万元，2003年8月竣工并交付使用。消防大楼为四层楼房，一楼车库及器材库室，二楼宿舍、洗漱间、健身房、学习室，三楼办公室，四楼档案室、荣誉室、东边附属建筑物为餐厅。2004年12月，吴兴区消防大队织里中队成立，是湖州市第一支混编（现役人员、合同制队员）消防中队。2012年9月1日，筹备成立湖州市公安消防支队织里大队，开始履行大队级公安消防机构职权。人员36人，其中大队部14人（干部5名、文职雇员9人），中队22人（干部3人、士兵15人、合同制消防员4人），行政用车4辆。执勤车辆装备包括消防车5辆，分别是5吨康明斯水罐泡沫车、5.5吨东风水罐车、15吨斯泰尔重型水罐车、32米奔驰云梯消防车和一辆抢险救援车。担负织里镇和南浔区旧馆镇灭火和社会抢险救援任务。2017年8月经公安部批准正式成立湖州市公安消防支队织里大队（正营职建制）。单位工作人员50人，其中大队部21人（干部6名、文职雇员15人），中队26人（干部3人、士兵16人、合同制消防员7人）。大队执勤车辆装备有执勤消防车5辆（A类压缩泡沫车、B类泡沫车、抢险救援车、重型水罐车、云梯消防车）、水域救援舟艇1艘，各类灭火救援器材装备1万余件（套），行政用车4辆。大队担负着全镇火灾预防、火灾扑救及社会抢险

织里镇消防大队

救援三项重任，是一支"全天候""全时制"提供消防安全服务的部队。2018 年 11 月 9 日，国家机构改革中，消防部队整体改制，脱离武警部队序列，成为国家综合性消防救援队伍。2020 年 1 月 3 日，湖州市消防救援支队织里大队挂牌成立。同时隶属管理的织里中队变更为织里镇长安路消防救援站，有人员 46 人，其中大队部干部 5 名、文员 15 人，厨师 2 人；中队 28 人（干部 3 人、消防员 15 人、政府专职消防员 10 人）。大队执勤车辆装备有执勤消防车 5 辆（A 类压缩泡沫车、B 类泡沫车、抢险救援车、重型水罐车、云梯消防车）、水域救援舟艇 1 艘，各类灭火救援器材装备 1.2 万余件（套），行政用车 3 辆。

表 6-3-1 织里消防救援大队历任负责人

历任政治教导员	历任大队长
潘全民（2012 年 9 月至 2014 年 4 月）	沈建强（2012 年 9 月至 2014 年 4 月）
马义泉（2014 年 4 月至 2016 年 6 月）	朱华昌（2014 年 4 月至 2015 年 4 月）
汪泽辉（2016 年 6 月至 2019 年 12 月）	聂林华（2015 年 4 月至 2016 年 6 月）
	靖成银（2016 年 6 月至 2019 年 3 月）
	吕雷（2019 年 3 月至 2019 年 6 月，代理）
	姚旭翔（2019 年 6 月至 2019 年 12 月）

表 6-3-2 长安路消防救援站（含织里中队时期）历任主官列表

姓名	职务	任职时间
姚震华	副指导员	2005 年 1 月至 2005 年 4 月
许峰	指导员	2005 年 4 月至 2007 年 3 月
应佐华	指导员	2007 年 3 月至 2009 年 3 月
裘海军	队长	2009 年 1 月至 2011 年 10 月
董毅	指导员	2011 年 3 月至 2013 年 6 月
喻志林	队长	2011 年 10 月至 2014 年 3 月
冯益锋	指导员	2015 年 3 月至 2015 年 8 月
李禄	站长	2015 年 3 月至 2019 年 12 月
郭威	指导员	2015 年 9 月至 2017 年 9 月
袁鼎	指导员	2017 年 9 月至 2019 年 12 月

二、防火 救火

1.民房防火

旧时，织里民房以砖木结构房屋为主，容易发生火灾。农户防火意识较强，灶台上写有"火烛小心"等警句，灶后的柴草也能及时清理，睡觉前一般要检查一次。家家户户都备水桶、水缸，平时水缸里储满水，发生火灾，用器皿舀水灭火，用水桶到河里挑水灭火。70 年代，普通民房通电后，电线引起的火灾较多，各户逐渐对电线进行套管。进入 21 世纪，电线套管后一般再埋入墙体，不再出现明线，并安装漏电保护器。

2.企事业单位防火

20 世纪 30 年代，织里逐渐出现一些大的商店、作坊，都备有用于救火的大水缸、水桶等，并且晚上一般派人值守。织里使用水泥后，大的作坊开始建有混凝土储水箱。70 年代开始，多数单位配备小型灭火器。1990 年通自来水后，企业开始在门口装消防栓，消防安全隐患较大的企业建储水池，并安装自动水泵。各单位配备专职或兼职消防员。2006 年开始，织里"三合一"企业进行整治。童装类企业实行消防安全整治，室外统一安装消防楼梯，电线全部进行整理，建防火分隔区、配防火门，设应急照明灯、消防指示灯、烟雾报警器、自动喷淋等。

3.接处警数量

2004 年，接警出动 460 次，其中火警 325 起，成灾 59 起，直接经济损失 91.53 万元；

2005 年，接警出动 447 次，其中火警 312 起，成灾 62 起，直接经济损失 130.84 万元；

2006 年，接警出动 452 次，其中火警 319 起，成灾 65 起，直接经济损失 1200.56 万元；

2007 年，接警出动 430 次，其中火警 342 起，成灾 60 起，直接经济损失 90.18 万元；

2008 年，接警出动 469 次，其中火警 391 起，成灾 65 起，直接经济损失 86.54 万元；

2009 年，接警出动 502 次，其中火警 410 起，成灾 69 起，直接经济损失 75.27 万元；

2010 年，接警出动 541 次，其中火警 371 起，成灾 69 起，直接经济损失 85.65 万元；

2011 年，接警出动 578 次，其中火警 365 起，成灾 67 起，直接经济损失 848.70 万元；

2012 年，接警出动 497 次，其中火警 341 起，成灾 62 起，直接经济损失

476.59 万元；

2013 年，接警出动 540 次，其中火警 296 起，成灾 59 起，直接经济损失 300.48 万元；

2014 年，接警出动 532 次，其中火警 285 起，成灾 55 起，直接经济损失 227.26 万元；

2015 年，接警出动 498 次，其中火警 267 起，成灾 49 起，直接经济损失 384.76 万元；

2016 年，接警出动 473 次，其中火警 249 起，成灾 44 起，直接经济损失 115.83 万元；

2017 年，接警出动 469 次，其中火警 239 起，成灾 42 起，直接经济损失 92.76 万元；

2018 年，接警出动 457 次，其中火警 228 起，成灾 38 起，直接经济损失 39.66 万元；

2019 年，接警出动 435 次，其中火警 198 起，成灾 31 起，直接经济损失 47.92 万元。

三、火灾案例

1.福音大厦火灾

福音大厦地址织里中路 50—52 号，共 5 层，建筑高度约 18 米，建筑面积 2500 平方米，砖混结构，二级耐火等级。便谢辅料商行位于福音大厦内，属个体工商户，主要从事童装辅料批发和零售业务。

2006 年 9 月 14 日凌晨，居民吴新华与徒弟张助生发现火情随即报警。9 月 14 日 4 时 29 分，织里中队 3 辆消防车、14 名官兵赶赴现场，同时调派特勤中队和飞英中队 6 辆消防车、37 名消防官兵和八里店专职消防队 1 辆消防车、5 名专职队员增援。并先后调派德清、安吉、长兴等 3 个

福音大厦火灾

消防大队 5 辆消防车、30 名消防官兵增援。后又调集南浔中队 3 辆消防车、15 名消防官兵赶赴火场参加灭火救援。4 时 53 分，特勤中队 32 米登高平台车和 15 吨重型水罐车赶到现场。5 时 2 分，顶楼平台上的 2 名被困人员成功获救。6 时 30 分，火势得到初步控制，火场温度有所降低。7 时 30 分，长兴、德清、安吉县等 3 个消防大队 5 辆消防车、30 名官兵相继赶到火场。火场指挥员发现大厦东侧二层墙面多处出现大面积裂缝，现场指挥部撤出了内攻人员。7 时 50 分，成立了现场灭火救援指挥部。8 时 45 分，指挥部组织 5 个内攻搜救小组逐层对遇难者遗体开展清查工作。15 日 8 时，最后一名遇难者遗体被找到。

最后认定福音大厦火灾系一层吧台西墙上方多股铜芯线短路引燃下方可燃物所致。过火面积 2500 平方米，死亡 15 人、受伤 2 人，直接财产损失 736 万元，其中建筑损失 36 万元，室内财物损失 700 万元。

火灾责任及处理。福音大厦开发商周某某犯有变造国家机关公文罪，被吴兴区人民法院判处有期徒刑 2 年。工程质量监督人员沈某某和徐某某均被吴兴区人民法院一审以滥用职权罪判决有期徒刑一年，缓刑一年。便谢辅料商行的经营者和消防安全责任人顾某某，未按规定履行消防安全职责，导致火灾发生、蔓延和重大人员伤亡，对火灾负直接责任。鉴于顾某某已在火灾事故中死亡，不予追究责任。湖州市织里镇便谢辅料商行未按规定履行消防安全职责，导致火灾发生、蔓延和人员伤亡，对火灾负直接责任。

2.安康西路 137 号火灾

2006 年 10 月 21 日凌晨 3 时 47 分织里镇安康西路 137 号一童装加工点发生火灾，湖州消防支队接到 110 指挥中心指令后，迅速调集织里、飞英、特勤、苏台山、南浔中队及八里店专职队共 11 辆消防车、60 余名官兵赶赴现场展开扑救，4 时 11 分，火势基本控制。

发生火灾的童装加工点位于湖州吴兴区织里镇安康西路 137 号，三间门面四层（三楼加屋顶阁楼），砖混结构，总建筑面积 700 平方米，每层建筑面积 195 平方米，过火面积为 600 平方米。房主王某某（男，织里人），三间房子中，东面两间租给喻某某（安徽广德人）作经营用房，一楼为裁剪车间，二楼为生产车间；三楼北侧西半间为俞某某夫妻住房，东半间为炊事员住房兼厨房，南半部为餐厅；四楼为员工宿舍（当晚有 32 名员工住在里面），建筑内有 8 具灭火器，东西各有一部疏散楼梯。

火灾共造成8人死亡（3男5女），5人受伤，均在喻某某童装加工点的四楼。喻某某承租房内21名员工均逃至屋顶阳台，再通过屋顶阳台从邻居家楼梯得以逃生。火灾原因是防火分隔未到位，造成火灾扩大。火灾荷载多，"烟囱效应"危害巨大，逃生环境恶劣。

湖州市吴兴区人民法判决被告人喻某某犯重大劳动安全事故罪，处以有期徒刑5年。

3.先锋毛皮辅料商行仓库火灾

2011年1月16日9时04分，织里镇利济西路288号的先锋毛皮辅料商行一座约2000平方米的仓库发生火灾，市消防支队先后调集7个消防中队21辆消防车80余名官兵第一时间赶往现场扑救，经过全体参战官兵2个多小时的救火，大火于当日11时10分扑灭。火灾事故未造成人员伤亡，保护了临近的5幢辅料仓库和厂房，价值近亿元。

着火建筑位于商行东侧建筑群3幢建筑的中间部位（审批时为1号厂房），为钢筋混凝土结构，是一座独立的地上三层建筑，建筑高度为14米，长度36米，宽度24米，建筑面积约2000平方米，使用性质为毛皮辅料仓库。其中，着火建筑与南侧建筑的防火间距被业主用采钢瓦搭建，用作临时杂物间。一楼西侧设有一扇大门，南侧中间、东面分别设有一扇大门。建筑内东、西两侧分别设有一处楼梯可通向三楼。着火建筑与印花厂房有违章搭建的钢棚覆盖。

起火原因为湖州富美多针织服饰有限公司进行钢棚焊割施工作业时，焊渣掉

消防人员正在扑灭先锋毛皮辅料商行仓库大火

落至先锋毛皮辅料商行钢棚内引燃钢棚内的辅料起火。

因涉嫌重大责任事故罪，公安机关已对焊割现场负责人沈某某进行了刑事拘留，对施工员张某某等人员采取控制措施。

4.漾西陆家湾宝丰铝业制品加工厂火灾

2014年3月25日11时许，织里漾西陆家湾宝丰铝业制品加工厂突发火灾。11时6分，接到报警后，织里大队迅速出动4辆消防车20名官兵火速赶赴现场处置。由于起火的部位为企业生产车间二楼，里面堆放烘箱设备，且存有大量粉尘，火灾发生后瞬间形成轰然，现场浓烟四起。

11时20分，消防官兵到达现场后，发现该铝业加工厂总面积约4000平方米，最初起火部位为车间内高温喷漆烘烤箱，且车间内有大量粉末堆积，如不及时处置，很可能造成粉尘爆炸。便分四组展开灭火行动：一组由指挥员带领两名官兵出一支水枪从起火车间正门进行扫射，打击火势；二组由一名班长带领两名官兵从起火车间东侧出一支水枪围攻火势；三组由四名官兵组成利用拉梯爬上临近厂房屋顶，出一支水枪打压火势，防止火势向西侧厂房蔓延；四组三名官兵负责配合现场民警做好警戒工作。命令下达后，各工作组迅速展开灭火行动，13时02分，大火被扑灭。

5.漾西家具厂火灾

2014年5月28日12时17分，织里镇漾西办事处一家具厂发生火灾。事发后支队全勤指挥部立即调派特勤、吴兴、南浔、双林、凤凰、飞英等6个中队10

漾西铝厂火灾

辆消防车59名官兵前往增援救援力量出动处置。

起火的家具厂是一栋近2000平方米的两层建筑物，厂房一楼为生产车间，二楼为成品家具仓库，无人员被困。

指挥员迅速下达命令，采取"先堵截，后消灭"的战术，将现场救援力量分成三个小组从东、西、南三面各出一支水枪堵截火势，防止蔓延。增援力量陆续到达现场后，现场指挥部根据实际情况进行重新部署，从厂房东、西、南、北四面出12支水枪，采取"外控内攻"的方式，形成合围灭火。13时50分，明火基本扑灭。17时20分，大火被彻底扑灭。此次事故过火面积1800余平方米，未造成人员伤亡。

6.上林村湖州康峰家具火灾

2018年8月05日6时23分，湖州市公安消防支队接警调度中心接到报警称：织里镇上林村的湖州康峰家具有限公司发生火灾，织里中队出动3车16人前往扑救，火灾过火面积800平米，烧毁机器、家具成品、原材料等若干，无人员受伤。

起火时间在2018年8月5日06时15分许，起火部位是湖州康峰家具有限公司西侧生产厂房内中间部位由分隔墙分隔的仓库，起火范围从该仓库南侧内墙起向北7米、自东墙起向西五米范围内。起火原因是电焊工方某在对房顶水槽进行切割时，切割产生的火花引燃下方放置的可燃物导致火灾发生。

第五节　审判　司法　调解

一、审判

1.机构沿革

1972年，吴兴区人民法院织里人民法庭创建，地址织里老街织里乡政府旁，法官1名。

1983年，改名为湖州市郊区法院织里法庭。负责审理织里镇的一审民商事案件；开展人民调解司法确认工作，指导培训辖区调解组织，协助处理非诉讼纠纷，参与综合治理，开展法制宣传；调研法庭工作和审判工作的新情况、新问题和新课题，总结审判经验，开展司法建议；办理其他有关法庭工作事项。

1989年，搬迁到富民路24号，名称为湖州市城郊法院织里法庭。

2003 年，改名为湖州市吴兴区法院织里法庭。

2005 年，搬迁到大港路与东安路交叉口新址，占地 10 亩，建筑面积 2000 平方米，投资 500 万元。法庭审判大楼分成 3 层，一楼大厅为诉讼服务中心，内设立案登记窗口、调解室、律师和当事人休息室，2 个审判庭。审判庭全方位安装数字化庭审系统，满足庭审过程公开、公正、高效、真实、透明的要求，规范庭审活动。一楼有"李辉法官工作室"，帮助织里新居民开展诉前引调和诉讼调解工作。法庭二楼是干警办公室、会议室和文印室。法庭三楼是休息活动区域，设有图书馆和健身房。

2017 年，织里法庭有在编干警 6 名，其中正副庭长各一名（均为员额法官），审判员（员额法官）2 名，法官助理 1 名，事业编书记员 1 名，聘用人员 4 名，其中司法雇员 2 名，书记员 1 名，司机 1 名，驻庭人民调解员 2 名，专职安保人员 2 名。在编干警均为本科及以上学历，全庭人员 14 人。

2018 年在编干警 7 名，其中庭长 1 名，中层正职 1 名，审判员（员额法官）2 名，法官助理 2 名，事业编书记员 1 名。聘用人员 4 名，其中司法雇员 2 名，书记员 1 名，司机 1 名，驻庭扫描人员 1 名，物业人员 1 名，专职安保人员 3 名。2018 年立集体三等功。

2019 年，在编干警 7 人，其中正副庭长（均为员额法官）各 1 名，审判员 1 名，法官助理 4 名，事业编书记员 1 名，聘用人员 4 名，其中司法雇员 2 名，书记员 1 名，司机 1 名，驻庭扫描人员 1 名，物业人员 1 名，专职安保人员 3 名。

织里法庭

2019 年 9 月中下旬，一楼诉讼服务中心进行整体改造，增设一个法庭，增设多个停车位。

2019 年，织南审判庭设在织里镇社会治理综合服务中心，审判庭内有标准法庭、办公室、调解室、多功能区，并依托织里镇当地社会调解力量"平安大姐"调解工作室、"吴美丽调解工作室"、劳资纠纷调解委员会以及司法所等，形成诉前纠纷化解力量的集中地。原织里法庭内设的诉讼服务分中心整体入驻织南审判庭，同时挂牌吴兴区人民法院诉讼服务分中心，系浙江首个诉讼服务分中心整体入驻辖区社会治理综合服务中心。织南审判庭由一个优秀法官团队进驻，工作人员共 6 名。负责辖区内所有一审民、商事案件的收、立案以及执行申请的立案，并负责对辖区内涉童装生产衍生的买卖、加工、追索劳动报酬等纠纷进行速裁。整个审判庭按照"分、调、裁、审"的模式进行工作，诉讼服务分中心立案窗口负责收、立案，并对案件进行甄别，将具备调解条件的案件采用"线上流转、线下移送"的模式，根据纠纷类型传送至各个不同类型的调解组织，实质化运行多元解纷"O2O"模式。引流至调解组织案件原则上在一个月内办结，审判庭工作人员负责对案件跟进了解并进行指导、参与，并及时依申请对调解成功的案件进行司法确认。不适合调解的案件，依法予以立案，并根据案件是否涉童装纠纷再进行分流，涉童装纠纷案件由织南审判庭速裁，其他民、商事案件分流至织里法庭审理。同时，织南审判庭设有吴兴区人民法院"驻庭执行"工作室分点，形成全省首个在社会综合治理综合服务中心实现"立、审、执"一体化运转的"织里模式"。

2.历任庭长名录

1972 年至 1980 年，叶应虎。

1980 年至 1990 年，吴志明。

1990 年至 1994 年，邱锦祥。

1994 年至 1998 年，吴金芳。

1998 年至 2003 年，赵震。

2003 年至 2005 年，沈文法。

2005 年至 2009 年，吴继财。

2009 年至 2011 年，张美中。

2011 年至 2013 年，陆学欣。

2013 年至 2016 年，章豪杰。

2016 年至 2017 年，李辉。

2017 年至 2019 年 12 月，孔剑萍。

3. 案件数量

2004 年 1 月至 2008 年 12 月 5 年间，共收案 3550 件，结案 3385 件；

2009 年 1 月至 2013 年 12 月 5 年间，共收案 5705 件，结案 4658 件；

2014 年 1 月至 2019 年 10 月 26 日近 6 年间，收案 11 009 件，结案 9627 件。其中 2019 年 1 月至 10 月 26 日共收案件 1633 件，旧存 164 件，新收案件 1469 件，结案 1328 件，未结案 305 件，结案率 81.32%

4. 审判案例

外资企业欠薪系列案件　2018 年 11 月 5 日 2020 年 10 月，奥里博斯（中国）铝业有限公司因经营不善持续出现债务问题，法定代表人 Kerry Warren Thomas 留下公司破产意见，携带流动资金匆忙出境，导致 196 位员工的劳动报酬得不到保障，集体信访事件不断出现，非理性维权现象频发。法庭积极参与当地政府组织的案件协调会，对接矛盾纠纷化解工作。之后积极引导代理律师通过移动微法院平台线上立案，缩短案件受理时间。案件进入诉讼程序后，承办法官、书记员积极开展调解工作，法庭干警加班加点，以诉讼调解方式在短短 5 天时间圆满完成系列案件的审理工作，为 196 位工人追回工资 168 万元。

继承纠纷案件　织里镇富民路一处房产系原告范某英配偶吴某青生前所建。房屋共两间四层，其中第一层为店面房，房屋一层、三层、四层出租，二层供吴某青、范某英居住。房屋一直由被告吴某英（吴某青仅有的养女）负责出租事宜。2014 年吴某青去世，范某英继续居住于富民路房产二楼，房屋租金继续由被告吴某英收取，之后双方矛盾日渐激化。2016 年 9 月 8 日，原告范某英将富民路房屋的两名租户侵占其房产为由向织里人民法庭提起诉讼，要求两名侵占人（实为承租人）停止侵占行为，后原告范某英撤回了两案的起诉。2017 年 4 月 12 日，原告范某英再次向本院提起诉讼，认为其作为吴某青的配偶对富民路房产享有继承权，要求确认其对房产及租金依法享有份额。庭审中，原被告双方各执一词，争议较大。如判决结案，案虽结但双方积怨将得不到解决。考虑到案件的特殊性，承办人从社会效果出发，多次向原、被告分析利弊，并联系村委会了解事情原委，请求村委会协助联系双方做思想工作，尽力促成双方调解。经过先后多次调解，原、被告于 2017 年 6 月 23 日达成调解，被告吴某英自愿支付原告房屋折价款，原告范某英同意放弃房屋继承权及所有权，并确定近期搬出。调解当日，被告便将第一期 2 万元当庭交付原告。

"浙江移动微法院"小程序促成调解协议　2019 年 3 月份，织里法庭通过"浙江移动微法院"小程序成功促成一项调解协议的达成。

此前，织里法庭受理了胡某与叶某、姚某买卖合同纠纷案件，要求被告 2 人支付货款及利息。经过承办法官的协调，双方当事人达成了调解意愿。由于二被告人已到河南做生意，短期内无法回织里，传统的当面调解方式难以实现。为尽快促成调解，施法官建议双方当事人使用移动微法院平台线上调解。

3 月 19 日，经双方当事人同意，原被告双方各自安装了"浙江移动微法院"小程序并完成身份认证。当晚十点，经承办法官全程在线主持，双方当事人在"掌上法庭"通过打字留言的方式发表调解意见，最终达成调解合意，被告方对承办法官发送的调解笔录表示同意，原告代理人次日与原告确认后予以认可。此案处理过程中，浙江移动微法院小程序将数千公里的现实距离缩短到线上"一案一空间"的实时界面。

二、司法

1958 年人民公社成立时，各公社司法工作由治保调解干部兼任。

1988 年 6 月，织里、晟舍、太湖、轧村、漾西司法办公室成立，各乡镇配备司法助理员一名。织里镇司法助理员吴坤林，漾西乡姚法龙，太湖乡戴水珠，晟舍乡姚荣坤，轧村乡吴美丽。轧村司法办公室地址设在轧村影剧院东侧乡政府一楼，1994 年，增加工作人员一名。

1989 年 4 月 18 日，湖州司法局同意织里区司法办公室建造 180 平方米办公用房。

1993 年 10 月，晟舍乡行政体制调整后，司法办并入织里司法办。

1995 年下半年成立乡镇司法所，朱新铭任织里镇司法所所长，吴美丽任轧村乡司法所长，姚法龙任漾西乡司法所所长，戴水珠任太湖乡司法所所长。

1999 年 9 月，乡镇行政体制调整，轧村、太湖、漾西三个司法所并入织里镇司法所，吴美丽任所长，工作人员 3 人，办公地址设在中华路镇政府内。

2002 年 4 月 28 日，搬迁到兴旺路 1 号，工作人员 16 人。

2009 年 4 月 28 日，搬到富民路 62 号。

2014 年 1 月 15 日，搬到行政服务中心。

2015 年 11 月，搬到织里镇政府一楼，2016 年搬到二楼，工作人员 16 人。

2019 年 11 月 8 日，搬到利济文化公园 2 号楼，工作人员 7 人。

三、民事调解

1.组织沿革

织里成陆、人口定居后，迁徙过来的先民遇到修筑圩堤、排水用水等矛盾时，由周边的长者出面协调。

宋朝以后镇域人口不断增多，村民之间在土地、治水等发生邻里间纠纷，由村上有威望的长者出面协调。家族中的矛盾由族长调解，家庭中涉及婚变、分家、对父母长辈的赡养等，由舅舅、姑夫出面协调，有的写好书面凭证，签字盖上红色手印存照。

民国时期保、甲制度负责调解纠纷，也有民事纠纷诉至公堂。

20 世纪 50 年代初，农业初级社、高级社成立后，指定人员负责调解民间纠纷。家庭内的纠纷仍由舅舅、姑夫调解。

1958 年人民公社成立，各公社有 1 名班子成员分管治保调解工作，由 1 名机关工作人员兼任调解助理员。各村设立调解委员会，由 1 名村干部负责调解工作。

1988 年 6 月，织里、晟舍、太湖、轧村、漾西司法办公室成立后，调解工作划归司法办。

2002 年 4 月 28 日，成立织里镇矛盾纠纷调处中心，司法与调解分设，办公地址设在兴旺路 1 号。调处中心由党委、政府牵头，综治办协调，司法、公安、信访、城建、农经、计生、土管、工商、税务等部门参与，下设民间纠纷、治安纠纷、劳务纠纷、城建土管纠纷，计生妇女维权及综合等 6 个调处小组。建立纠纷转办制度、来信来访登记制度、档案管理制度、调处回访制度等。调处中心从成立起至 2004 年 4 月，两年中受理各类纠纷 3186 件，其中劳资纠纷 2657 件、民事纠纷 340 件、治安纠纷 189 件。到 2004 年底，清欠民工工资 723 万元户，为 20 000 多民工解决劳资纠纷。2003 年初，此举在湖州市 73 个乡镇推广。

2004 年 3 月 20 日，时任浙江省政法委书记夏宝龙到镇矛盾纠纷调处中心视察。2004年6月2日，时任浙江省委书记习近平到镇矛盾纠纷调处中心视察。

2019年，成立社会治理办公室，负责化解各类社会矛盾和民间纠纷，保护公民合法权益。下设织北调解中心、织南调解中心。轧村、漾西办事处配备人员负责辖区内的调解工作。各村、社区居委会设置调解组织，配备1名调解干部。实施'联调律师、治安调解、劳动保障、信访综治'+各类社会调解力量的'4+N'警调对接机制，形成多元参与、依法调解的新模式。"

湖州市织里法律服务所

2.调解机构

织里镇劳动纠纷多元化解中心 简称织北调解中心，成立于2014年5月，以"预防为主，调解优先"的原则，结合织里镇实际情况，维护劳动者和用人单位的合法权益，促进劳动关系和谐稳定。

调解中心工作人员由织里镇司法所、振兴街道、织里街道、织北派出所和织里法律服务所指派人员开展矛盾纠纷的化解工作。此平台整合了五方资源，服务群众，方便群众，做到小事不出村，大事不出镇。中心委员会有专职调解员5人，街道和社区兼职调解员多人，形成了"以专带兼、专兼结合"的人民调解员队伍。织里法律服务所工作人员常驻参与纠纷的调解，为当事人提供法律咨询。

织北调解中心工作职责主要是化解本辖区内的各类劳资纠纷，缓和社会矛盾。在调解过程中，严格坚持"公平、公正、公开"的原则，秉承"以理服人、以法教人"的理念，坚决不徇私枉法，严格依法履行职责。通过层层解剖，确保矛盾纠纷及时化解，做到把矛盾解决在基层，真正维护好辖区稳定。2019年共处理劳资纠纷473起，涉及人数1106人，涉及金额880余万元，调解成功率高达96%。

织南社会矛盾纠纷调处化解分中心　简称称织南调解中心，成立于2014年5月，由织里镇党委政府、织南派出所牵头，整合原织南派出所公安调解室、织南警调衔接工作室、织南警律合作工作室、织南片区人民调解委员会（含织南新居民调解委员会）、织南防调结合工作室等多种力量和资源，以基层公安、综治信访、劳动保障、律师团队为核心，以平安公益联盟、商企卫队、护校卫队、医疗卫队、金融卫队、干部卫队、联建党支部、商会（协会）组织、平安大姐等力量参与的"多元化矛盾纠纷一站式化解服务中心"，是新形势下结合织里实际对"枫桥经验"的践行和深化。

织南调解中心工作职责主要是化解本辖区内的各类纠纷，确保矛盾纠纷及时化解，预防矛盾激化纠纷升级，促进经济社会和谐发展。在调解过程中，严格坚持"公平、公正、公开"的原则，依法调解，维护社会公平正义。2019年有工作人员5人，专职调解员4人。以"防为主，防为上"原则，继承发扬"枫桥经验"，立足织南本土，全力营造和谐稳定的社会局面。自成立以来至2019年止，成功化解各类案件共计3300余起，涉及人数5000余人，其中劳动争议纠纷2000

织南矛盾纠纷调处中心

余起（含工伤事故），涉及人数 3000 余人，涉案金额 2600 多万元。

3.调解案例

王某某非因工死亡补偿纠纷

案情简介　王某某（男 32 岁），2018 年 3 月初到织里镇某服饰有限公司上班（下称乙方），从事机工工种。2018 年 8 月 13 日晚 8 点左右，织里镇织南派出所接警称，在吴兴大道阿祥南路 1248 号厂后面附近有人溺水，接警后，织南所民警立即赶赴现场后，得知溺水男子已被其同事送往吴兴区第一人民医院抢救，后经医院医生抢救无效死亡。织南派出所经侦查后已初步排除他杀。现死者直系亲属王秀华（下称甲方）请求乙方参照非因公死亡和出于人道主义精神给予一定经济补偿，并一次性了结此事。双方就一次性补偿金数额问题来调解中心请求调解。经双方确认同意调解后，受理了此纠纷。

调解过程　调解员与甲、乙双方当事人进行了多次沟通，了解到双方矛盾焦点主要在补偿金数额认定问题。乙方认为甲方提出的金额不当，甲方提出的赔偿 28 万多元数额大了，只愿意补偿 5 万元给甲方，由于补偿金额差距较大，双方各持己见，互不相让，调解进入到僵持阶段。

针对双方补偿金额认定的问题，织南调解中心进行案例分析，28 万元的补偿金额确实高了点，按企业职工非因工死亡计算约 7 万元。首先与乙方沟通，明确了 7 万元左右包含此次纠纷应当给予甲方丧葬补助金、供养直系亲属救济费等其他各种费用等，并由律师对乙方普法宣传，乙方听后表示同意给出的建议。明确了乙方的态度后，再与甲方沟通并告知，把计算的金额同样告知甲方，并表示调解过程中不强制任何一方接受，如双方对补偿数额达不成一致，可以通过仲裁或诉讼途径解决。并根据实情引导甲方，也请律师对乙方进行普法宣传。

调解结果　此后双方对补偿数额达成了一致，乙方提出补偿共计人民币 7 万元给甲方，最终甲方对乙方提出的补偿数也表示认同，并达成了协议。

杨某某与某企业人身损害赔偿纠纷

案情简介　杨某某（下称甲方）2007 年受雇于织里镇某企业（下称乙方）的机修辅助工工种，2014 年 4 月到达退休年龄后，该公司又以劳务费 4000 元/月的报酬返聘，2017 年 2 月 17 日下午 4 时 50 分左右在车间作业时不慎被异物击中左眼而受伤，当天晚饭后伤势进一步恶化，由其家人送至湖州中心医院就诊，初诊后医院建议保守治疗。2017 年 2 月 23 日到湖州第一人民医院再次就诊，医院要求住院治疗，住院 8 天后一院又建议转至复旦大学附属眼耳鼻喉科医院进一步治疗，门诊若干天，住院两次，经医院诊断为："1.左眼继发于眼外伤的青光眼；2.左眼晶状体不完全脱位；3.左眼外伤性白内障"。后经浙北司法鉴定所鉴定为《人身保险伤残评定标准（行业标准）》十级伤残。双方对后期治疗医药费、理赔费数额等问题协商多次未能达成一致，杨某某又不想通过诉讼解决，于 2018 年 12 月 27 日来织南调解中心调解此纠纷，经双方确认同意调解后，受理了此纠纷。

调解过程　调解员与双方当事人进行了多次沟通，了解到双方对理赔的参照标准虽已达成了共识，主要争议在左眼后续的治疗医药费用、理赔金数额及可能导致左眼失明等问题。甲方认为再要求企业方一次性支付 16 万赔偿金的数额不高，乙方也经多方咨询认为 11 万的数额，在人情道义上说得过去，双方各持己见，互不相让。

针对双方对后继治疗医药费、理赔金数额达不成一致的问题，调解中心为公平、公正起见，现场提供背对背法律咨询服务，由当值事务所专业的律师提供计算所有的理赔金额。

调解结果　经调解，双方自愿达成如下协议：

1.乙方同意足额支付前期医疗费 53 000 元整；

2.乙方同意按人身损害十级伤残一次性赔偿甲方人民币 150 000 元整，此款含阳光人寿保险公司伤残赔偿金 2 万元，一次性伤残补助金、精神抚慰金、后期诊治医疗费、误工费、交通费、营养费等，所有款项 15 万协议达成之日到位，其中 13 万元协议生效时当场支付，剩余 2 万元支付时限为协议生效后一个月之内，协议生效后双方解除劳务合作关系；

3.因伤者杨某某参加了企业在阳光人寿保险公司购买的商业险，现当事企业方要求甲方杨某某全力配合阳光人寿保险理赔事项，并须及时提供理赔所需的相应资料，赔付款归企业方所有，（企业已按最高赔付标准 2 万元足额垫付给杨某某），该事项限定时限为一个月内；

4.双方对相关的赔偿标准等法律条款充分的了解，本纠纷作一次性了断，双方均同意以本协议确定的赔偿数额为最终赔偿数额，均不得以同一理由再行主张其他权益，否则承担相应法律责任；

5.其他无争执。

龙某某与杨某某人道主义补助纠纷

案情简介　杨某某的童装厂于 2019 年 12 月 25 日已经停工放假，12 月 26 日下午五点左右，厂里一零工发现梁某某晕倒在卫生间，立即通知老板将其送往湖州市吴兴区人民医院后因抢救无效死亡，双方为人道主义补助事宜要求调解。

调解过程　事发后，梁某某家属和老板在织里镇织北调解中心协商善后事宜，梁某某的妻子龙某某要求对方支付人道主义补助 15 万元，但老板杨某某只同意补助 3 万元，因此僵持不下。当天下午 3 点多，失去耐心的死者亲属情绪开始激动，准备住在老板家中。此时，老板的数名亲友闻讯赶来，双方对峙。织北调解中心调解人员担心双方争执越来越严重，特将双方人员分开在两处并联同派出所工作人员先稳定双方情绪。给死者家属释明法律，告之如果进入诉讼程序将会面临的风险，同时告知老板如果对方起诉，赔偿数额将会达到 15 万元左右，反复多次地劝说双方各让一步。

调解结果　当天晚上 10 点左右，双方达成了调解协议，由老板杨某某赔偿死者家属人道主义补助 7.8 万元。

维护死者家属合法权利案

维权时间：2006 年 10 月 25 日

维权人：吴美丽

维权过程：2006 年 8 月周某的儿子小周到童装老板黄某的厂里打工，从事缝纫工工作。2006 年 10 月 11 日晚小周（死者）在下班后休息时与同厂职工熊某发生争执，争执中被熊某用剪刀刺伤，当即送织里医院抢救无效死亡。死者父亲周某多次到老板家去吵闹，要求黄某给予人道主义补助，死者家属在老板厂子门口摆放了花圈，老板黄某报警 6 次，事情一度闹得不可开交。

经具体分析，矛盾存在的焦点和难点有以下几点：

①事故发生在下班休息时间。

②因该事故发生在童装厂，给老板的日常生产、生活造成了很大的影响。

③因事故发生后，死者家属在老板厂子门口摆放花圈，按照本地的风俗习惯，这是非常忌讳的。这种做法有可能使老板不愿作出人道主义补助。

事故发生后，吴美丽及时了解了整个事件的来龙去脉，并同织里镇派出所取得了联系。10 月 15 日，吴美丽对双方就人道主义补助问题进行调解。死者家属开始与"9.14"特大火灾事故的死亡赔偿做比较，要求补助 20 万元。此要求一经提出，当即遭到了吴美丽的否决。吴美丽耐心细致、依理依法地对死者家属进行了教育，讲明这起事故与"9.14"特大火灾事故的本质区别。经过吴美丽耐心讲解法律、法规和细心地劝导，死者家属慢慢接受了这个事实。但是双方又在人道主义补助的具体金额上，再一次出现了分歧。死者家属提出6万至7万元的补助要求，而业主表示只能承受2万元。局面迟迟不能打开，死者的父亲一度情绪失控，产生了轻生的念头。经过吴美丽多次耐心细致的思想工作，让双方换位思考，分歧逐渐缩小，最后达成协议：童装厂一次性人道主义补助死者人民币23 000元整。当场支付现金13 000元整，第二天，死者尸体火化后另外支付剩余10 000元补助款。

第六节　环境卫生管理

一、公厕

至1995年，镇区公共厕所有10座，蹲位47个，建筑面积639平方米。其中公园路里弄68平方米，10旱式；妙桥塊17平方米，10旱式；织里医院西边24平方米，10旱式；人民路口里弄83平方米，水冲式；富民路22号对面57平方米，水冲式；凯旋路公用变电所东侧60平方米，水冲式；商城一区30平方米；商城二区250平方米；商城三区20平方米；农贸市场30平方米。

表6-3-3　2019年织里镇镇区公厕改造情况

公厕名称	坐落地址	面积（平方米）	状况	改建时间	备注
利济文化公园公厕	公园入口处	190.25	投入使用	2018年	文化类美丽厕所
新光路公厕	新光路方莲河桥边	62.11	投入使用	2018年	
商城小区公厕	商城小区内	74.77	投入使用	2018年	
公园路公厕	公园路与凯旋路交叉口	52.77	投入使用	2018年	
潘家弄公厕	人民路南潘家弄	73.91	投入使用	2018年	
织里南路公厕	318岔口	83.72	投入使用	2018年	
富民公园公厕	富民公园内	161.74	投入使用	2018年	管理类美丽厕所
棉布城公厕	棉布城公园内	97.56	投入使用	2018年	
政府广场公园公厕	镇政府广场公园	104.8	投入使用	2019年	
精品童装园公厕	利达路南侧	66.93	投入使用	2019年	
富盛路公厕	富盛路南侧	71.29	投入使用	2019年	
益民路公厕	益民路背街	83.05	投入使用	2019年	

（续）

公厕名称	坐落地址	面积（平方米）	状况	改建时间	备注
兴盛路公厕	兴盛路与凯旋路交叉口	85.34	投入使用	2019 年	
繁荣路公厕	繁荣路与富民路路口	76.29	投入使用	2019 年	
龙光弄公厕	振兴小区	84.32	投入使用	2019 年	
邱家塘公厕	邱家塘公园内	126.64	投入使用	2019 年	管理类美丽厕所
长安西路公厕	长安西路市政公司旁	105.75	投入使用	2019 年	
新世界农贸市场公厕	晟舍新街甘子桥旁	87.09	投入使用	2019 年	
朱湾社区公厕	朱湾社区东侧停车场	101.18	投入使用	2019 年	
顺昌路公厕	顺昌路与富民南路路口停车场	89.12	投入使用	2019 年	

表 6-3-4 2018 年农村公厕改造情况

行政村	自然村	公厕位置	改造方式	改造部门	监督员
曹家簖村	潜龙兜	老年活动室	标准化建设	曹家簖村	费建华
	李家湾	李家湾	标准化建设	曹家簖村	费建华
	大漾其	老年活动室	补缺建设	曹家簖村	费建华
常乐村	三汤线边	新村部	补缺建设	常乐村	潘国荣
	沈家湾	老村部	补缺建设	常乐村	潘国荣
	常乐	绕镇公路路口	补缺建设	漾西办事处环卫站	王宇峰
港西村	杨家埭	杨家埭	提升改造	港西村	朱金新
	亭子角	镇北公园	提升改造	轧村办事处环卫站	张银方
	中兴路	中兴路	提升改造		张银方
	港西村	文化路	标准化建设	轧村办事处环卫站	张银方
	铁店桥	菜场公厕	补缺建设	轧村办事处环卫站	张银方
骥村村	曹家庄	曹家庄	提升改造	骥村村	宋建明
	严家兜	严家兜	提升改造	骥村村	宋建明
陆家湾村	陆家湾	漾西路	提升改造	漾西办事处环卫站	王宇峰
	陆家湾	菜场对面公园	补缺建设	漾西办事处环卫站	王宇峰
	陆家湾	儿童公园	补缺建设		
孟乡港村	孟乡港	孟乡港	提升改造	孟乡港村	茹燕锋
	村民公园	村民公园	标准化建设	孟乡港村	茹燕锋
庙兜村	庙兜	庙兜	提升改造	庙兜村	钱会根
	沙家兜	沙家兜	提升改造		
潘塘桥村	高家弄	高家弄	提升改造	潘塘桥村	杨建山
	沈家兜	沈家兜	提升改造		
乔溇村	施家坝	港南	提升改造	乔溇村	闻森林
	乔溇村	农贸市场	补缺建设	乔溇村	闻森林

（续）

行政村	自然村	公厕位置	改造方式	改造部门	监督员
上林村	上林村	上林村梅园	提升改造	上林村	费新华
	堂子兜	堂子兜	提升改造		
	上林村	上林村村部	提升改造		
石头港村	阮家兜	阮家兜	提升改造	石头港村	吴利华
	金光兜	金光兜	提升改造	石头港村	吴利华
曙光村	费家汇	费家汇	提升改造	曙光村	程明
汤溇村	汤溇村	菜场东侧	补缺建设	汤溇村	顾坤林
	石桥浦	石桥浦	补缺建设		
	汤溇村	汤溇村部南侧	补缺建设	汤溇村	顾坤林
伍浦村	伍浦村	本觉禅寺北侧	提升改造	伍浦村	叶根林
	伍浦村	老年活动室旁	补缺建设		
	伍浦村	罗家港	补缺建设		
	伍浦	邹根才南面	补缺建设	伍浦村	叶根林
	伍浦	伍浦大桥南	补缺建设	伍浦村	叶根林
义皋村	义皋	义皋村部南	提升改造	义皋村	张金惠
	张家埭	张家埭	提升改造		
	义皋村	义皋茧站	补缺建设		
	老年活动中心	娄港展示厅	补缺建设		
轧村村	齐家湾	朱家兜	提升改造	轧村村	罗浩
	齐家湾	小店	提升改造		

表 6-3-5　2019 年农村公厕改造情况

行政村	自然村	公厕名称	改造方式	改造部门	监督员
潘塘桥村	潘塘桥	潘塘桥公厕	提升改造	潘塘桥村	杨建山
	寓四兜	寓四兜公厕	提升改造		
轧村村	冯家兜	冯家兜公厕	提升改造	轧村村	罗浩
陆家湾村	油车渠	油车渠公厕	提升改造	陆家湾村	倪会荣
	五龙桥	五龙桥公厕	补缺建设		
	丰巢湾	丰巢湾公厕	提升改造		
曙光村	长兜	长兜公厕	提升改造	曙光村	程明
	北兜	北兜公厕	提升改造		
石头港村	白付兜	白付兜公厕	提升改造	石头港村	吴利华
	刁家兜	刁家兜公厕	提升改造		

（续）

行政村	自然村	公厕名称	改造方式	改造部门	监督员
上林村	褚家荡	褚家荡公厕	补缺建设	上林村	费新华
	波斯荡	波斯荡公厕	提升改造		
骥村村	赤家兜	赤家兜公厕	提升改造	骥村村	宋建明
	丁家汇角	丁家汇角公厕	提升改造		
庙兜村	漾湾	漾湾公厕	补缺建设	庙兜村	钱会根
	宋家田	宋家田公厕	提升改造		
乔溇村	胡溇	胡溇公厕	提升改造	乔溇村	闻森林
	大桥其	大桥其公厕	提升改造		
义皋村	宋溇	宋溇公厕	提升改造	义皋村	张金惠
港西村	文化兜	文化兜公厕	提升改造	港西村	朱金新
伍浦村	泥桥头	泥桥头公厕	补缺建设	伍浦村	叶根林
曹家簖村	汤宁祉	汤宁祉公厕	提升改造	曹家簖村	费建华
常乐村	东阁兜	东阁兜公厕	提升改造	常乐村	潘国荣
汤溇村	帮岸头	帮岸头公厕	提升改造	汤溇村	顾坤林
	钱溇	钱溇公厕	补缺建设		
	邱家坝	邱家坝公厕	提升改造		

二、农村环境卫生

旧时，农村环境卫生均由各家各户自行清扫，垃圾直接倒在房前屋后的地里，当作肥料。各家屋后设置粪坑，粪便用作农作物的肥料。家禽家畜的粪便也由各家收集后用于农作物的肥料。

1958年人民公社建立后，门前卫生由各家负责，垃圾或倒在自家自留地，或倒在猪舍、羊舍，家畜的粪便由生产队称重后用作肥料，记入肥料工分。联产承包责任制度后，粪便施入承包田里。

1970年，农户马桶由生产队统一清理。1990年，逐步安装抽水马桶。2006年始，对生活污水进行处理，抽水马桶下面安装化粪池，接入终端处理系统。

1998年，各村配备清扫工，对村庄定期清扫，垃圾由镇上处理。

2016年，各村实行全面清扫，配备垃圾箱、垃圾房。

2019年，城乡统一管理，实行垃圾分类。

三、集镇环境卫生

旧时，集镇周边一些农户到集镇设置一些厕所，粪便用作肥料。各集镇形成初期，卫生工作由商家、住户自行清扫。

1960年始，单位建造厕所，集镇上建造公共厕所。清扫员对主要街道进行清扫。粪便和垃圾由农村村民收集，当作肥料。

1982年始，集镇落实清扫人员，垃圾倒入周边桑地。

1999年11月，集镇清洁工作纳入织里环卫所统一管理。

四、织里城市环境卫生

1.机构沿革

1982年织里成立清卫组，人员3名，负责清扫面积6000平方米的一条老街，主要工具是扫帚，垃圾用担挑到街后填埋。

1985年购买一条水泥船运送垃圾，办公地点在织里镇潘家弄，建筑面积20平方米。

1990年，清卫工人增加到7人，办公地点在织里镇潘家弄，建筑面积20平方米。

1991年1月，经织里镇政府批准，成立织里环境卫生管理所，职工人数累计10人，张金火任所长，潘水荣任副所长。负责镇区、老街、人民路、织东路清扫

人居环境整治

保洁及运送生活垃圾。办公地点在公园路南侧，建筑面积25平方米。

1992年购买了一辆方向盘拖拉机，并征用郑港村5亩左右的土地作垃圾填埋场。

1994年增添方向盘拖拉机一辆、5吨密封垃圾车一辆、5吨洒水车一辆、3吨吸粪车一辆。办公地点在富民路与公园路交叉口，建筑面积约60平方米。

1995年，环卫所保洁范围达到2.4平方公里负责清扫街道13条，总清扫面积达到77 800平方米。镇区共有垃圾桶180只，新村垃圾箱80只，手拉车15辆，水泥船2只，拖拉机2辆，汽车3辆，在联漾村征用80亩垃圾填埋场。环卫所月清垃圾0.73万吨，粪便0.54万吨。

1997年增加2辆压缩车。办公地点在富民路与兴旺路交叉口，建筑面积约60平方米。

2000年春节前织里镇环卫所搬至凯旋东三路21号，占地面积约4000平方米，建筑面积约1800平方米。

2005年8月中旬，在李家坝村征用50亩垃圾填埋场，原联漾村填埋场停用。

2008年下半年开始，垃圾直运至长超垃圾焚烧厂，建筑垃圾等仍运送至李家坝填埋场。

2012年，环卫工人增加至180人。

2014年下半年，李家坝填埋场停用。

2016年1月21日，晟舍街道所有环卫清运、清扫工作第一次外包给湖州勤兴物业有限公司，环卫工作服务外包。

环境卫生管理所

2016年7月16日，振兴街道所有环卫清运工作外包给杭州巾帼西丽物业有限公司。

2017年8月12日，浙江绿能再生资源有限公司第一次接管利济街道垃圾清运工作。

2018年3月3日，浙江绿能再生资源有限公司第一次接管晟舍街道垃圾清扫工作。

2018年12月，浙江绿能再生资源有限公司全面接管（包括清扫、清运）工作。

2018年至2019年，李家坝填埋场垃圾全部运送至长超垃圾焚烧厂。

2019年12月止，织里镇环卫所建立新的垃圾清运机制，镇区清运清扫全部外包，各办事处设环卫站，配机动应急人员，承担应急任务。行政村垃圾清运由外包公司负责，清扫由村聘请环卫人员负责清扫，轧村、漾西办事处负责集镇环卫工作。

2019年12月，全镇环卫工人1452人，其中浙江绿能再生资源有限公司1118人，轧村办事处132人，漾西办事处138人，晟舍环卫站11人，利济环卫站7人，振兴环卫站14人，织里环卫站11人，环卫所21人。

2019年年底，全镇共有环卫用机动车79辆，三轮电瓶车142辆。其中第三方浙江绿能再生资源有限公司共有环卫用机动车59辆：拉臂车7辆，洒水车（8吨）4辆，洒水车（10吨）1辆，洒水车（3吨）3辆，雾炮车2辆，洗扫车6

垃圾中转站

辆，垃圾车 30 辆，厨余车 2 辆，农用车 2 辆，皮卡车 2 辆，三轮电瓶车 113 辆。织里镇环卫所共有环卫用机动车 20 辆，三轮电瓶车 29 辆：洒水车（8 吨）3 辆，洗扫车（8 吨）1 辆，吸粪车（2 吨）2 辆，吸粪车（5 吨）2 辆，垃圾车 11 辆，皮卡车 1 辆，三轮电瓶车 29 辆。

2019 年年底，共有农村垃圾分类收集房 28 座，垃圾中转站 1 座，位于 318 国道跟大河路交叉口，占地 40 亩，2017 年 7 月 15 日开始启用。

2. 历任所长名录

1991 年 1 月至 2012 年上半年，张金火任织里镇环卫所第一任所长；

2012 年上半年至 2014 年上半年，袁建荣任所长；

2014 年上半年至 2015 年 8 月，刘玉军任所长；

2015 年 8 月至 2016 年 10 月 25 日，余小建任所长；

2016 年 10 月 26 日至 2017 年 7 月，马晓丽任所长；

2017 年 7 月至 2019 年 6 月，李亮任所长；

2019 年 6 月至 2019 年 12 月，孙国华任所长。

3. 垃圾清运量

表 6-3-6　2019 年织里镇月度垃圾情况　　　　　　　　　　　　单位：吨

月份	垃圾总量				
	小计	中转站	打包场	废布条	餐厨
1 月	13 559.1	8865.64	1706.48	1776.56	1210.42
2 月	8024.17	5928.65	865.27	564.91	665.34
3 月	16 880.89	8631.08	4160.34	2658.02	1431.45
4 月	16 662.94	10 736.28	1382.52	3034.38	1509.76
5 月	14 699.82	9957.6	921.98	2040	1780.24
6 月	10 155.73	7550.66	366.71	785.82	1452.54
7 月	12 801.84	9652.74	357.02	1144.14	1647.94
8 月	17 834.89	12 131.44	662.24	3050.76	1990.45
9 月	18 482.4	11 103.62	0	5323.62	2055.16
10 月	17 719.14	10 980.66	0	4778.52	1959.96
11 月	15 962.77	10 184.86	0	3835.02	1942.89
12 月	15 429.7	10 426.28	0	3246.72	1756.7
合计	178 213.39	116 149.51	10 422.56	32 238.47	19 402.85

数据来源：织里镇环卫所。

第四章　社会治理改革

　　织里的社会治理改革始于 1978 年，1994 年进行小城市培育试点，1996 年进行户籍制度改革，2011 年进行省首批小城市培育试点四大改革，2014 年国家新型城镇化试点（十化改革）。社会治理分为四个阶段，2006—2011 年以生产安全整治为中心为三合一整治阶段。2011—2015 年以因税而起的群体性事件后的社会矛盾缓解为中心阶段，2016—2018 年以环境综合整治为主线阶段。2019 年进行社会治理先行地，美好生活实验区试点。不断创新社会治理机制，设立织里社会矛盾纠纷调处化解中心，"镇社共管、居民自治、全科网格、扁平治理"社会治理，"外警协管外口"工作机制，"织里·知礼"品牌建设等多种模式。

第一节　小城市培育试点

　　小城市培育试点内容详见本志第一卷第六章《小城市培育》。

第二节　重大改革举措

一、1995 年浙江省小城镇综合改革

1.1995 年市场建设机制改革

　　1995 年市场建设机制改革，改变以往单一由工商行政管理部门一家办市场的做法，逐步建立多主体投资共同兴办市场的发展机制。1995 年成立"中国织里商城发展有限公司"，专门负责市场的资产经营管理和规划建设，并使其成为具有法人资格的经济实体，基本上实现市场的"管办分离"。广泛吸收社会力量，多渠道筹集建设资金，在紧靠 318 国道的织里南开发区投资 2000 多万元，新建占地 3.5 公顷、建筑面积 2.2 万平方米的第八交易区，中国织里商城规模扩展到营业摊位 2400 多个、建筑面积 8.4 万平方米、占地 14 公顷。又面向社会出让四块

市场建设专用土地，总面积 8800 平方米。

打破原有市场内部各行业混同一体的现状，对五大市场实行分离，充分突出核心市场，将第八交易区定点为童装批发专业市场，形成以童装、棉布市场为核心，其他专业市场为辅助的市场体系。扩大市场开发度，加大招商力度。落实有关配套政策，为招商引资营造良好的软环境。制定在摊位租金、户籍办理、子女就学等多方面的优惠政策。同年订购、认租摊位和营业用房的经营者已接近 700户。培育要素市场。成立了职业介绍所、流动人口管理办公室及人才交流服务处，使劳动力市场朝着职业介绍、劳动合同签证、劳动争议调解为一体的方向发展。1996 年形成了童装、棉布、床上用品、服装面料、服装辅料等五大专业市场，年市场成交额突破 60 亿元。全镇童装生产经营户已达 3566 户，从业人员达1.5 万，年营业额达 7.8 亿元。形成一个与市场相呼应的"基础在一家一户，规模在千家万户"的童装生产基地。织里商城被评为浙江省"十大工业品市场"。

2.1996 年户籍管理制度改革

经浙江省公安厅批准，织里镇于 1996 年 4 月在全省率先实施户籍管理制度改革。改革的主要内容：一是改革户籍登记制度，实行以居住地和职业划分为原则的户籍登记制度；二是实行农村户口城市化管理。凡符合三个条件，即在镇区拥有人均 15 平方米建筑面积的合法住房，有稳定的工作或生活来源，原承包土地转让者，均可申请办理城镇居民户口。合理确定收费标准，简化程序、方便群众，依法办理的原则，采取整体推进和难点突破相结合。集中办理期间，抽调人员组成工作班子，定点办公，流水操作，实行咨询、登记、审查、收费、签发等一条龙服务，同年办理城镇户口逾 5000 人。

推行农村户口城市化管理，全镇 29 个行政村全部完成人口登记表、居民户口簿和门牌的制作工作，绘制出全镇 176 个自然村的方位图，安装村牌 176 张、户牌 9815 张，完成人口信息表采集，并将全部输入电脑，建立全市第一个人口信息计算机管理系统。

3.多元化的城镇建设投资体制改革

坚持"人民城镇人民建"的方针，充分利用本地民间资金雄厚的优势，在统一规划的前提下，允许和鼓励企业和个人进镇以自建、共建、民建共助、投资入股等多种形式参与城镇建设，基本形成政府、企业、个人共同投资的多元化投资体制。1995 年吸收金洁集团资金 103 万元用于自来水公司的建设，1996 年用户籍制度改革所集资金投资 2300 多万元,建成了 34 米宽、5 公里长的织里大道。1997 年启动总投资 2500 万元的 11 万伏变电所,其中民间筹资 700 万元。两年中共筹集民间资金近两个亿用于城镇建设。

4.企业制度改革

一是转换企业经营机制,织里镇于 1997 年完成村集体企业转制。二是调整产业结构。围绕"引进新项目、开发新产品、争创新优势",加大企业的技术改造,积极引进科技含量较高、市场前景较好的生产项目。三是发展规模经济,推进企业上规模、上档次、上水平。引导个体私营企业逐步向工贸一体化发展,充分发挥龙头企业的带动作用,打破小打小闹、各自为战的格局。鼓励具有一定生产规模的企业,通过股份合作制的形成,组建成集团型的规模企业。到 1997 年,全镇拥有集团企业 3 家,其中"亿千"企业 1 家。

5.土地流转机制改革

推行粮田适度规模经营,有 7493 亩农田向 165 户种粮大户集中。投入近 300 万元,分别在大潘兜村和河西村建成了总面积 1056 亩的三个农业现代化园区。

6.财政体制革

加强镇级财政预算外资金的统一管理,并与市财政之间实行"划分税种,核定基数,超收分成,欠收赔补"的财政管理方法。

7.行政管理体制改革

成立镇司法所、文化市场管理所、职业介绍所、人才服务处、物价所、农村社会养老保险服务管理所等。实施镇村干部及部分企业职工的养老保险,启动农村合作医疗制度建设。

二、2011 年省首批小城市培育试点四大改革

1.行政体制改革

参照柳市镇做法,结合实际,完善机构设置,即党政(人大)办公室、政法综治办公室、组织人事办公室、统战群团办公室、宣传文化办公室、纪委(监察分局)、农业水利、经济发展办公室、招商办公室、民政和社会保障办公室、社会事务管理办公室、安全生产监督管理、行政审批服务中心。设公安分局、国土财政分局、环境保护分局、城市管理综合执法分局、财政分局、信访分局。根据区域划分,设置太湖、轧村、漾西、织里街道、晟舍街道 5 个办事处,作为镇党

委、政府的派出机构。逐步提高领导干部配置，5个办事处书记高配为副科级干部，列入区管干部序列，每年适当增加干部编制。理顺镇与区职能部门派驻机构关系，区派驻机构实行"条块结合、以块为主"双重领导，工作考核纳入全镇考核体系，其主要领导干部的任免须事先书面征求镇党委意见。在原经费渠道不变的前提下，区政府派出机构确保人员、职能、经费"三到位"。

2.建立一级财政机制

建立起"划分税种、核定基数、三年一轮、超收分成、政策倾斜"的一级财政体制，以2010年为基期年，额定综合分成收入基数，明确超收分成比例。

3.户籍制度改革

从2011年开始，全面建立按居住地登记的户籍管理制度，凡在镇建成区内居住2年以上，拥有合法固定住所、稳定职业或生活来源的农村人口和外来人员及其共同居住生活的直系亲属，均可根据本人意愿申请办理城镇居民户口，在教育、就业、兵役、社会保障等方面享受与当地城镇居民同等待遇。全镇农业户口全放开，落户织里镇的本行政区域的农民可继续保留承包土地经营权，享受原所在村集体资产权益，5年内享受农村居民生育政策。

4.学前教育体制改革

从2011年开始，突出抓好幼儿园办学体制改革，探索建立镇政府统一规划和统一建设、区教育局按照统一标准实施统一管理、社会多元主体参与幼儿园经营的公扶民营办学体制，全面提升幼儿园建设管理的规范化、科学化水平，三年内实现学前三年教育全面普及，办学设施达到国家和省有关标准。

三、2014年国家新型城镇化试点（十化改革）

1.规划建设一体化

"四规合一"，实现织里镇总体规划、土地利用规划、产业发展规划、生态建设规划有机融合，促进区域协调发展。推进村庄撤并，引导农村居住人口向织里主城区，轧村、漾西两大中心社区和特色村集中。

2.科学布局产业发展

全面推动工业转型发展，建立特色优势产业建设品牌童装园、羊绒制品园、装备制造园和新型铝材功能区。推进"四换三名"工程，做大做强一批优势企业。提升现代服务业发展水平，省级童装生产性服务业集聚区建设，建设陆家漾休闲度假湾，发展高效生态现代农业。

3.统筹六张基础设施网络

推进"六横三纵"城乡干道建设，形成畅通高效的城乡交通网。实施东太湖引水工程建设，完善区域一体的城乡供水网。东郊污水处理厂、吴兴污水处理厂升级改造，建设全域覆盖的城乡排污网。实施"燃气进村、热气进园、加气进站"工程，建设城乡一体的热力燃气网。进行数据库、物联网、视频监控等建设，构建智能可控的城市信息网。全面完成城乡防洪排涝泵站系统和管网建设工程，建成防洪排涝安全网。

4.健全公共服务设施

加强全民健身等设施建设，形成 10 分钟文体健康圈。实施中小学校（幼儿园）标准化建设，发展职业技术教育。建设以吴兴区人民医院为龙头、社区卫生服务中心（站）为基础的城乡医疗卫生服务体系。

5.传承城乡历史文脉

实施"八漾九溇"溇港湿地系统保护，形成义皋、伍浦等历史文化特色村建设。进行织里老街（扁担街）传统风貌区、晟舍文化风貌区、轧村水乡风貌区整治，漾西湖漾风貌区建设。

6.确权赋能明晰化

开展农村产权确权登记。按照"一户一宅、拆旧建新"原则，开展宅基地登记发证。按照农民自愿原则，稳妥开展农村房屋产权确权登记，依法确认房屋权属关系。开展农村集体经济股份制改革，推进集体资产折股量化到户（人），赋予农民对集体资产股份占有、收益、有偿退出及抵押、担保、继承权。推进农村土地承包经营权确权发证工作。

7.进行农村产权交易

建立镇、村产权流转服务网络，农村产权流转交易公开、公正、规范运行。培育农村产权中介服务机构，进行资信评估、资质评审、流转信息、法律咨询等相关服务。建立农村产权流转合同公证制度、登记备案制度，实现农村产权管理信息化建设。

8.实施农村宅基地换住房工作

在国家现行政策框架内，推动农民以其宅基地置换住房。允许宅基地跨村置换、宅基地置换住宅（房票），建立宅基地有偿退出、"确权到人、权随人走"等机制。原有宅基地统一组织整理复耕，实现耕地占补平衡。

9. 土地整治全域化

统筹推进土地全域整治。组织相关部门共同编制农村土地全域整治规划和项目规划。对耕地、宅基地和集体建设用地进行全域整治，同时推进农村集体土地流转。开发利用腾退宅基地、村内废弃地、空闲地，改造旧村庄、建设新社区。

10. 引导农民居住进社区

实行小区标准化、智慧化、人性化建设，建设医疗卫生、文化娱乐、社区养老、商业网点等公共服务设施。实施农村土地全域整治，农民居住逐步向新型社区转移。

11. 盘活城乡建设用地

农村土地全域整治中的集体建设用地整理纳入城乡建设用地增减挂钩项目，在耕地面积不减少、质量有提高的前提下，按照"先减后增、增减平衡"原则，把农村节约的建设用地指标，调剂到产业发展和城镇建设方面使用。

12. 户籍制度一元化

调整完善落户政策。以"经常居住地登记、人户一致"为基本原则，以具有合法稳定住所或合法稳定职业为基本条件，对城乡落户政策进行调整。鼓励有合法稳定住所的人员及其配偶、未成年子女、老年父母申请登记织里镇常住户口。对无合法稳定住所，但符合其他规定条件的人员及其配偶、子女，可以按规定申请登记常住户口。

13. 保障进城农民权益

农民落户城镇以后，保留其原有土地承包经营权、集体资产股权、宅基地用益物权等依附在农村户籍之上的政治、经济和社会权益，保障其在子女教育、失业保险、就业扶持等方面享有与当地城镇居民同等待遇。

14. 加强新居民服务管理

推广"积分制"管理，分类发放居住证和临时居住证。制定完善新居民服务政策，推动基本公共服务向新居民延伸。加强市民素质教育和文化建设，提高新居民融入度。

15. 社会保障统一化

完善社会保障制度。实现城乡居民社会养老保险、企业职工基本养老保险和被征地农民养老保障各类人群全覆盖，完善城乡居民养老保险制度相关政策。深化医疗保险制度改革，将新型农村合作医疗和城镇居民基本医疗保险整合为城乡居民基本医疗保险。与户籍制度改革相衔接，城乡从业人员在失业保险政策上实行统一参保、统一缴费比例、统一待遇、统一管理。

16.健全城乡就业体系

完善城乡基层人力社保服务平台，强化人员队伍建设。开展织里镇人力资源普查，实现人力资源动态管理。抓好新居民就业服务管理，建立健全就业困难人员援助制度，制定完善行政事业性收费政策，抓好各类促进就业政策和创业带动就业政策的落实。因地制宜建设各类就业创业园（街、区），引导城乡各类人员入园创业。结合织里童装产业发展实际，鼓励新居民回乡创业。

17.优化新型救助体系

建立健全以最低生活保障为基础，以物价补贴、临时救助、灾害救助等方式为补充的生活保障制度。完善重点优抚对象定期抚恤补助标准自然增长机制，逐步实现城乡退役士兵安置一体化。加大对困难人群的医疗救助力度，加快建设织里镇社会福利中心，实施残疾人生活、康复、就业援助。

18.公共投资混合化

拓宽社会资本准入领域。按照公平择优原则，采取公开招标、招募、竞争性谈判等多种途径，鼓励社会资本以BT、BOT、PPP、股权投资等不同方式，投资道路、公交、供水等城市基础设施以及教育、医疗、养老等领域中的非基本公共服务项目。

19.完善投资配套政策

根据行业经营特性，分类明确财政、用地、价格以及行业管理政策，建立投资、补贴与价格的协同机制。社会资本投资的基础设施建设项目经认可后可进入"绿色通道"，按规定享受优先审批等政策。允许股权投资项目通过合同协议明确退出方式，丰富投资回报途径。

20.有效控制投资风险

加强基础设施项目引资计划的综合管理，建立政府负债风险和资金管理风险的预测、监控机制。严格落实行业主管部门职责，确保项目建设规范有序、运营高效安全，防范和化解各类风险。

21.资源配置市场化

建设要素综合交易市场。由政府或政府与其他社会主体合作搭建平台，对土地、排污、用能等稀缺性要素交易市场实行统一集中管理。在成熟一级市场基础上，推动二级市场进场交易，建立统一、开放、竞争、有序的市场。

22.建设产权交易市场

开展非国有股权、债券及其他权益类产品的融资、转让，建成非国有区域性产权交易平台。建设人力资源市场。引入社会资本发展人力资源服务业。建设以产业集聚、服务拓展、企业孵化、市场培育为主要功能。建设技术市场。采用市场化运作手段，引进高水准的投资主体，以社会资本建设技术市场，实现科技成果转化，形成区域性技术市场大平台。

23.金融创新多元化

创新金融平台。建设统一的投融资平台，整合织里镇各类融资平台资源，设立织里小城市建设投资有限公司和织里新农村建设投资有限公司，配套建立织里土地储备中心，运作改革试点重点领域建设资金。建设综合的金融服务平台，建立区域性、行业性融资平台，创新仓单质押等金融产品，集聚银行、保险、证券、投资、基金、金融中介等机构。

24.完善金融体系

健全信贷融资体系，扩大信贷覆盖，优化贷款模式，鼓励金融创新。积极稳妥开展民间融资规范管理试点，规范民间融资服务组织，有效有序引导民间资金进入实体经济。加强金融管理。优化信用环境，建立和完善企业及个人信用评价体系，严厉打击恶意逃废债等各类违法行为。建立健全金融监管机制，规范各类金融活动和改善织里金融环境。同时，加强对金融机构的保障和支持，出台扶持金融机构发展相关政策，鼓励金融机构做大规模、做强业务。

25.生态建设社会化

严格生态建设管控机制。编制织里镇环境功能区规划，划定生态红线，建立生态环境空间管制制度，构建科学合理的生产、生活和生态空间。健全自然资源资产产权制度和用途管制制度，完善管理、监管体制，形成科学开发和保护管理机制。强化生态文明目标责任制和行政问责制，实行问题追溯和责任追究。

26.健全"五水共治"推进机制

开展水环境综合治理专项行动，全面推行"河长制""一河一策"等制度，重点整治黑河、臭河、垃圾河，改善水环境质量。推进南横塘、浒井港等河道综合整治。加大砂洗印花、铝合金等重点行业污染整治力度，规划建设砂洗印花、新材料产业园。实行污水管网建设，实现全覆盖。统筹推进农村生活污水治理、农业面源污染治理、防洪排涝设施建设以及饮用水安全保障工程。

27.完善资源节约集约利用机制

严格实行资源有偿使用制度，建立工业用地弹性出让和到期评估机制，落实最严格的水资源管理制度，建立水利资源开发利用控制、用水效率控制和水功能区限制纳污"三条红线"。全面实施水、电、天然气等能源阶梯式价格。大力推进循环经济和节能减排，全面推行清洁生产。鼓励童装生产废料回收再利用，促进资源再生利用。健全环保信用等级评价制度，探索绿色企业信贷等机制。

28.探索市场化治理机制

完善污染物排放许可制，建设企业刷卡排污总量控制系统，实现市控以上重点污染源企业全覆盖。实行差别化企业排污用能制度，探索碳排放权、水权、节能量交易制度。建立社会资本参与生态建设机制，在垃圾处理、污水治理、清淤疏浚等领域，推行政府向社会购买服务。实施环境污染第三方治理，提高治理专业化、市场化水平。推进环评服务体系和环境监测市场化改革。健全完善生态补偿机制。

29.创新公众参与机制

健全民意听取和民智收集机制，对重大事项实行开门决策。实施新型环境准入制度，完善专家评审与公众参与评审结合的环评机制。引导城乡居民自觉爱护生态、保护环境，倡导低碳生活，培育生态文化。及时公布环境信息，鼓励公众环境举报。

30.社会治理现代化

深化行政管理体制改革。推进强镇扩权，赋予织里镇部分县级经济社会管理权限。按照责权一致原则，完善机构设置，推动机关工作力量下沉，强化街道、片区的管理职能。以实干为导向，打破身份限制，不拘一格选拔任用干部。建立决策、执行、监督既相互协调又适度分离的行政运行机制，实现决策科学、执行顺畅、监督有力。深化行政审批制度改革。编制政府"权力清单"和企业投资项目"负面清单"，全面履行政府公共服务、市场监管、社会管理、环境保护等职责。建立镇行政服务中心。完善现有市、区派驻机构职能，分局全面实行实体化运作，实现"审批不出镇"。创新行政审批方式，推行一门受理、多证联办的"政务超市"审批服务模式，进一步减少审批事项、简化审批程序、提高审批效率。已公布的 52 项事项全部实现"最多跑一次"。新设 15 个办事窗口，实现了群众办事不出织里。织里镇制定的小城市政务服务标准作为湖州市地方标准正式颁布。

31. 深化财政体制改革

建立织里镇财政收入增长奖励机制。加强税收征管，健全政府非税收入征管制度，增加政府财政收入。完善预算管理制度，优化支出结构。建立健全管控机制，防范政府债务风险。

32. 提高社会自治能力

推进社会组织服务平台建设，建立织里镇总商会，负责全镇各行业商会和地方商会的管理、协调、指导、服务工作。建立新居民参政议政代表大会制度，提高新居民在"两代表一委员"中的比例，扩大新居民参政议政权利。成立由"两代表一委员"、新居民、企业家、老干部、群众代表等组成的"织里镇小城市综合改革咨询委员会"。深化"网格化管理、组团式服务"，实行社会服务管理中心规范化建设，增强社区自我管理功能。

33. 推进社会管理创新

推进省级智慧城市示范试点项目建设，实现城市管理"智能化"。推进"平安织里"建设，健全社会稳定风险评估、应急处置等机制。深化"警务广场"行动，强化社会治安管理。严格落实安全生产责任制，健全防灾减灾工作机制，加强安全隐患排查整治，杜绝重特大事故发生，确保社会稳定。全面深化"天罗地网式"的基层治理体系现代化改革。以东盛社区为试点进行社区治理体系改革，推广"四全工作法"，力量加速下沉，职权优化下放，优化 343 个全科网格，做到"化解小事不出网格、解决难事不出社区"；以"智慧织里"为核心，全面强化"智慧安防"建设。通过人脸识别等信息化手段，对人、车、房等要素进行智能管理。深入推进"雪亮工程"，视频监控密度全市第一。

第三节　社会治理改革重点阶段

1 以生产安全整治为中心的三合一整治阶段（2006—2011 年）

2006 年 9 月 14 日和 10 月 21 日，织里分别发生了两次重大火灾，共导致 23 人死亡，教训十分深刻。于是织里镇政府将存在着严重安全隐患的童装企业、面辅料企业、出租房以及三合一作坊式生产活动成为治安管理监督的重点。围绕"生产生活分离、根治火灾隐患、确保社会稳定"的目标，依法对镇上生产、仓储和住宿为一体的三合一生产经营单位进行全面整改。此次改造共投入资金3.5亿，耗时508天，全面完成了涉及13 800余名房主（业主）、1060幢建筑的区域改造任务。

2.以因税而起的群体性事件后的社会矛盾缓解为中心阶段（2011—2015年）

2011年10月26日，织里镇发生了因税而起的群体性事件，经济快速发展背后隐藏的社会矛盾有了爆发式的呈现。织里镇不仅是生产监管、治安防控的核心地区，也是矛盾纠纷集聚的焦点地区，重视并纾解社会矛盾成为社会治理的重点工作。为了有效地应对上述问题，织里镇以社会矛盾纾解为中心，相继在社会治安、社区建设、文化建设等层面做出相应调整。这一阶段，在管理模式上提出了诸多创新思路。

3.以环境综合整治为主线阶段（2016—2018年）

2015年之前，"违章建筑、环境卫生、镇容镇貌、流动摊贩"四大难题一直是织里镇社会建设的"心病"，织里居民中流传着"遍地是黄金，遍地是垃圾"和"人多、车多、垃圾多"等说法。日均产生垃圾在500吨左右，高峰期接近700吨。全镇环卫工人有950人左右，大多为自聘临时工式的外地人，每人每年需清扫超过200吨垃圾。环卫人员不足等问题长期以来并未得到集中的管理和解决，使环境卫生问题的矛盾愈演愈烈，居民的规则意识和环保意识也变得十分淡薄。

2017年，织里镇政府以创建文明城市为契机，以彻底摘掉"脏乱差"这顶帽子为根本目标，举全镇之力开展城市环境大整治。经过130多天的集中整治，清理背街小巷垃圾和堆积物5万吨，拆除违建54万平方米，清理"牛皮癣"18万平方米，取缔流动摊贩4000余个，累计投入资金6000余万元。城镇风貌的转变，同时渗透在居民的法治意识当中。在治理过程中，织里执法机关坚持以德治为基础，以法治为手段，在公平正义的框架之下严格执法，为织里镇社会治理开辟了新的治理方向。

4.社会治理先行地、美好生活实验田区改革阶段

2019年进行社会治理先行地，美好生活实验区试点。主要包括以下内容：

围绕主题开展社会治理　围绕经济更加发展、民主更加健全、科教更加进步、文化更加繁荣、社会更加和谐、人民生活更加殷实的主题主线开展社会治理工作。

明确七大目标要求 七大目标要求包括:社会治理更加科学,城市管理日趋精准;社会保障更加完备,发展动能更可持续;社会服务更加完善,公共福利大幅提升;社会动员更加广泛,民众共识明显提高;社会环境更加文明,"两山"转换成为自觉;社会关系更加和谐,风险防控有效巩固;党的建设更加坚强,有效覆盖深入人心等。

贯彻五大基本原则 包括坚持党的领导,先行先试;坚持不忘初心,牢记使命;坚持法治引领,依法治理;坚持与时俱进,改革创新;坚持依靠群众,夯实基础。

构建社会治理关键指标体系 该指标体系涉及民生福祉、公平正义、公共服务、资源环境、社会参与、公共安全六个方面,包括33项指标,多方位测度社会治理发展水平。

坚持八个治理路径 包括切实加强党的领导,着力引领社会治理水平提升;认真贯彻新发展理念,着力为社会治理赋能;始终坚持"防为主、防为上"的工作理念,着力防范化解重大风险;积极推进城乡统筹,着力增强公共服务均等化;全面创新治理体系,着力实现共建共治共享;努力建设"智慧织里",着力提升治理能力现代化;深入践行"两山"理论,着力促进"美丽织里"建设;自觉弘扬先进文化,着力增强文化传播引导等。

第四节 社会治理机制创新

1.织里社会矛盾纠纷调处化解中心

2002年4月28日,成立织里镇矛盾纠纷调处中心,司法与调解分设,办公地址设在兴旺路1号。调处中心由党委、政府牵头,综治办协调,司法、公安、信访、城建、农经、计生、土管、工商、税务等部门共同参与,下设民间纠纷、治安纠纷、劳务纠纷、城建土管纠纷,计生妇女维权及综合等6个调处小组,18名专职人员集中办公。建立纠纷转办制度,来信来访登记制度、档案管理制度、调处回访制度等,做到"进一个口,解千百难"。规范调处程序,将工作职责、组织网络、调处程序、人员名单等全部上墙公布。矛盾纠纷调处好以后,调处中心根据实际需要，帮助民工办理有关手续，抓好落实。

2003 年初，湖州市 73 个乡镇推广织里的做法。

截至 2004 年 4 月，调处中心累计受理各类纠纷 3186 件，其中劳资纠纷 2657 件，民事纠纷 340 件，治安纠纷 189 件。到 2004 年年底，清欠民工工资 723 万元户，为 20 000 多民工解决劳资纠纷。

2005 年，延伸调处网络，全镇 46 个村村村建立调解委员会，三分之一以上自然村配有矛盾纠纷信息员，各企业都有 1 人担任治保调解员。

2.“镇社共管、居民自治、全科网格、扁平治理”社会治理模式

2019 年全面推行治安管理力量下沉社区，形成“镇社共管、居民自治、全科网格、扁平治理”的社会治理模式。至年底，全镇共有 17 个社区，343 个网格，社区网格管理人员 509 人，行政执法队员 420 多名。每个全科网格分别配备各类人员，与各个条线管理职能与全科网格的“无缝对接”。

3.网格化治理体系

2015 年开始，充实力量搭建“网格化”治理体系，党组织建在网格上。在不增加行政编制情况下，镇上向社会招录编外干部 1200 多人。这些编外干部直接与镇上签约，全部下派到社区基层一线当安监员、巡查员。全镇划分为 343 个全科网格，每个网格配备 1 名网格长与 1 名网格警长、3 名网格员，实现公安、消防、案件、环卫、市政等职能全部“人格”。并实行同工同酬，减少编内编外的待遇差异。对工作突出的编外人员聘任为高级职员，年收入达到 13 万元。截至 2019 年，一线编外干部晋升高级职员的共有 21 名。

4.“1+2+6+53+168”体系（多层次调解组织网络）

多层次调解组织网络是社会矛盾纠纷调处化解中心的“2.0”升级版，由“1+2+6+53+168”体系构成。

“1”是矛盾纠纷调处化解中心。调处中心兼具矛盾调处、代表委员履职、法庭、仲裁、社会治理智库以及风险防范等职能。中心内设两庭、四室、六调委、八中心。两庭即法庭、劳动仲裁庭；四室即“平安大姐”工作室、“吴美丽工作室”、心理咨询室、商会工作室；六调委即新居民调委会、消费维权调委会、婚姻家庭调委会、劳资纠纷调委会、金融纠纷调委会、交通事故调委会；八中心即来访接待中心、公共法律服务中心、诉讼服务中心、综合指挥中心、警调中心、访调中心、仲调中心、诉调中心。

"2"是设立织南、织北两个调处分中心。

"6"是在6个办事处设立社会矛盾调处工作站。

"53"是在19个社区和34个行政村分别设立社会矛盾调处工作室。

"168"是在168个全科网格内，发现和识别风险、解决矛盾。群众有难处和矛盾时，通过来访、来电、举报等多种方式反映，由网格上报，第一时间把问题解决在基层，化解在萌芽状态。对于矛盾调解中心处理不了的问题，由中心将矛盾转交相关政府职能部门，并限期督办，结果报送中心；中心反馈群众，确保矛盾纠纷问题不上交，老百姓少跑腿，反映问题"最多跑一地"，化解矛盾"最多跑一站"。一般矛盾纠纷问题在网格村、社区直接解决，村、社区解决不了的由办事处和南北两分中心解决，办事处和南北两分中心解决不了的进中心解决，必要时法庭、律师参与调解，调解不成可通过司法诉讼解决。

5."4+N"矛盾调解工作机制

2014年，织南矛盾纠纷调解中心采用整合公安、劳动保障、综治信访、法律咨询等4个职能职能部门资源，并邀请各类社会力量参与调解工作，实现矛盾纠纷调解的"一站式"服务"。截至2019年，成功调解各类矛盾2000余起，为当事人挽回经济损失近4000万元"。

6.四全工作法

2011年，全镇以服务型基层党组织建设为主线，探索"四全工作法"，建设"基层党建引领社会管理创新示范区"。

一是全领域覆盖，健全组织体系，完善社会管理格局。全镇层面构建"1+1"推进架构。建立"两新"组织党委（党总支）和镇商会党委，加强"两新"组织党建覆盖，在童装商会党委基础上组建羊绒等行业商会党委。村企层面构建"3+4"覆盖架构。巩固行政村、社区、企业三种传统党建模式，探索"四新"领域党建新模式。外来流动党员较多的新居民集聚区，实行"双向建党模式"，建立流动党员党支部，由流出地与流入地"双向共管"。

二是突出全方位提升，加强培养锻炼，增强社会管理能力。在基层培养中提升做群众工作能力。建立年轻干部基层一线培养机制。在服务发展中提升做群众工作能力。开展"四百四进四促"活动，组织各级干部联系服务重点企业、重大项目和村、社区，在为民办事、扶困解难、服务发展的实践中提升能力。在化解矛盾中提升做群众工作能力。结合中心工作，抽调干部参与企业消防安全整治、征地拆迁、信访维稳及各类突发事件应对处置等工作。

三是突出全过程服务，打造惠民平台，拓展社会管理功能。建立村（社区）综合服务中心。综合便民服务、医疗卫生、文体活动等功能，为群众提供政策咨询、医疗保健、就业指导、文艺活动组织等7大类53项服务。建设教育培训中心。整合党校、成人教育学校等资源，创设农村社区学院、新型农民创业大讲堂、远程教育"先锋论坛"，为群众提供创业技能培训等服务。建立党员服务中心。以区镇、街道党员服务中心为龙头，村、社区党员服务中心为支点，形成全覆盖的党员服务网络，提供接转组织关系、党务咨询、志愿服务等9大类服务。建设信息服务中心。设立3258110，"12349"热线电话、"12349"网站和手机短信平台，提供生活服务、政策咨询、投诉转办、公益服务等4大类200多项便民服务，让群众诉求能得到快捷响应。

四是突出全责任体系，推动力量下沉，形成社会管理合力。实行"干部包片"，镇机关干部，按照"一人一村"或"多人一村"模式，联系服务全镇46个村和各社区居委会。在村、社区干部中开展亮身份、亮承诺、亮工作、亮区域、亮奉献的"五亮"活动，并将干部承诺内容、责任区域、联系方式等信息汇编成册，发放到户，接受监督。实行"党员包户"。在基层推行"党员责任区"制度，根据党员和群众分布，明确每名党员责任区块和责任户，做到"一人一区"；制发党员联系卡，实行"一人一卡"；公开党员"五必访"等服务承诺，签订党员承诺责任状，做到"一人一状"，发挥党员参与社会管理的先锋模范作用。

7. 东盛模式

2016年东盛社区推行"四个平台社区化"的基层社会治理体制改革，以社区作为基层治理单位，将行政执法、安全监管、市场监管、交通管理、市政维护、环境卫生6个方面的职能权限全部下放，同步下沉工作力量，实现扁平化管理，通过"微循环工作法"实现管理职能与全科网格的无缝对接，真正将服务深入到一线，将矛盾化解到一线，做到"化解小事不出网格，解决大事不出社区"。

8. "一格多警，六员五联"警务网格工作机制

2015年开始，镇公安分局从体制、机制角度对织里公安实施警务改革，尽最大可能增加一线警力，派出所民警警力占比由原来的45%提高到76.7%。随着一线警力的增加，社区民警实现了专职化，在明确社区民警行业场所管理、消防安全监管、矛盾纠纷调处等工作职责的基础上，实行"一格多警、六员五联"警务

网格工作机制，大力推动基层社会治理，由公安政法"唱戏"，向各部门"齐抓共管""转变。

公安、政法部门在每年夏季和春季两个童装生产淡季新居民集体返家休整的时候，两次组建由分局领导带班的走访工作组开展异地走访。至2019年，共派出走访组32批192人次，走访安徽、湖北等5个省份的19个县（区）67个乡（镇）153个行政村的近4000名群众，发现和化解社会矛盾。

9.精确警务

2015年2月，消防大队以实现火灾精确防控为目的，构建"智慧消防"智能防控体系，并将"智慧消防"建设与"云上公安""智慧织里"相结合，研发推广"智慧预警""智慧用电""智慧用水"系统，实现"机器换人"战略。镇消防大队的监控屏幕上，有一张标有众多消防栓图标的电子地图。一旦发生火灾，消防人员不仅能通过移动终端迅速查到火灾点附近的消防栓和天然水源位置，还能实时监控这些消防栓的"健康"状况，掌握消防栓的水压是否正常。

2017年3月，某羊绒制品公司配电柜剩余电流值超标异常，这一现象立即被"镇安全生产监控服务中心"所掌握。技术人员随即赶赴现场，对异常线路进行排查、更换，成功避免了可能发生的电气火灾。2017年的电气火灾发生数与2015年、2016年同期相比，分别下降了5.8%、7.2%。

10."外警协管外口"工作机制

2015年始，针对外来新居民大量涌入织里的情况，公安分局引进外籍民警，充分发挥老乡间"地缘近、人缘亲"的优势，强化情报线索排摸及矛盾纠纷调解，对外来人口进行精确管理。和安徽望江、潜山警方达成警务协作，引进4位"外警"常态开展"外警协管外口"工作。2016年中秋节，回潜山老家探亲的"外警"张警官获知网上在逃人员陈某也在潜山老家过中秋，张警官赶紧联系上另一位探亲"外警"涂警官，两人通过多方查找，在潜山县城的一个小宾馆内找到了陈某。

11.四色民情档案

2016年开始，晓河村全面推行"支部建在网格上"，将3500名新老晓河村民划分为10个网格，在网格中配力量、搭平台、强服务，每个网格组建一个党支部，配备一定数量的党员。将全村456户村民的详细信息建成456本民情档案，蓝色是普通群众和党员，绿色是能人，黄色是低保、困难群众和党员，红色是重点户。村干部根据不同颜色确定上门访问频次，由村党支部和村民委员会成员带班，带领以党员骨干为主的服务团队，认领网格，为不同群体提供有针对性的服务。

12."织里城事"微信公众平台

继开通"中国童装之都——织里"官方微博之后，2015 年 11 月 2 日正式开通"织里城事"微信公众平台。"织里城事"微信公众平台第一时间向社会公众发布各类新闻资讯、政务信息、公益活动、公共服务等各类信息。

13.王金法广播

王金法曾担任乡农技员、乡党委副书记、乡长等职。从 1980 年开始，王金法通过广播向群众介绍天气预报、农技知识、时事政治等，既有田间地头施肥种菜的农村小事，又有中央全会等天下大事。每天定期播出，从不间断。至 2019 年，每天上午 7 时、下午 4 时和晚上 7 时，全镇 46 个行政村里的近 100 个广播喇叭都会准时播放"王金法广播"。播音员王金法每天看报纸、学习文件、听《新闻联播》，参加镇里的会议，并到基层了解情况。40 年多年来，他跑遍全镇 449 个自然村，每个村至少都去过 3 次以上。"王金法广播"一直用方言播音。

14.车间好声音

2012 年开始，织里镇社会事务办广播主持人孙涛和何捷两个青年以搭档合作的方式制作广播节目"车间好声音"，在网易云音乐、蜻蜓 FM 等网络新媒体平台上开通网络电台，传递到织里镇各个童装企业的各车间，与青年工人们互动交流，引导社会思潮。他们"充满青春律动"的广播赢得了童装企业员工们的广泛好评。

15."织里·知礼"品牌建设

2016 年 2 月，开展"织里·知礼"评选活动。在 33 多万新老织里人中，评选五大类的榜样，包括"品行之星""新风之星""辛勤之星""诚信之星""兴业之星"。分别评选出来自不同领域的 10 名最美之星。

2017 年 9 月 27 日，在湖州大剧院举行 2017 年度（第二届）"五好知礼人"颁奖活动。有 78 名获奖者和 50 名提名奖受到表彰。至 2018 年，共评选出各类"好人"1390 名，其中 75% 以上为新居民。2018 年募集首笔"好人基金"50 万元，命名"好人商户""100 家，在全社会营造"尊崇好人、学习好人、礼遇好人、争当好人"的氛围。

2019 年度"织里·知礼"五美知礼人评选活动启动

16."中国治理的世界意义"国际论坛

2019 年 11 月 18 日，由国务院新闻办公室、新华通讯社和浙江省人民政府共同主办的"中国治理的世界意义"国际论坛在吴兴区举行，来自近 20 个国家的 200 多名学者共同研究中国治理的经验、价值和意义。会上重点研究和总结了织里社会治理的经验。这是中国共产党十九届四中全会之后首次举办以"中国治理"为主题的国际论坛。

论坛强调，中共十九届四中全会在新中国制度建设史上具有划时代的里程碑意义。实践表明，中国特色社会主义制度和国家治理体系是管用、有效、成功的，具有深厚中华文化根基，是独创的、独特的、独有的。中国国家制度和国家治理体系既善于学习借鉴，又不断自我完善，具有蓬勃生机和旺盛活力。国际社会越来越多的人开始正视中国制度、中国治理，这充分表明，"中国之治"蕴含的制度价值、治理经验具有世界意义，可以给世界上那些既希望加快发展又希望保持自身独立性的国家和民族提供借鉴。

与会中外智库专家学者实地参观考察了织里等社会治理案例点，观察和研究中国治理的经验和成功实践，表示："织里聚焦聚力高质量发展，不断夯实治理的物质基础，深化'最多跑一次'改革，不断完善治理的制度体系，推进社会治理领域'最多跑一地'，不断疏浚治理的源头，推动人文之美、生态之美'美美与共'，是国家治理体系和治理能力现代化的生动缩影。"

17.南太湖社会治理研究院

2019 年 11 月 17 日，南太湖社会治理研究院在织里镇揭牌成立。南太湖社会治理研究院是织里在全国率先打造的社会治理主体功能区的重要组成部分。来自20 多个国家 120 余名智库专家见证研究院成立。

南太湖社会治理研究院是专业研究社会治理的研究机构,由中外知名专家、学者组成。南太湖社会治理研究院将以江浙地区基层社会治理问题为研究重点,围绕加强和创新社会治理,开展理论研究、实地调研、交流合作,为推进国家治理体系和治理能力现代化建言献策,为全面建成小康后的社会治理开展前瞻性、战略性研究。2020 年出版《织里之治》。

18.社会治理展馆

2020 年 7 月,在利济文化公园内设立中国首个社会治理展示馆,为新中式独栋建筑,共上下两层,总建筑面积为 1600 平方米,建筑高度 11 米,总投资 5000 万元。

展示馆集中展示了习近平新时代中国特色社会主义思想在长三角地区尤其是在浙江省的实践,展示了省域、市域、县域和乡村治理取得的成绩和经验,也展示了织里对社会治理开展的先行先试探索。

展示馆一层 4 个展区的主题为"八八战略再深化、改革开放再出发";二层3 个展区的主题为"社会治理先行地,美好生活试验区"。其中第五展区为"织里画卷",展示织里从古到今的历史,讲述织里由乱到治、华丽蝶变的故事。第六展区为"织里实践",主要展示织里发展过程中面临的社会治理问题。针对这些问题,找出适合的解决办法,包括创新社会治理体系、推动童装产业升级、建立

社会治理展示馆

风险和社会矛盾防范机制、调动社会力量、建设出智慧环卫、智慧安防安检、织里好声音等重要成果。最后一个展区是"织里使命"，织里负担起为全面建成小康社会后的社会治理先行先试地，面向未来的治理能力与体系，编制全国首个美好生活试验区建设规划，展项"城市大脑"，通过数据图表与案例演示展示出织里的智慧城市建设，织里日常城市管理与突发性事件应急处理，关于社会治理主体功能区与社会治共同体建设。

19.消防体验馆

2017 年 7 月 13 日正式揭牌并对外开放，地址设在镇科技文化中心。体验馆以接待个人或者团体参观为主，配备了专业的讲解员和体验指导员，设置了参与性强、趣味性浓的各类互动体验，全年约开放 317 天。截至 2019 年，参观人数达 5 万人次左右。

20.2250000 防诈热线

2018 年镇公安机关推出的 24 小时防诈热线。企业、群众遇到任何疑似虚假信息和诈骗方面的问题，在日常生活中接到任何可疑电话、短信、网址、链接、二维码等信息，均可拨打热线进行咨询求证和举报。2250000 寓意"按按我灵灵灵灵"，热线受理近年来出现的 9 大类、50 余种常见虚假信息诈骗手段的防骗知识咨询和警方提示。防诈热线喊出的口号是"你汇款我把关、你受骗我赔偿"，设立最高限额 2000 万元的防诈保险，对于经警方把关后，仍允许其汇款而造成当事人损失的，由保险公司负责赔偿。

21.老蔡驿站

2014 年 6 月，镇公安局分局依托互联网建立"老蔡驿站"新媒体平台，打开网上民意"入海口"，收集民意，并将民意流转、落地、反馈，建立和连接了 40 多项民生服务信息。同年 6 月 15 日正式上线。2016 年老蔡驿站网络支持者"粉丝"发展到 9 万余人，并转型成为一个民生服务平台，共搜集、流转织里群众各类民意民愿 3 万余条，其中 350 余条重大民意、民愿经过老蔡驿站的流转，镇党委、镇政府及时落实解决。老蔡驿站建成织里警民互动、共同打击犯罪的新平台。截至 2018 年 3 月，由"粉丝"提供线索，助力织里公安破获案件 130 余起。截至 2019 年，老蔡驿站设有微辟谣、微警讯、微防范、微服务、微公益等栏目。

第五章　劳动保障　居民生活　民生事务

在由计划经济体制向社会主义市场经济体制转变的过程中，就业制度和就业机制发生了重大变化，改变了计划经济体制下统包统配的就业制度，逐步过渡为市场经济条件下的市场就业。实行政府促进就业、市场调节就业和劳动者自主择业的市场就业新机制。劳动保障制度不断完善，切实保证劳动者的职业安全，从而保证劳动者及其家庭生活稳定，社会安定，保证整个社会经济发展和社会进步。改革开放以来，居民收入快速增长，收入结构不断优化，居民消费持续增长，结构不断优化升级，着眼全面建成小康社会的战略目标，织里镇着力加大惠民政策力度，增加社会公共服务投入，基本公共服务水平提高，居民生活环境条件进一步改善新时代，随着人民美好生活需要的日益增长，"美好生活"的内涵也愈渐丰富。

第一节　劳动就业

一、织里镇劳动管理所

1984 年 7 月，织里劳动管理所成立，1988 年更名为湖州市劳动服务公司织里分公司，分管原织里区范围的晟舍乡、轧村乡、太湖乡、漾西乡的劳动服务站和镇本级，地址在织里镇老街原镇政府内，经理沈建芳，成员潘菊芳、姚曙新。

1990 年更名为湖州市织里劳动管理所，隶属湖州市劳动局，为市就业管理服务局的派出机构，管理职能由原来的为城镇集体以上企业单位的用工管理和安置城镇待业人员就业服务转向为对城乡社会劳动事务统筹管理和服务，为农村劳动力转移介绍和外来劳动力的管理与服务。1992 年 9 月，建立织里镇职业介绍所，与镇劳动管理所实行一套班子两块牌子，单位原有性质不变，经费自收自支。职业介绍所负责组织输送、介绍农村劳动力及富余人员到相关企业、单位工作，办理外来人员务工许可证，为农村劳动力的转移和外来劳动力的介绍提供管理和服务。

1993年撤晟舍乡并入织里镇后，劳动管理所所长由沈建芳担任，工作人员潘菊芳、姚曙新、陶炳华、闵忠英。1999年10月行政区划调整，撤销轧村、太湖和漾西三个镇建制后，原三个镇的劳动服务所并入织里镇劳动服务所，为全民事业单位，由市劳动局和镇政府双重领导，劳动管理所所长由潘菊芳担任，工作人员姚曙新、陶炳华、闵忠英、朱荣金。地址设在中华路镇政府大院内。

至2018年底，劳动管理所几经变更，历任领导为郁敏杰、沈昕华、何利斌。

二、劳动就业服务

新中国成立前，镇劳动者就业从商、从艺、从技主要靠熟人介绍，先拜师当学徒3年，出师后有的被师傅留用或另立门户从事商业、手艺工作。

新中国成立后，劳动就业由政府部门招工安排，单位指定劳动能力比较强的工人师傅带刚上班的新职工（称徒弟）。改革开放初，劳动就业由乡办企业招工安排。

1990年后，随着镇童装企业市场的掀起、壮大，劳动用工需求量大，织里劳动管理所向市就业管理局、织里人民政府提出成立《湖州市就业管理服务局织里镇人民政府职业介绍所》报告。1991年6月，织里镇职业介绍所成立后，找工作主要寻职业介绍所。

1996年10月28日，织里镇建立"织里就业训练中心"。中心与劳动管理所实行两块牌子、一套班子，业务上受市职业技术培训中心指导。

1998年3月25日，建立织里劳动力市场综合管理（办公室）。

表6-5-1　1988年轧村乡各村劳动力基本情况

	生产队数	乡镇户数	乡镇人数	劳动力
吴家兜	9	211	841	611
南湾	8	182	632	441
阮家兜	10	238	720	527
轧村	12	295	1094	715
轧西	9	227	895	546
罗姚	8	242	871	517
梅林港	9	210	797	512
骥村	17	374	1466	941

（续）

	生产队数	乡镇户数	乡镇人数	劳动力
范村	13	304	1142	710
增圩	12	282	1185	628
抗三圩	6	154	638	484
孟相港	7	185	741	464
郎二兜	6	188	630	502
项祝兜	4	150	603	382
潘塘乔	8	297	1127	670
大漾其	4	121	509	325
孟婆兜	6	186	702	527
姚二水	15	370	1409	924
齐家湾	12	254	855	532
陈家圩	14	311	1195	847
上林村	15	366	1465	910
水产		87	337	219
合计	204	5234	19 854	12 934

注：乡镇人数包括自理口粮人数，不包括正式居民。

三、支援宁夏

1959年，吴兴县动员2091名青年支援宁夏开展社会主义建设，织里镇从1962年开始，有45个村的255名青年村民支援宁夏社会主义生产建设。

表 6-5-2   织里镇支援宁夏青年村民人数汇总

行政村	人数	行政村	人数	行政村	人数
东湾兜村	2	秦家港村	5	庙兜村	13
晓河村	17	河西村	1	常乐村	16
大邾村	4	增圩村	5	义皋村	14
李家坝村	1	港西村	5	曙光村	13
王母兜村	5	上林村	10	大港村	5
香圩墩村	7	轧村村	5	郑港村	4
清水兜村	1	骥村村	0	凌家汇村	2
云村村	1	石头港村	10	联漾村	4
东兜村	2	孟乡村村	4	元通桥村	2
旧馆村	21	潘塘桥村	0	沈溇村	2
织里村	10	曹家簎村	5	东桥村	7

（续）

行政村	人数	行政村	人数	行政村	人数
秧宅村	2	乔溇村	7	大溇村	1
大河村	0	陆家湾村	8	幻溇村	2
朱湾村	10	汤溇村	9	许溇村	2
晟舍村	5	伍浦村	5	杨溇村	1
				合计	255 人

四、精简下放

1970 年 1 月 31 日，吴兴县"革命委员会"下达城镇居民、知识青年安置任务（通知），分配织里镇第一批安置任务 100 人。1974 年安置下乡知识青年 120 人。1981 年，全镇共批准收回户粮精减人员 32 人。1982 年共批准收回户粮精减人员 70 人。

表 6-5-3　织里公社批准精减人员收回户粮人数情况表

回收年份	精减时间	类型	全家收回人员数
1981	1962—1963 年	2~3 类	32
1982	1962—1963 年	2~3 类	70

五、知识青年

1975 年，吴兴县为加强对下乡知识青年的领导，要求各乡、镇党委专门负责下乡知识青年工作。织里公社由施荣培负责，具体工作由专职干部柏瑞祥、杨友余负责。

1962—1982 年，织里镇共接纳下放知识青年 317 人，其中轧村公社 109 人、太湖公社 47 人、织里公社 56 人、晟舍公社 57 人、漾西公社 48 人。

表 6-5-4　织里镇 1962—1982 年下放知识青年人数

公社名称	1962 年知青下放人数	1974 年安置下放知青人数	
轧村公社	109		
太湖公社	47	100	
织里公社	56	120	
晟舍公社	57	120	
漾西公社	48	120	
合计	317	460	

表 6-5-5　织里镇下放知识青年人数汇总

行政村	总人数	其中		其中农婚人数	来源城市			
		男	女		湖州	织里镇	上海	其他城市
东湾兜村	24	10	14	2	12	9	3	
晓河村	47	29	18	6	1	3	2	41
大邾村	37	16	21	5	27	3		
李家坝村	20	15	5	3	10		7	
王母兜村	7	2	5	0	6			1
香圩墩村	31	17	14	3	24	3	3	1
清水兜村	12	8	4	0	9	3		
云村村	37	19	18	4	28	2	7	
东兜村	29	13	16	5	23	1	5	
旧馆村	78	44	34	70	0		3	5
织里村	76	37	39	6	12	55	8	1
秧宅村	9	6	3	1	8	1		
大河村	102	62	40	10	92		6	6
朱湾村	25	10	15	0	0			
晟舍村	81	49	32	0			1	
秦家港村	58	29	29	9	22		5	
河西村	50	15	35	4	49		1	
增圩村	24	12	12	6	18		6	
港西村	40	2	38	0	5	5	23	12
上林村	60	32	28	44	19	6	18	1
轧村村	55	30	25	8	44	5	6	
骥村村	56	34	22	18	23		26	7
石头港村	55	18	37				55	
孟乡港村	34	15	19	3	24	4	4	2
潘塘桥村	18	12	6					
曹家簖村	61	32	29	10	54	1	6	
乔溇村	15	7	8		5	3	7	
陆家湾村	70	45	25	15	25	25	20	
汤溇村	67	40	27	4	44	3	12	8
伍浦村	72	48	24	2	70		1	1
庙兜村	34	20	14					
常乐村	75	42	33	6	30		30	15
义皋村	36	20	16	6	13	19	3	1

（续）

行政村	总人数	其中		其中农婚人数	来源城市			
		男	女		湖州	织里镇	上海	其他城市
曙光村	54	29	25	4	18		4	28
大港村	79	32	47	4	41	23	3	8
郑港村	25	10	15	1	13	5	6	1
凌家汇村	8	4	4					
联漾村	28	5	23	5	17	2	9	
元通桥村	21	13	8	1	20		1	
沈溇村	52	27	25	7	45	1	6	
东桥村	30	20	10	4	28		2	
大溇村	50	30	20	3	50			
幻溇村	51	27	24		46		5	
许溇村	43	19	24		43			
杨溇村	20	9	11	2	13	7		
合计	1956	524	941	281	1031	189	304	139

1962—1982年，镇下乡知识青年与知青下放所在地农民青年结婚281人。1980年，县负责知识青年上山下乡办公室发文，结束知青上山下乡，所有知青全部办理回城手续。知青上调后，其就业解决方式有直接分配、参与招工、上学、参军、顶职、自谋职业等途经安排解决。对已下乡的独生子女、应征入伍（退伍）等下乡知识青年作出就业安置优先先安排的规定。

1974年5月15日湖州首批知识青年赴织里公社

20世纪70年代插队知青居住的房屋

六、民办教师

新中国成立后，镇村中小学教师编制紧缺，多数学校为解决师资紧缺的矛盾，在镇域内招入一些文化较高（一般为当时的初高中毕业生）充实教师队伍。20世纪80年代后，又陆续充招一部分临时代课老师，以解决师资短缺的矛盾。后将这部分老师称为民办教师。

20世纪70年代初民办教师的工资主要以劳动工分制参与生产队收益分配，部分民办老师由政府财政解决支付工资。1984年，乡民办教师实行统筹统支办法。具体筹集办法，一是向国家申请补助，二是向乡办企业利润拨款，三是向大队筹集。

七、移民安置

1.新安江移民

20世纪50年代，淳安县建筑新安江大型水库，20多万人移民外地，织里先后接收一批新安江移民。

表 6-5-6　织里镇新安江移民情况

行政村	户数	人数	行政村	户数	人数
晓河村	8	51	轧村村	4	18
王母兜村	8	40	骥村村		124
香圩墩村	2	10	石头港村	17	120
云村村	15	30	孟乡港村	2	10
东兜村	4	27	曹家簖村	27	61
旧馆村	20	100	乔娄村	4	4
织里村	8	51	陆家湾村	1	3
秧宅村	8	45	伍浦村	3	3
大河村	18	72	庙兜村	3	3
朱湾村	25	73	常乐村	7	7
晟舍村	10	42	大港村		
秦家港村	10	47	郑港村	3	15
河西村	13	65	凌家汇村	30	92
增圩村	7	24	联漾村		
港西村			许溇村	1	4
上林村	18	73			

注：太湖乡新安江移民涉及10个村、7户、24人。

2.长江三峡移民

2003 年，长江三峡工程建设后，一批移民移入织里镇，被安排在秧宅村、石头港等部分村。

表 6-5-7　织里镇长江三峡移民情况

行政村	户数	人数
王母兜村	2	9
旧馆村	3	15
秧宅村	3	13
河西村	2	8
港西村	7	13
石头港村	3	10
孟乡港村	2	7
陆家湾村	2	11
常乐村	2	6
大港村	4	38
郑港村	3	11
联漾村	2	11

第二节　社会保障

一、退休　离职

1.退休金

1984 年 11 月 24 日统计，织里镇 17 个村，村干部年工资收入 4060.8 元，年平均收入 238.87 元，平均月工资 19.9 元。

2.养老保险

养老保险内容详见本章第三节相关部分。

表 6-5-8　2003 年织里镇工业企业职工养老、失业、工伤情况

工业企业	参加养老保险人数	计划失业保险人数	净增养老保险人数	工伤保险人数
合计	3158	4498	1236	2145
栋梁铝业	267	150	40	75
大港集团	94	50	15	25
振兴阿祥	70	50	15	25
珍贝羊绒	130	350	90	175

（续）

工业企业	参加养老保险人数	计划失业保险人数	净增养老保险人数	工伤保险人数
中新毛纺	41	300	80	50
元昌漂染	73	90	30	45
佳雪电机	123	60	18	30
金洁实业	173	90	30	45
益华制衣	7	40	10	20
恒丰织物	96	150	40	75
奥祥铝业	43	155	40	80
通益纺织	53	160	42	80
和盛染整	10	50	15	30
佳士电器	32	20	5	10
碧友纺织	38	35	10	18
金宝利羊绒	49	110	35	55
申湖羊毛衫	139	190	50	85
米黄羊绒		60	18	30
金牛实业	44	75	22	40
介臣木业	31	100	30	50
家业皮革	18	40	12	20
新龙鹰木业	38	40	12	20
枫钰纺织	15	50	15	25
太湖丝绸厂	26	75	22	40
德加利印染	22	100	30	50
骥春纺织	15	40	12	20
金能达纺织	16	60	15	30
世明铜业	162	25	5	13
高成建材	31	30	7	15
宝隆针织	44	170	45	85
琴尔诺制衣	20	30	8	15
蓝鸽床上用品	63	30	8	15
梦真寝饰	24	30	8	15
梦圆皮件	20	30	8	15
中信实业	9	15	4	8
森广实业	7	25	6	12
深渗炼水	31	15	4	8
新旺铝业	30	15	4	8

（续）

工业企业	参加养老保险人数	计划失业保险人数	净增养老保险人数	工伤保险人数
华利铝业	33	20	5	10
宏业铝业	25	20	5	10
龙鹰电线	13	10	2	5
群英铝业	7	15	4	8
太湖纺机	26	15	4	8
锦红制衣	5	40	12	20
佳士达针织	12	30	7	15
利华美针织	6	40	12	20
开达针织	3	30	7	15
大将制衣	10	30	7	15
夏士制衣	4	30	7	15
好儿郎制衣	5	25	6	12
赛洛菲制衣	5	25	6	12
佳士汽车配件	29	25	6	12
进出口公司	20	20		5
大港印染	91	100	30	50
绒布	70	100	30	50
转移印花		100	30	50
金利宝纺织		100	30	50
织里镇建筑公司	39	25	6	12
宏达建筑公司	42	30	7	15
晟舍建筑公司	40	25	6	12
轧村建筑公司	8	5	2	3
天力建筑公司	59	35	7	17
织里商城发展公司	8	6	2	3
昌迪公司	4	3	1	2
金业电镀厂	9	6	2	3
东方实业公司	14	8	2	4
自来水厂	23	15	3	7
太湖食品公司	84	60	15	30
天鹏刺绣厂	7	5	2	3
振兴绢纺厂	72	55	13	27
轧村五金厂	2	2	1	1
东安建筑公司	17	12	3	6
东盛实业公司	13	8	2	4

（续）

工业企业	参加养老保险人数	计划失业保险人数	净增养老保险人数	工伤保险人数
助机厂	7	5	2	3
城管监察	27	15	3	7
东盛房地产公司	8	5	1	2
创伟电子	21	15	3	7
华联钢门厂	6	4	1	2
市政工程公司	3	2	1	1
镇政府	17	12	3	6
织里医院	25	12	3	7
织里派出所	73	55	10	20
织里广播电视站	6	4	1	2
轧村化纤厂	7	5	2	3
好运来蜜饯厂	3	2	1	1
房地产管理所	4	2	1	1
联谊贸易公司	8	5	2	3
现代房地产	5	3	1	2
湖申房地产公司	11	7	2	4
金特铝业	18	12	3	6
其他		150	50	100

二、农村干部

1.村干部报酬

2002 年 1 月 19 日，《关于行政村干部工资、奖金待遇的规定》（织镇委〔2002〕5 号）发布。规定村干部工资由各村列支，按月发放，村党支部书记、村委会主任考核奖由镇财政列支，年终发放。村其他在职干部工资根据本人工作表现及村集体经济状况，按照村主职干部的 80%的标准由村确定发放。工资标准，按照小村、中村、大村分三档标准，小村每人每月 800 元（按 2001 年年报数，总人口在 2000 人以下的为小村，全镇共 25 个），中村每人每月 900 元（按 2001 年年报数，总人口在 2001～3000 人的为中村，全镇共 17 个），大村每人每月 1000 元（按 2001 年年报数，总人口在 3001 人以上的为大村，全镇共 4 个），村居民合一的村，居民人数减半计算。

2019 年，村主职干部全年工资收入 9 万余元。

2.行政村正职养老保险

1991 年 1 月 24 日，关于适当提高退休村干部退休费标准。1991 年 1 月，织里镇对原退休支部书记、村主任提高退休费标准（原退休费每人每月 10 元），从原来每人每月每年工龄 0.6 元，提高到 1 元。

3.离岗退职村干部补助

1984 年 8 月，织里镇关于大队改村干部安置的规定。1984 年村行政体制改革，大队改村，各级村领导班子和干部普遍年轻化，对退出的干部作出安置。安置规定：具有十年以上连续工龄的男 55 岁、女 50 岁的原大队党支部书记、副书记、大队长办理退休手续。对男 50 岁以上、女 48 岁以上，连续工龄 25 年的党支部书记、副书记、大队长可办理退休手续，退休待遇从标准年限享受。对不具备条件的党支部书记、大队长及党支部委员、管理委员、治保、调解、妇女、民兵等正职负责人退出干部队伍的实行一次性安置。经费实行村镇两级负担，党支部书记、大队长由镇经委发给退休费。其他人员由村联社、企业列支。

2000 年 5 月 22 日，关于退职村干部一次性经济补助的办法。2000 年 5 月，织里镇对多数村干部不能享受退休养老保险待遇的村干部，按工作年限每年 100 元标准给予一次性补助，任群团组织负责人期间工龄折半计算。不再担任村党支部委员或村民委员会委员以上职务的村干部，集体已为其投保的村干部不再给予一次性补助。

表 6-5-9　2003—2004 年织里镇村干部收入情况　　　　　单位：元

片区名称	2003 年收入	2004 年收入
织里一片	456 228	210 990
织里二片	321 726	184 585
织里三片	347 346	304 945
太湖片	386 174	242 512
轧村片	133 411	45 216
合计	1 644 885	988 248

表 6-5-10　2002—2003 年织里镇各村村干部报酬情况　　　　　单位：万元

年份	行政村数	村干部人数	全年收入			人均
			工资	福利	合计收入	
2002 年	46	356	312	120	432	12 135 元
2003 年	46	350			510.9	14 597 元

注：2002 年月工资标准分 650 元、800 元、900 元、950 元、1000 元五档。

三、最低生活保障

1.五保户

1956年，太湖人民公社（大公社）成立后，根据《1956年到1967年全国农村发展纲要》的要求，对境域内丧失劳动能力的独居老人，儿童实行"保吃、保穿、保烧（燃料）、保教（儿童）、保葬"的五保制度。五保对象的申请条件是，满足下列其一可申请五保户：（一）无法定扶养义务人，或者虽有法定扶养义务人，但是扶养义务人无扶养能力的；（二）无劳动能力的人；（三）无生活来源的（包括捡垃圾者，法律没有明文规定即捡垃圾者为有生活来源）；（四）老年、残疾、未满16周岁的村民。五保对象的确定，由本人申请或者由村民小组提名，经村民委员会审核，报政府批准，发给《五保供养证书》，凭《五保供养证书》享受五保待遇。五保户享受福利内容，一是供给粮油和燃料；二是供给服装、被褥等用品和零用钱；三是提供符合基本条件的住房；四是及时治疗疾病，对生活不能自理者有人照料；五是妥善办理丧葬事宜；六是五保对象是未成年人的，保障其依法接受义务教育。五保供养经费不得低于本地区农村居民上一年度人均纯收入的60%。五保户保障形式实行集中供养和分散供养相结合。根据五保对象的意愿，可吸收五保户入敬老院集中供养，五保户入院自愿，出院自由。实行分散供养的，应当由乡镇政府或农村集体经济组织、受委托的抚养人和五保对象三方签订五保供养协议。

2.临时求助

1958年人民公社成立后，政府和村民自治组织对生活困难人员进行临时求助。公社（乡镇）人民政府确定分管民政的领导，配备民政助理员一名，各村（社区居委会）落实一名分管领导。对生活困难群众进行临时求救剂。每年春节前，由各村（社区居委会）摸排，分别由公社（乡镇）和村（大队）进行不同程度的救济。

3.居民家庭最低生活保障金

2004年开始，织里实行最低生活保障金制度，对低于最低工资标准的家庭，发给最低生活保障金。2004年11月4日，织里镇确定行政区域内所辖所有企业及市直属各企业的最低工资标准，从原来的每月480元，调整为每月560元，非全日制工作的最低小时工资标准由原来的每小时4.3元调整为每小时4.8元。

2010年，全镇领取最低生活保障金36人，其中男14人，女22人。

2013年，最低生活保障对象为共同生活的家庭成员人均月收入低于织里最低生活保障标准，且符合最低生活保障家庭财产状况规定的本地户籍家庭。共同生活的家庭成员（以下简称家庭成员）是指以下人员：配偶、未成年子女以及虽已成年但不能独立生活的子女、共同居住的父母，其他具有法定赡养扶养抚养关系且共同居住的人员。家庭成员的人均月收入按照提出最低生活保障申请当月前6个月内家庭月均收入除以家庭成员数计算。

最低生活保障申请和认定申请，向村、社区提出，经街道办事处和镇政府书面走访调查和公示后确定。并根据最低生活保障对象家庭人口、收入和财产状况的变化，及时调整保障金额。

4.最低生活保障边缘家庭

2014年开始，对没有被纳入低保范围，但家庭成员的人均月收入在最低生活保障标准1.5倍以下的家庭。防止出现"悬崖现象"，"高低悬殊太大，中间没有任何缓冲"，把边缘家庭作为救助对象，让他们也能享受教育、医疗等各种专项救助，弱化这种差距，体现分层分类救助。

5.特困人员救助

2018年开始实施。对全镇户籍人口中，无劳动能力、无生活来源且无法定赡养、抚养、扶养义务人或者其法定义务人无履行义务能力的城乡老年人、残疾人以及未满16周岁的未成年人，收入总和低于当地最低生活保障标准，且特困人员财产状况符合《浙江省社会救助家庭经济状况认定办法》中最低生活保障家庭的经济状况认定标准，进行特困人员救助。

特困人员救助供养内容包括：提供基本生活条件，含供给粮油、副食品、生活用燃料、服装、被褥等日常生活用品和零用钱，可以通过实物或者现金的方式予以保障。对生活不能自理的给予照料，含日常生活、住院期间的必要照料等基本服务。提供疾病治疗，全额资助参加城乡居民基本医疗保险的个人缴费部分，医疗费用按照基本医疗保险、大病保险和医疗救助等医疗保障制度规定支付后仍有不足的，由救助供养经费予以支持。办理丧葬事宜，特困人员死亡后的丧葬事宜，集中供养的由供养服务机构办理，分散供养的由乡镇人民政府（街道办事处）委托村（居）民委员会或者其亲属办理，丧葬费用从救助供养经费中支出。对在义务教育、高中教育（含中等职业教育）阶段就学的特困人员，给予教育救助；对在普通高等教育阶段就学的特困人员，根据实际情况给予适当教育救助。

特困人员救助供养标准包括基本生活标准和照料护理标准。基本生活标准按不低于上年度全市城镇居民家庭人均消费性支出的50%确定。

表6-5-11 2016—2021年织里镇对各类贫困家庭扶助金发放汇总

年份		最低生活保障家庭	支出型贫困家庭	特困人员	最低生活保障边缘家庭
2016	新增（户数）	117	234	0	275
	退出（户数）	90	0	0	150
	12月在册人数	770	234	0	346
	当年发放金额（元）	3 509 788	91 257	0	0
2017	新增（户数）	88	30	0	83
	退出（户数）	26	21	0	39
	12月在册人数	832	243	0	390
	当年发放金额（元）	4 138 487	1 102 598	0	0
2018	新增（户数）	102	78	29	132
	退出（户数）	272	258	0	232
	12月在册人数	662	63	29	290
	当年发放金额（元）	4 956 508	395 045	37 315.5	0
2019	新增（户数）	120	34	3	5
	退出（户数）	183	56	3	34
	12月在册人数	599	41	29	261
	当年发放金额（元）	4 736 156	491 499	463 687	0
2020	新增（户数）	53	31	67	31
	退出（户数）	166	52	7	33
	12月在册人数	486	20	89	259
	当年发放金额（元）	4 660 017	202 683	634 119	0
2021	新增（户数）	29	17	7	15
	退出（户数）	67	20	7	30
	12月在册人数	448	17	89	244
	当年发放金额（元）	4 634 730	148 078	1 571 261.5	0

6.残疾人基本保障

1985年开始，境域兴办一批民政福利企业，安排一部分残疾人进厂工作，或对部分残疾人发放生活补贴。1988年4月25日，按市县提高革命残废人员抚恤标准的通知调整残疾人基本保障金。共有因公、因战5名残废人员提高抚恤金标准，全年发放426元。

表 6-5-12　1988 年织里镇提高革命残废人员抚恤金人员情况

类别	姓名	残废等级	致残性质	半年应发（元）	
				每月加发	半年合计
在乡	沈满生	三乙	公	24	144
在职	张三德	三甲	战	19	114
在职	钱根才	三甲	公	17	102
在职	付根江	三甲	公	17	102
在职	郑荣江	三甲	公	23	138
合计	5 人			100	600

第三节　农村居民生活

一、收支

1.织里镇（公社、乡）农民人均年纯收入

根据对 12 个典型农户生活调查的数据显示，1952 年，农村主要收入来源有农业收入、副业收入、其他收入三部分组成，支出费用有生活费、生产费、负担、其他支出四部分组成，平均 12 户总收入 1613.9 元，总支出 1431.4 元，平均每户年纯收入 182.50 元。

1961 年，根据经济分配决算方案汇总情况，社员分配主要按劳分配，每日分红 0.75 元，平均每户收入 220 元，人均收入 58 元。

2005 年全镇完成工农业总产值 222 亿元，国内生产总值 38.7 亿元，人均 GDP4200 美元，农民纯收入 9073 元，综合实力列浙江省"百强乡镇"第 20 位。

2011 年，农村居民可支配收入人均，18 010 元。

2014 年，农村居民可支配收入人均 27 755 元。

2015 年，农村居民可支配收入人均 30 308 元，比上年增幅 9.2%。

2016 年，农村居民可支配收入人均 33 005 元，比上年增幅 8.9%。

2016 年 10 月的党代会报告提到，城乡居民收入差距从 1.72 缩小到 1.54 倍。镇工作总结中记载 2017 年上半年城镇居民人均可支配收入和农村居民人均可支配收入分别达 32 354 元和 20 759 元，城乡居民收入差距从 1.72 缩小到 1.56。

2017 年，农村居民可支配收入人均 35 916 元，比上年增幅 8.8%。

2018 年，农村居民可支配收入人均 39 069 元，比上年增幅 8.8%。

2019 年，农村居民可支配收入人均 42 820 元，比上年增 9.6%。

2020 年，农村居民可支配收入人均 45 689 元，比上年增幅 6.72%。

2. 轧村乡（公社）农村经济收益

表 6-5-13　1965—1984 年轧村公社（乡）农村经济总收入

年份	总收入（万元）	社员部分（万元）	国家税金（万元）	社员部分占比（%）	人均收入（元）
1965	225.8800	145.1037		64	
1966	288.7315	173.6714		60.2	
1967	286.7199	182.3596		63.3	
1968	297.9136	177.8182		58.2	
1969	355.4884	208.6952		57.5	
1970	396.8505	231.2998		58.7	
1971	404.6150	235.0418		58.5	
1972	449.2421	270.8820		60.8	
1973	453.972	276.1765	127.340	60.3	149
1974	457.8229	12.7708	283.1410	62	153
1975	398.1336	12.7862	227.5370	57	123
1976	446.8373	12.7464	265.5427	59.4	142.60
1977	421.4180	12.7684	248.0978	58.8	132.21
1978	492.5172	12.7154	295.7521	60.6	157.06
1979	629.3894	14.8984	364.9488	58	195.02
1980	522.9915	14.7736	285.1768	54.8	156
1981	519.3658	14.7819	315.7681	60.8	168.36
1982	747.3604	15.1001	552.4351	73.9	305.46
1983	1183.0581	15.2714	947.3702	88.1	498
1984	1376.7843	1176.1343	15.4905	85.43	

数据来源：《1989 年轧村乡农村经济统计年报》。

表 6-5-14　1988 年轧村乡各村经济收入及分配（一）　　　　单位：元

村名	总收入	农业收入	工业收入	建筑业收入	交通运输业	商业饮食业	服务业	其他收入
合计	76 668 534	17 692 713	44 948 014	1 101 500	480 305	10 464 581	164 030	1 817 391
吴家兜	1 111 615	839 285	18 150	10 400		210 230	5500	28 050
南湾	4 046 587	545 587	910 000	45 000	13 000	2 130 000	3000	400 000
阮家兜	4 840 450	541 550	4 147 800	24 000	5500	60 500	2600	58 500
轧村	5 620 319	852 639	3 690 000	73 800	103 650	862 900	37 330	
轧西	3 542 877	598 377	1 916 000	10 000	18 000	988 500	12 000	

（续）

村名	总收入	农业收入	工业收入	建筑业收入	交通运输业	商业饮食业	服务业	其他收入
罗姚	2 763 800	713 000	1 730 000	30 000	54 000	215 000	3800	18 000
梅林港	5 224 673	651 673	4 469 000	18 500	20 000	57 500	3000	5000
骥村	6 709 394	1 496 194	3 987 000	37 200	15 000	1 120 000	10 000	44 000
范村	2 979 019	1 067 069	1 026 500	31 000	4700	750 250		99 500
增圩	10 542 957	765 830	9 649 300	8000	4500	98 277		17 050
抗三圩	6 825 152	553 012	4 651 930	26 600	29 300	1 514 910		49 400
孟相港	4 156 560	513 560	2 280 000	26 000		1 280 000		57 000
郎二兜	1 063 992	599 766	418 551	4600	5000	34 375	1700	
项祝兜	1 536 000	499 500	942 400	5000		89 100		
潘塘乔	1 949 490	1 063 590	632 000	80 300	21 000	141 600		11 000
大漾其	863 470	768 970	89 500			5000		
孟婆兜	1 058 020	684 620	130 300	78 800	37 500	93 600	1000	32 200
姚二水	5 360 169	1 534 569	2 983 600	328 900	106 500	350 000	9200	47 400
齐家湾	1 996 468	637 102	704 666	26 800	2310	78 190	2400	545 000
陈家圩	2 285 035	1 332 333	561 317	123 600	26 845	195 149	2500	43 291
上林村	1 658 000	1 019 500	10 000	113 000		149 500	4000	362 000
水产	534 487	414 987			13 500	40 000	66 000	

数据来源：《1989 年轧村乡农村经济统计年报》。

1988 年轧村乡各村农村经济收入与分配（二）　　　　单位：元

村名	各项费用	国家税金	集体提留	农民所得	乡村联户企业工资收入	农民所得总额	每人平均	人均收入比去年增	
								数量	%
合计	50 351 950	1 237 866	97 049	24 981 669	2 876 879	27 858 546	1419.11	468.80	49.3
吴家兜	223 980	8556	6041	873 038	58 818	921 856	1124.21	323.14	40.34
南湾	2 976 196	56 802	3800	1 009 789	79 556	1 089 345	1740.17	784.97	82.18
阮家兜	4 039 378	19 847	5071	776 154	66 899	843 053	1190.75	155.91	15.07
轧村	4 040 644	144 065	4502	1 431 108	65 091	1 496 199	1349.14	451.65	50.32
轧西	1 921 427	112 766		1 508 684	238 667	1 747 351	1956.72	1121.03	134.14
罗姚	1 840 990	51 316		861 494	238 667	1 100 161	1291.27	432.89	50.43
梅林港	4 212 200	21 952	4362	986 159	79 556	1 065 715	1362.81	320.71	30.78
骥村	4 191 722	253 837	8540	2 255 295	252 193	2 507 488	1751.04	842.91	92.82
范村	1 284 780	37 955	6694	1 649 590	136 142	1 785 732	1573.33	470.40	42.65
增圩	9 186 455	44 766	4200	1 307 536	50 626	1 358 162	1154.9	245.16	26.95
抗三圩	5 510 742	45 425	4330	1 264 655	39 778	1 304 433	2016.13	835.40	70.75

（续）

村名	各项费用	国家税金	集体提留	农民所得	乡村联户企业工资收入	农民所得总额	每人平均	人均收入比去年增	
								数量	%
孟相港	2 796 780	147 830	4240	1 207 710	36 162	1 243 872	1685.46	676.70	67.08
郎二兜	520 818	14 426	4682	524 066	152 486	676 562	1077.33	145.46	15.61
项祝兜	760 790	25 561	3000	746 649	68 707	815 356	1368.05	377.92	38.17
潘塘桥	705 130	24 397	5854	1 214 109	175 384	1 389 493	1247.30	454.27	57.28
大漾其	135 826	7253	2071	718 320	101 253	819 573	1662.42	845.37	103.47
孟婆兜	124 724	13 116	3014	917 166	124 758	1 041 924	1492.73	566.21	61.11
姚二水	3 375 800	73 810	8515	1 902 044	150 071	2 052 115	1459.54	484.42	49.68
齐家湾	1 184 392	50 773	5125	756 178	112 101	868 279	1044.86	233.86	28.84
陈家圩	824 998	56 213	8008	1 395 816	68 707	1 464 523	1241.12	356.34	40.27
上林村	328 600	17 200		131 200	560 507	1 872 707	1298.69	98.13	8.17
水产	165 578		5000	363 909	130 738	394 647	1214.30	228.44	23.17

数据来源:《1989 年轧村乡农村经济统计年报》。

表 6-5-15　1989 年轧村乡各村经济收入及分配（一）　　　　单位：元

村名	总收入	农业	工业	建筑业	交通运输业	商业饮食业	服务业	其他收入
合计	62 418 246	20 450 344	33 346 670	987 457	652 470	4 891 150	126 380	1 963 775
吴家兜	1 217 700	846 200		8500		360 000	3000	
南湾	1 111 371	611 371	200 000	50 000	5000	240 000		5000
阮家兜	2 881 868	834 808	1 123 000	33 960	78 300	497 000	7500	307 300
轧村	3 272 297	939 917	1 635 000	76 200	129 570	456 230	35 380	
轧西	3 083 941	607 196	2 273 745	8000	25 000	125 000	30 000	15 000
罗姚	2 801 030	724 530	1 820 000	11 000	15 000	102 000	4500	124 000
梅林港	5 049 552	835 552	4 150 000	16 000	30 000	16 000	2000	
骥村	6 169 469	1 740 469	3 740 000	34 000	30 000	570 000	15 000	40 000
范村	3 176 948	1 307 892	1 000 000	30 000	4000	200 000		635 056
增圩	4 790 187	1 230 687	3 500 000	8000	1500	45 000		5000
抗三圩	5 609 058	758 941	4 785 817	30 300	10 000			24 000
孟相港	4 686 900	595 820	3 700 000	18 000		277 500		95 580
郎二兜	1 201 905	627 727	533 428	14 000	2500	23 250	1000	
项祝兜	1 549 200	568 700	902 500	2000	5000	61 000		10 000
潘塘乔	1 646 505	1 121 336	340 000	105 000	27 000	12 500	5500	35 169
大漾其	755 128	544 708				94 500		115 920
孟婆兜	1 920 785	682 985	815 000	85 000	65 000	222 500	3000	47 300

（续）

村名	总收入	农业	工业	建筑业	交通运输业	商业饮食业	服务业	其他收入
姚二水	3 823 230	1 590 600	1 038 130	225 000	186 000	720 000	8500	55 000
齐家湾	2 774 299	994 072	1 283 550	41 897	1800	59 780	3500	389 700
陈家圩	2 572 422	1 599 882	506 500	137 600	24 800	241 390	2500	59 750
上林村	1 808 451	1 270 951		53 000		479 500	5000	
水产	516 000	416 000			12 000	88 000		

数据来源：《1989 年轧村乡农村经济统计年报》。

1989 年轧村乡各村经济收益与分配（二）

单位：元

	各项费用	国家税金	集体提留	农民所得	乡村联户企业工资收入	农民所得总额	每人平均	人均收入比去年增	
								数量	%
合计	34 984 189	1 589 487	84 459	25 760 111	3 967 800	29 727 911	1498	79	5.57
吴家兜	170 670	11 080	5600	1 030 350	126 770	1 157 120	1378	254	22.6
南湾	362 525	28 882	2875	717 089	111 210	828 299	1311	-429	-24.65
阮家兜	1 998 360	65 247	5090	813 171	142 340	955 511	1327	136	11.42
轧村	2 016 941	69 005	4503	1 181 848	195 720	1 377 568	1259	-90	-6.67
轧西	1 569 397	142 118		1 372 426	346 960	1 719 386	1908	-49	-2.5
罗姚	1 868 000	55 986		877 044	286 910	1 163 954	1336	45	3.49
梅林港	3 972 000	27 690	4438	1 045 424	91 190	1 136 614	1424	61	4.48
骥村	3 740 089	212 314	8482	2 208 584	197 940	2 406 524	1642	-109	-6.23
范村	1 236 213	26 852	6690	1 907 193	215 740	2 122 933	1850	277	17.61
增圩	3 336 426	199 545	4200	1 250 016	111 210	1 361 226	1149	-6	-0.52
抗三圩	4 018 286	132 980	3437	1 454 355	117 880	1 572 235	2475	459	22.77
孟相港	3 272 100	204 480	4420	1 205 900	111 210	1 317 110	1787	102	6.05
郎二兜	651 863	15 736	3288	531 018	111 210	642 228	1019	-58	-5.39
项祝兜	755 500	31 400	2874	759 426	84 520	843 946	1340	-28	-2.05
潘塘桥	487 830	23 297	5669	1 129 709	211 290	1 340 999	1193	-54	-4.33
大漾其	135 750	7009	1549	610 820	142 340	753 160	1480	-182	-10.95
孟婆兜	922 090	46 000	3017	949 678	153 460	1 103 138	1571	78	5.22
姚二水	1 834 000	96 952	3377	1 888 901	220 190	2 109 091	1496	36	2.46
齐家湾	1 291 365	131 426	5125	1 346 383	213 510	1 559 893	1824	779	74.55
陈家圩	783 849	44 288	6825	1 737 460	88 960	1 826 420	1528	287	23.13
上林村	372 250	17 200		1 419 001	673 900	2 092 901	1433	134	10.32
水产	188 685		3000	324 315	13 340	337 655	1002	-212	-17.46

数据来源：《1989 年轧村乡农村经济统计年报》。

二、居住及家庭设施

1.1987 年轧村农居统计调查

1987 年以轧村吴家兜村一队和九队、上林村村一队和十五队 4 个村民小组为调查对象，进行了居住状况的农村统计调查。吴家兜村一队共有农户 79 户，人口 348 人。1979 年以前，人均收入 140 元，人均口粮 166.5 公斤；人均房屋包括猪羊棚接近一间，人均建筑面积 20.9 平方米。1979 年以来，4 个生产队的农民居住条件改善情况和 1987 至 1990 年农民改善居住条调查如下。

表 6-5-16　1978 年房屋状况表

	间数（间）	其中		建筑面积（平方米）
		住宅	楼房	
数量	317	246	1	7301
每户平均	4	3.1		90.4
每人平均	0.91	0.7		20.9

1979 年以前，境域各生产队的农民房屋少，低矮、潮湿、陈旧，草房占相当比例，大部分房屋都建于半个世纪之前，在相当长一段时间里多数农户只能进行简单的修修补补，建房户数较少。

1979 年到 1986 年，建房户共有 72 户，建房户数占总户数的 91%，竣工房

1987 年建造的范村赤家兜农民新村

屋达 299 间，平均每户竣工 3.8 间，每人竣工 0.86 间。竣工面积 8043 平方米，每户平均 102 平方米，人均 23.1 平方米。竣工间数中，拆旧建新的有 129 间，占竣工间数的 43%，新建的有 170 间。8 年中每户增加房屋 2.2 间，增加建筑面积 62 平方米，每人增加 14 平方米。

房屋投资人均超 1000 元。8 年中，农民人均净收入增加 3476 元，总共对房屋投入的资金达 368 250 元，平均每户投资 4661 元，平均每人投资 1058 元，比全省平均高一倍多。

1983 年至 1986 年这四年，农民居住条件改善达到高潮，竣工间数 239 间，平均每年竣工近 60 间。

表 6-5-17　1979—1986 年竣工房屋间数

	第一阶段						第二阶段					
	小计	平均每年	1979 年	1980 年	1981 年	1982 年	小计	平均每年	1983 年	1984 年	1985 年	1986 年
竣工间数（间）	60	15	13	16	25	6	239	59.8	38	63	80	58

从上表中可以看出，第二阶段平均每年建房的户数比第一阶段增 130%，平均每年竣工的间数比第一阶段翻两番，第二阶段每年竣工间数，相当于第一阶段（四年）竣工间数的总和。

79 户农户中，共有 484 间，其中住宅 421 间，楼房 222 间，建筑面积达到 10 082 平方米，平均每户拥有房屋 6.13 间（其中包括住宅 5.3 间，楼房 2.8 间），人均占有房屋 1.4 间，建筑面积 34.7 平方米。

表 6-5-18　1987 年房屋情况

	间数	其中		建筑面积（平方米）
		住宅	楼房	
数量	484	421	222	12 082
每户平均	6.13	5.3	2.8	153
每人平均	1.4	1.2	0.63	34.7

根据 1987 年到 1990 年这四年农民的意向调查，农民改善居住条件有以下趋势：1987 年到 1990 年，有 36 户农户打算建房，占总户数的 46%，计划竣工的间数 112 间（其中楼房 98 间），建筑面积 2981 平方米，平均每户竣工间数 1.4 间（其中楼房 1.2 间），每户竣工建筑面积 38 平方米。

表 6-5-19　1987—1990 年建房意向

	间数	其中		建筑面积	间数（按年度）				
		住宅	楼房		1987 年	1988 年	1989 年	1990 年	
数量	112	110	98	2981	36	22	32	22	
每户平均	1.42		1.24	37.7					
每人平均	0.32		0.28						

接下来四年，计划对房屋投资 205 600 元，按总户数计算，平均每户投资 2614 元，每人平均 593 元，每人每年投资 148 元，比前 8 年增加 16 元。36 户计划建房的农户中，投资 5000～10 000 元的有 17 户，投资在万元以上的有 6 户。

房屋的质量更加重视。到 1990 年，4 个村民小组的居住条件进一步改善，每户达到房屋 7.09 间，人均 1.6 间。95% 的农户有楼房，平均每户 4.1 间，每人 0.9 间。每户建筑面积 179 平方米，人均 40.6 平方米，人均建筑面积比 1986 年增加 6 平方米。

2.2010 年第六次人口普查居住情况

全镇有自建户家庭户 3335 户，12 869 间，471 015 平方米，平均每户住房间数 3.71 间、平均每户建筑面积 141 平方米。住房用途分有生活住房 2597 户，兼作生产经营用途 737 户，无住房 1 户。住房建筑层数平房 188 户，2～3 层楼房 2318 户，4～6 层楼房 749 户，7～9 层楼房 31 户，10 层以上楼房 48 户。建筑结构有钢筋混凝土结构 1441 户，混合结构 1596 户，砖木结构 188 户，其他结构 19 户。建造时间 1949 年以前建造 18 户，72 间，2893 平方米；1949—1959 年有 6 户，16 间，593 平方米；1960—1969 年有 25 户，69 间，1981 平方米；1970—1979 年 117 户，332 间，11 886 平方米；1980—1989 年有 589 户，2335 间，79 149 平方米；1990—1999 年有 1349 户，5717 间，199 277 平方米，2000 年以后有 1230 户，4332 间，175 236 平方米。

3.2020 年第七次人口普查居住情况

家庭户的住房间数和面积。织里本级普通家庭户 35 737 户，家庭人口 101 731 人，平均住房间数每户 2.9 间，人均住房建筑面积 38.37 平方米，人均住房间数 1.02 间。

按住房间数分的家庭户户数。织里本级按住房间数分的家庭户户数 35 737

户，其中一间 9045 户，二间 5495 户，三间 10 309 户，四间 6113 户，五间 2622 户，六间 1492 户，七间 186 户，八间 251 户，九间 47 户，十间及以上 177 户。

按人均住房建筑面积分的家庭户户数。织里本级按人均住房建筑面积分的家庭户户数共 35 737 户，其中 8 平方米及以下 1894 户，9～12 平方米 2492 户，13～16 平方米 2034 户，17～19 平方米 847 户，20～29 平方米 7170 户，30～39 平方米 5634 户，40～49 平方米 4357 户，50～59 平方米 2144 户，60～69 平方米 2764 户，70 平方米及以上 6401 户。

按家庭户类别和住房间数分的家庭户户数。织里本级按家庭户类别和住房间数分的家庭户户数共 35 737 户，其中一代户 17 937 户，一间 8085 户，二间 2936 户，三间 3573 户，四间 1827 户，五间及以上 1516 户。二代户 9725 户，一间 905 户，二间 1998 户，三间 3748 户，四间 1859 户，五间及以上 1215 户。三代户 7335 户，一间 54 户，二间 544 户，三间 2792 户，四间 2173 户，五间及以上 1772 户。四代户 739 户，一间 1 户，二间 17 户，三间 196 户，四间 254 户，五间及以上 271 户。五代户 1 户，五间及以上 1 户。

三、基本保障

1.农村合作医疗

1958 年开始实行农村合作医疗制度。至 1970 年，镇域 93％人口参加合作医疗。1969 年，普及合作医疗制度。1970 年，至 1971 年两年内，境域内 93% 以上的人口参加了合作医疗。1981 年，参加合作医疗的社员 21 000 余人。

2014 年应参加医疗保险人数 61 069 人，参加人数 60 074 人，参保率 98.37%。

2015 年应参加医疗保险人数 58 797 人，参加人数 58 287 人，参保率 99.1%。

2016 年应参加医疗保险人数 57 982 人，参加人数 57 531 人，参保率 99.23%。

2017 年应参加医疗保险人数 57 812 人，参加人数 57 627 人，参保率 99.63%。

2018 年应参加医疗保险人数 56 741 人，参加人数 56 179 人，参保率 99%。

2019 年应参加医疗保险人数 54 977 人，参加人数 54 703 人，参保率 99.5%。

2020 年应参加医疗保险人数 54 130 人，参加人数 53 914 人，参保率 99.6%。

2021 年应参加医疗保险人数 51 695 人，参加人数 51 627 人，参保率 99.87%。

2021 年度城乡居民医疗保险和大病保险的筹资标准为，政府补助每人每年 1108 元（含大病保险 48 元），成年人个人缴费 540 元（含大病保险缴费 40 元），未成年人个人缴费440元（含大病保险缴费40元），大学生个人缴费100元（含大病保险缴费40元）。

2021年度职工医疗保险参保人员的大病保险筹资标准为每人每年88元，其中职工医疗保险参保人员统筹基金划转48元，个人缴费40元从个人账户划转，个人账户不足的由个人现金缴纳。

详见本志第七卷第三章《医疗卫生》。

2.职工基本养老保险

1992年10月开始，织里佳雪电机厂等一些规模较大、效益较好的乡镇办工业企业，在部分职工中逐步实施职工养老保险。

1999年，社保扩面，部分社会人员陆续自愿参加职工养老保险，每人每年交费1605元。

2003年8月28日，织里镇下达《社会基本养老保险、失业保险和工伤保险计划》（织政〔2003〕69号）文件，政府推动社保扩面工作，宣传职工养老保险政策，动员个体经营户人员参加养老保险，并对机关干部每人下达3个指标，动员各方人士参保。同年全镇有90家企事业单位3158人参加养老保险，参加工伤保险2145人。同年参加失业保险4498人，净增养老保险1236人

2010年，第六次人口普查，60岁以上人员中有退休养老金的113人，其中男67人、女46人。65岁以上有退休养老金的80人，其中男51人、女29人。

2014年，将城乡居民社会养老保险更名为城乡居民基本养老保险，并在缴费档次、政府缴费补贴等方面与国家、省政策进行了衔接，对原有的缴费年限养老金、丧葬补助金和其他保障待遇叠加享受等特色政策做了进一步完善。规定具有织里镇户籍，年满16周岁（不含在校学生），非国家机关、事业单位、社会团体工作人员及不属于职工基本养老保险制度覆盖范围的城乡居民，可以参加城乡居民基本养老保险。城乡居民基本养老保险基金由个人缴费、集体补助和政府补贴构成。其中城乡居民基本养老保险个人缴费在原有规定8档的基础上，增加了2档，设定为每年200元、400元、500元、600元、800元、1000元、1200元、1400元、1600元、2000元十个档次。同时，政府财政对城乡居民基本养老保险参保人员缴费给予补贴。根据调整后的缴费档次，政府财政对缴费补贴标准也适当进行了调整。调整了参保人待遇领取条件，具有织里镇户籍的，年满60周岁、累计缴费满15年，未享受国家机关、事业单位、社会团体离休、退休、退职待

遇和职工基本养老保险待遇的参保人员，可以按月领取养老待遇。城乡居民基本养老保险待遇，由基础养老金、个人账户养老金和缴费年限养老金组成。基础养老金标准目前为每人每月115元。个人账户养老金月计发标准为个人账户全部储存额除以139。缴费年限养老金月标准按缴费年限分段累加计发，缴费年限为15年的，其月缴费年限养老金为30元。缴费年限为16年及以上的，其月缴费年限养老金在30元的基础上，从第16年起，缴费年限每增加1年，增发5元。《实施办法》同时对城乡居保的个人账户继承、待遇标准、与各类养老保险制度衔接等内容作了相应调整。

2014年全镇在保人数24 862人，其中新参保人数401人，待遇享受人数14 469人。

2015年全镇在保人数24 881人，其中新参保人数479人，待遇享受人数14 889人。

2016年全镇在保人数24 447人，其中新参保人数657人，待遇享受人数14 931人。

2017年全镇在保人数22 973人，其中新参保人数351人，待遇享受人数14 836人。

2018年，第5次调整城乡居民基本养老保险基础养老金标准，具有织里镇户籍，年满16周岁（不含在校学生），非国家机关、事业单位、社会团体工作人员及不属于职工基本养老保险制度覆盖范围的城乡居民，可以在户籍地参加城乡居民基本养老保险。城乡居民基本养老保险参保人员缴费，政府给予相应补贴，补贴标准为按第一档200元、第二档400元缴费的补贴40元，第三、四、五档补贴80元，第六、七档补贴100元，第八、九、十档补贴120元。对参加城乡居民基本养老保险的特殊计生家庭（计划生育独生子女家庭伤病残、死亡和困难户），缴费补贴为每人每年400元；对特困人员、低保对象、持证残疾人等困难群体参加城乡居民基本养老保险，个人缴费部分按最低缴费档次给予全部补贴。

2018年全镇在保人数22 639人，其中新参保人数320人，待遇享受人数14 836人。

2019年全镇在保人数22 064人，其中新参保人数202人，待遇享受人数14 750人。

2020 年 1 月起，织里镇城乡居民基本养老保险个人缴费档次调整为 9 档，分别为每年 300 元、500 元、800 元、1000 元、1500 元、2000 元、3000 元、5000元、7000 元。对于低保对象、特困人员、残疾人及低保边缘户等困难群体，政府全额代缴养老保险费标准将从 200 元档提高至 300 元档。

2020 年全镇在保人数 21 948 人，其中新参保人数 732 人，待遇享受人数14 636 人。

2021 年全镇在保人数 21 505 人，其中新参保人数 297 人，待遇享受人数14 613 人。

第四节　民生事务

一、拥军优抚

1.志愿军老兵

宋某某，男，志愿老兵，织里曹家簖村人 1951 年 2 月入伍，1957 年 2 月退伍。

陶某某，男，志愿老兵，织里大河村人，1951 年入伍，1955 年退伍。

徐某某，男，志愿老兵，织里秧宅村人，1951 年 2 月入伍，1955 年 6 月退伍。

2.军人抚恤优待

20 世纪 50 年代开始，对在役义务兵发放优待金。

20 世纪 70 年代开始，对复退军人定期补助。

1985 年 7 月 15 日，对"三属"在乡伤残军人定期补助。镇按照湖州郊区民政局 55 号文件相关规定，补助标准为正劳力年收入的三分之二或二分之一，即350 元至 400 元。镇上不定期地对烈军属、残疾军人、复退军人代表，特别是老山参战军属参加座谈会。

3.复员、退伍军人安置与自谋职业

1950 年代初，织里区政府开始接收安置复员退伍军人，安置原则为"原籍安置，行业对口"，农村的回乡生产，集镇的安排就业，无业的由安置部门安排到农场、合作社工作。

1955 年织里全乡共接收复员军人 10 人，共安置参加互助合作社 8 人（其中

3 人当选合作社主任）。

1958 年起，退伍军人安置原则为"从哪里来回哪里去"。

1980 年后，退伍军人复员改为转业办理就业安置。区镇分别出台转业退伍军人政策，并百分之百进行工作安置。农村的安置在乡、村办企业，集镇的具体安置在邮电所、供销社、企事业等单位工作。

2000 年后，退役士兵自谋职业，退伍军人可按规定，一次性领取退伍补助费，自谋职业，也可以通过参与组织考试，进行就业分配。

二、慈善救助

1.慈善基金

表 6-5-20　织里镇冠名慈善基金企业名单

企业名称	协议约定（万元/年）	2016 年度救助支出（元）	截至 2017 年 4 月账户余额（元）
振兴阿祥集团	20	180 000	16 534
珍贝羊绒有限公司	15	70 000	364 000
金洁实业有限公司	18	260 914	147 786
和盛染整有限公司	20	165 000	206 800
通益纺织有限公司	10	122 000	5200
新纺集团	5	49 000	1100
帕罗羊绒有限公司	10	177 000	90 700
米皇羊绒有限公司	10	18 000	168 000
龙城针织有限公司	25	10 000	37 552
金牛纺织印染公司	10	30 000	122 860
东盛集团	10	0	181 600
今童王制衣有限公司	5	56 000	12 000
家业控股集团	10	25 000	125 644
盈创实业有限公司	15	65 000	136 000
中新毛纺有限公司	10	489 000	0
福建闽商会	10	27 000	18 000
今海岸房地产有限公司	30	0	50 000
守望公益	0	33 480	4036
统艺广告有限公司	5	0	1477
织里铝业协会	协议已到期	15 000	24 000
蓝天海纺织有限公司	协议已到期	10 000	35 000
佳雪集团	协议已到期	19 000	6400

（续）

企业名称	协议约定（万元/年）	2016 年度救助支出（元）	截至 2017 年 4 月账户余额（元）
金丽杉羊绒有限公司	协议已到期	0	20 000
东尼电子有限公司	协议已到期	10 000	0
合计		1 831 394	1 774 689

2.湖滨崇善堂（清）

湖滨崇善堂位于"乌程乔溇吕祖庙侧"，吕祖庙即奉祀吕洞宾之宗教场所。2019 年属乔溇村部所在地，20 世纪 50 年代曾经被改造成村小学。建崇善堂宗旨是救"罟船"（即渔船），并记"凡救一生者钱三缗，得一尸一缗，将覆而援、人船无恙者六缗"。一缗钱即一千文，是 1000 个铜钱，救一落水者使其生还的 3000 个铜钱，若人死而找回其尸体的给 1000 个铜钱，人船都安然无恙的给 6000 个铜钱。当年的崇善堂内设太湖救生船，职责还涉及施舍药品、劝人敬惜字纸、放生等，同时还为溺水死亡者提供棺木。乔溇崇善堂的建立，主要是民间自发行为，地方乡绅起了很重要的作用。"倡其议者，杨体涵、王恩溥"，而"吴杰捐资尤巨"（清光绪《乌程县志》记载为吴之杰）。此外，"江、震、程、安四邑之好善者，迭为劝募"，也就是说当时苏州府吴江县、震泽县，湖州府乌程县、归安县四县的热心慈善人士也积极从事募捐活动。太湖之治理，向来需苏、浙两省共谋。林则徐任江苏巡抚后，曾几度赴浙与浙官谋商治理太湖之策。道光十六年（1836）夏秋之际，林则徐巡查太湖水利，在时任湖州知府于鼎培的陪同下赴太湖南岸视察，路过乔溇，见到湖边正在建设崇善堂，于是欣然为崇善堂作序一篇，名为《湖滨崇善堂记》，在浙江省图书馆藏的林则徐《云左山房文钞原稿》卷五中载有此记全文。记文先叙述了太湖的地理位置，又言及商民于湖中往来易有"倾覆之患"，林则徐也对这种民间慈善行为给予评价，认为创建崇善堂的诸君"敦善不息，可质神明"，肯定了他们做善事勤勉而不倦怠的精神。

3.民间慈善组织"爱心妈妈"公益服务中心

详见本卷第二章第三节。

4.民间慈善组织雨花斋

全称为"雨花互助免费素食公益餐厅"，始建于 2015 年 4 月 16 日，由杭州人吴晓虹牵头发起设立，现负责人姜兆波，山东临沂市人，童装尾货经销老板。雨花斋具体地址在晟舍织里南路 270 号-8 隔壁，店面面积 200 多平方米，由织里元昌漂染有限公司的沈新康夫妇免费提供，兼免费供应水电，此两项自始建以来至2019年折合人民币达70多万元。长期义工30人，登记在册的义工有1500多人。至2019年止，雨花斋免费供应中餐25万余人次，供应对象主要是环卫工人、周边孤寡老人、初来织里打工和本地的困难残疾人群。出资捐款者为当地企业老板，热心公益组织和人士，普通居民群众，义工及家人。

5. 民间慈善个人吴小红

吴小红，织里镇晓河社区人，小熊猫制衣厂业主。2008年四川汶川地震，她组织厂里的7男4女共11名安徽、河南籍员工，带着13万元去汶川地震现场进行救助，在川时间22天。之后几年，吴小红又两次去绵竹，看望那些曾经帮助过的人。

三、福利

1. 福利机构

织里敬老院 1988年4月，镇人民政府在镇西建织里敬老院，由幼儿园旧房改造而成，内设房间12间，设床位10个，当年接纳五保老人8名。

1992年5月13日，敬老院与织里村签订敬老院产权转让协定，转让房屋12间，占地约600平方米。入住的五保老人日常管理工作由织里村接管。

1992年5月15日，全镇已有孤寡老人45人、无依无靠的居民3人，其中安排进敬老院的村五保户22人、无依无靠居民3人，共入院25人。随着入住老人渐渐增多，镇民政科申请镇政府下拨经费扩建。

1993年12月，敬老院搬迁到位于织里老街的镇政府旧办公楼大楼，占地面积700平方米，装修成多个标准房间，每2人1间。每间房有卫生间、电扇、橱柜。院内设有食堂、活动室、电视室、阅览室等设施，绿化、美化、净化院内环境。至此镇敬老院正式开办，共安排孤寡老人50名，聘请工勤人员5人，每年维持费用15余万元。经费来源实行镇、村、福利企业三级负担。入院老人的所属村每年无偿送给敬老院干稻谷每人600斤，其中晚稻谷占50%，柴折合人民币40元。村里每年对本村入院老人每人承担生活费200元、零用钱100元，合计300元。对过世的入院老人由所属村一次性提供丧葬费300元。对特殊孤寡老人，镇福利基金会、敬老院提供生活补助，并派专人抚养。

1993年12月18日，为使镇敬老院"老有所养"工作得到切实解决，创办民政福利企业 3 家。

1999 年 11 月 21 日，镇行政区划调整，将原织里、轧村、太湖、漾西四所敬老院合并为两所敬老院。原太湖敬老院合并到织里敬老院，原漾西敬老院合并到轧村敬老院。合并后由织里镇民政科统一管理，人员做了妥善处理，财产由并入的敬老院接收。后又合并成一座敬老院，选址在太湖幻溇村，占地、绿化等总面积共计 7412 平方米，建筑面积 3422 平方米。住院老人从 55 人增至 82 人，其中男 65 人，女 17 人，年龄最大的 92 岁。工作人员 9 名，院长徐丽珍。2015 年 12 月徐丽珍退休，陈三毛接任院长，在任两年。2018 年，倪丽萍任敬老院院长。

2002 年，敬老院改名为织里镇社会福利中心。位于太湖南岸幻溇集镇，前为太湖镇办公楼，后为太湖办事处。改为福利中心后，对大楼进行了功能改造。绿化面积 2835 平方米，食堂面积 302 平方米，中心建设共投入 295 万元。中心内设残疾人托管托养中心，一楼配备了医疗康复室，二楼设为五保供养区，三楼为社会化养老区，共有床位 84 张，每个房间设有床铺 2 张，卫生设施、电视机配备齐全。院内设有文体活动区，有健身房、棋牌室、阅览室、电视室、储藏室等辅助设施。四楼为生活保障区、应急避灾区、临时求助区和慈善捐赠接收区。入住老人 50 人，其中五保户 25 人，社会化养老 25 人。工作人员 9 名，其中管理人员 2 人，护理人员 3 人，传达室 3 人，后勤保障 1 人。

2003 年，织里敬老院获"全国模范敬老院""窗口式敬老院"荣誉称号。

居家养老中心

晟舍乡敬老院　成立于 1980 年，占地面积 350 平方米（3.6 米宽 × 13 米进深 × 7 间）。入住院孤寡老人、残疾人员 22 人，最多时住有 28 人。第一任敬老院院长闵细毛，第二任院长徐行，第三任院长陈炳荣，配有工作人员 5 名。

1993 年行政区划调整，晟舍乡、织里镇合并，晟舍敬老院改为织里敬老院。

漾西乡敬老院　成立于 1993 年，占地面积 100 多平方米，平房四间。住院五保户及残疾老人 5 人，工作人员 2 名，院长何生妹。1999 年，行政区划调整后，漾西敬老院并入织里敬老院。

轧村乡敬老院　1987 年筹建，1988 年 1 月 1 日建成并启用，占地面积 152 平方米，建有烧饭间、吃饭大厅、储藏室。第一批入院五保老人 24 人，其中 13 人为残疾老人，男 19 人，女 5 人，年龄最大的是一位 89 岁的孤寡老人。院长徐丽珍，副院长叶金贵，会计严九斤，配有工作人员 2 名。

1999 年，行政区划调整，织里、轧村、太湖、漾西四镇合一，轧村敬老院并入织里敬老院。

老人公寓、托老所　2020 年 4 月 8 日，织里镇第一家幸福邻里中心正式投入使用。中心位于织里镇晟舍村彩云二路，共有主楼三间及西区辅楼，使用面积 1500 平方米。由吴兴区民政局会同织里人民政府，按照浙江省示范型居家养老服务中心标准和邻里中心标准建设，由吴兴区幸福之家养老服务中心负责管理运营。

老年活动中心　2000 年 9 月 28 日，东湾兜村老年活动中心建立，坐落于织里镇富民路和康泰路交叉口，建筑面积 900 多平方米，上下共五层，总投资达 200 万元，其中内部装修及购置设备达 80 万元。活动中心内设茶室、棋牌室、投影录像室、健身房、图书阅览室、老年电视大学教室、医务室等。为加强对老年活动中心的管理，聘请镇机关退休干部具体负责老年活动中心的日常管理。此后各村陆续建立村老年活动中心，至 2019 年全镇 46 个行政村 15 个社区共创建老年活动中心 35 所，其中三星级 16 所，示范型 14 所。

2.福利事业

五保对象集中供养　新中国成立后，贫困孤老人员由政府发给其救济粮、救济款。群众相互为其无偿代耕土地。农业合作化后，对丧失劳动能力、无依无靠的孤寡老人实行保吃、保住、保医、保穿、保葬的"五保"政策。对孤独人员实行保教。

1980 年前，镇政府给无依无靠的孤寡老人发给定量生活补助，保证他们有吃、有穿、有住。1982 年，农村实行家庭联产承包责任制，五保人员由各村按照政府规定，不给五保老人承包土地，而由村里供应粮油。全镇有年老体弱、生活无法料理、无子女老年人 30 余名，分散在各个村。为使孤寡老人"老有所养"，五保老人以及镇上无依靠的 5 位老人，及各村"应保未保"老人 3 人，部分与自族（或邻居）签订养老合同解决，其余全部落实"五保"政策，进入敬老院集中供养。经费来源，原各村五保户，由各村负担，镇上无依靠老人由民政办（科）、单位、财政补助的办法解决。80 年代中期，镇政府规定对五保户、烈军属的优抚费实行统筹，按年底人口每年 2 元征收，统一由镇民政科安排。五保老人的生活随着人民生活水平的提高逐年改善。

农村老人养老金　织里各村 60 周岁以上老人大多无收入来源，养老一是靠打零工工资收入，二是出售自家土特产收入，三是靠资产出租的租金收入，四是靠子女供养解决。东湾兜村村级集体经济发展壮大后，从 1993 年开始为全村 60 岁以上的老年人发放养老金，老年人每人每月 36 元。之后发放标准逐年提高，1996 年 60～69 岁老年人每人每月增至 80 元，2000 年每人每月 160 元。70～79 岁老年人从每人每月的 100 元增加到 180 元，80 岁以上老人从每人每月的 120 元增加到 200 元发放。至 2000 年，东湾兜村全年养老金发放金额达 30 万元。2010 年，每人每月增加到 600 元，2017 年至 2020 年，养老金增至每人每月 1500 元。四年间共发放 450 万元。1993 年至 2019 年，全村为老年人发放养老金共计 4000 多万元。

2005 年后，各村陆续实施发放养老金制度，镇政府对老人也发放养老金。至 2019 年，全镇 60 周岁以上老人均有养老金。

3.公墓

20 世纪 80 年代，织里镇政府研究决定，在织里镇西侧面建造一处"织里公墓区"，供骨灰盒存放和迁移坟墓安置。

2000 年，织里公墓用地面积 14.447 亩（合 9631.3 平方米），可置放骨灰盒5000 座，移迁坟墓 2000 穴。总投资 150 万元，由镇政府负责解决。

2003 年上半年，镇政府与妙西镇签订协议，将公墓搬迁到妙西金家坞公墓。同年 11 月 3 日，织里镇政府印发《织里镇妙西金家坞公墓管理实施意见》（织政〔2003〕），规定织里镇妙西金家坞公墓性质，属公益性公墓，原则上容纳全镇因城市建设、工业园区建设和经济发展所需搬迁的坟墓。公墓实行因地制宜、合理规划、正确引导、强化服务的管理原则。墓区绿化符合市区公墓管理规定。公墓分片、分区编排编号，建立完整档案资料。墓区保洁、修缮和其他日常工作由管理责任单位负责，并规定公墓安葬条件、公墓安葬立碑等多项规定。

2005年以后，港西村、汤溇村、义皋村等先后建造村级公墓。